KB037395

담화와 사회 변화

Discourse and Social Change

거시언어학 9

담화·텍스트·화용 연구

담화와 사회 변화

노먼 페어클럽(Norman Fairclough) 지음
김지홍 뒤침

경진출판

저자의 헌사
어머니께, 그리고 아버지를 추모하며…

저자 서문

이 책을 집필하려는 생각은 본디 랭커스터(미국 발음은 '랭캐스터') 대학1)에 있는 여러 동료들과 더불어 사회 조사 연구의 방법으로서 담화 분석에 대한 토론을 벌이면서부터 시작되었습니다. 특히 사회학자인 폴 배글리Paul Bagguley, 스콧트 래쉬Scott Lash, 씰리어 러뤼Celia Lury, 그리고 정치학과에 있는 믹 딜런Mick Dillon, 심리학과에 있는 수전 칸도어Susan Condor입니다. 또한 언어학과에 있는 동료와 학생들로부터 나온 격려와 열광을 통해서도 큰 자신감을 얻었습니다. 특히 로미 클락Romy Clark, 로즈 이봐니치Roz Ivanic, 힐러리 양크스Hilarry Janks, 슈테프 슐림브로욱Stef Slembrouk, 매뤼 탈봇Mary Talbot에게 고마움을 표합니다. 매뤼 탈봇은 또한 제5장에 있는 대화투의 이야기 표본도 제공해 주었습니다. 저자는 이 책의 초고를 읽고서 아주 도움이 큰 비평을 해 준 건터 크뤼스Gunther Kress와 존 톰슨John Thomson에게도 감사드립니다. 감사 드려야 할 순위에서 결코 뒤로 밀리는 게 아니지만 마지막으로 이 책을 쓰는 동안에 본니Vonny와 사이먼Simon과 매쓔Matthew로부터도 더할 나위 없이 큰 도움과 관용을 받았음을 적어 둡니다.

※ 이 책에는 따로 주석이 붙어 있지 않다. 이하에서 262개의 주석들은 모두 번역자가 붙였으며, '(역주)'로 표시해 둔다.

1) (역주) 이 책에 있는 사람과 땅 이름들은 영국 발음을 위주로 하여 적어 둔다. 외국인의 경우에 뒤친이가 참고하는 네 종의 영어 발음사전들을 포함하여 그 나라 발음이 몇몇 발음 누리집(https://ko.forvo.com 또는 https://www.howtopronounce.com 따위)에서 찾을 수 있으면 본디 발음을 적기로 한다. 영어 글자에 따라 한글 자모를 대응시켜 놓는 일은 잘못이다(철자 대응의 착각임). 본디 세종 임금이 글자를 만들 때에 그 목적이 결코 글자 대응을 적는 것이 아니라, 응당 현지 발음(심층 형태가 아니라 음운규칙이 적용되어 나온 표면 형태)을 붙들고 적어 놓고자 하였기 때문이다.

저작권 사항의 알림

이 책 217쪽의 신문 기사는 『더 썬The Sun』지의 친절한 허락을 받고서 그대로 옮겨 놓았습니다. 320쪽에 있는 〈도표 5-1〉을 이용하도록 해 준 케임브리지 대학 출판부 및 레빈슨 박사에게 감사드립니다. 418쪽부터 421쪽에 걸쳐 있는 홍보용 덩잇글을 이용할 수 있도록 허락해 준 랭커스터 대학 당국에도 감사드립니다. 226쪽의 신문 기사를 그대로 쓸 수 있게 해 준 MGN 유한회사에도 사의를 적어둡니다.

일러두기

1. 이 책의 원전은 Norman Fairclough(1992), *Discourse and Social Change*(Polity)이다.
2. 이 책은 페어클럽(1989; 김지홍 뒤침, 2011)의 『언어와 권력』(도서출판 경진)을 전제로 하여 씌어졌고, 다시 페어클럽(1995; 이원표 뒤침, 2004)의 『대중매체 담화 분석』(한국문화사)와 슐리아롸키·페어클럽(1999)의 『후기 근대성 속에서의 담화(Discourse in Late Modernity)』(Edinburgh University Press, 미번역)으로 이어지며, 다시 페어클럽 (2003; 김지홍 뒤침, 2012)의 『담화 분석 방법: 사회 조사연구를 위한 텍스트 분석』(도서출판 경진)으로 종합되어 있다. 따라서 이미 번역된 책들과 겹쳐 읽으면 더욱 응용력을 키울 수 있다.

목차

개관

　오늘날 다양한 분야에서 일을 하고 있는 개인들은, 언어 사용에서
의 변동이 더 넓은 사회-문화적 변화 과정들과 연결되어 있는 방식들
을 깨닫게 되었고, 따라서 사회 변동을 연구하기 위한 방법으로서 언
어 분석을 이용하는 일의 중요성을 파악하게 되었다. 그러나 여태껏
이론상으로 적합할뿐더러 또한 실용적으로 이용할 만한 만족스런 언
어 분석의 방법이 제시된 적이 없다.2) 그러므로 이 책에서 저자의 주

---

2) (역주) 이 대목은 저자가 조금 과장되게 표현한 것으로 판단된다. 영국에서는 1970년
　중반에 '삶을 위한 언어교육'이 강조되면서(Allan Bullock, 1975, *A Language for Life*,
　왕립 문서국) 1980년대에서부터 '비판적 언어 사용(critical language use)'에 대한 자각
　이 '의사소통 중심 언어교육(communicative language teaching, 약칭 CLT로도 쓰임)'에
　일정 부분 기여하게 되었다. 저자가 엮은(1992), 『비판적 언어 자각』(롱먼)은 호킨즈
　(Hawkins, 1984; 1987)의 '언어 사용에 대한 자각' 운동을 뒷받침하여 주면서, 지금도
　뵌리어(van Lier, 1995)의 『언어 교육과정에서의 상호작용: 자각·자율성·참된 실생활
　속성』(롱먼)으로 이어지고 있는데, 뵌리어(van Lier, 2004; 김혜숙 외 4인 뒤침, 2017)의
　『언어 학습의 생태학과 기호학: 사회·문화적 관점으로』(사회평론)가 번역되어 있다(영
　국의 언어교육에 대한 전환은 383쪽의 역주 232를 보기 바람). 언어 자각은 언어 사용
　에 대한 논의로 귀결되는데, 특히 일상언어철학으로 불리는 옥스퍼드 철학자들을 중심
　으로 하여 맥락과 의도를 찾아내는 길로 이끌어 갔다. 그 중 써얼(Searle)은 심리철학
　쪽으로 발전하여 나갔고, 공동체와 사회에 대한 논의도 다루는데, 써얼(Searle, 1995)의

『사회적 실제 현실의 구성 방식』(Free Press)이 그러하다.

　저자는 여기서 한걸음 더 나아가, 언어 사용이 정치와 경제와 사회-문화상으로 기득권 세력으로 불리는 특정 집단의 이념이나 가치와 결부되고 편향되어 있음을 자연스럽게 깨닫게 된다. 이를 '비판적 담화 분석(critical discourse analysis)'으로 부르면서, 본격적으로 특정 집단의 언어 사용에 대한 분석과 비판에 과녁을 맞추어 영국의 페어클럽을 위시한 여러 학자와 화란 학자 폰대익(Teun Adrianus van Dijk, 1943~ [투인 아드리아누스 폰대익으로 발음됨]) 등이 다수의 책자들을 출간해 왔다. 또한 영국 세이쥐(Sage) 출판사에서 폰대익 엮음(2007)의 『담화 연구』 5권과 롸웃틀리쥐(Routledge) 출판사에서 발행된 툴런 엮음(Toolan, 2002)의 『비판적 담화 분석』 4권에는 현재의 비판적 담화 분석에 대한 주요한 논문들이 망라되어 뒷사람들이 편리하게 공부할 수 있다. 담화 쪽의 연구는 크게 두 갈래로 나뉜다. 첫째 사회현상을 분석하는 실용적인 흐름이 있다. 이는 프랑스와 독일과 화란, 그리고 영국에서 생겨났다. 둘째, 담화 사용 주체의 머릿속에서 일어나는 현상을 다루는 심리적 연구가 있고, 이를 가르치는 데 이용하는 교육상의 논의가 있는데, 주로 미국 쪽의 심리학자와 인공지능 연구자들이 그러하며, 줄곧 페어클럽을 비판해 온 언어교육 전문가 위도슨(Widdowson) 교수가 그러하다. 후자의 연구는 한국연구재단 서양명저 번역(202~203호)로 나온 킨취(Kintsch, 1998; 김지홍·문선모 뒤침, 2010)의 『이해: 인지 패러다임』 I~II(나남)를 읽어보기 바란다.

　논의의 초점을 잠깐 미국 쪽으로 돌린다면, 이미 걸출한 언어학 대가들이 사회와 문화를 비판적으로 다루어 오고 있었다. 특히 노엄 참스키 교수가 그러하고, 비록 노선을 달리하여 인지언어학을 만든 그의 제자 조지 레이코프 교수도 미국 사회의 내부 갈등과 문명 비판에 대한 역저들을 출간해 왔다. 순수 언어학을 제외한 참스키 교수의 책만 해도 무려 40권에 가깝게 번역되어 있고, 레이코프 교수 책도 10권에 이르고 있을 만큼, 우리 한국 사회에서 지성인들의 '비판적 실천 책자'들에 대한 울림이 매우 크다. 번역자(이하 '필자'로 부름)는 국어교육과 학생들에게 채택하여 읽힌 참스키 교수의 『실패한 교육과 거짓말』(강주헌 뒤침, 2001, 아침이슬)과 『촘스키 사상의 향연: 언어와 교육, 그리고 미디어와 민주주의를 말하다』(이종인 뒤침, 2007, 시대의창), 그리고 레이코프 교수의 『프레임 전쟁: 보수와 맞서는 진보의 성공 전략』(나익주 뒤침, 2007, 창비)와 『자유는 누구의 것인가?: 왜 진보와 보수는 서로 가지려 하는가?』(나익주 뒤침, 2009, 웅진지식하우스) 등도 '비판적 담화 분석'이란 특정한 이름을 내세우지는 않았으나, 사회에 대한 비판적 지성의 역할을 몸소 실천해 오고 있다는 점에서, 다 같은 계열의 비판서임을 깨달을 수 있다. 저자가 지속적으로 인용하고 있는 프랑스와 독일의 지성인들도 계속 사회와 문명 비판에 표적이 있다. 그렇다면 어디에서이든지 정상급 지위의 걸출한 학자들이라면 모름지기 지성인의 비판 정신을 잊지 않고 있음을 거듭 확인할 수 있다. 페어클럽 교수가 마치 이런 흐름이 전혀 없는 것처럼 기술하는 대목은, 오직 그가 스스로 느끼고 있는 영국의 언어학 전공자를 위시한 그곳 지성계에만 국한되어야 할 것이다. 아마 한국의 언어학자를 위시한 한국 내의 지식인 사회도 성명서에 서명이나 하는 정도에 그치지, 본격적으로 비판의 목소리를 담은 책자를 펴내지 못하는 사정은 거의 비슷할 것이 아닌가 한다.

　페어클럽 교수의 책은 현재 4권이 번역되어 있다. ① 김지홍 뒤침(2011)의 『언어와 권력』(도서출판 경진), ② 김지홍 뒤침(2012)의 『담화 분석 방법: 사회 조사 연구를 위한 텍스트 분석』(도서출판 경진), ③ 이원표 뒤침(2004)의 『대중매체 담화 분석』(한국문화사), ④ 김현강·신유리 뒤침(2015)의 『정치 담화 분석』(박이정) 등이다. 그가 언어학 또는 담화가 실용적이며 실천적인 학문이라고 주장하는 첫 전환은 이 책자이며, 이어서 슐리아롸키(Chouliaraki) 교수와 공동으로 1999년 『후기 근대성 속에서의 담화: 비판적 담화 분석을 다시 생각하면서』(에딘브뤄대학 출판부)를 출간함으로써, 담화가 현실 속에서 여러 집단들의 갈등과 기득권 세력들의 이념 굳히기 따위 일에 동원됨을 요 목표는 이런 간격을 채워 주는 데에 이바지할 수 있는 언어 분석에 대한 접근법을 마련하려는 것이다. 특히 언어에서의 변화를 탐구하기 위하여 유용하게 쓰일 수 있고, 사회와 문화 변동의 연구 분야들에서도 이용될 수 있을 접근법인 것이다.

이런 목표를 달성하기 위해서는 언어학과 언어 연구, 그리고 언어를 매개로 한 적합한 사회 이론을 마련하는 일과 연관된 사회학 및 정치학적 사고 속에서 발전된, 언어를 분석하는 방법들을 다 함께 끌어들여야 한다. 전자의 영역 속에서는 다양한 언어학 갈래(어휘론·의미론·문법론)들과 화용론, 그리고 무엇보다도 최근 주로 언어학자들에 의해 발전되어 온 '담화 분석'('담화' 및 '담화 분석'에 대한 다양한 의미도 짤막하게 논의됨) 속에 있는 업적들을 포함해 놓았다. 후자의 영역들 속에서는 저자가 이탈리아 사회주의자 안토니오 그롬씨Antonio Gramsci, 1891~1937, 프랑스 맑스주의자 루이 알튀쎄르Louis Althusser, 1918~1990(모음이 뒤따르지 않는 'r' 발음을 없애고서 '알뛰세'로 쓰기도 함), 프랑스 철학자 미셸 푸코Michel Foucault, 1926~1984(고등학교 시절 스승 알튀쎄르의 영향으로 공산당에 가입한 적이 있음), 독일 사회철학자 위르겐 하버마스Jürgen Harbermas, 1929~ , 영국 사회학자 앤쏘니 기든즈Anthony Giddens, 1938~ 의 업적들을 다루었다(참고문헌을 보기 바람). 이런 통합된 틀의 시도는 오랜 기간 지체되었지만, 지금까지 만족스럽게 달성되기에 한참 불리하게 작용해 온 다양한 요인들이 있었다. 한 가지 요인은 언어 연구가 철저히 다른 사회 과학들로부터 고립되어 있고, 언어학 흐름이 형식 주도의 그리고 인지 중심의 사고 얼개들에 의해 지배되어 왔다는 사실이다. 또 다른 요인은 다른 사회 과학들 영역에서는 전통적으로 언어에 대한 관심이 결여되어 있었고, 언어를 투명한 것으로 간

___

명백하게 밝혀 놓았다. 따라서 이들 책자를 통하여, 왜 언어학이나 언어교육이 결코 공리공담에만 머물러서는 안 되고, 반드시 현실 세계의 갈등과 문제를 해결해 주는 일에 간여하고 통합의 지혜를 이끌어내는 실용 학문(또는 실학)이 되어야 하는지에 대한 구체적 근거들을 익힐 수 있다. 한마디로 "말로 일을 하는 것"임을 정치·경제·사회·문화의 복합 측면에서 예증해 주려는 것이다.

주하려는 잘못된 편견이다. 한편 면담과 같은 언어 자료가 널리 이용되어 왔음에도 불구하고, 그런 자료의 사회적 내용은 언어 그 자체에 대하여 관심을 쏟지 않고서라도 완벽히 판독해낼 수 있다고 왜곡되게 믿는 흐름이 있었다. 이러한 입장과 태도가 이제 바뀌고 있다. 사회 과학들 사이에 있는 경계가 희미해지고 있고, 이론 및 실천에 대한 좀 더 큰 다양성이 관련 학문 영역들 속에서 발전되고 있는 것이다. 사회 이론 속에서 이들 변화는 '언어학적 전환linguistic turn'(코페르니쿠스적 전환에 비유함)이란 이름이 수반되었는데, 이는 사회현상 속에서 언어에 좀 더 중심적인 역할을 마련하는 결과를 낳았다.

따라서 언어 연구 및 사회 이론을 통합하기 위하여 이뤄진 이전의 몇 가지 시도는 제한적인 성공에만 그쳤다. 예를 들면, (1) 1970년대에 영국에 있는 한 집단의 언어학자들이 이념에 대한 이론들을 갖고서 '체계-기능 언어학'(Halliday, 1978)의 텍스트(늑입말과 글말) 분석에 대한 이론 및 방법들을 결합함으로써 '비판적 언어학critical linguistics'을 발전시켰다. 좀 더 일찍이 (2) 프랑스에서는 맑스주의 철학자 미셸 뻬슈 Michel Pêcheux, 1938~1983와 그의 동료들이 담화 분석에 대한 접근을 발전시키기 시작하였는데, 특히 미국 구조주의 언어학자 질리그 해뤼스 Zellig Harris, 1909~1992의 업적 및 이념에 관한 맑스주의 이론에 수정을 가한 알튀쎄르Althusser(181쪽의 역주 118 참고)의 업적을 끌어들였다. 비록 상보적인 강점과 약점을 지녔지만, 이런 시도가 둘 모두 그 통합을 놓고서 사회 및 언어 요소들 사이에 있는 불균형점들로부터 불신을 받았다. (1)에서는 언어 분석 및 언어 텍스트의 취급 방식이 잘 짜여 있었다. 그러나 거의 사회 이론도 없었고, '이념'과 '권력'에 대한 개념들이 전혀 논의도 설명도 이뤄지지 않은 채 직관적으로 이용되었다. 반면에 뻬슈Pêcheux의 업적에서는 사회 이론이 좀 더 정교하였다. 그러나 언어 분석이 아주 협소하게 의미론적 용어들로서만 취급되었다. 더욱이 두 흐름의 시도는 언어 텍스트의 이념 창출 모습이 어떻게 기존의 권력 관계를 재생하는 데 이바지하는지 쪽에 과도하게 강조점을 둠으로써, 권력 관계들에 대한 정태적 관점에만 근거하고 있다. 권력 관계들과 그 관계들 속에 깃들어 있는 언어의 역할에서 관찰되는 갈등(≒반발) 및 변형(≒수정)에다 거의 관심을 쏟지 못하는 것이다. 비슷하게 최종 산출물로서 텍스트의 서술에다 강조점을 두었고, 텍스트의 산출과 해석 과정에 대해서는 전혀 관심을 쏟지 못하였다. 결과적으로, 통합을 향한 이런 시도들이 사회-문화적 변동 과정 속에서 관찰되는 역동적 언어를 탐구하기에 적합하지 않았던 것이다. 이들 접근에 대하여 좀 더 자세한 논의가 제1장에서 다뤄지는데, 좀 더 최근에 이런 흐름을 개선하고 발전시키고자 하는 노력들에 관한 일부 참고문헌을 살펴보기 바란다.

이 책에서 저자가 시도하게 될 통합 방향은 뻬슈Pêcheux의 업적처럼 '담화 분석' 및 '담화'의 개념을 중심으로 하여 이뤄진다. 담화discourse는 난해한(≒더 정확히 표현하면, 연구자들 사이에 아직 합의되지 않은) 개념이다.3) 주로 그 이유는 여러 학문 영역별로 다양하게 나온 서로 다

---

3) (역주) 클락(Clark, 1996; 김지홍 뒤침, 2009)의 『언어 사용 밑바닥에 깔린 원리』(도서출판 경진) 50~51쪽에 보면, discourse는 라틴어 어원 'away+to run'에서 나왔으며, 앞뒤로 이리저리 뛰어가는 것(a running back and forth)을 가리켰었다. 그러다가 중세에 와서 이런 저런 단계를 거쳐 추론해 나가는 일(the process of reasoning)을 의미하였다. text도 라틴어 어원 'to weave(옷감을 짜얽다, 엮다)'에서 나와 text-woven(짜인 옷감)이나 tissue(천, 조직)를 가리켰는데, 지금도 textile(옷감, 피륙)이란 말을 쓴다. 소문자로 된 'discourse(담화 사례 하나하나, 담화 각 편 하나하나)'와 대문자로 된 'Discourse(유형화된 담론, 담론의 한 유형)'에 대한 구분은 29쪽의 역주 15를 보기 바란다. 한자로 '담화'를 경우에 담화(譚話)와 담화(談話) 중에서 앞의 것을 써야 옳은데, 자세한 풀이는 134쪽의 역주 80을 읽어 보기 바란다.

가장 그럴 듯한 용어는 해뤼스(Harris, 1909~1992)의 '거시언어학(macro-linguistics)'이며, 이 번역서도 '거시언어학 총서'의 하나로 출간된다. discourse(담화)와 text(텍스트)라는 용어는 연구자에 따라 정의 방식이 좀 다르며, 이 용어를 쓸 적에 어떤 식으로 정의되었는지에 대해서 유의할 필요가 있다. 영미권에서는 담화를, 독일 쪽에서는 텍스트를 선호하는 듯하다. 비록 저자가 148쪽에서 입말과 글말을 싸안은 상위 용어로서 '텍스트'를 쓰고 있음을 분명히 해 두었지만, 17쪽에 제시한 도표에서 보듯이 저자의 용어 사용은 의미가 약간 달라져서, 사회관계와 짝지어진 미시 및 거시 층위의 언어들을 가리킨다. 옛날에는 한때 담화가 덩잇말(입말)을, 텍스트가 덩잇글(글말)을 간주하려는 적도 있었다. 그렇지만 입말과 글말이 궁극적인 구분이 되지 못하기 때문에 더 이상 받아들여지지 않는다. 현재 대한민국 중고교 국어와 교육과정에는 우습게도 이런 잘못된 주장을 여태 숭상하며 답습하고 있다. 일부에서는 언어 산출과 언어 해석 쪽으로 구분하고자 한다. 담화를 산출에 관련된 것으로 간주하고, 텍스트를 해석에 관련된

것으로 보는 관점인데, 그림이나 몸짓과 같이 비-언어 표현도 그 해석 범위 속에 포함시키기도 한다.

1980년대까지 머릿속에서 언어의 산출과 처리에 대한 심리적 과정이 밝혀지기 이전까지는 산출과 처리가 동일한 경로를 순서를 뒤바꾸어 따르는 것으로 안이하게 가정하였었다. 그러나 이제는 더 이상 언어 산출의 경로와 언어 이해의 경로가 동일하다고 주장하는 이는 없다. 이 두 측면이 설사 일부 공통된 하위 인지부서(언어 하위 부서로서 통사·형태·낱말을 이용함)들도 있지만, 산출 과정은 우선 판단 결정 체계를 가동시켜 의사소통 의도를 만들어 내고, 다시 언어 형식을 직접 또는 간접 표현을 선택할지를 결정한 뒤에, 상대방이 들을 수 있도록 말소리로 내보내어 상대방의 반응을 관찰 평가하는 일련의 과정들이다(김지홍, 2015, 『언어 산출 과정에 대한 학제적 접근』, 도서출판 경진; Levelt, 1989; 김지홍 뒤침, 2008, 『말하기: 그 의도에서 조음까지』 I~II, 나남). 반면에 연결주의 또는 구성주의 관점(킨취는 특별히 그물짜임을 이룩해 놓는 '제약 만족 과정'으로 부름)을 따르는 킨취(Kintsch, 1998; 김지홍·문선모 뒤침, 2010)의 언어의 이해에 대한 연구를 보면, 우선 정보 덜어내기와 정보 더해 놓기 과정(흔히 '추론'으로 불림)을 통하여 짤막한 문장으로부터 뭉쳐진 단락을 이끌어 내어 미시구조를 만들어낸다. 이제 다시 머릿속 배경 지식을 가동시켜 미시구조들을 합쳐 거시구조를 이루어 놓는데, 두 구조를 합쳐 이를 '덩잇글 기반(text-base)'이라고 부른다. 마지막으로 이것이 비언어적 자료(감각 자료)와 연합하여 상황 모형을 만든 뒤에 장기 기억 속에 저장되어 '인출구조'를 형성하게 된다. 이와 같은 정상 과학의 연구들은 더 이상 입말과 글말의 구분이 궁극적인 게 아님을 명증해 주는데, 또한 146쪽의 역주 88과 382쪽의 역주 230도 참고하기 바란다.

다른 쪽에서는 이 두 용어를 서로 상하 개념으로 정의하기도 한다. 담화를 큰 범주로 보고, 텍스트를 하위 범주로 보거나, 거꾸로의 입장을 취하는 것이다. 거꾸로 보는 입장에서는 텍스트를 이해하고 산출하도록 만들어 주는 인지-심리학적 근거를 '상위 텍스트(meta-text)'라고도 불러 인간의 정신 과정까지 포괄하려고도 한다. 우리나라에 텍스트 언어학회가 있는데, 거기서도 아직 그럴 듯한 우리말을 찾아내지 못하고 있다. 그 학회에서는 아마 텍스트를 상위 범주의 뜻으로 가리키는 듯하며, 독일에서 근대 철학의 흐름으로 생겨난 이해학 또는 해석학과도 맞닿아 있다. 그런데 최근 페어클럽 교수는 양자의 관계를 단순히 이분법으로 파악하는 것이 아니라, 둘 모두 사회적 관계를 맺는 실천 방식과 관련지으며, 적어도 세 가지 층위의 사회적 관계를 상정한다. 따라서 담화나 담론으로 부르면 사회적 관계를 지시하게 되고(사회적 가치가 담긴 텍스트), 텍스트로 부르면 언어 표현의 내재적 관계를 가리키게 된다(언어 표현들의 결합 관계).

이 책의 150쪽에서는 내포된 사각형 모형의 〈그림 3-1〉을 제시하여, 마치 사회관계와 사회적 실천 관행이 담화와 텍스트를 자식처럼 싸안은 모습을 보여 주었으나, 텍스트와 담화의 자율성을 무시하게 되어 당장 「이것이 사회학 논의냐?」고 반문이 제기될 수 있다. 따라서 담화 내부 영역(텍스트)과 담화 외부 영역(사회관계)이 서로 공명 관계에 있듯이 관계를 설정해 주어, 새롭게 두 영역이 모두 자율성을 지니고 서로 협력할 수 있는 모형이 필요하게 된다(150쪽 역주 91, 199쪽 역주 139 참고). 이런 요구와 필요성이 이후에 저서에 반영되어 있다. 페어클럽(Fairclough, 2003; 김지홍 뒤침, 2012, 『담화 분석 방법』, 도서출판 경진: 제2장)에서는 유기적으로 '언어·텍스트·담화'로 파악하는 데, 각각 '사회적 사건·사회적 실천 관행·사회구조'를 반영하는 것으로 본다(Lakoff 교수는 『프레임 전쟁』에서 각각 '표층·중간층·심층'으로 표현함). 왼쪽으로 갈수록 개별적이며 텍스트마다 자유롭게 변이가 이뤄지지만, 오른쪽으로 갈수록 구성원들 사이에서 수용되고 고정되어 무의식적으로 작동하게 되며, 그 작용 범위 또한 각각 개인·하위 공동체·전체 사회의 차원으로 점차 확장된다. 비록 특별히 인용되어 있진 않지만, 이런 층위와 범위는 인류 지성사에서 처음으로 칸트에 의해 논의된 바 있다. 그는 개인별른 이론적 관점들로부터 만들어진 많은 정의들이 서로 충돌하고 서로 겹쳐지기 때문이다. 일부 그 범위에 대해서는 폰대익(van Dijk, 1985)와 먹도늘(McDonell, 1986)을 참고하기 바란다. 언어학에서 더러 '담화 discourse, 덩잇말'는 입말 대화의 확장된 표본을 가리키는 데 이용되며, 이와 대조되는 것이 '글말 텍스트'(≒덩잇글)이다. 이런 의미에서 '텍스트 분석'(≒덩잇글 분석)과 '담화 분석'(≒덩잇말 분석)은 문장들이나 더 작은 문법 단위들(≒가령 절)까지만 제한하여 다루어 왔던 전통적인 언어 분석의 한계들과는 공통점이 없다.4) 대신 담화나 텍스트는 더

정신작용을 schema(개인별 개념틀)로 부르고, 공동체별 정신작용을 maxim(사회 규범)으로 부르며, 인류에게 공통된 정신작용을 category(기본 범주)로 불렀었다. 페어클럽 교수는 만일 임의의 이야기가 무의식적으로 공동체 구성원들에게 심어져 있을 경우를 특별히 대문자를 써서 '담론(Discourse)'으로 부른다. 이제 쉽게 저자가 주장하는 관계를 한눈에 볼 수 있도록 그 책의 92쪽 도표를 여기에 옮겨 싣는다.

언어로 짜인 텍스트의 내부 관계 및 외부 관계

표면 층위	1회의 사회적 사건 (자유롭게 변동됨)	행위와 그 사회적 관계 개인의 정체성 세계 및 인간관계의 표상	외부의 사회관계
중간 층위	사회적 실천 관행 (일부 받아들여져 고정되기 시작함)		
심층 층위	고정된 사회구조		
미시 층위	음운과 철자		내부의 언어 관계
	낱말과 문법		
거시 층위	의미		
	담화(담화 갈래, 하위 담화, 담화별 정체성)		

※ 양쪽 옆의 칸(음영 칸)들은 쉽게 이해되도록 뒤친이가 일부러 더해 놓은 상위 개념들임.

4) (역주) 순수 언어학 내지 형식 언어학에서는 최대 단위가 문장이고, 최소 단위가 소리들의 자질이다. 따라서 참스키의 스승인 해뤼스(Harris) 교수는 이를 미시언어학(micro-linguistics)이라고 부른 바 있다. 이와는 달리 담화나 텍스트에서는 더 큰 단위를 다루게 되므로, 거시언어학이라고 부른다. 거시언어학에서는 문장들을 읽고 엮는 과정을 다루고(이를 영국 기능-체계 언어학자 핼리데이(Halliday)는 통사결속 cohesion이라고 불렀는데, 미국의 심리학자들은 지엽적 연결 local coherence로 부르는데, 자세한 논의는 §.3-2 및 155쪽의 역주 96, 그리고 176쪽의 역주 114를 보기 바람), 다시 단락 또는 문단을 연결해 주는 심리적 기제들을 다룬다(이를 의미 연결 coherence이라고 하는데, 미국 심리학자들은 전반적 연결 global coherence라고 부름). 이 두 단계를 전통적인 용어로 단락 또는 문단 만들기 과정 및 전체 덩잇글 또는 전체 덩잇말 읽어 나가는 과정이라고 말할 수 있는데, 킨취 교수는 이 둘을 합쳐서 텍스트-기반(text-base)이라고 부른다. 담화 또는 텍스트 연구는 결코 언어의 결합과 연결인 텍스트-기반에만 그쳐서는 안 된다(지금까지 국어교육은 텍스트 기반까지라고만 착각하고 있음). 더 나아가 두 가지 측면이 함께 다뤄져야 비로소 전체 그림이 드러난다. ① 전체 덩잇글과 전체 덩잇말이 사회의 어떤 이념과 얽혀 있는지 다뤄야 하고(특히 페어클럽 교수의 주장임), 또한 ② 다시 비언어적 자료(감각 재료)와 결합하여 상황 모형(situation models)을 만들어서 대뇌 피

높은 층위에서 주고받는 말의 조직화 속성들(가령, 발언 기회 얻어내기, 대화의 시작과 종결에 대한 구조 등)이나 씌어진 텍스트(늑덩잇글)의 조직화 속성들(가령, 신문 보도에 있는 범죄 기사의 구조)에 초점을 맞춘다.

그렇지만 좀 더 일반적으로 '담화'는 언어학에서 입말이나 글말의 확장된 표본들을 가리키는 데 이용된다. ① 좀 더 높은 수준의 조직화 특징들에 대한 강조점을 다루는 일 이외에도, ② 이런 의미의 '담화'는 화자와 청자 사이 또는 필자와 독자 사이에 있는 상호작용도 강조하며, ③ 따라서 입말 표현 및 글말 표현을 만들어내고 해석하는 과정뿐만 아니라, ④ 또한 언어 사용의 상황 맥락도 강조하게 된다. 담화에 대한 이런 '텍스트-및-해석' 관점에 대해서는 언어교육학자 위도슨(Widdowson, 1979)를 참고하기 바란다. 마지막으로, '담화'가 상이한 종류의 사회적 상황에서 이용된 서로 다른 유형의 언어를 가리키는 데에도 쓰인다. 가령, '신문 보도 담화', '광고 담화', '교실 수업 담화', '진료 상담 담화' 등이 그러하다.

앞의 흐름과는 달리, '담화'가 사회학 이론과 분석에서도 널리 쓰인다. 예를 들어, 프랑스 철학자 미셸 푸코Michel Foucault, 1926~1984의 업적에서는 담화가 지식 및 사회적 실천의 여러 영역을 구조화해 주는 상이한 방식을 가리킨다. 따라서 '의과학medical science, 의학'의 담론을 다루는 경우에, 이는 비록 다양하게 전반적으로 '대안이 되는' 담화(가령 동종요법과 침술요법의 담화)들뿐만 아니라 대중적인 '민간요법' 담화들(늑주류에 속하지 않은 담화)과 대조되지만, 건강관리 제도의 실천 방식

질 속에 있는 장기기억에 인출구조(retrieval structures)로 저장해 두는 일까지 다뤄야 하는 것이다.
　두뇌 진화의 역사상 맨 마지막으로 만들어져 제3의 뇌로 불리는 대뇌(큰뇌, 피질)의 기억 방식은 기억 연구의 아버지인 영국 심리학자 바아틀릿(F. C. Bartlett, 1886~1969)의 '재구성(reconstruction)' 과정으로 이뤄진다(Bartlett, 1932, 『기억해 내기: 실험 심리학 및 사회심리학 연구(Remembering: A Study in Experimental and Social Psychology)』, 케임브리지대학 출판부). 반면에 제1뇌(신진대사의 뇌)와 제2뇌(욕망과 감정의 뇌)는 독일 심리학자 에빙하우스의 주장에 따라 '자유 연상(free associations)' 방식으로 기억이 이뤄지는데, 최근 두뇌 신경 단위인 뉴런들 사이에 새롭게 연접부(시냅스) 형성하는 것임이 밝혀졌다(Kandel, 2006; 전대호 뒤침, 2009, 『기억을 찾아서』, 랜덤하우스).

에서 현행 지배적인 담화가 된다. 이런 의미에서 담화들은 언어 및 시지각 대상물과 같이 다른 상징 형식들을 사용하는 특정한 방식으로 명시된다(Thompson, 1990 참고).

담화는 한갓 사회 실체와 관계들만 반영하거나 표상하는 것이 아니라, 또한 사회 실체와 관계들을 구성하고 '확정하는' 것이다. 서로 다른 담화가 핵심 실체들을 서로 다른 방식으로 확정하고(가령 그 담화가 '정신병', '시민권', '읽고 쓰는 힘'에 관한 것이라고 한다면), 사회관계 속의 주체들로서 사람들을 서로 다른 방식(가령 의사로서 또는 환자로서)으로 자리 잡도록 해 준다. 담화 분석에서 초점을 모아 강조하고 있는 것이 바로 이들 담화의 사회적 효과인 것이다.

중요한 것으로 또 다른 초점이 역사상의 변동이다. 특정한 사회 조건 아래 새롭고 복잡한 담화를 산출하기 위하여 서로 다른 담화들이 어떻게 결합하는가? 현행 사례의 하나가 후천성 면역결핍증AIDS 질환에 대한 사회적 구성내용인데, 후천성 면역결핍증AIDS에 대한 새로운 담화를 확정하기 위하여 다양한 담화들이 결합되어 있다. 가령, 성병 담화·이방인의 문화적 침략 담화·성적 타락 담화 등이다. 좀 더 사회- 이론적인[5] 이런 담화의 의미는 제2장에서 자세히 논의될 것이다.

---

5) (역주) 이 책에서는 늘 '사회-이론적'이라는 수식어를 쓰고 있다. 그 까닭은 사회학이 크게 인문학적 사회학과 자연과학적 사회학으로 나뉘어서, 사회학이 어떤 관점을 채택하는지에 따라 전혀 결과가 달라져 버리기 때문이다. 전자는 미시사회학이나 상호작용 사회학으로 불리지만, 후자는 거시사회학이라고 불린다. 전자에서는 한 개인의 행동 관찰과 스스로의 설명에 토대를 두고서 원인과 결과를 해석하는 쪽에 초점을 두고(해석적 입장, 질적 접근, 난해하게 번역하여 정성적 접근), 개인의 의지에 따른 선택을 긍정적으로 취급한다. 반면에 후자에서는 통계학적 모형을 세우고 사회 전체의 작동방식에 관심을 쏟는데(통계적 입장, 양적 접근, 난해하게 번역하여 정량적 접근), 인간 개개인보다 집단으로서 취급하여 마치 동물계의 행동 원리와 유사한 틀을 찾아내고자 한다. 영어에서 쓰는 용어도 전자는 social(사회적, 상호관계적)이란 말을 쓰고, 후자는 societal(사회구조적, 사회 전반의)라는 말을 써서 서로를 구분하기도 한다(31쪽의 역주 17도 같이 보기 바람). 미국의 사회학 흐름에서는 전자는 시카고 대학에 있는 미드 (George Herbert Mead, 1863~1931)로부터, 후자는 하버드 대학에 있던 파슨즈(Talcott Parsons, 1902~1979)로 대표된다. 뤗저(Ritzer, 2004 제5판; 김왕배 외 14인 뒤침, 2006) 의 『사회학 이론』(한올출판사)과 터너(Turner, 1997 제6판; 정태환 외 4인 뒤침, 2001) 의 『현대 사회학 이론』(나남)을 읽어보기 바란다.

저자의 시도는 언어 분석 및 사회 이론을 함께 끌어들여서, 좀 더 사회-이론적 의미를 지닌 이런 담화 분석 및 언어학 쪽으로 쏠린 '텍스트-및-해석' 의미의 담화 분석을 결합하는 일이 중심에 놓여 있다. 담화 및 담화 분석에 대한 이런 개념은 세 가지 차원으로 이뤄진다. 임의의 담화 '사건'(즉 임의의 담화 사례 각편6))은 동시에 ① 한 도막의 텍스트를 지닌 것으로 간주되고, ② 담화 실천의 한 가지 사례가 되며, ③ 사회적 실천의 개별 사례가 된다(더 다져진 개념은 17쪽의 역주 3에 제시한 도표를 보기 바람).

① '텍스트' 차원에서는 텍스트(≒덩잇말과 덩잇글의 상위 개념)에 대한 언어 분석에 관심을 쏟는다. ② '담화 실천' 차원에서는 마치 담화의 '텍스트-및-해석' 관점에서 살핀 '상호작용'과 같이, 담화 산출 및 해석 과정의 본질을 자세히 드러낸다. 가령, 어떤 유형의 담화(좀 더 사회-이론적 의미에서의 '담화'를 포함하여)가 도입되고, 그것들이 어떻게 결합되는지를 다루는 것이다. ③ '사회적 실천' 차원에서는 '담화 사건'과 관련하여 사회적 분석에서 다루는 사회관습 및 기관조직 환경과 같은 관심 논제들에 주의를 기울이는데, 어떻게 그것이 담화 실천의 본질을 형성하는지에, 그리고 앞에서 언급한 담화의 구성적·확정적 효과들을 일으키는 방법에 초점을 모은다.

이 책에서 '텍스트'(≒입말과 글말의 상의어임)란 용어는 다른 영역이 아니라 오히려 언어학에서 사뭇 친숙한 의미로 사용되며, 입말이든 글말이든 상관없이 임의의 산출물을 가리킨다. 따라서 가령 임의의 면담이나 대화에 대한 녹취 기록transcript, 전사물이 '텍스트'로 불릴 수 있다는 점을 미리 덧붙여놓아야 하겠다. 이 책에서 강조한 내용이 언어에 있으므로, '언어 텍스트'(≒전사된 덩잇말이나 덩잇글)이지만, 담화의 용법을 더 확장하여 시각 심상(≒시지각 대상물)과 같은 다른 상징

---

6) (역주) 담화를 세는 단위를 '한 편, 두 편, …'처럼 헤아릴 듯하므로(영화 한 편, 시 한 편 따위), 하나하나의 사례(사례 한 편, 두 편, …)를 각각의 편이라는 뜻으로 '각 편'이라고 써 둔다(29쪽의 역주 15를 같이 보기 바람).

형태들도 포함하여, 광고 표현과 같이 낱말 및 시각 심상들이 결합되어 나온 텍스트들도 다루기로 한다(Hodge and Kress, 1988을 보기 바람). 앞의 세 가지 차원으로 다룬 방식에서 저자는 언어 사용을 가리키기 위하여 '담화'란 용어를 관사가 없이(≒무관사 형태로)[7] 쓰게 될 것이다. 가령

the positioning of social subjects is achieved in *discourse*

(사회관계 그물 속에 사회적 주체들을 자리 잡게 하는 일은 담화로 이뤄진다)

사람들이 담화에 관여하는 경우에 끌어들인 것을, 저자는 '담화 유형'이라고 언급하게 될 것인데, 가령, 갈래genres 및 표현 방식styles, 표현 모습과 같은 관례들을 의미하는 것이다. 제4장에서는 사회-이론적 의미에서 모종의 대상으로 '담화'라는 용어를 관사를 붙여서 a discourse담화 각 편 한 가지, discourses담화의 각 편 여러 개, the discourse of biology생물학의 담론처럼 쓰기 시작할 것이다. 저자는 특정한 제도·기관 조직·하위 사회들의 '담화 실천 방식discourse practices'들도 언급하게 될 것인데, 이는 담화의 분석 가능한 한 가지 구별 차원으로서 '담화상의 실천discursive practice'과 대조된다.[8]

---

7) (역주) 영어의 관사를 관용적 표현까지 다 명쾌하게 다룰 수는 없지만(독일어나 불어 따위에서의 용법도 조금 달리 다소 변동이 있음), 우선 개체로 나눌 수 있는지 여부와, 그 범위가 한정되어(닫혀) 있는지 여부에 따라서 관사를 선택하여 붙이게 된다. 만일 관사 없이 쓰인다면, 이는 대상들의 공유하는 속성이나 성질을 가리키므로, 개체 부류가 공유하는 '일반화된 속성'을 가리키게 된다. 한국어에서는 명사를 나타내는 기본적인 형상이

　　"사과 → 사과 하나 → 사과 한 상자 → 사과 한 상자 속에…"

에서 보듯이, 일반 속성으로부터 점차 오른쪽으로 갈수록 구체성을 띠고 최종적으로 개체(들)가 지시된다. 영어는 핵어(head)가 앞에 가고, 한국어는 핵어가 뒤에 나온다. 그렇다면 영어의 관사 범주와 비슷한 개념이 수량 분류사라고 상정해 볼 수 있다. 영어 표현에서는 우선적으로 임의의 대상이 구체적 개체인지, 그 개체의 범위가 닫혀 있는지(한정되어 있는지)를 말하게 되겠는데, 서구 언어에서 관사는 다시 성과 수가 관련되어 더욱 복잡하다. 영어 관사에 대해서 우리말로 쓰인 책으로 한학성(1996)의 『영어 관사의 문법』(태학사)을 읽어보기 바란다.

8) (역주) 원서에 각각 'discourse practices(복수)'와 'discursive practice(무관사)'로 달리 적

담화에 대한 여러 차원의 개념을 보여 주는 실제 사례 및 앞에서 간략히 그려 둔 담화 분석은 제1장부터 제3장 사이에서 다뤄진다. 제1장은 언어학 쪽으로 쏠린 담화 분석 접근법들에 대한 요약이다. 즉, 여기서는 텍스트(≒입말·글말의 상의어)와 텍스트 분석에 초점이 있다. 저자는 이들 접근이 담화로 매개되는 중요한 사회적 측면들을 충분히 부각시키지 못했음을 논의하고, 이를 위해 반드시 사회학 이론을 끌어들여야 함을 논의하게 될 것이다. 제2장에서는 담화를 중심으로 한 그런 사회학 접근방법들을 미셸 푸코의 업적으로 개관하였는데, 사회 분석의 한 형태로서 담화 분석의 발전에 중요한 영향력을 끼쳐 온 사회철학자이다. 이어서 텍스트 및 언어 분석에 좀 더 깊이 관심을 쏟는 일이 사회 조사 연구의 방법으로서 담화 분석의 가치를 높여 줄 것임을 논의하게 된다. 제3장에서는 사회학 및 언어학 쪽으로 합쳐진 담화의 통합적 관점에 대한 저자의 다중 차원 접근을 제시하는데, '담화의 사회적 이론'으로 부르는 바를 향하여 나가는 것이다. 이런 접근은 이 책의 더 뒤에 있는 장들에서 다양한 종류의 담화들을 놓고서 더욱 가다듬어지고 응용이 이뤄진다.

이 개관의 시작 부분에서 언어 사용에서 변화도[9] 또한 좀 더 넓은 사회·문화적 변동들의 중요한 일부라고 언급하였다. 이것이 점차적

혀 있다. 먼저 담화(discourse)의 형용사는 서로 의미 차이가 없이 두 가지로 쓰인다. 하나는 discoursal이고(-al 접미사), 다른 하나는 여기에 나온 discursive이다(-ive 접미사). 영어 사전을 찾아보면 오직 후자만 올라 있고, 그 뜻도 중세 시대에 장광설, 장황하게 긴 이야기와 관련되어 쓰인 적이 있다. 저자에게 전자서신으로 두 가지 형용사의 차이를 문의한 결과, 서로 구분 없이 쓰인다는 답장을 받았다. 페어클럽(Fairclough, 2001; 김지홍 뒤침, 2011)의 『언어와 권력』(도서출판 경진), 56쪽의 역주 2와 71쪽의 13도 같이 참고하기 바란다. discourse practices는 담화를 따라 이뤄지는 여러 가지 실천 방식들을 가리킨다. 반면에 무관사로 표현된 discursive practice는 담화 상으로 표현된 내용을 구체적으로 실행하는 '속성'을 가리킨다. 따라서 여기서는 각각 '실천 방식들'과 '실천'으로 구분하여 번역해 둔다.

9) (역주) 원문에는 같은 낱말 changes(변화들, 변동들, 바뀜들, 뒤바뀜들)로 적혀 있다. 그런데 우리말에서는 역동적인 진행 과정을 가리키기 위해서는 '변동'이라고 하고, 그 결과로서 나온 일정한 상태는 '변화'라고 말한다. 이런 차이를 반영하여 어느 낱말과 이어지는지에 따라서 각각 '언어 변화'(결과 상태에 초점이 있음) 또는 '사회 변동'(진행 과정에 초점이 있음)으로 번역해 둔다.

으로 실제 사례the case이지만,10) 이런 단언에는 좀 더 많은 설명과 입증justification이 필요하다. 언어의 사회적 중요성에 관한 주장들은 전혀 새로운 것이 아니다. 최근 수십 년 동안에 사회학 이론은 언어를 놓고서 사회생활에서의 좀 더 중심적 위상을 부여해 왔다(Thompson, 1984를 읽어보기 바람). 첫째, 맑스주의 이론 속에서 그롸씨(Gramsci, 1971) 및 알튀쎄르(Althusser, 1971)는 현대 사회 재생을 위한 이념의 중요성을 강조하였고, 뻬슈(Pêcheux, 1982)와 같이 다른 쪽에서는 담화를 이념에 관한 탁월한 언어 자료 형태로 규정한다. §.1-6의 뻬슈에 대한 개관을 보기 바란다. '재생'이란 낱말로 저자는 오랜 기간에 걸쳐서 여러 사회에서 각자의 사회구조 및 사회적 관계를 유지하는 기제를 의미한다. 둘째, 푸코(Foucault, 1979)에서는 권력의 현대적 형태로 된 지식 기술들의 중요성을 강조하였는데, 지식 기술들이 주로 언어로 실제 구현되어 있음은 명백하다(§.2-2 후반부 참고). 셋째, 하버마스(Harbermas, 1984)에서는 여러 '제도들'에 의한 '일상생활lifeworld, 생활세계'의 식민지화, 그리고 경제생활과 국가에 의한 식민지화에 초점을 모았다(Ritzer, 2003; 한국이론사회학회 뒤침, 2006, 『현대 사회학 이론과 그 고전적 뿌리』, 박영사, 제5장을 읽어보기 바람: 번역자). 그는 이해를 산출해 주는 언어의 평등한 '의사소통' 사용 방식을 박탈하고, 대신 일방적으로 성공 쪽으로만 향하여 사람들에게 노동을 하도록 강요하는 언어의 '전략적' 사용으로 대치되었다는 관점에서 이 문제를 다룬다. 사회적 공간 속(≒사회 차원)에서 언어 및 담화의 부각은 이미 다양한 업적들에 반영되어 왔다. 가령, 언어에 초점 모아 남녀 성별 관계(≒성 정체성)를 다루거나(Spender, 1980) 대중매체를 다룬(van Dijk, 1985b) 업적이 있고, 언어 및 대화를 자료로 삼은 사회 조사 연구(Atkinson and Heritage, 1984)

---

10) (역주) 어떤 맥락인지에 따라서 case는 여러 가지 의미를 지닌다. 여기서는 변화와 변동을 보여 주는 구체적 사례를 가리킨다. 그런데 여기에 다시 ① 현실 세계 속에서 확인할 수 있으며, ② 범위가 닫혀서 누구나 다 알 수 있다는 뜻의 정관사 the가 쓰였다. 따라서 이 점을 반영한다면 누구나 다 알 수 있는 확정적인 실제 사례라고 말할 수 있다. 다만 너무 길기 때문에 '실제 사례'로만 적어 둔다.

도 있다.

여태 질문을 던져야 할 열려 있는 내용이 있다. 그런 이론과 조사 연구들이 항상 사회생활에서 언어가 지녀 왔었지만 이전에 충분히 알려지지 않은 중요성을 제대로 깨닫는지 여부이거나, 또는 언어의 사회적 중요성에서 실제로 증대된 관심을 잘 반영해 주는지 여부이다. 비록 두 측면이 모두 사실이겠지만, 저자는 사회적으로 작동하는 언어의 측면에서 중요한 전환이 일어났다고 믿는다. 지난 수십 년 동안에 걸쳐서 일어나고 있는 주요한 사회 변동들이, 언어의 두드러진 특성에 반영되어 있다고 보는 전환인 것이다. 이들 사회 변동이 대부분 언어를 포함할 뿐만 아니라, 또한 중요한 범위까지 언어 실천 방식에서 변화들에 의해 확립되어 있다. 그리고 변동의 방향을 가동시키고자 하는 여러 시도들이, 점차 언어 실천 방식을 바꾸려는 시도를 포함해 나간다는 사실도 아마 바로 사회와 문화 변동에서 늘어나는 언어의 중요성에 대한 한 가지 지표일 것이다. 몇 가지 실례를 제시하면 다음과 같다.

첫째, 많은 나라들에서 최근 사회생활의 새로운 영역들에 이르기까지 시장의 확장 흐름이 고조되어 오고 있다. 교육·건강관리·예술과 같은 분야에서도, 소비자들을 위한 생산 및 생산물 판촉활동으로서 각각의 활동들을 재구성하고 다시 개념화하도록 요구되어 왔다(Urry, 1987). 이들 변화는 그런 분야들에서 일하고 있는 사람들의 활동과 사회관계와 사회적-직업적 정체성에 깊숙이 영향을 미쳐 왔다. 그런 영향들의 주요한 부분이 담화 실천 방식들에서 변동, 즉 언어상의 변화를 구성하고 있다. 예를 들어, 교육 분야에서 사람들은 (신자유주의 흐름으로) 대체로 상품 판촉marketing처럼 새로운 담화 실천 방식으로 정의된 새로운 활동에 간여하도록 요구받고, 교육teaching처럼 기존의 활동들 속에서 새로운 담화 실천 방식을 받아들이도록 요구받는 압박감 속에 있음을 스스로 깨닫게 된다. 이는 여러 활동 및 관계 짜임에 관한 이름들을 바꿔 부르기rewording, 재명명를 포함한다. 예를 들어, 학습자를 '소비자consumers'나 '고객clients'(410쪽의 역주 244 참고)으로 바꿔 부르고, 수업 (강의)을 '꾸러미packages, 하나의 보따리 속에 싸놓은 여러 교육내용'나 '판매용 상품 products, 공산품, 생산 제품'으로 바꿔 부르는 일이다. 또한 교육의 담화 실천 방식들을 놓고서도 좀 더 미묘한 재구성이 있다. 교육 속에서 이용되는 담화의 유형들(갈래, 모습 따위), 그리고 광고·관리·자문 등의 용어를 포함하여 교육 외부(≒특히 자본주의 경제)에서 끌어들인 담화의 유형들 을 좇아서 교육 분야를 '식민지colonization'로 만들어 지배를 확장하는 모습이 그러하다(≒Ritzer, 2003; 한국이론사회학회 뒤침, 2006, 『현대 사회 학 이론과 그 고전적 뿌리』, 박영사, 제5장을 읽어보기 바람: 번역자).

다시, 현대 산업이 '탈-포드' 생산 방식post-Fordist production으로[11] 불리는 쪽으로 움직이고 있다(Bagguley and Lash, 1988; Bagguley, 1990). 이런 방식에서는 한결같은 생산 과정 속에서 노동자들이 더 이상 반복적인 판박이 부품 조립 역할만을 떠맡고 있는 개인들로 간주되지 않는다. 대신 급박하게 바뀌고 있는 과정들과 융통성 있게 관계를 맺으면서 모둠들로서 역할을 맡는 것이다. 더욱이, 이런 맥락에서는 관리자들에게 전통적인 노동자-회사 관계들이 마치 '기능장애dysfunctional, 역기능'처럼 여겨져 왔다. 따라서 '품질개선 소모임quality circles'과 같이, 노동자들을 관리자와 함께 좀 더 참여적인 관계에 배치하는 제도들을 마련하는 등의 조치로써 작업 현장의 문화를 바꾸려고 노력해 왔다. 이들 변화를 '문화적'이라고 서술하는 일은 단지 수사학적인 것이 아니다. 그 목적이 새로운 문화 가치들이다. 즉, '기획하는' 일도 맡고,

---

11) (역주) post는 뒤쪽이란 뜻의 '후기(後期)' 또는 벗어났다는 뜻의 '탈(脫)'로 번역된다. 포드(Henry Ford, 1863~1947)는 자신의 자동차 공장에서 경영의 합리화를 꾀하여 '제품의 표준화, 부품의 단순화, 작업의 전문화'로 요약되는 대량생산 체계(conveyer 체계) 를 가동시켜 비로소 '포드 모형 T' 자동차가 대량 생산됨으로써 미국에서 일상 필수품 이 되는 계기가 되었다. 때로 이를 과학주의 생산 방식으로도 불렀다. 그렇다면 이렇게 인간 노동자들도 마치 기계의 어떤 부품처럼 취급하던 포드 생산 방식을 벗어났다는 뜻에서, '탈-포드' 생산 방식으로 번역할 수 있다. 독자들이 왜 갑자기 포드 생산 방식을 다루는지 의아하게 여길 수 있다. 그람씨(Gramsci, 1971: 제3장)에서 미국 우선주의와 포드 생산 방식을 집중적으로 논의하였였는데, 저자가 이를 받아들여서 사회의 경제적 측면이 담화 질서로 나타나는 과정을 드러내려는 의도로 보인다.

'스스로 동기를 부여하며', 로우즈(Rose, 발표문)가 말했듯이12) '스스로
조종해 나가는self-steering, 자율 주행' 노동자들인 것이다. 조직 및 문화에서
이런 변화들은 유의미한 범위까지 담화 실천 방식들에서 찾아지는 변
화이다.

언어 용법language use13)은 작업 현장에 있는 생산 수단 및 사회 통제
수단으로서 더 큰 몫을 떠맡고 있다. 좀 더 구체적으로 말한다면, 노동
자들은 이제 '화자와 청자'로서, 얼굴을 마주보는 상호작용 및 모둠
group, 집단 상호작용에 간여할 것으로 기대된다. 전문직white-collar, 사무직
직업에서는 대부분의 모든 업무 내용 서술이, 심지어 가장 낮은 수준
의 것이라고 해도, 이제 의사소통 기술을 강조하고 있다. 이런 흐름이
낳은 한 가지 결과는, 노동자로서 사람들의 사회적 정체성이, 전통적
인 관점처럼 어떤 직업을 갖고 있느냐로 정의되는 것이 아니다(≒더
이상 그의 사회·경제적 지위가 중요치 않음). 오히려 사적 생활의 영역에
속하는 내용들로 정의되는 것이다(≒얼마나 여유를 지니고서 사람답게
살 수 있는지가 더 중요함). 이러한 종류의 변화들에서 한 가지 두드러진
특징은, 이것이 한 국가를 넘어서서 두루 세계적 흐름이라는 점이다.
새로운 모습들의 관리 방식과 '품질개선 소모임'과 같은 제도들은 일

---

12) (역주) 이 책의 참고문헌을 보면, 1989년 랭커스터 대학에서 「기업 문화의 가치」라는
주제로 학술대회가 열렸다. 로우즈(N. Rose)는 "자아 기획을 관리 경영하기(Governing
the enterprising self)"라는 글을 발표하였는데, 원문의 'MS'는 발표문이나 원고를 가리
킨다(manuscript).

13) (역주) 우연하며 1회적인 발화라면, language use를 곧장 '언어 사용'이라고 번역할 수도
있겠지만, 이것이 반복적이며 어떤 주어진 틀을 따라서 이용된다면 고정된 얼개의 '언
어 용법'으로 말해야 더 낫다. 단순하게 말하여, 언어 용법은 우선 낱말 선택에 달려
있고, 다음에 그런 낱말로 된 표현이 현재의 일(현재 상황)인 듯이 언급하는지, 아니면
장차 도달해야 할 목표(미래 상황)로 언급하는지 따위로 구분되어야 한다. 언어 표현은
생각과 행동에 관련되므로, 현재 상황을 가리키면 그 상황이나 관련 사건에 대한 평가
를 가리킬 수 있고, 미래 상황을 가리키면 두 사람이 함께 이룩해야 할 공동체 가치에
대한 합의를 가리킬 수 있는 것이다. 비록 use에 대하여 usage(관용 어구, 관용 용법)라
는 말이 있지만, 이는 to kick the bucket(죽다)과 같이 규칙으로는 포착하지 못하고
우연히 익어서 관용구처럼 쓰는 표현이나 용법을 가리키므로, 여기서 채택되지 못했을
듯하다. 29쪽의 역주 15에서 언급하였듯이, 개별 사례 하나하나를 가리키는 경우 및
이런 것들이 유형화되어 공통된 특성을 지니는 경우를 서로 구분해 주는 것이 오늘날
법학문적인 추세이다.

본처럼 좀 더 경제적으로 성공한 나라들로부터 수입된다. 따라서 작업 현장의 담론 실천 방식에서 여러 가지 변화들이 일부 국제적인 성격을 띠게 되었다. 그리하여 담화에 대한 새로운 세계적 질서는, 점점 늘어나는 수입된 범국가적 실천 방식들 및 지역적 전통들 사이에서 광범위한 긴장tensions, 충돌될 위험들로 특성지어진다.

다른 많은 변화의 사례들도 있다. 가령 의사와 환자 사이, 정치가와 대중 사이, 작업 현장에서 그리고 집안에서 여성과 남성 사이, 이들 사이의 관계에 대한 모든 변화가 부분적으로 새로운 담화 방식들로 구성되어 있다. 더구나 여러 가지 사회 변화들에서 점점 늘어나는 담화의 두드러짐은, 앞에서 이미 저자가 시사했듯이 담화를 통제하려는 관심의 증가와 부합되고 있다. 사회적·문화적 변화를 조종하는 일부로서 담화 실천 관행들을 놓고 변화를 일으키려고 하는 일이다. 우리는 '담화의 가공기술technologization of discourse'을 목격하고 있다(Fairclough, 1990b). 여기서는 다양한 조직들을 놓고서 담화 실천 관행들을 조사하고 재기획하며 훈련법을 제공해 주는 전문직 기술자들에 의해서 '경영 -관리 기술technologies of government, 통치 기술'의 한 가지 유형으로서 담화를 이용한 기법들(Rose and Miller, 1989)이 체계적으로 적용되어 오고 있다. '기술 훈련'에 간여했던 사회심리학자들이 이런 발전의 초기 사례였다 (Agyle, 1978을 참고하기 바람). 면담하기 또는 상담하기와 같은 담화로 이뤄지는 기술들discursive technologies이, 여러 가지 다양하게 다른 영역에 적용될 수 있는 맥락-무관context free, 아무런 문맥에서나 적용되는 기법이나 기술들로 취급되고 있는 것이다. 그리고 이미 제도로 확립된 담화 실천 관행들이라 하여도 광범위하게 모의를 받게 될 운명에 처해져 있다. 특히, 종전에 전통적으로 개인의 사적인 영역에 속해 있던 두 사람 간 대화로 된 담화 실천 관행들도, 조직화 내용 속에서 체계적으로 모의되고 있다. 더 자세히 담화 가공 기술에 대한 논의를 보려면, 이 책의 §.7-3을 참고하기 바란다.

저자의 목표는 앞에서 언급한 여러 가지 사회 변화를 탐구하는 데 이용하기 위하여 다른 여러 가지 방법들 중에서 한 가지 방법으로 이용될 수 있는 '담화 분석에 대한 접근법'을 마련하려는 것이다. 그런 변화의 맥락들에서 담화 분석 방법이 유용해지려면, 다수의 최소 조건들을 충족시켜 줄 필요가 있을 것이다. 이런 방법들 중에서 네 가지 방식들을 놓고 따져 볼 것이고, 이런 과정을 통해서 저자가 더 앞에서 제시하였던 접근법에 대한 밑그림을 좀 더 자세하게 가다듬을 것이다. 첫째로, 그 접근법은 여러 차원의 분석을 떠맡는 방법론이 될 필요가 있을 것이다. 세 가지 차원으로 된 저자의 접근법은, 평가가 이뤄져야 할, 담화로 된 사회적 변화 및 사회적 실천 관행의 사례들로서, 체계적으로 담화 사건의 사회적 속성들과 관련이 이뤄질 텍스트의 자세한 속성 사이에 있는 관련성을 포착할 수 있다.

두 번째로, 그 접근법은 다중 기능 분석을 위한 방법이 될 필요가 있을 것이다. 담화 실천 내용을 변화시키는 일은 ① (믿음 체계와 상식을 포함하여) 지식에서의 변화, ② 사회적 관계에서의 변화, ③ 사회적 정체성에서의 변화에 기여한다. 이들 세 가지 차원의 상호작용에 주의를 기울이는, 담화에 대한 복합 개념과 분석 방법이 필요한 것이다. 좋은 출발점은 언어에 대한 체계-기능적 이론인데(Halliday, 1978), 여기서는 언어를 다중 기능을 지닌 것으로 여기고, 동시에 텍스트(≒입말·글말의 상의어)를 여러 사회관계를 가동시키고, 여러 정체성을 세워 주는 실제 현실reality을 표상해 주는 것으로 본다. 언어에 관한 이런 이론은 푸코Foucault의 접근법처럼 담화를 놓고서 사회-이론적 접근으로 이뤄진 담화의 사회적 구성 속성들에 대한 강조점과도 유용하게 결합될 수 있다.

세 번째로, 역사적 분석을 위한 방법이 될 필요가 있을 것이다. 담화 분석에서는 응당 텍스트(≒입말·글말의 상의어)의 구성 과정에서, 그리고 '담론 질서orders of discourse'(즉, 특정한 제도들에서나 사실상 사회 전반적으로 담론을 통해 짜인 실천 관행의 전반적인 얼개들)14)에 대한 장기간에 걸친 구성물에서, 구조화되는 과정이나 '접합articulatory' 과정들에 초점을 모아야 한다. 텍스트(≒입말·글말의 상의어) 층위에서 저자는 이들 과정을 '서로 얽힌 텍스트 속성intertextuality'으로15) 여긴다(이 책의 §.3-3 과 §.4-1을 참고하기 바람). 텍스트(≒입말·글말의 상의어)는 특정한 방식 으로 접합되고 있는16) 다른 텍스트들을 통해서 구성되어 있는데, 사

---

14) (역주) 푸코(Foucault, 1971; 이정우 뒤치고 해설함, 1993)의 『담론의 질서』(도서출판 새길)로 출간되어 있다. 우리말에서는 특히 하나의 개념처럼 쓰기 위하여 조사를 빼어 버려야 하므로(반대의 경우도 가능한데, 이른바 사이시옷을 더 집어넣기도 함), '담론 질서'나 '담화 질서'처럼 번역해 둔다. 그의 책자들에 대한 번역본 목록은 90쪽에 달아 둔 역주 54를 보기 바란다. 푸코에 대한 논의는 제2장에서 심도 있게 진행된다. 그렇지 만 개인적으로 필자는 여전히 푸코가 궁극적으로 대답해야 할 문제점들이 있으며, 이 를 네 가지 정도로 정리해 보았는데, 437쪽의 역주 257에 적어 두었다.

15) (역주) 덩잇글들이 크든 작든 또는 많은 적든 간에 서로 복잡하게 얽혀 있다는 발상을 담고 있다. 이 생각의 출처는 바흐친(Bakhtin, 1981) 등의 러시아 형식주의자들이, 이미 존재하는 형상을 낯설게 만들어 놓는다는 주장에서 비롯됐고, 크뤼스티붜(Kristeva, 1986a)에서 다시 확립되었다. 페어클럽(Fairclough, 1989; 증보판 2001; 김지홍 뒤침, 2011)의 『언어와 권력』 §.5-8에서 부끄럽게도 필자는 우리말 질서도 무시한 채 축자 번역에만 집착하여 '상호텍스트'라고 뒤쳐 놓았다. 국어교육 전공자로서 이런 '부사 +명사'의 잘못된 구조를 반성하면서, 다시 페어클럽(Fairclough, 2003; 김지홍 뒤침, 2012)의 『담화 분석 방법』 제3장에서는 '서로 얽힌 텍스트 속성'(관형절+명사)으로 우 리말답게 바꿔 놓았다. 비록 미세한 차이이겠지만, 번역은 응당 우리말답게 매끄럽게 이뤄져야 하는 것이다. 일부에서 '사이 간'을 써서 '간텍스트성'으로 번역한 경우도 있 다. 우리말 내포 의미로서 간(間)은 '사이, 틈새' 따위를 가리키므로 자칫 '텍스트 사이 나 틈새'를 가리킬 수 있고, '틈새시장'과 같이 엉뚱한 속뜻을 담을 우려가 크다. 차라리 '겹쳐 읽기'에서와 같이 겹쳐진다는 의미를 살려 번역하는 편이 더 바람직하다(겹쳐진 텍스트 속성).

'discourse'를 담화(譚話)와 담론(譚論)으로 달리 번역해야 하는 분명한 이유가 있다. 이미 『언어와 권력』 §.2-3에서 다뤄졌듯이(또한 그곳의 역주 13도 참고하기 바람), 우연 하게 1회적이며 자의적으로 쓰일 경우에 '담화'로 쓸 수 있고, 이런 사례가 공동체 구성 원들 사이에서 공유되고 반복되어 구현될 경우에는 '담론'으로 쓸 수 있다(본디 연세대 영문과 이원표 교수의 제안임). 따라서 이런 구분에 유의하면서 이것들을 헤아릴 경우, 담화 각 편 하나(또는 한 가지 사례)로 부르고(20쪽의 역주 6 참고), 담론의 한 가지 유형이라고 부르게 된다. 이런 구분은 다시 그대로 practice에도 적용되고, 26쪽의 역주 13에서 다른 use에도 그대로 적용된다. 소문자로 시작하는 practice는 실천 사례 각각을 가리킬 수도 있고, 대문자로 쓸 법한 Practice는 공동체 구성원들 사이에서 관습이나 관례로 익은 실천 관행의 한 유형을 가리킬 수 있는 것이다.

동일한 용어의 혼동을 막기 위하여, 뒷날 저자는 사례 또는 각 편을 소문자 discourse 로 쓰고, 유형을 대문자 Discourse로 쓰자고 제안하였다. 본서가 집필되던 1992년 당시 에는, 그런 절실함이 저자의 머릿속에 서려 있지 않았었기 때문에, 이런 구분이 선명히 도입되어 있지는 않다. 그럼에도 이런 구분은 법학문적 보편성을 지닌다. 특히, 칸토어 (G. Cantor, 1845~1918)는 element(원소)와 set(집합)이라고 하였고, 영미 분석철학을 이 끈 수학자 겸 철학자 뤄쓸(B. Russell, 1872~1970)은 token(개별 사례)과 type(일정한 유형)이라고 불렀다.

16) (역주) articulate의 라틴어 어원은 마디마디 나뉘다(to divide into joints)이며, 사람의

회 환경들에 달려 있고 사회 환경들과 더불어 바뀌는 방식이다. 담론 질서의 층위에서는 한 가지 제도 또는 좀 더 넓은 사회 맥락에서 쓰이는 담화 실천 사례들 사이에 있는 관련성 및 경계선들이 점차적으로 사회 변화의 방향과 일치하는 방식으로 바뀌어져 있다.

네 번째로, 그 접근법은 비판적 방법이 될 필요가 있다. 일반적으로 담론 변화·사회 변화·문화 변화 사이의 연관성들은, 참여하고 있는 사람들한테 쉽고 투명하게 파악되지 않는다. 담화의 가공 기술도 또한 그러하다(≒참여자들도 느끼거나 깨닫지 못함). '비판적'이란 용어의 속뜻은 가려져 있는 연결점 및 원인들을 보여 줌을 가리킨다. 또한 간섭을 함의하기도 하는데, 예를 들어 변화를 통해서 불리한 처지에 내몰릴 가능성이 있는 구성원들에게 해석(해결) 자원을 제공해 주는 것이다. 이런 연관 속에서, 담화로 된 변화의 이미지(심상)를 고작 단순히 일직선으로 된 '위에서 아래로의 처리 과정'처럼 간주하는 일을 피하는 것이 중요하다. 텍스트(≒입말·글말의 상의어)를 구성해 놓는 일 및 담론 질서들을 놓고서 전반적으로 갈등(다툼, 투쟁)이 있고, 구성원들이 위로부터 내려오는 변화들을 거역하거나 또는 순응할 수도 있으며, 또한 고작 그것들과 서로 섞이지 않은 채 꾸준하게 나란히 나갈 수도 있는 것이다(이하에서 §.3-1 후반 논의와 제7장을 보기 바란다).

×   ×   ×

이제 이 개관을 매듭짓기 전에 제3장에서부터 제7장까지 다뤄진 담화상의 변화에 대한 취급 방식을 간략히 소개해 놓기로 한다. 제3장

팔다리처럼 마디마디 나뉘면서도 서로 결합되어 있는 것들을 말한다. 이것이 논리학에 적용되면 도출 과정이 정연하고 분명한 것을 가리키고, 음성학에 쓰이면 마디마디 또박또박 말해 주다(to utter distinctly), 말소리를 또박또박 만들다(조음하다)는 뜻으로 쓰인다. 따라서 속뜻이 '명쾌하다, 똑 부러지다'를 가리킨다. 여기서는 부분이나 마디들끼리 붙어서 하나처럼 되었다는 뜻으로 쓰였기 때문에 '접합되다'로 번역해 둔다. '겹쳐 읽기' 나 '겹쳐서 보기'처럼 비유적으로 쓰인 것이다. §.2-1 (나)의 마지막 단락, §.3-1, §.3-4 (나), §7-4에서도 articulation이 쓰이는데, 그곳들에서는 '명시적 표현'으로 번역했다.

에서는 담화를 놓고서 사회적 견해 및 언어학으로 향한 견해들에 관한 저자의 종합 관점을 제시하였다. 저자가 담화 실천 관행의 차원에서 수행한 분석에 대한 설명은, 서로 얽힌 텍스트 속성이란 개념에 집중되어 있다. 그렇지만 저자가 사회적 실천 관행의 차원에서 수행한 분석에 대한 설명은, '연합·하위집단들 사이의 연계·동의의 제조(산출)'에 근거한 지배 방식이란 의미에서 특히 이념과 패권hegemony, 주도적 지배권이란 개념에 집중되어 있다. 특정한 조직들과 공공기관들과 그리고 사회구조적 층위에서[17] 패권은 담화/담론의 모습으로 생성되고 재생되며 논쟁되고 변형된다. 더욱이 담론 질서들 안에서 특정한 방식으로 담화 실천 관행을 구조화해 놓는 일이, 자연스럽게 느껴지고 널리 받아들여지도록 승리하는 경우에, 그 자체로 (특히 문화적) 패권의 한 형태라고 간주될 수 있다. 사회적 변화 및 문화적 변화와 관련하여, 제3장에 다룬 틀을 담화로 된 변화를 탐구하기 위한 유용한 도구가 되도록 만들어 주는 것이, 바로 서로 얽힌 텍스트 속성 및 패권이란 개념의 결합이다. 주어진 사례에서 이전에 있던 어떤 텍스트(≒입말·글말의 상의어) 및 텍스트 유형이 도입되는지, 그리고 그것들이 어떻게 명시적으로 표현되는지는, 패권 및 패권 투쟁과 관련하여, 해당되는 담화 사태가 어떤 방식으로 수립되는지에 달려 있다. 예를 들어, 기존의 패권 실천

---

17) (역주) 이미 19쪽의 역주 5에서 지적했듯이 영어에서 사회(society)에 대한 형용사는 두 가지로 쓰인다. 하나는 구성원 개체들 간의 관계를 맺는 것으로 social(사교적, 사회적)이란 말로 쓰인다. 다른 하나는 사회 전체를 만들어 주거나 전반적인 얼개를 포착하는 측면에서 societal(사회구조적인, 사회 전반적인)이란 말로 쓰인다. 영어 사전에서는 이런 구분이 표시되어 있지 않으므로, 사회학/사회과학 전공자들도 제대로 설명해 주기 쉽지 않다. 그렇지만 현재 두 갈래로 나뉜 사회학 연구를 주목하면, 두 개의 꾸밈말의 차이를 분명히 붙잡을 수 있다. 하나는 상호작용 사회학으로 불리고(인문학적 전통), 다른 하나는 구조적 사회과학으로 불린다(자연과학적 전통). 전자의 연구 방법은 해석적 연구 또는 질적 연구(현학적인 일본말로는 정성적 연구)로 불리고, 후자는 통계적 연구 또는 양적 연구(현학적으로 정량적 연구)로 불린다. 본문에서 쓰인 꾸밈말 societal은 사회구조적 연구이며, 통계적 연구를 도구로 삼는 연구이다. 저자는 사회의 구조적 변화 또는 사회 질서의 변화를 담론상의 변화로 추적하고 있다. 따라서 의도적으로 꾸밈말을 거의 societal(사회구조적인, 사회 전반적인)로 쓰고 있는데, 이 점을 드러내기 위하여 '사회구조적'이라는 꾸밈말로 번역해 둔다.

관행 및 관계들과 맞서서 서로 겨루고 있는지, 아니면 반대로 기존의 것들을 마치 이미 주어져 바뀔 수 없는 것으로 여기는지 여부에 달려 있는 것이다. 제3장에서 논의된 담화상의 변화에 대한 접근은 두 가지 견해를 결합해 놓았다. 바흐친Bakhtin, 1895~1975(1981년 영역본, 1986년 영역본)에서 비롯되어 크뤼스티붜(Kristeva, 1986a)의 서로 얽힌 텍스트 속성이란 개념으로부터 끌어들인 것으로서 텍스트와 담화로 된 실천 관행에 대한 견해 및 그뢈씨Gramsci, 1891~1937(1971년 영역본)와 뷔씨-글뤽스만(Buci-Glucksmann, 1980년 영역본)에서 끌어들인 것으로서 권력에 대한 견해이다.

제3장의 틀은 이어지는 장들에서 더욱 가다듬어져 있다. 제4장에서는 서로 얽힌 텍스트 속성이란 개념을 '선언문'의 서로 얽힌 텍스트 속성(덩잇글 속에 분명히 다른 텍스트들의 출처에 대하여 밝혀 줌) 및 '서로 얽힌 담화 속성'(텍스트 유형이나 담화 관습들에 대한 임의의 형상으로부터 가져오면서 출처를 안 밝힌 텍스트의 구성체) 사이에 있는 구분에 비춰 보면서 받아들인다. 저자는 '갈래genres', '담화discourses', '표현 방식styles, 표현 모습', '활동 유형activity types'들을 서로 다른 종류의 담화 관례들로 구별해 주는 방식과 연관 짓는 길을 한 가지 제안한다. 제4장에서는 또한 텍스트(≒입말·글말의 상의어)의 사회적 분포와 텍스트가 겪는 변형 모습들과 관련하여, 그리고 담화로 이뤄진 사회적 정체감의 구성물과 관련하여, 서로 얽힌 텍스트 속성을 다루었다.

제5장과 제6장에서는 텍스트(≒입말·글말의 상의어) 분석에 강조점이 놓여 있다. 이 두 장에서는 낱말·문법·결속성·덩잇글 구조·힘·일관된 덩잇글 연결 속성의 여러 측면을 언급하였다(이들 용어의 정의는 §.3-2와 §.3-3을 보기 바람). 또 여러 기능 복합체로서 담화 분석에 대한 견해도 발전시킨다. 제5장에서는 주로 사회적 정체성 및 사회관계를 구성해 놓는 담화의 기능에 관심을 기울였지만, 제6장에서는 담화로 이뤄진 지식 및 믿음 체계들을 구성해 놓기·재생산하기·변화시키기에 초점을 맞추었다.

제7장에서는 담화/담론의 사회적 실천 차원에 강조점을 둔다. 특히 오늘날의 담론 질서들에 영향을 주고 있는 어떤 광범위한 변화의 경향들과 그것들의 사회 및 문화 변화에 대한 관련성이다. 전자의 경향으로 담화에 대한 '민주화 실천democratization', '판매용 상품으로 만들기 commodification', '가공 기술technologization'들이 다뤄졌다.

제4장에서부터 제7장까지 변화에 대한 분석은 담화 표본들을 자세히 분석하면서 일정 범위의 영역 및 제도들의 특징을 부각시키고 있다. 제4장에서 언급된 한 가지 논제는 대중매체가 사회생활의 공적 영역 및 개개인의 사적 영역들 사이에 있는 경계선을 바꿔 놓는 방식이다. 이 논의는 개개인 사생활의 측면들을 공적인 뉴스처럼 보도하는 일과 같이, 대중매체의 담화에서 다룰 주제 내용들에 관한 물음을 포함할 뿐만 아니라, 개개인의 사적 영역에 대한 담화 실천 관행을 공적 영역의 것과 뒤섞어 버리는 일에서 드러나는 서로 얽힌 텍스트 모습으로도 입증된다. 결과적으로 대중매체의 일부 영역들은 대중 연설의 상투적 내용을 이용하는 셈이다. 또 다른 논제는 자신들의 건강 복지제도service를 물품처럼 취급하고 의뢰인(고객, 410쪽의 역주 244를 보기 바람)들을 소비자처럼 여기도록 강요하는 건강 복지 산업에 대한 압박인데, 이는 정보 제공 및 상품 광고에 대한 담화 실천 관행들이 혼합되어 있는 모습으로 분명히 드러난다. 의사와 환자 관계에다 초점을 모으면서, 제5장에서는 전문직 노동자들과 그들의 의뢰인(고객)들에 대한 사회적 정체성에 있는 변화, 그리고 양자 사이에 있는 상호작용의 본질에 드러난 변화를 논의한다. 저자는 의사와 환자의 정체성 및 관계들에 있는 변화가, 사뭇 격식 갖춘 진료 상담 모습에서 동떨어져 나와, 좀 더 대화를 통한 상담 모습의 전환으로 구현되어 있다고 제안하였다. 곧, 상담의 담화 관례가 좀 더 전통적인 진료 과정 속으로 맞물려 들 수 있는 것이다. 제6장에서는 두 종류의 산모(임산부) 태교 책자로부터 표본 담화를 가져 왔는데, 서로 대조되는 태교 과정들의 표상을 예시해 준다. 이어서 문화적 변화의 효과까지 시도하는 일부

노력으로서 의미 변화에 대한 가공 기술을 논의하는데, '기업 문화'라는 주제를 놓고서 특히 영국 대처Thatcher, 1925~2013 정부(1979~1990년 동안의 11년)의 어느 장관이 행한 연설들을 언급하게 될 것이다. 제7장에서는 판매용 상품으로 만들기라는 주제 및 정보 제공과 상품 광고의 뒤섞임이라는 주제로 다시 되돌아가는데, 이번에는 어느 대학의 「요람」을 표본으로 이용하면서 교육의 문제를 언급한다.

이 책의 목적들 중 한 가지는 독자들에게 담화 분석이 실행해야 할 흥미로운 종류의 분석임을 느끼게 하고, 독자들에게 담화 분석을 실행하기 위한 자원들을 제공해 주려는 것이다. 이 책의 마지막 장인 제8장에서는 담화 분석을 실행하기 위하여 일련의 안내 지침 모습으로 제3장으로부터 제7장까지 소개된 자료들을 함께 끌어들인다. 이들 안내 지침에서는 텍스트(≒입말·글말의 상의어)들을 수집하고 녹취 기록(전사)하며 식별 부호를 부여하는 일을 다루었으며, 그 결과들뿐만 아니라 또한 분석을 이용하는 일도 함께 논의하였다.

제1장 담화 분석에 대한 여러 가지 접근법

§.1-0 도입

제1장에서 저자의 목표는, 제3장으로부터 제8장까지 다뤄진 저자의 접근법을 세밀히 가다듬기 위한 맥락 및 토대로서, 담화 분석에 관한 최근 여러 가지 현행 접근법들을 간략하게 서술하려는 것이다. 이제 담화 분석은 다양한 접근법들을 지니고서 아주 차이가 나는 연구 영역이 되었는데, 각 접근에서 다수의 학문영역을 끌어들인다(몇 가지 다양성이 van Dijk, 1985a에[18) 제시되어 있음). 제1장에서 여러 접근

---

18) (역주) 네덜란드 사람이므로 van을 '폰'으로(영어로는 '뵌', 가령 뵌-리우어언) j의 역행
동화로 '대익'으로 소리가 난다(폰대익). 순수 담화 전개 쪽으로 1980년 『거시구조: 전
반적 구조에 대한 여러 학문적 연구』(Lawrence Erlbaum)로 명성을 얻고, 다시 미국 언
어심리학자 킨취(W. Kintsch)와 1983년 『담화 이해의 여러 전략』(Academic Press)으로
탄탄한 담화 연구자로서의 토대를 구축하였다. 본문에서 인용한 책은 4권의 총서로
간행된 『담화 분석 소백과』(Academic Press)이며, 1997년 2권으로 된 『담화 연구: 여러
학문들을 아우르는 개관』(Sage)을 엮었고, 2007년 5권의 총서로 된 『담화 연구들』(Sage)
에서는 이미 발표된 여러 학자들의 글 중 79편의 수작들을 한데 모아 엮어 놓았다.
　그가 순수언어학에서 어떤 계기로 왜 비판적 담화 분석으로 전환하게 되었는지를
밝힌 2004년 "텍스트 문법으로부터 비판적 담화 분석에 이르기까지"라는 자서전 형식

법들에 대한 검토는 따라서 불가피하게 선택적으로 이뤄진다. 저자는 어느 정도 언어 텍스트에 대한 세밀한 분석을 담화에 대한 사회적 지향 방식과 결합해 놓은 일곱 가지 접근법(푸코의 업적도 같이 포함한 숫자)을 선택하였다. 이 선택은 텍스트 분석과 다른 모습의 사회적 분석을 효과적이고 유용하게 결합하는 일을 이뤄내려고 하는 저자의 목표와 같은 방향이며, 더 뒷장들에서도 계속 다뤄지고 있다. 또한 특히 이 책자에서 저자가 최우선적으로 고려하고 있는 성격과 가장 긴밀한 여러 측면들에 초점을 모으면서, 선택적으로 일곱 가지 접근법을 다뤄나가기로 하겠다.

여기서 다뤄진 접근법들은 담화에 대한 사회적 지향점의 본성에 따라서 두 가지 집단으로 나뉠 수 있는데, '비판의식 결여non-critical' 접근 및 '비판적' 접근으로 나누는 것이다.19) 이런 구분이 절대적인 것은

의 글은 감명이 깊다. 그의 누리집(http://www.discourses.org)에서 내려받기 바란다. 최근 나온 다음 책자들도 번역될 필요가 있다. 2008년『담화와 맥락: 사회인지적 접근』(Cambridge University Press), 2008년『담화와 권력: 비판적 담화 연구에 대한 기여』(Palgrave-MacMillan), 2009년『사회와 담화: 맥락들이 텍스트와 이야기에 영향을 주는 방식』(Cambridge University Press), 2014년『담화와 지식: 사회인지적 접근』(Cambridge University Press) 등.

19) (역주) 저자가 출간해 온 비판적 담화 분석의 책자들에 대한 일련의 비판이 줄곧 의사소통 중심 언어교육(communicative language teaching, CLT)로 불리는 흐름을 주도하고 있는 학자 위도슨(Widdowson) 교수에 의해서 서평의 형식으로 제기된 바 있다. 이 책에 대한 신랄한 서평도『응용언어학』(Oxford University Press) 제16권 4호(510~516쪽)에 실려 있다(뒤쪽에 있는 필자의 해제를 참고 바람). 그렇지만 필자는 두 학자가 서로 다른 측면에 집중하고 있기 때문에 생긴 견해 차이로 본다. 필자는 언어교육이 발전해 온 역사가 그대로 두 영역으로 대분되는데,「자아실현 영역」은 위도슨이 주장하는 순수히 담화 전개 방식에 대한 지식을 얻는 일에 해당하고(비판의식이 결여된 접근, 기계적인 접근),「사회공동체의 책무를 깨닫는 일」은 페어클럽이 주장하는 사회적 관계 속에 있는 책임과 의무를 터득하는 일에 해당한다(비판적 접근, 가치 지향 접근). 필자가 염두에 두고 있는「언어교육의 갈래」를 아래에 도표로 제시해 두는데, 또한 383쪽의 역주 232와 416쪽의 역주 249도 함께 보기 바란다.

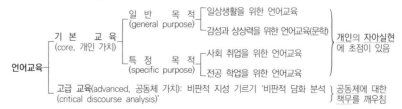

아니다. 비판적 접근 방법들은 담화 실천 방식들을 서술하는 일에서
뿐만 아니라, 또한 권력 및 이념의 연관 속에서, 그리고 사회적 정체
성·사회적 관계·지식 체계와 믿음 체계들을 놓고서 담화가 지닌 구성
적 효과와의 연관 속에서, 담화가 어떻게 형태가 만들어지는지를 보
여 주는 일에서도 비판의식이 결여된 접근 방법과 서로 차이가 나지
만, 이런 것들이 어떤 것도 흔히 담화 사용 참여자들에게 명백하게
드러나 있지 않는 법이다. 저자가 기본적으로 비판의식이 결여되었다
고 언급하는 접근법(≒언어 표현들의 연결만 기계적으로 실행해 가는 일)
은 다음과 같이 네 가지 흐름이다.

① 싱클레어·쿨싸드(Sinclair and Coulthard, 1975)에서 다뤄진 교실수업 담
   화를 서술하는 얼개
② 미시사회학의 한 갈래로서 '대화 분석'에서 이뤄진 하위문화(소집단) 관
   찰-해석 방법의ethnomethodological 접근 작업
③ 레이보프·뢴셸(Labov and Fanshel, 1977)에서 다뤄진 심리치료 상담 담
   화를 위한 모형
④ 사회심리학자 포터·위써뤨(Potter and Wetherell, 1987)에서 발전된 담화
   분석에 대한 최근의 접근법

비판적 접근법으로 저자가 포함시킨 것은 다음과 같다.

⑤ 퐈울러 외(Fowler et al., 1979)의 '비판적 언어학'
⑥ 뻬슈(Pêcheux, 1982)에서 다뤄졌듯이, 이념에 대한 알튀쎄르(Althusser,
   1918~1990; 181쪽의 역주 118 참고)의 이론에 토대를 두고 발전한 담화
   분석에 대한 프랑스 학자들의 접근

제1장에서는 이런 문헌 연구로부터 이끌어낸, 담화 분석에 있는 핵심
논제들에 관하여 요약을 하면서 매듭을 짓는다. 이는 제3장에서 저자

자신의 접근법을 제시하기 위한 출발점으로 기여할 것이다.

§.1-1 초기 담화 연구에서 싱클레어Sinclair와 쿨싸드Coulthard

싱클레어·쿨싸드(Sinclair and Coulthard, 1975[20]); 그리고 또한 Coulthard, 1977)에서는 담화 분석을 위한 일반적인 서술 체계를 찾아내는 일을 목표로 삼아 작업을 하였는데, 그들은 교실수업에 초점을 모으는 결정을 내렸다. 왜냐하면 수업은 격식 갖춘 상황으로서 그 담화 실천 관행이 명백한 규칙들에 의해 지배될 것 같았기 때문이다. 그들의 서술 체계는 서로 간에 대등한 연관성을 유지하는 것으로 간주되는 단위들에 토대를 두고 있는데, 핼리데이(Halliday, 1961)의 체계-기능 문

---

20) (역주) 싱클레어(John Sinclair, 1933~2007) 교수는 전산 처리된 말뭉치(담화 뭉치)를 이용하여 코빌드(COBUILD, *Collins Birmingham University International Language Database* 의 첫글자 모음) 사전의 편찬을 주도한 업적으로 이름이 높다. 그에게 헌정된 책자로 베이커 외 엮음(M. Baker et al., 1993)의 『텍스트와 가공 기술, 쫀 싱클레어를 기리며(*Text and Technology, In Honour of John Sinclair*)』(John Benjamins, 17편의 글이 실림)와 헙스트 외 엮음(T. Herbst et al., 2011)의 『언어에 대한 구-결합론 관점: 쫀 싱클레어에게 바침(*The Phraseological View of Language: A Tribute to John Sinclair*)』(De Gruyter Mouton, 16편의 글이 실림)이 있다.

특이하게 싱클레어 교수는 낱말들이 이어져 있는 이음말이 미리 짜여 머릿속에 보관 되어 있는 기본 단위(preconstructed units)로 여기는데, 여기에 관용적 결합 원리(idiom principle)가 작동한다. 이 기본 단위는 다시 결합을 통하여 더 큰 형식으로 나오고, 개방 적 선택 원리(open-choice principle)에 따르게 되며, 문장 이상의 단위까지 만들어 내는 것으로 보았다. 그렇지만 이는 논리학·수학·심리학·참스키 언어학 등에서 공통적으로 상정해 온 절(clause) 단위 또는 최소 단언문(proposition, 명령문으로 된 표제를 뜻하는 일본어 '명제'는 잘못 만들어졌음) 입장과는 대립된다. 그는 언어 전개 구조를 소쉬르 처럼 그대로 일직선(linear)으로 봤는데, 이 또한 계층성(hierarchy)이 기본속성임을 밝 힌 참스키 교수의 업적과도 대립된다. 영국의 언어학자답게 언어교육에도 각별히 관심 을 쏟아 왔으며, 다음 다섯 권의 책에서 그의 주장을 읽을 수 있다.

① 1991년 『말뭉치·용례·이음말(*Corpus, Concordance, Collocation*)』(Oxford University Press)

② 2003년 『담화 용례들을 해석하기(*Reading Concordances*)』(Pearson-Longman)

③ 2004년 『텍스트를 신뢰하라(*Trust the Text*)』(Routledge)

④ 2004년 싱클레어 엮음 『언어교육에서 전산 처리된 말뭉치를 이용하는 방법(*How to Use Corpora in Language Teaching*)』(Jon Benjamins)

⑤ 2006년 『일직선으로 연결된 단위 문법(*Linear Unit Grammar*)』(John Benjamins)

법에서 다룬 초기 단위들이다. 단위들에 관한 '등급 눈금'도 있었는데, 더 낮은 등급의 단위들로 이뤄진 더 높은 등급의 단위들을 담고 있었다. 따라서 문법 측면에서 보면, 하나의 문장이 절들로 구성되어 있고, 절들이 다시 낱말 모둠으로 만들어져 있다는 따위이다. 비슷하게 교실수업 담화에서도 다음처럼 다섯 단위의 하향 등급이 설정되었다.

① 전체 수업lesson
② 교사의 전달 내용transaction
③ 교사와 학생 간의 주고받기exchange
④ 수업 전개move, 수업 진행 움직임
⑤ 행위act21)

여기서 전체 수업은 교사의 전달 내용들로 이뤄지고, 이는 다시 교사와 학생 간의 주고받기에 의해 구성된다는 따위이다.

싱클레어·쿨싸드(Sinclair and Coulthard, 1975)에서는 '전체 수업'에 대하여 언급한 것이 거의 없으나, 실제로 교사의 수업 내용transaction, 전달 내용에 대한 분명한 구조를 제시해 놓았다. 수업 내용은 교사와 학생 간의 주고받기(≒가령, 교사 질문에 대한 학생 답변 따위)들로 구성된다. 서로 주고받기는 경계지점의 교환들로 시작되고 종결된다. 이는 또 다른 수업 전개와 더불어 또는 그런 수업 전개가 이어지지 않은 채, 최소한 '수업 전개의 틀 잡기framing moves'로 구성된다. 예를 들어

---

21) (역주) act(낱개의 행위, 행위 단위)는 자유의지를 지닌 인간이 우정 일으키는 최소 단위의 사건이다. 이런 낱개의 행위들이 어떤 목적을 위하여 일관되게 모이거나 누적될 경우에 action(일련의 행위)이라고 부른다. 흔히 낱개의 행위는 점과 같은 존재로 비유되고, 일련의 행위는 시작과 중간과 끝이 있는 선분으로 비유된다(135쪽의 역주 81을 참고 바람). 뒷사람들이 편집한 696쪽에 달하는 미이드(G. H. Mead, 1938)의 『행위의 철학(The Philosophy of the Act)』(University of Chicargo Press)이 고전이다. 미이드는 미국 실용주의를 창시한 듀이의 친구이며, 미시사회학(시카고학파)의 창시자로 칭송된다.

Well, today I thought we'd do three quizzes

(자, 오늘 선생님은 우리가 쪽지 시험을 세 번 치를 거라고 생각했어요)

라는 발화는 ㉠ 수업 전개에서 틀 잡기('well' 자, 주목하세요!)와 ㉡ 전체 학생들에게 수업 내용이 무엇에 대한 것이 될지를 말해 주는 '초점 모으기focusing'로 이뤄져 있다. 경계 지점 교환들 사이에는 흔히 일련의 '정보 말해주기', '지시하기', 학생들로부터 반응 '이끌어내기'가 있는데, 일반적으로 교사에 의해서 각각 진술과 요구(또는 명령)가 이뤄지고, 학생들이 대답해야 할 질문도 던져진다.

한 가지 유형의 교환이 지닌 구조를 살펴보기로 하겠는데, 학생들로부터 뭔가를 이끌어내는 교환이다. 전형적으로 세 가지 진행 단계로 이뤄지는데, '개시하기'와 '반응'과 '되점검'이다. 예를 들어

> 교사: Can you tell me why you eat all that food?
>
> (여러분은 저기 있는 모든 음식을 다 먹어야 하는 이유를 말해 줄 수 있나요?)
>
> Yes!
>
> (예, 저쪽 학생)
>
> 학생: To keep you strong.
>
> (우리 몸을 튼튼하게 하려고요)
>
> 교사: To keep you strong. Yes. To keep you strong.
>
> (우리를 튼튼하게 하려고. 그렇죠. 우리를 튼튼하게 하려고)
>
> Why do you want to be strong?
>
> (왜 여러분은 튼튼해지기를 원합니까?)

교사의 첫 번째 기여는 수업을 시작하는 움직임이고, 학생들의 기여는 대답이다. 교사의 두 번째 기여는 첫 번째 줄에 있는 되점검이다. 두 번째 줄은 또 다른 수업 개시 움직임이다. 한 가지 기여('발화')가

둘 이상의 수업 진행으로 이뤄질 수 있음에 주목하기 바란다. 일관되게 되점검을 제시하는 일은, 교사들이 학습자의 기여 정도를 평가할 권한을 가졌음을 전제로 하고(학생들이 거의 수업 상황을 벗어난 그런 말을 하려고 위험을 감수하지 않을 것임), 대부분의 교실수업 담화가 학습자들이 아는 바를 검사하는 일과 학교 당국에 의해 마련된 기준들에 따라서 유관한 내용들을 말하도록 연습시키는 일에 관련되어 있음을 보여 준다.

수업 진행 한 장면은 하나 또는 둘 이상의 낱개 행위들로 이뤄져 있다. 싱클레어·쿨싸드(Sinclair and Coulthard, 1975)에서는 교실수업 담화를 위하여 22가지 행위들을 구별해 놓았다. 그중 일부(아마 학습자가 손을 번쩍 쳐듦으로써 대답할 권리를 얻고자 하는 경우에 그 학생을 '지명'하는 일 따위)는 이런 교실수업 담화 유형에만 아주 특정적이다. 다른 유형들은 훨씬 덜 그러하다(≒그렇지 않다). 예를 들어, 학생과 주고받기를 이끌어내는 일로 이뤄진 수업 개시 움직임은 '유도하기'를 포함하지만, 반면에 학생에게 교사와 주고받기를 지시하는 수업 개시 움직임은 '명령문'을 담고 있다.

낱낱의 행위들은 문법 형식의 범주에 속하는 것이 아니라 행위 기능의 범주에 속하며, 주요한 논제는 행위들 및 문법의 형식적 범주들 사이의 관련성이다. 이 논제는 화용론에서 많은 관심을 받아 왔는데, 레뷘슨(Levinson, 1983)[22]과 리이취·쏘머스(Leech and Thomas, 1989)를

---

22) (역주) 이 책은 이익환·권경원 뒤침(1992)의 『화용론』(한신문화사)으로 번역되었고, 지금도 여전히 많이 읽히고 있다. 영국인 저자 레뷘슨(S. C. Levinson, 1947~)은 영국 케임브리지 대학을 졸업한 뒤 미국 캘리포니어 대학 버클리 분교에서 '언어 인류학' 분야에서 박사를 받았다. 현재 네덜란드 나이메이흔(Nijmegen) 언어심리학 막스 플랑크 연구소(Max Planck Institute for Psycholinguistics) 소장으로 재직하고 있다(http://www.mpi.nl/people/levinson-stephen). 유명한 상호작용 사회학자 검퍼즈(John Gumperz, 1922~2013; 1982년 『Discourse Strategies』, Cambridge University Press)와 공동 연구를 하면서 이 책의 §.5-3 정중함(politeness, 격식 갖춤)에 대한 중요한 기여로부터 시작하여, 여러 가지 업적들을 쌓아 왔다. 최근 2001년 『언어 습득과 개념 발달』(MIT Press), 2006년 『진화와 문화』(MIT Press), 2006년 『공간에 대한 문법들』(Cambridge University Press), 2012년 『언어·사고·실재』(MIT Press) 등이 나왔다. 협소하게 언어만 다루는 것이 아니라, 인지·심리·진화·개념 발달 등에 이르기까지 관심의 폭이 아주 넓으며, 결출

보기 바란다. 단순히 기계적인 응답이란 존재하지 않음이 잘 알려져 있다. 예를 들어,

Can you close the curtains?
(창문 가리개들을 내려 줄 수 있겠니?)

라는 의문문('문법 범주상의 물음')이 간접적인 명령뿐만 아니라 유도하기로도 쓰일 수 있다. 또한 가령,

The curtains aren't closed
(창문 가리개들이 닫혀져 있지 않네)

라는 서술문('문법 범주상의 진술')도 간접적인 명령이나 유도하기 중 어느 하나가 될 수도 있으며, 아니면 '정보 관련' 행위가 될 수도 있다. 즉, 꼭 닫아 놓도록 요구하는 것일 수도 있고, 내 말을 듣고 있는 누군가에게 가리개들을 내려서 닫아 놓도록 명령하는 것일 수도 있고, 안 닫혀 있다는 정보를 전해 주는 것일 수도 있다. 싱클레어·쿨싸드(Sinclair and Coulthard, 1975)에서는 임의의 문장(또는 발화)이 특정한 대목의 담화에서 어떤 기능을 지니는지 결정하기 위하여 그들이 '상황situation'과 '전략tactics'으로 부르는 바를 언급한다. 전자는 관련된 상황 요소들을 들여온다. 가령, 학습자들이 교실수업에서 떠드는 일이 금지되어 있음을 알고 있다면, 교사로부터 나온 "You are talking계속 떠들고 있구나!"라는 서술문은 아마 멈추라는 명령으로 해석될 것이다. 레이보프·퓐셸(Labov and Fanshel, 1877, 아래 논의 참고)과 싱클레어·쿨싸드(Sinclair and Coulthard, 1975)에서는 문장의 언어 형식 및 상황 요소를 둘 모두 설명해 주는 해석 규칙들을 제안하였다. '전략'들은 관련된 문장의 해석 상

한 '인문학 대가' 중 한 사람이다.

담화에 있는 임의 문장의 연결체 속 위치에 대한 영향을 다루게 된다. 예를 들어, 주고받기를 유도하는 일련의 의사소통(즉, 의사소통 개시 움직임을 기대할 만한 경우임)에서 되점검 뒤에 발화된

Perhaps it's different from the woman's point of view
(아마 여성이 지닌 관점과는 차이가 있겠지요)

라는 서술문은, 가장 강력한 단정문의 기능이 유도하기가 아니고, 가장 강력한 유도하기 기능은 의문문 형식이라는 엄연한 사실(즉, "…를 말씀해 주시겠습니까?" 따위)에도 불구하고, 유도하기 기능으로도 해석될 것 같다.

싱클레어·쿨싸드(Sinclair and Coulthard, 1975) 얼개의 강점은, 개척자의 길을 나서서 대화에 대한 체계적인 조직화 속성들에 관심을 이끌어내고, 그 속성들을 서술해 주는 방식을 제공해 주었다는 점이다. 그 한계는 담화에 대하여 발전된 사회학적 지향 방향이 결여되어 있고, 그런 해석에도 충분히 주목하지 못하였다는 점이다. 이들 한계는 자료의 선택과 연관될 수 있다. 전통적으로 교사 중심의 교실수업 담화 양상에만 집중하였으며, 그들이 다룬 자료가 현행 교실수업 실천 관행의 다양성을 반영해 주지 못하기 때문이다. 이는 교실수업 담화를 실제적인 모습보다 좀 더 (차이가 없이) 등질적인 것으로 만들고, 그것만이 오직 유일한 실천 방식인 듯이 만듦으로써, 지배적인 실천 방식들을 자연스러운 것인 양 왜곡한다. 대안이 되는 다른 수업 실천 방식들과 경합하는 과정을 통하여 거기 도입된 것으로서가 아니라, 특정 이념들(가령 학습 및 학습자들에 대한 여러 관점)과 더불어 '탐구되어야' 할 대상(§.3-4 (가)항을 보기 바람)으로서가 아니라, 그리고 사회 속에서 특정한 권력 관계를 유지하는 데 도움을 주는 것으로서가 아니라, 오히려 그런 실천 모습을 단순히 애초부터 교실수업 '거기'에 있는 듯이 제시하여 서술을 가능하도록 만든다. 요약하면, 권력 관계가 담화 실

천 관행을 어떻게 모습지어 주는지를 살펴보지 못함으로써, 그리고 교실수업 담화를 역사적으로 사회 갈등과 변화의 과정 속에서 자리매김해 주지 못함으로써, 싱클레어·쿨싸드(Sinclair and Coulthard, 1975) 접근법은 발전된 사회학적 지향 방향을 결여하고 있다. 현재 교실수업 실천 관행의 두드러진 특징 한 가지는 그 다양성이다. 이들이 서술해 놓은 전통적인 교실수업 담화가 왜 일방적으로 강압적인 흐름 아래 놓여 있으며, 무엇이 위기에 처해 있는지를 알고 싶을 것이다.

해당 자료의 동질성은 또한 교실수업 담화의 양면성 및 가능한 해석들의 다양성으로부터 멀리 떨어져 있고, 그런 측면에 더 이상 관심을 두지 않는다. 쿨싸드(Coulthard, 1977: 108)에서 가져온 다음 사례를 살펴보기 바란다.

교사: What kind of person do you think he is?
(여러분은 그 사람이 어떤 부류의 사람이라고 생각하나요?)
Do you ― what are you laughing at?
(여러분은 ― 왜 웃고 있는 거니?)

학생: Nothing.
(아무것도 아니에요)

교사: Pardon?
(뭐라고?)

학생: Nothing.
(아무것도 아니라구요)

교사: You're laughing at nothing, nothing at all?
(자네가 아무것도 아닌 걸 놓고 웃는다고, 아무것도 아닌 걸?)

학생: No.
(예 그래요)
It's funny really 'cos they don't think as though they were there they might not like it and it sounds rather a pompous attitude.

(사실 웃기잖아요 왜냐면 마치 자기네가 거기 있었고 자기들이 안
좋아할 것처럼 생각지도 않으니까 말이에요 그러니 아주 잘난 척하
는 거로 들리거든요)

싱클레어·쿨싸드(Sinclair and Coulthard, 1975)에서는 이 대화를 수업 상
황을 오해하고 있는 학습자의 입장에서 바라보는데, 따라서 웃고 있
는 학생에 대한 교사의 물음을 훈육(≒실없는 웃음을 삼가도록 가르침)
으로 여기기보다, 오히려 의도를 지니고서 웃는 이유를 캐묻는 대화
로 잘못 여기고 있는 것이다. 그러나 그런 사례들도 또한 교실수업
담화의 잠재적 이종성heterogeneity, 뒤섞임, 즉, 학교의 교실수업에서 일어
날 수 있는 담화 목록에 대한 다양한 공존 속성을 가리키는 것이며,
텍스트(≒주로 입말)의 산출 주체와 해석 주체가 설명해 주어야 하는
대상이다. 이는 해석 및 산출 두 측면을 모두 가리키는 담화 처리 과정
에 주의를 기울여야 함을 함의하지만, 반면에 비록 '전략tactics'이라는
범주가 해석에 관심을 쏟음을 뜻할 수도 있겠지만, 싱클레어·쿨싸드
(Sinclair and Coulthard, 1975)에 있는 강조점은 담화 산출물로서 텍스트
(≒주로 입말)에만 놓여 있다. 이는 분석 주체로서 자신들의 입지에 문
제를 일으키는데, 분석에서는 막 텍스트를 서술하는 것을 넘어서서
오히려 텍스트를 해석해야 하는 것이기 때문이다. 자신들의 담화 자
료를 서술해 놓는다고 단언하면서도, 실제로 싱클레어·쿨싸드(Sinclair
and Coulthard, 1975)에서는 그것을 교사를 향해 답변을 요구한 방식으
로만 자료를 해석하고 있는 것은 아닐까? 예를 들어, 교사로부터 나온
두 가지 속뜻의 질문(≒① 실없는 웃음 금지, ② 웃는 이유에 대한 해명)에
대답하면서, 아마 명령문(≒금지 명령)이 아닌 것으로 파악하지 못하
고, 오히려 해당 학생이 교사의 말을 '오해하고' 있는 것(≒웃는 이유
해명하라는 요구)으로만 여긴 것이다. 이어진 답변 'nothing아무것도 아니에
요'도 또한 중의적인데, 이 말이 "저는 여기서 선생님한테 무엇 때문에
제가 웃는지를 말해 줄 수 없어요I can't tell you what's making me laugh here"를

의미할 수 있기 때문이다. 이 점은 해당 분석 얼개에 또 다른 문제를 제기하게 된다. 그들이 채택한 얼개는 발화의 기능들에 대한 결정을 강요하지만, 반면에 최근 화용론의 업적(Levinson, 1983; 이익환·권경원 뒤침, 1992)에서 잘 보여 주듯이, 발화는 해석 주체들에게 단지 애매하다기보다 오히려 자주 실질적으로 이중적 속뜻으로 읽히기 때문이다. 다시 말하여, 그 뜻이 명백히 하나로 결정될 수 없는 경우들이 있는 것이다.

§.1-2 소집단 관찰해석 방법으로서의 대화 분석

대화 분석CA, conversational analysis은 스스로 '소집단 관찰해석 방법론자 ethno methodologists'로23) 부르는 한 무리의 사회학자들에 의해 발전되어 온 담화 분석이다. 소집단 관찰-해석 방법론은 일상생활에 초점을 모으며, 사람들이 일상생활(≒사회관계)을 만들어 가기 위해 이용하는 방법들에 초점을 모으는 사회에 대한 해석적 접근이다(Garfinkel, 1967; Benson and Hughes, 1983). 소집단 관찰-해석 방법론에서는 주류 사회학의 중심 관심 사항인 사회계층·권력·이념과 같은 개념들의 사용이나 논의처럼

---

23) (역주) 한 집단의 사람을 일컫는 'ethno'는 하위문화 집단이나 작은 집단(소집단)을 가리킨다. 그러나 일본에서 엉뚱하게도 민족이나 민속으로 번역하여 쓰면서도 틀렸다는 반성도 하지 않아 어리둥절하게 만든다. 일부 사회학 책에서도 왜곡된 일본 말을 맹종하는 경우가 있어서 안타까울 뿐이다. 아마 한자말의 뜻을 새기지 못한 결과일 듯하다. 여기서는 '소집단 관찰-해석 방법론'으로 번역해 둔다. 이 영역의 상위 개념은 사회학의 해석적 방법론 또는 질적 방법론이며, 작은 사회학이나 상호작용 사회학으로도 불린다. 먼저 대상으로 삼은 소집단을 관찰하고 기록한 다음에, 그 자료들에서 이어지는 일련의 사건이나 행동들을 놓고서 일관성 있는 해석 방식을 찾아내는 일이다. 뤗저(Ritzer, 2000 제5판; 김왕배 외 14인 뒤침, 2004: 제11장)의 『사회학 이론』(한울출판사) 제11장(민속방법론)에 보면 가핑클로부터 비롯되며 짐머만의 제도 연구와 색스의 대화분석을 소개하였다. 또 터너(Turner, 1997 제6판; 정태환 외 4인 뒤침, 2001)『현대 사회학 이론』(나남) 제31장(민속방법론의 도전)에서는 조금 범위를 넓혀, 블루머의 상호작용 사회학과 슈츠의 현상학적 사회학과 고프먼의 연극적 관점까지도 포괄하여 언급하고 있다.

일반 이론을 피하려는 경향이 있다. 일부 소집단 관찰–해석 방법론 연구자들은 대화에 그리고 대화 연구자들이 대화를 산출하고 해석하기 위하여 쓰는 방법론에 특별한 관심을 지니고 있다(Schenkein, 1978; Atkinson and Heritage, 1984). 대화 분석 접근에서는 비록 일부 최근 업적에서 권력 비대칭성이 좀 더 분명하게 드러나는 담화의 제도적 유형들로 관심을 바꿨지만(Button and Lee, 1987), 주로 대등한 관계의 사람들 사이에서 일어나는 비–격식적 대화(가령, 전화 통화)에 집중해 왔다. 대화 분석은 담화 처리 과정을 강조함으로써, 따라서 해석은 물론 산출에도 더 관심을 쏟음으로써, 싱클레어·쿨싸드(Sinclair and Coulthard, 1975) 접근법과 대조를 보인다. 그렇지만 아래에서 논의되어 있듯이, 해석 및 처리에 대한 그 뜻잡이가 협의의 내용이나, 대화 분석이 텍스트(늑주로 입말)에 있는 구조를 찾아내는 일에 방향을 맞춘다는 점에서, 싱클레어·쿨싸드(Sinclair and Coulthard, 1975)와 서로 비교될 수 있다.

대화 분석 연구자들은 다양한 측면의 대화에 대한 설명을 제시해 왔다. 대화의 시작과 종결 부분, 주제가 수립되는 방법, 주제가 전개되고 바뀌는 방법, 사람들이 대화가 진행되는 동안 이야기를 말해 주는 방법, 어떻게 그리고 왜 사람들이 대화를 마무리 짓기 위해서 입장 정리를 하는지formulate24) 등이다(가령, '마무리 짓는 입장 정리'란 자신이 파악한 대화의 골자를 요약하고, 그 내용이 함의하는 바를 제시하는 일 따위이다). 발언 기회 얻어내기, 즉, 발언하는 데에 대화 참여자들 사이에서 발언 기회가 어떻게 바뀌는지에 대한 대화 분석 연구자들의 연구도 특히 인상적이며 여태 영향력을 발휘하고 있다. 색스·쉬글롭·제퍼

---

24) (역주) 미시사회학에서 일상 대화를 분석하면서 처음 밝혀낸 개념이다. 이는 한 도막의 대화가 덩어리가 져서 완결된 '하나의 전체가 되는 것'을 뜻한다. 이는 대화를 매듭짓기 위하여 막 전개된 대화에 대한 (참여자로서 화자나 청자의) 평가/촌평 형태로 이뤄진다. 여기서는 formulation을 '마무리 짓는 입장 정리'(입장 정리로서 마무리 짓기)로 번역하는데, 또한 260쪽의 역주 170을 읽어보기 바란다. 이 책의 303쪽 'formulation(마무리 짓는 입장 정리)'에서 다시 설명되는데, 301쪽에서 쓴 policing(정돈하기, 정리하기)과도 서로 비슷한 뜻이다. 그런데 앞의 각주에 있는 김왕배 외 14인(554쪽 이하)에서는 '공식화'라고 옮겼지만, 잘못된 번역 용어이다.

슨(Sacks, Schegloff and Jefferson, 1974)에서는 간단하지만 강력한 일련의 발언 기회 얻어내기 규칙들을 제안하였다. 이들 규칙은 '발언 기회를 구성하는 단위'의 완결에 적용된다. 대화 분석 연구자들은 복합 문장·단순 문장·구절·심지어 낱말 하나와 같은 단위들로써 발언 기회를 수립해 놓았는데, 대화 참여자들은 이들 발언 기회의 단위가 무엇인지를 결정하고, 높은 정확성으로써 완결 지점을 예측할 수 있다. 이들 규칙은 다음과 같이 정리된다.

(ㄱ) 현재의 화자가 다음의 화자를 선택할 수 있다
(ㄴ) 그렇지 않다면, 다음 화자가 발언을 시작하여 발언 기회를 '스스로 선택'할 수 있다.
(ㄷ) 앞의 조건도 만족되지 않으면, 현재의 화자가 발언을 계속해 나갈 수 있다.

색스·쉬글롭·제퍼슨(Sacks, Schegloff and Jefferson, 1974)에서는 이들 규칙이 관찰된 대화들의 많은 특징을 설명해 준다고 주장하였다. 첫째, 화자들 사이에 겹쳐짐이 일어나지만 일반적으로 짤막하게 겹칠 뿐이고, 둘째, 발언 기회들 사이에 대다수 큰 전환들이 공백이 없이 그리고 겹침도 없이 일어난다 등등. 이런 규칙의 일반성에도 불구하고, 발언 기회의 순서 및 길이와 같은 특징들에서는 사례들 사이에 두드러진 변이 내용이 허용된다.

대화 분석CA에서는 대화의 '연속된 속뜻 깔림sequential implicativeness'에 두드러진 강조점을 얹어두었다. 임의의 발화는 곧 뒤이어질 발화가 어떤 내용이 될 것인지를 제약할 것이라는 주장이다. 질문-대답이나 불평-사과와 같은 '인접쌍adjacency pairs'이 특히 분명한 사례들이다. 한 사람의 화자가 던진 물음은, 곧 이어 다른 참여자로부터 답변이 나와야 함을 속뜻으로 깔고 있다. x가 곧 이어서 y로 이어져야 함을 속뜻으

로 깔고 있다는 증거는 다음 사실들과 같다. ① x 뒤에 어떤 발화가
나오든 간에 모든 경우에 가능하다면 이어진 발화 y로 간주될 것이다.
예를 들면, 만일 "Is that your wife?저 사람이 당신 아내요?"라는 발화에 이어
"Well, it's not my mother그래도 우리 어머닌 아니거든"가 나온다면, 뒤따른 발화
는 속뜻으로 긍정적 답변으로 여겨질 것 같다(늘너무 늙어 보이지만 그
래도 나의 아내란다). ② 만일 y가 나오지 않는다면, 기대된 발언이 나오
지 않았음에 주목하고서, 이 점을 추론을 위한 토대로 삼는다. 예를
들어, 교사가 만일 학습자의 대답에 곧장 되점검 반응을 보이지 못한
채 침묵만 지켰다면, 이는 암묵적으로 학습자의 답변을 거부하는 태
도로 간주될 수 있다. 앳킨슨·해뤼티쥐(Atkinson and Heritage, 1984: 6)에
서는 다음처럼 지적하였다.

> 실질적으로 모든 발화는 이야기에서 구조적으로 정의된 어떤 지점에서 나
> 온다.
>
> (virtually every utterance occurs at some structurally defined place in talk)

이런 단언에 대한 한 가지 함의는, 현재의 발언 기회가 바로 앞선 발언
기회들에 대한 분석을 드러내 주며, 해당 텍스트에서 발화들이 어떻
게 해석되는지에 관하여 일정한 증거를 제공해 준다는 것이다.

 (대화의 전개 모형이 많든 적든 일정하게 흘러간다는 측면에서) 또 다른
함의는, 계속 이어져 나가는 발화 속에서 오직 임의의 발화에 대한
위상만으로도 그 의미를 결정하기에 충분하다는 점이다. 그렇지만 대
체로 고정된 모형을 띤 대화 전개 모습에 대한 이런 함의는, 두 가지
근거에 비춰보면 사뭇 의문스러울 수 있다. 첫째, 의미 연결에 대한
발화 연결체의 효과가 담화 유형에 따라 다양하게 달라지기 때문이
다. 둘째, 이미 싱클레어·쿨싸드(Sinclair and Coulthard, 1975)를 논의하
면서 지적해 두었듯이, 담화 유형의 다양성은 참여자들과 더불어 상
호작용을 하는 도중에 전혀 새롭게 도출될 수도 있기 때문인데, 예상

된 기대 목록들과 관련해서라도, (자유의지를 지닌) 산출 주체 및 해석 주체로서 참여자 자신의 위상은 서로 끊임없이 타협한 결과로 나오는 것이다. 283쪽의 〈표본 2〉에서 분석한 환자 심리치료 상담으로부터 가져온 다음 사례를 살펴보기로 한다.

환자: and I think . that's one of the reasons why I drank
　　　s⌈o much you ⌈know — ⌈and em
의사: ⌊hm 　　　 ⌊hm hm ⌊hm 　　are
　　　you you back are you back on it have you started
　　　drinking ⌈again
환자: 　　　 ⌊no
의사: oh you haven't (un⌈clear)
환자: 　　　　　　　　 ⌊no . but em one thing that
　　　the lady on the Tuesday said to me

환자: 제 생각에 . 그게 한 가지 이유죠 술을 왜
　　　그⌈리 많이 마셨는지 잘 ⌈알다시피 — ⌈허고 엄
의사: ⌊흠 　　　　　　　 ⌊흠 　　 흠 ⌊흠
　　　당신 당신이 원래대로 되돌아 되돌아와서 당신이
　　　술을 ⌈다시 마시기 시작했네요
환자: 　　 ⌊아뇨
의사: 아 당신이 안 했다 ⌈(불분명하여 잘 안 들림)
환자: 　　　　　　　　 ⌊아뇨 . 허지만 엄 한 가지
　　　그 여자분이 화요일 날 나한테 말한 게

이 면담의 일부에 대한 저자의 분석에서는 이것이 환자 심리치료 및 상담의 혼합물임을 시사하게 될 것이다. 그런 혼합물 속에서 자신의 첫 발언 기회에 대한 반응으로 주어진 해당 의사에 질문에 관하여, 이어진 대화 연결이 미리 해석 주체에게 무엇을 말해 주는 것일까? 좀 더 관습적인 환자 면담에서, 환자가 있을 법한 위험스런 치료 조건

(여기서는 음주 문제) 쪽으로 넌지시 암시한 뒤에, 환자 발언 뒤에 곧장 뒤이어진 의사의 질문은, 아마 참여자 두 사람 모두로부터 충분히 주목하도록 요구하는 임의의 의료 검진으로 간주될 수 있다. 만일 상담 진행 관점으로 본다면, 상담사가 환자의 문제들에 맞춰 조율하고 있음을 보여 주면서, 그런 질문이 좀 더 대화다운 방식에서 일탈로도 간주될 수 있다. 여기서 환자는 일탈로 여기는 듯하다. 주요한 질문에 대하여 겉치레로 한 낱말로 된 답변만 하고 있기 때문이다. 의사는 그런 대답을 의례적으로 인정하고(ʔ아마 점검하고) 있고, 다시 주제를 바꿔 최근 있었던 일에 대하여 환자 자신의 이야기로 되돌아가고 있는 것이다. 그런 해석상의 결정을 내리기 위하여, 그 환자에게는 단순히 대화 연결체에 대한 정보보다 더 많은 지식이 필요하다. 그녀는 해당 사회적 사건(≒의사와 환자 간 진료 행위) 및 그녀 자신과 의사 사이의 사회적 관계의 본질, 그리고 담화 유형에 대한 판단을 내려야 하는 것이다. 이것이 담화 산출 과정 및 해석에 대한 관점을 함의하는데, 일반적으로 대화 분석CA에서 가정된 것보다 좀 더 복잡한 것이다. 예를 들어, 담화 유형의 목록들 속에서 그들 자신의 해결 방식을 타협해 나가는 산출 주체와 해석 주체를 조율해 줄 수 있는 관점이다. 해당 사례는 또한 대화에 대한 분석 그 자체가 해석의 과정임을 시사해 주는데, 따라서 (다양한 해석이 전제되므로) 논란이 있고 문제가 깃든 실천 관행인 것이다. 대화 분석CA에서는 이런 측면의 의미를 거의 찾아낼 수 없다. 그럼에도 싱클레어·쿨싸드(Sinclair and Coulthard, 1975)에서와 같이, 분석 주체들은 참여자들 사이에 임의의 단일한 담화 유형 쪽으로 공유된 지향 방향에 근거하여 자료를 해석해 나가는 경향이 있다 (그렇지만 Jefferson and Lee, 1981을 보기 바람). 이런 접근의 한 가지 결과로서 전반적으로 조화되고 협동하는 대화에 대한 그림이 나온다.

또한 대화의 진행에 관여된 요인인 '권력 관계'를 무시해 버린다. 저자가 언급한 타협의 과정에서, 일부 참여자가 전형적으로 다른 사람들보다 더 우위를 점하고, 많은 담화 유형에서도(가령 교실수업 담화)

참여자들이 동등한 권리와 의무를 지니지만 비대칭적인 권리의 배분 (가령, 스스로 발언권 차지하기, 간섭하기, 여러 발언 기회에 두루 걸쳐서 '끼어들어 발언권 갖기' 등) 및 의무의 배분(가령, 발언하도록 지명을 받을 경우에 발언권을 차지하기 등)이 주어져 있으므로, 발언 기회를 얻기 위하여 공유된 대등한 규칙을 찾을 수 없다. 그런 경우에 담화를 산출하는 일이 더 넓은 사회생활·사회적 관계·사회적 정체성을 산출하는 과정의 일부인 것이다. 그럼에도 대등한 참여자들 간에 조화로운 상호작용으로 해석하면서, 대다수 대화 분석CA에서는 담화 산출이 그 자체로서 목적을 지닌 듯한 인상을 심어 주고 있다.

서로 다른 영역별 출발점 및 이론적 지향점에도 불구하고, 싱클레어·쿨싸드(Sinclair and Coulthard, 1975)와 대화 분석CA 접근에서는 사뭇 유사한 강점과 한계를 지니고 있다. 두 접근이 모두 두 사람 간의 대화에서 구조의 본성에 대한 새로운 인식을 위해 중요한 기여를 하였다. 그러나 둘 모두 담화에 대한 사회적 지향 속성을 충분히 깨우치지 못하였고(싱클레어·쿨싸드의 한계와 같이 대화 분석은 이런 측면에서 동일하게 부적합하다고 비난을 받음), 비록 대화 분석이 해석의 특정한 측면들에 대한 두드러진 통찰력을 제시해 주었으나, 어떤 접근도 담화 산출 및 해석 과정에 대하여 충분한 설명을 제시해 주지 못하였다.

§.1-3 언어학자 레이보프Labov와 심리학자 퓐셸Fanshel

언어학자와 심리학자의 공동연구로서 레이보프·퓐셸(Labov and Fanshel, 1977)에서는 심리치료 상담이라는 담화를 연구하였다. 싱클레어·쿨싸드(Sinclair and Coulthard, 1975)와 대화 분석CA과는 달리, 레이보프·퓐셸(Labov and Fanshel, 1977)에서는 담화의 이종성heterogeneity, 뒤섞임을 가정하는데, 이를 의사소통 상황으로부터 나온 '겉면-이면의 상충성 및 압박감contradictions and pressures'(35쪽)을 반영해 주는 것으로 여긴다. 이들은 '얼개frames, 틀'들 사이에 있는 전환이 대화의 일반 특징이라는 점에서 고프먼(Goffman, 1974)[25])의 주장에 동의하며, 자신들의 자료에서 서로 다른 얼개(틀)와 연합되어 있는 서로 다른 '표현 방식styles, 표현 모습'들에 대한 형상을 찾아내었다. ① '면담 모습', ② '마지막 병원 방문 이후의 생활'에 대한 환자들의 이야기에 쓰인 '일상생활 모습'(이하에서는 '일상이야기[narrative]'의 약호로서 N만 씀), ③ 흔히 강한 감정들을 표시하며 현재 가족 상황들을 언급하는 데 쓰이는 '가족관계 모습'(이하에서는 '가족관계[family]'의 약호로서 F로 표시)들이다.

면담은 '횡단면cross-sections'들로 나뉜다. 비록 횡단면이 또한 혼잣말의 일부가 될 수 있겠지만, 대체로 싱클레어·쿨싸드(Sinclair and Coulthard, 1975)의 '주고받기exchanges, 교환'와 범위가 일치한다. 횡단면들에 대한 분석은 나란히 언어 및 언어-딸림 표현으로 이뤄진 '의사소통의 흐름들'의 존재를 강조한다. 후자는 음높이나 음량과 같은 특징들 및 '쉰소리breathiness, 기식성'[26])와 같은 목소리 질감들을 다루며, '부인할 수 없

---

25) (역주) 미시사회학(micro-sociology)을 다뤄온 미국 시카고 대학 전통에서 어빙 고프먼 (Erving Goffman, 1922~1982)은 사람과 사람이 접촉하는 원리를 찾아내었다는 점에서 매우 중요한 위치를 차지한다. 그의 스승 미이드(G. H. Mead, 1863~1931)는 자아(self, ego)를 스스로 느끼는 내면적 자아(I) 및 사회관계 속에서 규정되는 외면적 자아(me)로 나눠 놓은 바 있다. 고프먼은 후자를 특히 체면(face) 보호 또는 위협 원리라는 말로 바꾼 뒤에, 우리가 늘 연극과 같은 상호작용 의례를 통해서 살아간다고 주장하였다. 설사 부처나 예수나 공자와 같은 성인들의 마음을 포착할 수 없을지라도, 이는 우리들 보통 사람의 마음 작용을 '콕' 찍어놓아 울림이 있는데, 곧장 언어학에서 politeness(정중함, 공손성) 운용 원리로 수용되었다. 그의 책자가 세 권 번역되어 있다. 고프먼(Goffman, 1959; 김병서 뒤침, 1987)의 『자아 표현과 인상 관리: 연극적 사회 분석론』(경문사), 고프먼(Goffman, 1967; 진수미 뒤침, 2013)의 『상호작용 의례: 대면 행동에 관한 에세이』 (아카넷), 고프먼(Goffman, 1964; 김용환 뒤침, 1995)의 『오점: 장애의 사회심리학』(강원대 출판부) 및 같은 책(윤선길·정기형 뒤침, 2009) 『스티그마(늑낙인 찍기): 장애의 세계와 사회 적응』(한신대 출판부)이다. 그런데 사회관계를 얽어 주는 얼개에 대해서는 586쪽의 방대한 책자가 1974년 『얼개(틀) 분석: 경험의 조직화에 대한 논문(*Frame Analysis: An Essay on the Organization of Experience*)』(Northeastern University Press)로 나왔고, 대화를 분석한 책자가 1981년에 『이야기의 여러 형태들(*Forms of Talk*)』(University Pennsylvania Press)로 나왔다. 이것들도 빨리 번역되어 나오기를 고대한다. 1974년 책에서 고프먼은 명시적으로 frame(얼개)이라는 용어를 베이튼(Bateson, 1972; 서석봉 뒤침, 1989)의 『마음의 생태학』(민음사)로부터 가져 왔다고 출처를 밝혀 두었다.

26) (역주) 발성을 할 때 성대가 불완전하게 폐쇄되어 일부 열린 틈새로 공기가 새어나옴으로써 마치 '목소리가 쉰 듯이' 소리가 들리는 현상을 가리킨다. 한자어로는 기식성(氣息

는' 암묵적 의미까지 담고 있다. 담화 유형들 간의 한 가지 변인은 언어-딸림 표현의 경로에 대한 상대적 중요성이다. 심리치료 상담의 담화에서는 언어 경로의 명시적 의미 및 언어-딸림 표현 경로의 암묵적 의미 사이에 있는 상호 충돌contradictions, 모순이 핵심 특징이 된다. 이런 분석은 각 횡단면의 추가된 '확장 해석'을 산출하는데, 암묵적인 내용을 명시적으로 만들어 주는 해당 텍스트의 공식적 규격화인 것이다. 즉, ① 대명사의 지시대상들을 명백히 제공해 주고, ② 언어에 수반된 단서들의 암묵적 의미를 명시적인 언어로 표현해 주며, ③ 자료의 다른 부분들로부터 관련된 사실적 자료들을 도입하고, ④ 참여자들 사이에 공유된 지식의 일부를 분명하게 만들어 주는 일이다. 추가 확장은 끝도 없이 열려 있고, 불확정적인(≒전체 목록이 없는) 방식으로 가다듬어질 수도 있다. 다음에 담화 모습들에 비춰 분석이 이뤄진 표본 텍스트 표시 및 추가 확장 해석이 제시되어 있다(≒기능별로 쐐기괄호·아랫첨자·시간별 사건 구분의 중괄호 따위가 더 들어가 있음).

⟨N An-nd so—when—I called her t'day, I said, ⟨F 'Well, when do you plan t'come home? ⟩F ⟩N

⟨일상이야기 그-그러고 그래서 내가 오늘 어머니에게 전화 걸었을—적에—, 난 ⟨가족 '그런데, 언제 집에 오려고 계획하나요?'라고 말했거든 ⟩가족이야기 ⟩일상이야기

⟨N When I called my mother today (Thursday), I actually said, ⟨F 'Well, in regard to the subject which we both know is important and is worrying me, when are you leaving my sister's house where {2} your obligations have already been fulfilled and {4} returning as I am asking you to a home where {3} your primary obligations are being neglected, since you should do this

---

性)으로 번역한다.

as {HEAD-MO} head of our household?'⟩_F ⟩_N

⟨_{일상이야기} 오늘 (목요일) 언니 집에 있는 어머니한테 전화를 걸었을 때, 사실 다음처럼 말했거든요 ⟨_{가족이야기} '그런데 우리 둘이 모두 소중히 여기고 나를 괴롭히는 집안일에 관해서인데, 언제 언니 집에서 떠날 것인지 (2) 거기서 거들어 줘야 할 일들을 다 끝내고 (4) 우리 집으로 돌아오도록 요구함에 따라 귀가하여 (3) 우리 집에서 어머니가 해 줘야 할 최우선 일들이 다 무시되고 실천되지 않았는데, {집안일 감독자-어머니} 집안일의 감독으로서 어머니가 마땅히 그 일들부터 해 줘야 하거든요' ⟩_{가족이야기} ⟩_{일상이야기}

사건 명제들 바로 앞에 표시되어 있는 중괄호 속에 있는 기호는 이미 주어진 것으로 반복되어 나타난다. 그 기호들 중 일부는 특정한 상호작용에만 나오는 특징이 된다. 다른 기호들로서 가령 '어머니는 집안일의 감독이다'를 나타내는 기호

{HEAD-MO}
{집안일 감독자-어머니}

는 해당 문화에서 의무적 역할을 가리켜 주는 일반적 속뜻을 표현하고 있다. 다른 것들은 치료(가령, '심리치료 상담사는 환자에게 무엇을 할지 세세하게 말하지 않음') 또는 해당 문화(가령, '자기 스스로 돌봐야 함')에 대한 상례적 가정의 일부이다. 낱낱의 명제들이 거의 명백하게 공식적으로 규격화되는 것은 아니겠지만(≒흔히 속뜻으로만 깔려 있음), 그럼에도 불구하고, 상호작용에서 주요한 논제는 임의의 사건이 어떤 명제에 대한 개별 사례인지 아니면 안 그런 것인지 여부가 될 수 있다. 더욱이, 일관성이 보장되도록 중요한 상호작용 부분들 사이에서도 암묵적인 연결로 명제들이 결속되어 있다.

그렇다면 횡단면은 '상호작용'으로 분석될 수 있다. 다른 말로 표현하여, '나와 남의 관계에 영향을 주는 일련의 행위'라고도 언급된다.

임의의 발화는 동시에 다수의 행위들을 수행하고 있는 것으로 가정되는데, 계층상 순서를 이루고 있으므로[27] 더 높은 차원의 행위들은 더 낮은 차원의 행위들로 수행되는 것인데, 아래 인용에서는 '*thereby*그렇기 때문에'로 표시되어 있는 관계이다. 따라서 바로 앞에서 살펴본 표본이 다음처럼 행위들 사이의 관계를 표시하여 다시 제시될 수 있는데, 레이보프·퓐셸(Labov and Fanshel, 1977)의 표시 방법을 저자가 간략히 표시해 둔다.

Rhoda (the patient) continues the narrative, and gives information to support her assertion that she carried out the suggestion {S}. Rhoda requests information on the time her mother intends to come home, and *thereby* requests indirectly that her mother come home, *thereby* carrying out the suggestion {S}, *thereby* challenging her mother indirectly for not performing properly her role as head of the household, simultaneously admitting her own limitations, simultaneously asserting again that she carried out the suggestion.

상담을 받고 있는 환자인 로더가 이야기를 계속해 나가면서, 특정한 제안 {S, 'suggestion'의 약호임}를 하였다는 자신의 주장을 뒷받침해 주려고 추가 정보들을 제시한다. 로더는 언니 집으로부터 자기 어머니가 집으로 돌아오려고 했을 때, 언제 올 것인지에 대한 정보를 요구하고, 그렇기 때문에 간접적으로 자기 어머니가 집으로 돌아오도록 요구를 하는 것이며, 그렇기 때문에 해당 제안 {S}를 내어놓는 것이고, 그렇기 때문에 간접적으로 자기 어머니에게 집안일에 대한 감독으로서 어머니의 역할을 알맞게 실행해 주지 못했다는 불만을 도전적으로 말하며, 동시에 자신의 한계점들을 인정할 뿐만 아니라, 동시에 다시 어머니에게 특정 제안을 하고 있음을 주장하고 있다.

---

27) (역주) 담화 및 사회관계가 여러 겹으로 구성되어 있는데, 적어도 5개의 복합체를 상정할 수 있다. 페어클럽(Fairclough, 2003; 김지홍 뒤침, 2012: §.2-10)의 『담화 분석 방법』(도서출판 경진)에 보인 도표를 17쪽의 역주 3에 옮겨두었으므로 참고 바란다.

{S}라는 명제는 심리치료 상담사의 조언에 따라 환자가 자신의 필요를 다른 사람(환자의 어머니)에게 표현해야 놓은 것이다. 그런 표시 방법은, 발화의 표면 형태들을 특정한 종류의 행위로 해석하기 위한 레이보프·퓐셸(Labov and Fanshel, 1977)에서의 담화 규칙을 따르고 있다. 예를 들어, '간접 요구의 규칙'이 있는데, 어떤 물음(정보 제공 요구)이 정보가 아닌 실천 행위를 요구하는 것으로 간주되는지에 관한 조건들을 명시해 준다(≒집에 언제 올지 묻는 일이 간접적으로 상대방에게 돌아오도록 행위를 요구하고 있음). 해당 분석은 횡단면들을 함께 결합시켜 주기 위한 '연결 규칙'들로 완결된다.

레이보프·퓐셸(Labov and Fanshel, 1977)에서는 자신들의 접근법이 '포괄적' 담화 분석이라고 말하였다. 또한 비록 스스로 매우 시간이 많이 걸리는 작업이라고 지적하였더라도, 그러한 철저함은 분명히 인상적이다. 이런 분석에서 그들은 스스로 몇 가지 문제점을 찾아내었다. ① 악명 높게도, 언어-딸림 표현의 단서들을 올바로 해석해 내기가 정말 어렵다. ② 추가 확장 해석도 끝도 없이 확장될 수 있고, 명백히 그런 확장을 끊어 줄 절삭점cut off point은 마련될 수 없다. ③ 그 결과 담화에서 배경 요소와 초점 요소 사이에 있는 중요한 차이점들을 구별치 못한 채 똑같이 범범하게 만들어 버린다. 그렇지만 저자는 이들의 접근법에서 좀 더 살펴볼 필요가 있는 중요한 통찰 두 가지 점을 놓고서 초점 맞춰 논의해 나가고자 한다.

첫 번째 통찰력은, 의사소통 상황에서 비롯된 겉면과 이면의 상충성(모순점) 및 압박감으로 인하여 담화가 양식상 이종적일 수 있다는 관점이다. 예를 들면, 심리치료 상담 담화의 경우에, '일상생활' 모습과 '가족관계' 모습이란 개념 범주를 이용하는 일은, 심리치료 상담사의 간섭적인 전문지식으로 방해를 받지 않는 이야기의 일부분으로서 환자가 세워 놓고자 하는 전략의 일부임을 시사해 준다. 이미 앞부분에서 이런 개념이 사회학자 고프먼의 얼개라는 개념과 비슷함을 언급해 두었다. 담화에 대한 이종성heterogeneity, 뒤섞임의 원리는 §.3-3와 제4

장에서 다뤄진 '서로 얽힌 텍스트 속성'에 대한 논의에서 중심 요소가 된다. 여기서는 오직 저자의 입장과 이들의 입장 사이에 두 가지 다른 점만을 언급하게 될 것이다. 첫째, 하나의 양식이 다른 양식 속에 내포되어 있음(≒일상생활 이야기 속에 가족관계 이야기가 들어 있음)은 오직 한 가지 형태의 이종성(≒뒤섞임)이며, 종종 양식들을 서로 구별해 내기가 어려운 더 복잡한 형태도 취하게 된다. 둘째, 이종성에 대한 이들의 견해가 너무 정태적이다. 심리치료 상담 담화를 안정된 양식의 형상으로 여기므로, 여러 가지 양식의 형상 속에서 역사적 전환으로서 역동적 측면의 이종성을 분석해 주지 못한다. 이종성heterogeneity, 뒤섞임 원리에 대한 주요 가치는 더 넓은 사회적–문화적 변화의 범위 속에서 담화상의 변화를 탐구하는 데 놓여 있는 듯하다. 이런 관점을 더 가다듬는 일에 대해서는 §.3-5를 보기 바란다.

두 번째 통찰력은 담화가 참여자들 사이에 당연시되는 암묵적 명제들 위에 구성되어 있고, 이것이 전체 담화의 일관성을 떠받쳐 준다는 것이다. 이는 다시 중요한 원리가 되겠지만, 레이보프·퓐셸(Labov and Fanshel, 1977)에서는 이에 대한 잠재태와 속뜻들이 제대로 논의되어 있지 않다. 특히 어머니란 존재와 연합되어 있는 역할 의무 또는 '스스로 자신을 돌봐야 한다'는 명제에 깃든 자아에 대한 개인주의 이념과 같이, 일부 이들 명제에 대한 이념적 성격에도 그들은 전혀 주의하지 않았다. 또한 사람들을 도로 대화로 된 사회적 역할 속에 맞추어 놓는 기제로서 심리치료 상담 방법에 대한 비판을 연상시켜 주며, 아무런 도전을 받지도 않은 채 심리치료 상담 담화를 재생하게 되는, 심리치료 상담의 이념적 작동 방식에도 전혀 주의를 기울이지 않았다. 달리 말하여, 레이보프·퓐셸(Labov and Fanshel, 1977)에서는 그런 분석을 위한 유용한 분석 자원들을 제공해 놓고 있지만, 반면에 심리치료 상담 담화의 비판적 분석을 결여한 채 분석을 멈춰 버렸다.

§.1-4 사회심리학자 포터Potter와 위써륄Wetherell

담화에 대한 비판의식이 결여된non-critical 접근법의 마지막 사례로서, 사회심리학의 한 가지 방법론으로서 포터·위써륄(Potter and Wetherell, 1987)에서 이용된 담화 분석 방식을 다룰 것이다. 이 접근은 현재 맥락에서 흥미로운데, 첫째 전통적으로 다른 방법들로 접근되어 온 논제들을 연구하기 위하여 담화 분석이 어떻게 이용될 수 있는지를 보여주기 때문이고, 둘째 담화 분석이 주로 담화의 '형식'에 관심이 맞춰져 있는지 담화의 '내용'에 관심이 모아져 있는지 여부에 대한 물음을 제기하기 때문이다. 싱클레어·쿨싸드(Sinclair and Coulthard, 1975)를 놓고서 톰슨(Thompson, 1984: 106~108)에서 '형식주의적'이며 교실수업 담화의 내용을 무시한다고 논의된 비판 내용을 참고하기 바란다. 포터·위써륄(Potter and Wetherell, 1987)에서는 사회심리학을 위한 방법으로서 담화 분석을 옹호하는데, 이는 계속하여 여러 가지 주요한 사회심리학 조사 연구 영역들에 적용된 단일한 논점에 근거를 두고 있다. 그 논점은 ① 전통적인 사회심리학이 왜곡되어 있고, 사실상 자료로 이용한 언어 자료들에 관한 '은폐된suppressed' 핵심 속성들을 담고 있다는 것이다. ② 담화는 '구성적'이며 따라서 대상 및 범주들을 '구성해' 준다는 것이다. ③ 한 개인이 말하는 내용은 사례별로 하나하나 일관되게 남아 있는 것이 아니지만, 주고받는 이야기의 기능들에 따라서 변동한다는 것이다.

이 논점은 첫째 태도에 대한 조사 연구에 적용된다. 전통적 조사 연구에서는 사람들이 '유색인종 이민자'와 같은 '대상'들을 놓고서 일관된 태도를 지닌다고 가정하였다. 반면에 이와는 달리, 담화 분석에서는 사람들이 맥락에 따라서 임의의 대상에 대하여 상이하고 심지어 상충되기도 하는 평가를 산출할 뿐만 아니라, 또한 대상 그 자체가 그 관련 평가에 따라서 서로 다르게 구성됨을 보여 준다. 따라서 '유색인종 이민자'는 많은 사람들이 거부할 법한 구성물이다. 그렇다면 이 논점은 실험적 방법처럼 다른 방법들보다도 더 낫다고 담화 분석의 우선성을 옹호하는 각각의 사례들을 다루면서, 사람들이 자신의 행위를 놓고서 규칙을 어떻게 쓰는지, 사람들이 설명적 해명(사과 말씀, 합당성 확보 등)을 어떻게 산출하는지 등에 대한 연구에 적용된다.

포터·워써뤌(Potter and Wetherell, 1987)에서는 자신들의 접근법에서의 내용을 우선시하는 방식을, 사회심리학적 '말투 조정 이론speech accommodation theory, 상대방에 맞춰 말투 바꿔 놓기'에서28) 형식을 우선하는 방식과 서로 대조해 놓았다. 후자에서는 사람들이 자신이 맞상대하여 말하고 있는 사람에 따라 자신의 말투를 수정하는 방식에 관심이 있으며, 따라서 맥락과 기능에 의한 '언어 형태들'의 변이 가능성에 주목한다. 반면에 전자에서는 '언어 내용들'의 변이 가능성에다 관심을 모은다. 일부 경우에서는 초점이 발화의 명제적 내용이다. 예를 들면, 화자의 태도에 관한 조사 연구로서, 폴리네시아 이민자들이 응당 본국으로 송환되어야 하는지 여부를 놓고서 뉴질랜드 사람들이 어떤 대답을 하는지, 그리고 그런 명제들이 어떤 종류의 논점 속에서 기능하는지를 다룬다. 다른 사례들에서는 초점이 낱말과 비유에29) 놓여 있는데,

---

28) (역주) 의식적이든 무의식적이든 사람들은 상대방과 의사소통을 해 나감에 따라서 상대방한테 인정을 받거나/거꾸로 깔보거나 교감하기 위해서 상대방의 말투에 맞춰서 자신의 말투도 조정해 나간다고 보는 이론이다. 대표적인 사례가 뉴욕 백화점의 점원이 백인 손님에게는 공손하게 들리도록 혀를 구부려 'r' 소리(권설음)를 분명히 내지만, 유색인 고객한테는 그러하지 않는다는 사실을 레이보프가 보고한 바 있다. 가일즈 외 엮음(H. Giles, N. Coupland and J. Coupland, 1991)의 『상대방에 맞춰 말투가 바뀌는 여러 가지 맥락: 응용언어학의 발전 내용(Contexts of Accommodation: Developments in Applied Linguistics)』(Cambridge University Press)을 보기 바란다. '말투 조정 이론'은 끼리끼리 닮는 말투를 설명해 주는 '의사소통 조정 이론(communication accommodation theory)'으로 발전하고, 다시 사회 정체성 이론(Social Identity Theory)로도 수용된 바 있다.

29) (역주) 은유(metaphor)는 비유(figurative language)의 대표 사례인데, 현대에 들어 중요한 두 가지 발전 단계가 있다. 여기서는 은유의 상의어로서 '비유'라고 적어 둔다. 첫째, 소쉬르 책을 읽은 로먼 야콥슨(R. Jakobson, 1896~1982)은 스무 가지가 더 넘게 다뤄온 복잡한 비유 방식들이 간단히 계열 관계와 통합 관계로만 구현되어야 함을 처음으로 깨달았다. 따라서 비유는 계열 관계로서의 은유(metaphor)와 통합 관계의 환유(metonymy)로 나뉘는 것이다. 둘째, 참스키의 형식 강조에 반발하여 의미가 더 근원적임을 깨닫고 스승과 결별하여 인지언어학을 창도해 온 레이코프(G. Lakoff) 교수는 철학자 존슨(M. Johnson)과 함께, 우리가 쓰는 거의 모든 언어 용법이 우리의 신체적 경험을 토대로

예를 들면, 1980년 영국에서 하층민 거주지인 도심 내부 '공동체'에서 일어난 소요 사태들을 놓고서 대중매체들의 보도와 관련되어 거기 쓰인 술어(동사와 형용사와 계사)와 비유들을 다뤘다.

실제로 형식 및 내용 사이의 구분은 겉으로 보이는 바와는 달리 분명한 것이 아니다. 명백히 형식적 사안 속으로 끝이 겹쳐진 내용의 측면들도 있다. 예를 들면, 비유가 서로 다른 의미의 영역들을 한데 녹여 놓는 문제가 될 수 있겠지만, 또한 어떤 낱말들이 텍스트에서 이용되는지에 대한 문제도 되는데, 이는 형식의 측면이다. 거꾸로 형식의 측면들도 내용 속으로 가장자리가 겹쳐든다. 레이보프·퓐셀(Labov and Fanshel, 1977)에서 찾아진 심리치료 상담 담화에서 양식의 혼용이 한 가지 차원에서는 형식들의 뒤섞임이지만(가령 '가족관계' 양식에 전형적인 부드러운 억양 형상을 언급함), 또한 다른 차원에서 내용의 측면으로 비춰보아도, 가령 환자를 특별한 종류의 '자아' 또는 주체로서 구성해 놓는 내용 측면에 비춰볼 경우에도 유의미한 것이다.

포터·워써뤌(Potter and Wetherell, 1987)에서의 분석 얼개는 다른 접근법들과 비교하여 빈곤하다. 그들의 '내용'은 담화의 '생각을 만들어 주는' 또는 개념적 의미의 제한된 측면에 해당한다. 이는 의미의 다른 측면들(넓은 의미로 '개인들 상호작용' 측면) 및 이와 연합된 형태의 측면들을 손도 대지 못한 채 놔둔다. '생각 형성의ideational' 그리고 '대인관계의interpersonal, 개인들 상호작용의' 의미는 §.3-1에서 좀 더 자세히 설명된다. 이들 분석적 한계가 가장 명백해지는 대목은 바로 '자아the self'에 대한 포터·워써뤌(Potter and Wetherell, 1987)의 처리 방식에 있다. 전통적으로 사회심리학에서 자아의 처리 방식(늑변치 않고 고정적이며 일관된 자

하여 비유적으로 확장되어 나감을 매우 과감하게 주장하였다. 레이코프·존슨(Lakoff and Johnson, 2003 수정판; 노양진·나익주 뒤침, 2006)의 『삶으로서의 은유』(박이정)와 같은 저자(Lakoff and Johnson, 1999; 임지룡 외 3인 뒤침, 2002)의 『몸의 철학: 신체화된 마음의 서구 사상에 대한 도전』(박이정)을 읽어보기 바란다. 비유에 대한 개관서는 케뷔체슈(Kövecses, 2002; 이정화 외 3인 뒤침, 2003)의 『은유: 실용 입문서』(한국문화사)를 보기 바란다.

아)과 대조적으로, 그들은 담화에서 자아에 관련된 변인들의 구성 과정을 강조하는 구성주의 입장을 받아들인다. 그럼에도 불구하고 그들의 담화 분석에서 이런 이론을 적합하게 가동시킬 수 없었는데, 273쪽의 〈표본 1〉에서 자세히 다뤘듯이, 서로 다른 자아들은 암묵적으로 많고 다양한 언어 행위(뿐만 아니라 신체 행위까지도)의 특징들에 대한 형상들을 통해서 전달되며, 따라서 포터·워써뤌(Potter and Wetherell, 1987)에서 서술해 주려고 했던 것보다 더욱 더 풍부한 분석 기제들이 필요하기 때문이다.

여태 언급된 다른 접근법들과 같이, 포터·워써뤌(Potter and Wetherell, 1987)의 논의는 담화에 대한 사회적 지향 방향에서 불충분하게 여물지 않은 채 머물러 있다. 그들이 담화 분석에서는 화자가 이용하는 수사학적 전략들을 놓고서 한 방향의 개인적 측면에만 강조점이 놓여 있다. 자아에 대한 논의는 명백한 예외가 된다. 왜냐하면 자아에 대한 구성주의 견해는 담화 상으로 자아의 사회적 형성 과정과 이념을 강조하기 때문이다.30) 그러나 특히 이 이론은 이 책의 지배적인 지향 방향과 갑갑하게 들어맞지도 않고 담화 분석에서도 제대로 가동되지 않기 때문이다. 마지막으로, 내재적 요인과 외재적 요인을 언급하는 두 입장이 변증법적 종합으로 간주되는 것이 아니라, 오히려 자아의 종속에 대한 대안으로서 상정될 수 있도록, 범주나 규칙 등을 이용하면서 자아에 대한 전략적 혹은 수사학적 활동들을 다루려는 흐름도 있다. 이런 흐름에 대한 자세한 논의는 §.3-1을 보기 바란다.

---

30) (역주) 크게 개인이 지닌 자아를 스스로 생겨나 성장하는 것인지, 아니면 외부에서 어떤 자극들이 와서 거기에 대한 반응 과정으로 생겨나는 것인지로 구분할 수 있다. 앞의 견해는 개인주의적이며 자유의지를 지닌 인간관을 반영하는데, 스위스의 발달심리학자 피아제(J. Piaget, 1896~1980)로 대표가 된다. 그렇지만 사회–이념적 측면을 본질적으로 보는 후자 쪽은 옛 소련의 심리학자 뷔고츠키(L.S. Vygotsky, 1896~1934)로 대표된다. 아마 이런 대립적인 모습을 각각 내재적 발생주의(내재적 요인)와 외적 자극에 따라 형성되는 외재적 감응주의(외재적 요인)로 부를 수 있을 듯하다.

§.1-5 비판적 언어학Critical Linguistics의 출현

'비판적 언어학'은 1970년대에 동영국 대학University of East Anglia에 있는 한 집단의 학자들에 의해 발전된 접근법이다(Fowler et al., 1979; Kress and Hodge, 1979). 그들은 마이클 핼리데이(Halliday, 1978; 1985)와 결부되고 '체계-기능주의 언어학'으로31) 알려진 기능주의 언어이론을 끌어들이면서, 언어학의 텍스트 분석을 정치적·이념적 과정에서 언어가 기능하는 방식을 다루는 사회 이론과 접맥시키고자 노력하였다.

그 학문적 기원의 관점으로 본다면, 비판적 언어학이 당시 지금보다 더 큰 무게로 참스키 교수가 창도한 생성문법의 틀32)에 의해서 지배를 받던 주류 언어학으로부터 그리고 사회언어학으로부터33) 스스로를

---

31) (역주) 대표적인 개론서가 핼리데이(Halliday, 2004 제3수정판)의 『기능주의 문법 입문(*An Introduction to Functional Grammar*)』(Hodder Education)이며, 뒤에는 체계-기능주의 언어학(SFG, Systemic-Functional Linguistics)으로도 불렸다. 이 책의 본문에서는 줄곧 'systemic grammar(체계 문법)'이란 말을 쓰고 있지만, 이 번역에서는 오늘날 두루 쓰이는 『체계-기능주의 언어학』으로 바꿔 둔다. 핼리데이는 제2차 세계대전 중에 중국어 연구자로도 이름을 얻었고, 1976년 허싼(Hasan)과 함께 담화를 얽는 언어 기제들을 『영어에서의 결속 기제(*Cohesion in English*)』(Longman)를 출간하여 담화 연구의 토대를 처음 다져 놓았으며, 호주로 가서는 언어교육과 관련된 업적들을 남겼을 뿐만 아니라, 또한 언어와 관련된 제반 사회현상들까지 다룬 바 있다. 최근에 영국의 Continuum 출판사에서 방대한 그의 업적들을 10권의 총서로 출간하였다(아마 저작권 문제로 이 총서 속에 포함되지 않았겠지만, 『입말과 글말』, 『어휘론과 전산언어학』, 『텍스트 언어학』 따위도 중요한 저서임). 제1권 2002년 『*On Grammar*』, 제2권 2002년 『*Linguistic Studies of Text and Discourse*』, 제3권 2003년 『*On Language and Linguistics*』, 제4권 2004년 『*The Language of Early Childhood*』, 제5권 2004년 『*The Language of Science*』, 제6권 2006년 『*Computational and Quantitative Studies*』, 제7권 2005년 『*Studies in English Language*』, 제8권 2005년 『*Studies in Chinese Language*』, 제9권 2007년 『*Language and Education*』, 제10권 2007년 『*Language and Society*』.

32) (역주) 흔히 조금 과장하여 참스키(N. Chomsky, 1928~) 교수의 책들은 성경 책 다음으로 많이 읽힌다고들 말한다. 전반적으로 큰 그림을 파악하려면 참스키(Chomsky, 2016; 구미화 뒤침, 2017)의 『촘스키, 인간이란 어떤 존재인가』(와이즈베리)와 참스키(Chomsky, 2002; 이두원 뒤침, 2003)의 『촘스키: 자연과 언어에 관하여』(박이정)와 김지홍(2010)의 『언어의 심층과 언어교육』(도서출판 경진) '내재주의 언어철학'을 읽어보기 바란다. 그가 실천해 온 비판적 지성인의 면모는 11쪽의 역주 2에 있는 번역서들을 참고하기 바라며, 참스키 교수와 그 제자 레이코프 교수가 마침내 도착한 가장 높은 자리가 비판적 지성의 눈으로 세상을 보면서 바른 말을 하는 일이다. 바로 이것이 페어클럽 교수가 비판적 담화 분석에서 실행하는 일과 정확히 일치한다.

33) (역주) 우리말로 읽을 수 있는 책으로 반빌레인(Bonvillain, 2002 제4판; 한국사회언어학

구별하면서 정체성을 세우고자 애썼던 일도 놀랍지 않다(Fowler et al., 1979: 185~195). 언어학 이론에서 두 가지 '우세하고 관련된 이원론'이[34] 거부되었다. (ㄱ) 언어 체계를 자동적인 것으로 보고 언어의 '사용'을 독립적으로 취급하는 일, 그리고 (ㄴ) '표현 방식'이나 '표현'으로부터 '의미'를 별개로 떼어내는 일(또는 형식으로부터 내용을 분리하는 일)이다. 자족적 형식주의만 좇는 첫 번째 이원론에 반대하면서, 비판적 언어학에서는 핼리데이(Halliday, 1973: 65)와 함께

> 언어가 존재하는 이유는 사회구조 속에서 그 기능을 지니고 있기 때문인 것이다
>
> (language is as it is because of its function in social structure)

를 단언하고, 사람들에 접속하게 되는 언어가 사회 조직에 있는 자신들의 위상에 달려 있음을 논의한다. 다양한 사용 맥락을 무시하는 두 번째 이원론에 반대하면서, 비판적 언어학에서는 핼리데이가 내세운 여러 가지 '선택지'의 체계로서 언어의 문법에 대한 견해를 뒷받침하는데, 사회적 환경과 맥락에 따라서 화자가 그것들 중 하나를 뽑아내는 것이다. 형식상의 선택 자체가 다른 항목과 대조되는 (숨은) 의미를 지니고, 형태들의 선택이 언제나 유의미함을 가정하게 된다. 사회언어학이 단지 언어 및 사회 사이의 상관성들만 세워놓을 뿐, 사회에 대한 언어의 영향력을 포함하여 더 깊은 인과 관계를 찾아내지는 못한다고 비판을 받는다(Fowler et al., 1979: 190).

언어는 도리어 자신을 만들어 주는 사회조직 내용을 확정하고 굳건히 다

회 뒤침, 2002)의 『문화와 의사소통의 사회언어학』(한국문화사)을 보기 바란다.

34) (역주) dualism(이원론, 이원주의)의 속뜻은 언어를 두 측면으로 나누고 나서, 오직 한 측면이 더욱 본질적이라고 판단한 뒤에 그 측면만을 연구하는 것이므로, 오히려 배제주의 또는 분리주의라고 부르는 것이 더욱 온당하다. 이에 반대하는 비판적 언어학은 스스로를 통합주의 또는 포괄주의로 대립시킬 수 있다.

지는 데 기여한다

(language serves to confirm and consolidates the organizations which shape it)

바로 앞에서 핼리데이(Halliday, 1973: 65)로부터 가져온 인용문이 좀 더 충실하게 씌어 있다.

언어가 존재하는 이유는 사회구조 속에서 그 기능을 지니고 있기 때문이 다. 그리고 행위로 나타나는 의미들의 조직 내용은 그 사회적 토대에 관하 여 모종의 통찰력을 전해 주어야 한다

(language is as it is because of its function in social structure, and the organization of behavioural meanings should give some insight into its social foundations)

크뤼스(Kress, 1989: 445)에서는 비판적 언어학이 앞 인용의 두 번째 부 분에 있는 주장을 발전시켰지만, 첫 번째 부분의 주장은 아님을 시사 하면서, 다음처럼 언급하였다.

비판적 언어학에서는 텍스트에 있는 행위 의미들의 여러 조직화 내용으로 부터 사회적 토대들의 여러 구성 방식들을 판독해 내고자 노력하였다

(it attempted to 'read off' structurings of 'social foundations' from 'the organization of behavioural meanings' in the texts)

다시 비판적 언어학에서는 분석의 대상으로서 (입말이나 글말로[35] 된)

---

35) (역주) 괴이하게 구두언어나 서사언어, 또는 음성언어나 문자언어로 쓰던 것을, 김수업 선생이 아주 쉽게 입말과 글말로 바꿔 놓았다. 어벙벙하게 '장르'(어원은 '종류'임)라고 쓰던 것도 '갈래'라는 토박이말로 바꿔 줌으로써, 보다 뚜렷이 무슨 일을 해 나가야 하는지 비로소 붙들 수 있게 되었다. 김수업(2006)의 『말꽃 타령: 김수업의 우리말 사 랑 이야기』(지식산업사)와 김수업(2012, 개정판)의 『우리말은 서럽다』(휴머니스트)를 읽어보기 바란다.
  2001년 뜻 있는 분들이 '우리말로 학문하기' 모임을 가졌고, 2008년 『우리말로 학문

온전한 텍스트를 다루면서 핼리데이의 입장을 받아들이는데, 주류 언어학 및 사회언어학의 실천 방식과는 대조를 이룬다. 언어가 특정한 세계관의 몸집을 만든다고 하는 '써피어-워어프 가정Sapir-Whorf hypothesis'36)이 한 언어 속에서 다양한 대상들로 확대되었다. 이는 특정한 텍스트가 특정한 이념이나 이론의 몸집을 만들어 주며, 그 목적이 텍스트들에 대한 '비판적 해석'인데, 퐈울러 외(Fowler et al., 1979: 195~196)에서 밝힌

상호작용적이며 좀 더 넓은 사회적 맥락에 비춰보아 언어 구조를 분석함으로써 담화에 표현된 사회적 의미를 찾아내는 일

(recovering the social meaning expressed in discourse by analysing the linguistic structures in the light of their interactional and wider social contexts)

인 것이다. 그 목표는 가령 언어학에서의 전문학자들보다는 오히려 역사학자들이 될 법한 사람들에게 이용될 수 있는 분석 방법을 만들어 내는 것이다.

텍스트 분석을 위해서 비판적 언어학에서는 상당한 정도로 '체계-기능주의 문법'에 있는 핼리데이 업적(Halliday, 1985를 보기 바람)을 끌어들일 뿐만 아니라, 또한 '화용 행위speech act' 및 변형transformation과

하기의 사무침』(푸른사상), 2009년 『우리말로 학문하기의 고마움』(채륜), 2010년 『우리말로 학문하기의 용틀임』(채륜) 등이 나왔다. science라는 말을 일본인 서주(西周)가 분과 학문의 뜻인 '과학(科學)'으로 잘못 번역하였는데(엉터리 조어임), 본디 학문(學問, 배우고 묻기)은 배우고 곧장 자기 것으로 만들기 위하여 묻는 과정이 반드시 뒤이어져 있음을 가리키는 말로서, 바로 이것이 기억 연구의 아버지로 칭송받는 영국 심리학자 바아틀릿(F. Bartlett, 1886~1969)이 인간 대뇌의 기억 특성을 재구성(reconstruction)임을 밝힌 것과 긴밀히 맞물려드는 핵심적 작용 방식이다.

36) (역주) 최근에 한국연구재단의 명저 번역으로 워어프(Whorf, 1956; 신현정 뒤침, 2010)의 『언어, 사고, 그리고 실재』(나남)로 출간되었다. 써피어(E. Sapir, 1884~1939)의 글들은 멘들바움 엮음(Mandelbaum, 1980)의 『언어·문화·인성을 다룬 에드워드 써피어의 논문 선집(Selected Writings of Edward Sapir in Language, Culture and Personality)』(University of California Press)으로 모아져 있다. 아주 오래 되었지만 그의 책 『언어』가 김종훈 뒤침(1959)의 『언어학 개론』(일우사)으로 번역된 적이 있다. 본문의 embody(신체를 지니다, 몸뚱이를 갖게 되다, 몸집을 만들다)는 더러 '체화되다'라는 한자어로 쓰기도 하지만, 여기서는 쉬운 우리말로 번역해 둔다.

같은 다른 이론들로부터[37] 가져온 개념도 같이 쓰고 있다. 비판적 언어학은 텍스트의 문법과 낱말에만 관심을 쏟는 다른 접근법들과 차이가 난다. 즉, '전이 속성transitivity, 변형 관계'에 대한 언급도 많은데, 실제 현실을 표상하는 방식을 가리키는 개념 형성의ideational 그런 의미와 관련짓는 절 또는 문장에 관한 문법적 측면이다. 전이 속성(≒변형 관계)에 대한 자세한 논의는 §.6-2를 보기 바란다. 문법에서는 서로 다른 '처리 유형'들 및 선택 사항으로서 연합된 '참여자'들을 제시해 주며, 특정한 처리 유형에 대한 체계적 선택이 이념상으로 중요해질 수 있다. 예를

---

37) (역주) 철학에서는 화용 행위를 다루는 쪽을 일상언어학파(ordinary language school)로 부르는데, 분석 철학 또는 논리 실증주의의 주장에 맞서는 영미 철학의 흐름이다. 옥스퍼드 대학을 중심으로 전개되었는데, 오스틴(J. L. Austin, 1911~1960)의 2년 후배인 그롸이스(H. P. Grice, 1913~1988)와 제자 써얼(J. R. Searle, 1932~)로 이어졌다. 아직 그롸이스 책(1989)은 번역되어 있지 않고, 대신 써얼 책들이 많이 번역되어 있다. 화용 행위에 대한 논의는 특히 써얼(Searle, 1998; 심철호 뒤침, 2000)의 『정신·언어·사회』(해냄)과 써얼(Searle, 1983; 심철호 뒤침, 2009)의 『지향성: 심리철학 소론』(나남)을 읽어 보기 바란다. 클락(Clark, 1996; 김지홍 뒤침, 2009)의 『언어 사용 밑바닥에 깔린 원리』(도서출판 경진)에서도 좋은 품질의 개관을 읽을 수 있다.

　변형 기제는 참스키 초기 언어학의 특징이며, 생성-변형 문법 또는 변형-생성 문법으로 불렸다. 생각의 기본 단위가 S(문장, 엄격히 말하여 '절-유사 단위[clause-like unit]')이며, 철학에서 다루는 명제와 대동소이하다. 이 문장이 여러 가지로 변형 과정을 거쳐서 명사구도 되고 문장도 되며, 절로도 나옴을 일관되게 추적할 수 있게 해 주었다. 여러 차례 자신의 생각을 더 깊이 더 기본적으로 가다듬어, 초기의 생각들로부터 바뀌어 현재 인지 일반체계 및 언어의 상호작용을 설명해 주는 접합면(interfaces) 경계들을 다루는 단계까지 이르렀는데, 63쪽의 역주 32에 있는 추천서도 참고하기 바란다.

　주위에서 읽은 게 보잘것없고 시각이 막히고 갑갑한 학자들은, 참스키 교수가 왜 그렇게 계속해서 자신의 생각을 전환시키고 가다듬어 나갔는지를 제대로 이해하지 못한 채, 마치 '패션 쇼'를 하는 것 같다고 툴툴거린다. 현대학문의 비조(forefather) 프레게(G. Frege, 1848~1925)의 마지막 제자이자 금세기의 걸출한 과학철학자 카아냽(R. Carnap, 1891~1970)도 또한 언제나 자신의 생각이 어떻게 발전되고 성장하였는지 서슴없이 말하곤 하였다. 희랍의 플라톤이나 아리스토텔레스처럼 성실한 학자가 스스로 자신의 생각이 어떻게 발전되어 가는지를 여실히 보여 주는 태도이다. 서구뿐만 아니라 중국에서 학문다운 학문이 일어난 송나라 시기에서도 마찬가지이다. 생전에 단 한 번도 논쟁에서 패배한 적이 없다는 주희(朱熹, 1130~1200)는 주역에 대하여 책을 두 번이나 썼다. 48세 때 나온 『주역 본의(本義, 본래 뜻)』와 57세 때 나온 『역학 계몽(啓蒙, 어린 학동의 몽매함을 열어줌)』이다. 후자는 겉으로 내세운 이름과는 달리 주역에 대한 깊은 논의를 담고 있다(김진근 뒤침, 2008, 『완역 역학 계몽』, 청계). 따라서 이 둘을 비교해 봄으로써 주희 자신의 학문적 발전 과정을 분명히 파악할 수 있다. 이런 태도가 결과적으로 성실한 큰 학자의 전형적 표본으로서 우리들 앞에 우뚝 서 있는 이유가 된다. 인문학에서는 특히 이런 지적 성장과 발전이 필수적 과정임을 제대로 터득해야만 하는데, 흔히 가장 수승한 마지막 단계에서는 지성사 비판 또는 문명 비판의 시각을 갖게 된다고들 한다.

들어, 공산주의 기관지 『모닝 스타The Morning Star』(1980년 4월 21일자)에서는 배우로서 노동자들('북부사람들northerners', 스코틀랜드 광부들)이 참여한 일련의 행동 과정으로서 보건 복지 조합health service union '행동의 날'을 취재하고서 그 보도의 일부로서 다음 제목의 글을 실었다.

Parliament was hit by hundreds of northerners
(의회가 북부 사람 수백 명에게 [법안통과 압력으로] 두들겨 맞았다/혼쭐났다)

이는 '일련의 의회 입법 청원을 행동으로 옮기는 노동자들'의 의미를 크게 부각시키지 않은 채, 가령 '관계 표시의' 과정으로서 제목이 다시 다음처럼 고쳐 씌어질 수도 있었다.

There was a lobby of Parliament by hundreds of northerners
(의회에 북부 사람 수백 명으로부터 법안 통과 압력[로비]이 있었다)

관련된 또 다른 초점은, 행위 주체와 대상을 주시하면서 실시간으로 사건 발생의 자초지종을 서술하든지, 아니면 행위 주체와 대상을 완전히 없애 버리고 추상적인 명사 표현으로만 서술하든지 간에, '변형'이라는 문법 처리 과정에 놓여 있다.[38] 트루(Trew, 1979)에서 잘 다뤄

---

38) (역주) 페어클럽(Fairclough, 2003; 김지홍 뒤침, 2012)의 『담화 분석 방법』(도서출판 경진) 제8장에서 자세히 다뤄져 있다. 임의의 사건을 문장으로 표현하는지, 사건 명사로만 표현하는지에 따라 책임질 사람이 언급되기도 하고 가려져 버리기도 하는 것이다. 가령, "철수가 영이를 사랑한다"라는 문장은 사랑이라는 사건을 일으키는 주체와 그 대상이 명시적으로 표현되어 있다. 이를 명사와 같은 모습으로 만들어 갈 수 있다. 우리 말에서는 우선 '-은/-을/-는/-던 것'을 이용하여 문장의 시상 정보까지 담을 수 있고, 사건 진행을 표시해 주는 '-기'(영어로는 '-ing')나 결과 상태를 나타내는 '-음'(영어로는 '-ed')으로도 위 문장을 변형시켜 "철수가 영이를 사랑하기에 ~", "철수가 영이를 사랑함에 따라 ~"처럼 다시 다른 문장 속에다 집어넣을 수 있다(우리말 파생 접사 '-기, -음' 따위는 영어의 '-ing, -ed'와 공통된 특성을 지니는데, 331쪽의 역주 196에 있는 도표와 그 설명을 읽어 보기 바람). 다시 격조사들이 나오지 않도록 구절로 만들어 줄 수 있는데, 이때에는 동사 '사랑하-'가 쓰이지 않고, 그 대신에 사건 명사 '사랑'만이 나오는데, "철수의 영이 사랑"과 같다. 이런 구절에서도 핵어인 '사랑'을 제외하면 나머지 것들을

졌듯이, 일정 기간에 걸쳐 신문 보도에서 한 사건 관련 이야기의 전개와 연관된 변형된 표현이다. 가령, 행위와 대상이 뚜렷이 들어 있는 하나의 절로 표현될 수 있는 내용("x가 y를 자주 비판하였다")이, 실제로 행위 주체와 대상이 숨겨져 버린 '명사화 구성'의 변형된 모습("거기에 많은 비판이 있었다")으로도 표현된다. 명사화 구성은 하나의 절을 명사 부류나 명사 낱말로 전환한 것이다. 여기서는 '비판'이란 명사(행위 주체와 대상이 표시되지 않음)가 'x가 y를 비판하였다'라는 절(행위 주체 x와 대상 y가 언제나 명시적으로 언급되어야 함)에서 변형되어 나왔다.

또 다른 변형은 수동/피동 표현passivization인데, 능동태의 절로부터 수동태의 절로 바꾸는 일이다. 가령, 신문 기사의 제목을 능동 구문인 '경찰이 시위자들에게 발포하였다Police Shoot Demonstrators'라고 쓰지 않고, 피동 구문인 '시위자들이 총상을 입었다Demonstrators are Shot [by Police]'고 써서, 결과적으로 발포 사건에 책임을 질 주체를 의도적으로 지워 버리는 것이다.39) 그런 변형의 결과는 행위 주체의 속성agency40)에 관한

마음대로 생략할 수 있다. "철수의 e 사랑" 또는 "e 영이 사랑"인데, 소리 형식이 없는 공범주(e, empty category)는 담화 상황에 따라 임의의 대상을 가리킬 수 있다. 즉, 상황에 따라 아무것이나 가리킬 수 있는 것이다(철수의 낚시 사랑, 철수의 나라 사랑, 철수의 음식 사랑 따위). 마지막으로 핵어인 '사랑'만 나올 수도 있는데, 'e e 사랑'은 행위 주체와 대상이 전혀 드러날 필요가 없다는 점에서 추상적인 표현이며(참값 논항만 갖는 abstraction), 그 후보들의 범위가 활짝 열려 있는 것이다(363쪽의 역주 222).

39) (역주) 필자가 학생들에게 들어 주는 예문은 ㉠ "철수가 쓰레기를 불태웠다"(의도를 지닌 행위 주체를 집어넣은 사건 구성 표현: 과정 중심 표현)에 대립하는 ㉡ "쓰레기가 불탔다"(사건의 결과 상태만을 드러내는 표현: 결과 상태 표현)이다. 만일 이런 문장 뒤에 "뒷산에 불이 났다"가 나온다면, 반드시 실화범 또는 방화범을 찾아내어야 한다. 오직 ㉠만이 그런 사건에 대한 책임 주체를 언급하고 있고, ㉡은 의도적으로 그런 주체를 가려버리고 있다. 이것이 바로 능동 표현과 수동 표현을 쓰는 핵심 내용이며, 이것만 그런 것이 아니라 명사 모습으로 표현하는 일도 유사한 원리를 따르고 있는 것임을 처음으로 페어클럽 교수가 깨달은 것이다. 페어클럽(Fairclough, 2001; 김지홍 뒤침, 2011)의 『언어와 권력』(도서출판 경진) §.3-1에서는 「랭커스터 가디언(수호자)」이라는 지방 신문을 대상으로 하여 일부러 책임질 주체를 가려버린 채 모호하게 만들어 놓는 기사들을 하나하나 분석하여 의도적 은폐의 모습을 실증하고 있다.

40) (역주) '집합 존재'로서 agency(행위 주체 속성, 관련 기관, 행위의 공통 속성)는 '개별 존재'로서 agent(행위자, 행위 주체, 대행 기관)들이 모여서 공통된 집합을 이룬 것을 가리킨다. 따라서 반드시 이 낱말이 쓰이는 맥락별로 우리말 낱말을 적절하게 선택해 줄 필요가 있다. 여기서는 행위를 일으키는 주체의 속성을 가리키므로 '행위 주체의 속성'이라고 번역해 둔다. 그러나 후핵(head-final) 언어인 우리말에서는 보편성/일반성

체계적인 신비성 부여처럼[41) 이념상 중요한 텍스트의 특징들과도 연합될 수 있다. 명사와 수동태 모두 해당 절에서 행위 주체가 생략될 수 있는 것이다.

추가적인 초점은 사람을 상대하는 상호작용 의미와 관련된 절 문법의 측면에 놓여 있다. 다시 말하여, 절들 속에서 사회관계 및 사회적 정체성들이 표시되는 방식에 대한 초점이다. 이것이 '양태 속성modality'의 문법인데, 개별 사례와 논의는 §.5-2를 보기 바란다. 어휘에 대한 접근은 의미를 낱말로 표현해 주는 영역들에 대한 서로 다른 방식이 이념상 상이한 분류 체계를 지닐 수 있으므로, 가령 정치 투쟁의 경로에서, 서로 다른 분류 방법에 담긴 원리들 상으로 어떻게 경험의 영역들이

이 먼저 주어지고, 이어 개별성이 차츰 덧붙게 되므로, 이를 고려한다면 다만 '행위 주체'라고도 번역할 수 있다. 가령, 우리말은

'[사과] → [사과 [하나]] → [사과 [하나 [속]]]'

와 같이 일반성의 넓은 범위 '[…]'로부터 점차 좁은 범위로 제시되고 있는 것이므로, 개별성과 특정성이 내포되는 모습을 꺾쇠괄호로써 '[… [… […]]]'처럼 표시해 줄 수 있다.

41) (역주) 우리나라 대통령들이 단골로 시도해 온 '탄생 설화의 신비성'이다. 전 아무개는 어느 스님이 그 모친 관상을 보고 앞니만 없으면 아들이 대통령이 될 상호라고 하자마자, 스스로 뻐드렁니를 꺾어 버렸다는 둥 말 같지도 않은 해괴담을 흘려 그가 대통령이 될 운명이었다고 시민들을 세뇌하려고 음모했었다. 최근 뽑힌 대통령도 어느 방송에서 「거제도에 대통령이 두 사람 나온다」는 돼먹지도 않은 운명론(거제도에 사는 노인들을 대상으로 '거리의 목소리'로써 입증하는 수법을 썼음)을 깔면서 신비성을 강화해 놓았으나, 그런 아부꾼의 거짓말을 믿는다면 필시 지능지수가 두 자리일 것이다. 흔히 이런 일은 '정당성 확보' 내지 '합리성 부여'로 불리며, 옛날 희랍시대에서부터 오늘날까지 유구하게 이어져 온 것이다. 정당성 확보 방식은 크게 두 가지로 나뉜다. 하나는 외적 방식이고, 다른 하나는 내적 방식이다. 외적 방식은 다시 신화 만들기 방식과 영웅(오늘날에는 경제 전문가, 부동산 전문가 등 전문 지식 집단)에 기댄 방식이 있다. 내적 방식도 다시 두 가지 하위 갈래로 나뉜다. 하나는 사물이나 사건의 내재적 변화 원인이나 운동 원인을 찾아내어 인과적 관계를 드러내는 방식이 있고, 다른 하나는 인간이 지닌 윤리와 도덕의식에 기대어 인간이라면 차마 그럴 수 없다거나 당연히 이렇게 해야 한다고 주장하는 방식이다. 자세한 설명은 담화의 거시구조를 다루는 156쪽의 역주 96에 있는 도표들을 참고하기 바란다. 최근 나온 강철웅(2016)의 『설득과 비판』(후마니타스)을 읽어보면, 초기 희랍시대(호머의 서사적 설명 시대)에는 외적 설명 방식(신화와 영웅)에만 기대다가, 중기에 들어서서 헤라클레이토스(현상계의 내적 원인 설명)와 파르메니데스(사유계의 내적 원인 설명)에 이르러 비로소 내적 원인과 동기를 탐구하는 전환이 이뤄졌다고 적었다. 그렇다면 아마도 인간 유전자를 공유한 크로마뇽인 시절서부터 더 뒤에 이 지구가 없어질 때까지, 앞의 네 가지 방식을 이용하여 합당성/정당성 믿음을 지닐 것임을 짐작할 수 있겠다.

재어휘화될relexicalized 수 있는지에 관심을 갖게 된다. 더 자세한 논의는 §.6-4를 보기 바란다.

비판적 언어학에서는 산출 결과물로서 텍스트에 너무 강조점이 많이 주어지지만, 반면에 텍스트를 산출하고 해석하는 과정들에 대해서는 거의 관심을 갖지 않는 경향이 있다. 예를 들면, 설사 비판적 언어학의 목적이 텍스트에 대한 비판적 '해석'이라고 언급되더라도, 분석 주체로서 해석자에 깃든 문제점이나 아니면 참여 주체로서 해석자에 깃든 문제점들을 논의하는 해석의 과정과 해석상의 문제에는 거의 주의를 기울이지 않는다. 그리하여 분석 과정에서 텍스트의 특징 및 사회적 의미 사이에 있는 관련성이 즉각적이며 투명한 것으로 묘사되는 경향이 있다. 이미 퐈울러 외(Fowler et al., 1979: 198)에서

임의의 한 가지 언어 형식 및 특정한 임의의 사회적 의미 사이에는 예측 가능한 1 : 1 결합이란 존재하지 않는다

(there is no predictable one-to-one association between any one linguistic form and any specific social meaning)

고 주장하였음에도 불구하고, 실제로는 행위 주체가 빠진 수동태 절과 같이 특정한 구조에만 사뭇 기계적인 방식으로 가치가 배당되어 있다. 그러나 맥락 및 해석자에 따라서 텍스트들은 서로 다른 해석을 받을 수 있게 열려 있다. 이는 이념을 포함하여 담화의 사회적 의미가, 해당 텍스트의 사회적 유통·소비·해석에 관한 유형과 변이 모습을 고려하지 않은 채로, 단순히 해당 텍스트로부터 곧장 판독될read off 수 없음을 의미한다. 이는 퐈울러 외(Fowler et al., 1979: 190)에서처럼

이념은 비판 없이 순종하는 독자들에게 언어상으로 매개되고 습관적으로 일어나겠지만

(ideology is linguistically mediated and habitual for an acquiescent, uncritical reader)

그러나 독자들은 종종 비판적이다. 비판적 언어학에서는 일단 임의 텍스트에 대한 이념적 의미를 세워 놓았는데, 그런 이념상의 효력을 당연히 지니는 듯이 여기는 듯하다.

비판적 언어학의 또 다른 한계는 기존 사회관계와 구조들에 대한 사회적 재생산에서 담화의 효과들을 놓고서 일방적인 강조에만 그치며, 따라서 사회적 갈등이 일어나는 영역으로서의 담화 및 더 넓은 사회-문화적 변화의 차원으로서 담화에서의 변화를 둘 모두 무시해 버린다는 것이다. 이는 바로 앞 단락에서 언급한 저자의 비판과 무관치 않다. 해석은 능동적인 과정이며, 여기서 도달하게 되는 의미들은 채택된 자원들 및 해석자의 사회적 위상에 달려 있다. 오직 이런 역동적 과정을 무시해 버린다면, 텍스트를 단지 수동적 수용자에 대한 이념적 효과만을 산출하는 것으로서 부분 해석에 그칠 수 있는 것이다. 좀 더 일반적으로 비판거리가 되는 바는, 권력 및 이념을 놓고서 비판적 언어학에서 보인 위에서 아래로의 배타적 해석 관점이다(≒세뇌 기능으로만 보는 관점). 이는 또한 다음 절에서 다룬 뻬슈 학파 중에서 알튀쎄르Althusser의 맑스주의 접근에서 찾을 수 있는 강조점과 맥을 같이한다. 사회 변화보다는 사회의 정적 상태에만, 일련의 사회 행위보다는 사회구조에만, 사회 변화보다는 사회적 재생에만 눈길을 주는 것이다. 긴장 관계의 두 축(≒정태적 대상 및 역동적 현상)으로서 이들 이원론을 재평가하여 거기에 바탕을 둔 담화의 사회학 이론이 필요하다. 서로 배타적인 것인 양 치부하면서 한쪽 축만을 선호하고 다른 축의 접근을 거부하는 것은 바람직하지 않다.

마지막으로, 비판적 언어학에서 언어-이념 접합면이 너무 협소하게 파악되었음을 비판할 수 있다. 첫째, 문법과 낱말이 아닌 텍스트의 다른 측면이 이념상 중요성을 띨 수 있는데, 가령 전반적인 논의 과정이나 텍스트의 서술 구조가 그러하다. 둘째, 비판적 언어학에서는 주로 혼잣말 형식의 글말만을 다뤄왔고, 비록 정중함politeness, 격식 갖춤 특징들과 같이 발화의 화용 차원에 대한 논의가 일부 있다고 해도(§.5-3을 보기 바람), 가령 발언 기회 얻어내기와 같이 입말 대화가 짜이는 방식에 대한 이념상으로 중요한 측면들을 상대적으로 거의 다루지 못했다. 셋째, 해석 과정에 대한 상대적 홀대로 말미암아, 텍스트에서 이념들의 실현들을 지나치게 강조해 놓았다. 여기서 배경으로 깔려 있는 바는, 해석 과정에서 비록 텍스트에 명시적으로 표현되지 않았다손 치더라도 이념적 성격을 지닐 수 있는 가정들을 만드는 데에는 반드시 해석 주체를 포함한다는 의미인 것이다. 한 가지 사례는 §.3-3의 후반부에 제시되어 있으며, 좀 더 충분한 논의를 보려면 페어클럽(Fairclough, 1989b)를 읽어보기 바란다.

최근에 비판적 언어학에서도 스스로 초기의 업적들에 대한 자기비판의 목소리를 높여 오고 있다(Kress, 1989; Fowler et al., 1988a). 앞에서 저자가 언급한 일부 비판 내용들을 포함하여, 그 학파의 일부 구성원들이 긴밀하게 다소 상이한 접근법의 발전에 간여되어 있는데(Hodge and Kress, 1988; Kress and Threadgold, 1988), 이를 '사회기호학social semiotics'이라고 부른다. 비판적 언어학과는 대조적으로, 여기서는 언어를 포함하여 다양한 기호학적 체계들에 대하여, 그리고 언어 및 시각적 기호 사이에 상호작용42)에 대하여 관심을 집중한다. 텍스트 산출 및 해석에 대한 담화 처리 과정43)이 중심적인 관심사로 되어 왔고, 갈래 이론을

---

42) (역주) 우리 머릿속에서 작동하는 재료는 계몽주의 이후 줄곧 감각 인상 및 추상적 개념으로 나뉘어 다뤄지고 있다. 비록 경험주의자 데이빗 흄(D. Hume, 1711~1776)은 감각 인상을 1차적인 것으로 보고, 이를 복사한 것을 후자로 주장하였으나, 오늘날 세 겹-두뇌(triune brains) 가정을 전제하는 접근(168쪽의 역주 110에 있는 머클레인 책 참고)에서는 오히려 후자가 전체적 그물짜임(정신 모형으로도 불림)을 만들어 주는 역동적 역할을 배당해 놓고 있다. 언어 표상 및 비언어 표상으로 대분하여 23편의 논문을 엮은 갤러버다 외 엮음(Galaburda et al., 2002)의 『두뇌 작동 언어(*The Language of the Brain*)』(Harvard University Press)를 읽어보기 바란다.

43) (역주) 한국연구재단의 동서양 명저번역의 지원으로 언어 산출 및 해석 과정에 대한 정상 수준의 책자들이 이미 번역되어 있다. 르펠트(Levelt, 1989; 김지홍 뒤침, 2008)의 『말하기: 그 의도에서 조음까지』 I~II(나남)와 킨취(Kintsch, 1998; 김지홍·문선모 뒤침, 2010)의 『이해: 인지 패러다임』 I~II(나남)이다. 또한 필자는 언어 산출 과정을 종합하

전개하려는 노력에서 핵심 논제로서, 담화에 드러난 갈등struggle, 투쟁 및 역사적 변화에 대한 지향점과 함께, 담화의 사회학 이론을 발전시키는 데에 좀 더 명백한 주의력이 쏟아지고 있다.

§.1-6 프랑스 맑스주의 철학자 뻬슈Pêcheux

미셸 뻬슈Michel Pêcheux, 1938~1983[44])와 그의 동료들(Pêcheux et al., 1979; Pêcheux, 1982)은 담화 분석에 대한 비판적 접근을 발전시켜 왔는데, 여기서는 비판적 언어학과 같이 담화의 사회학 이론을 텍스트 분석의 방법과 결합시키려고 노력하였으며, 주로 글말 정치 담론들을 대상으로 하여 작업하고 있다. 그들의 조사 연구는 의식적으로 프랑스에 있는 정치 발전developments, 전개 모습들과 연결되어 있다. 특히 1970년대에 공산당 및 사회당 사이의 관련성 및 그들의 정치 담론에 대한 비교에 집중되어 있다.

사회학 이론에서 뻬슈의 접근법에 대한 주요한 원천은 이념에 대한 알튀쎄르(Althursser, 1971)의 맑스주의 이론이다. 알튀쎄르L. Althursser, 1918~1990는 경제 기반으로부터 독립된 '이념의 상대적 자율성'을 강조하였고, 경제적 관계들을 재생산하거나 변형하는 일에 대한 이념의 중요한 기여를 강조하였다. 또한 바로 분리 해체된 '사상ideas, 관념'이라는 존재와는 동떨어지게, 이념이 물질적인 형태로 일어난다고 주장하였다. 더욱이 이념은 사회적 주체로서 개인들을 구성하는 일(설명을 요구하는 일)을 통하여, 그리고 개인들을 '주체 위상subject positions'으로 고정시키는 일을 통하여 작동하지만, 이와는 반대로 동시에 자유로운 행위 주체가 된다는 착각을 내어 준다. 이런 과정들은 학교·가족·법률

여 김지홍(2015)의 『언어 산출 과정에 대한 학제적 접근』(도서출판 경진)으로 출간하였다.
44) (역주) 구글 검색을 해 보면 프랑스 이름을 철자 대응을 일삼아 '페쇠'로 쓴 경우도 있다. 여기서는 일관되게 표면음성형 '뻬슈'로 읽어 둔다.

과 같이 다양한 제도와 조직 속에서 일어나는데, 알튀쎄르의 관점으로 보면 이것들이 국가의 이념적 차원으로 기능하게 되며, 그가 이를 '이념을 덧씌우는 국가기관ISAs, ideological state apparatuses'이라고 불렀다.

이런 이론에 대하여 뻬슈는 이념에 관한 한 가지 핵심적으로 중요한 물질 형태로서 언어에 대한 착상을 발전시키는 기여를 하였다. 그는 '담화'라는 용어를 사용하여 언어 사용의 이념적 본성을 강조한다. 담화는

> 언어의 기능 작용 속에서는 이념적 갈등(투쟁)의 결과를 보여 주며, 거꾸로 이념 속에서는 언어적 물질성의 존재를 보여 준다.
>
> (shows the effects of ideological struggle within the functioning of language, and, conversely, the existence of linguistic materiality within ideology)
>
> (Courtine, 1981에 인용된 뻬슈의 주장)

이념을 덧씌우는 임의의 국가기관ISA은, 긴밀히 서로 관련된 '이념 형성 작용'의 복합체로서 파악될 수 있는데, 관계되는 이념을 덧씌우는 국가기관ISA 속에서 각각 대체적으로 사회계층의 지위와 부합된다. 뻬슈는 각각 그런 지위가 임의의 '담화 형성 작용DF, discursive formation'(※ 과정 해석으로 '형성 작용'도 가능하고, 문맥에 따라 결과 상태에 따른 결과물로서 '형성물'로도 번역할 수 있음. 184쪽의 역주 121을 보기 바람)을 함께 포함하고 있음을 시사하였는데, 이 용어는 푸코Foucault, 1926~1984로부터 빌려온 것이다. 담화 형성 작용DF은

> 임의의 주어진 이념 형성 작용에서 … 「말해질 수 있는 그리고 응당 말해져야 하는 바」를 결정해 주는 것이다
>
> (that which in a given ideological formation … determines *'what can and should be said'*)
>
> (Pêcheux, 1982: 111쪽, 원저자의 강조 이탤릭 글체임)

이것은 특히 의미론적 용어로 이해된다. 낱말들이 "그것을 '사용하는' 사람들의 입장에 따라서 그 의미를 바꾸게 된다"(Pêcheux et al., 1979: 33). 더군다나, 비록 두 가지 상이한 담화 형성 작용이 공통적으로 어떤 낱말이나 표현을 쓸 수 있다고 하더라도, 이것들 및 다른 낱말과 표현들 사이에 있는 관계는 그 두 경우에서 차이가 날 것이고, 따라서 또한 이들 공유된 낱말이나 표현들의 의미도 그렇게 달라질 것이다. 왜냐하면 그것들의 의미를 결정해 주는 것은 바로 다른 것들과 그것들이 맺는 상대적인 관계이기 때문이다. 예를 들면, 'militant투사, 싸움꾼'는 상이한 내포 의미를 지니고서 쓰일 수 있다. 노동조합 담론에서는 'activist열렬한 활동가'와 비슷한 말로 쓰이고, 'apathetic무관심한 냉소주의자'과 반대말이 될 수 있다. 반면에 우파 보수주의 담론에서는 'subversive파괴분자, 체제 전복자'와 비슷한 말로 쓰이고, 'moderate온건주의자'과 반대말이 될 수 있다. 더 나아가 사회적 주체들은 특정한 담화 형성 작용들DFs 및 그 의미들과 관련을 지니면서 구성된다. 뻬슈의 주장에 따르면 이들 담화 형성 과정은

「사고의 영역」들에 대한 언어적 측면이며, ⋯ 사회−역사상으로 그 주체를 생산하는 고정된 내용에 대한 점들의 모습으로 구성되고, 동시에 「그와 더불어」 그 자신이 보고 이해하며 실행하고 두려워하며 희망하도록 주어져 있는 바의 모습으로 구성되는 것이다.
("domains of thought" ⋯ socio-historically constituted in the form of points of stabilization which produce the subject and simultaneously *along with him* what he is given to see, understand, do, fear and hope)

(Pêcheux, 1982: 112~113, 이탤릭 글자는 원저자의 것임)

담화 형성 작용들DFs은 '서로 얽힌 담화interdiscourse'로 언급된 관련 담화 형성 과정의 복잡한 결합체 속에서 자리를 잡게 되는데, 한 가지 담화 형성 작용의 특정한 의미는 '담화 외부로부터' 서로 얽힌 담화

속에서 다른 담화들과의 관련성에 의해 결정되는 것이다. 담화 형성 작용들이 그 속에 무엇이 포함되어 있으며, 어떤 관계가 들어 있는지를 드러내게 되는, 특정한 시점에서 서로 얽힌 담화의 해당 특정 '상태 state'('state'는 211쪽 4째줄의 '상태'와 동일함: 뒤친이)는, 이념을 덧씌우는 국가기관ISA 속에서 이념적 갈등의 상태 여부 및 정도에 달려 있다. 그렇지만 이런 담화 형성 작용의 외적인 결정 결과는, 전형적으로 주체들이 잘 깨닫지 못하는 어떤 모종의 대상인 것이다. 주체들은 사실상 그들이 그런 결과가 될 경우에, 잘못되게도 어떤 담화 형성물의 의미에 대한 출처로서, 스스로 자기 자신을 지각하는 경향이 있다. 뻬슈는 담화 형성물들 사이를 순환하며 이미 형성된 '미리 짜인 어구들 preconstructeds, 기존의 어구들'을 언급하는데, 이는 '주어져' 있거나 알려져 있으며, 참여자들에 의해 이미 언급된 것으로 파악되지만, 반면에 사실상 이것들은 서로 얽힌 담화로서 주체의 외부로부터 기원하는 것이다. 한 가지 예시는

2차 대전 뒤에 삶의 기준/표준이 더 높아졌다
(the post-war increase in living standards)

거나 또는

소련의 위협
(the Soviet threat)

과 같은 표현인데, 이미 만들어진 고정 표현들로서 그 속에 깔린 전제들(그처럼 향상이 이뤄져 왔다는 전제 및 위협이 존재한다는 전제)과 함께 두루 하나의 담화 형성물로부터 다른 담화 형성물에까지 다양하게 걸쳐 있다.

중요한 속성은 주체들이 늘 전체적으로 하나의 담화 형성물DF, 담화

형성 작용을 확인해 보지 않는다는 점이다. 참여 주체들은 '이른바 X', 'X라는 것', 그런 'X'와 같이 상위 담화 표지들을 이용함으로써(§.4-1 (라)항을 보기 바람),[45] 스스로 임의의 담화 형성물로부터 떨어져 있도록 심리적 거리를 둘 수 있다. 뻬슈는 이를

부정적 정체성의 확정

(counter-identification)[46]

---

45) (역주) 우리말에서도 심리적 거리감을 드러내는 표현으로 '이른바'나 '소위 명품족' 등을 쓸 수 있다. 이를 흔히 '거리두기 표현'으로 부르며, 영어에서는 무의식적으로 지시사 that(저 따위)을 써서 그런 거리감을 표현하기도 한다. 머카씨(McCarthy, 1998; 김지홍 뒤침, 2012)의 『입말 그리고 담화 중심의 언어교육』(도서출판 경진, 개정증보판) §.4-2를 보기 바란다. 페어클럽(Fairclough, 2001; 김지홍 뒤침, 2011)의 『언어와 권력』(도서출판 경진) §.4-2에서는 scare quotes(심리적 거리를 두는 인용 방식)이라고 불렸는데, 그 속뜻은 선뜻 동의할 수 없음을 드러내거나 때로 심지어 야유나 비꼼까지도 담길 수 있다. 영어 화자들은 입말 환경에서 두 손의 검지와 중지를 붙여 인용부호 " "를 표시해 주기도 한다. 이를 air quotes(손짓 따옴표)이라고 달리 부르더라도, 그 역할은 똑 같다. 가끔 영어 방송에서는 quote(인용 시작)과 unquote(인용 마감)이란 상위언어 표현도 들을 수 있다. 이는 정확히 글말에서의 인용부호와 같으므로 가치-중립적이며, 앞의 심리적 거리두기 인용과는 다르다. 한글 맞춤법에서는 아직 이런 경우를 따로 표시해 줄 만한 부호를 마련하지 못하였다.

46) (역주) identification을 '동일시'(같이 봄, 같이 취급함)로 번역한 경우가 있는데, 아무런 뜻을 만들어 주지 못한다. 한 개인을 놓고서 그에게 정체성을 부여하고 확정하는 일을 가리키므로, 응당 정체성 확정 내지 정체성 부여로 번역해 주어야 핵심적인 뜻을 붙들 수 있다. 이 앞에 붙은 부정 접두사 counter도 또한 반(反)이나 역(逆)이란 한자어(반동일시, 역동일시)를 붙여 쓴다고 해도, 어름어름하여 우리말 독자들한테 정확한 뜻을 전달해 줄 수 없기는 마찬가지이다. 여기서는 부정적인 정체성이나 부정적인 모습을 부여하거나 확정하는 일로 번역한다. 부여는 '행위 과정'에 초점이 모아져 있고, 확정은 '결과 상태'에 초점이 모아져 있다. 따라서 맥락을 고려하면서 결과 상태를 가리키려면, 부정적인 정체성 모습의 확정으로, 행위 과정을 가리키려면 부정적인 정체성 모습 부여로 번역할 수 있는 것이다. identification(정체성, 정체감)은 다시 두 측면으로 구현되는데, 남이 나에게 부여해 주거나 확정하는 것을 '정체성'으로 부르고(미이드[Mead]의 외적인 정체성 'Me' 측면), 내가 스스로 느끼는 정체성을 '정체감'(미이드의 내적인 정체감 'I' 측면)이라고 불러 서로를 구별해 주어야 할 경우도 있다. 바로 아래에서는 disidentification(정체성 탈색, 정체성 박탈)이 언급된다. 번역자가 뻬슈 이론을 정확히 알지 못하므로 주저되지만, 만일 앞의 용어와 대립적으로 썼다고 본다면, 혁명적인 상황과 관련되므로 부정 접두사 'dis'의 내포 의미를 이미 부여되어 온 정체성을 벗기고 깎아내는 일로 이해할 수 있다. 과격성 여부에 따라 '정체성 탈색'이나 '정체성 박탈' 정도로 번역할 수 있을 듯하다.

　　69쪽의 역주 40에서도 또한 agency(집합적 의미를 가리킴)에 대한 번역을 허무하게 '주체성'이나 '주체화'로 선택한 경우도 있었다. 이는 원저자의 의도와 용법을 전혀 고려해 보지 못한 잘못된 선택에 지나지 않는다. 번역은 표면적인 뜻을 고려하는 것이

이라고 불렸는데, 새로운 실천 관행으로 대체하지는replacing 않더라도 기존의 실천 관행들로부터 스스로 멀리 떨어져 거리를 두는 일이다. 실제로 그러한 대체replacement가 일어나는 경우에, 우리는 정체성-박탈disidentification이라는 좀 더 혁명적 상황을 맞게 되는데,47) 이념적 형성물들의 복합체에 대한 "재배열 뒤엎어 버리기overthrow rearrangement, 혁명적 재배열"도 포함하는 것이다(Pêcheux, 1982: 159). 그렇지만 **뻬슈**는 정체성-박탈disidentification의 가능성을 각별히 공산당의 조직 형태로서 맑스-레닌주의 혁명적 이론 및 실천 방식과 긴밀히 연계된 것으로 본다(≒경제의 하부 순환구조를 언제나 '상품의 생산 → 유통 → 소비'로 파악함). 이 분석 방법은 '담화의 자동적 분석'이라고 불린다. 텍스트로 된 임의의 전산자료corpus48)에서 담화 형성물들DFs을 찾아내기 위하여 일부 진행절차가 기계화(컴퓨터 처리)될 수 있기 때문이다. 뻬슈 외(Pêcheux et al., 1979: 33)에서는 전산 자료의 구성체가 그 자체로 하위 구성 텍스트들을 '지배하는' '하나 또는 둘 이상으로 이뤄진 담화 형성물의 존재

아니라, 반드시 원저자의 의도와 심층적인 뜻을 고려해 놓아야 하므로, 조선조 때에 '뒤칠 번(飜)'과 '통변할 역(譯)'으로 풀이했던 것이다. '뒤치다'는 대상을 뒤집어 놓고서 그 이면의 의도와 속뜻을 꿰뚫어 본다는 뜻을 나타낸다. 지금도 경상도 쪽의 노인들을 한문 번역을 할 경우에 "그 글을 뒤쳐 봐라!"라고 말하지, 결코 "그 글을 이사해 봐라!"거나 "그 글을 옮겨 봐라!"라고 말하는 법이 없다. 만일 어떤 글이 이사를 왔다면(옮겨 왔다면), 머잖아 다른 곳으로 또 이사를 가 버릴(옮겨 버릴) 것이다. 이치상으로 보아 '옮김(移徙)'이란 말은 번역의 뜻을 나타내는 우리말의 질서와는 잘 들어맞지 않는다. 우리말이라고 대충대충 써서는 안 된다. 반드시 옛 용법들을 참고하면서 신중히 낱말들을 골라 써야만 올바른 길이 되고, 번역 문화가 새롭게 우리 것으로 재생될 것이다.

47) (역주) 하층 계급의 노동자들이 혁명을 일으켜 노동자 세상으로 만들고 상층의 주인으로 되는 전환 진행 과정을 가리키는데, 만일 이런 혁명이 완성되면 정체성 박탈이란 말도 정체성 전환(뒤바꿈)으로 불러야 할 것이다.

48) (역주) 영문학자 이상섭 교수는 corpus를 '말뭉치'로 번역하였다. 머카씨(McCarthy, 1998; 김지홍 뒤침, 2012)의 『입말 그리고 담화 중심의 언어교육』(도서출판 경진, 개정 증보판)에서는 원자료(raw data)를 놓고서 corpus가 되려면 담화 처리에 필요한 범주들을 덧붙여 놓으면서 가공해 놓아야 한다. 그런데 어떤 범주를 몇 가지 차원으로 얼마만큼 자세하게 덧붙여 놓을지에 대해서는 연구자의 시각에 따라 크게 달라질 수 있다. 모두 기계적 처리가 가능한 것이 아니므로, 미리 전산자료의 확보 기획과 계획을 세워놓고 가공 절차가 뒤이어져야 한다. 전산자료를 이용할 경우에는 언제나 반드시 해당 도막이 실행되고 있는 전반적으로 '의사소통 상황에 대한 정보'가 충분히 제시되어야만, 독자들이 그런 해석을 제대로 뒤따라가면서 이해할 수 있다.

에 대한 가정'을 구현하고 있음에 주목하고, 그런 가정이 응당 순환성을 벗어나기 위해서, 담화 분석 주체 자신들이 아니라 여러 전문가 영역들로부터 나와야 함을 시사해 준다. 이런 가정의 토대 위에 함께 전산 자료를 배치하는 일은, 텍스트의 영역 상으로 균질성homogeneity, 동질성을 억지로 부과해 놓는 일과 다름없는데, 해당 전산자료는 '생산/산출의 조건'(따라서 그 지배적인 담화 형성)들이 주류의 것들과 전혀 다른 텍스트의 일부를 배제해 놓는 일을 통해서만 추가적으로 균질화가 이뤄진다.

이를 실행하는 절차의 첫 번째 부분은 텍스트의 언어적 분석인데, 미국 구조주의 언어학자이며 참스키의 스승 질리그 해뤼스(Zellig Harris, 1963)가 다룬 '변형' 절차들을 이용하면서 절 또는 간단한 문장으로 나누어 놓는다. 예를 들어

I regret her departure
(나는 그녀가 떠나버려서 유감이다)

는 두 개의 절로 분석될 듯하다. 즉, 'I regret나는 유감스럽다'와 'that she has departed그녀가 떠나버렸다는 것'이다. 이 절들 사이에 어떤 종류의 관계(등위 접속, 종속 접속, 보문 내포complementation 등)가 들어 있는지를 보여주기 위하여 도표들이 만들어진다. 그런 다음, 이들 도표가 어떤 낱말과 표현이 '대치substitution' 관계에49) 있는지를 결정해 주기 위하여, 두

---

49) (역주) 현대 언어학의 창시자로 기려지는 스위스 사람 소쉬르(Ferdinand de Saussure, 1857~1913)는 역사주의 언어학에서 부분 자료들만 비교하여 친족 관계를 결정짓는 일이 잘못임을 비판하였고, 그의 유고 『일반 언어학 강의』(김현권 뒤침, 2012, 지만지)와 『일반 언어학 노트』(김현권·최용호 뒤침, 2007, 인간사랑)에서 처음으로 전체를 다룰 수 있는 대립 관계를 제시하였다. 임의의 문장 덩이가 주어진다면, 만일 바꿔 쓸 수 있는 대안 항목들이 있다면 이를 이분하여 자르되 더 이상 바뀔 수 없을 때까지 진행한다. 이때 바뀌어 쓰이는 항목들을 동일한 계열의 것으로 보고, 이를 계열 관계라고 불렀다. 해뤼스의 대치 관계는 계열 관계를 자신의 용어로 바꾼 것에 불과하다. 또한 거꾸로 소쉬르는 잘린 것들을 차례차례 붙여 놓아 전체 덩이를 만드는 방식도 다루었는데, 이를 통합 관계라고 부른다. 그 결과 언어는 대립 체계인데, 이는 계열 관계와

번째 전산화된 절차에 들어간다. 이는 절에서 동일한 위치에 나올 수 있는 항목인데, 문법 구조상으로 비슷하므로 다른 절들과도 비슷하게 연관된다. 예를 들면, 'militants투사'와 'subversives파괴분자, 체제 전복자'는 다음 문장에서 서로 대치 관계에 놓여 있다.

We should watch out for militants who disrupt industry
(우리는 두 눈 똑바로 뜨고 산업시설을 파괴하려는 투사들을 감시해야 한다)

The nation must guard against subversives who undermine our institutions
(국가는 공공시설들을 폭파하려는 파괴분자들에 맞서서 완벽히 대비해야 한다)

임의의 텍스트에서 낱말이나 표현이 대치 관계에 놓여 있다면, 이들 사이에는 몇몇 의미 관계가 성립된다. 가령 유의어 관계(A가 B를 함의하며, B가 A를 함의함), 속뜻 관계(A가 B를 함의하지만 B는 A를 함의하지 않음)50)와 같은데, 해당 텍스트가 연합되어 있는 담화 형성물들DFs을 놓고서 서로 구별을 해 줄 듯하다. 이 절차는 특정한 '핵심 낱말'들에 초점이 모아져 있으며, 예외적으로 사회적 또는 정치적 의미significance,

---

통합 관계로 이뤄져 있다는 간단한 주장을 하게 된 셈이다. 서구 사회에서는 처음으로 전체와 부분 관계를 명백하게 다루는 방법이나 수단을 갖게 되었으므로, 서구 지식인들 사이에 그의 유고가 많이 읽히면서, 그렇게 사고하는 방법을 '구조주의' 또는 '구조-기능주의'라고 불렀다. 미국에서는 특히 인디언 언어를 기술하고 분류하는 데에 이 방법을 썼으므로 '기술(descriptive)언어학'으로 불렸다. 앞에서 사회 계층이 뒤바뀌는 일을 replacement(대체, 자연과학에서는 '치환'이라고 번역함)라고 언급하였고, 여기서 언어 항목들이 서로 뒤바뀌는 일은 substitution(대치)라는 말을 쓰고 있으나, 기본적으로 거의 비슷한 개념이다.

50) (역주) 왜냐하면 마치 곤충과 벌의 관계처럼 내포 관계를 이루기 때문이다. 바깥 원(곤충) 안에는 개미·벌·나비와 같이 더 작은 원들이 여러 개 들어 있으므로, 바깥 원이 참되게 성립하면 언제나 안쪽에 있는 더 작은 원들에서도 참이 되며, 이를 함의한다(속뜻을 지닌다)고 말한다. 그렇지만 더 안쪽에 있는 작은 원(벌)이 성립한다고 하더라도 더 바깥의 큰 원이 덩달아 참되게 성립할 수 없다. 따라서 함의 관계가 성립되지 않는 것이다.

중요성를 지닌 낱말들인데, 가령 정치 담론에서 'struggle투쟁'과 같다. 분석 방법에 대한 좀 더 자세한 서술을 보려면 맹게노(Maingueneau, 1976)과 톰슨(Thompson, 1984: 238~247)을 보기 바란다. 마지막으로 비록 해석과 관련된 문제점들에 대하여 거의 관심을 쏟지 않았지만, 이 분석 절차의 결과들은 해석될 필요가 있으며, 일반적 해석 방식의 결여라는 점은 이 방법을 오히려 개별적 사례 분석(*ad hoc*, 사례마다 하나하나 개별적)으로만 보이도록 만든다.

뻬슈 접근법의 장점 및 이를 비판적으로 여기도록 만드는 근거는 담화의 맑스 이론과 텍스트 분석의 언어학 방법을 결합하였다는 점이다. 그렇지만 텍스트의 처리 방식은 불만스럽다. 앞에서 이미 지적하였듯이, 전산자료가 구성되는 방식을 통하여 본격적인 해석이 이뤄지기 전에 텍스트가 이미 균질하게 되어 있는 것이며(Courtine and Marandin, 1981: 22~23), 변형 절차를 적용하여 텍스트를 분리된 여러 절들로 분석해 버린 결과는, 텍스트 조직체의 고유한 변별적 자질들의 흔적을 깨끗이 지워 버리는 잘못을 범하게 된다. 더구나, 이들 분석 절차는 텍스트의 부분들을 놓고서 선택적인 초점을 맞출 수 있도록 해 주며, 이는 전체 텍스트가 아니라 오히려 일부 문장들만이 효과적으로 분석의 대상이 됨을 의미한다. 비판적 언어학에서 그러하였듯이, 텍스트가 또한 산출물로 취급되지만, 텍스트 산출 및 해석에 대한 담화 처리 과정에는 거의 주목하지 못하였다. §.1-4에서 저자가 포터·워써뤌(Potter and Wetherell, 1987)에 대해서도 비판하였듯이, 협소하게 '핵심 낱말'들과 더불어 미리 결정된 초점에 관심 모아 의미론적 용어로 분석이 이뤄진다. 맥락과 고립된 채, 오직 생각 형성의ideational 의미 차원에만 주의를 쏟지만, 반면에 사회관계와 사회적 정체성과 함께 작동하는 대인관계 맺기interpersonal, 개인들 상호작용 차원에는 관심이 없으며, 좀 더 추상적인 의미 관계들을 선호하기 때문에, 맥락 속에서 찾아지는 발화 의미의 속성들도 무시되어 버렸다. 다른 접근법에서 관심을 두었던 텍스트의 형태와 짜임새들에 관한 여러 가지 많은 측면들도 무시되어 있다. 요약한다면, 해당 텍스트와 담화 관련 사건에 유관하게 변별적 특성을 지닌 바를 놓고서 씨름하려고 하는 분석이 아니라, 텍스트들이 담화 형성물들DFs에 관한 선험적 가정을 입증키 위한 증거로서만 취급되는 것이다. 주체들이 자신의 실천 과정을 통하여 어떻게 경합하고 점진적으로 지배 및 형성물을 재구성할 수 있는지를 종합적으로 다루는 것이 아니라, 변형에 몰입하여 다른 측면들을 희생시킴으로써, 주체들이 형성물 속에서 어떻게 위상을 확보하는지, 이념상의 지배력이 어떻게 확보되는지를 다루는 재생 과정만을 과도하게 강조한 알튀쎄르 쪽의 이론도 비슷하게 그런 경향이 있다. 저자는 비판적 언어학에서도 유사하게 한 측면만 강조하는 점이었음을 지적하였다. 마침내 그런 결과로서 한 측면만 보는 관점을 갖게 되는데, 피동적으로 위상이 부여된 측면에서만 주체를 다루는 것이다. 능동적 주체로서 행동하는, 그리고 심지어 지배 받는 기반 그 자체마저 뒤엎어 버리는 주체의 능력이 온통 무시되어 있다. 특정한 정치 실천 관행에 따라 밖으로부터 생성된 변화로서 '정체성 박탈disidentification'에 관한 이론은, 한 개인의 견해 속으로 담화 및 주체subject에 대한 변형 가능성을 심어 놓는 일을 따져본다면 미심쩍은 대안이다.

빼슈의 주장을 따르는 '제2세대' 담화 분석에서는, 부분적으로 거기에 쏟아진 비판들에 대한 반응으로, 부분적으로 프랑스에서 일어난 정치적 변화의 영향으로, 그 접근법을 근본적으로 바꾸었다(Maldidier, 1984: xi~xiv). 정치 담화에 대한 일부 연구에서는 동맹에 대한 담화 전략들과 서로 다른 담화 형성 작용(※문맥에 따라서 formation을 '형성 작용'[과정 해석]으로도, '형성물'[결과 상태 및 산출물]로도 번역할 수 있는데, 184쪽의 역주 121을 참고하기 바람)들DFs의 결합을 강조해 왔는데, 이것이 담화를 더 이질적이고 애매하게 만들어 준다. 이들 속성은 더 이른 초기 시각 속에서는 쉽게 조정되지 않는데, 초기 생각에서는 완전히 통일된 담화 형성 작용들DFs이 반대의 정태적 관련성만을 지녔었다. 담화는 '구성적 이질성'을 담고 있는 것으로 성격이 밝혀지기에 이르렀다(Authier-Révuz, 1982). 따라서 담화가 판이한 이론적 흐름(Bakhtin, 1981; Kristeva, 1986a: §.3-3의 후반부도 참고 바람)에서 다뤄져 온 '대화주의 성격dialogism' 및 '서로 얽힌 텍스트 속성intertextuality'을 내재적 성격으로 고유하게 지닌다고 본다. 더 앞선 초기 업적은 저자가 앞에서 비판한 노선에서 다뤘듯이 균질성을 부과하는 잘못된 절차로 평가되었다. 서로 뒤얽힌 담화는 '항상 재구성해 나가는 과정'으로 간주되기 시작하였는데, 여기서 담화 형성 작용DF의 경계 구획delimitation, 범위 결정은

> 근본적으로 고정되어 있지 않다. 따라서 영구적으로 내부와 외부를 나누는 경계 구획이 아니라, 담화 형성 작용들 사이에서 최전방에 있는 가변적 존재로서 오히려 현재의 이념 투쟁에서 관심사/문제가 되는 바에 따라 달라진다.
> (fundamentally unstable, being not a permanent boundary separating an interior and an exterior, but a frontier between DFs which shifts according to what is at stake in ideological struggle)
>
> (Courtine, 1981: 24)

구성상 담화의 이질적 속성이 참이라면, 텍스트의 특정 부분들이 종종 애매해질 수 있고, 어느 담화 형성물이 가장 자신의 해석과 관련되는지에 대한 질문들을 해석 주체에게 던지게 된다. 그리고 뻬슈가 자신의 마지막 논문 중 하나(Pêcheux, 1988)에서 관찰하였듯이, 담화 분석에서 이내 쉽게 작동되는 기술 원리가 아니라, 오히려 맥락에 따른 해석적 특성을 부여해 주는 것이다. 동시에 서로 얽힌 담화를 놓고서 근본적인 변형 관계가 '맑스-레닌주의라는 존재에 의해 권위를 지닌다'[51]는 '이론상의 착각'을 명시적으로 포기하게 된다(Pêcheux, 1983:

51) (역주) 70년을 버티던 옛 소련(1922년 수립~1991년 붕괴) 공산당의 철저한 몰락에 따라, 이제 맑스가 주장한 경제 발전사관이 옳다고 믿는 사람은 전혀 없다. 그렇지만 이 책이 씌어질 1980년대 당시만 하더라도, 일부 서구 지식인들 사이에서 임의의 사회가

32). 새롭게 특정한 담화 '사건'에 대하여 초점을 모음으로써, 담화에 대한 변증법적 견해가 부각되고, 이질적이고 모순되는 담화의 본질에서 변형의 가능성이 내재적인 것으로[52] 여겨졌다.

> 주어진 임의의 담화는, 정체성에 대한 사회-역사적인 유래 속에서 봐야 할 임의의 사회운동에 대한 잠재적인 기호이다. 잠재적 해석 가능성은 이들 유래된 결과물을 구성해 주는 만큼이나 그리고 자신의 공간 속에서 자리를 벗어나는 … 작업만큼이나 그러하다
>
> (any given discourse is the potential sign of a movement within the sociohistorical filiations of identification, inasmuch as it constitute, at the same time, a result of these filiations and the work … of displacement within their space)
>
> (Pêcheux, 1988: 648)

§.1-7 결론

지금까지 다뤄온 주요 논점들을 다 모아서, 담화 분석에 대한 적합한 비판적 접근법의 희망사항으로 여길 법한 일련의 여덟 가지 진술문 형태로 언급하면서 이제 이 개관을 매듭짓고자 한다. 이는 저자가 제3장에서 전개하게 될 예비적 그림을 제공해 주고, 이미 논의된 접근법들과의 관련성을 가리켜 줄 것이다. 동시에 제1장에서 개관된 언어를 향한 담화 분석의 전통들에서 취약하고 덜 발전된 영역들이 무엇이며, 그리고 사회학 이론에서 언어와 담화에 대한 설명을 끌어들임

노동자 계층과 자본가 계층으로 나뉘므로 지배와 피지배 관계라는 상투적 설정을 통하여 모든 담화를 거기에 맞춰 변형시켜야 한다고 생각했던 듯하다. 그들은 그러한 타당성과 근거를 오직 맑스와 레닌의 권위에 기대고 있었던 것이다.

52) (역주) 뻬슈의 낱말을 그대로 받아들여 쓰고 있지만, 다른 내포 의미로 쓰고 있어서 자칫 혼동이 생길 수 있다. 만일 중립적으로 좀 더 정확히 표현한다면 다음과 같다. 이질적인 성격을 담아 놓고 있는 담화는 언제나 산출과 해석에서 재구성될 수밖에 없다.

으로써 강화될 필요가 있는 영역들이 무엇인지를 찾아내는 데에 도움을 줄 것이다.

(1) 분석의 대상은 언어로 된 텍스트(≒일관된 덩어리의 입말과 글말, 덩잇말과 덩잇글)인데, 맑스 이념을 증명하려던 뻬슈(Pêcheux, 1982)와 비교할 경우에 이는 그 나름의 특정한 언어 속성에 비춰서 분석된다. 특정한 실천 관행의 영역을 드러내 주는 텍스트들의 선택은, 응당 실천 방식들의 다양성을 보장해 주도록 시행되어야 한다. 다른 시각으로서, 교실수업 담화를 교사 중심의 관점으로 다룬 싱클레어·쿨싸드(Sinclair and Coulthard, 1975)와 비교한다면, 마치 균질한 듯이 일방적으로 표상되어 있고, 단순히 지배-피지배 관계로만 다룬 뻬슈(Pêcheux, 1982)와 비교한다면 균질성의 추구가 피해야 될 분석임을 알 수 있다.

(2) 텍스트를 텍스트 산출 및 해석 과정의 '결과물'로서 여기는 일 이외에도, 이들 처리 과정도 자체적으로 분석이 이뤄진다. 이와 다른 시각은 싱클레어·쿨싸드(Sinclair and Coulthard, 1975) 및 비판적 언어학 접근을 비교해 보기 바란다. 좀 더 자세히 담화 처리 과정을 읽어보려면 폰대익(van Dijk, 1988)에 있는 비판적 담화 분석에 대한 접근을 참고하기 바란다. 분석은 그 자체로서도 해석으로 간주되지만, 분석 주체는 그들 나름의 해석적 경향 및 심층에 깔려 있는 그런 경향의 사회적 근거들을 민감하게 찾아내고자 한다. 다른 시각으로서, 사회적 기반을 전혀 고려하지 않는 싱클레어·쿨싸드(Sinclair and Coulthard, 1975), 1980년대의 대화 분석 접근, 1970년대 말의 비판적 언어학을 비교해 보기 바란다.

(3) 텍스트는 이질적이며 애매할 수 있고, 서로 다른 담화 유형들에 대한 모습이 담화를 산출하고 해석하는 일에 끌어들여질 수 있다(Labov and Fanshel, 1977). 다른 시각으로서, 1980년대의 대화 분석 접근과 1980년대 초반의 '제1세대' 뻬슈 학파를 비교해 보기 바란다.

(4) 담화 처리 과정에서 담화 유형의 형상을 바꿔 놓는 일에 비춰보

아, 그리고 그런 뒤바뀜이 더 넓은 사회 변화의 과정들을 어떻게 반영하고 구성해 주는지에 비춰보아, 담화는 역사적으로 그리고 역동적으로 연구된다(1980년대 말의 '제2세대' 뻬슈 학파와 1980년대 말의 사회 기호학). 다른 시각으로서, 레이보프·퓐셀(Labov and Fanshel, 1977), 1980년대 초의 제1세대 뻬슈 학파, 1970년대 말의 비판적 언어학을 비교해 보기 바란다.

(5) 담화는 사회적으로 구성되는데(1970년대 말 비판적 언어학, Pêcheux, 1988; Potter and Wetherell, 1987), 사회적 주체·사회적 관계·지식과 믿음 체계들을 구성해 주며, 담화의 연구는 그 구성적인 이념상의 효과들에 초점을 모은다. 다른 시각으로서, 레이보프·퓐셀(Labov and Fanshel, 1977)을 비교해 보기 바란다.

(6) 담화 분석에서는 담화에 들어 있는 권력 관계뿐만 아니라(다른 시각은 1980년대의 대화 분석 접근을 비교해 보기 바람), 또한 권력 관계와 권력 투쟁이 어떻게 한 사회나 제도의 담화 실천 관행을 형성하고 변형해 놓는지에 대해서도 관심을 둔다(1980년대 말의 제2세대 뻬슈 학파). 다른 시각으로서, 비판의식이 결여된non-critical 접근법인 싱클레어·쿨싸드(Sinclair and Coulthard, 1975), 1980년대의 대화 분석, 레이보프·퓐셀(Labov and Fanshel, 1977), 포터·워써뤌(Potter and Wetherell, 1987)들과 1980년대의 비판적 언어학을 비교해 보기 바란다.

(7) 담화의 분석에서는 이념 및 실천의 창조적 변형 과정에서 드러나는 기능 작용functioning에 관심을 쏟을 뿐만 아니라, 또한 그것들의 재생(재생성)을 탄탄하게 보장해 주는 일에서의 기능 작용에 대해서도 관심을 갖는다. 다른 시각으로서, 뻬슈(Pêcheux, 1982)와 1970년대 말의 비판적 언어학을 비교해 보기 바란다.

(8) 텍스트는 다양한 범위에 걸친 형식 및 의미의 특징(가령, 대화의 속성과 텍스트의 구조뿐만 아니라, 또한 어휘와 문법)들에 비춰서 분석이 이뤄지는데, 이는 언어의 생각 만들기 기능 및 개개인의 상호작용 기능 둘 모두에 속하게 된다. 다른 시각으로서, 포터·워써뤌(Potter and

Wetherell, 1987)과 **뻬슈**(Pêcheux, 1982)를 비교해 보기 바란다.

　이상으로 고찰된 바는 변이 가능성·변화·갈등(투쟁)에 초점을 모은 담화 분석이다. 다시 말하여, 사회 권력들 사이에서 투쟁으로 형상화 된 역사적 변화 과정에 대한 통시적인 거울 영상reflex으로서, 담화들 속에 있는 실천 관행 및 이질적 성격들 간의 변이 가능성인 것이다. 비록 (4)와 (5)와 (6)의 논점들이 앞에서 논의해 놓은 대로 특히 담화 분석에 대한 비판적 접근법들 속에서 모종의 뒷받침을 받고 있지만, 그런 접근을 놓고서 충분하고 명백한 전개 모습들을 찾아내기 위해서 는 사회학 이론 속으로 들어갈 필요가 있다. 다음 제2장에서 다루게 될 푸코는 그런 모든 것들에 대하여 귀중한 통찰력을 제공해 준다. 그렇지만 논점 (7)을 언어학 쪽으로 향한 담화 분석에서, 비판적 접근 의 전통도 만족스럽게 다루지 못하였고, 푸코도 그렇게 하지 못했는 데, 사회의 재생 및 변형 두 과정에 모두 담화가 기여하는 방식이다. 이런 담화의 이중성은 제3장에서 제시한 얼개에서 핵심적인 중요성 을 지닌다. 푸코의 업적에서 이를 무시한 것은 그의 작업에서 주요한 이론적·방법론적 약점과도 관련되어 있다.

제2장 프랑스 철학자 미셸 푸코와 담화 분석

지난 수백 년 동안 사회혁명의 담론과 과학적 담론이 실천해 온 방식이, 심각한 역사적 전환점에서 말들이 고작 바람결에나 들리는 외부 속삭임이며 알아차리지도 못할 헛된 날갯짓이란 자조적 생각을 떨쳐버리게 하고, 우리를 자유롭게 만든 것은 아닐까?

　　　　　　　　　　　　　　　　　—푸코, 『지식(앎)의 고고학』[53]

---

53) (역주) 『지식(앎)의 고고학』 결론 장의 인용이다. 이 책의 제목 번역도 문제가 될 수 있다. 이규현 뒤침(1990)의 『성의 역사: 앎의 의지』에서는 '앎(savoir)'이라고 하였는데, 뛰어난 통찰이다. 왜냐하면 '지식'이란 낱말이 우리들 속에서 고정되고 이미 객관적으로 잘 짜여 있으므로 누구나 다 받아들인다는 속뜻을 갖고 있기 때문이다. 그렇지만 이런 속뜻을 없애기 위하여 이규현 뒤침(1990)에서는 우리말 명사형 '앎'을 선택한 것으로 이해한다. 이럴 경우에라야 비로소 앎의 근거가 담화(언어 연결체)라고 단언할 수 있게 된다. 과학적 지식은 전문지식의 가정과 그 체계에 따라 익히고 일부 바꿔나가는 것이기에, 그런 전문지식이 오직 일상적인 담화에 의해서 형성된다고 강하게 주장한다면, 과학자들의 조롱을 받기 십상이다. 이정우 뒤침(2000: 288)의 『지식(앎)의 고고학』(민음사)에 있는 직역은 난삽하고 이해가 쉽지 않다. 여기서는 의역을 해 둔다.

§.2-0 도입

미셸 푸코(1926~1984)는 사회과학과 인문학에 거대한 영향력을 끼쳐 왔다. '담화'라는 개념 및 하나의 방법으로서 담화 분석을 일반화한 일도, 부분적으로 그런 영향에 말미암을 수 있다. 다음의 두 가지 이유로 그의 업적을 어느 정도 자세하게 검토하는 일이 중요하다. 첫 번째 이유는, 담화 분석에 대한 푸코의 접근이 사회 과학자들에 의해 하나의 모형으로 널리 언급되고, 사회 및 문화 변화에 대한 연구에서 서로 다른 담화 분석 접근을 살펴보는 일을 이 책에서 옹호하고 있으므로, 두 가지 필요성 사이의 관련성이 더욱 명백히 만들어져야 한다. 저자의 시도처럼 언어학 측면의 접근으로 텍스트 쪽으로 지향한 담화 분석(이하에서 TODA[텍스트 지향 담화 분석]로 줄여 부름) 및 좀 더 추상적인 푸코의 접근 사이에 주요한 대조점이 있다. 저자는 사회학자들이 텍스트 지향 담화 분석TODA을 이용하도록 고려해야 하는 이유를 몇 가지 제시해 줄 필요가 있다고 본다. §.2-3에서는 이런 고려가 좀 더 만족스런 사회 분석으로 이끌어 갈 수 있음을 논의할 것이다.

따로 제2장을 마련하여 푸코를 다룬 두 번째 이유도 이미 언급되었는데, 이론상으로 적합할 뿐만 아니라 또한 실질적으로도 이용 가능한 담화 분석에 대한 접근법의 발전이, 언어학 쪽으로 지향한 담화 분석 및 언어와 담화를 놓고서 최근 사회학 이론에서 보인 통찰력에 대한 종합을 요구하고 있기 때문이다. 푸코의 업적은 담화와 권력의 관련성, 사회 주체와 지식(앎)을 놓고서 담화로 이뤄지는 구성체, 사회 변화에서 담화의 기능 작동 등과 같은 영역에서 담화의 사회학 이론에 중요하게 기여를 한다.[54] 이미 §.1-7에서 언급했듯이, 이것들이 바

---

54) (역주) 푸코의 저서들 중에서 우리말 번역이 30권도 넘게 출간되어 있고, 그의 사상을 개관하는 책자들도 여러 권 나와 있어 도움이 크다. 그러나 그가 출간한 책들은 자신의 지식 성장과 변화를 거짓 없이 반영해 주기 때문에, 그의 여러 변화와 전환점들을 모두 꿰뚫어 평가하기란 쉬운 일이 아니다. 나길래 뒤침(2002: 91)의 『푸코 읽기』(동문선)를 보면 푸코의 『말과 글』 II, 158쪽에 적힌 솔직한 고백을 인용한다.

로 언어학 쪽으로 지향한 접근에서 아주 취약하고 잘 발전되지 못한 측면인 것이다.

그렇지만 담화에 대한 푸코의 접근과 그 속에서 발전된 지적 맥락들이 저자의 접근법과 사뭇 다르다는 점이 사실이라면, 단순히 푸코의 업적을 담화 분석에 '적용할' 수 없다. 꾸흐틴느(Courtine, 1981: 40)

"『광기의 역사』에서, 그리고『임상의학의 탄생』에서, 나는 아직 내가 하는 것을 보지 못하고 있었다.『말과 사물』에서는 한쪽 눈은 열려 있었고, 다른 한쪽 눈은 닫혀 있었다. ⋯ 마침내『지식(앎)의 고고학』에서 나는 내가 말하고 있는 정확한 지점을 분명히 하려 애썼다'. 이런 자기 변신의 고백은 이정우 뒤침(2000: 39)에서도 읽을 수 있다. 그런데 이정우 교수는 역자 서문에서, 푸코를 비롯한 프랑스 철학자들에 대한 우리나라 사람들의 이해가 전반적으로 잘못되었음을 통렬하게 비판한 뒤, 푸코 또한 탈구조주의자나 탈근대주의자로 잘못 알려지고 있음을 경고하고 있다(이정우 뒤침, 1993: 제2부에도 동일한 비판이 들어 있음). 또한 여러 책 중에서『지식(앎)의 고고학』은 추상적 진술과 주장을 담고 있고, 푸코의 글쓰기가 또한 '잠언' 투이므로, 전반적으로 이해를 얻으려면 반드시 그를 다룬 책자들도 같이 읽어 봐야 한다. 그는『지식(앎)의 고고학』에서 스스로 이전 책자들에서 못다 이룬 자신의 '이론 가다듬기'를 목표로 집필되었기 때문이라고 말했었으나, 다시 크게 전환을 보이는『감시와 처벌』에서는 스스로 '자신의 첫 번째 책'이라고까지 말하였다. 아래에 그가 발간한 책의 연도에 따라 번역본들을 적어 둔다.

① 1961년(이규현 뒤침, 2003)『광기의 역사』(나남), ② 1961년(김광철 뒤침, 2012)『칸트의 인간학에 관하여』(문학과지성사, 박사논문의 부록), ③ 1962년(박혜영 뒤침, 2004)『정신병과 심리학』(문학동네), ④ 1963년(홍성민 뒤침, 2006)『임상의학의 탄생: 의학적 시선의 고고학』(이매진), ⑤ 1966년(이광래 뒤침, 1987)『말과 사물: 인간 과학의 고고학』(민음사), ⑥ 1969년(이정우 뒤침, 2000)『지식(앎)의 고고학』(민음사), ⑦ 1971년(이정우 뒤침, 1993)『담론의 질서』(새길), ⑧ 1973년(심세광 뒤침, 2008)『나, 피에르 리비에르: 내 어머니, 누이, 남동생을 죽인』(앨피), ⑨ 1973년(김현 뒤침, 2010)『이것은 파이프가 아니다』(고려대 출판부), ⑩ 1975년(박홍규 뒤침, 1990, 강원대 출판부; 오생근 뒤침, 1994, 나남)『감시와 처벌』, ⑪ 1976~84년(이규현·신은영·문경자·이혜숙·이영목 뒤침, 1990)『성의 역사』권3(나남) 등이다. 이밖에도 ⑫ 이상길 뒤침(2014)『헤테로-토피아(≒이상향 바깥에서 찾아지는 '낯선 터전'을 뜻함)』(문학과지성사), ⑬ 정일준 엮음(1994)『미셸 푸코의 권력 이론』(새물결, 제1장~제5장), ⑭ 심세광·전혜리 뒤침(2016)『비판이란 무엇인가: 자기 수양』(동녘), ⑮ 허경 뒤침(2015)『문학의 고고학: 미셸 푸코의 문학 강의』(인간사랑) 등도 나와 있다. 또 콜레주 드 프랑스에서 1970년대와 1980년대에 강의했던 내용도 5권이나 번역되어 있다. ㉠ 1974~75년(박정자 뒤침, 2001)『비정상인들』(동문선), ㉡ 1975~76년(박정자 뒤침, 1998)『사회를 보호해야 한다』(동문선), ㉢ 1977~78년(심세광·전혜리 뒤침, 2011)『안전·영토·인구』(난장), ㉣ 1978~79년(심세광·전혜리 뒤침, 2012)『생명관리 정치의 탄생』(난장), ㉤ 1981~82년(심세광 뒤침, 2007)『주체의 해석학: 프랑스 대학에서의 강의』(동문선)이다. 그의『말과 글(Dits et Ecrits) 1954~1888』I~IV(Garllimard, 1988)이 그의 사상 발전을 추적하는 데에서 자주 인용되는데, 이 책들도 전문가들이 번역해 주기를 고대한다.
　필자는 푸코의 사상을 간략하지만 전체적으로 조감하는 책들부터도 도움을 받았다. 피에르 빌루에(Billouet, 1999; 나길래 뒤침, 2002)의『푸코 읽기』(동문선)와 질 들뢰즈(Deleuze, 1986; 허경 뒤침, 2003)의『푸코』(동문선)와 디디에 에리봉(Eribon, 2011 제3판; 박정자 뒤침, 2012)의『미셸 푸코, 1926~1984』(그린비) 등을 참고하기 바란다.

에서 언급했듯이, 이는 텍스트 지향 담화 분석TODA 속으로 '푸코의 관점을 가동되도록 집어넣는' 일이며, 그의 통찰력을 실제 분석 방법으로 작동시키려고 노력하는 일이다. 푸코의 초기 업적에서 담화 분석에 주어진 탁월함은, 인간을 다루는 학문들에서의 조사 연구 실행과 관련하여 그가 채택한 입장의 결과인 것이다. 당시 사회학 조사 연구에서 이용할 수 있었던 탐구의 주요한 두 가지 대안 모형인 구조주의 structuralism 및 해석학hermeneutics을 벗어나려는 노력으로, 푸코는 담화로 이뤄진 실천 관행들에 초점을 모으는 일을 채택하였다(Dreyfus and Rabinow, 1982: xⅲ~xⅷ). 푸코는 지식(앎)의 구성체로서 담화로 된 실천 관행들에 관심을 두었고, 하나의 학문a science55)에 속하며 담화로 된 형성물과 연합된 지식(앎)의 변형 조건들에 초점을 모았다.

---

55) (역주) science(학문, 분과 학문, 과학)라는 말은 희랍 시대 플라톤과 아리스토텔레스의 저작들에서도 찾을 수 있고, 독일어로는 '체계화된 지식(wissenschaft)'이라고 한다. '학문(學問)'이란 한자어는 배움이 자기 것으로 되려면 반드시 '스스로 자문해 보아야 함'을 뜻하며, 오늘날 재구성(reconstruction) 기억 이론과 정합적으로 잘 들어맞는다. 그렇지만 화란 유학생 서주(西周)(니시 아마네, 1829~1897)가 이를 '분과 학문'의 줄임말로 '과학'이라고 잘못 번역하였다. 분과(分科, 하위 영역)이란 말은 아마도 오늘날 hard sciences(탄탄 학문)로 불리는 물리학과 화학을 가리키려고 했을 듯한데, 1874년『명륙잡지』속 '지설(知說, 앎에 대한 해설)'이 '과학'의 출전이라고 한다. 사람들이 한자어를 새길 능력이 없기 때문에, 잘못된 낱말이라도 그저 노예처럼 맹종하고 있을 따름이다. 여기서는 '담화'가 결코 과학(물리학이나 화학)이 될 수 없고, 푸코는 스스로 여러 연원들을 캐어 재평가하는 고고학적 '계보학'으로 보고 있으므로, 본디 뜻으로 science를 '학문'이라고 번역해 둔다.

임의의 영역이 학문이 되려면 두 가지 조건을 충족시켜야 한다. 첫째, 고유한 대상이나 영역이 주어져야 하고, 둘째, 고유한 방법이 있어만 한다. 담화는 우리가 겪는 일상생활과 사회관계라는 고유한 영역이 있고, 그것의 연원들을 담화 실천 관행을 통해서 밝혀내려고 하므로, 다른 영역과 다른 고유한 방법론을 세울 수 있는 것이다. 따라서 담화에 대한 연구가 엄연히 학문의 반열에 듦을 확인할 수 있다. 그렇다면 대상 영역별로 각각 자연 학문(natural science)와 사회 학문(social science)과 인간 학문(human science)이 주어진다. 『지식(앎)의 고고학』에서 '인간 학문'은 특히 사회를 이루어 살고 있는 개체들에게 역사적 문화적 연속체로서 발현되거나 잠재적 가능성만 지니어 보이거나 안 보이는 실체들을 모두 대상으로 삼고, 그 담화 실천 관행들을 통하여 밑바닥의 질서를 드러내려고 하는 것이다. 일부에서 인간을 대상으로 한 학문을 '인간과학'으로 쓰거나 '인문과학'이란 말로도 쓰지만, 이는 결정론이나 환원론을 가정하는 것이므로, 부주의하며 잘못된 낱말 선택에 지나지 않는다. 오직 '인간 학문'이나 '인문 학문'이라고 불러야 하고, 줄임말로서 '인간학'이나 '인문학'을 쓸 수 있다. 이런 용어만이 고고학적 계보들을 찾아, 안 보이는 것들까지 재해석해 내려는 푸코의 주장을 반영해 줄 수 있는 것이다.

이런 지성사 맥락이 푸코의 담화 분석 및 텍스트 지향 담화 분석TODA 사이에 놓인 주요한 차이점들을 설명하는 데 도움이 된다. 첫 번째 차이로서, 푸코는 자신의 작업의 일부 측면들에서 사뭇 특정한 종류의 담화에만 관심을 모았다. 의술medicine, 임상진료, 정신병리학psychiatry, 경제학economics, 문법grammar56)과 같은 인간 학문의 담화이다. 반면에 텍스트 지향 담화 분석TODA에서는 원칙적으로 아무런 종류의 담화에나 모두 관심을 두는데, 대화·교실수업 담화·대중매체 담화 등이다. 두 번째 차이점은 이미 지적되었는데, 입말 및 글말 텍스트에 대한 분석이 텍스트 지향 담화 분석TODA의 중심 영역이었지만, 반대로 푸코의 담화 분석에서는 그렇지 아니하였다. 푸코의 초점은 담화의 '가능성에 대한 조건들'이었고(Robin, 1973: 83), 가능한 '대상들'(인식 대상)을 규정해 주는 '형성의 규칙들rules of formation', 특정한 유형의 담화에 대한 '명료한 표현 방식들enunciative modalities', '주체들subjects', '개념들concepts', '전략들strategies'에 초점이 모아져 있었다. 이들 용어는 각각 다음 절의 하위항 (가)~(라)에서 설명된다. 푸코의 강조점은 그런 규칙들에 의해 구성된 지식(앎)의 영역에 놓여 있었다.

앞에서 저자는 '푸코의 관점을 텍스트 지향 담화 분석TODA 안에서 작동되도록 집어넣어야 한다'는 꾸흐틴느(Courtine, 1981)의 견해를 인용하였다. 그렇지만 데이뷧슨(Davidson, 1986)에서 명백히 서술되어 있듯이, 푸코의 업적 속에서 강조점이 점차 뒤바뀌었음이 사실이라면, '푸코의 관점Foucault's perspective'이라는 통념은 왜곡의 소지가 있다. 푸코의 초기 '고고학archaeological, 파헤쳐 드러내기' 업적에서는57) 초점이 지식

---

56) (역주) 이광래 뒤침(1987)의 『말과 사물』(민음사) 제4장 '말하기'에서 다룬 계몽주의 시대의 일반 문법들을 가리킨다. 포르르와얄 수도원에 있던 수도사들이 집필한 문법은 한문희 뒤침(2011)의 『일반 이성 문법』(지만지)을 읽을 수 있다.

57) (역주) '고고학'(더 쉽게 말한다면, '파헤쳐 드러내기' 작업)이란 인간과 사회를 다루는 '인문·사회학'을 푸코가 나름대로 부르는 비유이다. 그의 책 제IV부 제6장 '과학과 지식 (앎)'의 (d)항 '상이한 문턱과 각 문턱의 연대기'에서는 학문 성립의 문턱을 네 등급으로 언급한다.
ㄱ 실증성 확립(positivity)

(앎)의 영역들을 구성해 주기 위한 규칙으로서 담화의 유형들에 놓여 있었다(96쪽에서 '담화의 형성물들'을 보기 바람). 반면에 그의 후기 '계보학genealogical, 족보 찾아 밝히기' 업적에서는 강조점이 지식(앎) 및 권력 사이의 관련성들로 뒤바뀌었다. 58세로 사망하기 이전의 푸코 업적에서는 관심거리가 '윤리학'이었다. 즉, '개인이 자기 자신의 행동들에 대한 도덕적 주체로서 스스로를 어떻게 구성하도록 되어 있는지'였다(Rabinow, 1984: 352). 비록 담화가 지속적으로 관심 사항으로 남아 있었다 해도, 담화의 지위가 변화하였으며, 따라서 텍스트 지향 담화 분석TODA에 대한 함의도 달라진다.

제2장에서 저자는 먼저 푸코의 고고학 연구(특히 Foucault, 1972)에서 담화에 대한 복합 개념을 놓고서 설명을 하고 평가를 제시할 것이다. 그리고 나서 푸코의 계보학 업적(특히 Foucault, 1979; Foucault, 1981)에서 어떻게 담화의 지위가 변화되는지를 논의하는 일로 진행할 것이다. 아래 절들에서 주요한 목표는 푸코의 업적에서 담화 및 언어를 놓고 다수의 가치 있는 관점들 및 통찰력을 찾아내는 일이 될 것이다. 이는 응당 텍스트 지향 담화 분석TODA의 이론 속으로 통합되어야 하고, 적합할 경우에 그 방법론에도 맞물려 작동되어야 한다. 그렇지만 저자는 푸코 업적에서 텍스트 지향 담화 분석TODA을 위한 가치를 제한해 버리는 특정 약점을 언급하고, 푸코 식 전통 속에서의 사회 분석을 포함해 놓음으로써 텍스트 지향 담화 분석이 사회 분석을 강화하는 데에 어떻게 도움을 줄지 다루면서 매듭지을 것이다. 따라서 저자가 제안하는 바는 특정한 관점에서 푸코를 해석하는 것이다. 더욱 충

ⓛ 인식론 구성체(epistemologization)
ⓒ 과학성 확보(scientificity)
ⓔ 사회에서 수용된 공식적인 규격화(formalization)
이다. 담화는 모든 단계에서 영향력을 발휘하고, 개별적 지위와 위상을 얻게 되지만, 담화들이 모여 서로 공모하면서 사회에서 받아들여지고 안정성을 확보하면, 드디어 마지막 등급인 공공의 진리로 여겨질 수 있는 것이다. 푸코가 유독 '수학'만은 네 등급의 문턱을 단번에 뛰어넘은 유일한 담화 실천으로 평가하였다(이정우 뒤침, 2000: 262를 보기 바람).

실히 좀 더 균형 갖춘 설명과 비판은 여러 책들을 이용할 수 있는데, 가령 드라이풔스·뢰비나우(Dreyfus and Rabinow, 1982), 호이(Hoy, 1986), 듀즈(Dews, 1987), 프뢰이저(Fraser, 1989) 등이다.

§.2-1 푸코의 업적 『지식(앎)의 고고학』

여기서는 특히 푸코(Foucault, 1972)를 언급하게 되지만, 더 일찍 나온 푸코의 '고고학 연구'(≒파헤쳐 드러내기 작업)들은 담화를 놓고서 텍스트 지향 담화 분석TODA 속으로 맞물려들 필요가 있는 두 가지 주요한 이론적 통찰을 담고 있다. 첫 번째는 담화의 구성적 견해인데, 다양한 차원들 상으로 담화를 능동적으로 사회를 이루거나 구성해 가는 일로 간주한다. 담화는 지식(앎)의 대상들(인식 대상)을 구성해 주고, 사회적 주체와 '자아'의 형식들을 구성해 주며, 사회적 관계와 개념의 얼개들도 구성해 준다. 두 번째는 한 사회나 제도에서 담화 실천 관행들의 상호 의존성에 대한 강조이다. 텍스트들은 언제나 현재 행해지는 그리고 역사적으로 앞선 다른 텍스트들을 이끌어내고 변형한다(§.3-3에서 '서로 얽힌 텍스트들 속성'으로 언급된 특성임). 주어진 임의의 담화 실천 유형이 다른 담화들의 결합으로부터 생성되고, 다른 담화들과의 관련성에 의해 규정된다. §.1-6에서 언급한 대로 뻬슈Pêcheux에 의해 처음 포착된 관점이며, '서로 얽힌 담화interdiscourse'로 불렸다. 비록 푸코(Foucault, 1972)의 초점이 인간을 다루는 학문들의 담화를 통한 형성물들에 놓여 있었지만, 푸코의 통찰력은 모든 유형의 담화에 전이될 수 있다.

자신의 '고고학' 작업에서 푸코가 '담화'와 '담화 분석'으로 의미하는 바가 무엇일까? 그는 담화 분석을 '진술들'을 분석하는 일과 관련된 것으로 본다. 그가 쓴 낱말 'énoncés'에 대한 일반적인 영어 번역 용어가 'statements진술, 서술문'이지만, 'énoncés서술, 진술, 표현'가58) 의문·명령·협박

등과 대립되는 항목으로서 오직 서술문임만 함의한다면 다소 곡해될 소지가 있다. 한 가지 형식에 따르면(Foucault, 1972: 제III부 제3장 '진술들에 대한 서술'), 진술들에 대한 분석이 '언어로 된 수행 내용들verbal performances'을 분석하는 여러 가지 방식 중 한 가지이다. 나머지 다른 방식들은 '명제들에 대한 논리적 분석, 문장들에 대한 문법적 분석, 수용된 언어표현에 대한 심리학적 또는 맥락적 분석'이다(이정우 뒤침, 2000: 158). 진술들에 대한 담화 분석은 이러한 다른 유형의 분석을 대체하는 것도 아니며, 그런 유형들로 환원될 수도 없다. 그 결과, 푸코에게는 담화 분석이 언어 분석과 동일하지도 않고, 언어로 짜인 담화와도 동일하지 않은 것이다. 담화 분석이 어떤 문장들이 가능하거나 '문법적'인지를 콕 찍어서 명시해 주는 일에 관계하지 않고, 사회사적으로 다양하게 있는 '담화의 형성물들discursive formations, 때로 '담화들' discourses로만 언급됨'을 구체적으로 명시해 주고, 특정한 시점과 장소와 제도상의 위치에서 다른 진술이 아닌 특정한 진술이 부각되어 나타날 수 있게 만들어 주는 규칙들의 체계를 밝혀 주는 일에 관심을 기울이는 것이다(≒선택의 동기와 의도임). 푸코가 설득력 있게 적용하는 언어 분석에 대한 복합 개념은 1969년에 원고를 완성한 푸코(Foucault, 1972)에 들어 있고, 그가 관심을 두고 있는 종류의 규칙들은 1970년대에 활약하던 사회언어학 연구자들이 '사회언어학 규칙들'로 부르게 될 내용, 곧 언어 사용에 대한 사회 규칙들과 비슷할 듯하다. 그렇지만, 푸코의 관점은 사회언어학에서 찾아지는 어떤 주장과도 아주 많이 다르다. 이런 차이점의 일부는 언어 텍스트에 대한 관심 결여이며, 이미 앞에서 언급되었다.

담화 형성 작용discursive formation은 규칙에 속한 특정한 묶음의 진술들로 된 '형성의 규칙들'로 이뤄진다. 좀 더 구체적으로 말하면(Foucault, 1972: 제II부 2장),

---

58) (역주) 불어 동사 énocer[에농쎄]는 '진술하다, 서술하다, 표현하다, 발표하다, 발음하다' 등의 뜻을 담고 있다. 이 동사의 명사형인 énoncé[발음이 똑같이 '에농쎄'임]는 '진술, 서술, 발표'라는 뜻뿐만 아니라 '어법'이란 뜻으로도 쓰인다.

(가) '대상들objects, 인식 대상'을 형성하는 규칙,

(나) '명료한 표현 방식enunciative modalities'과 '주체 위상subject positions'을
형성하는 규칙,

(다) '개념들concepts'을 형성하는 규칙,

(라) '전략들strategies'을 형성하는 규칙들이다.

이들 형성의 규칙들은 이전의 담화 요소 및 비-담화 요소(아래에 사례
들이 주어짐)들의 결합에 의해 이뤄져 있고, 이들 요소를 명료하게 만
들어 주는 과정이 담화를 임의의 사회적 실천 관행으로 만들어 주는
데, 푸코는 '담화 실천 관행discursive practice'이란 표현을 쓴다. 저자는
차례대로 각 유형의 규칙을 논의할 것인데, 푸코의 입장에 대한 요약
을 제시하고, 간략히 담화 분석을 위한 잠재적 관심과 그 함의도 언급
할 것이다.

(가) 대상들(≒인식 대상)을 형성하는 규칙

대상들의 형성이라는 측면에서 핵심적 통찰, 담화의 '대상들'이
독자적으로 존재하여 간단히 임의의 특정한 담화로 언급되거나 말해
지는 것이 아니라, 어떤 특정한 담화 형성의 규칙들에 따라 담화 상으
로 구성되고 변형된다는 점이다. '대상'이란 말로써 푸코는 지식(앎)의
대상을 의미한다. 특정한 학문이나 개별학문 영역들에서 관심거리의
마당 안으로 끌어들여 인식하고, 탐구를 위한 표적으로 여기는 개체
들이다. 이런 의미의 '대상들'은 격식 갖춰 짜여 있는 학문이나 개별학
문 영역을 뛰어넘어 일상생활에서 인식된 개체들로까지 확대될 수 있
다. 푸코는 19세기 이후 줄곧 정신병리학 담화에서 대상으로 부각된
'정신 이상madness,59) 광기'의 구성물 사례를 제시한다. 또 다른 사례로는

---

59) (역주) 푸코의 논의 핵심은 정상적인 사람조차 잘못 '정신 이상자'로 취급되는 경우를

현대 대중매체와 정치 담화에서 '민족', '인종', '자유', '기업'이라는 구성물들(Keat and Abercrombie, 1990 참고) 또는 교육 담화에서 '읽고 쓰는 힘'이라는60) 구성물이 될 수 있다. 푸코(Foucault, 1972: 32; 이정우 뒤침, 2000: 59)에 따르면 '정신병은 그렇게 이름을 붙이고 나눠 놓으며 서술하고 설명하는 모든 진술들에서, 말해진 모든 것의 집합으로 이뤄졌다. …' 더욱이 정신 이상은 고정된 대상이 아니라, 오히려 담화 형성 작용들 사이에서 그리고 주어진 임의의 담화 형성 속에서 지속적으로 변형되기 마련이다. 이는 임의의 담화 형성 작용이 그 대상물에 대한 변형을 허용해 주는 그런 방식으로 규정될 필요가 있음을 뜻한다. 푸코(Foucault, 1972: 32)는 '공간상에 토대를 두고서 새로 나타나며, 느리지만 끊임없이 변형되어 나가는 다양한 사물마냥, 한 담화의 단일성이 결코 대상의 영속성 및 유일성에 토대를 둔 채 고정될 수 없음'을 시사해 준다.

여기서 담화 분석을 위하여 중요한 가치를 지닌 것은 담화를 구성

다루고 있으므로, 이를 '광기(狂氣)'라는 말보다는 '정신 이상'이라고 번역해 주는 편이 나을 듯하다. 정신 상태가 '정상'인지, 반대로 '이상'인지 여부는 결코 독자적이고 절대적인 잣대가 있는 것이 아니라, 오히려 해당 담화가 담고 있는 사회적 경향에 달려 있다고 주장하기 때문이다.

60) (역주) 글자(letter)와 어원이 동일한 literacy는 '읽는 힘, 읽고 쓰는 힘'을 가리킨다. 한자어로는 글자 해득 또는 문자 해독 능력이다. 그런데 가장 쉬운 말을 골라 써야 할 국어 교육 전공자들이 '문식성'이란 해괴한 말을 만들어 어지럽히면서도 부끄럽다고 생각지도 못한다. 비극이다. '낫 놓고 기역자도 모른다'는 속담과 반대의 뜻으로 '식자우환(識字憂患, 동파 소식의 글에 처음 나온다고 함)'이란 말을 쓴다. 바로 글자를 안다는 뜻의 '식자(識字)'가 literacy이므로 한자어를 굳이 쓰려면 '식자 속성'(간단히 줄여 '식자성')이라고 해야 옳다. 여기서는 읽고 쓰는 힘으로 적어 둔다(줄여서 '읽는 힘').

이 용어가 비유적으로 확장되어 대중매체를 비판적으로 이해하는 능력도 media literacy(대중매체 해석 능력)라고 말하는 경우도 있다. 그러나 두 가지 측면에서 오해를 빚을 수 있다. 첫째, 이런 대중매체 자료들을 생산하고 편집하며 유지하는 능력은 컴퓨터 운용과 관련된 언어(hyper-text 및 C⁺⁺를 사용한 프로그램 제작 능력)를 익혀야 한다. 둘째, 누리집 따위에 올려놓은 글과 시청각 자료들이 서로 모순되거나 조작되어 있을 개연성을 검토하고, 그런 검은 의도를 배제하기 위하여 높은 안목의 비판 정신이 필요하다. 따라서 글자와 어원이 같은 literacy(읽는 힘)를 너무 넓은 영역을 가리키도록 확대하여 쓰는 일은 바람직하지 많다. 오히려 구체적으로 그런 여러 영역들을 개별화하여, 대중매체 비판 능력, 해석 능력, 누리집 관련 자료 제작 능력, 동영상 편집 능력 등으로 부르는 것이 더 나은 선택이다.

적인 것으로 보는 시각인데, 사회생활의 대상들objects과 곧 보게 될 주체들subjects을 놓고서

생산production · 변형transformation · 재생산reproduction

에 기여하는 속성이다. 이는 결과적으로 단지 실제 현실상 주어졌다고 간주된 대상들을 가리키는 언어를 담고 있는 담화가 실제 현실reality과 수동적인 관계에 있는 것이 아니라, 오히려 담화가 실제 현실과 능동적인 관계에 있음을 뜻하고, 실제 현실을 위한 의미를 구성해 준다는 점에서, 언어가 실제 현실을 가리킴을 의미한다. 언어 및 실제 현실 사이에 있는 관련성을 놓고서 이런 지시적인 관점은 언어학 내부에서 그리고 언어학에 토대를 둔 담화 분석 접근법에서 일반적으로 전제되어 왔다.

여기서 푸코가 가리키는 '공간space'이란, 다음 관련성에 비춰 보아 주어진 임의의 담화 형성 작용으로 규정되는데, 구체적인 '제도, 경제적·사회적 과정, 행동 유형, 규범들의 체계, 과학 기술, 분류법의 유형, 특성화 방식'들 사이에 있는 관련성(Foucault, 1972: 45; 이정우 뒤침, 2000: 77), 그리고 대상들을 형성해 주는 규칙들을 만들어 주는 관련성이다. 푸코(Foucault, 1972: 43~44)는 정신병리학의 사례를 들면서 다섯 종류의 관련성을 동일한 것으로 간주했다고 언급한다.

만일 우리 사회의 역사 속에서 특정한 시기 동안, 비행을 저지른 사람이 심리학적으로 그리고 병리학적으로 간주되었다면, 그리고 만일 (살인과 자살, 치정 범죄, 성범죄, 특정한 절도 형태, 탈선 따위) 범죄 행위가 전체적인 한 계열로 이뤄진 지식(앎)의 대상들을 부각되어 드러날 수 있도록 하였다면, 이는 정신병리학의 담화에서 쓰기 위하여 한 묶음의 특정한 관련성들을 동일한 것으로 받아들인 결과였기 때문이다. ㉠ 처벌 범주나 경감된 책무처럼 구체적인 법조항 명시 차원, 그리고 심리학적 성격 규정(유순함,

적성, 발달과 퇴화의 정도, 환경에 반응하는 다른 방식, 성격 유형, 선천성이나 후천성 여부) 차원 간의 관련성. ㉡ 의학적 결정 권한 및 사법적 결정 권한 간의 관련성. ⋯ ㉢ 법정 심문·경찰의 정보와 조사·사법 정보의 전체 절차에 따라 걸러져 나온 내용, 그리고 진료 설문지·임상 진료검진·앞선 사례 조사·병력 일대기 설명에 의해 걸러져 나온 내용 간의 관련성. ㉣ 그 가족 및 개인의 행위에 대한 성적 처벌 기준, 그리고 병리학적 증상들 및 발병의 신호가 되는 정신병들의 도표 간 관련성. ㉤ 정신병원에서 치료를 위한 구금 ⋯ 그리고 감옥에서 처벌하기 위한 감금 간의 관련성.

여기서 푸코는 담화 형성 작용이 아주 제약된 방식으로 대상들을 만들어 줌을 제안하고 있다. 이는 담화 형성 작용 '내부에서' 일어나는 바에 대한 해당 제약들이 담화 형성물들 간 서로 얽힌 담화 관계들에 대한 기능이고, 담화 실천 관행 및 담화 형성물을 만들어 내는 비-담화적 실천 관행 둘 사이에 있는 관계의 기능인 것이다. 서로 얽힌 담화 관계들에 대한 강조는 담화 분석을 위한 중요한 함의를 지닌다. 왜냐하면 이것이 서로서로의 관련 속에서 담화 형성 작용에 대한 구조화 내지 명시적 규명에 대한 탐구를 연구 목록의 중심부에 자리 잡도록 해 주기 때문이다. 저자가 푸코 식 용어를 빌려 이름 붙인다면, 제도적이며 사회구조적인 '담화의 질서들'로 부르게 될 내용으로, 한 제도나 사회 속에서 담화로 이뤄진 실천 관행들 및 그것들 사이의 관련성에 대한 전체적 그림이다. 페어클럽(Fairclough, 1989a: 29; 김지홍 뒤침, 2011: 73~74)과 이 책 §.3-1의 중반 논의를 보기 바란다. 담화의 질서들에 대한 명시적 규명이 한 가지 담화 형성물의 구성에 결정적이며, 따라서 담화 분석의 핵심 초점이 되어야 옳다는 시각은 뻬슈의 업적(그의 '서로 얽힌 담화'에 대한 개념은 §.1-6을 보기 바람), 그리고 번스타인(Bernstein, 1982)과 래클로·무프(Laclau and Mouffe, 1985)에서 다양하게 표현되어 있다.

(나) 명료한 표현 방식들을 형성하는 규칙

'명료한 표현 방식들'[61]을 형성하는 규칙과 관련된 푸코의 주요 주장은, 임의의 진술을 산출하는 사회 주체가 해당 진술의 출처(그 '저자 its author')로서 담화의 바깥에 독자적으로 존재하는 개체가 아니라, 오히려 반대로 해당 진술 자체의 어떤 기능이라는 것이다. 다시 말하여, 진술들이 특정한 방식으로 그것들을 산출한 사람이면서 또한 그것들이 전달될 상대방도 되는 '주체를 자리 매김'해 준다. 그러므로 '진술로서qua statement, 진술의 자격으로 임의의 형성물을 서술해 주는 일은, 저자와 (말하고자 의도하였든지 그런 의도가 없이 말해졌든지 간에) 저자가 말한 것 사이의 관련성을 분석하는 일로 구성되는 것이 아니다. 만일 저자가 진술의 주체가 될 예정이라면, 오히려 한 개인에 의해서 어떤 자리에 놓일 수 있고 응당 어떤 자리가 점유되어야 하는지를 결정하는 일로 구성되는 것이다'(Foucault, 1972: 95~96; 이정우 뒤침, 2000: 141).

주체 및 진술 간의 관련성에 대한 이런 시각은, 특정한 형상들로 만들어지는 '명료한 표현 방식들'에 대한 존재로서 담화 형성 작용의 성격화 과정을 통하여 좀 더 가다듬어진다. 명료한 표현 모습들은 서술·가정 수립·형성 규칙·교육 등과 같은 담화 활동의 유형들이며, 이런 활동들이 각각 그 나름대로 연합된 주체 위상(≒역할)들을 지닌다. 예를 들면, 담화 활동으로서 교육은 '교사'나 '학습자'로서 참여하는

---

61) (역주) 'enunciative modalities(명료하게 표현된 방식들)'은 서로 얽힌 담화로 다시 구현되거나 실현되기 위한 '전제 조건'이 된다. 이와 반대로 막연하게 표현된 것들이나 속뜻으로 스며들어 있는 것들은, 다른 사람들이 잘 파악할 수 없으므로 해당 진술을 제대로 인용할 수 없게 된다. 따라서 이 용어는 서로 얽힌 텍스트나 서로 얽힌 담화와 한 계열을 이루도록 번역될 필요가 있다.

이정우 뒤침(2000)에서는 '언표행위적 양태들' 또는 '언표적 양태들'로 잘못 번역하였다. 언표행위란 일상언어철학에서 말하는 언어 표현 행위를 가리킨다. 오스틴(J. Austin, 1911~1960)의 주장에 기대면 언어 표현이 언제나 속뜻을 머금고 있으므로, 거꾸로 오히려 '자세하게 격식 갖춰 진술하다(to state precisely or formally)'는 뜻과 사뭇 동떨어져 버린다. 이런 점들을 고려하여, 여기서는 약간 길더라도 '명료하게 표현된'으로 번역해 둔다.

사람들의 위상(≒역할)을 정해 준다. '대상들'의 경우에서 보았듯이, 명료한 표현 방식을 형성해 주는 규칙들은, 어떤 특정한 담화 형성 작용에 대하여 복잡한 한 묶음의 관계들로 구성되어 있다. 푸코(Foucault, 1972: 53; 이정우 뒤침, 2000: 87)에서는 임상진료 담화를 놓고 이것들을 다음처럼 요약해 준다.

> 임상진료 담화에서 만일 의사의 역할이 차례차례 달라진다면, 가령 권위를 지닌 직접 질문자가 되고, 환자를 관찰하는 눈이 되며, 촉진하는 손가락이 되고, 신체의 반응 신호들을 해독하는 감각기관이 되며, 사전에 모아진 서술내용들이 통합되는 핵심점이 되고, 실험실 기술자가 된다면, 이는 … 서로 다른 다수의 요소들 간에 하나의 전체 묶음으로 모아진 관계들이 모두 다 진료행위에 포함되어 있다고 믿기 때문이다. 그런 요소들 중 일부는 의사의 위상에 관련되고, 다른 요소들은 의사의 권위를 갖춰 말한 제도적이고 의술 시행 장소(병원, 실험실, 사적인 시술 장소 등)와 관련되며, 또다른 요소들은 환자를 파악하고 관찰하며 서술하고 교육하는 등의 행위를 하는 주체로서 그들의 사회적 지위와 관련된다.

명료한 표현 방식에 대한 이런 언명은 역사적으로 구체적이지만, 또한 역사상의 변화에도 열려 있다. 그런 분명한 언명이 변형되는 사회적 조건들과 그런 변형 기제들에 주목하는 것은, 사회변화와 관련하여 담화상의 변화를 조사하는 일의 중요한 일부가 된다(§.3-5 및 제7장을 보기 바람). 이들 다양하게 명료한 표현 방식들에 일관성을 제공해 줄 법한 통일된 '의학의 주체'를 가정하는 것이 아니라, 오히려 푸코는 이들 다양한 표현 방식 및 사회적 지위들이 관련 주체의 갈갈이 흩어 퍼짐 또는 통일성 없이 조각조각 나뉨을 드러낸다고 주장한다. 달리 말하여, 의사라는 개념은 현행 진료 담화의 규칙들에 의해 자리를 잡고 있는 명료한 표현 방식 및 주체 지위에 관한 형상을 통해서 구성되는 것이다. 푸코의 업적은 최근 사회학 이론에서 사회적 주체의 탈중심화 작업에 주요하게 이바지하고 있다(Henriques et al., 1984를 보기 바람). 즉, 사회적 실천 관행으로 그리고 사회적 실천 과정을 통해서 구성되고 재생산되며 변형된 존재로서 주체를 보는 시각이며, 통일성 없이 조각조각 나뉜 존재로서 주체를 보는 시각이다.

현재의 맥락에서 특히 중요한 것은, 푸코가 사회적 주체의 구성 과정에서 담화에다 주요 역할을 돌리고 있다는 점이다. 그 속뜻은 응당 주체 속성·사회적 정체성·'자기 자신임selfhood, 주체성'에 관한 물음들이 담화와 언어에 관한 이론들에서 그리고 담화와 언어 분석에서 주요한 관심사항이 되어야 한다는 것이다. 실제로 주류 언어학에서, 언어와 텍스트 지향 담화 분석에서, 사회언어학이나 언어화용론에서, 사실상 이런 물음들이 아주 작은 관심만 받아왔다. 이들 학문 분야에서는 거의 언제나 사회적 주체를 놓고서 사회화–전단계presocial 종류의 시각을 견지해 왔다. '주체 속성subjectivity'에 관한 최근 논쟁들에서는 광범위하게 거부되어 온 시각이다. 이런 시각을 따른다면, 사람들은 사회적 정체감을 지니고서 사회적 실천과 상호작용을 하게 된다. 그렇게 수행된 사회적 정체감은 그런 실천 행동에 영향을 주지만, 거꾸로 실천에 의해서는 영향을 받지 않는다. 언어라는 관점에서 살펴보면, 한 개인의 사회적 정체성은 그들이 언어를 쓰는 방법에 영향을 줄 것이지만, 사회적 정체성에 영향을 미치거나 그 정체성을 형성해 놓는 언어 사용이나 담화 실천 관행에 대해서는 거의 의미를 부여치 않음이 이들 분야에서 널리 아주 당연한 듯이 간주되어 왔다. 주체 속성 및 사회적 정체성이 언어 연구에서 지엽적인 말단의 주제이고, 일반적으로 '표현' 및 '표현된 의미'에 관한 이론들을 넘어서는 것으로는 보지 않았다. 곧, 화자의 정체성(사회적 연원·성별·계층·태도·신념 등)은 화자가 선택한 언어 형태와 의미에 '표현되어' 있다고만 봤을 뿐이다.

이런 시각과는 정반대로, 텍스트 지향 담화 분석TODA의 중심에 자리한 사회적 정체성에 대한 담화 실천 관행의 효과를 놓고서, 이론적으로 그리고 방법론상으로 물음을 던짐으로써 저자는 푸코의 입장을 따를 것이다. 저자의 시각은 담화 분석에 관한 주장이 사회 조사 연구의 주요한 방법이 되어야 하므로 중요한 귀결점들을 지닌다. 담화에서 주체 속성에 대한 '표현 이론'은, 담화를 사회적 실천 관행의 부차적·주변적 차원으로 간주되도록 한다. 반면에 '구성' 이론은 그러하지 않다. 그렇지만 중요한 유보사항들이 있다. 담화 형성 작용의 결과로서 주체에 대한 푸코의 주장은 과도하게 구조주의의 풍미를 지니는데, 구조주의는 능동적인 사회 행위 속성agency62)을 어떤 유의미한 측면에서도 완전히 배제해 버린다. 이는 마지막으로 §.2-3에서 다룰 이유들 때문에 불만스럽다. 제3장에서 저자가 옹호할 담화와 주체 속성에 대한 위상은 변증법적이다. 즉, 사회적 주체를 담화 실천 관행에 의해 형성된 것으로 여기지만, 그럼에도 불구하고 그런 실천 관행들을 재형성하고 재구성해 줄 수 있는 주체가 되는 것이다.

(다) 개념들을 형성하는 규칙

'개념'이란 용어로 푸코는 한 학문 분야에서 관심 사항의 범위를 다루기 위한 장치로 이용하는, 한 벌로 묶인 범주·요소·유형들을 의미한다. 푸코는 문법의 개념으로서 주어·술어·명사·동사·낱말의 사례를 제시한다. 그러나 대상 및 명료한 표현 방식들의 경우에서와 같이, 담화 형성물이 서로 간에 잘 정의된 관계들로서 통일된 한 묶음의 고정된 개념들을 규정해 주는 것은 아니다. 이런 실정은 사뭇 변동하는 개념들의 형상들을 바꿔 나가는 모습이다. 푸코는 담화 형성물 속에서 '진술들의 범위'가 어떻게 개념과 연합해 있는지를 서술해 줌으

---

62) (역주) 개체적인 agent(개별 행위 주체)가 공통적으로 모여서 일반 속성을 품은 집합적인 agency(행위들의 공통 속성)가 된다. 문학에서 개별적인 poem(시 한 편)들이 모여 공통적인 일반 속성을 품을 때 poetry(시의 일반 속성)가 되는 것도 마찬가지 이치이다. 구조주의는 전체적인 면모를 찾아내려는 데 목표가 있으므로, 개개인들이 자유의지를 갖고서 스스로 판단하고 결정하는 내적인 과정을 역동적으로 다룰 수 없다. 다만 전체 속에 있는 한 요소로서, 그리고 요소들 간의 관련 모습으로서만 다룰 수 있을 뿐이다. 번역 용어의 선택은 69쪽의 역주 40에서도 언급되었다.

로써 개념의 형성에 접근하도록 제안하는데, 거기에 '드러나고 순환된' 그런 개념들이 조직되어 있는 것이다. 이런 전략은 텍스트들 속에서 그리고 텍스트들 사이에서 존재할 만한 서로 다른 종류의 관련성들에 대하여 풍부한 설명 방식을 낳게 된다(Foucault, 1972). 이는 텍스트 지향 담화 분석TODA에서 서로 얽힌 텍스트 및 서로 얽힌 담화 관점들을 발전시키는 데에 도움이 된다. 특히 이들 관점이 언어학 또는 언어 지향 담화 분석에서 주목을 충분히 받지 못하였기 때문이다.

어느 담화 형성물에 대한 '진술들의 범위' 안에는 다양한 차원을 따라 여러 가지 관계가 존재한다. 한 부류의 관계는 단일한 한 텍스트의 진술들 사이에도 있다. 예를 들면, 이어짐sequence 및 의존함dependence, 딸림의 관계이다.[63] 푸코(Foucault, 1972: 57)에서는 담화 형성 과정에 의존하는 방식으로 '임의 모둠의 진술들이 결합할 수 있는(어떻게 서술·연역·정의 방식이 서로 이어지고, 그런 이어짐이 어떻게 한 텍스트의 건축술을 특성지어 주는지) 다양한 수사학적 얼개'들을 언급한다(≒156쪽의 역주 도표처럼 추론 또는 합당성 부여 과정으로도 불림). 그런 서로 얽힌 텍스트 관계는 최근에 텍스트 언어학 내부에서 탐구되어 오고 있다. 다른 관계들은 서로 다른 담화 형성물들이나 서로 다른 텍스트들 사이에 있는 관련성들에 관한 '서로 얽힌 담화' 관계이다. 서로 얽힌 담화 관계는 그것들이

'현존presence', '공존concomitance', '기억memory'

---

[63] (역주) 현대 학문에서는 무한성(infinity)이 기본 공리 속에 들어 있다. 자연수가 반복(recursive function)의 구현체에 불과함을 깨달은 프레게(Frege, 1848~1925)의 발견에 따라, 이 속성을 기본 운영 방식으로 받아들인다. 언어학에서도 무한을 다루는 방식을 이용하여 임의의 요소가 '자신의 밖'에서 반복을 하거나 '자신의 안'에서 반복을 한다고 서술한다. 전자는 접속(conjunction) 형식을 취하고, 후자는 내포(embedding) 형식을 취한다. 하나의 텍스트도 반복의 구현체(반복된 사건들의 집합체)이며, 따라서 접속 형태의 이어짐 방식을 취하거나, 아니면 내포 형태의 딸림 방식(의존 방식)을 취하는 것이다. 비록 용어가 서로 다르더라도, 이들은 동일한 개념을 가리키고 있다.

의 범위에 속하는지 여부에 따라 구별이 이뤄질 수 있다. 푸코는 현존의 범위를 '다른 데에서 형성되고 담화를 통해 얻어진, 정확한 서술이나 잘 구축된 추론이나 필요한 전제를 포함하여 참된 것으로 알려진, 모든 진술들로' 규정할 뿐만 아니라, 또한 명시적으로든 암시적으로든 간에 '비판되거나, 논의되거나, 판정 받거나 … 거부되거나 배제된 그런 진술들'로도 규정한다(Foucault, 1972: 57~58; 이정우 뒤침, 2000: 92). 공존의 범위는 좀 더 구체적으로 서로 다른 담화 형성물들로부터 나온 진술들로 이뤄지며, 담화 형성물들 사이에 있는 관계들에 관한 논의와 연결되어 있다. 마지막으로 기억의 범위는 '더 이상 수용되지도 논의되지도 않는' 진술들로 이뤄지며, 이를 통해서 '친자식·생성·변형·지속의 관계와 역사적 단절이 수립될 수 있다'(Foucault, 1972: 98~99). 푸코는 그 진술에 의해서 '뒤이은 가능성이 결정되는 모든 형성물들에 관한' 진술의 관계들, 그리고 해당 진술이 공유하는 지위를 지닌 그런 진술의 관계들[64] 추가해 놓았다.

푸코는 이런 관점을 '이런저런 방식으로든 간에 다른 진술들을 재활성화하지 않는 진술이란 존재할 수 없다'는 주장으로 요약해 놓았다(Foucault, 1972: 98; 이정우 뒤침, 2000: 145). 진술들 사이의 관계들에 대한 푸코의 처리 방식은 바흐친(Bakhtin, 1981; 1986)의 갈래 및 대화주의에 대한 글들을 연상시켜 주는데, 서방 독자들에게는 서로 얽힌 텍스트 속성intertextuality이란 개념으로 크뤼스티붜(Kristeva, 1986a: 37)에서 소개되었다. 앞에서 언급하였듯이 뻬슈Pécheux도 자신의 담화 이론에서 '서로 얽힌 담화'에 우선권을 부여하면서 비슷한 관점을 받아들인다. 비록 푸코가 언급한 다양한 유형의 관계들 간 구분이 언제나 명백한 것은 아니지만, 그가 여기서 제공해 주고 있는 바는 텍스트 및 담화 유형들 안에서, 그리고 이것들 사이에서, 체계적인 탐구를 위한 토대

---

64) (역주) 가령, 유명한 문학 작품이 있을 때, 이를 모방한 다양한 변종들이 함께 공존하는 경우를 생각해 볼 수 있다.

가 된다. 저자는

서로 얽힌 텍스트 속성·텍스트·서로 얽힌 담화 속성
(intertextuality, texts, interdiscursivity)

사이에 구별을 짓게 될 것인데, 담화 형성물들 사이의 관계 또는 좀
더 느슨하게 말하여 서로 다른 유형의 담화 사이의 관계이다(§.4-1을
보기 바람). 푸코에 따르면 서로 얽힌 담화 속성은 주어진 임의의 담화
형성물에 관한 형성 규칙을 구성해 주는 다른 담화 형성물들 사이의
관계를 포함한다. 바로 앞의 (가)항과 (나)항에서 다루었던 대상들의
형성 및 명료한 표현 방식들을 참고하기 바란다.

진술들의 범위 안에 있는 관계들을 논의하면서, 푸코(Foucault, 1972:
97~98)에서는 '맥락'의 개념에 대하여, 그리고 특별히 한 진술의 '상황
맥락'(그 진술이 생겨나는 사회적 상황) 및 그 언어적 맥락(그 진술을 앞서
고 그 진술을 뒤따르는 다른 진술들과의 관련 속에서 찾아지는 지위)이 어떻
게 그 진술이 취하는 형태를 결정하는지, 그리고 그 진술이 해석되는
방식을 놓고서 모종의 가치 있는 언급을 하고 있다. 사회언어학에서
진술(또는 발화utterances)이 그렇게 결정된다는 주장은 흔한 일이다. 추
가적으로 푸코가 중요한 관찰을 하였는데, 임의의 발화와 그 언어 상
황과 그 상황 맥락 사이에 있는 관계가 투명한 것이 아니라는 사실이
다. 맥락이 말해지거나 씌어진 바에 어떻게 영향을 미치고, 그것이 어
떻게 해석되는지는 담화 형성물마다 하나하나 달라진다. 예를 들면,
실질적으로 임의의 대화에서 형태와 의미에 영향을 줄 법한 성별·나
이·민족성 등과 같은, 화자의 사회적 정체성에 대한 여러 측면은, 생
물학자들의 학술모임에서 거의 영향을 지니지 않을 수도 있다. 다시,
다른 참여자로부터 나온 임의의 질문 다음에 즉각적으로 한 사람의
참여자로부터 어떤 발화가 나왔다는 것은, 우발적인 대화에서 우연한
발화라기보다는, 앞뒤를 검토해 볼 경우에 오히려 그 질문에 대한 답

변으로 해당 발화를 간주할 강력한 단서를 구성할 수 있다. 그러므로 말해지거나 씌어진 바 또는 그것이 어떻게 해석되는지를 설명하기 위하여, 사회언어학 및 화용론에서 많은 언어학자들이 하듯이 간단히 '맥락'에다 호소할 수는 없다. '맥락·텍스트·의미' 관계를 해명해 주기 위해서는, 반드시 담화 질서 상으로 그 담화 형성 작용 및 담화 형성물 [결과물]들의 명시적 표현articulation(29쪽의 역주 16 참고)으로 한 걸음 뒤 물러나서 살펴봐야 하는 것이다.

(라) 전략들을 형성하는 규칙

지금까지 논의된 형성 규칙들은 이론과 주제의 생성, 또는 푸코가 '전략'으로 부르는 바에 대한 가능성들의 범위를 구성해 주지만, 이것들이 모두 현실적으로 구현되는 것은 아니다. 전략들을 형성하는 규칙들은 어떤 가능성들이 구현되는지를 결정해 준다. 이는 가능한 전략들을 놓고서 서로 얽힌 담화 및 비-담화 제약들의 결합으로 이뤄져 있다(Foucault, 1972: 66~70). 예를 들면, '고전 시대에 경제 담화는 그 담화의 내부에서 체계적인 조직화의 가능성들을 관련짓고, 그리고 외부에서 공리주의 따위 다른 담화들과 관련지으며, 전반적으로 담화와 무관한non-discursive[65] 분야인

관행practices · 독점권appropriation · 이해관계interests · 요구desires

등과 관련짓는, 어떤 일정한 방식에 의해 규정되었다'고 제시해 놓았다

---

[65] (역주) 담화와 무관한 분야(또는 영역)를 가리킨다. 가령, 경제 분야나 사회 분야나 정치 분야 따위인 것이다. 여기서는 풀어서 '담화와 무관한 분야'로 번역해 두지만, 간단히 줄이면, '담화-무관 분야'이다. 이정우 뒤침(2000)에서는 '비-언설적'이라고 잘못 번역하였다. 이는 발화에 딸려 있는(수반된) 손짓·몸짓 등을 가리키므로, 착각을 불러일으킨다. 따라서 non-discursive(담화와 무관한)의 접두사 'non-'을 기계적으로 직역하여 '비(非)-'로 대응시키기보다는, 오히려 논의 내용을 중심으로 하여, '언어나 담화와 전혀 관련이 없다'는 뜻을 드러내어 주어야 옳다.

(Foucault, 1972: 69; 이정우 뒤침, 2000: 107). 담화 형성 작용을 놓고서 여기서 서로 얽힌 담화 관계들이, 제약들로서 반복되고 있음에 유의하기 바란다. 푸코는 담화들 사이에 있을 수 있는 관계가 유추·대립·상보적 보완·'경계 구획의 상호 연관'을 담고 있음에 주목한다(Foucault, 1976: 67).

여기서 초기 푸코 업적에서 나오는 것으로서, 「담화가 '외부로부터' 결정됨」(≒전혀 언어와 관련이 없는 영역들에 의해서 결정됨)을 알려 주려는 담화와 무관한non-discursive 제약들에 대한 논의에서, 가장 긴밀한 것이 다음 세 가지이다. 여태까지 담화 및 담화-무관 실천 관행 사이에 있는 관계를 놓고서 선택된 널리 퍼진 (잘못된) 위상은, 담화 영역이 담화와 무관한 실천 관행보다 더 큰 지배권을 지녔었음을 시사한다. 첫째, 푸코는 담화와 무관한 실천 관행의 분야에서 담화의 기능을 언급하는데, 가령(서구에서 18세기 즈음 중농주의로부터 중상주의로 바뀌는 동안: 번역자) '신생 자본주의의 실천으로 경제 담론에서 수행된 기능' 따위이다(Foucault, 1972: 69). 둘째, 담화의 '독점권에 대한 규칙 및 시행 과정'을 언급하는데, 사회의 하위집단들 사이에서 '말할 권리'와 '이해 능력'뿐만 아니라 '이미 만들어진 진술들의 전체 자료'들을 끌어다 쓸 권리도 불공평하게 분포된다는 의미에서 그러하다(Foucault, 1972: 68).66) 셋째, 담화와 관련하여 가능한 온갖 희망의 위상(바라는

---

66) (역주) 둘째 및 셋째 내용들에 대한 번역을 서로 비교해 볼 수 있도록 같이 실어둔다. 이정우(2000: 105)에는 "이 심급은 또한 언설에 관한 전유(專有)의 체계와 과정을 포함한다. 서구사회에 있어서는 언설의 소유권—말할 수 있는 권리, 이해할 수 있는 능력, 이미 공식화된 언표들에서의 직접적이고 합법적인 접근, 그리고 이 결정들, 제도들 또는 실천들 내에서의 이 언설의 투자(投資)로서 이해된—을 사실상 일정한 개인들의 집단에 귀속하기 때문이다."라고 번역하였다. 필자로서는 무슨 말인지 잘 이해되지 않는다. 만일 말뜻의 졸가리를 상정하여 필자 나름대로 재구성해 본다면, 아마도 다음처럼 말할 수 있다. "담화에 의해 수립된 권위는 다른 하위집단 구성원들에게 손쉬운 접속을 허용하지 않고, 그들에게 오직 피동적 수용만을 강요한다."

불어 원문 'une autre *instance*'(영어 번역은 'another *authority*', 또 다른 권위)를 이정우 교수는 심급(審級)이란 말로 번역하였다. 흔히 심급은 공정성을 보장하기 위하여 재판의 '3심제 등급'을 가리킨다. 비록 이정우(2000: 72)에 역주 30으로 풀이해 두었지만 여전히 납득되지 않는다. 옥스퍼드 불영 사전을 보면, 불어의 instance[앙스땅스]는 영

모습)들을 언급한다. 사실상 담화는 공상적 표현의 장소도 될 수 있고, 상징작용 요소의 장소도 될 수 있으며, 금지된 형태의 장소도 될 수 있고, 도출되어 나온 만족스런 수단의 장소도 될 수 있다(Foucault, 1972: 68, 푸코가 점선 밑줄을 그어 강조하였음).

푸코는 전략을 형성하는 규칙을 진술들의 '물질 속성materiality'과 연계지어 놓았다. 막 언급된 담화 무관 제약들도, 진술과 제도 사이의 관련성을 수립해 준다. 진술의 '물질 속성'이란 말로써, 푸코는 특정한 시간이나 장소에서 현재 발화되고 있는 발음 속성을 가리키는 것이 아니라, 오히려 특정한 제도적 실천 관행들 속에서 '해당 진술이 특정한 위상을 지니고 있다'는 사실을 가리킨다.

§.2-2 『지식(앎)의 고고학』으로부터 출발하여 '계보학'에 이르기까지

지금까지 푸코의 작업 과정에서 찾아지는 초점의 전환을 언급해 왔다. 이제 저자의 관심은, 고고학(늑파헤쳐 드러내는 일)으로부터 계보학(늑족보 찾아 밝히는 일)[67]으로의 전환 및 푸코가 규정한 담화에 대한 복합 개념의 함의에 모아져 있다. 푸코는 고고학 및 계보학 사이의 관계를 놓고서 다음과 같이 간결한 설명을 베풀어 놓았다.

어에서 사례(example)란 뜻을 지닌 *exemple*의 의미를 갖고 있지 않다고 적어 놓았는데 (has never the sense of '*exemple*'), 재판과 관련된 뜻들이 들어 있으며, 속뜻으로 그런 재판의 결과에 따른 권위가 깃들어 있는 듯하다.
마지막 셋째 내용은 "이 심급은 언설에 관해서의 욕구의 가능한 위치에 의해 특성화된다. 언설은 결국 환상적인 연출의 장소, 상징화의 요소, 금지의 형태, 유도된 만족의 도구일 것이다."로 번역하였으나, 무슨 말인지 필자로서는 잘 알 수 없다.

67) (역주) 서로 얽힌 담화의 측면에서, 이는 니체(Nietzsche, 1887)의 『도덕의 계보학』과 서로 얽혀 있다. 니체는 '선악'도 특정 사람이나 계층의 '좋아하고 싫어함'을 달리 표현한 것에 불과하다고 설파하였는데, 선악의 계보(늑족보 찾아 밝히기)를 '양심' 및 '금욕'들과 함께 다루고 있다. 최근 번역으로, 김정현 뒤침(2002)의 『선악의 저편·도덕의 계보』(니체 전집 제14권, 책세상)가 있고, 백승영(2005)의 『니체 '도덕의 계보'』(서울대 철학사상연구소)도 읽을 수 있다.

㉠ '진리'란 진술들을 놓고서 생산·규제·유통·순환·가동을 위한 순서 깃든 과정들의 체계로 이해될 것이다. ('Truth' is to be understood as a system of ordered procedures for the production, regulation, distribution, circulation and operation of statements.)

㉡ '진리'는 진리를 생산하고 계속 유지하는 권력의 제도와 더불어 순환적 관계로 이어져 있으며, 진리가 유도하고 진리를 확대하는 권력의 효과에까지도 연결되어 있다. 진리에 대한/진리를 점유한 하나의 '정권'인 셈이다. ('Truth' is linked in a circular relation with systems of power which produce and sustain it, and to effects of power which it induces and which extend it. A 'regime' of truth.)

(Rabinow, 1984: 74)

첫 번째 명제 ㉠이 저자가 지금까지 개관해 온 바대로 쉽게 알아차릴 수 있는 고고학에 대한 요약이 되기를 바란다. 두 번째 명제 ㉡은 고고학(≒파헤쳐 드러내기)에 대한 계보학(≒족보 찾아 밝히기)의 효과를 간략히 보여 준다. 진리가 권력을 더해 주거나, 또는 데이빗슨(Davidson, 1986: 224)의 용어로, 진리의 초점이 '진리의 체계 및 권력의 양상 사이에 상호 관련성'에 있다. 계보학(≒족보 찾아 밝히기)으로의 전환은 담화 중심성 벗어나기decentering를 드러낸다. 한편으로 푸코(Foucault, 1972)에서 지식 체계 및 진리를 이해할 수 있는 까닭은, 자동적(≒무의식적)인 것으로 파악된 담화의 규칙들에 귀속되었었고, 사실상 담화를 통한 실천 관행에 대한 담화-무관 분야와의 관계는 이들 규칙에 의해서 규제되었었다. 그러나 푸코의 주요한 계보학 연구인 『감시와 처벌: 감옥의 역사』[68]에서는 담화가 권력 체계에서 부차적인 것으로 되었다.

---

68) (역주) 1979는 두 종류의 번역이 나와 있다. 박홍규 뒤침(1990)의 『감시와 처벌: 감옥의 탄생』(강원대 출판부)과 오생근 뒤침(1994; 2003년 개정판)의 『감시와 처벌: 감옥의 역사』(나남)이다. 특히, 오생근 교수의 개정판 '역자 서문'에서는 왜 푸코가 널리 읽히는지를 깨달을 수 있도록 여러 차례에 걸친 그의 전환들을 간략히 요약해 주고 있어, 필자가 큰 도움을 받았다. 『말과 사물』은 인간 학문의 발생을 탐구한 고고학이고, 『지

그렇지만 푸코가 계보학 연구에서 발전시킨 현대 사회에서 권력의 속성에 대한 시각은, 동시에 담화 및 언어를 사회적 실천 관행 및 처리 과정의 핵심에 놓고 있다(Fraser, 1989를 보기 바람). 현대 사회에서 권력의 성격은 대중들을 관리하는 문제와 결부되어 있다. 사회생활의 모든 분야들에 있는 모든 층위에 걸쳐, 일상적인 사회 실천 관행들 안에 온통 퍼져 있는 권력은 암암리에 깔려 있으며 지속적으로 간여하게 된다. 더욱이, '권력은 오직 그 자체의 실질적인 부분을 가려 숨긴다는 조건에서만 용인될 수 있다. 권력의 성공은 그 나름의 기제들을 감추는 능력에 비례하는 것이다'(Foucault, 1981: 86; 이규현 뒤침, 1990, 『성의 역사: 앎의 의지』, 나남, 101쪽). 권력은 지배받게 되어 있는 사람들을 강제적으로 지배함으로써 부정적으로 가동되는 것이 아니다. 권력은 피지배자들과 서로 맞물려 있고, 권력이 피지배자들을 형성하고 권력의 필요성에 들어맞도록 '다시 도구로 만든다retools'는 의미에서 '생산적'으로 된다. 현대 권력은 집단들 또는 개인들을 놓고서 특정한 집단 행위자들(가령 특정 계층들)에 의해 위로부터 부과된 것은 아니었다. 권력은 의학적 의미이거나 교육적 의미로 '검사/검진'과 같이 어떤 '미시기술'들로서 '아래로부터' 발전되었는데, 근대 시기가 시작되면서 병원·교도소·학교와 같은 공공기관들로 나타났다. 그런 기술들은 근대 사회에서 권력(힘) 및 지식(앎) 간에 이중 관계를 함의한다. 한편으로 권력 구사의 기술들이 가령 사회 과학에서 생성된 지식(앎)을 근거로 하여 발전되었다. 다른 한편으로 기술들은 지식을 모아놓는 과정에서 권력을 행사하는 일에 아주 많은 관심을 기울인다. 푸코는 17세기 이후부터 모습이 드러난 이런 권력의 근대 형태를 가리키기 위하여, '생명 조절 권력bio-power'이라는 용어를 만들어 낸다. 생명 조

식(앎)의 고고학』은 담론을 통하여 지식(앎)의 토대와 체계를 밝혀내려는 고고학이었다. 이들과는 달리 스스로 '나의 첫 번째 책'이라고 말한 『감시와 처벌』은, 니체 『도덕의 계보학』 영향 아래 담화 속에 감춰진 지배 권력의 정체와 교묘한 전략을 파헤치려고 하였으며, 누구나 들고 다니면서 쓸 수 있는 '연장통'이 되기를 희망했다고 적었다. 이는 푸코의 마지막 주제가 인간의 '윤리'에 있었다는 지적과도 일치한다.

절 권력은 '생활 및 생활 기제들을 명백한 계산의 영역 안으로 들여왔고, 지식(앎)/권력(힘)을 인간 생활의 변형에 대한 행위 주체가 되도록 만들었다'(Foucault, 1981: 143; 이규현 뒤침, 1990: 153).

권력에 대한 이런 복합개념은 근대 사회의 사회적 얽힘 과정에서 담화와 언어가 핵심적 중요성을 지님을 시사해 준다. 면담과 자문 따위와 같이, 푸코가 아주 비중을 두는 사회적 실천 관행 및 구현기술들은 실질적인 정도로까지 담화로 된 실천 방식이다. 따라서 권력에 비춰보아 제도와 조직들을 분석하는 일은, 결과적으로 관련된 담화 실천 방식을 이해하고 분석하는 일임을 뜻한다. 그러나 권력에 대한 푸코의 시각은 사회 분석에서 담화에 대하여 좀 더 크게 주목할 뿐만 아니라, 또한 담화 분석에서도 권력에 더 많이 주목함을 함의한다. 담화 및 권력에 관한 이들 물음은, 푸코의 고고학(≒파헤쳐 드러내기) 연구에서도 제기되지 않았고, 그렇다고 담화 분석에 대한 언어 지향 접근에서도 제기되지 않았다. 쉐피로(Shapiro, 1981: 162)에서는 다음처럼 지적하였다. '푸코는 우리들로 하여금 더 높은 추상화 수준에서 언어와 정치 사이의 연결을, 언어에 반영되어 표현된 사람들 및 집단들 간의 권력 교환을 넘어서서, 구조들 속에서 언어와 정치가 알맞게 배치되어 쓰인 그런 구조들에 대한 분석으로 여기도록 해 준다'

이들 논제의 일부가 푸코(Foucault, 1984: 109; 이정우 뒤침, 1993: 16)[69] 에서 그 자신에 의해 제기되었으며, 담화 실천 관행들이 사회적으로 통제되고 제약되는 다양한 절차들을 탐구하였다. '모든 사회에서 그

---

69) (역주) 1970년 12월 2일 콜레쥬 드 프랑스(Collége de France) 취임 강연이며, 이듬해 『L'ordre du Discours』(Gallimard)로 출간되었다. 이 판본이 이정우 뒤침(1993)의 『담론의 질서』(새길)로 번역되었고, 추가적으로 번역본에 제2부를 싣고서 푸코 사상을 전반적으로 개관해 놓았다. 1998년 서강대 출판부에서 재간하였지만 거의 차이가 없다. 다시 2012년 중원문화에서 재간된 판본은 대조를 하지 못하였다. 여기에서는 첫 번째 번역본의 쪽수를 적어 둔다. 영어로는 1972년 스와이어(Swyer)에 의해 "The Discourse on Language"로, 1981년 머클라우드(McLeod)에 의해 "The Order of Discourse"로 영역되었다. 후자는 영 엮음(Young, 1981)의 『Untying the Text: A Post-Structuralist Reader』(Routledge)에 제3장으로 수록되었는데, 저자가 푸코(Foucault, 1984)로 인용한 내용은 이 영역과 서로 일치한다.

역할이 권력과 위험을 피하고, 두루 우연한 사건들을 놓고서 통제권을 획득하며, 장황하고 가공할 만한 물질성을 벗어나기 위한 어떤 몇 가지 절차들에 따라, 담화의 산출이 곧장 통제되고, 선택되며, 조직되고, 재유통된다'. 푸코가 검토하는 그런 '절차'들 가운데에는, 무엇이 누구에 의해서 어떤 경우에 말해질 수 있는지에 대한 여러 가지 제약들이 있다. ㉠ 합리성reason 및 정신이상madness에 관한 담화 사이의 대립, 그리고 참된 담화 및 거짓된 담화 사이의 대립들. ㉡ 원 저작권의 귀속 효과, 학문 분야들 사이의 경계, 모범적 규범의 지위를 특정 텍스트들에 귀속시키는 일. ㉢ 특정한 담화 실천 관행들에 대한 사회적 접속 제약들이다. 푸코는 이런 제약과 연관하여 '임의의 교육제도가 지식(앎)과 권력(힘)을 실어나르는 도구로서 담화들의 이용방식을 유지하거나 수정하는 정치적 방식임'에 주목한다(Foucault, 1984: 123; 이정우 뒤침, 1993: 37). 푸코(Foucault, 1984: 110)에서 중요한 강조점은 담화 실천 방식의 결정을 놓고서 벌어지는 권력 갈등에 놓여 있다. '담화가 단순히 갈등 또는 지배체제를 번역해 주는 것이 아니다. 오히려 담화 때문에 그리고 담화에 의해서 갈등이 존재하는 것이며, 담화는 붙들게 될 권력인 것이다'(이정우 뒤침, 1993: 16).

고고학(≒파헤쳐 드러내는 작업)으로부터 계보학(≒족보 찾아 밝히는 작업)으로의 전환은, 담화의 어떤 차원들에 우선성이 주어지는지에 비춰 보아 강조점의 바뀜을 의미한다. 푸코(Foucault, 1972)의 담화 형성 규칙이 비록 담화 및 학문 분야 사이에 단순한 대응에 대한 생각을 반대하지만, 가령 정신병리학·정치 경제학·자연사 따위의 특정한 분야들을 고려하면서 성격이 지어지는 반면, 푸코(Foucault, 1979; Foucault, 1981)에서 두드러진 담화 범주들은 좀 더 '하위 갈래generic'적인 성격을 띤다. 예를 들어, 면담과 상담은 각각 푸코가 '시험제도examination, 어떤 사회 규범에서 정해 놓은 단계별 시험 통과 제도'와 '고백confession, 1215년 종교법으로 정해진 고해 성사'으로 부르는 내용과 결부된 담화 실천 관행들이다(115쪽 논의를 보기 바람). 다시 말하여, 이것들은 특정한 방식으로 구조화된 다양한 형태의 상호작용을 가리키고, 면담 주체와 면담 응락자와 같이 특정한 묶음의 참여자들을 포함한다. 그러므로 여러 분야 및 기관들에서 이용될 수 있고, 따라서 다양한 담화 형성 작용과 잘 어울리므로, 진료 상담·사회조사 면담·취업 면접·대중매체 면담 따위가 있는 것이다. 일부 연구자들에게서 서로 대립되는 점은 '담화'와 '갈래' 사이에 있다(§.4-2와 Kress, 1988을 보기 바람).

푸코가 분석한 권력의 두 가지 주요한 기법은, '시험제도'를 핵심 기술로 담고 있는 '규제discipline'(Foucault, 1979; 오생근 뒤침, 2003: 289 이하)와 '고백confession'(Foucault, 1981; 이규현 뒤침, 1990: 75 이하)이다. 계보 분석에 관한 최초의 그리고 처음부터 놀라운 관심사항은, 기법들이 어떻게 '신체'들을 대상으로 작동하는지, 다시 말하여, 현대사회에서도 아주 분명하게 군대 제식훈련으로 체력을 단련하는 일에서, 그리고 산업과 교육과 진료 따위의 유사한 훈련 과정에서 알아볼 수 있는 체력단련 성향·습관·동작을 놓고서, 어떻게 자세하게 규범화된 통제의 형태들에 영향을 주는지에 관한 것이었다. 훈련에 관한 현대적 기법은 푸코가 '잘 길들여진 신체docile bodies'로[70] 부르는바, 그리고 경제 생산에 관한 현대적 형태의 요구사항에 맞춰 적응된 신체를 만들어 내는 일에 이르기까지 조정되어 있다. 규제는 지속적인 관찰 및 감시가 이뤄질 수 있도록, 수용자에게 각각 하나의 공간(독방·책상·의자 등)을 배당하려고 기획된 독방 감옥이나 학교 기숙사나 공장의 건물과 같이

---

70) (역주) 『감시와 처벌』 제3부 제1장의 주제이며, "자동인형처럼 복종시킬 수 있고, 쓰임새가 있으며, 변화시킬 수 있고, 더 나아가 완전히 만들 수 있는 신체"이다(오생근 뒤침, 2003: 215). discipline(규제, 규율, 훈련)은 사람들을 일정한 규범에 맞추어 놓도록 하는 타율적 측면이 강하므로 '규제'(규칙이나 규범에 따른 통제)로 번역해 둔다. 훈련과 훈육을 서로 구별하여 쓸 수 있는데, 군인들의 제식 훈련이나 강아지의 배변 훈련처럼 아무런 생각 없이 그저 명령에만 복종하도록 할 경우에 신체적 '훈련'으로 쓰고(무의식적 반응을 유도하며 영어에서는 이를 '근육 기억[muscle memory]'으로 부름), 이런 바탕 위에 낮은 단계의 판단 결정 과정인 마음가짐이나 태도까지 길러낼 경우에 '훈육(訓育)'이란 말을 쓸 법하다. 푸코의 인용 「strict discipline' as an art of correct training (올바른 훈련의 기술 한 가지로서 '엄격한 훈육')」을 보면, 기본적으로 training(신체적 훈련)이고, 마음가짐이나 태도까지 길러 준다면 discipline(마음가짐도 포함하는 훈육)으로 규정할 수 있을 듯하다.

다양한 형태로 나타났다. 교육이나 작업 시간표를 정하여 엄격히 분할된 부분들로 나눠놓았다. 예를 들어, 신체 활동의 훈련은 손으로 글씨쓰기를 가르쳤던 전통적 기법과도 이어져 있었다. 이는 '엄격한 규칙으로 신체를 완벽히 전체적으로 신경 쓰게 하는 전반적 습관인 신체 단련 術gymnastics을 전제로 한다'(Foucault, 1979: 152; 오생근 뒤침, 2003: 241). 처벌 제도는 규범을 기준으로 하여 끊임없이 개인들을 측정하는 방식인 '규범화된 상벌제도'이다(오생근 뒤침, 2003: 268). 비록 규제가 대중을 이루는 사람들을 다루는 하나의 기법이지만, 고도로 개별화된 방식으로 그렇게 규제를 실천하는데, 각각의 개인을 그리고 모든 개인을 차례차례 고립시키고 초점 모아 동일한 규범적 절차에 그들을 복종시키는 방식인 것이다. 권력의 생산성에 관한 푸코의 강조점과 걸맞게, 규제의 권력이 현대적 개인을 생산해 낸다(Foucault, 1979: 194; 오생근 뒤침, 2003: 302).

'시험제도'는 '지식(앎)을 뽑아내고 구성할 수 있도록 만드는 권력 관계들에 수단을 제공해 준다'(Foucault, 1979: 185; 오생근 뒤침, 2003: 290). 푸코는 시험제도의 변별적인 세 가지 속성을 구분해 놓았다(Foucault, 1979: 187~192; 오생근 뒤침, 2003: 292 이하). 첫째, '시험제도는 금세 눈에 띄는 속성의 경제력을, 권력의 실현을 반영해 주도록 바꿔 놓았다'. 푸코는 봉건시대의 권력과 현대의 규제 권력을 서로 대조시킨다. 전자에서는 막강한 군주가 전면에 나서므로 군주가 아주 눈에 잘 띄었고, 권력에 복종했던 사람들이 '그림자 속에만 머물러 있었다'. 거꾸로 후자에서는, 실세 권력은 눈에 띄지 않게 숨어 있고, 그 권력에 복종하는 대상들만이 드러나 각광을 받게 된다. 항상 대중들의 눈에 잘 띈다는 점은, 한편으로 개인으로 하여금 순치되어 계속 복종토록 하며, 다른 한편으로 개인들이 마치 사물들처럼 취급되고 '진열되도록' 해 준다. 시험제도는 '이런 대상화/객체화71)의 의례가 되는 것이다'. 둘째, '시험

---

71) (역주) 사람을 사람 취급하는 것이 아니라, 물건이나 대상으로 보는 절차 또는 의례이

제도는 또한 기록된 문서 영역 속으로 개인의 본성을 끌어들인다'. 시험제도는 사람들에 대하여 여러 가지 기록을 만들어 놓는 일과 관련된다. 이는 두 가지 결과를 지닌다. ㉠ '개인이란 구성체를 기록 가능하고 분석할 수 있는 대상으로 여긴다'. ㉡ 전체 모집단에 관한 일반화 가능성·평균치·기준 등에 도달하도록 개인의 여러 가지 기록들을 조종한다. 푸코는 후자가 인간 학문이 비롯되는 보잘것없는 출발점임을[72] 시사한다. 셋째, '모든 서류 작성 기법 속에 휩싸여 있는 시험제도는, 각 개인을 한 가지 사례case로 만들어 준다. 한 번에 그리고 동시에 지엽적인 한 줄기 지식(앎)을 위한 대상을 구성하고, 한 줄기의 권력을 위한 발판을 구성해 주는 사례인 것이다'. 푸코는 전통적으로 위대한 인물의 전기를 만들어 기념비로서 우뚝 서 있게 하던 실천 관행을, 현대 사회에서 규제를 하려고 개인을 대상화하고 사물로 만들어 놓은 사례 기록물들과 서로 대비해 놓았다.

만일 시험제도가 사람들을 대상으로 만들어 놓는 기법이라면, 고백(고해성사)효과는 사람들을 주체로 만들어 놓는 기법이다. 푸코는 '서구의 인간들이 고백하는 동물이 되었다'고 적었다(Foucault, 1981: 59; 이규현 뒤침, 1990: 76). 끝없이 넓어지는 일련의 사회적 위치(본디 종교적이었지만 그 뒤에 사랑 관계·가족 관계·진료·교육 따위)에서 한 개인이 자기

다. 한 개인의 인격이나 인품을 보는 것이 아니라, 오히려 모든 개인을 시험 성적에 따라 토익 9백점짜리, 토익 7백점짜리처럼 사물이나 대상처럼 취급하는 것이다. 오생근 교수는 '객체화의 의례'로 번역하였는데, objectify(객체로 만들다)와 subjectify(주체로 만들다)가 서로 짝이 되기 때문이다. 저자는 제2장을 매듭지으면서 특별히 object(사물/대상)가 두 가지 의미를 지님을 명시적으로 밝혀 놓았다. 사물을 손으로 가리키는 측면(refer)과 대상의 의미를 드러내는 측면(signify)이다. 프레게의 마지막 제자였던 카아냅(Carnap, 1891~1970)은 스승이 밝힌 이 개념을 각각 더욱 명시적으로 외연 의미(extension)와 내포 의미(intension)로 불렀는데, 또한 각각 지시 의미(reference)와 속성 의미(sense)로도 불린다. 대상이 객관적 속성을 지닌다는 점에서 사선 '/'으로 병기해 둔다.

72) (역주) 사람을 고유하고 각각 개성이 있으며 총체적으로 파악해야 하는 인격적 존재로 보는 것이 아니다. 마치 여느 동물들처럼 실험하고 통계를 내며 여러 가지 속성들을 과학화하고 일반화하여 거기에 대한 반응을 기록하는 사물이나 대상처럼 보는 것이다. 이런 흐름을 '과학적 인간학'의 첫 시발점으로 여기는 것인데, 이는 인간학을 고고학과 계보학으로 확정하려는 푸코의 시도와 대립된다.

자신에 대하여 특히 그 자신의 성습관sexuality에 대하여 파고들어가 말을 하게 강요하는 고백은, 액면가 그대로 '생명 조절 권력bio power'을 대상/객체로 만드는 시도에 맞서서 자유로워지려고 저항하는 일이 되는 듯하다. 그렇지만 푸코는 이것이 '환상'이라고 믿는다. 고백(고해성사)은 그 사람을 더욱 더 권력의 영역 속으로 끌어들이는 것이다.

푸코는 공공연히 담화 용어로서 고백(고해성사)을 '담화 의례'로 규정한다. 좀 더 익숙한 텍스트 지향 담화 분석TODA 안에서 쓰는 용어로 말하면, 이는 하나의 '갈래'로 부를 법한 내용이다. 고백은 먼저 주제별로 규정되는데, '말하는 주체가 또한 그 진술의 주어가 되며', 그런 다음에 관여자들 간의 권력 관계에 의해서 규정된다. '대화 상대가 될 뿐만 아니라, 고백을 요구하고 규정지으며 평가함과 동시에, 판단을 내리고 용서하며 위로하고 화해시키기 위하여 간섭하는 권위를 지닌, 고백을 들어줄 상대가 없다면(또는 가상적 출현이라도 없다면), 아무도 고백을 하지 않는다'(Foucault, 1981: 61; 이규현 뒤침, 1990: 79). 고백은 '고백 실행'이라는 바로 그 행위 자체가, 고백하고 있는 사람을 바꿔 준다는 고유한 특징을 지닌다. 고백은 '자신의 혐의를 벗고 자신을 구원하며 순화시켜 준다. 자신의 잘못에 대한 짐을 벗고, 자신을 자유롭게 해 주며, 구원을 약속해 준다'(Foucault, 1981: 62; 이규현 뒤침, 1990: 79). 더욱이 고백의 가치는 고백하기 위해 반드시 극복해야 하는 방해물과 저항에 의해 반비례하여 늘어난다.

비록 고백에 대한 푸코의 설명이 시험제도에 대한 설명보다 좀도 명백히 담화적이지만(고백을 '담화적 형태'뿐만 아니라 또한 '담화의 의례'라고도 언급함), 저자는 양자가 모두 분명히 특정한 담화 갈래와 연결되어 있음을 제시할 것이다. 시험제도의 경우에, 이 갈래는 진료 검진·교육 시험·다양히 많은 면담들을 포함할 것이다. 고백의 경우에는 종교적 고해성사뿐만 아니라, 또한 심리치료 담화와 다양한 상담들도 포함할 것이다. 푸코의 주제 중 한 가지는 19세기에 고백이 과학적 지위를 획득한 방식이었고, 이런 점과 관련하여 그는 시험제도와 고백이 심문·'정확히 짜인 질문 형식'·기억을 되살리는 최면들의 모습과 결합되어 있음에 주목하였다(이규현 뒤침, 1990: 82 이하).

푸코가 관심을 이끌어내는 권력의 기법은 현대 사회에서 도드라지게 우세해진 담화의 유형과 관련되며, 이는 긴밀하게 사회 조직화 내용 및 그 문화적 가치들의 모습과 연관되어 있는 듯하다. 문화적으로 돋보이는 이들 갈래는, 특히 면담과 상담, 그리고 경영 관리 및 상품광고와 연합된 것들인데, 다양한 현대 제도 및 조직들에 관한 담론 질서를 '식민지로 지배하는colonizing' 듯이 보인다. 이런 과정에서 이들 갈래는 제도들 사이에 있는 경계를 벗어나 이동해 감으로써, 많은 하위 유형들과 변종들(가령 임상진료 담화, 교육 담화, 고용 담화, 소비 담화, 자문 담화)을 산출하면서 극적인 기능의 확장을 거치게 된다. 면담 및 상담은 각각 시험제도라는 대상화/객체화 기법 및 고백이라는 주체화 기법에 따라서 갈래들을 대상/객체로 만들고 주체로 만들어 주는 일을 나타낸다. 한편으로 관료주의에 젖어 사람들을 대상/객체처럼 '취급하는' 담화의 양태, 그리고 다른 한편으로 자아를 탐구하고 고유한 목소리를 부여해 주는 담화의 양태는, 현대 사회에서 담화의 질서에 대한 두 개의 축인 듯이 보인다.

이런 측면에서 푸코의 계보학(≒족보를 찾아 밝히기) 관점은, 조사 연구의 방향을 이 책의 관심사항에 중요한 담화 내부를 향하도록 가리켜 주고 있다. 담화의 질서에 대한 담화를 통한 실천 관행에서 역사적 변형들에 대한 탐구 및 그 사회·문화적 변화에 대한 더 넓은 과정들과의 연관인 것이다(§.3-5 및 제7장을 보기 바람). 여기서 인과성에 대한 중요한 논제들이 있다. 담화를 통한 변화가 어느 범위까지, 다만 이들 더 넓은 사회적 또는 문화적 변화들을 '반영해' 주는 일과는 거꾸로, 적극적으로 이들 변화를 구성해 주는 것일까? 따라서 담화를 통한 실천 관행들을 변화시키는 일에 대한 분석을 통해서, 얼마나 멀리 더 넓은 변화의 과정들이 조사될 수 있을 것인가? 과학적인 사회 조사를 끌어들여 (가령 면담 응락자에게 편안하게 느끼도록 하는 환경을 조성해 주어) 그 효과에 대한 계산 결과를 근거로, 종종 공적인 영역에 있는 사적 지위의 격식 없는 대화로 이뤄지는 담화 실천들을 모의함으로써, 그리고 새로운 담화 기법으로 제도권 관계자를 훈련시킴으로써, 또한 제도적 행위주체들에 의한 의식적인 노력들이, 얼마나 광범위하게 그리고 얼마나 효과적으로, 담화 실천 관행들에서 변화를 작동시켜 줄 수 있을 것인지에 대한 물음도 있다. 저자는 이런 과정의 간섭을 '담화의 가공기술'로 언급한다. 이제 담화는 그 자체로 광범위하게 푸코가 권력의 현대적 작동 방식으로 찾아낸 가공기술과 기법들을 따라야 할 운명이다. §.7-3의 논의를 보기 바란다(437쪽의 역주 257에서 푸코의 접근법에 대한 네 가지 의문을 적어 두었으므로 참고 바람).

§.2-3 푸코와 텍스트 지향 담화 분석TODA

푸코의 업적에서 저자가 찾아낸 담화에 대한 주요한 통찰력은 다음처럼 요약될 수 있다. 그의 초기 고고학(≒파헤쳐 드러내기) 업적에는 특별히 중요한 두 가지 주장이 있다.

  (1) 담화의 구성적 본성: 담화는 '대상' 및 사회적 주체를 포함하여 사회관계를 구성해 준다.
  (2) 서로 얽힌 담화 속성(주로 산출 과정에 작용함) 및 서로 얽힌 텍스트 속성(주로 해석 과정에 작용함)의 우선성: 임의의 담화 실천 관행은 다른 관행들과의 관련에 의해서 규정되고, 복잡한 방식으로 다른 실천 관행들을 끌어들인다.

이에 더하여 푸코의 계보학(≒족보 찾아 밝히기) 업적에서는 실질적인 세 가지 초점이 부각되어 나온다.

(3) 권력의 담화적 본성: (가령 시험제도·고백처럼) 오늘날 '생명 조절 권력bio-power'의 실천 방식과 기법들이 유의미한 정도까지 담화적이다.

(4) 담화의 정치적 본성: 권력 투쟁은 담화 안에서, 담화를 넘어서서, 두 영역에 모두 다 걸쳐 일어난다.

(5) 사회 변화에 대한 담화적 본성: 담화 실천 방식을 바꾸는 일은 사회 변동에서 중요한 요소이다.

이것들이 텍스트 지향 담화 분석TODA 속으로 맞물려 작동하도록 시도해야 할 풍부한 묶음의 이론적 주장과 가정들을 구성한다.

그렇지만 텍스트 분석에 대한 무시와 담화를 구성적으로 보는 시각과 같이, 푸코의 업적에서는 텍스트 지향 담화 분석에 적용할 경우 모종의 어려움이 있다. 이 절의 후반부에서는 이들 어려움을 논의하고, 텍스트 지향 담화 분석에서 푸코의 주장을 따르지 말아야 할 측면을 언급하기로 한다.

앞에서 언급했듯이, 푸코 및 텍스트 지향 담화 분석 사이에 있는 주요한 대조점은 담화에 대한 푸코의 분석이 실제 텍스트들에 대한 담화적·언어적 분석을 포함하지 않는다는 점이다. 그럼에도 그런 분석을 포함해 놓는 일은, 푸코의 업적에서 비평자들이 찾아낸 특정한 약점들을 극복해 주는 수단이 될 수 있다. 저자는 담화 분석을 텍스트나 언어 분석으로 환원하는 일을 제안하는 것이 아니다. 해당 논점은 오히려 분석 과정에서 마땅히 실질적인 담화 사례들을 포함해 놓아야 하는 것인지 여부에 있다. 텍스트 지향 담화 분석에 담화 사례들이 포함되는 경우에는, 텍스트 분석을 하는 언어 형태들에 대해서뿐만 아니라, 또한 당연히 세 가지 차원으로 보는 분석을 하게 마련이다. ㉠ 해당 텍스트의 분석, ㉡ 텍스트 산출 및 해석에 대한 담화 처리 과정의 분석(어떤 유형 및 갈래의 담화가 도입되었고, 그것들이 얼마나 명시적으로 표현되었는지에 대한 물음을 포함함), ㉢ (상황·제도·사회구조상으로) 다양한 차원에서 그 사회적 조건 및 효과들에 비춰본 담화 '사건'에 대한 사회적 분석이다(148~151쪽을 보기 바람). 따라서 저자가 옹호하고 있는 바는 다른 유형의 분석과 결부되어 있는 텍스트 분석이며, 그 주요 논점은 특정한 사례들(그리고 텍스트)이 분석되어야 하는 대상인지 여부가 된다.

푸코의 업적에 들어 있는 약점은, 권력 및 저항에 대한 복합개념이 어떻게 작동하는지, 그리고 투쟁과 변화에 대한 물음이 어떻게 작동하는지와 관련되어 있다(≒대상만 기술했지, 작동방법에 대해서는 설명하지 못했음). 푸코는 대다수의 사람들이 권력에 의해 조종을 받는 정도로까지(≒마치 꼭두각시마냥) 과장해 놓았다고 비난을 산다. 그는 실천들에 대한 논쟁들에다, 실천들을 놓고서 작동하는 사회적 힘들 사이의 갈등에다, 지배적인 담화 체계 및 담화 무관 체계들에 맞서는 피지배 집단들의 가능성에다, 투쟁을 통하여 권력 관계에서 일어나고 있는 변화의 가능성 등에다 충분한 무게를 부여하지 못하였다고 공격을 받는다(Lecourt, 1972; Macdenell, 1986). 푸코가 그런 사안들을 무시한 것은 아니다. 예를 들어 변화에 관심을 두고 있었는데, 푸코(Foucault, 1972; 이정우 뒤침, 2000)의 전체 장을 '변화와 변형'에 쏟아 넣었으므로, 거기서 담화를 만드는 형성 규칙들이 정적인 대상들 및 개념들보다는 오히려 그것들의 가능한 변형의 영역들을 규정함을 내내 강조하였던 것이다. 그리고 푸코(Foucault, 1982; 이정우 뒤침, 1993)에서는 갈등의 형태들에 대한 충분한 논의가 개진되어 있다. 오히려 그의 업적을 전체적으로 보거나 주요한 분석 작업을 보면, 두드러진 인상이 무기력하게 군건한 권력체제에 무기력하게 복종을 받는 한 부류의 사람들이라는 것이다. 분명히 푸코는 권력이 마침내 불가피하게 저항을 겪게 됨을 주장하지만, 동시에 저항이 일반적으로 권력에 의해서 제약되고 있으며, 저항이 위협이 되지 않는다는 인상도 준다. 예를 들면, 이런 점이 푸코가 동성끼리 사랑에 대한 '뒷면의 담화reverse discourse, 반대 담화'로 부르는 바에서 그러할 수 있다. 19세기 정신의학과 법정 판결의 담화에서 동성끼리 사랑에 대한 편견/선입견은, 동성애가 '의학상으로 부적격하다고 결정한 동일 범주들을 이용하면서 … 종종 똑같은 낱말들을 써서 스스로 얼굴을 내밀고 말하기 시작하는' 결과를 낳았다(Foucault, 1981: 101; 이규현 뒤침, 1990: 115). 따라서 그 담화 형성 작용의 모집단들 밖으로 벗어나지 않은 채, 이는 하나의 저항 담화resistant discourse가 되는 것이다.

이들 문제가 푸코의 분석에서는 텍스트 및 텍스트 분석이 없다는 사실을 포함하여, 실천 사례에 대한 개념의 부재와 직결되어 있는 듯하다. '실천 사례practice'라는[73] 용어로 저자는 사람들이 일을 실행하거나 대상을 말하거나 글을 쓰는 '실제 사례'를 가리킨다. 푸코(Foucault, 1972)에서도 '담화 실천 관행'이라는 개념을 도입하면서 practice실천 관행/방식을 언급하지만, 이를 혼란스런 방법으로 규정하여, 실제 실천 사례의 밑바닥에 깔려 있는 '규칙'들로 간주하였다. 담화 실천 관행/방식은 '족보를 알 수 없는 익명의 역사적 규칙들에 대한 집합'인 것이다(Foucault, 1972: 117; 이정우 뒤침, 2000: 170). 달리 말하여, 실천 관행/방식은 실천 사례들 밑에 깔려 있고 불가결한 자원이라는 넓은 뜻으로 해당 용어를 쓰면서, 거꾸로 그 구조들 쪽으로 환원되고 있는 것이다. 푸코(Foucault, 1972)에 있는 형성 규칙이 되든지, 아니면 푸코(Foucault, 1979)에 있는 시험제도와 같은 기법이 되든지 간에, 초점 모아진 것은 언제나 구조들일 듯하다. 물론 그럼에도 불구하고, 푸코는 실천 사례에 관하여 말을 하고 있다고 주장한다. 구조들에 대한 그의 초점은 실제적으로 일어날 수 있고 일어나고 있는 바를 설명해 주려고 의도되어 있는 것이다.

문제가 될 만한 가정은, 우리가 구조로부터 실천 사례를 추정할 수

---

73) (역주) 똑같이 practice라는 낱말을 쓰면서도, 푸코는 집합이라는 '상위 개념'으로 쓰고, 페어클럽은 원소라는 '하위 개념'으로 쓰고 있는 것이다. 그렇다면 각각 '설천 관행'(실천 방식) 및 '실천 사례'라고 구분해 주는 것이 가장 적합할 듯하다. Russell(1908; 1957에 재수록됨)에서는 type(유형, 묶음 단위, 집합)과 token(개별 사례, 구현 사례, 원소)으로 불러 두 층위를 구별하였고, Tarski(1983)에서는 meta(상위 집합)와 object(대상)로 불러 서로 구별하였다. 푸코는 practice를 type(유형) 또는 meta(상위) 개념으로 쓰고 있지만, 페어클럽은 token(개별 사례) 또는 object(대상) 차원으로 쓰고 있는 셈이다.

있다는 점, 다시 말하여, 텍스트를 포함하여 실천 관행/방식에 대한 실제 사례들을 직접 분석하지도 않은 채, 실천 사례에 대한 결론에 도달할 수 있다는 점이다.[74] 예를 들면, 이는 ㉠ 실천 사례가 우리가 지닌 믿을 만한 근거보다 두드러지게 더욱 일정하다는 점, ㉡ 실천 사례가 구조들로 결정되는 범위 및 방식들이 외견상 드러날 법한 것보다는 훨씬 변이가 덜하다는 점, ㉢ 실천 사례로 구현되기 위해 규칙들이나 일련의 규칙이 도입되는 결정 과정이 실제보다는 훨씬 더 간단하다는 점을 함의할 듯하다. 간략히, 이런 푸코의 주장에서 놓쳐 버리고 있는 것은, 어떤 의미로 보든지 실천 사례가 그 나름대로의 고유한 속성들을 지닌다는 점이다. 이는 구조들의 구현 결과로 환원될 수 없고, 구조들이 실천 사례로 모습을 드러내는 방식이, 단지 가정하는 정도를 벗어나서 반드시 하나하나 결정되어야 함을 함의하며, 궁극적으로 실천 사례들을 통하여 일반화된 구조를 형성하는 데에 도움을 주어야 한다.

이렇게 구조에만 초점을 모으는 일과 관련하여 추가적인 결함이 있는데, 변화의 자세한 기제들이 결여되어 있다는 것이다. 해당 구조들이 어떻게 현재와 같이 존재하게 되었는가? 그 구조들이 서로 얼마나 다른 것인가? 테일러(Taylor, 1986: 60)에서 푸코를 비판하면서 말하였듯이, '그렇게 통시적인 설명을 목표로 삼는다면, 왜 하필 행위보다 언어의 우선성을 말해야 하는지에 대해 의문이 생겨날 수 있다. 이들은 순환적인 관계에 놓여 있다. 일련의 행위나 언어의 구조들은 언제나 일련의 행위/화행에서 오직 새로워짐으로써만 유지된다. 그리고 유지되는 데 실패하는 것도, 그리하여 달라지는 것도, 또한 바로 일련의 행위/화용들에서 일어나는 것이다'. 달리 말하여, 구조들은 실천 사례로 재생되지만 또한 변형도 이뤄지는 것이다.

---

74) (역주) 비록 저자가 스스로 깨닫고 있지 못하지만, 푸코는 이성주의(합리주의) 접근을 하고 있는 반면에, 페어클럽은 경험주의(귀납주의) 접근을 따르고 있다. 그렇다면 저자의 푸코 비판은 접근 방법의 선택에 따른 것에 불과함을 알 수 있다.

그러나 만일 구조들이 실천 사례로 재생되거나 변형될 수 있다면, 서로 다른 그런 사례들에서 그 실제적 결과물들을 결정해 주는 요소는 과연 무엇일까? 좀 더 일반화하여, 특정한 사회 영역이나 제도에서 실천 사례들의 누적된 결과 및 변형 흐름과 대립되는 담화의 재생 흐름에서, 실천 사례들 사이에 있는 차이점을 결정해 주는 것은 과연 무엇일까? 학교나 일터에서와 같이 특정하게 유지된 실천 영역에서 갈등을 빚고 있는 실천들 사이에 있는 관계의 형세, 즉 '권력의 균형 balance of power' 여부에 따라서 구조들이 재생되거나 변형됨을 저자는 제안하고자 한다. 그렇다면 구조에만 너무 과도하게 초점 모으는 일은, 이들 갈등의 측면에서 한쪽으로만 쏠린 관점을 선택하는 일에 다름 아니다. (미리 수립된 구조에만 관심을 둠으로써 결과적으로: 뒤친이) 이는 권력을 지닌 쪽의 시각, 사회 질서를 유지하고 지배력을 지속하고자 골몰하는 사람들의 시각인 것이다. 패권hegemony, 주도권의 측면에서 권력에 대한 복합개념을 내세운 그롸씨 방식의 접근이 그런 불균형을 없앤다는 점에서, 푸코의 개념 설정보다 훨씬 더 낫다(Gransci, 1971[75]; Hall, 1988). 이런 접근에서 패권(주도권)은 하위 단위의 계급과 집단들로부터 나온 동맹과 동의의 제조 위에 수립된 불안정한 평형상태로만 파악된다. 이러한 불안정한 상태들은 항상 갈등struggle, 투쟁의 초점이 되는 것이다(추가 논의는 §.3-4 (나)항을 보기 바람). 푸코가 실천 사례와 자세한 변화 기제들을 무시한 것은, 근본적으로 구조를 변형하는 능력을 지니지 못하는 것으로 가정된 '저항'의 모습에만 골몰하고, 오히려 그보다는 갈등(투쟁)을 무시하여 다루지 않은 일과도 일치한다.

실천 사례 및 갈등에 대하여 초점 모으지 못한 것은, 푸코의 분석이 또 다른 측면에서 '지독하게 한쪽으로만 쏠린' 인상을 주는 이유를

---

75) (역주) 두 종의 번역본이 있다. 이상훈 뒤침(1998), 『그람씨의 옥중 수고』 1~2(거름); 양희정 뒤침(2000), 『감옥에서 보낸 편지』(민음사).

설명하는 데 도움을 줄 수 있다(Taylor, 1986: 81). 계보학 연구에서 특징적인 권력의 시행 기법은 양면성이 없이 지배 및 조종의 도구들로 해석된다. 그러나 현대 사회에서 고백의 한 형태로서 상담의 경우를 살펴보기 바란다. 상담은 실제로 사람들의 머릿속 내면을 권력/앎의 영역으로 끌어내 오는 데 이용되지만, 또한 사회 속에서 살아가는 사람들의 가치와 개별성을 단언하기 위한 기법이기도 하다. 이는 푸코가 보여 주었듯이 점차 암호인 듯이 취급하고 있는 것이다. 상담은 아주 양면성을 지니며, 권력과의 관계에 대한 명백한 복잡성은, 자유롭게 해 주는 상담의 차원이 어떤 것이든 단지 착각이라는 주장을 인정하지 않는다. 앞으로 좀 더 풍성히 열매 맺을 방식은, 지배 및 해방에 대한 서로 모순되는 방향들을 놓고서 담화에서 갈등(투쟁)의 연구를 포함하여, 실천 사례에서 상담이 얼마나 담화 기법으로 작동하는지에 대한 탐구가 될 것이다(§.7-4를 보기 바람).

그렇지만 푸코(Foucault, 1981: 101~102; 이규현 뒤침, 1990: 115)에서 이런 방향을 실제로 가리켜 주는 '전략적으로 다원 가치를 지닌 담화들'에 대하여 다음과 같이 언급하고 있다.

한쪽에 권력을 행사하는 담화가 있고, 그 반대쪽에 정면으로 권력에 맞서는 또 다른 담화가 있는 것은 아니다. 세력 관계의 영역에서 실제 작동하게 되는 담화는 전략적 요소이거나 방해물이 된다. 동일한 전략 속에서도 차이가 나며, 심지어 모순스럽기까지 한 담화들도 존재할 수 있다. 거꾸로, 한 전략에서 반대 입장인 또 다른 전략으로 자신의 형태를 바꾸지도 않은 채로 그대로 (똑같은 담화가) 순환될 수도 있다. 특히 성 관습과 연관된 담화들이, 어떤 전략들로부터 유도되었는지, 어떤 도덕적 구분을 동반하는지, 또는 지배적이든 피지배적이든 간에 어떤 이념을 드러내는지를 우리한테 (명백하게) 말해 줄 것으로 기대해서는 안 된다. 오히려 ㉠ 이들 담화가 권력(힘)과 지식(앎)이 어떤 상호작용 효과를 보장해 주는지에 관한 전략적 산출, ㉡ 다양한 대결 국면이 실제 생겨나 사실로 주어진 경우에, 그 담화의 유용성을 어떤 접합점과 어떤 세력 관계가 필수불가결하게 만들어 놓는지에 관한 전략적 통합, 이 두 가지 차원에서 의문들을 제기해야만 하는 것이다.

다음 장에서 담화 및 담화의 질서들에 비춰보아, 특정한 방향으로 투입되거나 또는 꼭 그렇게 투입되지 않더라고, 정치적이고 이념적인 '투입물'(≒우리말에선 이념적 '색채'나 이념이 '스며듦'으로 말함)에 쉽게 순응하여 따르는 이런 관점들을 논의할 예정이다.

담화의 전략적인 다원 가치에 관한 개념은, 패권(주도권) 모형에서 눈에 띄게 보여줄 수 있으므로, 담화에서 이념적 갈등의 과정에 관한 값진 통찰이다. 그럼에도 푸코 자신이 이념이란 개념을 못마땅하게 여기고, 또한 분석을 내용을 이념 비판의 형태로 보는 데에도 반대한다. 이들 입장은 푸코의 상대주의relativism로부터 생겨난다. 진리는 특정한 담화 형성물에 대하여, 특정한 권력(힘)/지식(앎)의 제도에 대하여 상대적이며, 따라서 이런 담화들 외부의 입장이나 상위의 입장들로부터 비판을 받도록 열려 있는 것은 아니다. 그렇지만 이미 푸코의 입장이 모순된 것임이 지적되었는데, 자신의 상대주의에 어울리지 않는 특정한 형태의 비판에 골몰해 있는 듯이 보이며, 그리하여 비판에 관하여 양면적인 상태로 귀결된다는 점에서 그러하다(Dews, 1987; Fraser, 1989). 제3장 이후 텍스트 지향 담화 분석TODA을 설명하는 자리에서, 저자는 이념이란 개념을 이용하는 일에서 푸코와 차이를 두게 될 것이고, 텍스트 지향 담화 분석이 이념 비판의 형태라고 가정하게 될 것이다. 그렇지만 푸코와 다른 사람들의 비판은 반드시 이념에 관해서 모종의 엉성한 개념 작업을 피하도록 주의를 기울여야 함을 의미한다(Thompson, 1990을 보기 바람).

푸코에 관하여 저자가 마지막까지 남겨둔 것은, 담화의 구성적 속성에 대한 값진 그의 통찰력과 관련된다. 한편으로, 담화 실천 관행에 의해서 '대상/객체' 및 사회적 주체가 둘 모두 형성됨을 충분히 받아들인다. 다른 한편으로 저자는, 불가피하게 담화 실천 관행이 미리 구성된 물질적 실제 현실material reality 속에서 미리 구성된 '대상/객체'들과 미리 구성된 사회적 주체와 함께 생겨난다는 사실에 의해서, 이들 실천 관행이 제약됨을 주장하고 싶다. 그러므로 담화의 구성적 과정은 응당 변증법에 비춰 살펴보아야 하는 것인데, 거기서 담화 실천 사례의 영향력은 미리 구성된 실제 현실과 얼마나/어떻게 상호작용하는지에 달려 있는 것이다. '대상/객체'와 관련하여, '가리키기referring' 및 '의미 만들기signifying, 의미 부여하기'라는 용어를 둘 모두 이용하는 편이 아마 도움이 될 것이다. 담화가 미리 구성된 기존의 대상을 가리킬 뿐만 아니라, 또한 대상에 대한 창의적이고 새로 구성적인 의미 내용까지 담고 있기 때문이다(≒제6장에서는 여기서처럼 접사 '-ing[대략 우리말 '-기'에 해당함]'을 붙인 '전개/진행 과정' 표현이 아니라, 그 '결과 상태' 및 '산출물'을 가리키는 표현을 써서 각각 'reference[가리키는 내용]'와 'signification[의미 부여 내용]'으로 부르게 됨). 다시 여기서 실제 실천 사례와 실제 텍스트에 대한 분석을 통해서, 담화의 구성적 효과에 관한 과도한 푸코의 진술 내용을 중요하게 고쳐 줄 수 있다. 예를 들면, 특정한 텍스트가 어떻게 해석되는지에 초점을 모았을 뿐만 아니라 또한 그런 텍스트가 어떻게 조직되는지에 초점을 모은 대중매체 담화에 대한 연구는[76] 아주 복잡한 그림을 제시해 준다. 거기에서 텍스트들이 다양하게 대체로 순종적인 입장 또는 반항적인 입장에서 해석될 수 있으며, 고도로 문제가 되는 내용들도 가령 사회적 주체들의 구성에 관한 담화의 효과를 놓고서 틀이 잡힌 임의의 시각을 만들어 준다. 이런 종류의 사례는 또한 구성적인 주체의 과정이 언제나 특정한 상호작용 형태들 속에서 미리 구성된 주체들 간에 일어남을 가리켜 주는데, 단 상호작용의 형태가 그런 구성적 과정에 영향을 미치는 것이다(Dews, 1987: 198 참고). 또한

---

76) (역주) 페어클럽(Fairclough, 1995)는 이원표 뒤침(2004)의 『대중매체 담화 분석』(한국문화사)으로 출간되어 있다.

구성적인 사회적 주체들이 수동적으로 자리매김이 될 뿐만 아니라, 또한 행위 주체로서 특히 끌어들여 온 담화의 다채로운 유형과 자신들의 관계를 협상하면서 능동적으로 행동할 수 있음을 시사해 준다.

이상을 요약하기로 한다. 저자는 특히 실천의 사례들과 텍스트의 형태들, 그리고 이들과 연결된 해석의 과정들을 구체적으로 주목하도록 보장해 줌으로써, 텍스트 지향 담화 분석TODA이 사회 분석을 강화해 줄 수 있음을 제안하고 있다. 이렇게 특정한 사례들의 세부 내용에 주목하는 일은, 권력의 효과 및 저항의 가능성, 사회 주체들의 구성체, 또는 상담과 같이 특정한 갈래와 연합된 사회-문화적 가치와 관련지어 놓을 경우에, 사회 분석 연구자들로 하여금 푸코의 업적에 대한 한계인 도식화 및 일방적 치우침을 피하는 데에 도움을 준다. 또한 사회적 변화와 문화적 변화에 관한 일반 진술을, 실천 사례에서 변화의 효과들에 관한 상세한 기제 및 양상들과도 서로 관련지을 수 있도록 도움을 준다.

제3장 사회현상 속에서 담화를 바라보는 이론

§.3-0 도입

이 장에서 저자는 담화에 대한 시각 및 이 책에서 더욱 가다듬고 예시하게 될 담화 분석에 대한 얼개를 제시한다. 저자의 접근은 이미 개관에서 논의된 목표들로 서술된다. 언어 쪽으로 향한 담화 분석 및 언어와 담화에 관련된 사회적-정치적 생각들을 특히 사회 변화의 연구에서 사회 과학적 조사 연구에 알맞게 쓰일 수 있는 얼개의 형태로 함께 모아 놓는 것이다. 먼저 제3장과 제4장에서는 이전의 업적들에서 이뤄낸 여러 가지 성과 및 한계들을 찾아낸다. 제3장에서는 직접 그런 논의에 근거하지 않은 채 해당 논의의 시각에서 씌어진다. '담화 discourse'라는 용어를 논의하면서 시작한 뒤에, '텍스트·담화 실천 사례·사회적 관행'이라는 세 가지 차원의 얼개로 담화를 분석하는 쪽으로 진행할 것이다. 이들 세 가지 차원의 분석이 차례대로 논의된 다음에, 담화 변화를 사회적-문화적 변화와 관련지어 탐구하는 일에 대한 저자의 접근을 제시함으로써 결론을 맺는다.

§.3-1 담화(담론)

저자의 초점은 언어에 있고, 따라서 '담화discourse'라는 용어를 글말이나 입말 사용을 가리키기 위하여 사회 과학자들이 일반적으로 쓰는 용법보다 좀 더 좁은 뜻으로 쓴다. 저자는 언어학자들이 전통적으로 '언어 사용language use'[77])이나 '입말 사례parole'나 '언어수행 사례performance'[78])에 관하여 써온 '담화'라는 용어를 쓰게 될 것이다. 소쉬르(Saussure, 1959)로부터[79]) 시작된 전통으로 본다면, 입말 사례parole는 본질적으로 (자의적이고 변이가 많은: 뒤친이) 개인별 활동이기 때문에 체계적으로 연구하기가 쉽지 않은 것으로 간주된다. 개개인마다 예측할 수 없는 방식으로 자신의 바람과 의도에 따라 끌어들여 언어를 쓰게 마련이지만, 입말 사용의 밑바닥에 깔린 '언어 체계langue'는 그 자체로 체계적

---

77) (역주) 클락(Clark, 1996; 김지홍 뒤침, 2009)의 『언어 사용 밑바닥에 깔린 원리』(도서출판 경진)를 읽어보기 바란다.

78) (역주) 언어 능력(competence) 및 입 밖으로 나온 입말 또는 손으로 씌어진 글말 구현사례를 서로 양분해 놓기 위하여 초기에 참스키 교수가 썼던 용어이다. 참스키(Chomsky, 2000)에서는 언어 능력을 'i-language'로 부르는데, 단 'i'는 개인의/내재적인/내포적인 등의 여러 뜻을 담고 있다고 설명하였다. 김지홍(2010: 45)의 『언어의 심층과 언어교육』(도서출판 경진)의 제1장 「내재주의 언어철학에 대하여」를 읽어보기 바란다.

79) (역주) 서구 지성사에서 처음으로 분명하게 전체와 부분이 어떻게 표상되는지를 다루었으므로 여러 학문 분야에 영향을 미쳤고('구조'라는 수식어를 덧얹은 구조주의 경제학, 구조주의 사회학, 구조주의 인류학 따위), 수종의 번역본이 있다. 최승언 뒤침(2006, 신장판)의 『일반 언어학 강의』(민음사), 김현권 뒤침(2012)의 『일반 언어학 강의』(지만지), 김현권·최용호 뒤침(2007)의 『일반 언어학 노트』(인간사랑)이다. 또한 김현권·장재성·최용호 뒤침(2002)의 『비판과 수용: 언어학사적 관점, 소쉬르 연구』제1권(역락)도 읽어 보기 바란다.
  parler(말하다, to speak)로부터 만들어진 parole(입말 사례)을 한자를 써서 최승언 교수는 화언(話言), 김현권 교수는 발화(發話)로 번역했다. 이에 대립되는 짝인 langue(언어체계, 대립 관계로 얽힌 머릿속에 들어 있는 언어)는 두 번역에서 다 '언어'로 번역하였으나, 오히려 참스키 교수의 용어 competence(언어 능력)로 불러도 무방할 듯하며, 최근 머릿속 언어(i-language, individual, internal or intensional)로도 부른다. 필자는 parole(입말 사례)을 김수업 선생의 '입말'을 빌려 '입말 사례'라고 적어둔다. 일부러 소쉬르가 파롤(parole)을 입말로 나온 하나하나의 보기들을 가리키려고 마련하였으므로, 그 의도에 따라 '입말 사례'로 번역하는 것이 더 나아 보인다. 이에 맞서는 랑그(langue)는 '언어체계'로 번역해 둔다. 세종 임금의 정신을 이어받아 쉬운 우리말로 학문을 일으키고자 하는 주장은, 김수업(2006)의 『말꽃 타령: 김수업의 우리말 사랑 이야기』(지식산업사)와 김수업(2012)의 『우리말은 서럽다』(휴머니스트)를 읽어 보기 바란다.

이며 사회적이다. 이런 전통에서 언어학자들은 연구의 대상에서 입말을 내쫓아 버리려고 입말 사례parole를 상정한다. 소쉬르를 따르는 사람들의 입장은 언어에 대한 임의의 체계적 연구가 반드시 그 체계 자체인 '언어 체계langue'에 관한 연구이어야 하지, 그 '사용'에 대한 것이어서는 안 된다는 함의를 지니고 있기 때문이다.

소쉬르의 입장은 언어 사용이 사회적으로 형성되는 것이지, 개인별로 형성되는 것이 아니라고 주장해 온 사회 언어학자들로부터 지속적으로 공격을 받아 왔다. 그들은 언어 사용에 있는 변이 모습이 체계적이고, 과학적 연구에 걸맞게 다룰 수 있으며, 언어 사용을 체계적으로 만드는 것은 사회적 변수들과의 상관성이라고 주장해 왔다. 상호작용을 하는 참여자들·사회적 사건의 유형·상호작용을 통해 사람들이 추구하고 있는 사회적 목표 따위들 사이에 깃든 관계의 본성에 따라 언어가 다양하게 달라진다는 것이다(Downes, 1984). 이것이 명백히 주류 언어학에서 지배적인 소쉬르 식 전통을 놓고서 어떤 발전을 보여 주지만, 두 가지 주요한 한계가 있다. 첫째, 이러한 강조점은 한쪽으로 쏠려 사회적 요인들에 따라서 언어가 얼마나 달라지는지에만 치우쳐 버리는 경향이 있다. 이는 언어 사용과는 사뭇 독립적으로 사회적 주체의 유형·사회적 관계·상황이 존재함을 시사하므로, 실제적으로 구성과 재생과 변화에 기여하고 있는 언어 사용의 가능성(변이 가능성)을 가로막아 버린다. 둘째, 언어적 변인들과 상관관계를 보인다고 간주된 '사회적 변인'들은 상대적으로 언어 사용의 사회적 상황에 대한 표면적 특징들이다. 좀 더 전반적인 측면에서 보면, 언어 사용의 속성들이 더 깊은 층위에 있는 사회구조(계층들과 다른 집단들 사이에 있는 사회적 관계, 사회 제도들이 사회 형성에 명시적으로 언급되는 방식 따위)에 의해서 결정될 수 있고, 언어 사용을 재생하고 변형하는 데 기여할 수 있다는 사실을 깨닫지 못하고 있다.

'담화discourse'[80]라는 용어를 쓸 경우에, 저자는 언어 사용을 순수히 개인별 활동이나 상황 변인들의 반영물reflex, 반사체로 여기기보다는, 오

(역주) 132쪽의 역주 77에 적힌 책에서 클락 교수는 'away+to run'이 결합된 discourse의 어원이 a running back and forth(앞뒤로 이리저리 뛰어다니기)라고 하였다(번역본 51쪽 및 그곳의 역주 1 참고). 따라서 논증 과정에서 졸가리 세워 입증해 주기 위하여 바쁘게 언어표현을 통해 나다닌다는 뜻으로 늘어났음을 알 수 있다. 제2장에서 푸코가 담화 밑바닥에 있는 규칙이나 질서(order of discourse)라는 의미로 파악한 것을 저자가 비판하였듯이, 현재로서 저자는 discourse(담화 각 편)를 담화 실현 사례를 하나하나 가리키고자 한다. practice(실천 사례)도 마찬가지인데, 이것이 각각의 사례를 가리킬 수도 있고, 각각의 사례들에 공통된 특성을 가리킬 수도 있는데, 그렇다면 후자를 '실천 관행'이나 '실천 방식'으로 불러 구분해 줄 수 있다.

123쪽의 역주 73에서 언급했듯이, 표면적이고 구체적인 하나하나의 사례를 가리키는 것을 수학자이자 철학자인 Russell은 token(구현 사례)이라고 불렀고, 이것들이 모여 공통된 속성을 지닐 경우에 type(공통 유형)이라고 불렀다. 각각의 사례는 구분과 분류를 위해 점차 일반화 과정을 거치게 되므로, 어떤 시작점을 택하든지 이런 단계의 진행 과정을 거치지 않을 수 없는 것이다. 이 과정이 자의적으로 이뤄져서는 안 된다. 카아냅 (Carnap, 1966; 윤용택 뒤침, 1993: 제5장)의 『과학 철학 입문』(서광사)에서는 대상 또는 사건들이 정량화되어야 비교가 가능하고 분류가 이뤄질 수 있음을 언급하고 있으며, 특히 헴펠(Hempel, 1965; 전영삼·여영서·이영의·최원배 뒤침, 2011)의 『과학적 설명의 여러 측면』 I~II(나남)에서는 강한 어조로 인문학이나 사회과학도 역시 동일하게 자연과학의 방법론을 따른다고 논의한다.

페어클럽(Fairclough, 2003; 김지홍 뒤침, 2012: 92)의 『담화 분석 방법』(도서출판 경진)에서는 discourse(담화 개별 사례)와 대문자로 씌어진 Discourse(유형으로 묶인 담론)을 서로 구분한다. 전자는 '담화'(개별적인 구현 사례)로, 후자는 담론(얼개가 깃든 유형 또는 묶음)으로 쓰려는 것이다. 개별적인 하나하나의 입말/글말 사례는 '담화(譚話)'이다. 그러나 이것이 공동체 구성원들 사이에 받아들여지고 일정한 형식을 갖추면, 구성원들 사이에서 공유된 그런 틀을 따르는 담론(談論)의 자격을 갖추게 되는 것인데, 그런 공유 담론은 여러 가지 담화들이 서로 얽혀 새롭게 통일된 질서(가치나 주제)를 갖춘 것들이다. 가령, 서술 형식에 일정한 틀이 깃든 '양자물리학 담론, 개혁 담론, 복지 증세 담론, 핵전쟁 담론, 환경 친화적 개발 담론, 노동 권리 담론' 따위이다.

한자로는 반드시 담화(譚話)로 써야 하고, 담화(談話, 얕팍하게 서로 주고받는 짤막한 대화)로 써서는 안 된다. 일관되게 잘 짜인 말 담(譚)은, 1세기 즈음 나온 허신(許愼)의 『설문 해자』를 보면, '말씀 언(言)+뻗어 늘어날 담(覃)'이 합쳐졌다. 담(覃)은 '짤 함(西; 鹹)+도타울 후(早; 厚)'가 결합된 글자로서 '간이 알맞게 쳐져 있는 맛이 오래 간다(長味也)'는 뜻이다. 따라서 담(譚)은 '길고 일관되게 잘 짜인 언어 연결체'를 가리킨다. 이와는 달리 '묽을 담(淡)'이 결합된 담(談)은 '짧고 얕팍한 잡담'만 가리킬 뿐이다. 화(話)는 '언(言)+과(舌=氏+口, guā)'가 결합되어 있고(『춘추좌전』 문공 6년 경전에 대한 두예 주석에서는 괄(氏甘)로 보았음), '함께 모여 말을 잘하다(會合善言)'는 뜻이며, 모일 회(會)를 결합하여 화(譮)로도 썼다. 백화에서 자주 쓰는 담화(談話, tánhuà)는 주제가 없이 간단하고 얕팍한(싱거운) 이야기에 해당한다. 왜냐하면 묽을 담(淡)이 거의 맛이 없다(薄味)는 뜻을 지니고 있기 때문이다.

'말씀 언(言)'은 소리를 표시하는 '허물 건(辛)'과 뜻을 표시하는 '입 구(口)'가 결합된 글자이다. 주희는 『논어』 주석에서 어(語)를 두 사람 사이의 대화로, 언(言)을 '혼잣말'로 풀이하였다. 담론에서 따질 논(論)의 어원은 '질서가 잡혀 졸가리가 깃든 말'을 가리킨다. 특히 오른쪽 요소가 '모을 집(스)+죽간 책(冊)'의 결합이기 때문에, 사람 관계의 차례를 가름(인륜 륜[倫]), 현악기의 줄 길이가 가지런히 줄어듦(줄 륜[綸]), 산들이 높낮이로 이어짐(험한 산 륜[崙]), 가지런한 수레바퀴(수레바퀴 륜[輪]), 점점 물이 스며듦(물 스며들 륜[淪]) 등도 모두 다 같은 어근을 공유한다.

히려 사회적 실천 사례의 한 형태로 간주하도록 제안하고 있다. 이는 다양한 속뜻(함의)들을 지닌다. 첫째, 담화가 일련의 행위[81])에 대한 한 가지 양태(모습), 즉 사람들이 세계에 대하여 특히 서로서로에 대하여 행동할 수 있는 한 가지 형태일 뿐만 아니라 또한 표상의 한 가지 양태(모습)임을 함의한다. 비록 이는 언어철학 및 언어화용론에 의해서 종종 개인별 용어로 제시되었지만, 지금까지 친숙하게 되어 온 언어 사용에 관한 한 가지 시각이다(Levinson, 1983).[82]) 둘째, 담화 및 사회구조 사이에는 변증법적 관계가 있음을 함의하는데, 좀 더 일반적으로 사회적 실천 관행 및 사회구조 사이에 그런 관계가 존재하는 것이다. 사회구조는 사회적 실천 관행을 위한 조건이자 동시에 결과가 되는 것이다. 한편으로, 담화는 가장 넓은 의미에서 그리고 모든 층위에서 사회구조에 의해서 형성되고 제약된다. 가령, 계층이나 사회구조적 층위에 있는 다른 사회관계들에 의해서, 법이나 교육제도 같이 특정 제도와의 특정 관계의 의해서, 계층을 나누는 제도에 의해서, 담

---

81) (역주) 영어에서 act는 단일한 낱개의 행위/행동이다. 그러나 action은 그런 낱개 행위/행동들이 일관된 목적 아래 이어져 있는 일련의 행위들이다. 곧,

　action(일련의 행위) ≒ act(행위)$_1$ + ⋯ + act(행위)$_n$.

　따라서 우리말로 서로 구별해 주려면 수식 형태를 붙여 각각 낱개의 행위와 일련의 행위로 적어 주어야 한다. 후핵성 우리말 질서에서는 일반적인 속성을 가리키는 '행위'만으로 번역해도 맥락이 통할 수 있는데, 필요할 경우에는 서로 구별해 놓기로 한다. 이들 모두 인간의 의도(intention)나 의지(will)로부터 출발한다는 공통점이 있다. 영어에서 비슷한 낱말로 여러 가지 있다.

　activity(전반적 활동, 작업 활동)
　behaviour(관찰 가능한 행동)
　conduct(도덕적 평가가 깃든 행실)
　deed(품행)

　등도 있다. 한편, 륏저(Ritzer, 2004; 김왕배 외 15인 뒤침, 2006: 174)의 『사회학 이론』(한울출판사)에서는 behaviour(관찰 가능한 행동)를 사고 작용이 개입되지 않은 자동적인 행동으로 정의하였지만, 만일 그렇다면 인간에게서 무의식적 행동밖에 언급할 수 없으므로 문제가 허다하게 생긴다. 자세한 논의는 클락(Clark, 1996; 김지홍 뒤침, 2009: 26)의 『언어 사용 밑바닥에 깔린 원리』(도서출판 경진)에 있는 필자의 역주를 읽어보기 바란다.

82) (역주) 이 책은 이익환·권경원 뒤침(1992)의 『화용론』(한신문화사)로 나와서 큰 기여를 해 왔다.

화의 본성을 지닌 그리고 담화와 무관한 본성을 지닌 다양한 규범과 관례들 따위에 의해서 그러하다. 특정한 담화 관련 사태는 담화가 생성된 특정한 사회 영역이나 제도상의 얼개에 따라서, 구조적 결정 방식으로 변동하면서 만들어진다. 다른 한편으로, 담화는 사회적으로 구성된다. 이는 '대상·주체·개념'들의 담화 형성 작용에 관한 푸코의 논의를 받아들인 결과이다. 담화는 직접적으로든 간접적으로든 형성하고 제약해 주는 사회구조에 관한 그런 모든 차원의 구성에 기여한다. 즉, 그 나름의 고유한 규범과 관례들뿐만 아니라, 또한 그것들의 밑바닥에 깔려 있는 관계·정체성·제도들을 형성하고 제약하는 것이다. 담화는 주변 세계를 표상해 줄 뿐만 아니라, 또한 그 세계의 의미를 붙들고, 그 세계를 의미 있게 밑바닥을 다지고 구성해 놓는 실천 사례인 것이다.

담화의 구성적 효과를 우리는 세 가지 측면으로 구분해 놓을 수 있다. 무엇보다도 담화는 '사회적 정체성social identities', 사회적 '주체' 및 '자아'의 유형에 대한 '주체 입장subject positions' 따위로 다양하게 언급되어 온 바에 관한 구성에 이바지한다(Henriques et al., 1984; Weedon, 1987). 그렇지만 제2장에서 이런 논제에 관한 푸코의 논의 및 구성주의 입장을 너무나 과도하게 진술했다는 저자의 관찰을 기억하기 바란다. 둘째, 담화는 사람들 사이의 사회적 관계를 구성해 주는 데 도움을 준다. 셋째, 담화는 지식(앎)과 믿음(신념) 체계의 구성 과정에도 기여한다. 이들 세 가지 측면은 각각 모든 담화들에서 함께 공존하고 상호작용을 하는 언어의 세 가지 기능 및 의미의 세 가지 차원과 대응된다. 저자는 이들을 각각 언어의

정체성 확정 기능·관계 맺기 기능·생각 형성 기능
(identity, relational, and ideational functions of language)

으로 부르게 될 것이다. ㉠'정체성 확정 기능'은 사회적 정체성이 담

화로 마련되어 있는 방식과 관련된다. ㉡ '관계 맺기 기능'은 담화 참여자들 사이에서 사회적 관계가 어떻게 실행되고 협상되는지와 관련된다. ㉢ '생각 형성 기능'은 텍스트에서 주변 세계를 의미 있게 붙들고 드러내는 과정, 그리고 개체들과 관계들에 의미를 부여하는 방식과 관련된다. 정체감 확정 기능과 관계 맺기 기능은 핼리데이(Halliday, 1978)에서 하나로 모아져서 '대인관계 기능interpersonal function, 개인간 상호작용 기능'으로 불린다. 또한 핼리데이는 저자의 목록에 다시 유용하게 추가될 수 있는 '텍스트상의' 기능도 구분해 놓았다. 이는 ① 정보 도막들이 어떻게 배경 또는 초점으로 되는지, 주어진 정보로 여겨지거나 또는 새로운 정보로 제시되는지, '주제topic'로 선택되거나 '주제가 되는 대상theme'으로 선택되는지에 관심을 두며(≒332쪽 역주 197에서 어떤 용어를 쓰든지 이것들이 모두 rheme[설명, 해설]과 짝을 이루며, 프라그 학파에서는 이를 「알려진 정보 : 새로운 정보」로 불렀음), 또한 ② 텍스트의 일부가 어떻게 해당 텍스트의 앞선 부분 및 뒤따르는 부분들과 이어지고, ③ 해당 텍스트 '외부'에 있는 사회적 상황에 연결되는지에 관심을 둔다.83)

담화 실천은 관례적인 방식 및 창의적인 방식 두 측면에서 모두 구성적이다.84) 이는 사회(사회적 정체감 확정, 사회관계 맺기, 지식과 믿음

---

83) (역주) 참스키의 스승 해뤼스(Harris)의 용어를 따라, 흔히 ①과 ②는 미시언어학 영역, ③은 거시언어학 영역이라고 불러 구분한다.

84) (역주) 인간의 지식은 총체적으로 체계를 짜 놓기 마련이다. 임의의 경험 자료 또한 궁극적으로 거대한 지식 체계에 의해 새롭게 부각되고 의미를 부여받는다. 그런데 이런 지식 체계를 짜 놓은 일에는 두 가지 길밖에 없다. 하느님이 다시 이 우주를 만들고 생각을 하는 인간을 만들어 낸다고 해도 다른 선택이 없다. 하나는 임의의 지점에서 더 아래로 더 궁극적인 실체를 찾아 계속 환원해 나가는 길이다. 이를 자연과학에서는 환원주의로 부르고 프랑스 인문학자들은 해체주의로 부른다. 다른 하나는 더 위로 더 상위 개념으로 진행해 나가는 길이다. 이를 통합주의라고도 부르고, 여기서처럼 구성주의라고도 부른다. 결국 인간이 확보한 지식 체계는 환원주의에 의해 수립되거나 구성주의에 의해 확보되는 길밖에 없는 것이다. 그런데 구성주의는 인간이 지닌 두뇌 피질의 기억 특성에 따라 더욱 강력한 뒷받침을 받고 있다. 독일 심리학자 에빙하우스의 '자유 연상 기억'(자극과 반응이 거듭됨에 따라 기억 속에 내재화된 내용)에 반발하여, 영국 심리학자 바아틀릿은 '재구성 기억'(기존의 기억 내용에 덧붙여 재해석된 내용)을 주장한 바 있다. 전자는 무의식적 기억과 관련되고, 후자는 언어의 의존한 의식적 기억과

체계의 구축)를 현재 있는 그대로 재생하는 일에 기여도 하고, 다른 한편으로 또한 사회를 변형하는 일에도 기여한다. 예를 들어, 교육 제도의 핵심에 있는 교사와 학습자의 정체성, 그리고 그들 사이의 관계는, 교육적 재생성을 위한 그런 관련성의 내부에서 그리고 그런 관련성을 둘러싸고서, 말하기 유형의 일관성과 지속성에 의존한다. 그럼에도 이것들은 교실 수업·운동장 놀이·교무실·교육 관련 논쟁 등의 말하기 유형에서 부분적으로 담화에서 새롭게 시작할 수 있는 변형에도 열려 있다.

담화 및 사회구조 사이에 있는 관계는, 한쪽으로 담화의 사회 결정 과정만 과도하게 강조하거나, 다른 한편으로 담화에서 사회적 구성 과정의 측면만 과도하게 강조하는 일의 함정을 피하고자 한다면, 이들을 변증법적으로 간주될 필요가 있다는 점이 중요하다. 전자의 경우는 담화를 단지 더 깊은 사회적 실제 현실의 반영물로 바꿔 놓고, 후자의 경우는 이상적으로 담화를 사회관계의 자원으로 표상한다. 담화의 구성적 속성들에 관한 오늘날의 논쟁에 강조점이 주어진다면, 아마 후자의 경우가 좀 더 직접적으로 위험스런 함정이 될 듯하다. 이런 함정이 구성주의 원리를 타협하여 조정함이 없이 어떻게 회피될 수 있을지를 살펴보기 위하여 한 가지 사례를 보기로 한다. 가정에서 부모-자식 관계를 본다면, '어머니, 아버지, 자식'의 어떠한 지위가 사회적으로 가능한지를 결정하는 일뿐만 아니라, 또한 실제 개인들을 이들 세 가지 지위에 배당해 놓는 일, 그리고 가족 및 가정에 대한 본성들에 관한 결정 내용들이, 모두 부분적으로 말하기와 글쓰기의

밀접히 관련된다. 인공 지능을 연구하는 이들이 인간의 기억을 모의하는 일들이 잦아지고, 이에 따라 용어들이 여러 가지 생겨났다. 가장 먼저 뤄쓸(1937)의 『수학의 원리』를 응용한 앨런 튜링에 의해 연산주의 모형이 제안되었고, 엄격히 이는 입력과 출력의 흐름도를 따른다. 그렇지만 이에 반발하여 1980년대 중반부터 병렬 분산 처리 모형이 제안되었고, 이런 흐름은 연결주의 모형, 활성화 확산 모형, 제약 만족 모형 등으로도 다양하게 불리며, 재구성 기억 이론이 이런 흐름과 서로 긴밀히 관련되고 있다. 김지홍(2015)의 『언어 산출 과정에 대한 학제적 접근』(도서출판 경진)과 킨취(Kintsch, 1998; 김지홍·문선모 뒤침, 2010)의 『이해: 인지 패러다임』 I~II(나남)를 읽어 보기 바란다.

복잡하고 다양다기한 과정이 누적되어 나온 (그리고 실제로 모순스러운) 결과물로서 담화로 구성되어 있다. 쉽사리 이는 가정과 같은 사회 세계의 실제 현실들이 사람들의 머릿속으로부터 퍼져 나올 수 있다는 이상주의 조건으로 이끌어 갈 수 있다. 그렇지만 함께 이런 적용을 가로막는 세 가지 단서들이 있다. 첫째, 사람들은 언제나 (제한된 수의 변형된 형태들로) 실제의 제도로서 그 자체가 담화로 구성되지만 제도 및 실천 관행으로도 구현된 실행 모습과 기존의 관계와 정체성들을 지니고서 가족과 마주하고 있다. 둘째, 담화의 구성적 효력은 집안 일감의 분배·복장·행동의 정감적 측면(가령 곧장 감정을 드러내는 가족 구성원)과 같이 다른 실천 관행의 결과들과 연결되어 작동한다. 셋째, 담화의 구성적 작업은 사회구조들에 의해(이 경우에 가족구조의 실제 현실을 포함하지만 또한 넘어서기도 함) 담화의 변증법적 결정 결과에 대한 제약들 속에서 일어나지만, 이하에서 논의되듯이 특정한 권력 관계 및 갈등 속에서도 일어난다. 따라서 사회의 담화적 구성 결과는, 사람들 머릿속에 있는 자유로운 관념의 놀이로부터 퍼져 나오는 것이 아니라, 실제 현실의 물질적인 사회구조에 엄격히 뿌리 박혀 있고, 그 구조를 향해 있는 사회적 실천 관행으로부터 나오는 것이다.

　변증법적 관점은 또한 사회구조들과 담화구조들(담화 기호·관례·규범)뿐만 아니라 또한 담화와 무관한 구조들에 의해서 이뤄진 담화의 결정 내용에 대하여 과도한 강조를 교정하는 데에도 필수적이다. 이런 관점에서 본다면, 실제로 담화 사건(≒표면 사건)들뿐만 아니라 그 사건들 자체의 밑바닥에 깔려 있는 관례의 구조(≒심층 질서)들을 가리켜 주기 위하여 쓰는 '담화'라는 낱말은, 비록 다른 관점에서 볼 경우에 혼란스러울 수도 있겠지만, 바람직하게 중의성ambiguity을 띠고 있다. 가령, §.1-6에서 서술된 뻬슈Pécheux의 접근에 의해 드러난 구조주의에서는, 담화 실천 모습과 담화 사건을, 단지 그 자체로 통일적이며 고정된 것으로 표상된 담화구조들의 실제 사례로 취급하기에 이르렀다. 거기에서는 기계적이며 따라서 비관론적인 인과성의 모형에 기대어 담화 실천 사례를 바라본다. 반대로, 변증법적 관점에서는 사회구조와 복잡하고 다양한 관계를 지니고서 실천 사례 및 사건을 모순스럽고 서로 갈등하는 것으로 여기며, 그 자체로 오직 현재의 부분적이며 모순된 땜질 상태fixity, 임시 고정성만 명백히 보여주는 것이다.

사회적 실천 모습은 경제적·정치적·문화적·이념적인 다양한 지향점을 지닌다. 담화는 이런 영역들이 어떤 것도 담화로 환원됨이 없더라도 이들 속에 모두 깃들 수 있다. 예를 들어, 담화가 경제적인 실천 모습으로 된다고 말해질 수 있는 여러 가지 방식이 있다. 담화는 기본적으로 다리를 건설하는 일이나 세탁기를 생산하는 일처럼, 담화와 무관한 성격에 관한 경제 실천 사례로서 다양한 모습을 띠고서 얼굴을 내민다. 주식시장, 신문 잡지, 주부들이 시청하는 텔레비전의 연속극 각본과 같이, 기본적으로 담화적 성격을 띠는 경제 실천 사례의 형태들도 있다. 더욱이, 한 사회의 사회언어학적 질서는 최소한 부분적으로 생필품들처럼 텍스트(늑주로 홍보용 글말)들이 생산되고 유통되며 소비되는 하나의 시장으로 구조화될 수 있다(Bourdieu, 1982에서 '문화 산업'을 보기 바람).

그러나 이 책자의 관심 사항에 가장 밀접한 것은, 사회적·이념적 실천 방식에 대한 한 가지 모형으로서의 담화이다. 정치적 실천 방식으로서의 담화는, 권력 관계들 즉 서로 간의 권력 관계가 확립되는 집단 구성원들(계층·이익집단·공동체·모둠)을 세워 주고 유지하며 변화시켜 나간다. 이념적 실천 방식으로서의 담화는, 권력 관계로 이뤄진 다양한 위상들로부터 우리가 살아가는 세계를 놓고서 의미 부여 내용을 구성해 주고, 자연스럽게 만들며, 유지하고 변화시켜 나간다. 이 표현이 속뜻으로 암시하듯이, 정치적·이념적 실천 방식은 서로 독립적인 것이 아니다. 왜냐하면 이념이 권력 실행 및 권력을 놓고 벌이는 투쟁의 차원으로서 권력 관계 속에서 생성된 의미 내용물이기 때문이다. 따라서 정치적 실천 방식은 상위 차원의 범주이다. 더 나아가,

정치적 실천 방식으로서 담화는 <u>권력투쟁의 현장</u>일 뿐만 아니라 권력투쟁에서 <u>쟁취할 몫</u>이다.

(discourse as a political practice is not only *a site of power struggle*, but also *a stake in power struggle*)

(※이 책에서 피인용 지수가 가장 높은 주장이며, 원문 67쪽이다. 193쪽의 역주 131도 참고하기 바람)

담화 실천 사례는 특정한 권력 관계와 이념들을 자연스럽게 만들어 주는 관례를 이끌어 내는데, 이러한 관례들 그 자체와 관례들이 명시적으로 표현되는 방식은 투쟁의 초점a focus이 된다. 이하에서 저자는 패권hegemony, 주도권에 관하여 그람씨Gramsci가 주장한 개념이 담화 실천 사례에 대한 정치적·이념적 차원들을 개념화하고 탐구하기 위한 풍부한 얼개를 제공해 줌을 논의할 것이다.

저자는 내재적인 정치적 또는 이념적 가치를 지니고 있는 특정한 유형의 담화가 아니라, 그보다는 오히려 서로 다른 유형의 담화가 상이한 사회 영역이나 제도적 환경에서 특정한 방식으로 정치적으로나 이념적으로 '투입될invested, 색깔이 스며들' 수 있음을 언급할 것이다(Frow, 1985). 이는 담화의 유형이 또한 서로 다른 방식으로 투입될 수 있음을 함의하는데, 이것들이 '재투입reinvested, 재투자'되기에 이르기도 한다. 저자는 이하에서 담화 변화에 대한 논의하는데, 이를 마무리 짓는 대목에서 한 가지 사례를 제시할 것이다.

담화 사건 밑바닥에 깔려 있는 담화 관례 및 규범들을 파악하는 방식은 모종의 중요성을 띠는 논제이다. 이미 저자는 단지 담화 사건으로 사례가 구현되는 잘 정의된 일련의 관례들이나 기호codes(동일한 뜻으로 153쪽에서는 소쉬르의 용어 *sign*을 썼음)가 있다는 구조주의 견해를 넌지시 언급한 바 있다. 이는 그런 일련의 기호들에 의해 구성된 상보적 분포를 이루는 사회언어학 영역의 관점 속으로 확대되는데, 가령, 각자 다른 것들로부터 뚜렷하게 경계가 이뤄진 그 나름의 기능과 상황과 적합성의 조건을 지닌다. 페어클럽(Fairclough, 출간중b)에서는 '적합성'의 개념에 근거한 사회언어학적 변이 내용의 시각을 비판하였다.[85] 이런 종류의 접근에서는 언어 공동체 내부에서 일련의 사회적 변인들에 따라서 체계적인 변이 내용들을 추적하는데, 무대(가령 교실 수업·운동장·교무실·회의실은 학교 내에서의 서로 다른 무대임), 활동과 사회적 목적의 유형(가령 교실에서의 수업·과제 수행·시험 치기), 화자(가령, 학습자와 대립되는 교사) 등을 포함한다. 이런 관점에서는 담화 기호the code, 담화 부호가 주요하고, 일련의 담화 기호들은 다만 그 부분들의 합에 불과하다.

이 책에서 담화상의 변화에 대한 역사적 지향 방향을 놓고서 좀 더 풍부하게 다룬 위상은 프랑스 담화 분석자들에 관한 것을 다뤘는데, 이들은 담화 형성 과정에서 서로서로 의존하고 있는 복잡한 모습으로서 '서로 얽힌 담화interdiscourse'가 그 부분들보다 더 우선성primacy을 지니며, 그 부분들로부터는 예측될 수 없는 속성을 지니게 됨을 주장하였다. §.1-6의 빼슈에 관한 논의를 보기 바란다. 더 나아가 서로 얽힌 담화는 개별적인 형성물이나 담화 기호가 아니라, 오히려 담화 사건 밑바닥에 깔려 있는 구조적 개체이다. 너무나 많은 담화 사건들이 담화 기호 요소들의 모습(형상)에 대한 지향 방향을 명백히 드러내며, 규칙으로 간주될 수 있는 단일한 담화 기호의 규범적 구현 사례로부터 생긴 담화 사건의 현존물(그러나 특별한 사례임)을 놓고서도, 경계 지점들에 대한 지향 방향을 명백히 드러낸다. 한 가지 사례는 텔레비전 잡담 쇼에 있는 '잡담'처럼, 둘 또는 그 이상의 갈래들을 결합한 '혼성 갈래'가 될 것인데, 이는 일부 대화이고, 일부 오락용 흥행이다

---

85) (역주) 원문에는 appropriacy로 씌어 있으나, 원래의 논문을 보면 appropriateness라는 말과도 서로 뒤섞어 쓰고 있다. 이 논문은 언어교육에 대한 책자로서 페어클럽 엮음(Fairclough, 1992)의 『비판적 언어 자각』(롱먼)의 제I부 제2장으로 집필되었다. 다시 페어클럽(Fairclough, 1995 초판)의 『비판적 담화 분석』(롱먼) 제10장으로 다시 수록되었었는데, 2010년 확장판에서는 이 논문이 빠졌다. 툴런 엮음(Toolan, 2002)의 『비판적 담화 분석』 I~IV(Routledge)에서 제II권 제22번째 논문으로 재수록되어 있다.

('잡담'에 대한 분석은 Tolson, 1990을 보기 바람). 그렇지만 '서로 뒤얽힌 담화'라는 용어보다, 오히려 저자는 푸코가 썼던 용어 '담화 질서'를 쓰게 될 것이다. 마음속으로 그린 형상의 종류들을 좀 더 명백하게 제시해 주기 때문이다.

이제 담화의 부분들에 대해서는 담화 기호 또는 형성물이란 용어보다, 더 느슨한 용어인 '담화 요소element, 명시성을 위해서 일부러 '담화'를 덧붙여 번역함'를 써서 가리키기로 한다. 이하에서 이들 요소의 속성을 다루게 될 것이다. 담화 요소들 사이에 단일하고 불변의 상보성 관계가 가정된 '적합성'의 이론에 근거한 설명과는 대조적으로, 저자는 그 관계가 모순되거나 또는 모순스러울 가능성도 있다고 가정한다. 담화 요소들 사이에 있는 경계 영역들이 긴장tension, 갈등의 노선이 될 수 있다. 예를 들어, 102쪽에서 다룬 푸코의 용어로 말한다면, 명백히 공표된 양태의 형성 과정으로 주체의 조각조각 흩어퍼짐 노선에 따라서, 서로 다른 무대 및 제도institution, 공공기관의 활동들에 두루 걸쳐서 단일한 개체를 위한 다양한 주체 지위들을 살펴보기 바란다. 무대 및 실천 사례 사이에 있는 경계가 마땅히 자연스럽게 놓임으로써, 상보적으로 이들 주체 위상이 실현되어 나타날 수 있다. 서로 다른 사회 환경 아래에서는 동일한 경계가 논란 및 투쟁의 초점이 될 수도 있고, 주체 지위 및 주체와 연관된 담화 실천 사례가 모순되게 경험이 이뤄질 가능성도 있다. 예를 들어, 학생들은 그들 자신의 사회 방언으로 그들 자신의 경험에 대한 서사 이야기가 수업 도중에 배당된 토론 시간에 '적합한' 것으로 받아들일 수 있겠지만, 배당된 수업 시간이나 글말 작업에서는 그러하지가 않다. 다시, 한 곳에서 허용된 것과 다른 곳에서 허용되지 않은 것 사이의 모순 내용들도, 토론·교육·글쓰기 작업 사이에 놓인 경계선들을 바꾸려는 투쟁struggle을 위하여 임의의 토대가 될 수 있다. 심지어 엄격히 경계를 지은 교실 수업 활동의 일부에서라도 개인적 경험담(사적인 경험 이야기)들의 수용 가능성이, 우선적으로 그런 이야기들을 교실 수업 속으로 들여오기 위하여 더 앞선 경계 긋기 투

쟁들에 대한 타협의 결과물일 수 있다(178쪽 참고).86)

　주체 지위 및 연합된 담화 관례들 사이에 있는 경계선에 적용되는 내용은, 일반적으로 담화 질서의 요소들에도 적용된다. 또한 변별적인 담화 질서들 사이에 있는 경계선들에도 적용된다. 한편으로 학교 및 해당 담화 질서는 가정 또는 이웃처럼 인접 영역과 상보적이며 서로 겹치지 않는 관련 속성으로서 경험될 수 있다. 다른 한편으로, 이와는 달리 그런 영역들 사이에서 파악된 모순점이, 그런 경계선과 관계들을 재규정해 주려는 투쟁을 위한 토대가 될 수도 있다. 가령, 학부모-학습자 관계의 속성 및 교사-학생 관계에 대한 해당 담화 관례를 더 확장하려는 투쟁이거나(≒학교의 독자성 강화임), 아니면 거꾸로 이웃과 큰 길거리에서 찾아지는 일반적인 동료 관계와 실천 관례를 학교 수업 속으로 확장하려는 투쟁이다(≒졸업한 뒤 겪을 사회관계의 연습임).

　그런 투쟁의 결과가 담화 질서의 명시적 재표현rearticulation(29쪽의 역주 16 참고)인데, 학교의 것과 같이 '지엽적인' 담화 질서 속의 요소들 사이에 있는 관계 및 사회구조적 담화 질서 속의 지엽적인 담화 질서들 사이에 있는 관계 둘 모두에 해당한다. 결과적으로 담화 요소들(그럴 뿐만 아니라 또한 지엽적인 담화 질서들) 사이에 있는 경계선은, 현재의 그런 명시적 표현articulation에 따라서 비교적 강한 것 또는 비교적 약한 것 사이에서 바뀔 수 있다. 표현된 요소들이 변별적으로 뚜렷이 그리고 제대로 규정될 수도 있고, 이와는 달리 흐릿하고 막연하게 규

---

86) (역주) 매우 작은 변화이겠지만, 필자가 1980년대 초 논문을 처음 쓸 적에 심악 이숭녕 선생으로부터 언제나 제3 인칭의 서술 방식을 택해야 한다고 배웠다. '필자, 저자' 따위로 써야 하는 것이다. 이는 서구 학문에서 수동태 형식의 관점을 선호하는 일과도 맞물려 있는데, 인문·사회현상이라도 마치 자연현상인 듯이 서술해 주기 때문이다. 페어클럽(Fairclough, 2003; 김지홍 뒤침, 2012)에서는 이를 결과 중심 표현으로도 부르며, 임의의 문장을 명사구 또는 명사절로 표현하는 일과도 동기가 서로 동일하다. 그렇지만 2010년대에 이르러서는 세계 지성사를 이끌어 가는 인문학 대가들도 '나'라는 1인칭 서술 방식을 쓰며, 그의 개인적 관점을 드러내므로, 더욱 솔직하게 느껴진다. 현장 조사 연구에서도 한 묶음의 용어들이 바뀌어 쓰이기 시작했는데, 인간을 마치 실험실 쥐처럼 취급하던 것을 벗어나 인간으로 대접해야 한다는 생각 때문이다. 가령, 피험자를 실험 참가자로 부르거나, 통제 집단을 비교 기준 집단으로 부르는 일 따위이다.

정될 수도 있는 것이다.

또한 이들 '담화 요소elements'가 그 자체로 내재적으로 동종의 균질한 것이라고 가정될 필요도 없다. 저자가 그려 주고 있는 명시적인 투쟁의 결과는, 옛 담화 요소들 사이에 있는 경계선의 재획정을 통해서 새로운 담화 요소들이 들어와서 자리 잡는다. 따라서 임의의 담화 요소가 그 기원에서 보면 이질적일 수도 있다. 한편 아주 자연스럽게 표현되어 있을 경우에는 역사적으로 이질적인 속성들이라 해도 그렇게 이질적으로 느껴지지 않을 수도 있겠지만, 반면에 서로 다른 조건에서는 해당 담화 요소 속에서 임의의 모순점을 느낄 수도 있는 것이다. 한 가지 사례는 미리 정해진 정보를 학습자들로부터 이끌어 내기위하여 사전에 준비된 질문과 답변을 진행하고 있는 교사로 이뤄진 친숙한 수업 모습이다. 실제적으로는 학생들에게 단정적으로 이야기만을 하고 있으면서도 자신의 학생들에게 질문을 던진다고 표명하는 교사들에게서 생겨나는 자기모순에 비춰보면, 이런 모습이 수업마다 반드시 경험되고 자각되는 것은 아니겠지만, 이런 방식으로 경험하게 될 가능성은 열려 있다. 여기서 만일 색깔이 스며듦investment, 투입됨이란 개념을 적용한다면, 지엽적인 담화 질서로서 담화 요소들 및 사회구조적[87] 담화 질서가 모순되게 짜인 것으로 경험되며, 따라서 기존의 정치적이며 이념적인 투입(≒우리말에서는 '이념적 색채')은 그런 투입을 철회할지deinvest, 투입철회/다시 투입할지reinvest, 재투입를 다투는 투쟁에

---

87) (역주) 사회학은 크게 미시사회학(상호작용사회학)과 거시사회학(구조사회학)으로 나뉜다. 앞의 경우 꾸밈말은 social(사교적, 사회적)로 쓰지만, 뒤의 경우는 societal(사회구조적)로 쓴다. social(사교적, 사회적)은 자유의지를 지닌 개인이 능동적으로 관계 맺어 가는 측면을 드러내지만, society에다 접미사 -al을 붙여 만든 societal은 전체 사회제도나 밑바닥에 깔린 일부 사회구조에 의해서 외부로부터 유도된 여러 개인들의 관계 맺음(관계 맺음을 당함)이 되는 것이다. 이런 발상은 프랑스 사회학자 뒤르카임(뒤르껭)이 『자살론』에서 한 개인의 자살을 스스로의 의지가 아니라, 오히려 사회에서 구조적으로 계속 압박을 가하여 죽지 않을 수 없게 만들었기 때문이라고 분석하고 설명하였던 데에서 알 수 있듯이, 더 큰 차원의 사회제도와 구조와 가치 따위가 개인을 옥죈다는 발상이 깃들어 있다. 여기서는 일관되게 '사회구조적'으로 번역하고, 빈칸이 없이 한 낱말처럼 붙여 써 둔다(구적 낱말이 아니라 한 낱말로 간주함). 19쪽에 있는 역주 5와 31쪽의 역주 17 및 §.2-1 (가)의 마지막 논의 부분도 참고 바란다.

서 활짝 열려 논쟁의 초점이 된다고 말할 수 있다.

저자가 언급한 담화 요소들이 '규모scale, 정도'에서 사뭇 변동할 수 있다. 이것들이 온전히 확립된 언어 기호 또는 '언어 투식register'에88) 대한 관습적 이해 방식과 일치하는 듯이 보이는 경우도 있다(Halliday, 1978: §.4.2도 참고 바람). 이는 변별적인 음운 유형·어휘·문법 유형·발언 기회 배당 규칙 등에서 서로 다른 수준들에 따라 달리 관찰되는 한

---

88) (역주) 흔히 우리말에서 '말투가 공손하다, 명령조로 딱딱하다, 다정한 말투' 따위의 표현을 쓴다. 입말의 경우에 register는 정확히 '말투'나 '어투(語套)'에 해당한다(한 걸음 더 나아가 언어 사용의 품위나 품격까지도 담을 수도 있음). 필자는 글말까지 아우르려 고 '언어 투식'으로 번역해 왔다. 이를 일본에서는 어름어름하게 '사용역(使用域)'으로 번역하였지만, 사용 범위나 사용 영역을 뜻하는 '사용역'은 단지 언어 사용의 결과만 일부 가리킬 뿐이고, 역동적으로 상황에 따라 달라지는 언어 사용 동기와 그런 언어 표현에 대한 평가를 전혀 포착해 줄 수 없다. 그럼에도 불구하고 우리나라에서 여전히 이런 잘못된 일본말을 떠받들어 쓰는 식민주의자들이 있다. 1980년대에 이맹성 교수가 제안한 '화계(話階)'가 오히려 더 나은 용어이다. 만일 이를 '말투'로 번역해 주었었더라 면, 초등학생들도 쉽게 뭘 가리키는지 알 수 있었을 것이다.

헬리데이(Halliday, 1985)의 『입말과 글말(*Spoken and Written Language*)』(Oxford University Press) 제3장에서는 이 용어의 출처로서 입말의 '실사 어휘 밀집도(lexical density)'를 다룬 유뤄(Ure, 1971)의 '어휘 밀집도와 말투 차별성' 이외에 두 편의 연구 업적을 인용하고 있다. 그는 언어 투식이 세 가지 차원 '주제 영역(field)·전달 격식 (tenor)·구현 양식(mode)'에 의해 결정된다고 보았다(255쪽의 본문 논의 참고).

ㄱ 주제 영역은 현재 무엇이 다뤄지고 있는지에 관한 관습적·사회제도적 현장과 관 련되고,
ㄴ 전달 격식은 담화 상황에 누가 참여하는지를 구별해 주는 참여자들 간의 관계를 가리키며,
ㄷ 구현 양식은 어떤 역할의 어떤 기능의 언어 표현들이 쓰이고 있는지를 의미한다.

간단히 말하여, 언어 투식이란 언어 사용 상황이 바뀜에 따라 적합하게 달라지는 언어 변이체이며, 이를 기능상으로 달라지는 언어 변이체라고도 하였다. 연구자들에 따라 code(언어 기호/부호), code-switching(상황에 맞춰 언어 기호/부호 바꾸기), variety(언어 표현의 다양성), variation(언어 변이체) 등이 동일한 의미로 쓰이며, 전통적으로 글말에 서는 style(표현 방식, 표현 모습)로 불러 왔다. 382쪽의 역주 230도 같이 보기 바란다. 또한 올더슨(Alderson, 2001; 김지홍 뒤침, 2015)의 『읽기 평가』(글로벌콘텐츠) 340쪽 역주 9에 있는 관련 논의도 함께 참고하기 바란다.

입말과 글말의 특성에 관한 논의는 바이버(Biber, 1988)의 『입말과 글말에 두루 걸친 변이 내용(*Variation across Speech and Writing*)』, 바이버(1995)의 『몇 가지 말투 변이의 차원: 범언어적 비교(*Dimensions of Register Variation: A Coss-linguistic Comparison*)』(모 두 Cambridge University Press)를 읽어보기 바란다. 바이버 외 4인(1997)의 『입말·글말 영어의 롱먼 문법(*Longman Grammar of Spoken and Written English*)』과 바이버 외 2인 (2002)의 『입말·글말 영어의 롱먼 학생 문법(*Longman Student Grammar of Spoken and Written English*)』(Pearson Education Limited)은 감동적이다. 우리말도 충실히 그런 전산 처리 말뭉치에 터전을 두고 출간되기를 고대할 뿐이다.

묶음의 변이체들이다. 그런 경우의 사례는 빙고 놀이 시합이나 소 경매 시장의 담화들이다. 그렇지만 다른 경우에는 변이 내용들이 규모가 더 작은데, 발언 기회를 얻는 특정한 제도, 특정한 분류 얼개와 맞물려 있는 어휘군, 범죄 보고서나 입말 서사물처럼 특정 갈래의 각본들, 한 묶음의 정중한 표현 관례 따위이다. 담화 질서들 사이에서 한 가지 대조점은 그런 담화 요소들이 비교적 오래 지속될 수 있는 이익집단blocs 들로 사실상 굳어지는 범위이다. 저자는 §.4-2 이하에서 네 가지 서로 다른 유형의 담화 요소를 제안하게 될 것이다. 곧, 갈래genres·표현 방식 styles, 표현 모습·활동 유형activity types·담화discourses이다.

이 시점에서 §.2-1 (가)에서 푸코로부터 가져온, 병리학에서 다루는 대상들을 형성하는 규칙을 논의하는 인용을 상기하는 일이 시사적일 듯하다. 병리학 담화에서 '대상물'들을 형성할 수 있도록 해 주기 위하여 푸코가 병리학 담론에서 받아들여진 것으로 찾아낸 '관계'들은 서로 다른 규모의 담화 요소들 사이에 있는 관계로 해석될 수 있다. 곧, 최소한 '구체적 실행의 차원'과 '심리학적 특성의 차원'이 일부 어휘들로 표현되어 있지만, 반면에 '법정 심문'과 '진료상의 설문'은 각각 갈래별 유형의 다른 담화 요소들이다(갈래에 대한 논의는 §.4-2를 보기 바람). 그렇지만 이것들이 곧바로 담화 요소는 아님에[89] 주목하기 바란다. 경찰 조사, 진료 검진, 치료 감호와 처벌 감금도 또한 고유한 담화 구성 성분

---

[89] (역주) 일상언어철학을 개척한 옥스퍼드 철학자 오스틴(Austin)은 법정 판결에 따른 최종 선언이 반드시 미리 예고된 관습적 절차에 따라 적합히 진행될 경우에만 효력이 있다고 지적하면서, 이를 언어 사용의 '적절성/적합성 조건'이라고 불렀다. 우리 문화에서 결혼식의 성혼 선언도 또한 신랑과 신부와 하객들 앞에서 일정한 예식의 절차에 의해 주례의 입으로 말해질 경우에만 적합하게 효력을 발휘하는 것이다. 만일 어느 구두닦이가 혼자서 혼잣말로 "너는 3년형이다!"고 선언하거나, 강아지들에게 "너희는 지금부터 부부가 되었다!"고 선언해 봐야 무슨 소용이 있으랴? 아무런 일도 일어나지 않을 것이다. 푸코는 이를 각각 담화 요소(≒언어적 요소)와 담화 무관 요소(≒사회적 요소)로 부르고 있다. 만일 후자가 없다면, 전자는 한갓 매미가 탈피하고 남은 텅빈 껍데기에 불과하고, 전혀 힘을 발휘할 수 없는 것이다. 장영준(2001)의 『언어의 비밀: 창조적 사고, 혹은 상상력을 위하여』(한국문화사) 281쪽의 4단 만화에서는 "영이는 내 거다!"를 설사 천만 번 말해 본들, 결코 영이가 나의 애인이 될 수 없음을 잘 보여 주고 있다. 언어 만능주의 또는 언어 상대론을 조롱하는 내용이다.

을 지닐 수 있겠지만, 그것 자체가 본질적으로 담화 개체entities, 대상들은 아닌 것이다. 푸코의 서술 방식에서는 사회적 실천을 위한 구조적 조건에서 담화 관련 요소 및 담화 무관 요소들이 상호간에 비늘이 겹치듯이 동시에 작동해야 함을 강조한다. 이런 견지에서 담화 질서가 사회 질서에 관한 담화 측면으로 간주될 수 있으며, 그러한 내재적인 명시적 표현 및 명시적 재표현도 또한 동일한 속성을 띤다.

주로 지금까지의 초점은 담화를 다른 형태의 사회적 실천처럼 만들어 주는 데 모아져 있었다. 이제 담화 실천 사례를 무엇이 특정하게 담화로 만들어 주는지에 관한 질문을 던짐으로써, 균형을 바로 잡을 필요가 있다. 그 해답의 일부는 명백히 언어이다. 담화 실천 사례가 언어적 형태로 나타난다. 즉, 핼리데이(Halliday, 1978)에서 입말과 글말을 모두 다 싸안은 광의의 '텍스트'라는 용어를 받아들여 쓰면서,90) 저자가 계속 '텍스트'로 언급하게 될 바의 형태로 나타나는 것이다. 만일 사회적 (정치적, 이념적 등등) 실천의 한 가지 사례가 되는 일이 담화 사건의 한 가지 차원이라면, 텍스트가 되는 (글말이 되고 입말이 되는) 일은 또 다른 차원의 담화 사건이다.

90) (역주) 저자는 또한 14쪽과 20쪽 등에서 '언어 텍스트'로도 불렀는데, 이는 입말과 글말의 상의어이므로, 결국 언어로 표현된 덩잇글과 덩잇말을 모두 한데 싸안는 개념이 된다. 이 용어와 대립되는 '담화'는, 담화 내부에 언어 연결체로서 텍스트가 있고, 담화 외부에 사회관계 또는 사회 질서가 있기 때문에, 언어 질서와 사회 질서를 매개해 주는 접합 용어라고 말할 수 있겠으나, 이 책에서는 주로 사회 질서를 반영해 주는 쪽으로 치중하여 쓰이며, 이를 '담화 사건'으로 부르고 있다. 저자가 자각하지 못한 채 바로 다음에 있는 〈그림 3-1〉로 제시된 동심원 모습의 관계는, 자칫 사회적 실천 관행이 담화의 실천 사례와 언어 연결체로서의 텍스트를 모두 결정해 버린다는 착각을 불러일으킨다. 사회관계나 사회구조가 자신 속에 내포하고 있는 모든 것을 결정하는 듯한 느낌을 주는 것이다. 따라서 사회 영역과 텍스트 영역이 나란히 공존하면서 서로 밀접한 관계를 포착해 낼 수 있는 그림이 오히려 저자의 의도를 제대로 드러낼 수 있다. 이런 측면을 반영하여, 이미 앞의 17쪽 역주 3에서 후속 책자의 도표를 옮겨 제시하였으므로 그곳을 참고하기 바란다. 언어 연결체들이 텍스트(미시영역과 거시영역으로 나뉨)라면, 사회 질서나 사회관계에 대응하는 텍스트들을 담화란 용어로 부른다. 담화가 관례처럼 받아들여지고 고정된 모습을 띨 경우에는 담론이라고 부를 수 있다. 담화라는 용어를 쓸 경우에는 사회관계나 사회 질서가 밑바닥에 들어 있으며, 명시적으로 담화 외부 영역이란 용어도 쓴다. 텍스트는 미시·거시 차원에 있는 언어 연결체들인데, 때로 담화 내부 영역이란 말도 쓰고 있다. 그렇다면 이 책에서 저자는 사회관계와 텍스트 사이를 매개해 주기 위하여 '담화'라는 용어를 쓴다고 말할 수 있다.

그렇지만 이것만으로 충분치 못하다. 이들 두 가지 차원은 특별히 담화 실천 사례로서 담화에 초점을 모은 제3자에 의해 매개된다. '담화적 실천discursive practice, 담화 실천 사례'은 여기서 '사회적 실천 관행social practice'과 대립되는 것이 아니다(21쪽의 역주 8을 보기 바람). 전자는 후자의 특별한 형태이다. 몇몇 경우에 사회적 실천 관행은 전반적으로 해당 담화 실천 사례들에 의해서 이뤄질 수 있겠지만, 반면에 다른 경우에는 담화 실천 사례 및 담화-무관 실천 사례의 혼합물을 포함할 수도 있다. 특정한 담화를 한 도막의 담화 실천 사례처럼 분석하는 일은 텍스트 '생산·유통·소비'의 과정들에 초점이 놓인다. 이들 과정이 모두 사회적이며, 그 속에서 담화가 생성될 수 있는 특정한 해당 경제적·정치적·제도적 환경을 가리키도록 요구한다. 생산과 소비는 텍스트 산출과 해석을 놓고서 내재화된 사회적 구조와 관례들에 기반을 둔 인식 과정을 포함한다는 점에서(따라서 '사회적'이란 수식어가 붙음) 부분적으로 사회·경제적 성격을 지닌다. 이들 사회적 인식 과정에 대한 설명에서, 한 가지 관심 사항은 어떠한 담화 질서(담화 요소)가 도입되고, 그뿐 아니라 또한 '사회 구성원들의 자원members' resources'으로 불리는 다른 어떠한 사회적 자원이 도입되며, 의미의 산출과 해석에서 어떻게 이용되는지를 구체적으로 밝히는 일이다. 핵심이 되는 관심 사항은, 텍스트가 함께 놓여서 해석되는 방식, 더 넓은 의미로 텍스트가 어떻게 생산되고 유통되며 소비되는지에 관한 방식, 그리고 텍스트가 맺는 사회구조 및 투쟁(갈등)과의 관계에 비춰보아 사회적 실천 관행의 본성들 사이에서 설명력 있는 연결들을 추적하는 것이다. 순수히 텍스트(≒입말과 글말의 상의어)만을 참고해서는 텍스트의 산출 과정에 대한 재구성도, 해석 과정에 대한 설명도 제시해 줄 길이 없다. 텍스트는 각각 이들 산출 및 해석 과정에 대한 흔적이고 단서이며, 구성원들의 머릿속 자원이 없이는 텍스트가 산출되지도 해석될 수도 없는 것이다. 담화 실천 사례 및 텍스트 생산·유통·소비의 과정들에 대한 이런 강조점을 해당 텍스트 그 자체와 연결 짓는 한 가지

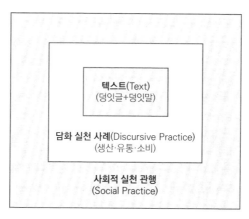

〈그림 3-1〉 담화에 대한 삼차원의 복합개념

방식은, 만들어져 나온 텍스트의 '서로 얽힌 텍스트 속성'에다 초점을
맞추는 것이다. 더 뒤의 §.3-3 '담화 실천 사례'를 보기 바란다.

　담화에 대한 이런 삼차원의 복합개념을 도표로 나타내면 〈그림 3-
1〉[91]처럼 표현된다. 이는 세 가지 분석 전통을 다 함께 아울러 놓고자
하는 시도인데, 담화 분석을 위해서는 각각의 전통이 필수적으로 불
가결하다. 이것들은 ① 언어학 안에서 이뤄져 온 면밀한 텍스트 짜임
및 언어적 분석 전통이고, ② 사회적 실천 관행을 사회구조와 관련하

---

91) (역주) 사각형으로 그렸지만 동심원 모형에 불과하다. 한때 필자는 이런 동심원 관계의
세 가지 차원을 무심히 지나쳐 버렸었지만, 이 도표를 다른 사람이 인용한 것을 보면서,
순간 페어클럽 교수가 이들 관계를 잘못된 그림으로 보여 주었음을 깨달았다. 동심원
관계로 제시하였으므로, 하부 구조에 있는 사회적 실천 관행이 담화 실천 사례와 텍스
트를 모두 자동적으로 결정해 버린다고 오해를 살 수 있는 것이다. 똑같은 모습으로
잘못되게 페어클럽(Fairclough, 2001; 김지홍 뒤침, 2011: 67)의 『언어와 권력』(도서출
판 경진)에서도 〈그림 2-1〉 '텍스트로서 담화·상호작용·맥락'을 제시해 놓았다. 맨 바
깥쪽에 맥락이 있고, 그 안쪽에 상호작용이 있으며, 가장 안쪽에 텍스트가 있다. 저자가
뒤에 이런 모순을 깨닫고 도표를 바꾸었는지 여부는 잘 알 수 없다. 199쪽에서는 분명
히 타원을 그려주는 쌍초점(a double focus)과 같이 두 영역에 초점을 모아야 한다고
말하고 있으므로(그곳의 역주 139를 보기 바람), 저자가 스스로 자기모순을 깨닫고 있
지 못하는 듯하다. 텍스트 및 사회관계는 나란히 자율적이고 독자적인 두 영역으로
간주되어야 하며, 두 영역이 긴밀히 서로 공모 혹은 공진 관계에 있음을 보여 주는
그림이 저자의 의도를 보다 더 잘 드러내어 주는 것이다. 이는 17쪽의 역주 3에서 페어
클럽(Fairclough, 2003; 김지홍 뒤침, 2012)의 『담화 분석 방법』(도서출판 경진)의 새로
운 도표에서 쉽게 파악될 수 있으므로, 그곳을 참고하기 바란다.

여 분석하는 거시사회학적 전통이며, ③ 사회적 실천 사례를 공유된 상식적 절차들에 토대를 두고서 능동적으로 구성원들이 산출하고 의미를 만들어 내는 모종의 것으로 간주하는 해석주의 또는 미시사회학의 전통이다.

저자는 우리가 반드시 사회공동체 구성원들이 어떻게 자신들의 '질서 잡힌' 또는 '해명 가능한' 세계를 만들어 내는지를 이해해야 한다는 해석주의 주장을 받아들인다. 저자는 담화 실천 사례 안에서 사회인지적 과정들에 대한 분석을 일부 이런 목적을 위해 바쳐진 것으로 간주한다. 비록 아래에서 '거시' 차원뿐만 아니라 또한 '미시' 차원도 함께 지님을 제안하더라도 그러하다. 그렇지만 저자는 그렇게 자신들의 세계를 구성해 냄으로써, 사회 구성원들의 실천 사례가 흔히 사회구조와 권력 관계, 그리고 자신들이 간여된 사회적 실천 사례의 본성을 깨닫지 못한 채 무의식적으로 형성되며, 그 결과 언제나 의미를 산출하는 일을 훨씬 뛰어넘는 몫stakes(193쪽의 역주 131 참고)을 쟁취하게 됨을 논의하고자 한다. 따라서 그들의 머릿속에서 작동하는 과정 및 실천 사례가 정치적으로 그리고 이념적으로 색깔이 스며들(투입될) 수 있고, 그런 담화들에 의해 주체/대상(그리고 '구성원')[92]으로서 위상이 정해질 수 있는 것이다. 저자는 또한 사회구조·사회관계·이것들을 둘러싼 사회투쟁(갈등)을 놓고서, 구성원들의 실천 사례가 결과물을 지니며 또한 영향도 끼침을 논의하고자 하는데, 다시 이것들도 무의식적으로 작동하여 잘 자각되지 않는다. 그리고 마지막으로 저자는 구성원들이 머릿속에 간직하여 이용하는 절차들이 그 자체로 이질적이고 모순적이며, 일부 담화 성격을 지닌 논쟁으로 다투게 됨을 주장하

---

92) (역주) 원문의 subjects(주체 또는 대상)는 여기서 중의적이다. 능동적 맥락에서는 분명히 '주체'나 '주어'로 부를 수 있겠지만, 피동적/수동적 맥락에서는 '대상물'이나 부림을 받는 '피통치자, 신하'로 번역된다. 실험실에서는 살아 있는 실험 대상을 subject(실험 당하는 자, 피실험자, 피험자)라고 부르는 경우가 후자의 전형적 사례이다. 저자는 담화에 의해서 subject의 위상이 정해지므로, 분명히 피동적인 존재로서 '대상물'의 뜻으로 쓴 것이 분명한 듯하다. 그렇지만 담화 관례에 저항하여 그런 위상 부여를 거부할 수도 있으므로, 여기서는 두 측면을 '주체/대상'이라고 병기해 둔다.

고자 한다. 텍스트의 분석을 다루는 일부 절차는 '기술description, 서술'로 불릴 수 있고, 담화 실천 사례의 분석을 다루는 일부 절차와 담화가 부분으로 깃들어 있는 사회 실천 관행의 분석을 다루는 일부 절차들은 '해석interpretation'으로 불릴 수 있다. 이런 구분에 대한 추가적인 논의는 §.6-3의 후반부를 보기 바란다.

§.3-2 텍스트로서의 담화[93]

좀 더 뒤에서 명백해질 이유들 때문에, 아무도 텍스트(≒입말과 글말의 상의어) 산출 '그리고/또는and/or'[94] 해석을 언급하지 않고서는 실제로 텍스트의 특징에 대하여 결코 말할 수 없다. 이런 겹쳐짐으로 말미암아, 텍스트 분석과 담화 실천 사례의 분석 사이에 있는 분석상의 주제에 대한 구분은 분명한 것이 될 수 없으며, 기술 및 해석에 대한 분석 활동 사이에서도 그러하다. 따라서 만일 텍스트의 형식적 특징들이 가장 두드러진 경우에는, 관련 주제들도 여기에 포함된다. 또 산

---

93) (역주) 충실히 이 책에서의 용어 사용 방법에 따른다면, 텍스트는 입말과 글말로 이뤄진 전체 언어 덩어리(곧, 덩잇말과 덩잇글)를 가리킨다. 그렇지만 이는 사회관계와 사회구조와는 무관한 영역이므로, 다시 담화라는 용어로써 사회적 관계와 사회적 구조들을 언급하게 된다. 따라서 담화 내부 영역은 순수히 언어들 사이의 관련성을 다루게 되며, 담화 외부 영역(담화 무관 영역)은 순수히 사회적 관계로서 어떤 가치 체계의 수용과 확장과 갈등과 전복 등을 다루게 된다. 그렇다고 하더라도 이 담화 내부 영역과 담화 외부 영역이 물과 기름처럼 분리되어 있는 것이 아니라, 마치 상호공진 현상처럼 두 영역 사이의 관련성이 상정될 수 있다고 가정한다(수학에서의 isomorphism 관계).

94) (역주) 영어의 or는 두 가지 뜻이 들어 있는데, 포괄적 선택과 배타적 선택이다. 콰인 (Quine, 1940; 1951 수정판: 12쪽)의 『수리 논리학(*Mathematical Logic*)』(Harvard University Press)을 보면, 라틴어의 접속사 *vel*은 "사과 또는 배가 과일이다"에서 둘 모두 포괄적으로 선택될 수 있는 경우가 있고(포괄적 선택, 포괄적 이접), 이와는 달리 라틴어 접속사 *aut*는 "영이는 남자 또는 여자이다"에서와 같이 배타적으로 어느 하나만이 선택되는 경우가 따로 존재한다(배타적 선택, 배타적 이접 'vel'). 희랍 문명으로부터 시작된 논리학의 영향 아래 영어권에서는 포괄적 선택을 가리키기 위하여 따로 'and/or(그리고/또는)'이란 낱말을 만들어 쓰고 있다. 본문의 표현 "산출 그리고/또는 해석"은 세 가지 경우가 가능하다. 곧, ㉠ 산출과 해석 둘 모두 선택될 수도 있고, ㉡ 산출만이 선택될 수도 있으며, ㉢ 따로 해석만 선택될 수도 있는 것이다. "그리고/또는(and/or)"으로 표시된 접속사는 어떤 경우이든지 상관없이 세 가지 모두 가능한 선택임을 뜻한다.

출 과정과 해석 과정이 가장 두드러지다면, 비록 텍스트의 형식적 특성을 포함하고 있더라도, 이 주제가 담화 실천 사례의 분석 아래 다뤄지게 된다. 이들 두 가지 제목으로 저자가 포괄하여 제시하는 바는 광범위한 분석 얼개 또는 모형이다. 분석상의 주제들에 관하여 선택적으로 좀 더 자세한 설명은 제4장과 제5장에서 언급될 것이다.

잠재적으로 임의 종류의 텍스트 특징이 담화 분석에서 가치가 있다고 가정하는 일은 현명한 작업 가정이다. 이는 주요한 어려움을 일으킨다. 언어 분석이 복잡하고 때로 고유하게 그 나름대로 사뭇 기술적인 영역인데, 분석에 대한 많은 유형 및 기법들과 맞물려 있기 때문이다. 비록 원리상 언어학에서 다뤄지는 배경이 담화 분석을 실행하는 데에 선결 사항이 될 수 있겠지만, 담화 분석은 실제로 다중 학문영역의 활동이며, 그 실행 모습들로부터 나온 사회학이나 심리학이나 정치학에서 일반적인 정도의 세세한 배경을 가정하는 정도로 언어학적 배경도 가정해야 하고, 상식적인 수준 이상으로 자세하게 가정할 수는 없다. 이런 환경들에서 저자가 실행하고자 마련해 놓은 바는 다음 네 가지로 요약된다. ① 관련 지형지물에 대한 큰 축척의 지도를 독자들에게 내어주고자 의도된 제3장에서 아주 일반적인 분석 얼개를 제시한다. ② 제4장에서 제6장까지에서 좀 더 자세한 취급법과 예증을 위하여 담화 분석에서 특히 유용한 듯이 보이는 선택적인 분석 초점들을 찾아낸다. ③ 가능한 한 전문적인 문제들과 용어들을 억제하여 쓰지 않도록 한다. ④ 특정한 분석 노선을 더 추구하고 싶은 독자들을 위하여 참고 문헌들을 제공해 준다.

아래에서 텍스트 분석을 위한 얼개로서 몇 가지 범주들이 언어 형식들 쪽으로 지향해 있는 듯이 드러나지만, 반면에 다른 것들은 의미쪽에 지향되어 있는 듯이 나타난다. 그렇지만 텍스트를 분석하는 데에서 늘 동시에 형식에 대한 물음과 의미에 대한 물음을 언급해야 하므로, 이런 구분은 우리를 오도하기 일쑤이다. 대부분의 20세기 언어학 및 기호학semiotics의 용어 사용에서 '기호signs'를 분석하고 있다. 이는 낱말 또는 텍스트의 더 긴 확장체들이며, 형식과 결합된 의미로 구성되어 있거나, 또는 '기표signifer'와 결합된 '기의signified'95)로 구성된다(Saussure, 1959를 보기 바람). 언어학 전통 속에서 소쉬르와 다른 연구자들은 기호의 '자의적' 성격을 강조하였는데, 특정한 기표를 특정한 기의와 결합하는 데에는 유연성을 지니거나 합당한 토대가 전혀 없다는 시각이다. 이런 자의성에 반대하여, 담화 분석에 대한 비판적 접근들에서는, 기호가 사회적으로 동기가 마련된다는 가정을 세운다. 즉, 특정한 기표들을 특정한 기의들과 결합하는 데에는 사회적 근거가 있다는 것이다. 이런 논점을 놓고서 군터 크뤼스Gunther Kress와 나눈 토론들에 대해 고마움을 적어둔다. 이런 근거가 낱말의 문제일 수 있다. '테러리스트'(공포를 조장하는 대규모 살상 추구자)와 '자유의 투사'는 기표와 기의의 대조적 결합이다. 이것들 사이의 대조는 사회적으로 마

---

95) (역주) 기호가 표현과 의미의 결합이므로, 우리나라에서는 이 새로운 용어를 붙들기 위하여 각각 기호 표현을 줄여 '기표'로, 기호 의미를 줄여 '기의'로 쓰고 있다. 만일 이런 줄임말이 황당하게 느껴진다면, 이들을 풀어서 각각 '기호 형식'(기호 표현)과 '기호 의미'로도 쓸 수 있다. 기호의 껍데기가 먼저 있어야만, 그 속에 의미가 깃들게 된다는 발상이다. 본디 불어 용어는 signifiant(기표, 시니피앙)과 signifié(기의, 시니피에)이며, 영어로 각각 signifer(기표)와 signified(기의)로 번역되었다(80쪽의 역주 49).

그렇지만 소쉬르의 생각과는 정반대로, 기호 의미가 먼저 있고, 의미들을 서로 구별해 주기 위해 형식이 생겨났다고 역발상을 할 수도 있겠는데, 이런 생각에는 기호 의미가 인간의 두뇌가 쓰고 있는 기억 이론에 뿌리를 두고 있어야만 한다. 또 다른 기호학 창시자로 기려지는 미국의 실용주의 철학자 퍼스(Pierce, 1839~1914: '피어스'로도 발음함)는 '이분 체계'를 흑백 논리로 폄하하고, 오히려 의식적으로 '삼분 체계'를 추구한 바 있다. 하버드 대학 출판부에서 나온 총서의 잘못된 오류들을 바로 잡아, 다시 인디애너 대학 출판부에서 퍼스의 저작 총서가 8권 나왔으며, 또 두 권의 선집 형태 『퍼스의 필수 독본(The Essential Peirce)』(Indiana UP)으로도 출간되었다. 우리말로는 김동식·이유선 뒤침(2008)의 『퍼스의 기호학』(나남), 김성도 엮고 뒤침(2006)의 『퍼스의 기호 사상』(민음사), 정해창(2005)의 『프래그마티즘: 퍼스의 미완성 체계』(청계)를 읽어 보기 바란다.

기호학을 기호에 관한 학문으로만 정의한다면 너무 공허하다. 비록 기호학이 두뇌과학이나 인지과학과는 관련이 없이 시작되었으나, 오늘날 인간의 기억 체계를 가리키는 비유로 그물짜임(network, networking)이란 말을 자주 쓴다. 우리가 마주하는 현실세계는 아날로그 식으로 끊임없이 이어져 있다(연속적임). 그러나 이를 기억 속에 집어넣기 위해서는 디지털 모습 또는 이산적(discrete, 비-연속적) 방식으로 엮어야 하며, 그 결과물을 반드시 스스로 자각하여 표상으로 작동시키고 활용해야 함을 깨닫게 되었는데, 1980년대 이후 이를 정신 모형(mental models)으로 부른다(448쪽의 역주 259 참고). 기호학은 바로 정신 모형의 구성과 활용에 관여하게 되므로, 앞으로 인지과학 및 심리철학의 분야들과도 긴밀히 공동 연구가 이뤄져야 할 것이다.

련된 것이거나, 문법의 문제(아래 사례들을 보기 바람)이거나 언어 짜임
새의 다른 차원들일 수 있다.

의미와 관련하여 또 다른 중요한 구분은 임의 텍스트의 잠재적 의
미 및 그 해석 사이에 있다. 텍스트는 관례들로 농축된 과거의 담화
실천 관행과 더불어 잠재적인 의미를 지닌 형식들로 짜이어 있다. 한
형식의 잠재적인 의미는 일반적으로 혼종적이며, 다양하고 중첩되며,
때로 모순스런 의미로 된 복합물이므로(Fairclough, 1990a를 보기 바람),
따라서 텍스트는 흔히 다면적이며, 여러 가지로 해석되도록 열려 있
다. 특정한 의미 또는 소수의 대안 의미를 채택함으로써 해석자들은
보통 이런 잠재적 다면성을 줄여 놓는다. 의미가 이렇게 해석에 달려
있음을 유의하도록 여건을 마련해 줌으로써, 형식의 잠재적 의미를
위해서, 그리고 해석에서 기인한 의미를 위해서 모두 '의미'라는 용어
를 쓸 수 있다.

텍스트 분석은 먼저 네 가지 표제 아래 짜일 수 있다. 낱말·문법·통
사결속cohesion96)·텍스트 구조이다. 이것들은 규모상 점점 상승하는

---

96) (역주) 핼리데이·허싼(Halliday and Hasan, 1976)의 『영어에 있는 결속 속성(*Cohesion in English*)』(Longman)을 보면, 어원상 'stick together(서로 함께 달라붙다)'의 뜻을 지녔
는데, cohesion(통사결속)이나 coherence(일관된 의미 연결)나 모두 동일한 어근을 쓰고
있다. 언어심리학에서는 용어를 통일하여 각각 local coherence(지엽적 연결)와 global
coherence(전반적 연결)라고도 쓰지만, 전자가 언어 기제를 이용하고, 후자가 머릿속
배경 지식을 이용한다는 점에서 잘못된 용어 사용법에 불과하다. 전자는 핼리데이·허
싼(Halliday and Hasan, 1976)에서 밝혀낸 다섯 가지 언어적 기제(접속사·생략·대용표
현·낱말 바꿔 사슬 만들기·지시 표현)와 시상 체계(176쪽의 역주 114에서 McCarthy,
1998 논의를 보기 바람) 따위를 이용하여 절과 절을 얽어 주는 일이며, 생성문법에서는
특히 대명사 지시표현을 이용한 경우를 binding(결속)이라고 부른다. 더욱 쉽게 말하여,
이는 문장과 문장을 이어나가면서 작은 문단/단락을 형성해 주는 방식이다. 우리문화
에서는 전통적으로 문장을 전개한다(펼쳐 나간다)고 말해 왔다. 쿡(Cook, 1989; 김지홍
뒤침, 2003)의 『담화, 옥스퍼드 언어교육 지침서』(범문사) 234쪽의 역주 3에서는 이들
을 각각 '통사결속(cohesion)' 기제와 일관된 '의미 연결(coherence)' 기제로 번역하자고
제안한 바 있다. 그렇지만 cohesion을 '응집성'으로 잘못 번역하여 쓰는 경우가 있다.
엉길 응(凝)과 모일 집(集)은 한 점에 모아져 엉기는 일이므로, 문장을 전개하거나 펼쳐
나가는 일과는 정반대 방향이 되어 버린다. 그럼에도 한자를 제대로 새기지 못하기
때문에, 국어과 교육과정에도 '응집성'이란 말을 버젓이 쓰면서도 잘못임을 잘 깨닫지
못하는 듯하다. 김태옥·이현호 뒤침(1995)의 『텍스트 언어학 입문』(한신문화사)에서는
이들을 각각 '결속 구조(cohesion)'와 '결속성(coherence)'으로 번역하였는데, 아마 동일

것으로 간주될 수 있다. ① 낱말은 주로 개별 낱말들을 다루고, ② 문법은 절과 문장으로 결합된 낱말들을 다루며, ③ 결속성은 절과 문장들이 서로 결속되는 방법을 다루고, ④ 텍스트 구조는 텍스트의 대규모 짜임새를 다룬다. 이밖에도 비록 분명히 텍스트의 형식적 특징들을 띠고 있지만, 추가적으로 저자는 텍스트 분석보다 오히려 담화 실천 사례의 분석에서 쓰일 주요한 세 가지 표제들을 구분한다. ⑤ 발화의 '힘', 즉 발화들이 어떤 종류의 화행(약속, 요구, 협박 등)을 구성하는지에 관한 것이며, ⑥ 텍스트의 '결속성', ⑦ 텍스트의 '서로 얽힌 텍스트 속성'이다. 함께 이들 일곱 가지 표제 항목은 텍스트의 산출과 해석에 관한 측면들뿐만 아니라 또한 텍스트의 형식적 속성들도 포착하는

한 어원임을 고려하였기 때문이었을 법하다. coherence(의미 연결, 일관된 의미 연결 속성)를 국어과 교육과정에서는 '통일성'으로 번역하였다.

그렇다면 단락들을 이어주는 일관된 의미 연결(coherence)은 어떻게 확보되는 것일까? 이는 두 가지 방식으로 일어난다. 하나는 우리 사회에서 흔히 선택되고 받아들여지는 논리 전개(수사학적 전개) 방식이고, 다른 하나는 독자나 청자의 머릿속에 있는 전체 배경 지식에 의한 일관성이나 통일성 부여 방식이다. 전자는 희랍에서 유래한 협소한 논리학 전개 방식(소흥렬, 1979, 『논리와 사고』, 이화여대 출판부 참고)과 툴민(Toulmin)의 의사소통 전개 방식(Toulmin, 1958; Toulmin, 2003 개정판, 『몇 가지 논증법 이용(*The Uses of Argument*)』, Cambridge University Press; 번역 용어 선택에 문제가 많은 고현범·임건태 뒤침(2006)의 『논변의 사용』, 고려대 출판부)과 전형적인 합당성 확보 방식(아래에 Fairclough, 2003; 김지홍 뒤침, 2012에서 툴민 논증법과 일반적인 합당성 확보 전략을 각각 190쪽과 225쪽에 있는 도표들을 수정하여 가져옴) 따위가 이용되거나, 또는 수용자 측에서 배경 지식으로 구축해 놓은 전반적 지식 인출 체계를 가동시켜서 처리된다. 언어 이해 과정에 대한 정상급의 논의는 킨취(Kintsch, 1998; 김지홍·문선모 뒤침, 2010) 『이해: 인지 패러다임』 I~II(나남)를 읽어 보기 바란다.

전통적으로 흔히 쓰여 온 합당성(rationalization) 확보/정당화(justification) 전략

외적 합당성	① 신화 만들기	사건이 본디 그렇게 예정되었다는 서사 이야기를 꾸며 제시함
	② 권위 내세움	전문가의 권위나 사회 전통·관습·법 등을 논거로 제시함
내적 합당성	③ 공감 불러냄	사건 관련 당사자들의 의도·목표 등 내재적 동기들을 잘 드러내어 동의를 얻음
	④ 도덕적 가치	인간의 양심과 윤리(가치 체계)에 기대어 정당성을 부여함

'툴민의 논증 틀'에 따라 스위스 '다보스' 모임에서 나온 글의 분석례

배경 자료	현재의 세계화 흐름은 아프리카 등에 상품들을 잘 전해 주지 않는다
입론 (논점 수립)	만일 국가와 세계 경영방식에서 변화가 일어난다면, 현재의 세계화 흐름이 많은 상품들을 아프리카 등의 여러 나라에 전해 줄 것이다
뒷받침하기	현재의 세계화 흐름이 상품들을 전해 줄 수 있다
주장 논지	오늘날 세계와 국가 경영방식에서 변화가 일어나야만 한다

텍스트 분석의 얼개를 구성해 준다(167쪽에서 두 차원이 더 추가됨).

문법의 주요 단위는 절 또는 '단순 문장'이다. 가령 신문 제목에

고르바체프가 [아프가니스탄에서] 소련 군대를 후퇴시킨다

(Gorbachev Rolls Back the Red Army)

절에서의 주요 요소는 보통 '주요군groups'이나 '주요구절phrases'로 불리는데, 가령 'the Red Army소련 군대',97) 'Rolls Back후퇴하다'이다. 절들이 결합하여 복합 문장을 만들어 낸다. 여기서 저자의 논의는 절의 특정 측면에만 한정될 것이다.

모든 절은 다중 기능을 지니며, 따라서 모든 절이 ㉠ 생각 형성, ㉡ 대인관계 맺기(정체성 및 인간관계), ㉢ 텍스트 전개 의미의 결합체이다 (§.3-1의 핼리데이 논의 참고). 사람들은 그런 절들에 대한 기획 및 구조의 선택을 하게 된다. 이는 사회적 정체성, 사회적 관계, 지식과 믿음을 표명하는(그리고 구성하는) 방법에 대한 선택에 상응한다. 앞에서 본 신문 표제를 놓고 해설을 해 나가기로 한다. 생각 형성ideational 차원으로 본다면, 그 절은 타동사 구문이다. 한 개체를 놓고서 (은유를 주목 바람) 신체상으로 움직이는 특정한 개인의 행동 과정을 표현한다. 또한 여기서 동일한 사건들을 표현해 주는 다른 방식, 가령

소련에서 무장 군대의 규모를 줄여 [아프가니스탄에서] 철수한다

(The Soviet Union Reduces its Armed Forces)

소련군이 [아프가니스탄의] 5개 구역을 포기하여 철수한다

(The Soviet Army Gives up 5 Divisions)

라는 표현들부터 상이한 이념적 색깔의 스며듦도 볼 수 있다. 대인관

---

97) (역주) 1949년까지 소련 군대를 '적색 군대'(붉은 군대)로 불렀다고 한다.

계 맺기interpersonal 차원으로 본다면, 이 절은 서술문(의문문이나 명령문과 대립됨)이고, 범주상98) 권위적인 느낌을 전달하는 동사의 현재 시제 형식을 담고 있다. 여기서 필자-독자의 관계는, 불확실하지 않은 용어로 무엇이 실제 사실인지를 말해 주고 있는 누군가 및 이를 듣고 있는 누군가 사이에서 성립한다. 이것들이 그 절 속에 마련된 두 가지 주체 지위이다. 셋째, 텍스트 전개 측면도 있다. '고르바체프'는 그 절의 주제topic 또는 논의 소재theme로서, 흔히 절의 첫머리 부분에 놓여 있으며, 해당 기사는 그 또는 그의 행동들에 관한 것이다. 반면에 그 절이 만일 수동태 표현

소련 군대가 [고르바체프의 명령에 따라] 후퇴한다
(the Red Army is Rolled Back [by Gorbachev])

으로 제시되었더라면, 이는 '소련 군대'를 주제(논의 소재)로 만들어 주었을 것이다. 수동태에 의해 제공된 또 다른 가능성은 행위 주체가 알려지지 않았거나 이미 알려지더라도 무관한 것으로 판정받았기 때문이거나, 또는 아마 행위 속성을 막연하게 표현하기 위하여 따라서 책임을 모호하게 만들기 위하여, 꺾쇠괄호 '[ ]'로 묶인 행위 주체를

---

98) (역주) 현재 시제 형식의 서술문은 언제나 사실을 가리키고 있으며, 이를 듣는 상대방 청자는 그 사실을 모르고 있음이 전제되므로, 단정적임과 동시에 권위적인 느낌을 품고 있다. 정보는 마치 물과 같이 높은 곳에서 낮은 곳으로 흘러가므로, 정보를 지니는 쪽이 항상 권위적이라는 속뜻이 깔려 있기 때문이다. '범주상(categorically)'이란 용어는 '참·거짓 범주'를 가리킨다(Fairclough, 2001; 김지홍 뒤침, 2011: 251 및 Fairclough, 2003; 김지홍 뒤침, 2012: 367 이하 참고). 이와 대립하는 용어가 hedge(책임 경감 표현, 책임 완화 표현, 울타리 표현)인데, 주로 ㉠ 조동사 can, may 또는 더 약하게 could, might(조동사마저 이미 지난 일처럼 표현함으로써 더욱 의무감이나 책임감이 덜어놓게 됨)를 쓰거나, ㉡ 상위문 동사를 덧얹어 I guess(내 짐작에), I think(내 생각에), I suspect(내가 추측하기로는) 따위를 쓰거나, ㉢ 아니면 간접적이고 우회적인 표현을 씀으로써, 결과적으로 강한 '참·거짓 단정'을 피하게 된다. 우리말 표현에서 '~같아요'라고 하여 추측 표현을 쓰는 경우도, 상대방에게 강한 사실 통보를 억제함으로써, 상대방 청자의 체면이나 화자 자신 책임감을 줄여 놓는 동일한 기능을 한다. 그렇지만 이런 대인 상호작용의 엄연한 현상을 무시한 채 국어교육에서는 '~같아요'라는 표현을 쓰지 말도록 잘못된 교육을 하고 있다.

생략하는 일이다. 비판적 언어학 접근에서는 특히 문법적 측면에 관심을 둔다(Fowler et al., 1979; Kress and Hodge, 1979). 리이취·듀차·후진뢰드(Leech, Deuchar and Hoogenraad, 1982)는 문법에 대하여 쉽게 안내하는 개론서이며, 핼리데이(Halliday, 1985)는 특히 담화 분석에서 유용한 문법의 형식에 대한 좀 더 발전된 해석을 담고 있다.

'낱말vocabulary'99)은 아주 많은 방식으로 탐구될 수 있고, 여기서 그리고 제6장에서의 논의는 아주 선별적으로 이뤄진다. 언급될 필요가 있는 한 가지 점은 언어를 사전100)에 올라 있는 낱말을 갖고 있는 것으로 생각하는 일은 사뭇 제한된 가치만을 지닌다. 왜냐하면 서로 다

---

99) (역주) 영어에서 낱말을 가리키는 용어가 여러 가지 있는데, 여러 분야에서 고유한 동기를 지닌 채 쓰이지만, 여기서는 쉽게 '낱말'로만 번역하고 있다. 일상적으로는 a word (낱말)가 쓰이며, 우리말에서 쓰는 용법과 서의 같다. 그런데 개별 낱말·같이 나오는 이음말·관용구 따위를 합쳐 놓아, 혼히 이를 집합적으로 vocabulary(어휘, 집합적인 의미로 낱말)라고 부르는데, 특히 형식과 뜻이 거의 고정된 표현들이 모두 이 범주 속에서 다뤄진다(§.6-4에서 vocabulary가 쓰임). 언어학 전문 분야에서는 일상언어의 함의와 편견을 벗기기 위하여 일부러 다른 용어들을 쓰고 있다. 생성문법에서는 lexicon(어휘부, 낱말창고)을 쓰는데, 통사부·음운부와 짝이 되는 언어학의 하위 영역이다. §.6-4에서 핼러데이(Halliday, 1978)을 인용하면서 'lexicalization(어휘 표현 방법)'이란 말을 썼는데, 이는 lexicon의 꾸밈말 lexical을 놓고 다시 명사로 만들어 놓은 것이다.

언어심리학에서는 낱말이 머릿속에 저장되는 방식이 소리 형식과 의미 자질로 따로 나뉘어야 하므로, 각각 lemma(낱말의 통사·의미값)와 lexeme(낱말의 형태·음운값)이란 용어를 쓰는데(Levelt, 1989; 김지홍 뒤침, 2008 참고), 영어교육 쪽에서 정확한 조어 동기를 모른 채 무작정 맹종하는 경우도 더러 보게 된다. 담화 분석에서는 lexis(연결 단위로서의 낱말)란 말을 쓰는데, 이는 특히 활용 및 곡용 형태들을 동일한 하나의 원형 낱말로만 계산하며(가령 비록 표면에 was, were, is, are가 여러 차례 나왔다 하더라도, 오직 동일한 기본형 be라는 한 낱말로만 계산하게 됨), 유사한 낱말들이 서로 연결되어 담화 연결체를 만들어 주는 측면을 드러내려는 것이다. 이 분야에서 특히 호이(Hoey, 1991)의 『텍스트에 있는 낱말 사슬의 유형(Patterns of Lexis in Text)』(Oxford University Press)은 어떻게 낱말들이 전체 덩잇글을 얽고 엮어 나가는지 그 명백한 기제들을 밝히고, 저명한 기존 책자의 연결 방식들을 수정한 실제 사례도 담고 있어 크게 도움이 된다.

이밖에도 lexicology(어휘론)이나 phraseology(구절론)이란 말도 쓰지만 일반적이지 않다. 본문에서 언급된 wording(낱말의 선택과 표현)이나 signification(의미의 선택과 표현, 의미 부여)은 일상적 용법이며, 일상언어철학에서는 a way with words(낱말 사용 방식)라고도 부른다.

100) (역주) 원문에 'the' dictionary로 씌어 있는데, 정관사에 작은따옴표를 씌운 것은 현재 존재하는 유일한 공통대상을 가리키므로(이를 강조하고자 따옴표를 침), 현재 영어를 쓰는 사람들의 머릿속에 공통적으로 들어 있는 머릿속 사전이거나, 옥스퍼드 영어사전처럼 누구나 대표적인 유일한 사전을 함의할 수 있다. 공공재로서의 사전을 가리키지만, 본문 번역에서는 밋밋하게 '사전'으로 뒤쳐 놓았다(214쪽의 역주 146 참고).

른 영역·제도·실천 관행·가치 체계·관점들에 따라 거기에 상응하는 중첩되고 경합하는 아주 많은 낱말들이 존재하기 때문이다. 'wording 낱말의 선택과 표현', 'lexicalization어휘의 선택과 표현', 'signification의미의 선택과 표현' 따위의 용어는 'vocabulary정태적 대상으로서 어휘'보다 이런 점을 더 잘 포착해 준다. 왜냐하면 이것들이 상이한 시간과 장소에서 그리고 서로 다는 집단의 사람들에게서 서로 다르게 나타나는 일상세계를, 낱말로 표현하는(어휘 표현, 의미 표현) 역동적 과정을 함의해 주기 때문이다.

① 분석을 위한 한 가지 초점은 대안이 되는 낱말 선택과 그 낱말들의 정치적이고 이념적인 속뜻에 놓여 있다. 여러 경험의 분야들이 어떻게 사회적 정치적 투쟁의 일부로서 '바꿔 말할' 수 있는지('terrorists [공포를 조장하는 대규모 살상 추구재]'를 'freedom fighters[자유의 투사]'로 바꿔 표현하거나 반대로 하는 경우의 사례가 잘 알려져 있음), 또는 어떤 영역들이 어떻게 다른 영역보다 좀 더 강력하게 어휘화되어 나오는지에 관한 논의에 모아지는 것이다. ② 또 다른 초점은 낱말 의미, 특히 낱말들의 의미가 어떻게 더 넓은 투쟁들 속에서 논점으로 되는지에 놓여 있다. 저자는 낱말들 사이에 있는 관계 및 낱말의 의미들 사이에 있는 관계에 대하여 특정한 구조를 부여하는 모습들이 패권hegemony, 주도권 쟁취의 형태를 띤다고 주장할 것이다. ③ 세 번째 초점은 비유metaphor, 비유 중 은유를 대표로 삼았음에 놓여 있는데, 특정한 비유의 이념적·정치적 도입과 대안이 되는 비유들 사이의 갈등이다.

'결속성cohesion'('통사결속'이며 155쪽의 역주 96 참고)을 고려함으로써 (Halliday and Hasan, 1976: Halliday, 1985를 보기 바람), 우리는 절들이 어떻게 서로 연결되어 문장으로 되고, 다시 문장들이 어떻게 서로 연결되어 텍스트에 있는 더 큰 단위(문단과 전체 덩잇글과 상황 모형 따위: 뒤친이)들을 형성하는지를 살펴보고 있는 것이다. 연결 속성linkage은 다양한 방식으로 성취된다. ⊙ 공통의 의미 밭semantic field, 의미장으로부터 나온 어휘를 이용하는 일, 낱말을 반복하는 일, 가까운 유의어를 이용하는 일 따위를 통해서도 가능하다. ⊙ 대명사·정관사(the[101])·지시사(지시대명사102))·반복된 낱말의 생략 등 여러 대치 기제를 통해서도 가능하다. ㉢ 'therefore그러므로', 'and그리고', 'but그러나'와 같은 접속사들을 통해서도 가능하다. 결속 속성에 초점을 모으는 일은 푸코(Foucault, 1972: 57)에서

> 다양한 수사학적 얼개들로서 이에 따라 한 모둠의 진술들이 결합될 수 있다(어떻게 서술·연역·정의 방식이 서로 이어지고, 그런 이어짐이 어떻게 한 텍스트의 건축술을 특성 지어 주는지를 결정한다)
>
> (§.2-1 (다)항 참고: 105쪽에도 있음)

고 언급한 대목으로 이끌어 들어간다. 이들 얼개 및 텍스트의 논쟁적 구조처럼 그 얼개의 특정한 측면은 담화 유형들에 걸쳐 변동하며, 서로 다른 합당성 확보의 모습에 대한 증거로서 그런 변동 내용들을 탐구하고, 담화 실천 관행이 바뀜에 따라 합당성 모습들에서의 변화들을 탐구하는 일은 흥미롭다.

'텍스트 구조'(≒텍스트 전개 구조)도 또한 텍스트의 '건축술'에 관심

---

101) (역주) 영어에서는 "There is *a* pen. *The* pen is mine."에서와 같이 부정관사로 도입된 명사 표현이 다음 문장에서는 정관사로 표현되어야 하므로, 서로 간에 결속 관계를 보장해 주는 기제가 된다. 이런 관사 표현의 방식은 담화 조직의 상위 개념으로 '지시 표현(referring expression)' 아래 들어 있다.

102) (역주) 영어와 우리말에서는 두 가닥으로 된 두 계층의 지시대명사가 있다. 먼저 '이, 저'가 대립하고, 이것들과 다시 '그'가 대립한다. 물론 '이, 저'는 화자를 중심으로 나뉘지만, 다음 계층에서 '그'와 어떻게 대립되는지는 언어마다 다른 속성들이 간여할 수 있다. 우리말 '그'는 화자와 청자가 공유하는 지식 또는 정보를 가리키거나, 또는 선행된 표현이나 뒤에 나올 표현을 대신하는 대용사 기능이 들어 있으며(영어에서는 it와 they 또는 the following 따위임), '그치, 그놈, 그따위'와 같이 심리적으로 부정적인 평가도 담을 수 있다. 영어에서는 심리적 거리(가까움과 멂)가 또한 지시대명사의 사용에 긴밀히 간여한다. 심지어 수전증 환자가 비정상적으로 떨리는 '양도 불가능한' 자기 자신의 손을 'Look at that hand'로 표현할 수 있는데, 우리말과는 아주 다른 모습이다. 또한 322쪽의 예문에서 펑크 난 바퀴도 that으로 가리킨다.

그렇지만 이런 대립 모습과는 다르게 대표적으로 스페인어와 일본어에서는 평면적으로 세 가닥의 대립으로 서술된다. 이른바 근칭·중칭·원칭으로 불리는 지시대명사이다(중칭은 근칭도 아니고 원칭도 아닌 애매한 영역에 있는 대상을 가리킴). 우리말 문법에서는 일본 문법에 영향을 받아 최현배 선생이 세 가닥으로 잘못 서술한 것을 고치지 않은 채 지금도 학교문법에서 답습하고 있다.

을 두는데(de Beaugrande and Dressler, 1981; Coulthard, 1977; Brown and Yule, 1983; Stubbs, 1983),[103] 특히 서로 다른 텍스트 유형들에 대한 더 높은 수준의 기획 특징들이다. 가령, 신문 기사에서 범죄사건 보도 또는 임의의 취업 면접시험이 어떤 요소나 구체적 사건들episodes이 어떤 방식으로 결합되고, 어떤 순서로 짜여 있는지에 관심을 모은다. 그런 구조화 관례는 지식 체계와 믿음 체계, 그리고 텍스트 유형들의 관례들 속에서 수립된 사회관계와 사회적 정체성에 대한 가정들에 관하여 많은 통찰력을 제공해 준다. 이들 사례가 시사해 주듯이, 우리는 혼잣 말monologue, 독백담이나 연설 따위임과 대면담dialogue, 두 사람 이상의 대화의 구조에 관심이 있다. 후자는 발언 기회 얻어내기 및 화자 발언 순서의 교환을 짜놓은 관례들뿐만 아니라, 또한 면담이나 대화를 시작하고 종결짓는 (260쪽의 역주 170 참고) 관례들도 포함한다.

§.3-3 담화상의 실천 방식

앞에서 언급하였듯이, 담화상의 실천 방식discursive practice은 텍스트의 생산·유통·소비[104]의 과정을 포함하는데, 이들 과정의 본성은 사회적 요인들에 따라서 서로 다른 담화 유형들 사이에서 변동이 된다. 예를 들어, 텍스트는 특정한 사회 맥락들 속에서 특정한 방식으로 산

---

103) (역주) 첫 번째 책과 마지막 책이 번역되어 있다. 김태옥·이현호 뒤침(1995)의 『텍스트 언어학 입문』(한신문화사), 송영주 뒤침(1993)의 『담화 분석: 자연언어의 사회언어학적 분석』(한신문화사). 전자는 글말 또는 덩잇글을 염두에 둔 것이고, 후자는 특히 입말 또는 덩잇말이 전개되는 방식을 다루었다. 서로 협동하는 관계에 따라 입말이 짜얽히는 방식을 두루 다룬 포괄적인 압권은 스텐포드 대학 심리학자 허어벗 클락(Clark, 1940~) 교수의 방대한 대표작이 있다. 클락(Clark, 1996; 김지홍 뒤침, 2009)의 『언어 사용 밑바닥에 깔린 원리』(도서출판 경진)를 읽어 보기 바란다.

104) (역주) 맑스주의(Marxism)에서 말하는 이른바 물적 재화의 '생산 → 유통 → 소비' 순환 과정인데, 텍스트를 산출하고 그것을 배포하여 독자들이 읽고 해석하는 과정을 빗대어 말한 것이다(산출 → 배포 → 해석). 저자는 사회를 보는 눈이 맑스주의를 따라서 경제 및 사회관계가 밑바닥에 깔려 있다고 보고, 이런 관계가 직·간접적으로 담화 산출과 해석의 과정 속에 깃들어 있다고 가정한다.

출된다. 신문 기사는 다양하게 구성원들이 서로 다른 산출의 단계들에 포함되어 있는 한 팀team, 조에 의해서 종합적인 본성의 복잡한 경로를 통해서 산출된다. 가령, 연합 통신사의 보도들과 같은 원자료를 평가하고, (종종 이미 그 자체로 텍스트가 되는) 이들 원자료를 초고 형태의 보도기사로 변형하며, 신문지상에서 해당 기사를 어느 면에 어디에다 배치하고 해당 기사의 편집을 어떻게 결정할지 등으로 이뤄지는데, 자세한 해설 및 좀 더 일반적으로 담화 처리 과정을 살펴보려면 폰대익(van Dijk, 1988)을 읽어 보기 바란다.

'텍스트 산출자'의 개념이 외견상으로 보이는 것보다도 좀 더 복잡한 다른 방식들도 있다. 산출자를 일련의 신분들positions, 지위들로 해체해 놓는 일이 유용한데, 동일한 사람에 의해서나 또는 서로 다른 사람들에 의해서 그런 신분들이 점유될 수 있다. 고프먼(Goffman, 1981: 144)에서는 '연기자animator, 배우'와 '저작자author, 저자'와 '주인공principal, 작품 속의 주역' 사이의 구분을 주장한다.105) 연기자는 실제적으로 해당 목소리를 만들어 내거나 종이 위에 표시를 해 주는 사람이다. 저작자는 낱말들을 함께 연결해 놓고 언어 표현들에 책임이 있는 사람이다. 주인공은 그 신분이 씌어진 해당 낱말들에 의해 표상되는 사람이다. 신문 기사에서는 이들 세 가지 신분(지위)들 사이에 있는 관계를 놓고 모종의 애매함이 있다. 주인공이 흔히 신문 바깥에 있는 '원자료'이지만, 일부 보도기사에서는 이를 명백히 해 놓지 않고서, 마치 주인공이 해당 신문(편집인 또는 신문기자)이라는 인상을 준다. 집단적으로 저작된 텍스트들도 흔히 마치 개별 신문기자(고작해야 연기자일 수 있음)에 의해 저작된 듯이 씌어진다(한 가지 사례를 보려면 Fairclough, 1988b를 보기 바람).

---

105) (역주) 페어클럽(Fairclough, 2003; 김지홍 뒤침, 2012) §.1-10 '텍스트와 저자'에서는 각각 구현자(연기자)·원저자(저작자)·주인공으로 번역했었다. 이런 복잡한 상황을 전형적인 경우로서 「로미오와 줄리엣」이라는 연극을 생각해 보면 쉽게 이해된다. 적어도 여기에는 세 가지 종류의 주체들이 있어야 한다. 저작자(원저자)로서 셰익스피어, 주인공으로서 로미오와 줄리엣, 이 연인 관계를 직접 보여 주는(구현하는) 특정 배우들이 각각 따로따로 있어야 하는 것이다.

텍스트는 또한 서로 다른 사회 맥락에서 서로 다르게 소비된다. 이는 일부 (꼼꼼한 따지는 일이나 또는 다른 일을 하는 동안에나 건성건성주의를 흩어버리는 일 등처럼) 그런 사회 맥락들에 적용되는 해석 작업의 종류에 관한 일이고, 일부 이용될 수 있는 해석의 모습들에 관한 일이다. 예를 들어, 음식 조리법은 비록 다음 두 가지 종류의 읽기가 모두 가능하더라도, 흔히 심미적 텍스트로 읽히지도 않고, 전문 수사학적 텍스트로서 학술 논문으로 읽히지도 않는다. 생산(산출)과 같이 소비(해석)도 또한 개별적이거나 집단적일 수 있다. 연애편지를 정부 문서 기록물과 비교해 보기 바란다. 공식적 면담과 위대한 시와 같이, 일부 텍스트들은 녹음되고 기록되며 보존되고 거듭거듭 읽힌다. 반면에 쓸데없는 홍보물이나 우연한 대화와 같이 다른 텍스트들은 일시적이며 보관되지도 않고 내던져져 버린다. 정치 연설과 교재와 같이 일부 텍스트들은 다른 텍스트로 변형된다. 일부 기관에서는 텍스트를 '처리하는' 특정한 경로를 지닌다. 진료 상담은 의학 통계를 축적하기 위하여 이용될 수 있는 진료 기록으로 변형된다. 그런 '서로 얽힌 텍스트의 사슬'들에 대한 논의를 보려면 §.4-3을 참고 바란다. 더군다나 텍스트는 변이 가능한 담화 이외의 별도 결과물뿐만 아니라, 또한 담화 종류의 결과물도 지니게 된다. 가령, 일부 텍스트들이 전쟁으로 이끌거나 핵무기 해체로 이끌어가고, 다른 텍스트들이 사람들을 직장을 잃게 하거나 새로 얻는 데로 이끌어가며, 또 다른 텍스트들이 또한 사람들의 태도와 믿음과 실천 방식들을 바꾸어 놓는다.

일부 텍스트는 간단한 유통(배포)만 지니는데, 우연한 대화가 단지 그 대화가 생겨나는 즉각적인 상황의 맥락에만 속할 뿐이다. 반면에, 다른 텍스트는 복잡한 유통의 모습을 띤다. 정치 지도자에 의해 산출된 텍스트나 국제 무기감축 협상 속에서 산출된 텍스트는, 두루 일정 범위의 상이한 기관들에 걸쳐서 유통되는데, 각각 해당 기관들에서는 그 나름의 소비 형태들을 지니고, 텍스트를 재생하고 변형하기 위한 그 나름의 고유한 경로를 지닌다. 예를 들어, 텔레비전 시청자들은 [전

영국수상] 대처나 [옛 소련 서기장] 고르바체프에 의해 이뤄진 연설들을 놓고서 가공된(편집 변형된) 내용을 접하는데, 이는 특정한 텔레비전 방영사의 시각과 방침에 따라 거기에 맞춰 소비된다. 정부의 부서와 같이 복잡 정교한 기관들에 속한 산출자들은, 텍스트의 유통·변형·소비를 예상하는 방식으로 텍스트들을 산출하고, 해당 텍스트 속에 깃든 적어도 네 가지 계층의 독자층을 지니고 있다. 이들은 직접 목표로 삼은 '원래 독자들addressees'뿐만 아니라, 또한 직접 목표로 삼지 않았으나 독자층의 일부로 가정된 '참여 가능한 독자들hearers'과 비록 '공식적인' 독자의 일부가 아니더라도 '사실상de facto' 소비층으로 알려진 '엿보기 독자들overhearers'도 예상할 수 있다.106) 예를 들어, 옛 소련 공무원들이 북대서양 조약 기구NATO 정부들 사이에 오가는 의사소통 내용들에 대한 엿보기 독자들인 것이다. 그리고 이들 지위는 각각 복합적으로 점유되어 겹쳐질 수 있다.

앞에서 언급하였듯이, 특히 텍스트 산출과 해석에 관한 '사회-인지적sociocognitive' 차원이 있는데,107) 이는 담화 구성원들이 머릿속에 내

---

106) (역주) 번역에서는 축자 번역보다 일부러 뜻을 살린 낱말을 적어 두었다. 이 모형은 입말 환경에서도 동일하게 적용된다. ① 본디 의도된 청자(당사자, 주된 참여자), ② 반응을 보이도록 허용된 가능 범위의 청자(부차 참여자), ③ 예상치 못하게 우연히 끼어드는 청자(방청자), ④ 몰래 엿듣는 청자(엿탐꾼, 도청자) 따위로 구분되기 때문이다 (본문에서는 ③과 ④를 하나로 묶어 놓았는데, 비공식적 청자/독자이기 때문임). 클락 (Clark, 1996; 김지홍 뒤침, 2009: §.1-2)에서는 이를 다음과 같은 그림으로 제시하였는데, 대화의 참여자(공식적인 구성원)들은 '화자·청자·부차 참여자'이며, 화자가 대화 전략을 마련하기 위하여 '정보 간격'을 가늠하려면 '공식적' 구성원인 이들만을 대상으로 삼게 된다. 그렇지만 '비공식적' 청자까지 포함하는 모든 청자는 공식적인 참여자들의 범위를 훨씬 넘어서 있다.

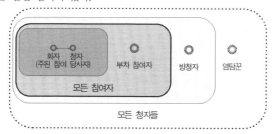

107) (역주) 결코 이것이 적합한 용어라고 말할 수는 없고, '사회-심리학적 차원'이 더 쉽다.

재하고 있으며, 텍스트 처리 과정에서 동원하게 되는 구성원들의 (기억) 자원들 사이에 상호 영향 및 일련의 산출 과정에 대한 '흔적traces'들이나 또는 해석 과정을 위한 일련의 '단서cues'들로서, 텍스트 자체를 중심으로 다뤄진다. 이들 처리 과정은 일반적으로 무의식적이고 자동적인 방식으로 일어나는데, 비록 그 처리 과정의 몇 측면들이 좀 더 쉽게 다른 측면보다 의식 속으로 들어올 수 있다고 하더라도, 이 점이 그것들의 이념적 효과(효력)를 결정하는 데 중요한 요인이 된다 (아래 논의를 참고 바람).

산출 및 이해(늑맑스 용어로는 생산과 소비)의 처리 과정은 이중적 의미에서 사회적으로 제약되어 있다. 첫째, 이 과정이 이용 가능한 구성원들의 기억 자원들에 의해 제약되는데, 이것이 담화 질서 및 방금 언급된 종류의 텍스트에 대한 생산·유통·소비를 위한 제도를 포함하여 효과적으로 사회적 구조·규범·관습 속에 내재되어 있고, 또한 과거의 사회적 실천 관행과 투쟁을 통하여 구성되어 있다. 둘째, 이것들이 그 일부가 되는 사회적 실천 관행의 특정한 본성에 의해 제약되어 있는데, 이는 구성원들의 기억 자원들 중 어떤 요소들이 인출되어야 하며 어떻게(평상적이거나 아니면 창의적인 방식으로, 또는 순종적이거나 아니면 반항적인 방식으로) 그것들이 동원되어야 하는지를 결정해 준다. 담화 분석을 위하여 생산·유통·소비라는 세 가지 차원의 얼개에 대한 주요한 특징은, 특히 두 번째 제약과 관련하여 이들 제약들을 탐구하려고 시도한다는 점인데, 특정한 사례에서 담화 처리 과정의 본성 및 그 일부가 되는 사회적 실천 관행의 본성 사이에서 설명 차원의 관련성을 찾아 밝혀 주는 일이다. 만일 담화 및 사회 변화에 대한 이 책에서의 초점이 사실이라면, 가장 흥미로운 것이 바로 담화 처리 과정인

오직 사회 구성원들이 사회적 관계를 자신의 머릿속에 기억하고 있는 모습을 가리키고, 그 기억을 이용하여 역동적으로 사회적 관계를 읽어나감을 의미하기 위한 것일 뿐이기 때문이다. 이하에서는 사회심리 차원으로 적을 것이다. 만일 이마저 어렵다면, '사회관계를 기억하는 차원'이라고 평범하게 말하는 쪽도 고려될 만하다.

데, 구성원들의 어떤 기억 자원들이 인출되고 어떻게 동원되는지를 결정해 주는 일이다. 저자는 이하에서 서로 얽힌 텍스트 속성을 논의하면서 이 점을 다시 다룰 것이다.

그러나 저자는 우선 좀 더 일반적인 용어로 산출 및 해석의 사회-인지적 측면(사회심리 차원)들에 대해서 약간 더 언급하여, 분석의 일곱 차원 이외에 두 가지 차원을 더 소개하고자 한다. ⑧ '힘force, 말 속에 깃든 힘'과 ⑨ '일관된 의미 연결coherence, 일관성, 의미 연결 속성'이다. 텍스트의 산출 또는 해석(이하에서 논의의 일부를 해석에 대해서 언급할 것임)은 보통 다중 수준의 처리 과정 및 '아래에서 위로의 그리고 위에서 아래로의' 처리 과정으로 표상된다.108) 더 낮은 수준들에서는109) 소리 또는 종이

---

108) (역주) 학문 영역마다 선호하는 낱말이 다르다. 심리학에서는 산출 및 처리를, 국어교육 (언어교육)에서는 표현 및 이해, 담화 분석에서는 산출 및 해석이란 용어를 선호한다. 아래에서 위로의 처리 또한 비유적 용어이다. 독자가 책을 책상에 놓고 보고 있다는 전제 아래, 독자의 머릿속 배경 지식은 '위'가 되고, 책(텍스트) 속에 있는 정보는 '아래' 가 된다. 유럽에서는 귀납법과 연역법이라는 말을 쓰지만, 미국에서 실용주의 정신에 따라 쉽게 이를 각각 '아래에서 위로'의 처리(자료 중심적 처리, 귀납적 처리) 및 '위에서 아래로'의 처리(이론 주도적 처리, 연역적 처리)로 부른다. 초기에는 만화책과 같이 쉬운 대상은 위에서 아래로의 처리를 하나, 전공서적과 같이 어려운 대상은 아래에서 위로의 처리가 주도적이라고 잘못 주장된 적이 있다. 그렇지만 두뇌 작동 방식에 대한 연결주의 또는 활성화 확산(제약 만족 이론) 모형을 기반으로 한 킨취(Kintsch, 1932~) 교수의 언어 이해 과정('구성-통합 모형', 137쪽의 역주 84 참고)을 따른다면,

"텍스트 ⇌ 미시구조 및 거시구조 확정 ⇌ 상황 모형 꾸미기 ⇌ 장기기억 속 인출구조 수립" 과 같은 순환 고리가 작동하면서 독자의 배경 지식에 가장 정합적인 정보구조를 구성해 나가는 과정임을 알 수 있다. 이는 비단 언어 처리에서뿐만 아니라, 더 나아가 수학 계산이나 상대방의 인상 형성과 같은 일반적인 인지 과정도 동일한 과정을 거쳐 작동한다고 주장한다. 전통적인 언어교육에서는 텍스트에서 미시구조와 거시구조(이 두 구조를 합쳐 '덩잇글 기반'으로 부름)를 만드는 일만 이해라고 철저히 착각해 왔다. 그러나 심리학자답게 킨취 교수가 어떻게 기억 속에 저장되고 다시 전-전두엽에 자리한 작업 기억(working memory)으로 인출되어 활용되는지를 포함한 전반적 과정을 '이해' 내지 '인지'로 규정하는 것은 아주 올바른 노선이라고 판단된다.

109) (역주) 일반적으로 처리 수준이 더 낮고 높음은 우리가 스스로 자각할 수 있는지 여부에 따라 나뉘는데, 평범하게 '언어'가 이들을 나누는 잣대가 되기 일쑤이다. 더 낮은 수준의 처리는 언어화되기 이전의 영역을 가리키고, 더 높은 수준의 처리는 언어로 표현되어 스스로 자각할 수 있는 이후의 영역들을 포괄한다. 따라서 더 낮은 수준의 처리는 더 밑으로 진행하여 무의식적 처리까지 닿아 있고, 더 높은 수준의 처리는 한 덩잇글의 주제나 제시 동기(의도)까지 가리키는데, 앞의 역주에서 보인 상황 모형과 인출구조까지도 스스로 자각할 수 있는 더 높은 수준의 처리에 속한다. 일부 극단주의를 좇는 이들은 무의식 처리가 가장 본질적이고, 의식적인 처리가 또한 무의식적 처리

위에 있는 표시들의 연결체를 문장으로 분석한다. 더 높은 수준에서는 의미에 관심을 두는데, 의미를 읽어 문장(늑문단으로)들과 전체 덩잇글로 귀속시키고, 문장을 구성하는 텍스트의 일부 또는 '구체적 사건들 episodes'로110) 귀속시키는데, 이것들이 일관되게 연결된 것으로 해석될 수 있다. '더 높은' 수준의 단위들에 대한 의미는 부분적으로 '더 낮은' 수준의 단위들에 대한 의미들로부터 수립된다. 이것이 '아래에서 위로'(늑자료 주도적, 귀납적)의 해석이다. 그렇지만 거꾸로 해석은 제한된

를 일부 반영할 뿐이라고 가정하기도 하지만, 아직 무의식(또는 잠재의식)에 대하여 공식화하여 논의할 도구(기계적 탐침 및 이에 따른 일련의 정제된 용어)가 전혀 합의되어 있지 않으므로, 자칫 '자기모순'의 명제로 비쳐질 소지마저 있다.

110) (역주) 필자는 캐나다 토론토 대학 심리학자 털뷩(Tulving)의 기억 이론에 따라 episode를 '구체적 사건'이라고 번역하고 있는데, 이에 짝이 되는 용어가 구체적 사건을 일반화하고 추상화한 semantic memory(일반화된 의미 기억)이다. 머클레인(MacLean, 1990)의 『세 겹 두뇌의 진화: 2백만 년 전 대뇌 기능들에서의 역할(The Triune Brain in Evolution: Role in Paleocerebral Functions)』(Plenum Press)에서 세 겹 두뇌 가정에 따라, 털뷩은 영장류의 제3의 두뇌에만 '구체적 사건'이 기억될 수 있으며, 구체적 사건을 기억할 수 있는 영장류 존재(코끼리와 고래도 포함)만이 과거를 되돌아보면서 앞날을 예측할 수 있다고 보았다. 제2의 두뇌에는 매우 성근 일반화된 의미 기억만이 보존되므로, 이를 '앞만 내다보는 기억'으로 부르며, 젖먹이 짐승들은 인간의 세계 표상과는 달리 단지 자극에 대하여 반응하는 기제만을 내재화하고 있으며, 언제나 현재에만 갇혀 지낸다고 보았다. episode를 '일화(逸話, 빼뜨려도 될 시시한 이야기)'로 번역하거나, 삽화(揷話, 끼워넣은 이야기)로 번역을 하지만, 말뜻이 통하지 않는 용어들이다. 기억 이론에서 episode는 구체적 배경(시간과 공간으로 이뤄진 무대) 및 관련 당사자들로 이뤄진 초점 사건을 기억하는 일이므로, '구체적 사건'이나 '구체적 사례'로 번역해야 옳을 듯하다.

카네기-멜른대학 심리학자인 앤더슨(Anderson, 1995)의 『학습과 기억: 통합적 접근(Learning and Memory: An Integrated Approach)』(John Willey), 앤더슨(2007)의 『인간 정신이 물리 세계에서 어떻게 발생하게 되는가?(How can the human mind occur in the physical universe?)』(Oxford University Press) 등에서는 인간의 '의미 기억'조차 여느 짐승들과는 달리 적어도 6층위의 복합구조로 이뤄져 있다고 하였다. 대뇌의 뉴런들의 형상과 그 구조들도 또한 명함 두께의 6개 층위로 구분되는데(L₁~L₆), 호킨즈(Hawkins, 2004; 이한음 뒤침, 2010)의 『생각하는 뇌, 생각하는 기계』(멘토르)를 읽어 보기 바란다.

르두(LeDoux, 2002; 강봉균 뒤침, 2005)의 『시냅스와 자아』(소소)를 보면, 전-전두엽도 내측·복측·외측 전-전두엽의 세 종류가 있는데, 오직 외측 전전두엽만이 인간에게서 사춘기를 넘어서면서 갖춰지는 것으로 알려져 있다(간접 표현이나 비유 표현의 이해가 사춘기 이후에나 가능해짐). 외측 전전두엽에 자리잡는 '작업 기억'을 처음 밝혀낸 배들리 교수는 '구체적 사건'들에 대한 후속 연구의 중요성을 크게 강조하는데, 배들리(Baddeley, 2007)의 『작업 기억·사고·행위(Working Memory, Thought, and Action)』와 배들리 외 2인 엮음(2002)의 『구체적 사건 기억: 연구의 새로운 방향들(Episodic Memory: New Directions in Research)』(두 권 모두 Oxford University Press)을 보기 바란다. 또한 털뷩·크뢰익 엮음(Tulving and Craik, 2000)의 『기억에 관한 옥스퍼드 소백과(The Oxford Handbook of Memory)』(Oxford University Press)에는 40편의 글들이 모아져 있다.

증거에 근거하더라도 텍스트를 해석하는 과정에서 일찍부터 더 높은 수준의 단위들의 의미에 대한 예측들에 의해 성격지어지며, 이렇게 예측된 의미들은 더 낮은 수준의 단위들이 해석되는 방식을 형성하게 된다. 이것이 '위로부터 아래로'(≒이론 주도적, 연역적)의 처리 과정이다. 산출 및 해석은 부분적으로 '위로부터 아래로'의 처리이며, 부분적으로 '아래에서부터 위로'의 처리이다. 더군다나, 해석은 실시간으로 일어나고 있다. 즉, 낱말이나 문장이나 임의의 구체적 사건 'x'에 대하여 이미 이룩해 놓은 해석이 다음 단계에 영향을 미쳐서, 그렇지 않았더라면 낱말이나 문장이나 구체적인 다음 사건 'x+1'에 대하여 달리 가능했을 법한 어떤 해석을 배제해 버릴 것이다(Fairclough, 1989a; 김지홍 뒤침, 2011을 보기 바람).

이들 텍스트 처리 과정의 측면들은, 해석 주체가 텍스트를 놓고서 잠재적인 양면성을 어떻게 줄이는지를 설명하는 데에 도움을 주며, 임의의 텍스트에서 선행하거나 후속하는 내용들을 가리키는 협의의 '맥락' 속에서111) 양면성을 줄이는 데에 그런 맥락의 효과 일부를 보여 준다. 그렇지만 '맥락'이 또한 때로 텍스트가 다루는 관련 '상황 맥락 context of situation, 광의의 맥락'으로 부르는 것도 포함하게 된다. 해석 주체는 담화가 그 일부가 되는 사회적 실천 관행의 전체성에 대한 해석에 이르게 되는데, 이러한 해석들이 텍스트의 의미에 관하여 예측들로 이끌어 가며, 다시 이것이 그렇지 않았더라면 가능했을 법한 어떤 의미들을 배제해 줌으로써 또한 양면성을 줄여 준다. 어떤 점에서 이것이 '위로부터 아래로'의 해석 속성들이 지니는 가다듬기 몫elaboration이다.

---

111) (역주) 사회현상과 텍스트를 관련시키는 페어클럽 교수의 방향을 매우 신랄하게 비판하는 위도슨 교수는 『텍스트, 상황 맥락, 숨겨진 텍스트 산출 동기: 담화 분석에서의 핵심 논제들(*Text, Context, Pretext: Critical Issues in Discourse Analysis*)』(Widdowson, 2004, Blackwell) 본문에서 말하는 협의의 맥락을 'co-text(앞뒤-문맥, 해당 문장의 전후-문맥, 맥락이 아니라 일부러 '문맥'으로 달리 번역함)'라는 용어를 만들어 쓴다. 그렇지만 context(상황 맥락, 전체 텍스트 맥락)와 접두사들(co, con-)이 '서로 함께(together with, with)'라는 의미를 공유하고 있으므로, 자칫 혼란을 빚을 소지가 있으며, 협의의 맥락을 '문장+맥락'의 줄임말로 '문맥'이라고 따로 구별할 수도 있겠다.

앞에서 주어져 있듯이 사회-인지(사회심리학) 처리 과정으로 설명하는 종류에 대한 주요한 제약은, 가령 의미 및 양면성의 축소를 놓고서 맥락의 효과가 마치 언제나 동일한 것처럼 보이도록, 일반적으로 이것이 보편적 용어로 제시된다는 점이다. 텍스트의 해석에 맥락이 영향을 미치는 방식은, 이미 §.2-1 (다)에서 푸코가 지적하였듯이, 하나의 담화 유형으로부터 다른 담화 유형에 걸쳐 다양하게 바뀐다. 그리고 이런 측면에서 담화 유형들 사이에 있는 차이점들이 사회적으로 흥미로운데, 그런 것들이 묵시적 가정들을 가리키기 때문이고, 흔히 이념적 성격을 지닌 규칙들을 토대로 두기 때문이다. 이런 점들을 '힘 force, 말 속에 깃든 힘'에 대한 논의를 통하여 예시해 나가기로 한다(Leech, 1983; Levinson, 1983; 이익환·권경원 뒤침, 1992; Leech and Thomas, 1989를 보기 바람).

텍스트 부분(언제나 그런 것은 아니나 종종 문장 크기의 부분)의 힘은 그 행위 구성 성분으로서, 그 대인적(상호작용) 의미의 일부가 되는데, 그것이 사회적 관계를 실행하기 위하여 이용되고 있고, '수행'(명령 내리기, 질문 던지기, 협박하기, 약속하기 등)을 위하여 어떤 '화행활용 행위, speech acts'이 이뤄지는 것이다. 힘force, 말 속에 깃든 힘은 '명제proposition'(언어로 명시된 최소 단위의 사건 내용, 다음 역주 112와 241쪽의 역주 161을 보기 바람)와 대조를 이룬다. 생각 형성 의미의 일부가 되는 명제 구성부문은, 관련 개체들을 서술해 주는 과정 또는 관계이다. 따라서

나는 요구에 따라 그 짐꾼에게 총 5파운드(≒9천원)를 주기로 약속했다[완료 지속상]

(I promise[현재시제] to pay the bearer on demand the sume of £5)

에서 그 힘(말 속에 깃든 힘, 발화 수반력)은 약속의 힘이다. 반면에 명제는112) 얼개상 다음처럼 나타낼 수 있다.

x가 z한테 y를 지불하다

(x pay y to z)

(※ 더욱 정확히, 연산자 'Ǝx･Ǝy･Ǝz'를 덧얹어 닫힌 형식으로 만들어야 함)

전형적으로 힘에 비춰볼 경우에 텍스트의 일부는 의미가 양면적이고, 이것들이 확장된 '잠재력force potential'('말 속에 깃든 힘'의 다른 표현이며, 172쪽 역주 113의 '낱말 사슬' 참고)을 지닐 수 있다. 예를 들어

제 여행 가방을 들어줄 수 있겠어요?

---

112) (역주) proposition(최소 단정문, 최소 사건 서술문, 명제)은 낱개의 사건에 대한 참과 거짓을 따지기 위하여 제시된 언어 형식이다. 이미 38쪽의 역주 20에서 '명령문으로 된 표제'의 뜻을 지닌 '명제(命題)'라는 왜곡된 일본 용어는, 결코 명령문이 아니라 언제나 서술 단정문으로 나와야 하므로, 서주(西周, 니시 아마네)의 잘못임을 지적하였다(이 번역에서는 오직 잠정적으로만 '명제'를 쓰고 있음). 서구 지성사에서 '최소 단정문'을 본격적으로 다룬 책은, 처음 삼단 논법을 확립한 아리스토텔레스의 '사유 도구(organon)'들로서 중세 때에 모두 6권으로 묶여졌다. 『서술 방법론(≒범주론)』, 『주어·술어 결합론(≒해석론, 명제론)』, 『분석론 전편 및 후편』, 『논증의 자리(≒변증론)』, 『궤변론 반박(≒소피스테스적 논박)』 중에서 『분석론 전편 및 후편』을 제외하고서 희랍어 번역이 발간되었다. 그런데 고전 논리학에서는 전혀 '시제'를 다루지 않고, 현재 주어진 대상의 존재와 분류에 집중하였었기 때문에, 오직 단정 형식을 모두 현재 시제로만 간주하였었다. 또한 일부 필연·우연 및 의무·가능 양상(양태)도 다루었으나, 편견을 갖고서 명제 대당 사각형 속에서만 계산을 하였으므로, 아리스토텔레스가 자신의 잘못을 스스로 깨닫지 못하였다는 한계가 있다(306쪽의 역주 183 참고).
현대에 와서는 일상언어철학의 논쟁에서 그리고 논리학에서 시제를 다룰 필요성이 드러나게 되었다. 우선 분석철학의 토대를 세운 케임브리지 철학자 뤄쓸(Russell, 1872~1970) 및 일상언어철학을 발전시킨 옥스퍼드 철학자 스트로슨(Strawson, 1991~2006) 사이에 논쟁(이른바 '*the present French king is bald*'를 둘러싼 지시 대상의 문제)이 벌어진 결과, 시제 표현을 지닌 최소 단언 형식을 statement(시제 진술문)로 따로 부르게 되었다. 이 논의는 정대현 엮고 뒤침(1987)의 『지칭』(문학과지성사)에서 각각 제2장(표시에 관하여)과 제3장(지칭에 관하여)으로 번역되어 있다. 그리고 현대 논리학(술어논리)을 처음 마련한 프레게(G. Frege, 1848~1925)의 논리 표현 방식(전응주 뒤침, 2015, 『개념 표기』, EJ북스; 김보현 뒤침, 2007, 『산수의 근본 법칙』 I, 울산대 출판부)에 따라, 시제를 연산소로 처음 다룬 사람은 프라이어(A. Prior, 1914~1969)이며, 그를 시제 연구(양상논리를 포함)의 아버지로 일컫는다. 프라이어의 1957년 『시간 및 양태/양상 속성(*Time and Modality*)』, 1967년 『과거·현재·미래』, 1968년 『시간과 시제에 관한 논문집(*Papers on Time and Tense*)』(모두 Clarendon Press) 등을 참조할 수 있다. 마니·푸숫욥스끼·개이저스커스 엮음(Mani, Pustejovsky, and Gaizauskas, 2005)의 『시제의 언어: 독본(*The Language of Time: A Reader*)』(Oxford University Press)에서는 오늘날까지 포함한 29편의 논문들이 들어 있어 발전 방향을 파악하는 데 도움을 준다. 우리말로는 김우진(2012)의 『양상 논리와 형이상학』(새들녘) 제2장, 제3장을 참고하기 바란다.

(Can you carry the suitcase?)

(※ *Could* ~ *please*가 안 쓰였으므로 가벼운 '-요'체로 번역함)

라는 발화가 질문일 수도 있고, 요구나 간접 명령일 수도 있으며, 제안
이거나 또는 불평 등으로 들릴 수도 있다. 일부 발화 행위에 대한 분석
에서는 직접 발화의 힘과 간접 발화의 힘 사이를 구별해 놓는다. 이런
경우에 우리는, 목록에다 간접적인 힘으로 써 둔 또 다른 힘도 어떤
것이든 지닐 수 있는, 직접적인 질문의 힘을 지닌 뭔가를 지닌다고
말할 수 있다. 더욱이 해석이 양면성을 지닌 채 놓이는 것도 결코 이례
적인 것이 아니다. 때로는 단순한 질문인지, 아니면 또한 장막에 가려
져 있는(따라서 상대방에서 따지게 된다면 즉각 부인하면서 빠져나갈 수
있는) 요구인지 여부가 분명치 않을 수도 있다.

앞에서 언급한 두 가지 의미에서 모두 '맥락'은 말 속에 깃든 힘의
양면성을 줄여 놓는 데에 중요한 요인이다. 해당 텍스트에서 계속 잇
따른 위치sequential position113)는 힘에 대한 강력한 예측 가능자이다. 두

---

113) (역주) sequential position(계속 잇따르는 위치)나 '협의의 맥락'(해당 문장의 앞뒤 문
맥)이나 '계속 잇따르는 맥락(sequential context)'이나 모두 다 동일한 내용을 가리키는
데, 전문 용어로 이를 낱말 사슬(lexical chain)이라고 부른다. 179쪽에서 macro-analysis
(거시-분석)와 macro-process(거시-처리 과정)를 달리 쓴 것도 어휘 사슬의 형식이며,
448쪽에서 mental model(정신 모형)을 다음 문장에서는 mental map(정신 지도)로 바꿔
쓴 것도 모두 낱말 사슬 형식을 이용한 것이다.
　영어 수사학에서 문장과 문장을 이어 주는 다섯 가지 방식 중 하나가 낱말들의 사슬
을 만들어 가는 일인데, 서양의 교육에서는 '유관 낱말 모둠(thesaurus, 관련어휘 총괄사
전)'이란 부류의 책을 이용하여 가급적 다른 낱말들을 쓰면서 글 내용이 다양하게 보이
도록 가르쳐 왔다. 다만 글말 전통이 세워지지 않은 우리 문화에서만은 이렇게 비슷한
낱말들을 바꿔나가는 일이 아주 낯설기 때문에, 자칫 '낱말 사슬'들을 놓고서 같은 대상
임을 알아차리지 못한 채, 전혀 다른 대상을 가리킨다고 오해하기 쉽다. 뿐만 아니라,
우리 속담에서 「'아'해 다르고, '어'해 다르다」고 하므로 음절 속 말소리의 작은 변동에
까지 민감하게 다르다고 느끼므로, 낱말을 달리 쓴다는 사실을 이내 받아들이기 어려
울 수도 있을 법하다. 우리나라에서 최근에 이렇게 다양한 낱말을 써야 한다는 필요성
을 느끼어 '관련 낱말 총괄 사전'을 발간해 오고 있다. 김일성 종합대학 교수진 외(2006)
의『우리말 글쓰기 연관어 대사전』(황토출판사)이 첫 선을 보인 뒤, 낱말어휘 정보처리
연구소(2010)의『우리말 유의어 대사전』따위이다.
　이와 같은 어휘 사슬의 형성은 중국의 한문에서도 오래 전에서부터 썼던 방식이지만,
지금까지 제대로 주목하지 못했을 뿐이다. 필자가 한문을 읽어온 바로는 네 가지 경우

루 살펴보며 검사해 보면, 임의의 대답에 뒤이어 법정에서 원고측 변호사가 즉각적으로 임의의 증언witness에 대해 말하는 일은 어떤 것이든지 하나의 질문으로 해석될 것 같다(≒과연 사실을 대답하고 있는지에 대한 의심). 동시에 비난처럼 다른 뜻으로 해석되지 못하도록 막아 버리는 것도 아니다(≒자기 기대대로 입증하지 못했기 때문에 상대방을 비난함). 이는 낱말의 형태들이 맥락을 벗어난 채 살펴볼 경우에 어떻게 하여 거의 그럴 것 같지 않은 듯한 말 속에 깃든 힘을 지닐 수 있는지를 설명해 주는 데 도움이 된다. 물론 상황 맥락, 즉 사회적 맥락의 전반적 속성이 또한 의미의 양면성을 줄여 준다.

그렇지만 임의 발화 속에 깃든 힘을 해석하기 위하여, 해석 주체가 상황 맥락이든 아니면 실제로 문장의 앞뒤로 이어진 문맥을 이끌어 낼 수 있기 이전에, 반드시 [텍스트가 가리키는 전체적인: 뒤친이] 상황 맥락이 무엇인지를 놓고서 임의의 해석에 도달해 있어야만 한다. 이는 텍스트를 해석하는 일에 비견된다. 즉, 단서 및 구성원들의 기억 자원 사이에 긴밀한 상호 영향을 포함하지만, 이런 경우에 구성원들의 기억 자원이 실제로 사회 질서에 대한 마음속 지도가 된다. 그러한 마음속 지도는 반드시 사회적 실제 현실들에 대한 단 한 가지의 해석이 될 필요는 없다. 그러한 실제 현실은 많은 해석들과 잘 어울리고 특정한 방식으로 정치적·이념적 색깔이 스며든 것이기 때문이다. 이런 마음속 지도에 비춰보면서 상황 맥락(≒광의의 맥락)을 콕 집어내는 일은, 임의의 경우에서 맥락이 텍스트의 해석에 어떻게 영향을 주는

를 제시할 수 있다. ①『서전 대전』'강고'의 주석에서는 '경위이성문(經緯以成文, 날줄과 씨줄이 교차됨으로써 문채로움을 이룬다)'라고 하여, 그 사례로 보예[保乂]와 지훈[知訓]과 강보[康保]가 모두 '편안하게 보살펴 준다'는 뜻으로 서로 뒤바꾸며 썼다. ② 좌구명이 주석을 낸 공자의 『춘추』(춘추 좌전)에서는 원칙적으로 한 사람의 '자·벼슬·성·이름·식읍지' 따위를 반드시 뒤바꿔 써 놓았는데, 이를 깨치지 못했던 초기에는 골치가 아팠었는데, 이를 변문(變文, 문을 바꿈)이라고도 했다. ③『자치통감 강목』에서는 '문상피이(文相避耳, 글 속에서 같은 낱말 사용을 피할 따름이다)'라고 하여 B.C. 196년 7월 기록에 왕년(往年)과 전년(前年)이 서로 낱말 사슬임을 설명하였다. ④ B.C. 174년 가의(賈誼) 상소문의 경우는 변문(變文)과 피복(避複, 중복을 피함)이라고 말하였다.

지를 결정하는 일(독법)과 관련된 두 가지 측면의 정보를 제공해 준다. ㉠특정한 담화 요소를 초점foregrounds, 전경으로, 다른 담화 요소를 배경으로 만들어 주며, 특정한 방식으로 서로 간에 담화 요소들을 관련지어 주는 상황에 대한 독법이고, ㉡담화 유형들이 관련될 법한 임의의 구체적 내용a specification에 대한 독법이다.

　따라서 해당 상황의 독법을 놓고서 해석에 대한 한 가지 효과는, 참여자들의 사회적 정체성에 대한 여러 측면을 초점 또는 배경으로 만들어 주는 일이다. 따라서 가령 텍스트 산출자의 성별·출신·나이 따위가 우연한 대화나 취업 면접시험에서는 크게 영향을 미치겠지만, 식물학 교재의 경우에는 영향을 훨씬 덜 미칠 듯하다. 그러므로 텍스트 해석(그리고 텍스트 산출)을 놓고서 상황 맥락(≒광의의 맥락)의 효과는 해당 상황에 관한 독법에 달려 있다. 다른 한편으로, 앞뒤 문맥(≒협의의 맥락, 계속 앞뒤로 이어진 맥락)의 효과는 담화 유형에 달려 있다. 예를 들어, 임의의 물음이 언제나 동일한 정도로까지 물음을 뒤따르는 답변으로서 해당 발화에 대한 해석을 미리 깔아둔다고 가정할 수는 없다. 담화 유형에 따라 달라지는 것이다. 교실수업 담화에서 물음은 강력히 답변들을 예상한다. 그러나 가족 구성원끼리 대화로 이뤄지는 담화에서는 물음이 상투적으로 응답하지 않은 채 지나치더라도, 실제적으로 어떤 권리 침해나 수정에 대한 요구가 없이 대화가 지속되어 나간다. 그러한 변인들을 인식하지 못한 채, 해석을 결정하는 일로서 앞뒤 문맥(≒협의의 맥락, 계속 앞뒤로 이어진 맥락)에 대하여 일방적으로 강조하는 일은, 제2장에서 언급하였듯이 대화 분석의 만족스럽지 못한 특징이었다. 더욱이 이런 질서의 담화 유형들 사이에 있는 차이점들은 사회적으로 중요하다. 질문이 반드시 답변되어야 하는 경우에, 있을 법한 가능성은 뚜렷이 경계가 구분된 주체 역할들 사이에서 지위상의 비대칭성이 주어진 사실로서 간주되는 것이다(≒가령 군대 점호 때에 상사와 병사 간의 질문과 의무적인 답변). 따라서 의미를 결정하는 데에 이용되는 해석 원리를 탐구하는 일은, 임의의 담화 유형을 놓고서 정치적·이념적 색채 스며듦에 관한 통찰력을 제공해 준다.

이제 말 속에 깃든 힘을 벗어나서, '일관성coherence, 일관된 의미 연결, 의미 연결성'을 놓고 다뤄나가기로 한다(de Beaugrande and Dressler, 1981[김태옥·이현호 뒤침, 1995에서는 '결속성'으로 번역했음]의 제5장; Brown and Yule, 1983의 제7장을 보기 바람). 일관성은 흔히 텍스트의 한 속성으로 취급되지만, 해석의 한 속성으로 간주되는 것이 훨씬 낫다. 일관된 텍스트는 그 구성 성분의 부분(구체적 사건, 문장)들이 의미 있게 연결되어 있으므로, 설사 유의미한 관련성들을 드러내는 비교적 소수의 형식적 표지들만 있다고 하더라도, 다시 말해, 비교적 명시적인 '통사결속'(§.3-2 참고)이 드물다고 하더라도, 전반적으로 해당 텍스트는 '뜻이 통한다'. 그렇지만 핵심 논점은 임의의 텍스트가 오직 그것을 의미 있게 만들어 주는 사람에게만, 즉, 명시적 표지들이 결여된 상태에서라도 그런 유의미한 관계를 추론할 수 있는 누군가에게만 뜻이 통한다는 사실이다. 그러나 다시 임의의 텍스트에 대하여 일관된 독법이 생성되는 특정한 방식은, 해석에 동원되고 있는 해석 원리의 본성에 달려 있다. 특정한 해석 원리는 자연스런 방식으로 특정한 담화 유형과 연합하게 되며, 그런 연합물이 주체들의 정체성 부여하는 일(interpellating subjects, 182쪽의 역주 120 참고)에서 일관성의 중요한 이념적 기능들을 환히 비춰주는 빛을 탐구할 수 있게 만들어 준다. 다시 말하여, 텍스트는 일관된 해독 방법의 생성에 요구되는 관련된 해석 원리와 합치하여 의미를 지니도록 '만들 수 있고', 연결점과 추론을 이끌어낼 수 있도록 해 주는, 주체들을 위한 해석 디딤판positions, 위상을 마련해 놓는 것이다. 이들 연결점과 추론 내용들은 이념적 종류의 가정들에 기대어 있다. 예를 들어, 다음 두 개의 문장 사이에 일관된 연결을 수립해 놓는 것은, 여성이 아기를 가지는 경우에 직장을 그만둔다는 가정이다.

그녀가 다음 수요일에 직장을 관둬. 임신을 했어[114]

114) (역주) 두 가지 점에 대해 보충해 둔다. 첫째 시제/시상 형식이고, 둘째 우리말에서 공범주 대명사의 사용이다. 이미 155쪽의 역주 96에서 문장과 문장을 결속해(얽어매어) 주는 언어 기제를 '통사결속(cohesion)'으로 부르고, 1970년대에 보편적으로 다섯 가지 기제가 논의됨을 언급하였고, 156쪽과 167쪽에서 모두 아홉 가지가 제시되었다.

그런데 케임브리지-노팅엄 담화 뭉치를 놓고서 머카씨(McCarthy, 1998; 김지홍 뒤침, 2012)의 『입말 그리고 담화 중심의 언어교육』(도서출판 경진, 개정증보판)에서는 시제 표현도 또한 담화의 전개에 깊숙이 간여하고 있음을 처음으로 밝혀낸 바 있다. 이는 무의식적인 시제 표현의 이용에 해당하므로, 일반적으로 알려진 다섯 가지 통사 기제로 포착되지 않는 매우 중요한 발견이다. 기본 생각은 담화가 전형적으로 먼저 무대나 배경이 마련되어야 하고, 이 위에서 사건들이 전개되어 나가야 한다는 점이다. 무대를 마련해 주는 시제 표현과 사건들을 전개하는 시제 표현들이 규칙적으로 다음의 도표와 같은 질서를 따른다.

담화를 전개해 주는 시제/시상 형식의 짜임새(McCarthy, 1998)

말투의 구분 / 무대 및 사건 전개		무대를 마련해 주는 형식	후속 사건을 전개하는 형식
비격식적인 말투(입말)	과거사건 서술	현재완료(have+PP)	단순과거(-ed)로 이어짐
	과거사건 서술	지속적이던 반복 습관(used to)	우연한 과거(would)로 이어짐
	미래사건 서술	현시점의 출발 근거 (be going to/supposed to)	단순미래 조동사(will)로 이어짐
격식적인 말투(글말)	과거사건 서술	지속적이던 반복 습관(used to)	단순과거(-ed)로 이어짐
	미래사건 서술	현시점에서 예정된 미래 (be to, 권위성이 깃듦)	단순미래 조동사(will)로 이어짐

이 도표에 따라, 본문의 예시에서는 먼저 무대를 마련하는 시제가 *be going to*(현시점에 근거한 무대)로 제시되었고, 이후의 사건은 현재 시제로 표현되어 있다. 즉, 무대를 마련하기 위하여 먼저 일정 '폭(duration)'이 있는 시상(aspect) 표현이 제시되고, 이 위에서 전개되는 사건이 '시점(time point)'의 속성을 띤다는 점에서, 본문 예시에서는 현재 시제 *is pregnant*(현재 임신하고 있음)로 서술되어 있다. *will be pregnant*(임신할 것이다)는 인간 마음대로 할 수 없는 일이기 때문에, 만일 그녀가 현재 임신 중이 아니라면 *wants to be pregnant*(임신하고자 한다)고 말했을 법하다.

간단한 두 문장의 연결을 매개해 주는 시상/시제 형식이지만, 우리말 번역에서는 거꾸로 되어야 할 듯싶다. 필자의 직관대로만 본다면, 먼저 무대 설정에 현재 시제('관뒀')가 들어 있고, 이 위에 완료 지속의 시상 표현('임신했어')이 이어져 있다. 표면상 이는 시점 사건 위에 폭이 있는 시상 사건이 뒤이어져 있는 셈이며, 영어의 시제 마련 규칙과는 거꾸로 적용되었다(역상 규칙). 아니면, 사건 인식의 순서는 역순으로 이뤄져서, 임신했기 때문에 곧 직장을 그만둔다는 뜻일 수도 있다(사건 인식 순서와 언어 표현의 제시 순서가 서로 불일치함). 아직 말뭉치 자료를 분석해 보지 않았기 때문에, 필자의 직감에 '현재 상황'에서 출발하여 아마 사건 완료를 가리키는 '-었-'으로 이어질 법하다. 앞으로 우리말 담화 전개에 동원되는 시제와 시상 표현에 대한 정밀한 탐구가 필요하다.

둘째, 소리값이 없는 공범주(empty category)의 이용은 우리나라뿐만 아니라 동북·동남 아시아 언어 및 라틴어 등에서 자주 관찰된다. 적어도 우리말에서는 다음 발화에서 공범주 대명사(e, 이는 참스키 용어이며 작은 공범주 대명사 'pro'라고도 쓰는데, 이를 이승욱(1997: 82)의 『국어 형태사 연구』(태학사)처럼 '무주어' 문장으로 쓰거나 zero 대명사라고도 부를 수 있음)가 나와야 통사결속이 이뤄져 일련의 연속 사건처럼 생각한다. 만일 영어처럼 "그녀가~ , 그녀가~"를 따른다면, 시공간을 달리하는 별개의 두

176

(She's giving up her job next Wednesday. She's pregnant)

(※ 축약형 "'s'는 입말투를 흉내냄)

해석 주체가 이런 디딤판을 받아들여 무의식적(자동적)으로 이렇게 연결을 짓는 한, 독자는 해당 텍스트에 의해서 그 내용에 이르기까지 복종하고 있다. 이 점이 §.3-4절에서 다뤄지는 주체들에게 '정체성을 부여하는' 일에서 텍스트 및 담화의 이념적 '작업work'에 대한 중요한 일부가 된다.

　이제 분석의 아홉 가지 차원 중에서 일곱 번째 차원을 살펴보기로 하겠는데, 이 책자의 관심 사항들 중 가장 두드러진 관심사인 '서로 얽힌 텍스트 속성'이다(Bakhtin, 1981, 1986; Kristeva, 1986a를 보기 바람). 저자는 제4장을 통째로 서로 얽힌 텍스트 속성에 할애할 것이므로, 여기서는 논의를 아주 간략히 해 둔다. 서로 얽힌 텍스트 속성은 기본적으로 텍스트가 지닌 속성으로, 온전히 다른 텍스트들을 끌어들여 받아들이고 있는 것인데, 명백하게 경계가 그어지거나 또는 한데 뒤섞일 수도 있다. 그리고 해당 텍스트는 다른 텍스트들에 동화되거나 모순되거나 반어적 메아리로 반복하는(상대방 말을 그대로 흉내내어 비꼬는 경우) 따위의 모습으로 될 수 있다. ㉠ 생산(산출)의 시각에서 본다면, 서로 얽힌 텍스트의 관점은 텍스트의 역사성을 강조하는데, 앞선 텍스트를 구성해 주는 기존의 '언어 의사소통의 사슬'들에 대하여 그것들에 반응하면서 어떻게 새로운 텍스트에서 추가분을 구성해 주는지에 관한 것이다(Bakhtin, 1986: 94). ㉡ 유통(배포)의 시각에서 본다면, 서로 얽힌 텍스트 속성의 관점은 텍스트들이 기존 노선대로 움직이는 비교적 안정된 그물짜임을 탐구하는 일에도, 그리고 한 유형의 텍스

사건이 제시된 듯이 느껴지거나, 또는 청자로부터 주의력을 모으기 위한 강조의 뜻(지각상 두드러짐)이 더해진다. 주어가 공범주 대명사 형태로 지속되는 한, 서로가 계속 이어진 일련의 사건처럼 관념하게 되는 것이다. 이를 왜 '생략'이라고 말하지 않는지는, 동일한 사건들을 그대로 나열 연결하는 통사결속 기제 속에 '생략'과 '대용 표현'이 들어 있으므로, 이 생략 현상과 서로 혼동하지 않도록 하기 위해서이다.

트로부터 또 다른 유형의 텍스트로 바꿔 나감에 따라(가령, 정치 연설은 흔히 뉴스 보도로 변형됨) 예측할 수 있는 변형 과정을 탐구하는 일에도 도움이 된다. ⓒ 그리고 소비(해석)의 시각에서 본다면, 서로 얽힌 텍스트의 관점은 해석을 형성해 주는 것이 '해당 텍스트', 즉 실제로 서로 얽힌 텍스트 모습으로 구성된 해당 텍스트일 뿐만 아니라, 또한 해석 주체들이 다양하게 해석 과정에 끌고들어온 다른 텍스트들이 됨을 강조하는 일에 도움을 준다.

저자는 임의의 텍스트 속에서 특정하게 다른 텍스트가 공공연히 이끌리어 들어와 있는 '명백하게 서로 얽힌 텍스트 속성manifest intertextuality' 및 '서로 얽힌 담화 속성interdiscursivity' 또는 '서로 얽힌 구성적/산출적 텍스트 속성constitutive intertextuality' 사이에 구분을 그어 놓게 될 것이다. 서로 얽힌 담화 속성은, 이미 142쪽에서 다룬 담화 질서의 우선성primacy, 우월성 원리의 방향에 따라 서로 얽힌 텍스트 속성으로 확장된다. 한편으로, 특정하게 다른 텍스트(명백하게 서로 얽힌 텍스트 속성)로부터 나온 텍스트의 혼종 구성물도 지니게 되며, 다른 한편으로, 담화 질서(산출 과정에 작용하는 서로 얽힌 담화 속성)의 여러 요소(관례의 유형)들로부터 나온 텍스트의 혼종 구성물도 지닌다.

서로 얽힌 담화 속성이란 개념은, 텍스트를 역사적으로 과거의 것(기존의 관례들과 이전 텍스트들)을 현재의 것으로 변형하는 것으로 간주한다. 이는 비교적 관례적이고 규범적인 방법으로 일어날 수 있다. 관례들과 텍스트들을 끌어들이는 방식은, 담화 유형들을 일상적인 것들로 바꾸고서 그것들을 자연스럽게 만들어 주는 경향이 있다. 그렇지만 이런 일이 담화 질서의 요소들에 대한 새로운 형상을 갖고서 창의적으로 생겨나서, 명백하게 서로 얽힌 텍스트 속성의 새로운 모습이 될 수도 있다. 담화상의 변화와 더불어 현재의 관심사항에 썩 알맞게 만들어 주는 것은, 비록 §.3-4 (나)에서 문화적-사회적 변화의 더 넓은 과정들 속에서 담화상의 변화를 탐구하기 위하여 사회-정치적 변화의 이론과 결부될 필요가 있음을 논의하겠지만, 바로 텍스트의 서로 얽힌 견해에 관한 고유한 역사성 및 창의적인 실천 사례를 아주 쉽게 조절해 주는 방식이다.

저자는 담화 실천 사례에 대한 분석이 응당 '미시–분석micro-analysis' 및 '거시–분석macro-analysis'으로 부를 법한 바들을 서로 결합해야 된다고 믿는다. 전자는 대화 분석자들이 출중하게 연구해 왔던 분석의 종류이다(§.1-2). 정확히 참여자들이 그 사회 구성원들의 기억 자원에 근거하여 어떻게 텍스트를 산출하고 해석하는지를 설명하는 일이다. 그러나 텍스트를 산출하고 해석하려고 끌고 들어오는 구성원들의 기억 자원(담화 질서를 포함함)의 본성을 알아내기 위하여, 그리고 그것이 정상적인 방식으로 끌고 들어온 것인지 창의적인 방식으로 끌고 들어온 것인지를 알아내려고 하면, 이것이 반드시 상보적으로 거시–분석과 더불어 보충되어야 한다. 실제로 이를 알지 못한 채로는 미시–분석을 수행해 나갈 수 없다. 물론 미시–분석이 그런 정보를 밝혀내기 위해서는 최상의 장소가 된다. 그런 만큼, 미시 분석이 거시–분석을 위하여 증거를 제공해 주는 것이다. 따라서 미시–분석과 거시–분석은 상호 필수적이다. 저자의 세 가지 차원으로 된 얼개에서(150쪽 그림 참고), 담화 실천 사례의 차원이 사회 실천 관행 및 텍스트의 차원들 사이에 있는 관련성을 매개해 줄 수 있는 것은 바로 그러한 서로 얽힌 관련성 때문이다. 담화 실천 사례의 거시–처리 과정macro-processes[115]을 결정하는 것은 사회적 실천 관행의 본성이고, 해당 텍스트를 형성

---

115) (역주) 앞에서 '거시–분석'과 여기에 있는 '거시–처리 과정'은 서로 낱말 사슬(lexical chain, 어휘 연쇄)을 이루고 있으며, 동일한 개념을 달리 표현하여 쓴 것에 불과하다. 글말 전통이 미약한 우리 문화에서는, 만일 이렇게 낱말을 바꿀 경우에 전혀 별개의 대상을 가리킨다고 착각할 소지가 있겠으나 잘못된 생각이다. 가령, 사랑하는 사람에게 편지를 쓸 경우 '영이'라는 말을 다시 써야 할 때마다, '천사, 미녀, 꽃, 삶의 보람, 기쁨을 주는 보조개, 미의 여신, …' 등으로 바꿔 줌으로써, 그 결과 글 내용을 풍부하고 다양하게 만들어 주게 된다. 서구의 언어교육은 글쓰기에 초점이 모아져 있고, 글쓰기에서는 낱말 사슬을 만들기 훈련을 지속적으로 시킨다. 159쪽 역주 99의 호이(Hoey, 1991)의 『텍스트에 있는 낱말 사슬의 유형』(옥스퍼드 대학 출판부)이 압권이며, 아울러 머카씨(McCarthy, 1990; 김지홍 뒤침, 2003)의 『어휘 옥스퍼드 언어교육 지침서』(범문사)도 읽어보기 바란다.

해 주는 것은 미시-처리 과정micro processes인 것이다.

이 절에서 저자가 받아들인 입장의 한 가지 함의는, 다양한 사회 환경들 속에서 사람들이 텍스트를 해석하는 방식은 별개의 탐구를 요구하는 질문이라는 것이다. 저자가 제시한 얼개가 고유하게 그 나름대로 해석을 살펴보는 중요성을 가리켜 주고 있지만, 이 책에서는 경험적 (실증적) 연구가 포함되어 있지 않음에 유의해야 한다. 대중매체 텍스트의 해석에 대한 연구를 놓고서 다룬 논의들은116) 이 책의 제6장과 모얼리(Morley, 1980)과 톰슨(Thompson, 1990)을 보기 바란다.

§.3-4 사회적 실천 관행으로서의 담론
: 이념 및 패권(주도적 지배권)

이 절에서 저자의 목표는 사회적 실천 관행으로서 담화 모형으로 제시한 세 가지 차원(150쪽 그림)의 얼개 중에서 세 번째 차원의 여러 측면들을 좀 더 분명하게 서술해 주려는 것이다. 구체적으로 말하여, 담화를 이념과의 관계, 권력power과의 관계에서 논의하게 될 것이고, 패권hegemony, 주도적 지배권(189쪽의 역주 126 참고)으로서 권력에 대한 시각 및 패권 투쟁hegemonic struggle으로서 권력 관계의 전개evolution, 발전에 대한 시각 속에서 담화를 자리 잡게 할 것이다.117) 그러는 과정에서 저자는

---

116) (역주) 저자의 책 중에서 이 책보다 3년 뒤에 나온 이원표 뒤침(2004)의 『대중매체 담화 분석』(한국문화사)도 재미있고 중요한 업적이다.

117) (역주) 우리말 용어와 관련하여 두어 가지를 적어 둔다. power(힘, 권력)는 우리말에서 사회제도 속에서 다른 사람에게 발휘되는 경우는 '권력(權力, 제멋대로 저울질할 수 있는 힘, [저울대 권+힘 력])'으로 말하게 된다. 안기부를 '힘 있는' 기관이라고 말할 수도 있겠으나 '권력 기관'이라고 부르면 권력이 고유하게 들어 있는 듯한 느낌을 준다. 이미 김지홍 뒤침(2011)의 『언어와 권력』(도서출판 경진) 10쪽의 역주 10에서 이런 점을 분명히 적어 두었다.

evolution(전개, 발전, 진화)의 라틴 어원은 'ex(out of)'와 구르다(roll)이다. 초기에는 바퀴 움직임(wheeling)과 관련하여 쓰이다가, 점차 어떤 일이 전개되고(opening out) 발전해 나가는 뜻(development)으로 확대되었다고 한다. 그런데 '발전'이란 말의 속뜻은 우리말에서 상태나 질이 점차 나아져 감을 담고 있다. 여기서는 그런 속뜻을 피하여

20세기 맑스주의에 대한 알튀쎄르Althusser와 그롬씨Gramsci의 고전적 업적들을 끌어들인다. 현대에 들어 [옛 소련의 몰락 더불어] 점차 맑스주의가 유행에 뒤떨어졌음에도 불구하고(특히 알튀쎄르의 경우에 중요한 유보 사항임을 덧붙여 둬야겠지만), 이는 사회적 실천 관행의 형태로서 담화를 탐구하기 위한 풍부한 얼개를 제공해 준다.

(가) 이념

담화 및 이념에 관한 최근의 논쟁에서 가장 영향력을 미치고 있는 이념에 대한 이론 작업은 분명히 알튀쎄르(Althusser, 1971; Larrain, 1979)의 업적이며, §.1-6에서 간략히 뻬슈Pêcheux를 다루면서 언급된 적이 있다. 비록 훨씬 더 일찍이 볼로지노프(Volosinov, 1973)가 실질적인 기여를 했지만, 실제로 알튀쎄르(1819~1990)[118)는 이념 논쟁을 위한 이론적 토대를 제공해 오고 있는 것으로 보인다.

저자가 염두에 두고 있는 이론적 토대는 이념ideology[119)에 대한 중요한 세 가지 주장이다. 첫째, 이념은 제도institutions들을 실행하는 방식으로서 물질적 존재material existence를 갖고 있는데, 이는 이념의 물질적 형태로서 담화 실천 사례들을 탐구하는 방식을 열어 준다. 둘째, 이념

'전개'라는 말로 써 둔다. 역사 쪽에서는 '추이'라고도 부른다.

118) (역주) 발간 연도별 우리말 번역은 김동수 뒤침(1991)의 『아미엥에서의 주장』(솔), 김진엽 뒤침(1991)의 『자본론을 읽는다』(두레), 이종영 뒤침(1997)의 『맑스를 위하여』(백의), 김웅권(2007)의 『재생산에 대하여』(동문선), 권은미 뒤침(2008)의 『미래는 오래 지속된다』(이매진), 김석민 뒤침(2010)의 『마키아벨리의 고독』(중원문화), 서관모 엮고 뒤침(2010)의 『역사적 맑스주의』(중원문화), 서관모·백승욱 뒤침(2010)의 『맑스주의 철학』(중원문화), 백승욱·서관모 뒤침(2017)의 『철학과 맑스주의』(중원문화) 등이 있다.

119) (역주) 희랍 어원 idea(형상, 형태, 이데아)+logos(담화, 이치)로 이뤄진 ideology(이념, 독일 발음 [이데올로기], 영어는 [아이디얼러쥐])는 가장 이상적인 상태에 대한 생각을 뜻하므로 여기서는 이념(理念)으로 번역해 둔다. 옥돌의 결을 따라 잘 갈고 닦아서 보석을 만든다는 뜻의 '다스릴 리(理, 治玉 옥결에 따라 갊)'는 다스릴 치(治)의 뜻으로 풀이하는데, 동물의 뿔은 절차(切磋, 자르고 깎음)하고 옥돌을 탁마(琢磨, 쪼개고 갊)하여 지고지선의 보물을 만들게 된다. 결국 이념(理念)이란 말은, '가장 잘 다스려진 이상향'에 대한 생각을 가리킨다.

은 '주체들에게 정체성을 부여한다interpellates subjects'.120) 이는 알튀쎄르(Althusser, 1971: 그 책 161쪽 역주 16 참고)에 따르면 담화에서 언어학자들이 무시해 버린 더욱 중요한 '이념의 효과'들 중 하나가 주체들의 정체감 구성작용constitution of subjects이라는 시각으로 이끌어 간다. 셋째, 가령 교육이나 대중매체 같은 제도를 포함하여 '이념을 덧씌우는 국가기관ideological state apparatuses, ISAs'(§.1-6 참고)들이 동시에 계급투쟁에서의 현장이자 쟁취할 몫이며(193쪽의 역주 131 참고), 이는 이념적으로 지향된 담화 분석을 위한 초점으로서 담화 안에 그리고 전반적으로 여러 담화들에 걸쳐 있는 투쟁을 가리킨다는 것이다.

만일 이념과 담화에 관한 논쟁이 이들 위상에 의해서 깊이 영향을 입었다면, 또한 알튀쎄르 이론의 널리 공인된 한계들에 의해서도 똑같이 부정적 낙인이 찍혀 있을 것이다. 특히 알튀쎄르의 업적은 (이념이 보편적인 사회 접합체 같은 모습을 지님) 지배적 이념의 일방적 강요와 재생으로서 지배력을 규정하는 관점 및 계급투쟁의 현장과 쟁취할 몫으로서의 제도들에 대한 (결과적으로 늘 일시/임시 평형상태로 있음) 그의 주장 사이에는 잘 해소되지 않는 모순을 담고 있다. 실제로 탁월하

---

120) (역주) 큰 사전에 몇 가지 뜻풀이가 들어 있는데, 그 중에 특정한 정체성을 전제하는 방식으로 상대방을 규정하거나(to address a person in a way that presupposes a particular identification of them) 또는 정확한지에 상관없이 한 개인에게 정체성을 부여하는 일이다(to give a person an identity which may or may not be accurate). 불어 원문 「idéologie *interpelle* les individus *en* sujets: 『*Sur la Reproduction*』, p. 302」를 놓고서 호명하다(呼名, 이름 부르다)로 번역한 경우도 있으나, 그랬다면 응당 영어 낱말 appellation (호명, 호칭)로 번역되었을 것이다. 그대로 불어 낱말을 외래어처럼 그대로 쓴 이유는 결코 '호명'이란 소극적 의미가 아니기 때문임을 영어 번역자도 잘 알았기 때문이다. '호명'이란 말은 결코 한 개인에게 정체성이나 구성원으로서의 자격을 규정하고 부여해 준다는 적극적 측면을 제대로 드러내지 못한다. 불어 전치사 *en*을 영어의 동격관계 as로 번역하든, 내포 관계 *into*로 번역하든 전혀 상황이 변하지 않는다. 그런데 295쪽에서처럼 '존평에 위상을 부여하다'는 뜻으로 번역해야 할 부분도 있다.
　정체성을 부여하는 일은 이름을 붙여 불러 주어야 비로소 대상이 드러난다고 말한 김춘수 시인의 '꽃'에 대한 발상도 동일하고, 「임금은 임금답고 신하는 신하다워야 하며, 아비는 아비답고 자식은 자식다워야 한다(君君臣臣, 父父子子)」는 『논어』 구절과도 통한다. 또한 자아(self)를 내면적 측면(I)과 외재적 측면(Me)으로 나누었던 미이드(H. Mead, 1863~1931)의 Me(외재적 자아)와도 관련된다. 다만, 알튀세르는 '이념'을 강력하게 그런 자격과 한계를 규정짓는 주인으로 본다는 점만이 다를 뿐이다.

고 중심적인 것은 전자의 시각이다. 투쟁·모순·변형에 대한 후자의 시각은 주변부로 내쳐져 있다.

저자는 이념을 (물리적 세계, 사회적 관계, 사회적 정체성을 가리키는) 실제 현실에 대한 의미 부여significations/구성 작용constructions으로 이해하게 될 것이다. 이는 담화 실천 방식의 형태forms/의미meanings에 대한 다양한 차원 속에 수립되어 있으며, 지배 관계들의 생산·재생·변형에 기여하게 된다. 이 점은 특정한 언어 사용 및 다른 '상징 형식symbolic forms'이 이념적이라는 톰슨(Thompson, 1984; 1990)의 입장과 비슷한데, 즉, 특정한 환경에서 이런 것들이 지배 관계를 세우거나 유지하는 일에 기여한다. 담화 실천 방식에 들어 있는 이념은 자연스럽게 되어 있을 때에 가장 효과가 크며 '상식common sense'의 지위를 획득한다. 그러나 이념들의 이런 안정되고 확립된 속성이 과도하게 서술되어서는 안 된다. 왜냐하면 저자가 '변형'이라고 언급하는 내용이 한 가지 차원의 담화 실천 방식으로서 이념적 투쟁을 가리키기 때문이다. 지배 관계들을 재구성하거나 변형하는 맥락에서 그것들 안에 수립된 담화 실천 방식과 이념들을 재형성하기 위한 투쟁인 것이다. 특정한 영역이나 제도/공공기관에서 반대되는 담화 실천 방식이 쓰이고 있는 경우에는, 그런 대조의 일부가 이념적임을 깨닫게 해 줄 가능성이 높다.

저자는 이념이 다양한 방식으로 여러 가지 수준에서 언어 속으로 스며들게 되고, 이념의 가능한 서로 다른 '위치'들 사이에 반드시 선택할 필요는 없으며, 이것들이 모두 부분적으로만 정당시되는 듯하고, 어떤 것도 전적으로 만족스러운 것은 없다고 본다. 여기서 저자가 받아들인 입장에 대하여 좀 더 상세한 해설을 보려면 페어클럽(Fairclough, 1989b)를 참고하기 바란다. 핵심 논제는 이념이 구조의 속성인지, 아니면 사건의 속성인지 여부이다. 그 해답은 '둘 모두'이다. 그리고 중심적인 문제는 이미 제3장에서 담화를 다루면서 시사했듯이 구조 및 사건에 대하여 만족스런 변증법적 설명을 찾아내는 일이다.

다수의 설명에서는 이념을 언어 실천 밑에 깔려 있는 어떤 형태의 관례로 규정하면서 이념을 구조의 속성으로 처리하는데, '기호code'나 '구조structure'나 '형성 작용formation'121) 등이 될 수 있다. 이는 사건을 사회적 관습들에 의해 제약되는 것으로 보여 주는 장점을 지닌다. 그렇지만 이미 언급되었듯이 사건들이 다만 구조들에 대한 사례(예시)에 불과하다는 가정 아래, 변형의 관점보다는 이념적 재생의 관점에다 우선권을 부여함으로써, 해당 개별 사건에 대한 초점을 흩어버리는 경향의 단점도 지니며, 관례들을 실제로 흐릿한 경계의 그런 상태보다는 더욱 명백히 경계가 구획되어 나뉜 것으로 나타내는 잘못된 경향도 있다. 초기 저작물에서 **뻬슈**의 시각이 이런 단점의 경우이다. 구조의 선택에 대한 또 다른 약점은,122) 전반적으로 특정한 담화 실천 사례들을 놓고서 담화 질서의 수월성을 인식하지 못한다. 우리는 개별적 관례들뿐만 아니라 담화 질서의 이념적 색깔이 (일부) 스며듦을 설명해 줄 필요가 있고, 다양하고 모순스런 종류의 이념적 색깔이 스며들 가능성까지도 설명해 주어야 한다. 구조 선택을 버린 다른 대안은 이념을 개별 담화 사건으로 자리 잡게 하는 것인데, 과정·변형·유동성으로서의 이념을 강조하게 된다. 그러나 동시에 담화 질서에 대하여 강조를 해 놓지 않는다면, 이것이 아무렇게나 담화를 자유로운 형성 과정으로 여기는 환상으로 이끌어갈 우려가 있다.

또한 이념의 위치에 대한 텍스트 전개 시각도 있는데, §.1-5에서 다

---

121) (역주) 맥락에 따라 과정으로 해석되기도 하고, 결과 상태나 결과물로도 번역될 수 있다. formation이 결과 상태 또는 결과물이라면 '형성물'이라고 번역해야 옳고, 여기서처럼 번역 맥락이 사건을 일으키는 추상적인 과정일 경우에는 '형성 작용'이나 '형성 방식'이라고 번역해야 하는데, 저자는 일부러 명시적으로 '형성 과정'이란 표현을 쓰기도 하였다. 이 낱말도 또한 construction(구성물, 구성 작용), constitute(구성체, 구성 작용) 따위와 사슬 관계에 있다. 임의의 영어 낱말이나 구절 표현이 기본적으로 진행 과정 해석 및 결과 상태(결과물까지 포함) 해석으로 크게 나뉜다는 사실은 김지홍(2010)의 『국어 통사·의미론의 몇 측면: 논항구조 접근』(도서출판 경진)의 제9장 '어휘의 의미표상'을 읽어보기 바란다.

122) (역주) 구조주의에 대한 전반적 비판이 구조가 정태적이며, 전체를 드러내 주어야 하므로, 늘상 두 가지 측면의 한계를 지닌다. 첫째, 정태적 구조를 드러내더라도 단지 정물화 또는 낱장 사진을 제시하는 일에 지나지 않으며, 둘째, 뼈대만 다루므로 살갗을 갖고 숨을 쉬고 있는 개별 대상들이 사라져 버린다는 것이다.

룬 비판적 언어학에서 찾아낸 내용이다. 이념들은 텍스트 속에 깃들어 있는 것이다. 텍스트의 형식과 내용이 이념적 작용 과정과 구조들의 자국을 낳으며 그 자취들임이 사실이라고 해도, 텍스트들로부터 이념을 완벽히 '판독해 내는 일'123)이 그다지 쉽게 이뤄지지 않는다. 제2장에서 논의하였듯이 이는 의미가 텍스트의 해석 과정을 통하여 만들어지고, 텍스트는 이념적 반입으로 서로 달라질 법한 다양한 해석들에 활짝 열려 있기 때문이다. 또한 이념적 처리 과정이 (그것들이 사람들 사이에서 달라지는 처리 과정으로 그런 사건의 순간들을 표현한 텍스트들뿐만 아니라) 전반적인 사회 사건들로서 담화에도 귀속되어 있기 때문이다. 단지 텍스트 분석만을 통하여 이념적 처리 과정을 발견하려는 주장은, 이제 대중매체 사회학에서 친숙한 문제 속으로 뛰어드는 셈이다. 즉, 텍스트 '소비자'(독자와 시청자)들이 때때로 해당 텍스트 '속에' 녹아든 이념의 효과에 대해서는 마침내 사뭇 면역되어 있는 듯이 보인다(Morley, 1980).

저자는 이념이 과거 사건의 결과와 현재 사건에 대한 조건을 구성하는 구조(즉 담화 질서) 및 그런 조건화되는 구조들을 재생하고 변형함에 따라 구조와 사건 그 자체 둘 모두에 자리 잡는다는 견해를 선호한다. 규범과 관례들뿐만 아니라 또한 담화 사건들에 있는 지향점들과 같이 자연스럽게 만들거나 자연스러움을 벗겨 내는 지속적인 작업 속으로 스며들어 세워진 것이, 바로 누적되고 자연스럽게 된 지향점 orientation이다.

이념에 관하여 덧붙일 실질적 물음은, 텍스트와 담화의 어떤 특질이나 수준이 이념적 색깔로 스며들 것인지에 대해서이다. 상식적 주장은

---

123) (역주) 본문에 합성동사로서 'read off'(읽는 과정+떨어진 상태)가 강조되어 쓰였다. '판독해 내다'로 번역하였지만, 텍스트에 있는 이념을 읽고 나서(read) 텍스트로부터 완전히 떨어지다(off)는 뜻이 깃들어 있으며, 이를 '결과 상태(resultant state)'를 가리키는 표현으로 부른다. 이는 한 낱말처럼 붙어 있는 stand up(완전히 일어선 상태)로부터, roll down(굴러서 바닥까지 내려가다), roll up(마지막 단계까지 다 굴리듯 말아내다), roll back(도로 굴러오다, 되감기다), roll forward(굴러서 앞으로 가다)와 같이 여러 모습의 결과 상태를 나타낼 수 있는 구 동사(phrasal verb)에 이르기까지 동일한 기능을 지닌다.

이념적으로 되는 것이 '의미' 그리고 특히 낱말 의미(때로 '형식'에 대립되는 짝으로서 '내용'이라고 표현됨)라는 것이다(가령 Thompson, 1984). 물론 낱말 의미가 중요하지만, 의미의 다른 측면들도 또한 그러한데, 전제라든지(§.4-1 (나) 참고), 비유라든지(§.6-5 참고), 일관된 의미 연결 따위이다. 이미 §.3-3에서 일관된 의미 연결coherence, 일관성이 주체의 이념적 구성 작용에서 얼마나 중요한지를 지적하였다.

'내용'이나 '의미' 그리고 '형식' 사이에 엄격한 대립은 오도되기 쉽다. 왜냐하면 텍스트의 의미가 긴밀하게 텍스트의 형식과 더불어 얽히고 짜여 있으며, 다양한 층위에 있는 텍스트의 형식적 특징이 이념적 색깔로 스며들 가능성이 있기 때문이다. 예를 들면, '경기 후퇴slump' 및 '실업unemployment'을 불가항력의 자연 재해와 유사한 모습으로 표상하는 일은, 타동사 구문의 구조보다 자동사 구문 및 속성을 드러내는 형용사(상태동사) 구문을 더 선호할 수 있다(이들 용어는 §.6-2를 보기 바람). 가령, 다음처럼 대립적으로 표현된다.

The currency *has lost* its value, millions *are out of* work
(현금 통화가 액면 가치를 잃었고, 수백만 명이 일자리를 잃은 상태이다: 자동사와 상태동사)
Investors *are buying* gold, firms *have sacked* millions
(투자자들은 금을 사들이고 있으며, 회사는 수백만 파운드를 자루에 퍼담았다: 타동사)

서로 다른 수준으로, 교실에서 발언 기회 얻어내는 방식, 비서와 사장 사이에 작동하는 공손성 관례는, 교사와 학생, 사장과 비서 사이에 있는 사회관계 및 사회적 정체성에 관하여 특정한 이념적 가정을 품고 있다. 추가적으로 좀 더 자세한 사례는 제4장에서부터 제6장에 있는 표본 텍스트로 주어질 것이다. 심지어 텍스트의 '표현 방식style, 표현 모습'에124) 대한 여러 측면들도 이념이 스며들어 있다. §.4-3에서 영국

정부의 산업통산부에서 간행한 안내책자의 표현 방식이, 어떻게 한 유형의 사회적 정체성으로서 '스스로를 기획하기' 작업을 구성하는 데 기여하는지를 놓고 다룬 분석을 보기 바란다.

사람들이 자신의 실천 방식에서 항상 이념 차원에 대하여 자각한다고 가정될 필요는 없다. 관례들 속에 수립된 이념은 대체로 자연스럽게 꾸며지고 자동적(≒무의식적)으로 처리되어, 자신의 정상적 실천 방식들이 특정한 이념 색깔이 스며들 가능성을 찾아내기가 어려움을 깨달을 수 있다. 심지어 자신의 실천 방식이 반항적으로 해석되고 이념상의 변화에 기여할 수 있는 경우라도, 자세하게 그 이념적 취지를 반드시 자각하는 것은 아니다. 담화에서 이념적 처리 과정들에 대하여 비판적 자각을 강조하는 언어교육의 관행을 위하여 논의되어야 할 강력한 사례도 가끔 있는데, 따라서 사람들이 자신의 실천 방식을 좀 더 자각을 하게 되고, 자신들이 따르게 될 이념적 색깔이 스며든 담화에 대하여 좀 더 비판적일 수 있다. 클락 외(Clark et al., 1988)과 페어클럽(Fairclough, 출간중a)를 보기 바란다.

자각awareness125)에 대한 이들 언급은 주체들의 지위 부여에 관한 물

---

124) (역주) '언어 투식(register, 말투: 핼리데이 용어)', '변동(variation: 바이버 용어)', '기호(code: 번스타인 용어)', '기호 바꾸기(code-switching: 사회언어학 용어)' 등이 어휘 사슬로 쓰인다. 본문에 있는 style(표현 방식 또는 표현 모습, 글말 각각의 고유한 모습으로 '문체'라고 불러왔음)은 아주 오래 전부터 쓰여 오고 있는 말이다.

125) (역주) 언어교육에서는 학습자가 스스로 바스락거리면서 배워 나가는 일을 권장하여 자각−일으키기(awareness-raising; Sharwood Smith, 1981), 의식−일깨우기(consciousness-raising), 주목하기(noticing; Richards Schmidt, 1990) 등의 용어를 써 왔다. 린취(Lynch, 1996: §.2-6)『언어 교실 수업에서의 의사소통(*Communication in the Language Classroom*)』(Oxford University Press)를 보면

> 입력물(input)이나 과제(task) ⇨ 주목하기(noticing) ⇨ 자각 일깨우기 ⇨ 섭취물(intake)

의 순환을 통해서 자발적인 언어 학습이 이뤄지는 것으로 본다. 한편, 같은 책 제2장에서는 산출(output)도 외국어 학습에 중요한 요인이 된다는 스웨인(Merrill Swain, 1985)의 주장도 소개하였다. 이해 가능한 산출물(comprehensible output)을 만들어 내도록 요구함으로써, 학습자의 언어 능력 향상이 확실히 이뤄진다는 것이다. 학습자는 대화 상대방과의 의사소통 간격(communication gaps)을 메워 나가는 기회를 풍부히 그리고 충분히 가져야 한다. 우리나라에서 영어를 배워 본 사람이라면, 원어민과 말을 주고받는 과정에서 스스로 소통 실패 표현들을 고쳐 나가는 경험이 매우 소중함으로 깨닫게

음과 연결될 수 있다. 알튀쎄르 식의 설명에서 이상적인 경우가 이념의 작용과 효과를 가려 버리도록 이념 속에서 자리가 매겨진 주체의 경우이며, 해당 주체한테 상상으로 느끼는 독자성autonomy, 꼭두각시 신세임을 못 깨치고 자율적이라고 착각함을 부여한다. 이는 아주 자연스러운 종류의 담화 관례를 제시해 준다. 그러나 사람들은 실제로 상이하고 모순스런 방식으로 종속된 상태이다. 이러한 고려가 이상적인 경우를 놓고서 의문을 던진다. 종속subjection, 복종 상태(264쪽의 역주 171 참고)이 모순스러운 경우에, 즉, 단일한 제도적 얼개와 단일한 집합의 실천 방식들로 작동하고 있는 한 개인이 다양한 위상으로부터 지위가 부여되고, 이를테면 서로 다른 방향으로 이끌렸을 경우에, 자연화된 상태가 그대로 유지되기 어려울 것이다. 모순스런 위상 부여interpellation(182쪽의 역주 120 참고)는 혼란이나 불확실성 그리고 관례들에 대한 문제 제기라는 의미에서 경험적으로 명백해질 것 같다(§.3-5 참고). 이것들이 자각뿐만 아니라 또한 변형 실천이 가장 잘 전개되어 나갈 것 같은 조건이다.

주체에 대한 알튀쎄르 식 설명은 주체의 이념적 구성 작용을 과도하게 서술하였고, 그 결과 이념 실천 방식에 대하여 반대하고 비판에 간여하는 일을 포함하여, 행위 주체로서 개별적으로 또는 집단적으로 행동하게 될 주체의 능력을 너무 등한히 서술하였다. 128쪽에서 이런 측면으로 푸코에 대해서도 유보적인 언급을 적어 둔 대목을 참고하기 바란다. 여기서 또한 더 앞에서 저자가 옹호하였듯이 변증법적 전환을 수용하는 일이 중요하다. 주체들은 이념상으로 자리가 매겨지지만, 그들은 또한 다양한 실천 방식 및 노출된 이념들 사이에서 창의적으로 그들 자신의 연결점을 만들어 내고, 실천 방식과 구조(≒담화 질서)들을 자리 매김하는 일을 재구성하기 위하여 행동할 수 있는 것이다. 이념적 '결과'로서의 주체 및 능동적 행위자로서 주체 사이에 있는 균형점은, 지배 관계들의 상대적 안정성과 같은 사회적 조건들에 달

되어, 이런 주장에 누구든 선뜻 동의할 것이다.

려 있는 임의의 변인이다.

모든 담화가 이념적일까? 담화 실천 방식이 권력 관계를 유지하거나 재구성하는 일에 기여하는 의미 작용과 맞물려 있는 한, 이념적 색깔이 스며들어 있음을 제시하였다. 권력 관계들이 원칙적으로, 심지어 학문적이며 이론적인 담화에 이르기까지 어떤 유형이 되든지 담화 실천 방식들에 의해 영향을 받을 수 있다. 이는 이념 및 학문(65쪽의 역주 35 참고)이나 이론 사이에 있는 범주적 대립을 가로막아 버리는데, 언어/이념에 대하여 책을 쓴 몇 학자들이 시사해 온 내용이다(Zima, 1981; Pêcheux, 1982). 그렇다고 하여 모든 담화가 구제할 수 없을 만큼 이념적인 것은 아니다. 이념은 계급·성별·문화 집단 등을 토대로 하여 지배 관계로 특성화된 사회에서 생겨난다. 인간들이 그런 차별 사회를 뛰어넘을 수 있는 능력이 있는 한, 차별적 이념들도 뛰어넘어 극복할 수 있는 것이다. 그러므로 저자는 사회 그 자체와 분리될 수 없는 사회 접착제 형태로서의 '일반적 이념'에 관한 알튀쎄르(Althusser, 1971)의 견해를 받아들이지는 않는다. 게다가 모든 유형의 담화가 우리 사회에서 이념적 색채 스며듦에, 원칙적으로 그리고 의심할 바 없이 실제로 어느 정도 열려 있다는 사실은, 모든 유형의 담화가 똑같은 정도로 이념적 색깔이 스며듦을 의미하는 것이 아니다. 크게 살펴보아, 과학적 학문 담화에서보다는 선전 활동이 좀 더 짙게 이념적으로 채색되어 있음을 보여 주기가 어렵지 않을 것이다.

(나) 패권(주도적 지배권)

서구 자본주의와 서유럽에서의 혁명 전략에 관하여 그람씨Gramsci가 분석한 중심 특징으로서 패권hegemony126)이란 개념은(Gramsci, 1971;

---

126) (역주) hegemony(패권, 주도권, 지배권, 독일 발음 [헤게모니], 영어로는 [히줘머니])인데, 이는 희랍어 '이끌다(to lead, hēgeisthai)'에서 나온 말이다. 이는 혼자만이 모든 것을 쥐락펴락하는 독점적 '지배 권력'이나 '주도권'으로도 번역할 수 있겠으나, 여기서는

Buci-Glucksmann, 1980), 저자가 옹호해 오고 있는 담화에 대한 견해와 잘 어울리고, 권력 관계의 전개와 관련하여 변화를 이론화하는 길을 제공해 주며, 담화상의 변화를 놓고서 특정한 초점을 허용해 주지만 동시에 담화를 더 넓은 변화의 과정에 기여토록 하며 또 그런 과정에 의해서 담화가 형성되는 것으로 보는 길도 제시해 준다.

　패권은 두루 한 사회의 경제·정치·문화·이념 영역들에 걸쳐서 지배력domination에 상응하는 만큼의 지도력leadership을 가리킨다. 패권은 근본적으로 다른 사회적 힘과 연합되어 경제상으로 규정된 한 종류의

이전부터 써온 '패권'을 받아들이기로 한다. struggle과 이어질 경우에, 필자의 말맛대로라면 '패권 다툼'이나 '패권 싸움'이나 '패권 투쟁'이 자연스런 이음말인데, 싸움이나 투쟁이 손이나 무기를 쓰는 듯이 느껴진다. 최근 방송매체에서 자주 등장하는 것 중 '갑질' 문제가 있다. 한쪽 측면에서만 보면 패권 또는 헤게모니란 결국 갑의 자리(지위)를 차지하고 갑질을 하는 일이다. 그렇지만 여기서는 언제나 부정적인 뜻만이 있는 것이 아니기 때문에(정당하게 패권의 지위를 차지하려고 노력하면서, 혼종 이념들을 뒤섞으면서 서로 간에 합의하는 과정도 허용됨), '갑질'이란 말을 선택할 수가 없다.

　패권(霸權, 비 우[雨]에 쓴 것이 원래 글자이며, 덮을 아[襾]나 서녘 서[西]로 쓴 패[覇]는 속자임)은 특히 『맹자』에서 인(仁)에 근거한 왕도(王道) 정치와 반대되는 강한 힘에 근거한 패도(霸道/覇道)의 권력을 가리킨다. 우두머리 패(霸)는 『서경』을 비롯한 금문에서 날짜를 표시하는데, 초하루(生霸/生魄 '생백', 새로 생겨 커져가는 달의 몸뚱이)와 보름(死霸/死魄 '사백', 사그러들어 죽어가는 달의 몸뚱이)을 가리키기 위하여, '비 젖은 가죽 박(䨣)'과 '달 월(月)'을 합쳐 놓은 글자였다(날짜를 가리키면 몸뚱이/형체 '백[魄]'으로 읽음). 가죽이 물에 젖으면 부드럽지만, 다시 마르면 '뻣뻣해지는' 경험을 누구나 다 하였을 것이므로, 직관적으로 필자는, '쇠처럼 뻣뻣하고 억세다'라는 뜻이 동시에 소리가 비슷한 맏 백(伯, 白과 皃가 모두 사람머리의 상형이며, 지금도 수령首領/두령頭領/괴수魁首란 낱말에 깃들어 있음)을 대신하게 되었을 것으로 본다. 유교 경전에서 거의 언제나 맏 백(伯)의 가차자(백화발음 伯 bó, 霸 bà/pò)로 풀이하여 '남을 힘으로 억누르는 우두머리'의 뜻으로만 쓰는데, 『서경』의 풀이에서는 문왕과 같이 오직 백(伯)에 임명된 제후만이 스스로 군사를 동원하여 못된 제후를 정벌할 수 있다고 덧붙여 놓았다(제후에 대한 처벌 행사 권한).

　그렇다면 패권과 반대되는 개념은 무엇일까? 저자는 다른 책(김지홍 뒤침, 2012, 『담화 분석 방법』, 도서출판 경진, §.64 및 그곳의 역주들 참고)에서 독일 사회철학자 하버마스를 논의하면서, 공개 토론 마당에서 공정하게 구성원들 사이에서 합의가 이뤄지는 방식으로 보았다. 이는 정치학에서 말하는 신중하게 '서로 존중하고 합의하는(deliberate)' 민주주의에 다름 아니며, 간략히 '합의 민주주의'라고 말할 수 있다. 일부에서 이를 '숙의 민주주의(熟議 익을 숙, 의논할 의: 무르익은 논의)'라고 번역했지만, 철저히 상아탑 속에만 갇혀 있는 현학적 번역에 불과하다. 관련 논문까지 쓴 연구자에게 직접 그 말뜻을 물어 본 적이 있었으나, 안타깝게도 어름대면서 모호하게 답변할 뿐이었다. 어려운 말을 쓴다는 것 자체가, 스스로도 제대로 이해하지 못하였음에도 불구하고 대화 상대방을 깔보고 찍어 누르려는 불순한 동기를 담고 있을 법하며, 이 또한 '갑질'에 속할 따름이다. '합의 민주주의'는 '패권주의'의 반대 개념이다.

계급(기득권층)에 관한 사회 전반에 걸쳐 행사되는 권력이다. 그러나 이는 '불안정한 평형상태unstable equilibrium'로서 부분적으로 그리고 일시적으로만 성취되는 것일 뿐, 결코 그 이상은 아니다. 패권은 연맹alliances, 동맹을 구축하는 일에 대한 것이며, 양보를 통하든 아니면 이념적 수단을 통하든 응락을 받아내기 위하여 단순히 종속 계급(피지배층)들을 지배하기보다는 오히려 통합하는 일에 관한 것이다. 패권은 서로 다른 계급(계층) 및 이익집단들blocs 사이에 있는 가장 위태스럽고 불안정한 사안들을 둘러싸고서, 경제·정치·이념 형식들을 띠는 연맹 및 지배/복종의 관계를 구성하거나 유지하거나 부숴 버리기 위하여 일어나는 지속적인 투쟁의 초점이 된다. 서로 다른 수준 및 영역들 사이에 있는 있을 수 있는 불공평함과 더불어 패권 투쟁은, 시민사회의 제도(교육, 노동조합, 가족)들을 포함하여 광범위하게 최전선에서 일어난다.

알튀쎄르 식의 모든 발전을 기대하는 측면(Buci-Glucksmann, 1980: 66)에서 보면, 가령 암묵적으로 이론적 '전제'들로서 이념들을 담고 있는 실천 방식으로, 이념들에 대한 암묵적이며 무의식적인 물질 작용에 초점 모으는 일과 같이, 이념은 이런 얼개 속에서 이해되는데,

예술 속에서, 법률 속에서, 경제 활동 속에서, 그리고 개인 및 집단의 생활에 관한 구체적으로 분명한 사례들 속에서, 암암리에 입증되는 세계에 대한 개념화 작업

(a conception of the world that is implicitly manifest in art, in law, in economic activity and in the manifestations of individual and collective life)

(Gramsci, 1971: 328)[127]

---

127) (역주) 저자가 인용하고 있는 영역본(본문 인용은 1999년에 나온 전자책 판본의 634쪽에 해당함)은 이상훈 뒤침(1993)의 『그람시의 옥중 수고』 I~II(거름)로 번역되어 있다. 인용된 본문은 번역본 제II권 168쪽에 있다. 푸코 논의에서와 마찬가지로 인용문의 번역은 우선 번역본으로 앞뒤 맥락을 잘 이해한 뒤에, 필자 나름대로 번역해 놓았고, 참고로 두 번역을 비교할 수 있도록 번역본의 쪽수도 같이 적어 둔다. 벨라미 엮음(Bellamy,

으로서의 이념인 것이다. 주체들에 대한 지위 부여 방식은 알튀쎄르식으로 가다듬어 놓은 내용이지만, 주체에 대한 개념화 작업이 그룹씨(Gramsci, 1971: 324; 이상훈 뒤침, 1993: 권II, 162쪽)에서도 찾을 수 있는데, '기묘하게 복합적인' 성격/인격'strangely composite' character을 제공하는, 암묵적인 실천 방식 속에 깃들어 있는 다양한 이념들에 의해 구조화된다고 보았다. 과거 이념 투쟁의 다양한 결과들에 관한 저장고로서, 그리고 계속 진행되고 있는 투쟁에서 재구성을 위한 지속적인 목표로서 '상식common sense'에 대한 견해이다. 상식적 견지에서는 이념이 자연스럽게 되거나 자동적(무의식적)으로 된다. 더욱이 그룹씨는 '이념의 터전을 형성 과정의 투쟁적이고 중복되며 교차하는 흐름들의 견지에서' 파악하였는데(Hall, 1988: 55~56), 그룹씨(Gramsci, 1971: 195)에서128) '이념적 복합체an ideological complex'로 언급한 것이다. 이는 이념적 복합체가 구조를 갖추고 재구조화되며, 명시적으로 표현되고 명백히 재표현되는129) 형성 과정들에 놓인 초점을 시사한다. 비록 담화 분석에 본질적이라고 여길 만한, 실제 텍스트에 관한 분석이 전혀 들어 있지 않지만, 래클로·무프(Laclau and Mouffe, 1985)에는130) 패권 및 명시적 표현에 대한 중요한 논의가 있으며, 저자보다 먼저 이들

1994; 김현우·장석준 뒤침, 2001)의 『옥중 수고 이전』(갈무리)도 번역되어 있다.

128) (역주) 1999년 나온 전자책 판본의 427쪽에 해당하며, 이상훈 뒤침, 1993: 권I, 206쪽에 있다.

129) (역주) 원문은 모두 '결과 상태'를 가리키는 과거 분사(past participle) 'articulated and rearticulated'이다. 좀 더 뒤에서는 disarticulation(일부러 명백성을 감춘 표현, 접두사는 박탈이나 제거나 결여의 뜻으로 번역해야 함)도 나온다. 이미 29쪽의 역주 16에서 밝혔듯이, §.2-1 (나)의 마지막 단락과 §.3-1에도 나왔었다. 라틴어 어원이 '마디들로 나누다(to divide into joints)' 또는 말소리 마디들이 흐려지지 않게 하면서 '분명하게 말하다(to utter distinctly)'는 뜻이 들어 있다. 후자의 뜻이 확장되어 논리학에서는 논리가 정연하고 분명한 사고를 가리키고, 음성학에서는 말소리를 만들어내다/조음하다는 뜻으로도 쓰인다. 29쪽에서는 '접합하다'는 뜻을 중심으로 번역했고, 여기서는 애매하지 않고 '명백하게 또는 또박또박 드러낸 표현'을 중심으로 번역해 둔다. 가장 두드러진 사례들이 도로 표지판·경고 표지판·안내 표지판 따위들 중 글자로 씌어 있는 경우들이다.

130) (역주) 두 종의 번역본이 있는데, 이승원 뒤침(2012)의 『헤게모니와 사회주의의 전략: 급진 민주주의 정치를 향하여』(후마니타스)와 김성기 외 뒤침(1992)의 『사회 변혁과 헤게모니』(터)이다.

개념들을 담화에 적용한 선례인 것이다.

해당 담화 요소들에 대하여 '명백한 표현, 감춰놓은 표현, 명백한 재표현articulation, disarticulation, and rearticulation'에 비춰서 패권 투쟁에 관한 그런 개념화 작업conception은 더 앞에서 저자가 담화에 관하여 언급한 바와 정합적으로 들어맞는다. 담화구조와 사건 사이에 있는 관련성에 대한 변증법적 시각이다. ㉠ 담화구조를 담화 요소들에 대하여 대체로 고정되지 않은 모습으로 된 담화 질서로 간주하는 일이고, ㉡ 서로 얽힌 텍스트 속성 및 기존 텍스트와 관례들을 얼마나 명시적으로 표현하는지를 논의 중심에 놓는 텍스트에 대한 비판적 시각을 받아들이는 일이다. 담화 질서는 패권을 구성하는 모순되고 비고정적인 일시적 평형상태equilibrium의 담화 측면으로 간주될 수 있고, 결과적으로 담화 질서의 명시적인 표현과 재표현이 패권 투쟁에서 쟁취할 하나의 몫이 된다.131) 더욱이 텍스트에 대한 생산·유통·소비(해석도 포함)로 이뤄지는 담화 실천 방식이 (가령, 기존 텍스트와 관례들이 텍스트 생산에 명시적으로 표현되는 방식을 통하여) 기존의 담화 질서뿐만 아니라, 또한 기존의 사회-권력 관계들의 질서를 통해서도, 다양한 정도로 재생산이나 변형에 기여하는 패권 투쟁의 한 측면이다.

이제 한 가지 사례로서 전 영국 수상 대처의 정치 담화를 살펴보기

---

131) (역주) 이 책의 피인용 지수를 가장 높인 구절로서, 지금까지 141쪽과 182쪽 등에서, 모두 세 번 언급되었다. "discourse is not only *a site of power struggle*, but also *a stake in power struggle*". 저자의 후속본인 김지홍 뒤침(2011)의 『언어와 권력』(도서출판 경진) 83쪽 1행에서도 다시 나오는데, 거기에서는 stake을 말뚝으로 잘못 번역했음을 적어둔다. 응당 '쟁취할 몫'으로 번역해야 쉽게 뜻이 와 닿으며, 노름이나 내기를 걸어 따낸 판돈에 비유한 것이다(stakes in gambling).

  이 낱말이 또 다르게 번역되어야 할 경우가 있다. 앞에서 what is *at stake*(현재의 관심사/문젯거리인 것, 위기에 처한 것)이란 표현도 나왔었다(44쪽 및 84쪽 인용). 언어교육 평가에서는 high *stake* test(부담 높은 시험)과 low *stake* test(부담 낮은 시험)라는 말도 쓰인다. 마치 '내기에 판돈을 걸 듯이' 응시생들이 시험의 결과에 따라 자신의 미래가 달라지므로, 그 시험에 대해 부담을 느끼는 측면을 뜻한다. 수능시험은 부담 높은 시험(고부담 시험)이지만, 교실수업 쪽지 시험은 부담 낮은 시험(저부담 시험)이다. 올더슨(Alderson, 2001; 김지홍 뒤침, 2015)의 『읽기 평가』(글로벌콘텐츠) 70쪽의 역주 75, 223쪽의 역주 21을 참고하기 바란다.

로 한다. 이는 기존의 정치 담화 질서에 대한 명시적 재표현으로 해석
될 수 있다. 이는 전통적인 보수적·신자유주의적·대중 영합적 담화들
을 가져와 새로운 혼합물로 만든 것이며, 또한 선례가 없는 여성 지도
자로서 정치권력의 담화를 구성해 준다. 이런 담화상의 명시적 재표
현은 새로운 정치 기반 및 정치 의제를 구성하기 위한 패권 성취 기획
hegemonic project에 실질적 토대를 마련해 주는데, 그 자체로 중산층 자
본가들bourgeoisie에 중심이 놓인 이익집단bloc의 패권을 재구성하기 위
한 더 넓은 정치 기획의 한 측면이 된다. 대처의 담화는 홀(Hall, 1988)
에서 이런 용어로 서술되었다. 페어클럽(Fairclough, 1989a; 김지홍 뒤침,
2011)에서는 앞에서 소개된 것과 비슷한 담화의 개념화 작업에 비춰보
아 그런 분석이 어떻게 실행될 수 있는지를 보여 주었는데, 홀(Hall,
1988)에서는 논의되지 않았으나 대처의 정치적 텍스트에 대한 언어상
의 구체적 특징들을 설명해 주는 방식이다. 저자는 응당 명시적으로
재표현된 담화 질서가 모순적임을 덧붙여 둬야겠다. 권위적인 요소가
민주적이며 평등주의 요소들과 공존하고 있는 것이다. 예를 들어, 일
반 대중을 위해서 말하고 있다는 주장을 속뜻으로 깔고 있는 포괄적
대명사 '우리we, 청자를 포함하는 우리'가 가령

You get sick of the rain, don't *you*

(여러분은 비가 진저리나죠, 안 그런가요?)132)

---

132) (역주) 본문의 논제와는 무관하나, '피해(adversive) 수동태' 표현을 만들어 주는 get에
대하여 적어 둔다. 흔히 이를 get-수동태라고 부른다. get의 번역인 '얻다'는 능동적이다.
그렇지만 '손해를 입다, 피해를 당하다'는 결과 상태로서 피동 구문을 표현할 적에,
입말 영어에서는 get이 높은 빈도로 쓰인다는 사실이 처음 머카씨(McCarthy, 1998; 김
지홍 뒤침, 2012)의『입말 그리고 담화 중심의 언어교육』(도서출판 경진, 개정증보판)
174쪽 이하에서 밝혀졌다. 노팅엄 담화뭉치(입말 말뭉치)에서 뽑은 표본 139개 중에서
124개가 피해 피동구문으로 쓰였으므로, 가히 압도적이다. 특히 get을 쓰면 손해나 피
해를 입힌 주체나 상대방의 고의성이 전혀 드러나지 않은 채, 오직 결과 상태로서 피해
나 손해만을 가리키게 되므로, 일부러 행위 주체를 가려 버리는 대표적인 표현 방식이
된다. 영어 글말에서는 'had been'으로 대체된다.
　　필자의 직관에 따르면, 순우리말에서는 '손해 보다(이익 보다), 손해 입다(은혜 입다),
불이익을 받다(이익 ???받다/얻다)'라고 말하지만, 한자어 '당(當)하다'를 쓰면 '창피당

194

처럼 지시범위가 막연한indefinite 대명사인 '여러분you'과 함께 쓰이고 있으며, 가부장적 요소와 여성해방주의feminist 요소들도 뒤섞어 쓴다. 더욱이 담화 질서의 명시적 재표현은 생산적인 담화 실천 방식에서뿐만 아니라 또한 해석에서도 성취된다. 대처의 연설 텍스트를 이해 가능케 하는 일은, 이질적 요소들 사이에서 일관된 의미 연결을 부여할 수 있는 주체들을 요구하며, 패권 기획은 부분적으로 주체들을 해석하는 구성 과정인데, 그런 연결이 자연스럽고 자동적(≒무의식적)으로 이뤄지도록 만든다.

그렇지만 대부분의 담화는 국가 정치의 수준에서보다는 특정한 제도(가족, 학교, 법정 따위) 속에서 패권 투쟁에 영향을 준다. 말하자면 주동 인물protagonists들이 계급(계층) 또는 이익집단blocs과 비교적 직접적인 그런 방식으로 연결된 계급 또는 정치 세력이 아니라, 오히려 교사와 학생, 경찰과 민중, 남자와 여자의 성격을 띤다. 패권이 또한 그런 경우에도 모형a model과 기반a matrix133)을 모두 제공해 준다. 먼저, 모형을 제공해 주는 사례를 본다면, 교육에서 지배적인 집단이 또한

하다, 거절당하다, 사기당하다, 놀림당하다, 버림당하다, 죽임당하다'라는 말 속에 살짝 '억울하다'는 속뜻이 느껴진다. 따라서 낱말들의 1:1 번역(축자 번역)은 불가능하며, 이런 속뜻을 추가하여 풀이해 줘야 할 것이다.

한자어 당(當, dāng, dàng)의 어원은 숭상할 상(尙)과 밭 전(田) 또는 흙 토(土)로 구성된 형성자이며, 본래 밭끼리 서로 맞닿아 있음(田相峙)을 뜻하였다. 여기서 떠맡다(담당, 감당), 꼭 들어맞다(해당, 타당, 충당, 상당, 저당, 가당하다), 시간 표현으로 그때부터/에 이르러(당시, 당초, 당대, 그날에 당하자), 만나다(당면, 당사자, 당선), 처하다(당장), 꼭(당연), 그대(당신) 등으로 뜻이 늘어났다. 『설문해자』의 단옥재 주석을 보면, 갚을 보(報)의 풀이가 당죄인(當罪人, 죄에 저촉되어 벌 받을 사람)임에 근거하여, 죄인이 죄값을 받는 것으로 풀이하였다. 비록 이학근 주편(2012: 1202)의 『자원』(천진고적 출판사)에는 피동의 뜻을 다루지 않았고, 왕력(2000: 747)의 『고한어 자전』(중화서국)에서는 죄를 판정받다(判罪) 정도만 올렸지만(나죽봉 주편(1991), 『한어 대사전』 권7, 1384쪽 이하에는 모두 34개 뜻을 풀어 놓았음), 필자는 아마 단옥재가 풀이한 뜻에서부터 점차 우리말에서 피동 용법 '팽(烹 삶아 죽임)당하다, 사고당하다, 상(喪) 당하다' 따위로 쓰게 된 것으로 생각된다.

133) (역주) matrix(기반, 토대)는 라틴어 어원 어머니의 자궁에서 나온 말이며, 수학에서는 선형대수를 계산하기 위하여 행과 열로 이뤄진 '행렬식'을 뜻한다. 이 책에서는 모형과 기반(역순으로 기반과 모형)이 서로 짝처럼 쓰이고 있으므로, 집 설계도와 구체적인 건물로 비유할 수 있다. 198쪽의 요약 부분을 보면, 기반은 설계도를 마련하는 일로, 모형은 구체적 건물을 분석하는 일로 간주하고 있다.

연합체를 구성하고, 단지 종속 집단들을 지배하기보다 통합하며, 그들의 동의를 얻어내고,[134] 다른 집단들에 의해 허물어질 수 있는 불안정한 일시적 평형상태를 성취하는 일을 통하여, 그리고 부분적으로 담화를 통하여, 지엽적인 담화 질서의 구성 작용을 통하여, 그렇게 실천하면서 권력을 행사해 나가는 듯하다. 다음으로, 기반을 제공해 주는 사례로서, 사회 전반적 차원에서 패권의 획득은 지엽적이고 반-자동적 제도들 및 권력 관계에 대한 일정 정도의 통합을 필요로 하므로, 따라서 후자는 부분적으로 패권 관계에 의해 형성되고, 지엽적인 투쟁이 패권 싸움으로 해석될 수 있는 것이다. 이는 여러 제도들에 걸친 연결들에 대하여 주의를 기울이도록 시사하는데, 제도적인 담화 질서들 사이에 있는 연결점과 움직임movement, 운동이다. 특정한 담화 질서를 초월하는 변화들에 대한 분석을 보려면 제7장을 참고하기 바란다.

비록 패권(주도권)이 현대 사회에서 권력의 우월한 조직 형태인 듯이 보이지만, 그것만이 유일한 것은 아니다. 또한 이전부터 좀 더 두드러진 형태의 유산들도 남아 있는데, 거기에서는 양보 없이 규칙·규범·관습들을 강경하게 굴레 씌우는 일로 지배가 성취된다. 이는 담화의 기호 모형[135]에 상응할 법하며, 여기에서는 강력한 얼개 지우기

---

134) (역주) 이 책에서는 "winning their consent(설득시켜 마침내 동의를 얻어내다)"는 표현이 세 차례 쓰이고(원문 92쪽과 217쪽과 이곳 94쪽), "the generation of consent(동의의 생성)"이란 표현이 두 차례 쓰였다(원문 9쪽과 58쪽). 참스키 교수는 여러 책들에서 "manufacture of consent(동의의 조작, 조작된 동의)"이나 '묵시적 동의'로 민주주의를 왜곡하고 정당하게 참여권을 지닌 시민들을 철저히 방관자로 만들어 버리는 교육을 함으로써, 민주주의 본래 가치를 전도시켜 왔음을 40년 넘게 통렬하게 비판해 왔다. 참스키(Chomsky, 2000; 강주헌 뒤침, 2001)의 『실패한 교육과 거짓말』(아침이슬)과 참스키(Chomsky, 2003; 이종인 뒤침, 2007)의 『촘스키, 사상의 향연: 언어와 교육 그리고 미디어와 민주주의를 말하다』(시대의창)를 보기 바란다. 인지언어학 흐름을 개척한 제자 레이코프 교수 또한 일련의 사회 비판 책자를 통해 보수적 진영에서 상징(또는 세계를 보는 틀 frame) 조작을 통해 기득권을 고수하는 방식들을 낱낱이 해부하여 보여준 바 있다. 레이코프(Lakoff, 2006; 나익주 뒤침, 2007)의 『프레임 전쟁』(창비)과 레이코프(Lakoff, 2006; 나익주 뒤침, 2009)의 『자유는 누구의 것인가』(웅진 지식하우스)를 읽어 보기 바란다. 이런 큰 학자들의 지향 방향을 통해서, 개인적으로 언어학의 진면목이 언어를 출발점으로 하여, 인간을 바라보며, 사회를 비판하고, 자연을 이해하며, 인류 지성사와 문명 비판의 과녁에 이르는 것임을 뼈저리게 느낄 수 있다. 필자를 포함하여 대다수 우리나라 인문학자들에게서 빠져 있지만, 참된 실학자의 핵심 덕목인 것이다.

및 분류 방식(Bernstein, 1981)[136] 그리고 아주 엄격히 규제된 규범적 실천 방식과 더불어 기호의 구체적 실현instantiation, 예화에 비춰보면서 담화를 다루게 된다. 이는 앞에서 서술해 놓은 담화에 대한 '명시적 표현articulation' 모형으로 부를 법한 내용과 대조를 이루는데, 조직적인 패권의 형태에 상응한다. 담화 기호 모형이 사뭇 제도-지향성을 띠고 있지만, 반면에 명시적 표현 모형은 좀 더 고객-지향성/대중-지향성을 띤다. 교실수업 담화나 의사와 환자 간의 담화를 놓고서 관찰되는 전통적인 형식 및 좀 더 최근의 형식들을 비교해 보기 바란다(제5장의 후반부에서 특정한 사례들을 다룸). 반면에 탈-근대성(후기-근대성)을 다루는 연구자들은, 꼭 집어내기가 어렵겠지만 사뭇 권력의 중심성 해체를 주장하는 일과 연합되고 권력제도-지향성으로부터의 추가적인 전환을 드러내면서, 새롭게 떠오르는 권력의 조직적 형식을 제시한다. 이는 담화상의 실천 방식을 담화 요소들의 명시적 재표현을 항상

---

135) (역주) 153쪽에서 소쉬르를 언급할 적에는 sign(기호, 상징 기호, 언어 기호)라고 하였고(원문 74쪽), 여기서는 code(기호, 담화 기호, 부호)라는 말을 썼다. 또한 183쪽과 398쪽을 보기 바란다. 이 책에서는 code가 모두 24차례나 나오며, 이음말로서 code model(기호 모형)이나 single code(단일한 기호)나 code element(기호 요소) 따위도 쓰고 있으므로, 저자가 선택한 기본 용어임을 짐작하게 해 준다. 그렇다면 이 두 낱말의 선택은 연구자에 따른 선호의 결과라고 말할 수 있으며, 여기서는 이들을 구별하지 않은 채 모두 '기호'로만 적는다. 단, 453쪽에서 coding(식별부호 붙이기)은 여기와는 조금 다른 뜻으로 쓰인다. 또 231쪽 〈표본 2〉에서 다른 뜻의 동사 sign(서명하다)과 383쪽에서 다른 뜻의 명사 sign(징표, 상징)이 있는데, 후자는 또한 signal(신호)로도 쓰인다. 둘 모두 일상언어 용법이다.

136) (역주) 이병혁 엮음(1993)의 『언어사회학 서설』(까치) 속에 번스타인(1959; 장상수 뒤침)의 「계급과 언어와 통제」가 들어 있어서, 그의 주장을 읽을 수 있는데, 사뭇 보수적인 시각을 담고 있다. 이에 대립되는 시각이, 10년에 걸친 장기간의 방대한 연구로서 여전히 '기념비적 업적'으로 칭송되어 마지않는 히이쓰(Heath, 1983)의 『낱말 사용 방식: 공동체와 교실수업에서의 말·삶·일(*Ways with Words: Language, Life and Work in Communities and Classrooms*)』(Cambridge University Press)도 참고하기 바란다. 후자는 미국 남 캐뤄라이너(South Carolina) 주의 백인 노동자들(*Roadville*에 거주) 및 흑인 노동자들(*Trackton*에 거주) 집안에서 자라고 있는 학습자들의 언어 사용 차이를 놓고서 연대기적이며 해석적인 방법으로 조사한 것이다. 비록 하위문화의 가치에 따라서 다수의 사회 방언들이 만들어지지만, 그 방언들 사이에는 전혀 우열이 들어 있지 않다고 결론을 얻어서, 레이보프(Labov, 1972)의 『도심 속 언어: 통속적인 흑인 영어 연구(*Language in the Inner City: Studies in the Black English Vernacular*)』(University of Pennsylvania Press)의 주장이 다시 실증되었다.

최소한도로만 제약시킨 모습으로 특성 짓는 '조각보' 모형mosaic model
과 어울리는 듯하다.137) 이 모형에 들어맞는 담화상의 실천 방식은
'탈-근대성post-modern'으로138) 여겨져 왔다(Jameson, 1984). 가장 분명한
사례들은 광고에서 찾을 수 있다(Fairclough, 1989a; 김지홍 뒤침, 2011:
§.8-1과 §.8-2를 보기 바람). 저자는 제7장에서 현대 담화 질서에 영향을
주는 어떤 광범위한 경향들에 대한 논의와 관련지으면서 이들 담화
모형들을 자세히 다룰 것이다.

이상에서 담화 분석을 위한 3차원 얼개(150쪽의 그림)에서 다룬 내용
을 요약한다. 주요한 관심 사항으로 저자는 그 일부로서 사회적 실천
방식의 본성 및 담화의 산출과 해석에 관한 사회-심리적 측면들을
포함하여(역주 107 참고) 담화상의 실천 내용의 본성 사이에 있는 담화

---

137) (역주) 미국에서 언어교육이 2차 대전 전승국이 되었을 당시에는 모두 하나로 미국
문화에 동화되는 '용광로(melting pot)' 모형을 제시하였다가, 1970년대의 위기를 거치
면서 다양성이 공존하게 되는 '조각보 그림(mosaic)' 모형으로 바뀌었다. 후자는 우리말
에서 '비빔밥' 모형으로 말할 수 있는데, 더 많이 섞이면 섞일수록 밥맛이 좋아지기
때문이다. 모자이크라는 외래어를 쓰지 않고 우리말로 새겨 둔다. 만일 '조각보'가 마뜩
하지 않다면, 숫제 이를 풀어서 '조각조각 얽은'으로도 바꿔 쓸 수 있다. §.7-0과 §.7-5에
서도 다시 모자이크 모형이 나오며, 그곳에서는 '절충 모형(negotiative model)'으로도
부른다.

138) (역주) 김지홍 뒤침(2011)의 『언어와 권력』(도서출판 경진)의 22쪽 역주 8에서 '탈-근대
주의'를 놓고서 필자의 이해 방식을 적어 두었다. 먼저 modernity(근대성), modernism(근
대주의)을 규정한 뒤에, 후기 흐름으로 볼지 아니면 완전히 벗어난 흐름으로 볼지에
따라 post-modern을 '후기-근대성'이나 '탈-근대성'으로 번역할 수 있다.

15세기 문예부흥을 지나 갈릴레오와 뉴튼에 의해 촉발된 자연과학의 새로운 발전과
더불어, 17세기 인쇄술의 보급에 힘입어서, 서구 지성사에서는 뚜렷이 계몽주의로 불
리는 흐름이 생겨났다. 이 흐름에서는 합리성을 중시하여 이를 수학적 표현 방식으로
나타내는 일을 최상의 목표로 삼았는데, 우주 속의 모든 것들을 놓고서 '일반성·추상
성·보편성·영원성·순수성' 등을 찾아내고 규정하려고 노력하였었다. 그렇지만 결과적
으로 무대에서 인간을 말살해 버리는 예상치 못한 결과를 초래하였다. 따라서 이에
반발하면서 많은 갈래의 흐름들이 나왔는데, 이들을 모두 뭉뚱그려서 '탈-근대성'이라
고 부르고 있다. 일각에서는 반발 흐름들이 너무 이질적이어서 하나의 이름으로 묶을
수 없다고도 주장한다. 여기서는 앞에서와 대립적으로 '개별성·구체성·특수성·역사
성·순간성·맥락성·혼합성' 따위를 추구하는 것이다. 우스갯소리로 이런 흐름을 "그림
속의 떡"보다 내 손에 있는 과자가 더 낫다고 우스갯소리를 한다. 중요한 책자로 두
권을 추천한다. 툴민(Toulmin, 1990; 이종흡 뒤침, 1997)의 『코스모폴리스(≒우주와 사
회의 질서를 뜻함): 근대의 숨은 이야깃거리들』(경남대 출판부)과 강수택(1998)의 『일
상생활의 패러다임』(민음사)을 읽어 보기 바란다.

의 특정한 사례들을 놓고서 연관성을 추적하여 설명해 주는 일을 찾아 밝혀 놓았다. 패권에 대한 개념이 담화를 위하여 기반a matrix 및 모형a model을 제공해 주므로(195쪽의 역주 133 참고) 이를 실행하는 데 도움이 된다. 기반이란 권력 관계에 비춰서, 그리고 권력 관계가 기존의 패권을 재생산하거나 재구성하거나 도전하는지 여부를 살펴보면서, 담화가 속한 사회적 실천 방식을 분석해 나가는 방식이다. 모형이란 패권 투쟁의 모습으로 담화 실천 사례 그 자체를 분석하는 방식인데, 기존의 담화 질서를 실제로 재생산하거나 재구성하거나 도전하는 일이다. 이는 담화 실천 방식을 놓고서 정치적 색깔이 스며든다는 주장에 실체를 제공해 주는데, 그렇다면 패권이 이념 차원을 수반하기 때문에, 담화 실천 사례에 대한 이념적 색깔이 스며드는 정도를 평가해 주는 방식이 된다. 패권은 또한 변화에 대한 초점을 쉽게 다룰 수 있도록 하려는 현재의 맥락에서 두드러진 장점을 지니며, 이것이 제3장에서 다룰 마지막 관심사이다.

§.3-5 담화상의 변화

이 책의 초점은 사회적·문화적 변화와 관련하여 담화상의 변화를 다루려는 것이다. 현대 사회생활에서 담화가 기능하는 모습을 살펴보면서 개관 장에서 이미 그 정당성rationale, 근거이 언급되었다. 이는 담화 질서 및 담화상의 실천이나 담화 사건 사이에 있는 변증법과 합치될 수 있도록 응당 쌍초점a double focus이 되어야 할 것이다.139) 한편으로 우리는 담화 사건에서 변화가 일어남에 따라 변화의 과정(변동)을 이

---

139) (역주) 타원이 쌍초점을 지니는데, 150쪽에서 저자가 제시한 〈그림 3-1〉을 비판해 둔 150쪽의 역주 91을 보기 바란다. 또한 17쪽의 역주 3에서 페어클럽(Fairclough, 2003)에서 가져온 도표를 참고하기 바란다. 〈그림 3-1〉은 동심원의 모형이므로, 쌍초점이란 비유와 어긋난다. 응당 역주 3에서 인용한 도표처럼 두 영역의 연합 형식으로 제시되어야 옳다.

해할 필요가 있다. 다른 한편으로 명시적 재표현의 과정들이 어떻게 담화 질서들에 영향을 미치는지를 향하여 다룰 필요가 있다. 이것들을 차례로 논의하기로 한다.

담화 사건에서 변화에 대한 즉각적인 기원 및 동기들은, 산출 주체나 해석 주체들을 위한 관습들에서 문제가 되는 내용들에 놓여 있는데, 그 문제가 다양한 방식으로 생겨날 수 있다. 예를 들어, 여성과 남성 사이에서 상호작용의 관례에 대한 문제점은 다양한 제도와 영역들에서 광범위하게 겪는 일이다. 그런 문제점들은 모순스런 토대를 지닌다. 이런 경우에, 한때 우리가 그렇게 사회화되어 있었고 서로 성별이 확연히 나뉜 전통적인 주체 지위 및 새로운 성별 관계들 사이에서 비롯된 모순들이다. 사뭇 다른 차원에서는, 이전의 영국 수상이었던 대처의 정치 담화가, 그 토대를 두고 있는 사회관계·주체 지위·정치적 실천 방식 사이에 서로 모순이 분명해지는 환경 속에서, 전통적 우파 담화 실천 방식 및 변화해 가는 세계 사이의 문제점들로부터 생겨난 것으로 간주될 수 있다. 문제점이 고개를 쳐드는 경우에는, 사람들이 빌리그 외(Billig et al., 1988)에서 '진퇴양난dilemmas'으로 부른 바와 마주하게 된다. 그들은 흔히 혁신적이고 창의적으로 됨으로써, 기존의 관습들을 새로운 방식으로 개선함으로써, 그래서 담화상의 변화에 기여함으로써, 이런 진퇴양난의 난점을 해소하려고 시도한다. 내재되어 있는 서로 얽힌 텍스트 속성 및 이에 따른 텍스트 산출과 해석의 역사성은(§.3·3의 논의 참고) 한 가지 선택지로서 창의적 속성을 내세운다. 변화는 위반의 형식도 포함하고, 기존의 관례들을 함께 모아 놓은 새로운 결합체처럼 경계들을 넘나들기도 하며, 보통 그것들을 가로막는 상황에서도 여러 관례들을 이끌어내는 일을 포함한다.

구체적 상황에서 그런 모순과 진퇴양난과 문제점에 대한 주관적 이해 방식에는, 제도적이며 사회 전반적인 수준에서 구조적 모순 및 투쟁으로 이뤄진 그런 사회적 조건들이 들어 있다. 성별 관계의 사례를 다루어 나가려면, 담화 사건들에서 모순적인 개인들의 위상 부여, 그리고 여기에서부터 귀결되어 나온 진퇴양난을 놓고서, 전반적으로 제도 및 사회 속에서 성별 관계에 관한 구조적 모순점들을 고안해 내야 한다. 그렇지만 핵심적으로 이들 모순점이 특정한 사건들에서 어떻게 반영되는지를 결정해 주는 것은, 이들 모순점들을 중심으로 하여 계속 진행되어 나가는 그런 사건 및 투쟁들 간의 관련이다. 극단적으로 상당한 정도로 더욱 복잡한 가능성을 두 가지 상정해 보기로 하자. ㉠담화 사건이 전통적인 성별 관계 및 패권(주도권)을 유지하고 재생성하는 일에 기여함으로써 마침내 문제가 되는 관습들을 끌어들일 수 있거나, ㉡아니면 달리 패권 투쟁을 통하여 이들 관계를 바꾸어 놓는 데 기여함으로써 마침내 혁신을 통해서 그런 진퇴양난을 해소하고자 노력할 수도 있다. 담화 사건들은 그 자체로 사회적 모순 및 투쟁을 놓고서 이것들에 대한 누적 효과를 지닌다. 그렇다면 사회심리적 과정이 사회적 실천의 본성에 따라 혁신적이며 담화상의 변화에 기여하든지 아니면 그렇지 않을 수 있다.

이제 담화의 텍스트 전개 차원을 다뤄나가기로 한다. 변화는 텍스트에 모순적 요소나 일관성이 없는 요소들을 놓고서 공존의 형식으로 흔적을 남긴다. 가령, 격식적 어투와 비격식적 어투의 혼용, 그리고 비전문적 낱말들, 권위와 익숙함의 표지들의 혼용, 좀 더 전형적인 글말 문장 형식과 좀 더 전형적인 입말 통사 형식들의 혼용 따위이다. 담화상 특정한 변화의 흐름이 막 부각된 새로운 관례로서 '유행되어 나가고catch on' 굳혀지는 한, 겉으로 해석 주체들에 의해서 표현 방식상 서로 모순된 텍스트라고 파악된 내용은, 조각을 기워놓은 누더기 인상을 벗어 버리고 '솔기 없이' 말끔한 옷감으로 된다. 그런 자연화 과정이 담화의 영역에서 새로운 패권을 수립하는 일에 필수적이다.

이는 두 번째 초점인 담화 질서에서의 변화로 이끌어 간다. 산출과 해석 주체들이 혁신적인 담화 사건들 속에서 새로운 방식으로 담화상의 관례·담화 기호·담화 요소들을 결합해 놓음에 따라, 이것들이 누적적으로 담화 질서에서 구조적 변화를 산출해 놓게 된다. 이것들이 기존의 담화 질서를 표현하는 방식을 없애 버리고, 새로운 담화 질서와 새로운 담화 패권을 명백히 재표현하는 것이다. 그런 구조적 변화가 한 제도의 '지엽적인' 담화 질서에만 영향을 미칠 수도 있고, 그런 지엽적 제도들을 뛰어넘어 사회 전반의 담화 질서에 영향을 줄 수도 있다. 담화상의 변화를 탐구하는 일에서 관심을 두어야 할 초점은, 담화 사건 및 그런 구조적 변화 사이에 지속적으로 교체되는 모습이다. 왜냐하면 사회 변화의 더 넓은 과정을 깨달으려면 후자(≒담화 사건)에 주의를 기울이지 않은 채로 전자(≒구조적 변화)의 의미를 제대로 인식하고 평가하는 것이 가능하지 않기 때문이다.

이제 담화 질서의 변화에 대한 연구 속에서 탐구할 법한 종류의 논제들을, 현재 사회 전반의 담화 질서에 영향을 주고 있는 두 가지 관련된 변화 유형을 언급함으로써 예시해 놓기로 한다. 이것들을 놓고서 제7장에서 좀 더 자세한 논의가 이뤄져 있다. 하나는 교사와 학생, 경영자와 노동자, 부모와 자식, 의사와 환자처럼 제도적으로 동등치 않은 권력을 지닌 사람들 사이에서, 권력의 비대칭성에 대한 노골적 표지들을 줄여 놓는 일을 담고 있는, 겉으로 보기에 담화의 민주화 과정이 있다. 이런 게 아주 많은 다른 제도 영역들에서도 분명하다. 다른 하나는 저자가 개성 없이 '규격화된 모조 인격synthetic personalization'으로 불렀던 내용이다(Fairclough, 1989a; 김지홍 뒤침, 2011).[140] 공적인 대중매체(인쇄

---

140) (역주) 백화점 출입문에서 나란히 한 줄로 서서 손님들에게 똑같이 '안녕히 가십시오'라고 가식적 인사를 하는 직원들의 사례를 가리키는데, 그들의 모습은 로봇보다 나을 게 없다. 또 중산층의 행복이 집안에 특정한 가구와 전자제품들을 사야만 얻어지는 듯이 착각하도록 꾸민 광고들도 그러하다. 관공서 업무를 홍보하면서 자신들의 고유한 책무를 마치 소비자들의 요구와 편의에 맞춰 신경 쓰는 양 표현하는 경우도 그러하다. 모두 다 허구이지만, 부지불식간에 그런 자극에 끌려 당연히 늘 그렇게 해야 하는 것처럼 우리들의 판단과 비판이 거기에 홀려 무뎌지고 마비될 뿐이다.
　김지홍 뒤침(2011)의 『언어와 권력』(도서출판 경진) 제8장에서도 다뤄졌는데, 거기서는 '규격화된 모조 인간화'로 번역했었다. 누구에게나 가장 잘 수용될 수 있는 모습을 합성하고 하나로 규격화하여, 완벽한 모조 인간(모조 인격)처럼 꾸미는 것을 가리킨다. 여기서 모조(模造)는 모방하여 꾸밈을 뜻한다. 결과적으로, 자본주의 정신에 따라 기계로 찍어내듯이 동일한 유일한 하나의 가치와 감성만 가진 존재만 있을 뿐이다. 상황에 따라 달라지고 개개인마다 달라져야 할 이유가 완전히 배제되어 버리는 것이다. 앞의

물, 라디오, 텔레비전)의 청중을 겨냥한 담화에서, 마치 사적으로 얼굴을 마주보는 담화(≒두 사람 간의 대화)처럼 모의하는 일이다. 이런 두 가지 흐름이, 담화를 일상생활의 사적인 영역으로부터 제도적/기관적 영역 속으로 들여온, 대화를 통한 담화의 확산 현상과 연계될 수 있다. 이들 사회적 흐름 및 담화상의 흐름은 투쟁을 통하여 수립된다. 더욱이 이것 들이 오직 제한된 안정성만 지닌 채, 고유한 이질적 요소들이 모순스럽게 경험되고 추가적인 투쟁 및 변화로 이끌어 갈 것이라는 전망과 함께 수립되는 것이다.

투쟁과 관련하여 담화 질서의 개방성에 관한 한 가지 측면은 담화 질서의 담화 요소들이 이념적 가치를 지니지 않거나 고정된 종류의 이념적 색깔이 스며드는 모습들이 없다는 점이다. 가령, 상담의 경우 를 살펴보기로 한다. 사람(≒상담을 의뢰한 고객, 140쪽의 역주 244 참고) 들에게 그들 자신과 그들의 문제에 관해서 외견상 뚜렷이 비-지시적 이고 비-판결적이며 적극 감정이입을 하면서 말하게 되는 방식은 1 : 1 상황이다(≒화자와 청자로서 '상담 전문가 : 상담 의뢰 고객'). 상담은 치료에서 기원되었지만, (심리치료의) 담화 질서를 중대하게 재구성한 결과로서 이제 많은 제도 영역들에 걸쳐 두루 널리 이용된다. 그러나 이런 발전이 이념상으로 그리고 정치적으로 아주 양면이다ambivalent. 대부분의 전문 상담사들은 스스로를 점점 상담을 암호처럼 취급하는 임의의 세계로부터 개개인으로서 각자에게 쉼터space, 빈틈를 내어 주는 사람으로 여긴다. 이는 상담을 마치 패권과 무관한 실천 방식으로 보 이도록 하고, 언제나 새로운 기관/제도의 식민 지배를 숨긴 채 해방의 변화로 보이도록 한다(일상생활을 식민지로 만든다는 사회학 논의는 Ritzer, 2003; 한국이론사회학회 뒤침, 2006, 『현대 사회학 이론과 그 고전적 뿌리』, 박영사, 제5장을 읽어보기 바람: 번역자). 그렇지만 상담은 이제 다

번역에서는 '인간화'라는 말을 썼지만 '그러한 인격으로 만들기'가 더 쉽게 이해될 듯하 여, 여기서는 개성없이 '규격화된 모조 인격'으로 적어 둔다. 더 풀어서 번역한다면 '규격화된 모조 인격으로 합성하기'라고도 말할 수 있다.

양한 기관/제도에서 과도한 규제 성격의 실천 방식들보다 더 선호되어 쓰인다. 이는 상담을 사람들의 개인적인 생활의 여러 측면을 권력의 영역 속으로 끌어들이되 제대로 의식하지 못하도록 희박하게/미묘하게 끌어들이는 패권적 기술처럼 보이게 한다. 패권 투쟁은 부분적으로 상담 및 상담의 확장을 통해서, 그리고 부분적으로 상담을 넘어서서over it 일어난다. 이는 푸코의 다음 관찰과 일치한다.

> 담화는 세력 관계의 영역에서 작동하는 전략적 요소이거나 아니면 장애물이다. 동일한 전략 속에 서로 다른 그리고 모순되는 담화들도 존재할 수 있다. 이와는 반대로, 한 가지 전략으로부터 반대되는 또 다른 전략으로 바꾸지 않은 채로도 담화는 유통될 수 있다
>
> (Discourses are tactical elements or blocks operating in the field of force relations; there can exist different and even contradictory discourses within the same strategy; they can, on the contrary, circulate without changing their form from one strategy to another, opposing strategy)
>
> (Foucault, 1981: 101; 이규현 뒤침, 1990: 115)

담화 질서들 속에서 변화의 흐름에 대한 탐구는 사회 변화에 대한 현행 논쟁들을 놓고서 중요한 기여를 할 수 있다. 예를 들면, 시장 유통의 과정 및 시장 모형을 새로운 분야들로 확장하는 일은, 담화 질서를 놓고서 광고물과 다른 담화 유형들에 의하여 최근 확장된 식민 지배를 통하여 조사될 수 있다(Fairclough, 1989a와 이 책의 제7장을 보기 바람). 민주주의 방식의 담화 및 개성 없이 '규격화된 모조 인격'이 사회에서 실질적인 민주화 과정에 연계될 수 있겠지만, 논란의 소지와 함께 이것들이 또한 시장 유통과 이어지고, 특히 결과적으로 소비 지상주의consumerism, 소비 만능주의와 이것이 배태하는 새로운 패권들과 연합된 권력에서 생산자로부터 멀리 떨어져 소비자들에 이르기까지 분명한 전환으로 연결될 수 있다. 또한 근대주의 및 탈-근대주의를 놓고 벌어

지는 논쟁에서 유용한 담화 차원도 존재할 수 있다. 예를 들어, 민주주의 방식, 개성 없이 규격화된 모조 인격, 공공기관 영역으로까지 사적인 대화 형식의 확장 따위가, 공적 영역과 사적 영역 사이에 '차별성 없애기de-differentiation'의 한 측면으로 간주되거나(Jameson, 1984), 아니면 지금껏 구조화된 전문 직업상의 실천 방식에 대한 파괴로 여길 수 있을까? 더 자세한 논의는 제7장을 보기 바란다.

§.3-6 결론

제3장에서 서술해 온 담화 및 담화 분석에 대한 접근으로, 저자는 다양하게 여러 가지 이론적 관점과 방법들을 모아, 사회적·문화적 변화에 대한 담화 차원들을 연구하기 위하여 강력한 자원이 되는 내용 속으로 통합해 놓고자 노력하였다. 저자는 담화에 대한 푸코 식 견해의 몇 측면과 서로 얽힌 텍스트 속성에 대한 바흐친 식 강조점을 결합하고자 하였다. 전자에서는 사회적으로 구성적인 담화의 속성들에다 핵심적인 강조를 하였고, 후자에서는 텍스트들의 '짜임새texture'(Halliday and Hasan, 1976)와 다른 텍스트들을 도막도막 뽑아낸 그런 합성물을 강조하였는데, 둘 모두 담화 질서들이 구조화되는, 그리고 담화 실천 사례에 의해 재구성되는 방식을 가리켜 준다. 저자는 담화 실천 방식에 대한 역동적인 견해를 다루는데, 권력 및 패권의 측면에서 권력 투쟁에 관한 그람씨의 개념화 작업 속에서, 이런 결합으로부터 부각되어 나오는 사회적 실천 방식과의 관련성을 다루려고 하였다. 동시에 언어학, 텍스트에 기반한 담화 분석, 텍스트 분석을 위한 하위집단 관찰 연구에서의 대화 분석에 있는 여러 가지 다른 전통들도 끌어들였다. 저자는 이렇게 귀결되어 나오는 얼개가 담화 분석을 실행하는 데에서 사회적 관련성 및 텍스트의 특정성을 실제로 결합해 주고, 변화를 붙들 수 있도록 해 줄 것으로 믿는다.

제4장 서로 얽힌 텍스트 속성

§.4-0 도입 및 표본 분석

저자는 제3장에서 서로 얽힌 텍스트 속성에 대한 개념을 소개하였는데, 이것이 담화에서 변화에 귀속시켜 온 우선성primacy, 제1속성 및 담화 질서의 구조화와 재구성과도 잘 어울림을 지적하였다. 서로 얽힌 텍스트 속성의 개념은 또한 제2장에서 서술한 푸코의 담화 분석에서도 중요한 요소로 언급되었다. 푸코(Foucault, 1972: 98; 이정우 뒤침, 2000: 145)에서 다시 가져온 아래 진술을 상기하기 바란다.

> 이런저런 방식으로든 간에 다른 진술들을 재활성화하지 않는 진술이란 존재할 수 없다
>
> (there can be no statement that in one way or another does not reactualize others)

제4장에서 저자의 목적은, 첫째, 서로 얽힌 텍스트 속성의 개념을 어

느 정도 더 구체적으로 만들어 이를 이용하여 텍스트들을 분석하고자 한다. 둘째, 담화 분석을 위하여 분석적 얼개의 일부 발전된 모습으로서 그 개념의 잠재성을 사뭇 더 체계적으로 전개시켜 나가려고 한다.

'서로 얽힌 텍스트 속성intertextuality'이란141) 용어는 1960년대 말에 바흐친 업적을 놓고서 서구 독자들에게 영향력 있는 설명을 해 주면서 크뤼스티붜에 의해 만들어졌다(Kristeva, 1986a로 표시하지만 실제로는 1966년에 발간됨). 비록 이 용어가 바흐친의 것은 아니더라도, 텍스트의 분석에 대한 서로 얽힌(바흐친 자신의 용어는 'translinguistic[언어-초월적]'임) 텍스트 접근법을 발전시키는 일은, 바흐친의 전체 학문적 경력을 통틀어 꾸준히 그의 업적에서 주요한 주제였으며, 갈래genre142)에 대한 그의 이론을 포함하여 다른 중요한 논제와도 긴밀히 연결되어 있었다. 1950년대 전반기에 써 둔 논문인 바흐친(Bakhtin, 1986)을 보기 바란다.

바흐친은 주류 언어학 속에서 상대적으로 언어의 의사소통 기능들에 대한 홀대를 지적했는데, 특히 텍스트와 발화들이 스스로 '반응하고 있는responding to' 기존 텍스트들에 의해, 그리고 스스로 '기대하는anticipate' 뒤이은 텍스트들에 의해 형성되는 방식에 대한 무시를 지적한다. 대화에서의 가장 간단한 발언 순서로부터 기다란 학술 논문이나 소설에 이르기까지 글말과 입말을 모두 포함하여 바흐친에게 발화는 화자(또는 필자)의 변화로 경계가 이뤄지며, 뒤를 돌아보는 회고적

---

141) (역주) 해석자나 독자의 관점에서 가장 쉽게 말하면 '겹쳐 보기, 겹쳐 읽기, 겹쳐 놓기' 따위이며, 산출자나 작가의 관점에서는 '겹쳐 얽기, 겹쳐 짜기, 겹쳐 쓰기' 등으로 말할 수 있다. 접두사 inter(상호, 서로)를 우리말에서 '겹쳐놓다'를 중심으로 낱말을 만드는 것이 나을 듯하다. 축자 번역으로 '상호 텍스트'는 부사와 명사가 결합되어 억지스런 느낌이 두드러진다. '상호'의 우리말 '서로'를 바꿔 써 보면 ^(?)서로 텍스트'라는 표현이 얼마나 어색한지 확실히 알 수 있다. 한자에 눌려 우리말 질서를 어지럽힌다면 이는 학문하는 도리가 아닐 것이다.

142) (역주) kind(갈래, 종류, 부류)를 뜻하는 이 말을 지금도 외래어 '장르'로 그대로 쓰는 이들도 있지만, 국적 없는 학자에 불과하다. 일찍이 김수업 선생이 '갈래'라고 불렀고, 친구 분인 조동일 교수가 이에 적극 호응하여 자신의 책에 씀으로써, 지금 문학계와 중고교 교육에서도 공식 용어가 되었다. 김수업(2002)의 『배달말꽃: 갈래와 속살』(지식산업사)을 읽어 보기 바란다. 65쪽의 역주 35에서 밝혔듯이, 2001년 출발한 「우리말로 학문하기 모임」에서 펴낸 여러 권의 책도 읽어보기 바란다.

시각으로는 (발언 순서가 되든지, 학술 논문이 되든지, 아니면 소설이 되든지 간에) 더 앞선 화자의 발화를 향하여 있고, 앞을 내다보는 전망적 시각에서는 다음 화자들의 기대된 발화를 지향해 있다. 따라서 "각각의 발화는 언어 의사소통의 사슬 속에서 하나의 고리a link, 연결점이다". 모든 발화는 대체로 명시적이거나 완벽하게 다른 사람의 발화들을 붙들어 놓은 조각snatch, 도막들로 채워지며, 실제로 그렇게 구성된다.

> 우리 말(언어)은 … 다양한 정도의 타자 속성, 다양한 정도의 「고유한 우리 자신의 속성」, 다양한 정도의 자각과 분리 등으로 변동하면서, 다른 사람들의 낱말로 채워진다. 이렇게 다른 사람의 낱말 표현들은 그들의 고유한 표현 속에서 그들 나름대로 평가의 음색을 담고 있는데, 우리가 이것들을 동화시키고, 재작업하며, 재강조한다
> (our speech[143]) … is filled with other's words, varying degrees of otherness and varying degrees of "our-own-ness", varying degrees of awareness and detachment. These words of others carry with them their own expression, their own evaluative tone, which we assimilate, rework, and reaccentuate)
> (Bakhtin 1986: 89)

다시 말하여, 저자의 용어 '텍스트'를 바흐친은 발화로 부르는데, 발화들이 내재적으로 서로 텍스트 상으로 얽혀 있고, 다른 텍스트들의 요소로 구성되어 있는 것이다. 푸코는 서로 얽힌 텍스트의 분위기 속에서 '현존presence'·'공존concomitance'·'기억memory'에 대한 서로 다른 '터전'들fields을 구별해 놓고자 정교하게 가다듬는 일을 추가하였다(105~106쪽).

---

143) (역주) 바흐친에게서 speech(말, 입말)는 입말로 대표를 삼은 언어이며, all utterance(모든 발화)라고도 쓰이는데, 어느 번역자가 실수하였듯이 연설(演說, 길게 늘어뜨린 말)로 번역한다면 크게 오해를 산다. 원문 105쪽 7줄(이 번역본에서 214쪽 12줄) 이하에서 indirect speech(간접 표현, 간접 화법)도 역시 남의 말을 간접 인용한 말이다.

제3장에서 저자는 지금 계발하고 있는 얼개 속에 있는 '서로 얽힌 텍스트 속성'이라는 개념이, 사회 변화 속에서 저자가 담화에 모은 초점과도 서로 일치함을 언급하였다. 크뤼스티봐는 서로 얽힌 텍스트 속성이 '⊙ 역사(사회)를 텍스트 속으로 집어넣기와 ⓛ 이런 텍스트를 역사 속으로 집어넣기'를 함의함을 관찰하였다(Kristeva, 1986a: 39). ⊙ '역사를 텍스트 속으로 집어넣기'라는 말로써, 그녀는 해당 텍스트가 과거로부터 나온 텍스트를 빨아들이고 과거로부터 나온 텍스트를 벗어나 세워져 있음(텍스트가 역사를 구성해 주는 주요한 가공물임)을 의미하였다. ⓛ '이런 텍스트를 역사 속으로 집어넣기'라는 말로써는 해당 텍스트가 과거 텍스트에 반응하고, 재강조하며, 재작업함을 의미하므로, 따라서 그렇게 실행하는 일이 역사를 만드는 일에 도움을 주고, 더 넓은 변화의 과정에 기여할 뿐만 아니라, 또한 뒤이은 텍스트들을 기대하고 형성하려고 노력하게 된다. 고유하게 내재된 텍스트들의 역사성은 사회-문화적 변화의 선두 지점에서 동시대의 사회에서 지니게 되는 주요한 역할을 떠맡을 수 있게 해 준다. 제3장과 제7장의 논의를 보기 바란다. 텍스트상의 전통 및 담화 질서에 대한 신속한 변형과 재구성은 주목을 끄는 현대적 현상인데, 서로 얽힌 텍스트 속성이 응당 담화 분석에서 주요한 초점이 되어야 함을 시사해 준다.

서로 얽힌 텍스트 속성 및 패권 사이의 관련성은 중요하다. 서로 얽힌 텍스트 속성이란 개념은 텍스트의 생산성을 가리키는데, 텍스트들이 기존 텍스트들을 얼마나 변형할 수 있고, 새로운 담화를 생성하기 위하여 기존의 관례(갈래와 담론)들을 어떻게 재구성해 주는지를 가리켜 준다. 그러나 텍스트상의 개혁과 활동을 위한 무제한의 공간으로서 이런 생산성이, 실제로 사람들에게 이용 가능하지 않다. 사회적으로 제한되고 제약되어 있으며, 권력 관계에 따라 조건지어져 있는 것이다. 서로 얽힌 텍스트 속성에 관한 이론이 그 자체로 이들 사회적 제약 내용들을 설명해 줄 수는 없다. 따라서 권력 관계의 이론과 결합되고, 사회구조와 실천 방식을 어떻게 형성하는지(이것들에 의해 어떻게 형성되는지)에 관한 이론과 결합될 필요가 있다. §.3-4 (나)에서 서로 얽힌 텍스트 속성과 함께 다룬 패권 이론과의 결합은 특히 소득이 많다. 특정한 패권 및 패권 투쟁의 상태 속에서 서로 얽힌 텍스트 속성에 대한 가능성 및 제한점들을 개략적으로 그려 줄 수 있을 뿐만 아니라, 또한 담화의 영역에서 서로 얽힌 텍스트 상의 변형 과정 및 더 넓은 의미에서 패권 투쟁에 영향을 미치며 동시에 그 투쟁으로부터 영향을 입는 패권 투쟁의 과정으로서 담화 질서를 서로 겨루게 하여 재구성하는 과정들을 개념으로 잘 포착할 수 있게 해 준다.

바흐친은 크뤼스티붜가 서로 얽힌 텍스트 속성의 ㉠ 수평 차원과 ㉡ 수직 차원으로 부르는 내용(또는 서로 얽힌 텍스트 상의 '공간'에 있는 관련성)을 구별해 놓았다(Kristeva, 1986a: 36을 보기 바람). 한편으로, 임의의 텍스트 및 텍스트 사슬 속에서 이 텍스트를 선행하고 뒤이은 텍스트들 사이에는 ㉠ '변증법적' 종류의 '수평적'으로 서로 얽힌 텍스트 관계가 있다. (저자의 시각으로는 흔히 혼잣말인 듯이 보이는 것이라고 해도, 이런 의미에서 대담적인 성격을 띠게 된다.) 가장 분명한 경우가 대화에서 발언 순서가 이미 앞선 발언 순서에 맞물리어 반응하는 방식이다. 그뿐 아니라, 임의의 글자도 또한 부합성 속에서 바로 앞의 그리고 뒤이어진 글자들과 서로 얽힌 텍스트 상으로 관련되어 있다. 다른 한편으로, 임의의 텍스트와 대체로 즉각적이거나 좀 더 멀리 떨어진 그 맥락들을 구성해 주는 다른 텍스트들 사이에도 ㉡ '수직적'으로 서로 얽힌 텍스트 관계가 있다. 텍스트는 대체로 현대적인 텍스트들을 포함하여 역사적으로 다양한 시간대로 그리고 다양한 매개변인들을 따라 다른 텍스트들과 서로 맞물리어 연결되어 있다.

다른 텍스트들과 함께 맞물리거나 아니면 대응을 달리 하는 일 이외에도, 담화 질서를 구성하기 위하여 임의 텍스트의 서로 얽힌 텍스트 속성은 다 함께 구조를 갖춘 관례들(갈래·담화·표현 방식·활동 유형 등임, 이하를 보기 바람)과 더불어 잠재적으로 복잡한 관계로 맞물려 있다고 여길 수 있다. 갈래genre를 다루면서 바흐친은 텍스트들이 비교적 간단한 방식으로 그런 관례들을 끌어들일 뿐만 아니라, 가령 또한 그것들을 반어적으로 이용하거나(177쪽) 우스꽝스럽게 아니면 경건하게 개작함으로써 재강조할 수 있거나 다양한 방식으로 그것들을 '뒤섞을' 수 있음에 주목하였다(Bakhtin, 1986: 79~80). 텍스트들이 특정한 다른 텍스트와 서로 얽힌 관계 및 텍스트가 관례들과 서로 얽힌 관계 사이에 있는 구별 방법은, 프랑스 담화 분석자들에 의해 이용된 또 다른 구별과 연계된다. 서로 얽힌 '명시적' 텍스트 속성 대 '구성적'144) 텍스트 속성이다(Authier-Réviz, 1982; Maingueneau, 1987). 서로 얽힌 명시적 텍스트 속성에서는 다른 텍스트들이 분석되고 있는 해당 텍스트에서 명백하게 드러나 있다. 인용 부호와 같이, 해당 텍스트의 표면에 있는 특징들에 의해 그것들이 '명백하게' 표시되거나, 단서로 나타나 있는 것이다. 그렇지만 텍스트가 또 다른 텍스트와 후자마냥 명백하게 단서가 깃들어 있지 않은 채로, 또 다른 텍스트에 '맞물려들' 수 있다. 예를 들어, 우리는 또 다른 텍스트에 대하여 한 가지 낱말이 고유한 텍스트를 특징짓는 방식으로 반응할 수 있다. 그렇지만 임의 텍스트의 서로 얽힌 구성적/산출적 속성은 산출 과정 속으로 들어가는 담화 관례들의 모습configuration, 형상이 된다. 142~143쪽에서 담화 질서에 관하여 부여한 우선성primacy, 제1속성으로서 서로 얽힌 구성적/산출적 텍스트 속성을 강

---

144) (역주) 영어뿐만 아니라 우리말에서도 '명시적'과 대립하는 말은 '암시적, 시사적, 묵시적, 암묵적' 따위가 되어야 하겠는데, 이는 글말이나 입말 표면에서 쉽게 눈에 뜨이는지 여부로써 판정한 결과이다. 그런데 프랑스 학자들이 암시적 따위의 용어를 버리고, 일부러 '구성적'이라는 말을 쓴 동기는, 새로운 텍스트를 산출하는 데에 부지불식간에 간여함을 눈여겨봤기 때문일 듯하다. 저자도 이런 점을 고려하기 때문에, 텍스트라는 용어를 버리고 완전히 다르게 '서로 얽힌 담화 속성'(주로 산출 과정에 작용함)이라는 말을 쓰려고 한다. 밑바닥에 깔려 있는 담화 관례들과 이러그러한 질서를 따라서 부지불식간에 혼용하면서 새롭게 입말이나 글말을 만들어 낸다는 생각 때문이다. 그렇다면, 비록 저자가 '담화'를 텍스트와 사회를 매개해 주는 중간자의 개념으로 쓰고 있지만, 결과적으로만 따질 적에, 독일 학자들의 주장대로 텍스트는 이해의 측면에서 바라보고, 담화는 산출의 측면에서 바라보는 흐름과 다를 바 없게 되었다. 따라서 229쪽에서 저자는 interdiscursivity(서로 얽힌 담화 속성) 및 *constitutive* intertextuality(서로 얽힌 구성적/산출적 텍스트 속성)를 동일 개념으로 썼음을 적어 둔다. 곧, 「담화≒텍스트+산출 측면」인 것이다.

조하였다. 이 책에서는 구별이 필요치 않을 경우에는 일반 용어로서 명시적인 그리고 구성적인 서로 얽힌 텍스트 속성으로서 '서로 얽힌 텍스트 속성'이란 용어를 쓸 것이다. 그러나 둘 사이를 구별할 필요가 생길 경우에는 서로 얽힌 구성적/산출적 텍스트 속성이란 말보다는 새로운 용어로서 '서로 얽힌 담화 속성interdiscursivity, 주로 산출 과정에 작용함'을 도입하여 쓸 것인데, 구성적인 다른 텍스트들보다는 오히려 담화 관례들에 초점이 있음을 강조하려는 것이다.

서로 얽힌 텍스트 속성은, 결과적으로 텍스트들의 이질성을 강조하고, 다양하고 종종 모순스런 담화 요소들 및 임의의 텍스트를 만들려고 들어간 날실·씨실을 드러내는 분석 방법을 강조하는 속뜻이 깔려 있다. 이렇게 말함으로써 서로 얽힌 텍스트 관계가 복잡한지 아니면 간단한지 여부에 따라서 텍스트의 이질성의 정도는 아주 크게 변동한다. 텍스트들도 또한 이질적 담화 요소들을 담아 통합하는 정도에 따라 차이가 나고, 따라서 해당 텍스트의 표면상으로 보아 이질적 담화 요소들이 또한 명백한 정도로 변동한다. 예를 들어, 인용 부호나 인용(보고) 동사를 씀으로써 또 다른 텍스트가 해당 텍스트의 나머지 내용들로부터 분명하게 구별될 수도 있다. 또는 아마 원래 내용을 재표현하는 일을 통해서 주위에 있는 텍스트 내용들과 구조적으로든 표현 방식 상으로든 구별될 수 있는 표시가 전혀 없이도 통합될 수 있다. §.4-1 (가) '담화 표상'에 대한 논의를 보기 바란다. 다시 텍스트들이 '재강조'될reaccentuated 수도 있고 그렇지 않을 수도 있다. (가령 반어적이거나 애절함이 깔린) 주변의 텍스트 내용에 대한 유력한 음조key145)나 음색voice 속으로 끌어올 수도 있고, 그렇지 않을 수도 있다. 그렇지 않다면, 다시 다른 텍스트들이 해당 텍스트에서 귀속 속성은 되지 못하더라도 배경 가정들 속으로 스며들거나 그렇지 않을 수도 있다. 전

---

145) (역주) 음악 용어로써 비유를 쓰고 있다. 밝은 느낌을 주는 장조(악보에서 도·미·솔로 시작되고 끝남), 애절하고 슬픈 느낌을 주는 단조(라로 시작되고 끝남) 따위를 key(음조)라고 부른다.

제에 관한 논의는 §.4-1 (나)를 보기 바란다. 따라서 이질적인 텍스트
가 고르지 못한 채 '울퉁불퉁한' 텍스트 표면을 지니거나, 상대적으로
매끄러운 표면을 지닐 수도 있다.

  서로 얽힌 텍스트 속성은 대부분 텍스트의 양면성ambivalence에 대한
근원이 된다. 텍스트의 표면이 만일 구성 내용 속으로 들어간 다양한
다른 텍스트들에 의해서 여러 겹으로 결정될 수 있다고 해도, 그런
텍스트 표면의 요소들이 명백히 해당 텍스트의 서로 얽힌 텍스트 그물
짜임과의 관계로 쉽게 배치되지 않을 수도 있고, 그 의미가 양면적일
수도 있다. 사로 다른 의미들이 동시에 공존할 수 있고, '한 가지 유일
하게 존재하는'the'[146) 의미를 결정할 수 없을 가능성도 있다. 다른 사
람의 말이 다음과 사례와 같이 전통적으로 '간접 화법indirect speech'으
로[147) 불리는 바로 표상될 수 있는데,

The students say how much they like the flexibility and range of course choice
(강의 선택의 폭과 융통성을 학생들이 얼마나 좋아하는지 말한다/말했다)

이 경우에 항상 실제 낱말 표현이 해당 발화가 드러내는 사람들에 귀
속될 수 있는지, 아니면 인용된 텍스트를 말하는 사람에게 있는지 여

---

146) (역주) 여기서는 '범위가 확실하게 정해진' 정관사 'the'는 의미자질을 뤄쓸(Rusell)의
  주장에 따라 '유일성'과 '현실 존재성'으로 풀어 놓았다(iota operator). 뤄쓸(1937 수정
  판)의 『수학의 원리(The Principles of Mathematics)』(Norton & Co.) 제1부 제5장의 63~64
  절을 보기 바란다. 244쪽에서는 저자가 이런 의미자질이 사실이라고 하면 모순이 생기
  고, 오직 '현실 존재성'이라는 믿음(마음가짐)으로 규정해야만, 전제상의 모순을 피할
  수 있다고 덧붙였다.
147) (역주) 머카씨(McCarthy, 1998; 김지홍 뒤침, 2012)의 『입말 그리고 담화 중심의 언어
  교육』(도서출판 경진, 개정증보판) 제8장에서는 실제 전산화된 영국 입말 자료들을 검
  토하면서 ㉠ 인용 구문의 형식이 반드시 전통문법에서 분류한 직접 인용과 간접 인용
  의 형태로만 나오는 것이 아니라, 전혀 티가 나지 않게 뭉쳐 놓거나 화행 개념만을
  표현한다는 사실(이를 이야기 속에 '녹여 놓음'으로 불렀음)과 ㉡ 그 주요 기능이 인용
  을 넘어서서 오히려 대화의 주제나 논점을 새롭게 열어 놓거나('무대 마련하기 기능'으
  로 불렀음), 또는 자신의 말에 대한 주장을 강화하고 입증하는 방식으로도 자주 쓰인다
  는 사실이 밝혀졌다(156쪽의 도표에서 '정당성 확보' 전략으로 부른 내용임).

부에 대해서는 양면성이 있다. 여기서 인용문의 주장이 실제로 학생들이 '나는 강의 선택의 폭과 융통성을 좋아해'라고 했을까, 아니면 그런 해석을 낳는 간접 표현을 한 것일까? 또 이것이 누구의 '목소리'일까? 학생들의 목소리일까, 아니면 대학당국의 목소리일까? 163쪽 이하에서 다뤘듯이, 텍스트의 요소들이 서로 다른 독자나 청중에 의해서 서로 다른 방식으로 해석되도록 마련될 수 있다. 이는 양면성에 대하여 예상되는 서로 얽힌 텍스트의 또 다른 원천이 된다.

제4장에서 이후의 도입 논의에서는 서로 얽힌 텍스트 속성에 대한 개념을 놓고, 일부 분석할 수 있는 잠재성을 예시해 주기 위하여 두 개의 표본을 직접 분석하게 된다. 이들 사례에 근거하여, 담화 분석을 위하여 얼개를 수립하는 일에 중요한 다음 네 가지 차원을 논의하게 될 것이다.

㉠ 명시적으로 서로 얽힌 텍스트 속성manifest intertextuality(주로 해석 과정에 작용함)

㉡ 서로 얽힌 담화 속성interdiscursivity(주로 산출 과정에 작용함)

㉢ 텍스트상의 '변형 모습'textual 'transformations'

㉣ 텍스트가 사회적 정체성을 구성하는 방식(how texts constitute social identities

〈표본 1: 뉴스 보도〉

첫 번째 표본은 영국의 중앙 일간신문 『더 썬The Sun』으로부터 뽑은 1985년 5월 24일자의 기사이다. 좀 더 자세한 분석은 페어클럽(Fairclough, 1988b)[148]를 보기 바란다. 이는 영국의 하원House of Commons에 속한 소

---

148) (역주) 이 논문은 페어클럽(Fairclough, 1995 초판)의 『비판적 담화 분석: 언어에 대한 비판적 연구(*Critical Discourse Analysis: The Critical Study of Language*)』(Pearson Education, 모두 265쪽)의 제2장에 실려 있었지만 2010년 증보판(591쪽)을 내면서 부피가 너무 많기 때문인지 이를 포함하여 초판에 있던 4개의 장을 모두 빼어 버렸다. 같은 신문의 기사를 놓고서, 이원표 뒤침(2004)의 『대중매체 담화 분석』(한국문화사) 제4장

위원회에서 작성한 공식 문서에 관한 보도이며, 「심각한 마약 악용: 방지 및 통제 방법Hard Drug Abuse: Prevention and Control」이란 문서 제목이 붙어 있다.

저자는 그 기사 속에 있는 '보도 내용'이나 '표현'에 초점을 모을 것이다. 신문 기사에 관한 좀 더 나은 표준 설명 방식은 리취·슷(Leech and Short, 1981)을 참고하기 바란다. 저자는 실제로 더 뒤에서 '담화 표상'으로149) 언급할 내용들 때문에, 조금 다른 용어들을 쓰게 될 것이다. 담화 표상은 한 형태의 서로 얽힌 텍스트 속성인데, 다른 텍스트의 일부가 임의의 텍스트 속에 녹아들어가 있으며, 흔히 인용 부호나 보고 형식의 절(가령 '그녀가 ~ 말했다'나 '매뤼가 ~ 주장했다')과 같은 언어 기제를 갖고서 아주 명시적으로 표시되어 있다. 담화 표상은 명백히 뉴스(새소식)의 주요한 일부이다. 즉, 사람들이 말한 뉴스거리가 되는 바에 관한 표상이다. 그러나 이는 또한 다른 유형의 담화, 가령 법정에서의 증거·정치적 수사·일상생활 대화에서도 아주 중요한데, 거기에서는 끊임없이 다른 사람이 말한 바를 보고해 준다. 일반적으로 말하여 실제로 담화 표상이 언어 텍스트의 요소로서뿐만 아니라, 사회적 실천 방식의 차원으로서도 얼마나 중요한지에 관해 제대로 인식

에서도 다뤄져 있으므로 같이 참고할 수 있다.

149) (역주) representation(표상, 재현, 또렷이 드러내기, 표현)이란 용어가 처음 계몽주의 철학자 칸트에 의해서 Vorstellungen으로 쓰였는데, 이는 감각 정보가 우리의 감각 기관을 통해 머릿속에서 다시 표현됨을 가리키려고 도입되었으나, 칸트도 스스로 그것들이 그대로 복사되는 것이 아님을 잘 알고 있었다. 이 점을 고려하여 번역 용어도 '재현(再現)', '복사(複寫)'가 아니라, 오히려 머릿속에서 외부 대상을 드러내는 그림이나 상징의 뜻으로 '표상(表象)'을 쓰고 있는데, 필자도 이를 따른다. 그렇지만 맥락에 따라 과거분사 represented는 '표현되다'로 번역되어야 자연스러운 대목도 있음을 덧붙여 두며, 그런 경우 굳이 이를 언급하지는 않을 것이다.

그런데 '표상'의 문제와 관련하여, 툴민(1972)의 『인간의 이해능력: 개념들의 집단적 이용과 진화(Human Understanding: The Collective Use and Evolution of Concepts)』(Princeton University Press) §.2-4를 보면, 자신의 스승 뷧건슈타인은 공적이고 사적인 구분을 못하는 칸트의 용어에 불만을 느끼고서, 각각 Vor-stellungen(개인의 눈앞에 서 있는 주관적인 대상을 가리킴)과 Dar-stellungen(공통되게 거기 서 있는 사실로서의 대상을 가리킴)으로 구분했음을 알 수 있다. 만일 이 주장이 옳다면, '표상'이란 말도 임시방편의 것에 불과하다. 물론 본문 속에 있는 저자의 용법에서 이 구분이 필요하다는 뜻은 아니다. 툴민은 156쪽 도표에서 언급된 '의사소통 논증법'으로도 유명하다.

/평가되지 않았다.

영국이 마약 밀매꾼을 저지하는 전쟁과 직면했다고 하원의원들이 경고하다(229쪽의 역주 157 '절대시제' 참고)

마약과의 전투에 군대를 투입하라!

데이빗 캠프

마약 강매꾼들의 대규모 침략과 싸워 이기려면, 반드시 무장군대가 동원되어야 함을 어제 하원의원들이 요구했다.

뒷골목 코카인 행상들이 평화로운 시기에 영국이 마주한 가장 큰 위협이며, 영국의 생활방식을 파괴해 버릴 수 있다고 의원들이 경고하였다.

하원의원들은 정부의 각료들이 수상한 마약의 반입에 관하여 해군과 공군에 명령을 내려 해안선에 접근하는 활동 중인 운반선들을 추적하도록 원하고 있다.

해안에서는 세관과 경찰과 보안당국에 의해서 강력한 법 집행이 있어야 한다.

밀매 이득금

내무부 전문위원회에 속한 모든 당의 관계자들은 미국을 방문하고서 자신들이 본 것에 큰 충격을 받았다.

해마다 발간되는 가장 매서운 하원 보고서들 중 하나로서, 보수당 변호사 겸 하원의원인 에드워드 가드너 경이 의장으로 있는 해당 소위원회에서는 다음처럼 심각하게 경고하였다.

"서구 사회에서는 중독성 마약 산업으로부터 전쟁 같은 위협에 직면하였다.

인간의 약점·따분함·정신적 고통을 미끼로 삼아, 밀매꾼들은 엄청난 이득금을 쌓아 두고 있다.

그들이 반드시 모든 걸 잃게 해야 한다. 마약을 팔아 생긴 집과 돈과 밀매와 관련될 만한 모든 소유물이다."

에드워드 경은 어제 "우리는 마약 밀매가 살인과 동등하며, 처벌에서도 마땅히 이 점을 반영해야 한다."고 말했다.

정부에서는 이번 가을에 일제 단속 법률안을 제출할 것으로 예상된다.

(『더 썬』, 1985. 05. 24)

저자는 이 특정한 보도기사를, 독자들이 일반적으로 보지 못하는 정보를 갖고 이용할 수 있었기 때문에 선택하였다. 하원의원 전문위원회에서 보고한 관련 문서(HMSO왕립문서국, 1985)이다. 그러므로 보도기사 및 원래 보고서를 서로 비교함으로써, 담화가 어떻게 표상되고 있는지에 초점을 모을 수 있었다.

보도 해설이 흔히 '직접적인' 담화 표상과 '간접적인' 담화 표상 사이에서 초보적 구별을 이끌어낸다.

대처 여사가 내각 각료들에게 경고하였다. "나는 이제 옛 적폐들을 어떤 거든 더 이상 참지 않을 것입니다!"
(Mrs Thatcher warned Cabinet colleagues: "I will not stand for any backsliding now")

는 직접적인 담화의 사례이고,

대처 여사는 내각 각료들에게 자신이 이제150) 옛 적폐들을 더 이상 참지 않을 것이라고 경고하였다
(Mrs Thatcher warned Cabinet colleagues that she would not stand for any backsliding then)

는 간접적인 담화의 사례이다. 두 사례가 모두 보고 인용절 'Mrs Thatcher warned Cabinet colleagues대처 여사가 내각 각료들에게 경고했다'를 담고 있으며, 바로 담화 표상이 뒤이어진다. 직접적인 담화의 경우에, 표현된 낱말들은 따옴표 " " 속에 들어 있고, 시제와 '상황 중심 지시표현'(위 사례

---

150) (역주) 영어에서는 직접 표현이 인용되어 간접 표현을 되면 모문(상위문)의 시제에 맞춰 내포문의 시제가 달라지고, 대명사도 달라지며, 시간 부사도 바뀌게 된다. 내포문으로 들어가면 'I'가 'she'로 바뀌고, 'will'이 'would'로 바뀌며, 시간 부사 'now(이제)'도 'then(당시 기준 현재)'으로 바뀌는 것이다. 모문과 내포문 간의 일관된 '투명성'으로 부를 수 있다. 그렇지만 우리말에서는 상위문에 따라 내포문이 변동되는 범위가 매우 작은데, 고작 대명사 정도가 바뀐다('나' → '자신'). 이를 모문과 내포문 사이의 '비투명성' 또는 각각의 '자율성'으로 부를 수 있다. 따라서 간접 인용문의 then(당시)을 우리말 번역에서 직접 발화에 있는 시간 부사를 그대로 써 놓았다. 만일 간접 인용의 대명사를 '그녀'로 번역한다면, 중의적인 해석이 나온다. 대처도 가리킬 수 있겠으나, 제3의 다른 여성(가령, 영국 여왕)도 가리킬 수 있는 것이다. 따라서 바로 앞에 있는 사람을 가리키도록 일부러 재귀적 표현 '자신'으로 번역해 두었다.

에서는 'now'이며, 발화의 시간과 장소에 관련된 낱말을 가리킴, '직접 보여 준다'는 뜻의 직시直示는 한참 모자란 용어인데, 그 말뜻뿐만 아니라 2차원의 좌표계 모습을 전혀 포착해 주지 못하기 때문임)이151) '원래 발화'의 형태 들이다. 현재 보고(인용)되고 있는 사람의 '목소리' 및 보고자(인용자) 의 '목소리' 사이에 명백한 경계가 있다. 직접적인 담화에서는 흔히 보고(인용)되고 있는 사람이 썼던 낱말들을 정확히 그대로 쓴다고 말

---

151) (역주) 원문은 deictics, deixis(모두 기준점이 해당 상황이 되므로, '상황 중심의 지시표 현'이며, 영어 x가 c로 변동함)이다. 이런 표현을 본격적으로 처음 다룬 뷜러(Bühler, 1934; 지광신·최경은 뒤침, 2008)의 『언어 이론: 언어의 서술기능』(나남, 한국연구재단 학술명저번역 서양편 225) 120쪽 이하 및 제2부를 보면, 희랍 어원은 deixis(손/손가락으 로 잡는다)이고, 이 낱말이 라틴어로 번역되면 demonstratio(눈 앞에 보여준다)이며, 손 으로 가리켜 주는 행위이다. 이를 한자로 쓰면, 최초의 금속활자본 『직지(直指, 곧장 손으로 가리킴)』(『直指心體要節』, 직접 손으로 마음의 몸체를 가리켜 주듯이 쉽게 알 수 있는 간략한 핵심)가 가장 정확한 표현이다. 일부에서는 뜻을 잘 붙들 수 없는 직시(直 示, 직접 보임/보여줌, '보일 시[示]')라고 말하지만, 결코 보여 주는 것이 아니기 때문에, 잘못된 용어임이 분명하다. 철학에서 쓰는 용어로서, '직접 실례를 보여 준다'는 뜻의 ostensive가 직시[直示]에 해당하지만, 아무도 이런 비판을 하는 이들이 없이 '적막강산' 일 뿐이다. 한자를 제대로 새길 줄 모르는 이들이 왜곡된 말임을 깨치지 못한 채 어름어 름 답습하는 적폐이다. 철학 쪽에선 주로 라틴어를 토대로 하여 demonstative(지시사)를 쓰는데, 특히 이를 ostensive(실례 제시; 직접 보이거나 예시해 주는 일이므로, 오히려 이를 '직시'라고 번역해야 옳음)와 명확히 구별해 주려고, 일부러 '지시사(指示辭)'로 번역하는 듯하다. 필자의 판단에, 라틴 어원의 낱말이 오히려 희랍 어원의 낱말보다 더욱 뜻을 분명히 전달해 주는 장점이 있지만, 이런 점을 정확히 지적해 주는 경우를 거의 찾아볼 수 없어서 안타까울 따름이다. 일부에서 '다익시즈'라는 외국어를 그대로 쓰기도 하는데, 그런 학자들은 참으로 우리나라에서 학문을 왜 하는지 모르는 듯하다.
  필자가 번역한 르펠트(Levelt, 1989; 김지홍 뒤침, 2008)의 『말하기: 그 의도에서 조음 까지』I(나남, 한국연구재단 학술명저번역 서양편 213)의 §.2-2에서도 다섯 가지 부류로 나누고

  ㉠ 인칭 지시표현
  ㉡ 친교 지시표현
  ㉢ 장소 지시표현
  ㉣ 시간 지시표현
  ㉤ 담화 지시표현

을 심도 있게 다루고 있다. 필자는 '상황 중심 지시표현'으로 번역한다. 해당되는 상황 이 대상을 지시하기 위한 '기준+원점'(origo, 영어 origin)을 만들어 내며, 화자 자신을 중심으로 한 내재적 좌표계(화자 내부 기준의 원점을 지닌 2차원 좌표계)와 화자 이외 의 다른 개체가 중심이 되는 외재적 좌표계(외부 대상 기준의 원점을 지닌 2차원 좌표 계)가 서로 맞물리어 전체 지시표현이 갖춰지는데, 다음처럼 제시할 수 있다(앞의 김지 홍 뒤침, 2008: 112). 우리 마음의 문법에서 감정이입이 점차 확대 적용되면서 마지막 좌표계(3차적 지시표현)에까지 도달하는데, 바로 이것이 데카르트가 처음으로 기하학 및 대수학을 통일할 수 있었던 공간 좌표계(coordinate)에 해당한다.

해진다. 간접적인 담화에서는 따옴표가 사라지고, 표상된 담화는 상위문(모문)에 대해 문법상으로 종속된(내포된) 절의 형태를 띠며, 이들 사이를 접속 관계대명사 'that-라고'으로[152] 이들 관계가 표시된다. 시

〈인간 언어에서 위치를 지시하는 세 가지 좌표계〉

기준점 좌표계(원점)	위치 관련 기준	
	화자 기준	다른 대상 기준
좌 표 계 — 화자의 '내부 원점' 〈0, 0〉	【 I 】 1차적 지시표현 그 공이 '내' 앞쪽에 있다	【 II 】 2차적 지시표현 그 공이 '그 나무' 뒤쪽에 있다
다른 대상의 '외부 원점' 〈0, 0〉	【 III 】 화자 및 다른 개체는 상충·모순되는 기준 원점이므로 언어 표현도 존재하지 않음	【 IV 】 3차적 지시표현(외부대상 기준 원점) 그 공이 '그 의자' 앞쪽에 있다

필모어(Fillmore, 1997)의 『상황 중심의 지시표현에 관한 강의(*Lectures on Deixis*)』(CSLI, Stanford University)에서도 상황 중심 지시표현을 본격적으로 논의하였으며 가장 추천할 만한 책이다. 한편, 철학 쪽에서 지시와 관련된 문제는 '가능세계'(양상 의미론)까지 모두 다루게 되는 근본적 주제들 중 하나인데(결과적으로 고전 철학에서는 rigid designator[고정된 지시 내용]만을 다뤘던 셈임), demonstrative(지시사)와 관련한 논의는 특히 데이빗슨(Davidson, 1984; 이윤일 뒤침, 2011)의 『진리와 해석에 관한 탐구』(나남, 한국연구재단 학술명저번역 서양편 323)의 제2장을 읽어 보기 바란다.

152) (역주) 우리말에서는 '이다'의 활용 모습인 '-(이)라고'를 쓰고 있으므로, 「인용 어미」라고 말할 수 있다. 그렇지만 현행 학교문법과 국립 국어원의 『표준 국어 대사전』에서는 이를 '인용 조사'로 잘못 부르고 있다. 결코 격조사도 아니고 그렇다고 보조사도 아니다. '조사'라는 개념을 마련하였던 1930년대의 낱말 중심 언어관은, '오직 낱말'에만 목매달던 매우 갑갑하고 캄캄한 세계였다. 신익성 뒤침(1993)의 『훔볼트: 언어와 인간』(서울대학교 출판부)에서 분명히 확인할 수 있다. 그렇지만 인간 사고의 기본 개념이 우리가 경험하는 최소 단위의 사건 또는 낱개 사건이다. 이를 언어학에서는 절-유사(clause-like) 단위로 부르고, 아리스토텔레스의 사고 도구(organon)에 있는 주장을 받아들여 철학 수학 심리학 등에서는 명제(proposition)라고 부른다(38쪽의 역주 20과 171쪽의 역주 112 참고).

칸트는 명제가 처음으로 분석 명제와 종합 명제로 대분되어야 함을 주장하였으며, 하버드 대학에 있던 콰인(Quine, 1908~2000)은 양자를 구분하려면 전체 언어 체계가 고려되지 않으면 안 된다고 반박하면서 새로운 시각들을 열어 왔다. 사고 단위에 대한 자세한 논의는 김지홍(2015)의 『언어 산출 과정에 대한 학제적 접근』(도서출판 경진)

제와 상황 중심 지시표현도, 보고(인용) 내용의 관점과 맞물려 바뀐다. 가령 now(이제)가 then(당시, 당시 현재)로 바뀌는 것이다. 보고자(인용자)와 보고(인용) 내용의 목소리가 경계가 불분명하여 훨씬 더 흐리멍덩하고, 후자의 담화를 표상하기 위해 이용된 낱말들이 원래 내용에 있는 것이 아니라 결과적으로 오히려 보고자(인용자)가 선택한 낱말이 될 수도 있다.

표준 문법 책자에서 말하는 설명 방식은 대표적으로 텍스트 상에서 실제로 일어나는 바에 대한 복잡성을 너무 과소평가한다. 보도기사의 제목만 보더라도 그러하다. 큰 제목 '마약과의 전투에 군대를 투입하라!Call up Forces in Drug Battle!'는 담화 표상에서 규정된 형식적 부호가 전혀 없다. 보고 형식의 절도 아니고, 따옴표도 전혀 없는 것이다. 그렇지만 문법 형식으로는 명령문이며, 감탄 부호 '!'는 이 문장이 요구로서 간주됨을 나타낸다. 그렇지만 누가 요구하고 있는가? 일간신문 『더 썬The Sun』지 그 자체의 '목소리'를 제외하고서는 형식상으로 이를 표시해 주는 것이 전혀 없다. 그러나 신문 기사가 (신문 사설에서의 편집진을 제외한다면) 그 자신의 요구를 말하는 것이 아니라, 전통적으로 다른

제2장을 읽어 보기 바란다.

'조사'는 사고 기본 단위 속에 파생되어 있는 부속물에 지나지 않는다. 그렇지만 1930년대의 언어관은 낱말밖에 못 보았기 때문에 조사가 낱말과는 따로 설정되어야 함에 깊이 고민을 했었다. 그 결과 맞춤법에서 띄어쓰기 단위도 마땅히 어절마다 띄어 써야 할 것을 '낱말'마다 띄어 쓰도록 잘못 규정했던 것이다. 모든 것에 대한 만능열쇠가 궁극적으로 「사고의 기본 단위」 설정으로부터 도출되어 나온다. 어절별로 띄어 써야 옳다는 주장은 김지홍(2014)의 『제주 방언의 통사 기술과 설명』(도서출판 경진)의 부록 2로 실어둔 "제주 방언의 표기에서 「띄어쓰기」 문제"를 읽어 보기 바란다. 필자가 쓰는 어절의 개념은 참스키 교수의 'XP'(최대 투영의 구절)이나 최근 어휘론에서 다루는 구적 낱말(phrasal word) 또는 전산 처리 사전을 처음으로 구현한 고(故) 싱클레어 교수의 이음말(collocation) 개념과도 정합적이다. 그렇지만 20세기 사고 얼개의 전환(paradigm shift)에 따른 함의들을 근본적인 고민하는 이를 찾아보기 힘든데, 그 이유는 반드시 전체적인 지도를 머릿속에 갖고 있어야 하기 때문이다. 국어를 다루는 이들 중에서도, 하루바삐 1930년대의 발상을 벗어나서 심각하게 언어관의 전환을 반영하여, 우리말 질서에 대한 해석을 수행해야 함을 깨닫는 분을 아직 주위에서 만나보지 못했다. 우스꽝스럽게도, 영어를 배우면 국어 질서가 허물어진다고 사기를 치면서, 혼자 애국자인 척 위선을 떠는 다수의 사람들을 본 적이 있다. 언어는 인간의 부속물이며, 인간은 삶의 현장을 벗어날 수 없다는 자명한 이치를 애써 외면하며 보지 않으려는 바보들의 주장일 따름이다.

사람들의 요구를 보도한다. 아마 이것이 결국 보도기사에서 담화 표상의 특정한 형식임을 시사해 준다. 다른 한편으로, 타블로이드 판형(일반 신문의 반절인 판형으로 B4 용지의 크기임)의 신문에서 '보도기사'와 '편집자 의견' 사이에 있는 구분은 이런 분석이 시사하는 것보다 더욱 불분명하다. 따라서 아마 이것이 『더 썬The Sun』지의 목소리가 '될' 가능성이 있다. 그렇지만 보도기사의 시작 단락에서, 큰 제목에서 본 요구가 '하원의원들MPs'한테로 귀속된다. 우리는 목소리의 양면성을 마주하고 있다. 중의적인 언어 형식이 제목을 '이중 목소리double-voiced'로 만들어 놓는 것이다(Bakhtin, 1981). 『더 썬The Sun』지에서는 왕립문서국 HMSO에서 간행한 보고서의 목소리를 신문 자체의 목소리와 뒤섞어 놓은 듯하다. 이런 결론은 맨 첫줄에 나온 부제목 '영국은 마약 밀매꾼들을 저지하는 전쟁과 직면했다고 하원의원들이 경고한다'로 뒷받침된다. 이런 경우에 보고(인용) 절이 있으나, 보고된 담화 다음에 놓임으로써 배경처럼 다뤄진다. 다시, 심지어 직접적인 담화이더라도 따옴표조차 그 속에 들어 있지 않다. 이들 형식적 속성이 또 한 번 목소리의 양면성에 기여하고 있다.

다음으로 이들 제목과 시작 단락을, 왕립문서국에서 간행한 보고서의 원래 내용과 서로 비교해 보기로 한다.

The Government should consider the use of the Royal Navy and the Royal Air Force for radar, airborne or ship surveillance duties. We recommend, therefore, that there should be intensified law enforcement against drug traffickers by H. M. Customs, the police, the security services and possible the armed forces.
(정부에서는 해군과 공군을 이용하여 전파 탐지[레이다]로 공수 부대나 선박 감시 책무를 다하도록 해야 마땅하다. 그러므로 본 조사위원회에서는 왕립 세관·경찰·보안 당국, 그리고 동원 가능한 무장 군대로 하여금 마약 운반책들을 붙잡도록 법집행을 강화해야 함을 권고한다)

해당 보고서의 목소리를 신문 그 자체의 목소리와 뒤섞어 놓으면서, 『더 썬The Sun』지에서는 또한 전자의 목소리를 후자의 목소리로 번역해 놓고 있다. 이는 일부 낱말을 선택하는 일이다. 'call up투입하다', 'battle전쟁', 'fight off싸워 이기다', 'massive대규모', 'invasion침략', 'pushers마약 강매꾼', 'pedlars 뒷골목 행상'가 모두 왕립문서국의 보고서에서는 쓰이지 않았다. 또한 이는 비유의 문제이기도 하다. 『더 썬The Sun』지에서는 은유를 선택하고 있는데, 마약 밀매자들과의 거래를 싸움에서의 전투로 서술한다. 이는 실제로 왕립문서국의 보고서에서 한 차례 쓰이며, 이 은유가 보고서의 목소리를 위원회에서 설정한 얼개 속으로 바꿔 놓고 있다. 보도기사의 제목에서는 이런 은유를 무장 군대의 출동'call up', 투입하다으로 가다듬어 놓았다. 마약 밀매꾼들을 '침략'으로 표상하는 대목도 동일한데, 전부 원래 보고서에서는 전혀 없던 표현이다. 마지막으로, 해당 보고서의 신중한 권고 사항들을 강한 어조를 써서 일련의 '요구'로 번역해 놓은 문제점도 있다(≒권고는 선택지가 있으나, 요구는 의무만 부과됨).

그렇다면 『더 썬The Sun』지의 담화 표상에서 두 가지 점을 찾아낼 수 있다. ㉠ 언어 형식의 중의성과 ㉡ 왕립문서국의 보고서에 담긴 목소리를 『더 썬The Sun』지의 목소리와 뒤섞어 놓은 일이다. 언어 형식의 중의성이란 종종 뭔가가 담화로 표상되어 있는지 그렇지 않은지 여부가 불분명함을 뜻한다. 추가적인 사례는 기사 중간의 작은 제목 '밀매 이득금Profits'의 바로 앞뒤에 위치한 두 개의 단락들이다. 목소리 뒤섞기는 『더 썬The Sun』지에서 해당 보고서의 권고 사항을 마치 신문사에서 나름대로 권고하는 양 말하면서, 동시에 해당 보고서를 신문사 나름의 언어로 번역하는 일을 포함한다.

그렇지만 이것이 단순히 신문사 '나름대로의 고유한 언어'일까? 번역의 과정은 난해한 글말의 법률적 용어를 쉬운 입말의 일상적 낱말로 전환해 줌을 포함한다. 'traffickers마약 운반책'가 'pushers마약 밀매꾼'와 'pedlars뒷골목 행상'로 바뀌고, 'forces군대, 세력'도 'armed무장'란 수식어를 덧붙이고 있는 것이다. 그리고 혼잣말 모습의 글말에서 벗어나 대화하듯이 대면담으로 바뀌었다(제목에 있는 요구는 묵시적으로 상대방에게 향한 대면담임). 일상적 경험과 신화에서 자주 메아리처럼 쓰이는 비유를 끌어들이고 있다(전쟁을 위한 이동). 요약하면, 공식 문서로부터 일상적 입말로, 또는 오히려 "1차적으로 전달되어 듣게 될 대중들의 언어와 관련된 해당 신문사 나름의 내용"으로 전환이 이뤄져 있다(Hall et al., 1978: 61). 이는 뉴스(새소식) 제공자가 마치 '중개인mediators'처럼 행동하는 경향과 연합되어 있는데, "전형적으로 「목표로 삼은」 청중(신문 구독자)이 된다고 간주된 주인공"을 가꿔 나가고, 그렇게 가정된 청중(신문 구독자)과의 유대감을 북돋고 길러 주며, 뉴스거리가 되는 사건들을 신문사 나름대로의 '상식' 용어로 또는 뉴스거리에 관하여 판박이처럼 틀에 맞는 내용으로 그 청중(신문 구독자)들에게 중개해 주는 사람들이다(Hartley, 1982: 87).

뉴스 매체는 광범위하게 이런 방향으로 전환을 보여 주고 있는데, 그 이유를 살펴볼 필요가 있다. 한 가지 층위에서, 이는 소비 지상주의 consumerism, 소비 만능주의의 중요한 차원으로 확인된 바를 그대로 반영해 준다. 권력이 생산자로부터 소비자로의 전환 또는 외형상의 뒤바뀜이다. 뉴스 매체는 그 판매 실적이나 비율이 생존에 결정적인 시장 맥락에서 '자발적으로 구매하는recruiting' 독자·청자·시청자를 뺏으려고 서로 치열하게 경쟁하는 사업이다. 저자가 주목해 온 언어상의 흐름도, 더 넓은 맥락에서 바라본다면, 최대한 소비자들의 생활 모습과 그들이 갈망하는 최고급 삶에 딱 들어맞도록 맞춰놓는 방식으로, 생산자들의 상품을 시장에 내 놓는 한 가지 실천 방식이라고 해석될 수 있다. 대중매체에서는 사람들을 소비자로 구성해 놓는 일에 골몰하며, 최고급 삶으로 우러러 마지않는 삶을 미끼처럼 내보는 데에 골몰함도 덧붙이고 싶다.153)

---

153) (역주) 대중매체(특히 일간 신문)에서 가장 중요한 것이 다양한 의견들이 있다는 사실 보도이며, 또한 주류의 특정한 주장이 잘못일 수 있음을 지적하는 비판의 목소리일 것이다. 그러나 자본주의의 허구인 소비 만능주의에 빠져 있다면, §.1-6의 논의 및 182쪽에서 ISA(이념을 덧씌우는 국가 기관)들이라든지, 202쪽에서 개성 없이 (특정 규격대로 합성된) '규격화된 모조 인격(synthetic personalization)' 따위를 추구한다. 이런 것들

그렇지만 그 과정은 여기에서 보인 것보다 훨씬 더 복잡하다. 뉴스 거리가 되는 사건들의 원천은 언론 관련자들로부터 믿을 만한 출처로 취급되며, 해당 매체에 특권을 지닌 한 묶음의 좁은 범위 안쪽 사람들로부터 기원되어 나오는데, 이들의 목소리가 매체 담화에서 가장 널리 표현되는 것들이다. 일부 뉴스 매체에서는 이러한 외부 목소리들이 명백하게 확인되고 경계가 분명히 주어지는 경향이 있으며, 다시 아래에서 이 점을 다루기로 한다. 그렇지만 앞의 사례와 같이 이것들이 대중적인 언어의 신문 보도 내용으로 번역되는 경우에, 누구의 목소리와 위상이 표현되고 있는지에 관하여 일정 정도의 신비주의가 있다. 만일 정치와 산업 등에서 힘센 사람과 집단(≒기득권 세력)의 목소리들이 (비록 모의되고 부분적으로 비현실적인 것이라 해도) 일상적 입말의 모습으로 표현된다면, 사회적 정체성·관계·거리감이 붕괴되어 버린다. [정체성과 이득을 숨긴 채] 힘센 기득권 집단이 평범하게 독자들 자신이 쓸 법한 언어로 말하는 것처럼 표현되는 것이며, 이는 훨씬 더 쉽게 독자들의 의미(가치)와 일치하는 듯이 만들어 준다. 뉴스 매체는 권력의 목소리를 변장시키고 감춰진 형태로 전달하는 이념적 작업에 영향을 주는 것으로 간주될 수 있다.

공식적인 글말 문서의 언어를 일반 대중의 입말의 모습으로 번역해 놓는 일은, 글말이든 입말이든 간에 '공적인 언어'를 '사적인 언어'로 번역하는 좀 더 일반적인 한 가지 사례이다. 정치적·경제적·종교적 사건들의 공적인 영역 및 '일상생활lifeworld' 영역의154) 상식적 경험을

은 모두 우리의 개성을 없애 버리고 똑같은 복제 로봇으로 만들어 버린다.

154) (역주) 20세기 초반 현상학자 후설(Husserl, 1936)의 『유럽 학문의 위기와 선험적 현상학』(두 종의 번역이 있는데, 이종훈 뒤침, 1997, 한길사 및 김영필 뒤침, 1999, 울산대 출판부)으로부터 시작되어 독일과 미국 등지에서 뒤이어진 이런 새로운 흐름을 쉽게 읽어 보려면, 강수택(1998)의 『일상생활의 패러다임: 현대 사회학의 이해』(민음사)를 추천한다. 강수택(1988: 35쪽의 각주 7과 264쪽의 각주 6)을 보면, 후설의 후기 저작에서 Lebensweise(생활양식)가 lebenswelt(생활세계, 영어 lifeworld)로도 쓰이고, 하버마스에서 후자가 채택되었다. 필자 개인의 어감으로는 축자 번역인 '생활세계'보다 강수택 교수의 '일상생활'이 훨씬 더 나은 듯이 느껴진다.

하는 사회 행위 주체들 사이에 있는 관계를, 명시적으로 재표현하는 일의 일부가, 그 자체로 바로 언어상의 전환인 것이다. 적어도 일부 대중 매체에서는 '사적인' 사건과 개개인을 뉴스거리로 삼아(가령, 사건 희생자들 친척들의 슬픔 따위) 이를 다루는 흐름이 계속 있어 왔다. 이런 흐름은 다시 타블로이드 판형(일반 신문의 반절, B4 용지 크기) 신문들로부터 나와 텔레비전 뉴스 속으로 이동하기 시작하고 있다. 거꾸로, 공적 영역에 있는 사람과 사건들이 사적인 말로 묘사되기에 이르렀다. 다음에 영국의 일간지 『데일리 미뤄Daily Mirror』(1984년 5월 17일자 보도기사)로부터 가져온 사례가 있다.

Di's butler bows out... in sneakers!

PRINCE CHARLES'S butler is quitting his job.

And yesterday he revealed that sometimes he carried out his royal duties in *sneakers*.

Mr Alan Fisher usually wore the traditional Jeeves-style dark jacket and striped trousers at Charles' and Diana's Kensington Palace home.

The battered sneakers, he admitted, were a legacy from his service with Bing Crosby.

Mr Fisher, who leaves in six weeks, says the royal couple "are the most charming nice and ordinary of people. The Princess is terribly down to earth and natural."

The 54-year-old butler, who also worked for the Duke and Duchess of Windsor in Paris, has no job lined up but hopes to return to America.

"There was something about the informality of life over there that I missed," he said.

"There is a certain formality about working in a royal household, but I am a great lover of the Royal Family."

Would he be writing his memoirs about the Royal couple?

"If you don't like the people you work for then perhaps," he said. "But I have really enjoyed working here."

A Buckingham Palace spokesman said last night the Prince and Princess had received Mr Fisher's resignation "with regret".

(*Daily Mirror* 17 May 1984)

다이애너의 집사… 몰래 물러나다!

찰스 황태자의 집사가 자기 일을 그만두다

그리고 어제 그는 가끔씩 남몰래 황실 의무들을 실행했음을 밝혔다.

앨런 퓌셔 씨는 찰스와 다이애너의 캔징턴 황실 안에서는 집사 지브즈[155] 모습 그대로 흔히 어두운 외투에 다 줄무늬 바지를 입었었다.

그는 빙 크로즈비처럼 두들겨 맞고 살짝살짝 행동하는 방식이 과거 자신의 집사 일로부터 나온 유산이었음을 인정했다.

6주 뒤에 떠나는 퓌셔 씨는 황태자 부부가 "가장 매력적이고 멋지지만 평범한 사람들이고, 황태비가 지독히 현실적/세속적이며 자연스럽다."고 말한다.

또한 파리에 사는 현재 영국 황실의 공작과 그 비를 위해서도 일했던 54세 집사의 앞에 도열된 직업은 따로 없으나, 미국으로 되돌아가기를 바라고 있다.

"그곳에서는 제가 놓쳐 버렸던 격식 없는 생활에 관해 뭔가가 있었거든요." 라고 했다.

"황실에서 일하는 것에는 분명히 어떤 격식성이 엄격히 있지만, 저는 영국 황실 가족을 대단히 사랑합니다."

황태자 부부에 관해서 그가 자신의 회고록을 쓸 것인가?

"만일 모시는 일을 했던 사람들을 좋아하지 않는다면야 그럴 수도 있겠죠"라고 하면서, "하지만 저는 실제로 여기서 일하는 게 아주 즐거웠습니다."고 덧붙였다.

버킹엄 왕궁 대변인은 어젯밤 황태자와 황태비가 "유감의 뜻과 함께" 퓌셔 씨의 사임을 받아들였다고 발표했다.

(『데일리 미뤄』, 1984. 5. 17.)

---

155) (역주) 영국 소설가 우드하우스(Wodehouse, 1924)의 『흉내 낼 수 없이 똑 부러진 집사 지브즈(*The Inimitable Jeeves*)』에 등장하는 주인공으로, 항상 좋은 학벌을 지니고 콧대가 높은 척하는 멍청이 주인한테, 세세한 모든 것을 가르치는 우두머리 집사이다.

전통적으로 황실 궁정에 근무하는 집사는 비록 말단의 주변 인물이라고 하더라도 개인으로서가 아니라 역할 및 기능에 비춰보아 공적인 인물로 간주되었을 것이다. 그렇지만 이 경우에 황실 집사의 목소리는 모두 이 보도기사의 마지막 대목에서 직접적인 담화 표상으로 나와 있듯이, 그리고 'sneakers그림자처럼 남 몰래 또는 살짝 행동하는 사람'란 낱말의 속뜻이 보여주듯이, 일반 대중이 격식 없이 쓰는 입말 목소리이다. 이렇게 일상 생활의 사적인 영역 속으로 번역해 놓는 것은, 가령 '자신의 직무에서 사직resigning his post'이라는 표현보다 오히려 '자기 일을 그만두고 있는 quitting his job 집사'라는 표현에 의해서 강조된다. 동시에 황실 가족의 구성원들 그 자체를 사적인 영역으로 바꾼, 좀 더 중요한 전환도 명백하다. 다이애너Diana가 보편적으로 타블로이드(일반 신문의 반절, B4 용지 크기의 판형) 신문에서 그녀의 이름을 줄인 형태 'Di디'로 언급되었는데, 흔히 일상생활에서 오직 가족과 친구들 사이에서만 쓰이는156) 이름이다. 이는 그런 줄인 형태를 쓰는 일에서 황실 가족이 마치 황실 구성원이 아닌 우리들과 똑같이 하고, 언론 관계자와 독자로서 'we우리, 포괄적 용법의 '우리''가 마치 황태비와 비슷하게 가까운 관계에 있는 듯(≒우리 친구인 듯이) 다이애너를 'Di'로 언급할 수 있음을 함의한다. 이렇게 일반적으로 'Di'라고 부르는 일에 깃들어 있는 효력(≒똑같이 보통사람이자 친구처럼 여기는 힘)은 다시 보도기사에서 집사가 직접 쓴 낱말들로 명백하게 만들어져 있다. 그녀가 'nice멋지고', 'ordinary평범하며', 'down to earth현실적/세속적이며', 'natural자연스럽다(거추장스런 갑갑한 왕실의 인위적 격식을 던져 버리고서 보통 사람처럼 산다는 뜻으로, ① 왕실 전통대로 아들을 유모에게 맡기지 않은 채, 직접 젖을 물린다든지, ② 악수할 때 반드시 장갑을 껴야 하는 의전도

---

156) (역주) 언어 형식이 짧을수록 비례하여 심리적 거리도 가까워지므로, 흔히 '애칭' 따위와 같이 짤막한 명칭을 쓰게 된다. 그런 명칭이 또한 특정한 집단 내에서만 배타적으로 쓰이므로 특수 집단 구성원임까지도 함의할 수 있다. 그럴 뿐만 아니라, 머카씨 (McCarthy, 1998; 김지홍 뒤침, 2012 개정증보판)의 『입말 그리고 담화 중심의 언어교육』에서는 가까운 사람끼리 일부러 애매하고 막연한 표현을 쓴다는 사실도 처음으로 심도 있게 논의하였는데, 그 해석에서 그들 사이에 공유된 배경 지식을 쉽게 이용해 가기 때문에 그러하다.

무시한 채, 심지어 에이즈 환자들과도 맨손 악수를 한다든지, ③ 미국 디즈니랜드에서 아들인 왕자들과 함께 손잡고 길게 줄을 서서 자신들의 차례를 기다린다든지 하는 따위가, 당시 영국인들에게 크게 공감을 불러일으켰었음)'.

크뤼스(Kress, 1986)에서도 호주 신문에서 공적 영역과 사적 영역 사이에 있는 경계가 비슷하게 재구성되고 있음에 주목하였다. 두 종류의 호주 일간지에서 건설노조연합BLF의 '등록 취소deregistration' 소송, 즉 노동조합의 특권을 제거하는 판결을 다룬 표현을 서로 대조해 놓았다. 하나의 신문에서는 이 사건을 법적인 재판과정에 초점을 모으면서 공적 용어로 다루었지만, 반면에 다른 신문에서는 해당 소송자와 건설노조연합BLF의 지도자 갤러거Norm Gallagher의 성격에 초점을 모아 사적 용어로 그 일을 다루고 있다. 대조점이 두 보도기사의 시작 단락에서 분명해진다.

Full bench announces decision on BLF today A FULL Bench of the Arbitration Commission will this morning bring down its decision in the deregistration case against the Builders Labourers' Federation. (*Sydney Morning Herald* 4 April 1986)	건설노조연합에 관한 전원일치 판결 오늘 공표되다 분쟁조정 위원회 판사들이 오늘 아침 건설노조연합의 등록 취소 청구소송에서 전원일치로 패소판결을 내릴 예정이다. (『시드니 모닝 헤럴드』, 1986. 4. 4)
Too busy for court, says Norm NORM GALLAGHER will not attend an Arbitration Commission sitting today to hear its decision in the deregistration case against his union. 'I've got work to do,' the general secretary of the Builders Labourers' Federation said last night. (*Daily Telegraph* 4 April 1986)	법정 가기엔 너무 바쁘거든, 노엄이 말하다 노엄 갤러거는 건설노조연합에서 등록 취소 청구소송에 관한 판결을 듣고자 오늘 분쟁조정 위원회에 나가지 않을 것이다. "난 할 일이 있어"라고 어제 건설노조연합 사무장인 그가 말했다. (『데일리 텔리그래프』, 1986. 4. 4)

다시 공적/사적 경계를 재구성하는 일은 표현 방식뿐만 아니라 소재까지도 포함한다. 큰 제목에 가까운 사람끼리 부르는 이름을 쓰고 현재시제157)를 쓰는 일, 갤러거로부터 인용한 따옴표 속의 퉁명스런 대

---

157) (역주) 우리문화에서는 신문 기사 속 큰 제목으로 '절대 시제'나 '무시제' 또는 일기체처럼 시제 형태소가 없는 문장을 쓰기 마련이다. 만일 현재 시제로 썼다면 각각 '공표된다, 말한다'로 되었을 것이다. 그렇지만 우리나라에서는 신문 기사의 제목으로 '하다,

꾸도 포함한다.

매체는 공적 영역 및 사적 영역들 사이의 관계를 재생할 뿐만 아니라 또한 재구성해 주는 일에서도 중요한 패권적 몫을 지닌다. 여기서 저자가 확인하여 보여준 흐름은 구별의 파쇄(파괴)를 포함하고 있으므로, 공적 생활과 사적 생활이 개인별 행위와 동기의 모형으로 축소되고, 추정된 사적 생활의 대중적 경험에 근거한 관계의 모형으로 축소되어 있다. 이는 크게 '대중 연설' 및 다른 다양한 공적 유형의 담화 사이의 관련성에 대한 담화 질서 속에서 재구성하는 일을 통해서 영향을 받는다.

이 논의를 저자는 서로 얽힌 텍스트 속성의 모습으로서 담화 표상에 초점을 모으면서, 즉, 한 텍스트가 어떻게 다른 텍스트의 일부로서 맞물려 들어가는지에 초점을 모으면서 시작하였지만, 이제 담화 유형들의 특정하게 명시적인 표현articulation을 통해서 그리고 그 유형들 사이에서 특정한 번역 과정을 통해서 어떻게 『더 썬The Sun』지와 같이 일간신문의 매체 담화가 구성되는지에 관한 물음으로 확대되었다. 우리가 다룰 수 있는 바는 매체 담화의 '서로 얽힌 담화 속성'(§.4·2을 보기 바람; 산출 과정에 작용하며 212쪽의 역주 144 참고)이나 '서로 얽힌 구성적/산출적 텍스트의 속성'으로 부를 수 있다.158) 마약 밀매를 통한 돈 갈취(악용)의 기사에서는, 비록 대중적인 입말로 번역된 내용이 큰 제목과 시작 단락에 내세워 강조되어 있지만, 동시에 본문 속에서 왕립문서국 보고서로부터 직접 인용한 내용들과도 공존한다. 매체가 다양하고 담화 표상의 다채로운 실천 방식과 여러 유형의 서로 얽힌 담화 속성(주로

이다, 되다' 등 시제 형태소가 없는 말투를 쓰고 있다. 마치 시제 형태소가 없이 형용사에서 현재 상태를 가리키는 일과 동일하며, 따라서 눈앞에 그런 사건들이 하나하나 펼쳐져 있다는 인상을 준다. 앞에서 다뤘던 두 건의 기사 제목에서도 절대 시제로 번역해 두었다. 자세한 논의는 임홍빈(1998)의 『국어 문법의 심층』 1(태학사)에 첫 논문 「국어의 절대문에 대하여」를 읽어 보기 바란다.

158) (역주) 대중 매체의 담화를 다룬 책자가 페어클럽(Fairclough, 1995; 이원표 뒤침, 2004)의 『대중 매체 담화 분석』(한국문화사)으로 나와 있다.

산출 과정에 작용함)을 포함하고 있지만, 지배적인 흐름은 이런 방식으로 공적 담화 유형과 사적 담화 유형을 결합해 놓는 것이다.

〈표본 2: 바클레이 신용카드의 회원증 소지자를 위한 안내문〉

두 번째 표본은 페어클럽(Fairclough, 1988a)에서 가져 왔는데, '바클레이 신용카드의 회원증 소지자를 위한 안내문A Cardholder's Guide to Barclaycard' 속에 있는 내용이다. 해당 글말은 2쪽 안내문의 상단 셋째 칸을 차지하고 있고, 나머지 부분은 일반 고객한테 펜을 건네주고 있는 웃음 띤 일본 직원의 사진으로 채워져 있는데, 아마 안내문에 언급된 서류에 서명을 하도록 하는 듯하다. 동그라미 숫자는 저자가 분석을 위해서 일부러 추가한 것이다.

Using it's simple
you don't even have to speak the language

① Wherever you see a Visa sign you can present your Barclaycard when you wish to pay.

② The sales assistant willl put your Card and sales voucher through an imprinter to record your name and account number.

③ He will then complete the voucher and after ensuring that the details are correct, you just sign it.

④ You'll receive a copy of the voucher, which you should keep for checking against your statement, and the goods are yours.

⑤ That's all there is to it.

⑥ You may use your Barclaycard as much as you wish, provided your payments are up to date and you keep within your available credit limit (this is printed on the folder containing your Barclaycard).

⑦ Occasionally the shop may have to make a telephone call to Barclaycard to obtain our authorisation for a transaction.

⑧ This is a routine requirement of our procedure, and we just make sure that everything is in order before giving the go-ahead.

---

⑨ In an effort to deal more quickly with these calls, Barclaycard is introducing a new automated system.

⑩ This will save time for you, but *please note that any transactions which could take a Barclaycard account over its credit limit could well be declined*.

⑪ *It is important to ensure that your credit limit is sufficient to cover all your purchases and Cash Advances.*

⑫ When you wish to take advantage of a mail order offer it's so much easier to give your Barclaycard number rather than sending cheques or postal orders.

⑬ Just write your card number in the space provided on the order form, sign it and send it off.

⑭ Or if you want to book theatre tickets, make travel reservations or even make a purchase by telephone, just quote your card number and the cost can be charged to your Barclaycard account.

⑮ You will fine Barclaycard can make life a whole lot easier.

신용카드 이용이 아주 간단합니다
이용시에 심지어 그 나라 말을 할 필요조차 없습니다

① 신용카드 서명이 필요한 곳이라면 어디에서이든 결재하시고자 하는 경우에 바클레이 신용카드를 내어 주십시오.

② 판매담당 직원이 여러분의 성함과 계좌번호를 찍기 위하여 여러분의 신용카드와 구매전표를 카드 각인기 속에 놓을 것입니다.

③ 구매전표의 처리를 마치고 세부 사항이 올바른지 확인한 다음에 곧장 서명하실 수 있습니다.

④ 여러분은 영수증을 받고서 지출 관련사항들을 확인하고 상품 주문내용이 맞는지를 점검하기 위하여 보관해야 합니다.

⑤ 이것이 신용카드 이용에 필요한 모든 과정입니다.

⑥ 여러분은 상환 납입이 갱신되어 있고 신용카드 이용 상한액을 지키실 경우, 원하는 만큼 바클레이 신용카드를 이용하실 수 있습니다(이용 상한액은 바클레이 신용카드 속의 글상자에 인쇄되어 있음).

⑦ 때로 상품 판매처에서 거래 승인을 얻기 위하여 신용카드 회사에 전화를 걸어야 할 경우도 있습니다.

⑧ 이는 통상적인 거래 과정의 필수사항이며, 결재 진행을 개시하기 전에 모든 것이 적합한지 곧장 확인하는 절차입니다.

⑨ 전화 확인을 좀 더 신속히 처리하고자 바클레이 신용카드 회사에서는 새롭게 자동화 제도를 도입하고 있습니다.

⑩ 이것이 여러분에게 확인시간을 줄여 주겠지만, 이용 상한액을 넘어서 바클레이 신용카드 계정을 이용하려는(할 수 있을) 어떤 거래도 또한 중단될 수도 있음에 유의하여 주시기 바랍니다.

⑪ 여러분의 상한액 범위가 구매하신 모든 물품과 현금 지급을 허용하는지 확인이 중요합니다.

⑫ 우편 주문의 이점을 이용하실 경우에, 수표나 우편 주문을 보내기보다는 여러분의 바클레이 신용카드 번호를 적는 쪽이 훨씬 더 편리합니다.

⑬ 주문서에 표시된 빈칸에 곧바로 여러분의 카드 번호를 적고 서명을 한 뒤에 판매처로 보내어 주십시오.

⑭ 또는 극장표 예매, 여행지 숙박 예약, 전화 구매를 하실 경우에라도, 여러분의 카드 번호를 알려 주시면 곧장 바클레이 카드 계좌에서 그 금액이 결재될 수 있습니다.

⑮ 바클레이 카드가 전반적으로 여러분의 생활을 더욱 편리하게 만들게 됨을 깨달으실 겁니다.

이 표본에서 저자가 주목하는 초점은 패권 투쟁과 변화의 얼개 속에서 서로 얽힌 담화 속성(서로 얽힌 구성적/산출적 텍스트 속성)에 모아져 있고, 기존 유형들을 신선한 모습(형상)으로 만듦으로써 이뤄지는 새로운 담화 유형의 출현을 위한, 특히 뒤섞은 정보-및-공공성(또는 '대화하기-및-판매하기') 담화의 출현을 위한, 사회적 조건 및 기제들에 모아져 있다. 이 표본에서 특정한 뒤섞임은 금융 약관과 상품 광고에 대한 것이다. 해당 텍스트는 바클레이 신용카드 회사의 이용 약관을 진술하고, 동시에 이를 '판매'하고자 노력한다. 이 텍스트 산출자는 동시에 이 두 가지 상황과 두 묶음의 주체 위상으로 기능을 발휘하고 있으며, 또한 모순스런 방식으로 독자들을 자리 매김하고 있다. 중심적인 모순은 은행 및 대중 사이에 있는 권위 관계이다. 한편으로 보면, '금융 권위를 행사하는 주체'로서 은행이 '금융 권위를 따라야 하는 쪽'에 금융 약관을 전달해 주고 있다. 다른 한편으로 보면, 안내문 작성자(소비자의 구매 권위를 받들어 따르는 쪽)가 소비자(구매 권위를 행사하는 쪽)에게 판매를 애걸하고 있다. 또한 핼리데이의 의사소통 목적에서 대인관계의 의미가 논제로 된다(§.3-1 참고).

해당 텍스트는 문장의 수준에서 금융 약관의 담화 유형 및 광고 사이에서 번갈아 교차되는 유형을 명시적으로 드러낸다. 어떤 문장들은 사뭇 명백히 한 종류의 담화 유형에만 속하거나 전혀 다른 유형에 속하는 것이다. 예를 들어, 큰 제목은 광고처럼 보인다. 문장 ⑥은 금융 약관처럼 보인다. 문장 ⑫와 ⑭는 좀 더 양면적이다. 그러나 일반적으로 한 가지 담화 유형에 속하는 문장들조차 종종 다른 유형의 흔적을 일부 담고 있다. 가령, 문장 ⑥과 안내문에서 전반적으로 독자가 직접 '여러분you'으로 언급되고 있다. 상대방에게 직접 전달하는 방식은 관례적으로 현대 광고에서 비-격식성의 표지marker로 이용된다. 안내문에는 '이용 조건Conditions of Use'으로 제목이 붙은 한 면이 있는데, 흥미롭게 대조를 보여 주며, 아주 작은 글씨체로 13개 조건을 목록으로 나열하여 적어 놓았다. 여기서는 담화 유형의 혼합도 없고, 상대방에게 직접 전달하는 방식도 없다. 아래 그 조건의 한 대목을 인용한다.

---

2. The card must be signed by the cardholder and may only be used ⅰ) by that cardholder, ⅱ) subject to the terms of the Barclaycard Conditions of Use which are current at the time of use, ⅲ) within the credit limit form time to time notified to the principal cardholder by the Bank, and ⅳ) to obtain the facilities from time to time made available by the Bank in respect of the card.

제2조. 본 카드는 카드 소지자에 의해서 반드시 서명이 이뤄져야 하고, ⅰ) 오직 당해 소지자에 의해서 이용될 수 있으며, ⅱ) 이용 시점 상으로 현행 바클레이 카드 이용 조건의 규정들을 준수해야 하고, ⅲ) 때때로 금융 당국으로부터 카드의 첫 발급자에게 통지된 신용한도의 범위 안에서만 이용해야 하며, 그리고 ⅳ) 본 카드와 관련하여 금융 당국에서 이용할 수 있는 편의 사항들을 준수해야 한다.

문장 ③ ⑧ ⑬ ⑭에 있듯이, 듣는 쪽에서 쉽게 선택하도록 하는 '곧장 just'이란 낱말은 광고 표현에서 쓰인다. 고객 쪽에 강요나 부담을 최소

화하며, 따라서 소비자 구매 권위의 속뜻을 향한 전환과 함께 텍스트 산출자의 권위를 낮춰 준다. 또 간단함에 대한 광고의 핵심 속뜻도 전달해 주고 있다. 'it's easy아주 간단합니다, 쉽습니다'. 사뭇 다른 경우는, 이렇게 대화하기-및-판매하기의 뒤섞임 속에서 문제가 될 법한 의미를 회피하는 일이다. 예를 들어, 금융 약관에서 고객으로부터 나온 요구 사항들은 앞의 '이용 조건'으로부터 가져온 발췌에 있듯이, 명백히 만들어질 것으로 기대할 만하다. 그럼에도 불구하고 해당 텍스트에서 고객한테 요구된 10개 조항의 준수 내용을 언급하고 있으나, 오직 한 가지 경우에만 의무 사항을 명백하게 표현하고 있는데(④ '~점검하기 위하여 여러분은 영수증을 보관해야 합니다'), 그것마저 속뜻이 약한 의무 사항으로 표현되어 있다(강제적인 you must가 아니라 자발적인 you ought to임). §.5-2에서 다뤄진 '양태 속성modality, 양상'을 보기 바란다.

해당 텍스트에서 이탤릭 글씨로 강조된 부분인 문장 ⑩ ⑪은 가장 뚜렷이 금융 약관을 드러내지만, 여기에서조차 상당한 정도로 어조가 부드럽게 낮춰져 있다. 문장 ⑩에서 표현된 의미는 고객에게 잠재적으로 불쾌감을 줄 수 있지만, 가정적인 표현을 씀으로써 어조가 낮춰져 있는데, 'could take이용하려는[할 수 있을]', 'could be declined중단될 수도 있음'로 표현되었다. 후자는 'well또한'과 함께 부담이 줄여져 있으며hedging, 중단시키는 행위 주체를 드러내지 않은 채 피동 구문을 쓴 것은 '거래 중단'을 시행할 법한 주체를 명시하지 않은 채 놔 둔 것인데, 나머지 텍스트로부터 주체가 쉽게 은행 당국임이 추론될 수 있겠지만, 이 텍스트에서는 이를 앞에다 드러내지 않았다. 문장 ⑪에서 신용카드 소지자의 의무사항이 비인칭 구문159)으로 표현되었는데, 'you must ensure

---

159) (역주) 언어 유형들을 분류하는 연구에서는, 우리말처럼 주어 위치에 의지를 지니고 행동이나 사건을 일으킬 수 있는 존재(사람, 동물 따위)가 오는 구문을 선호하는 말에서부터, 영어에서처럼 모든 것이 하늘이 정해 놓은 각본에 따라 꼭두각시처럼 움직이는 구문을 자주 쓰는 말에 이르기까지, 두 축 사이에 여러 가지 허용된 표현 방식들에 따라 언어를 구분한다. 우리말에서는 사무실에 들어가다가 문에 머리를 부닥쳤다면, 언제나 "문에 부닥쳤다"고 말한다. 그러나 영어에서는 자연스럽게 "The door hit me(문이 날 때렸어)"라고 말하며, 우리한테는 의인화된 느낌을 준다. 이른바 '사건

234

여러분이 반드시 ~ 확인/보증해야 한다'고 쓰지 않고 대신 'it is important to ensure~ 확인/보증이 중요하다'로 바꿔 놓았고, 기묘하게 신용카드 한도를 통제해야 할 필요성으로 변형되었지만, 이는 이용액 한도 속에 그대로 머물러 있는 것이 아니라, 오히려 실제로 은행 당국이 통제를 하고 있는 것이다.

금융 약관과 광고에 관한 정보를 뒤섞는 일은 은행과 같은 기관이 현대 시장에서 대면한 진퇴양난dilemma에 대응하는 한 가지 방식으로 해석될 수 있다. 상품 생산 외부에 있는 금융 부문이 점차 상품 모형 및 소비 지상주의 기반 쪽으로 끌려들고 있으며, 금융 활동을 금융 상품으로 '꾸러미에 담아' 놓고 '소비자'들에게 그 상품을 '판매'하도록 만드는 압력을 받고 있다. 이는 은행 당국에 특정한 어려움을 일으킨다. 한편으로 금융 봉사를 소비자 상품처럼 서로 겨루는 일은, 반드시 소비자의 권력에 굽신거리고, 매력적이고 간단하며 최대한 제약이 없는 듯이 보이도록 만들어야 한다. 그럼에도 다른 한편으로는, 팔려고 내놓은 '금융 상품'의 특정한 본성이 그 상품에 대한 소비자들의 접근을 철저히 규칙과 안전장치들로 통제되도록 하는 필수사항을 부과해 놓는다. 이러한 진퇴양난은 금융에서만 유일한 것이 아니다. 교육에서도 사뭇 다른 형태로 일어난다. 교육제도에서는 '생산품을 팔기' 위한 압력과 불순물(늑저질 상품의 교육)이 넘쳐나는 시장의 효과로

구조'나 '사건의 표상 구조'에서 경험주 의미역(experiencer)이 어느 위치의 논항으로 실현되는지가 언어를 구별해 주는 매개인자가 되는 것이다. 붜머머 외 엮음(Verma and Mohanan, 1990)의 『남아시아 언어들에 있는 경험주 주어(*Experiencer Subjects in South Asian Languages*)』(CSLI, Stanford University)를 읽어 보기 바라며, 351쪽의 역주 211도 참고하기 바란다.

본문의 impersonal(비인칭)이란 말은 그 자체로 사람을 가리키지 않는 대명사가 주어로 나옴을 의미하며, 특히 it으로 대표된다. 영어에서는 중간태(middle voice)로 불리는 구문도 비인칭 구문으로 분류되어, 'The bread cuts easily(그 빵은 속성이 잘 썰린다)'도 무생물이 주어로 나온 경우이다. 피동 또는 수동 구조도 또한 사건이나 행위 주체를 숨겨 버리기 때문에, 마치 하늘이 정한 이치대로 진행되는 느낌을 주므로, 과학 분야에서의 논문은 거의 피동 구조나 비인칭 구문을 쓰도록 강력히 권장된다. 이에 반해 질적 연구로 대표되는 인문학 쪽의 최근 흐름에서는 책임질 주체로서 과감하게 'I(나)'를 논문과 저술 속에 쓰고 있다.

부터 생산품을 보호하려는 압력이 서로 상쇄되기 때문이다. 진퇴양난은 앞 텍스트에서 금융 정보와 광고 요소 사이에 있는 서로 얽힌 텍스트 관계의 '모습'에서도 명백하고, 특히 앞에서 언급되었듯이 그 텍스트가 주로 다른 유형이 아닌 한 유형으로 된 문장들 사이에서 뒤바뀌는 사실에서도 명백하다. 이는 두 유형의 담화가 좀 더 충분히 통합되어 있는 것이라기보다는, 오히려 불편하게라도 해당 텍스트 속에서 공존하고자 노력하는 느낌을 전해 준다. 다음 절의 시작 부분에서 다뤄진 서로 얽힌 텍스트 관계들의 모습을 보기 바란다.

정보-및-공공성 또는 대화하기-및-판매하기 종류의 텍스트는 현대사회 속에 있는 다양한 제도상의 담화 질서에서 일반적이다. 광고가 협의의 상품 판촉 영역으로부터 나와, 다양한 다른 영역들로까지 확장되어 식민지를 넓혀 가는 움직임의 증거가 된다. 이를 장기간에 걸쳐 생필품으로 만들기 과정, 새로운 영역들을 시장 속에 맞물려들도록 집어넣기, 소비 지상주의(만능주의)의 확산에서 최근 영국의 '모험심/과감함/기업 문화'와 연계된 현재의 격동과 관련시킬 수 있다. 비록 권력에서 이런 전환이 어느 범위까지 실질적인지 또는 분칠하여 감춰진 것인지를 놓고서는 논란거리가 되고 있지만, 소비 지상주의는 결과적으로 생산자와 소비자의 상대적인 권력에서 소비자 편을 들어주는 전환을 귀결해 놓을 것으로 간주되어 왔다.

생필품으로 만들기, 확산 일로의 소비 지상주의, 시장 판매망 개척 따위는, 선전 광고·시장 판촉·경영 관리 담화가 확산되어 식민지처럼 지배를 하는 움직임의 영향 아래 제도적인 담화 질서를 널리 퍼진 재구성 과정으로부터 시작하여, 대중·의뢰 고객·학생 등을 도처에서 '소비자'나 '단골손님'으로 '재표현'하는 방식에 이르기까지, 담화 질서상의 광범위한 효과를 지니고 있다. 이들 흐름이 저항을 불러일으키고, 담화 질서를 구성하는 일을 놓고서 패권 투쟁을 야기하며, 식민지 확산에 융통성 있게 적응하거나 그런 흐름에 들어가거나 뒤엎어 버리는 방식들을 찾아내도록 애쓰고 있는 텍스트 산출자와 해석자에게 진퇴양난의 난제를 안겨 주는데, 제7장을 보기 바란다(일상생활을 식민지처럼 지배한다는 사회학의 논의는 Ritzer, 2003; 한국이론사회학회 뒤침, 2006, 『현대 사회학 이론과 그 고전적 뿌리』, 박영사, 제5장을 읽어보기 바람: 번역자).

§.4-1 명시적으로 서로 얽힌 텍스트 속성(주로 해석 과정임)

이하에서는 저자가 앞 절에서 이미 '명시적으로 서로 얽힌 텍스트 속성' 및 '서로 얽힌 담화 속성'('서로 얽힌 구성적/산출적 담화 속성) 사이에서 시사한 구분을 놓고 작업을 하게 될 것이다. 명시적으로 서로 얽힌 텍스트 속성(주로 해석 과정에 작용함)은 특정한 다른 텍스트들이 한 텍스트 속에 분명하게 끌려들어온 경우이다. 반면에 서로 얽힌 담화 속성(주로 산출 과정에 작용함)은 담화 질서의 요소들에 대한 결합을 통하여 담화 유형이 어떻게 구성되는지에 관한 사안을 뜻한다. 관련 용어는 아니라 하더라도, 서로 얽힌 담화 속성의 원리는 앞의 제3장에서 담화 질서와 관련하여 논의되었다. 또한 앞 절의 표본들을 놓고서 논의를 하는 도중에 부각되어 나온, 서로 얽힌 텍스트 관계들의 상이한 '양식' 사이에서 찾아지는 유형상의 구분을 염두에 두는 것도 유용하다. 우리는 다음 개념들을 구분할 수 있다.

서로 얽힌 텍스트 속성intertextuality의 세 가지 양식

'순차적sequential'으로 서로 얽힌 텍스트 속성	부분적으로 앞의 '표본 2'에서처럼, 한 텍스트 속에서 서로 다른 텍스트나 담화 유형들이 번갈아 교체된다.
내포되어embedded 서로 얽힌 텍스트 속성	한 가지 텍스트나 담화 유형이 명백히 다른 유형의 기반 속에 담겨 있다. §.1-3과 §.1-4에서 심리치료 상담 담화를 놓고 레이보프·푄셀에 의해 구분된 '표현 방식'들 사이에 있는 관련성이다.
뒤섞이며mixed 서로 얽힌 텍스트 속성	텍스트나 담화 유형이 좀 더 복잡하며 쉽게 떼어내지 못하는 방식으로 뒤섞여 있다.

저자는 명시적으로 서로 얽힌 텍스트 속성을 차례대로 (가) 담화 표상, (나) 전제, (다) 부정, (라) 상위 차원의 담화, (마) 반어와 관련하여 다루게 될 것이다. 이런 논의를 위하여 특히 유용한 자원으로 파리-소르본느 대학의 맹게노(Maingueneau, 1987) 책이 도움이 컸다.

(가) 담화 표상

저자는 '담화 표상discourse representation'이란 말을 전통적으로 써온 '입말 보고 내용speech reportage'보다 더 선호하여 쓰고 있다. 왜냐하면 ① 담화를 '보고할' 경우에 반드시 다른 방식이 아닌 한 가지 방식을 선택하여 표상한다는 생각을 더욱 잘 포착해 준다. ② 표상되어 있는 것이 입말뿐만 아니라 또한 글말이기도 하며, 그 문법적 특징들뿐만 아니라 담화 조직 방식을 포함하여, 또한 담화가 쓰이는 환경과 대상들이 말해지는 어조 따위의 담화 사건에 대한 다른 여러 다양한 측면들까지 표상해 준다. 자세한 논의는 페어클럽(Fairclough, 1988b)를 보기 바란다.

담화 유형은 그것들이 담화를 표상해 주는 방식에서뿐만 아니라 또한 텍스트를 표상하는 데에서 그것들이 표상하는 담화의 유형과 담화의 기능들에서까지도 차이가 난다. 따라서 언제 어떻게 무엇이 왜 인용되는지는 교회 강론·학술 논문·대화 사이에 차이가 있다. 담화가 표상되는 방법에서 주요한 한 가지 변인은, 표상된 발화의 표현 방식과 맥락의 여러 측면들을 포함하기 위하여, 해당 표상이 생각 형성이나 '전달내용message'을 넘어서는지 여부이다. 러시아 맑스주의 언어학자 볼로지노프(Volosinov, 1973: 119~120)에서는 일부 문화에서 다른 문화보다 좀 더 배타적으로 내용-지향적이며, 동일한 점이 임의의 특정 문화 속에서 그리고 우리의 문화 속에서도 일부 담화 실천 방식에서 성립됨을 지적하였다.

볼로지노프는 표상된 '목소리'들과 표상하는 담화 사이에 역동적인 상호 영향을 강조하였다. 아마 바흐친에 의해서 쓰인 '필명(*nom de plume*, 작품 발표에서만 쓰는 작가 이름이며, 영어로 *pen-name*)'을 가리키는 듯하다. 예를 들면, 215쪽의 〈표본 1〉에서 목소리들이 어떻게 혼성되는지를 예시해 주었다. 다시 담화 유형들 사이에 상당한 정도의 변동이 있는데, 이는 두 가지 중첩되는 눈금으로 설명될 수 있다. ① 표상하는 그리고 표상된 담화들 사이에 있는 경계가 어느 정도까지 명백하고 분명히 표시되는가? ② 표상된 담화가 표상하는 담화의 목소리 속으로 어느 범위까지 번역되어 있는가?

'경계 유지'의 정도는 부분적으로 직접적인 담화 표상 및 간접접인 담화 표상 사이에서의 선택 사안이다. 전자는 비록 215쪽의 〈표본 1〉에서 보여 주었듯이 이것이 언제나 실제 경우는 아니라고 하더라도, 적어도 표상된 원래 담화에 쓰인 낱말을 정확히 재생한다고 표명한다. 대조적으로 간접적인 담화는 양면적인데, 원래 담화의 낱말들이 재생되었는지 여부를 확신할 수 없는 것이다. 리취·슛(Leech and Short, 1981)에서처럼 많은 해설들에서 또한 '자유로운 간접 담화free indirect discourse'의 범주를 구별한다. 이는 인용절(보고절)도 없으며, 표상하고 있는 담화와 표상된 담화의 목소리들을 뒤섞어 놓음으로써 '이중−목소리'로 되어 있다. 예를 들면, 〈표본 1〉에서 본 큰 제목 '마약과의 전투에 군대를 투입하라!Call up Forces in Drug Battle!'이다.

볼로지노프의 설명에서 또 다른 주장은, 표상하고 있는 담화 속에서 그 의미가 어떻게 기능하고 어떻게 맥락이 주어지는지를 참고하지 않고서는 표상된 담화의 의미가 결정될 수 없다는 점이다. 이에 대한 적합한 사례가 단일 낱말이나 짤막한 표현을 따옴표 속에 집어넣고 심리적 거리를 두는 'scare quotes거리두기 인용, '소위'나 '이른바''의160) 사용인

---

160) (역주) '심리적으로 거리를 두는 인용' 또는 간단히 줄여 '거리 두기 인용'으로 번역할 만하다. 한글맞춤법에는 이런 규정이 들어 있지 않으므로, 직접 대응 낱말을 찾기 힘들고, 결코 한갓 출처를 밝히려는 목적이 아니다. '소위 명품족'이나 '이른바 보수주의'라고 말할 경우에, 명품족이나 보수주의를 옹호하기보다는 멀리 두고 비아냥거리거나 평가 절하하기 위한 언어적 장치이다. 우리말에서는 맨 뒤에 인용어미가 나오므로 굳

데, 언론 매체에서 가져온 다음 사례들과 같다.

probe into "girlie" spy plot
(이른바 "매춘부" 첩자 줄거리[플롯]를 자세히 탐색하다)
a "final" pay offer
(소위 "최종" 연봉 제안)

'거리두기 인용-scare quote'으로 된 표현이 동시에 이용되고 언급되고 있는데, 거리두기 인용은 자신을 외부 목소리에 속하는 사람으로 내세우게 된다. 이런 기능 이외에도 다양한 부차 기능들을 더 많이 지닐 수 있다. 외부 목소리로부터 스스로 거리를 둔다든지, 그 권위를 이용한다든지, 자신의 입장을 뒷받침한다든지, 언어 표현이 새롭거나 임시적임으로 알려 주든지, 아니면 새로운 낱말을 도입하는 데 쓰일 수 있다. 비슷하게 표상된 담화를 내세우거나 잘 보여주기 위하여 직접적인 담화를 쓸 수도 있다.

표상된 담화의 맥락 부여contextualization는 많은 형태를 띤다. 아래 사례는 〈표본 1〉로부터 가져 왔다.

In one of the hardest-hitting Commons reports for years, the committee — chaired by Tory lawyer MP Sir Edward Gardner — warned gravely: "Western

---

이 '소위'나 '이른바'나 '그 사람들 주장하는 바' 따위를 먼저 얹어둘 필요가 없겠지만, 이런 질서를 무시하고 굳이 이런 표현을 쓰고 있는데, 이는 화자가 반대쪽에 서 있음을 시사해 주는 것이다. 아주 드물지만 반대로 극찬의 경우도 가능한데, 「세종이 이른바 어린/어리석은 백성을 위하여,」라고 쓸 수도 있는 것이다.

영어 scare(겁을 주어 몰아내다)는 말에는 sarcasm(야유)나 provocation(도발)의 속뜻이 깃들어 있다. 특이하게도 영어권에서는 뉴스에서도 인용을 할 때에 반드시 'quote(인용 시작)~unquote(인용끝)'을 집어넣고 말한다. 입말에서도 일부러 두 손의 검지와 중지를 모아 치켜세우고는 자신의 발화와 함께 「겹따옴표 같은 흉내짓」을 모방하는 경우가 있다. 이를 air quote(거리두기 손짓 따옴표)라고 부른다. 199년 필자가 오스틴 소재 텍사스 대학에 방문학자로 있을 때 초등 5학년 작은 딸이 그게 멋지게 보였는지 우정 air quote(거리두기 손짓 따옴표)를 써 보려고 애쓰던 때가 불현듯 머릿속을 스쳐간다.

240

society is faced …"

(여러 해 동안 가장 큰 충격을 주는 하원 위원회의 보고서들 중 하나로서, 보수당 변호사 겸 하원의원 에드워드 가드너 경이 의장으로 있는 소위원회에서는 엄중하게 다음처럼 경고하였다. "서구 사회는 … 직면하고 있다")

표상된 담화의 맥락·의장의 특별한 지위·그의 '엄중한' 어조들을 구체적으로 적시해 주는 일은, 모두 그 내용의 무게와 중요성을 강조해 준다. 또한 일상적인

'said말했다', 'made out분명히 했다', 'pointed out지적했다'

라는 낱말보다 'warned경고하였다'를 선호하여 뽑았음에 주목하기 바란다. 이런 담화를 표상하는 동사 또는 '화행' 동사의 선택도 [속뜻을 담고 있기 때문에] 언제나 중요하다. 이 경우에서와 같이, 종종 동사가 표상된 담화의 표현 속에 깃든 힘illocutionary force을 표시해 주는데,161)

---

161) (역주) 1981년에 David Nemeth 박사의 도움을 받으며 오스틴(1961)의 『낱말 사용법 (How to Do Things with Words)』을 읽었던 일이 어제처럼 새롭다. 이 책은 각각의 장점을 살린 두 종의 번역이 있는데, 언어학자 장석진(1987)의 『오스틴 화행론』(서울대 출판부)과 철학자 김영진(1992)의 『말과 행위』(서광사)이다. 이제 46년이 흘렀고 필자가 파악한 지성사의 전체 지도를 포함하여, 제대로 거론되지 못한 '일상언어철학'의 핵심 뼈대를 간략히 적어둔다.

그 출발은 6권으로 된 아리스토텔레스의 사유도구(organon)와 칸트의 순수이성에 대한 비판에 표적이 맞춰져 있다. 아리스토텔레스는 주어와 술어가 결합되어야 비로소 판단이 이뤄짐을 깨우쳤고, 일부 현재 시제 형태들 중 '단정 서술문'만이 그 대상이 됨을 처음으로 알았으며, 다시 삼단논법의 온갖 형식(두 단의 축약형도 포함)을 다뤘었다. 나머지 언어 문제는 그의 『수사학』과 『시학』에서 다루어 논리학에서 몰아내 버렸다. 계몽주의 시대에 칸트는 그런 단언문 형식이 본질적으로 두 가지로 대분됨을 깨달았다. 언어 내용만을 분석하여 참·거짓을 판단하는 '분석 명제(all things extend, 모든 물체는 부피가 있다)'와, 우리 경험을 덧붙여야 되는 '종합 명제(all things weigh, 모든 물체는 무게를 지닌다)'이다. 20세기에 들어 콰인(Quine)은 이것보다 전체 언어 체계가 먼저 다뤄져야 한다고 보아, 자신의 상대주의 입장에서 칸트의 보편주의를 공격하였다.

옥스퍼드 대학에서 후배인 그라이스(Grice)와 스트로슨(Strawson) 등과 함께 공부하면서, 오스틴(Austin)은 낱말이 단순히 '지시 기능'만 있는 것이 아니라, 여러 가지 속뜻이 담겨 있고, 이런 속뜻이 참여자들 사이에 적절하게 준수되는 것이 언어와 언어 사용의 본질임을 깨달았다. 애초에 이를 수행(performative) 대 지시(constative)로 구분하였다가,

다시 지시 기능조차 '주장' 또는 '단정'이라는 화행의 일부임을 깨달으면서, 화행의 모든 것이 수행/실천을 요구한다고 생각했다. 그렇다면 수행은 속뜻을 드러내야 하는데, 그는 「표면 화행·속뜻 파악·실천 완료(locution, illocution, perlocution)」를 요구한다고 보아 force(힘)이란 낱말을 썼다. 가장 대표적인 언어 사용의 사례가 법정에서의 판결들이므로, 어떻게 하여 그런 언어 사용이 효력을 지니는지를 고민했었던 것이다.

두 번째 단계(il-locution)는 'within, in, on'의 의미자질을 이용하여 만든 용어이며, 결코 'not'이 아니므로(il-의 의미자질은 크게 세 가지인데, 앞의 두 자질 말고도 또한 inflame[불붙이다], imperil[위태롭게 하다]라는 낱말에서 확인되는 사역 또는 강조의 의미자질도 있음), '비(非)언표 효력'이란 번역은 원저자의 의도를 왜곡해 놓은 것이다 (Clark, 1996; 김지홍 뒤침, 2009: 227 참고). 우리말에서 흔히 쓰는 '속뜻'이 정확한 번역이므로, '말 속에 깃든 속뜻'이라고 해야 옳다. 앞의 번역 두 종에서도 발화 '수반'(딸려 있음)으로, 이정민·배영남 엮음(1987) 사전에서도 언표 '내적'이라고 번역하여, 모두 오스틴의 조어 동기를 정확하게 파악했음을 알 수 있다. '비-언표'라는 번역은 잘못이다.

그런데 오스틴의 2년 후배인 그라이스는 세 단계 분석이 오직 흥부처럼 '참말을 하는 경우에만' 일부 설명력이 있고, 반어법이나 온갖 사기꾼들의 언행들을 포착할 수 없다는 사실을 직시하였다. 그렇다면 그런 속뜻을 부여하고 해석하는 핵심은 무엇일까? 초기에는 '화자 의미(speaker's meaning)'라는 말을 쓰다가, 더욱 분명히 행위 이론 전반과 관련지으면서 다시 '의도(intention)'라는 개념을 썼다. 그의 유저(1989)의 『언어 사용 방법 연구(*Studies in the Way of Words*)』(하버드대학 출판부)에 관련 논문들이 모아져 있다. 그렇지만 이에 고무되어 쉬퍼(Schiffer, 1972)의 『의미(*Meaning*)』(Clarendon)에서 의도만을 기점으로 다루는 것을 비판하면서, 반드시 기댈 경험적 기반을 마련해 놓고서 의도를 찾아야 함을 경고하였다. 그랜디·워너 엮음(Grandy and Warner, 1986)의 『합리성의 철학적 근거: 의도·범주·목적(*Philosophical Grounds of Rationality: Intentions, Categories, Ends*)』(Clarendon)에 있는 19편의 글을 보기 바란다(두문자를 모아 *P. Grice*를 가리킴). 김지홍(2015)의 『언어 산출 과정에 대한 학제적 접근』(도서출판 경진)에서는 다시 의도의 밑바닥에 언어 사용 동기와 일련의 행위를 뒷받침하는 고정된 믿음 체계(가치 체계)가 있음을 논의하였다(윤리학과 맞물림).

'의도'는 케임브리지 대학의 뷧건슈타인 여자 제자 앤스컴(Ansombe, 1957)의 『의도(*Intention*)』(Basil Blackwell, 아주 중요한 책자이므로 1963년 코넬대 출판부, 2000년 하버드대 출판부에서 다시 재간됨)에서 보듯이, 당시 인간의 언어 및 행동을 합목적적으로 설명하기 위하여 처음 부각된 영미 철학의 중요 논제였다. 특히 콰인의 제자이며 영미 철학에서 행위의 문제를 본격적으로 다룬 데이빗슨(Davidson, 1980; 배식한 뒤침, 2012)의 『행위와 사건』(한길사)을 읽어 보기 바라며, 1차 논리의 틀을 이용하여 인류 지성사에서 처음으로 '사건 구조'를 다룬 책자로서 자주 인용되고 있다.

말리 외 엮음(Malle, Moses and Baldwin, 2001)의 『의도와 지향성(*Intention and Intentionality*)』(MIT Press)에서는 아리스토텔레스와 흄의 전통에 따라 후설 현상학에서 가져온 지향성의 개념을 통합하고자 한다. 그러나 이들 낱말에는 표면적 유사성만 있을 뿐이다. '의도'는 언어 행위와 일련의 사건을 일으키는 행동을 설명하는 지엽적 개념이지만, 지향성은 인간 마음의 본질적 특성(가치나 목적 지향의 속성)이므로 상하관계에 있는 것이며, 같은 차원에서 병렬될 수 없는 것이다. 지향성 개념이 문제가 심각한데, 내성하는 속성과 우리 감성 체계를 포착할 수 없다는 점에서 제대로 마련된 개념이 아니라는, 노벨상 수상자 겸 두뇌 생리학자 에들먼(G. Edleman, 1929~2014)의 일갈은 충격적이다(Edleman, 2004; 김한영 뒤침, 2006, 『뇌는 하늘보다 넓다』, 해나무, 140~141쪽 참조).

최근 읽은 미국의 심리철학 책들에는 해괴한 낱말 intension-*with-an-s*['글자 s를 지닌'

특정한 낱말의 형태를 발화해 주는 일에 실천된/수행된 일련의 행위에 대한 본질로서, 이는 표상된 담화를 놓고서 해석을 방향 짓고 부과하는 일이 된다.

(나) 전제

비록 아래에서 누구를 위하여 전제가 주어진 것인지에 관해 물음이 제기되겠지만, 전제presuppositions란 텍스트의 산출자에 의해서 이미 내세워진 것 또는 '주어진' 것으로 간주된 명제들이며, 텍스트의 표면 조직 내용에 전제를 보여 주기 위하여 다양하게 형식적 단서들이 들어 있다. 예를 들어,

I'd forgotten *that* your mother had remarried
(네 엄마가 재혼했다는 걸 내가 잊어 버렸었구나)

에서 접속 관계대명사 '*that*-는 걸'에 의해 도입된 내포절의 명제는 'forget잊어버리다', 'regret후회하다', 'realize깨닫다'와 같은 상위문(모문) 동사에 뒤이어지는 것으로 전제된다. 'the' 따위 정관사들도 현실 세계에서 '존재'한다는 뜻을 지니는 명제들에 대한 단서가 된다. 예를 들면, 'the Soviet threat소련의 그 위협'이란 표현은 현실적으로 소련으로부터 임의의 위협이 있음을 전제로 하며, 'the rain그 빗줄기'는 실제로 비가 오고 있음/있었음을 전제로 한다(214쪽의 역주 146 참고).

전제에 대한 일부 해설에서는 서로 얽힌 텍스트와 무관한 방식으로

인텐션](카아냅이 용어로서 외연 의미와 대립되는 '내포 의미'를 가리킴)과 intention -with-a-t['글자 t를 지닌' 인텐션](후설의 용어로서 '지향성'을 가리킴)이 있다. 두 낱말이 우연히 발음이 동일하기 때문에, 일부러 구별 짓고자 궁색하게 문자의 차이를 반영한 표기에 불과하며, 아마도 오스틴의 제자인 써얼(Searle)의 글로부터 퍼진 듯하다. 일부 심리철학의 번역에서는 이에 대해 간단한 해설조차 달아 놓지 않아서, 일반 독자들이 무력감을 느끼게 만든다.

텍스트 산출자에 의해 단순히 주어져 있거나 당연시되는 명제들로서 취급한다(개관을 보려면 Levinson, 1983; 이익환·권경원 뒤침, 1992: 제4장을 참고하기 바람). 그러나 이런 주장에는 문제가 있다. 예를 들면, 현실적 존재가 전제된다면 결과적으로 'the Soviet threat is *a myth*소련의 그 위협이 허구/조작된 신화이다'라는 문장이 의미상 모순이 되어야 마땅하다. 이 문장 산출자가 실제로 소련 위협이 있었음을 당연한 것으로 간주하며, 동시에 그런 위협이 전혀 없었음을 주장하고 있는 셈이기 때문이다. 이와는 달리 만약 전제에 대하여 서로 얽힌 텍스트 관점을 채택하여, 전제된 명제가 다른 사람의 텍스트와 긴밀히 맞물려 있는 방식이라고 가정한다면, 이 경우에도 아무 모순점도 생기지 않는다. 'the Soviet threat소련의 그 위협'과 이 어구로부터 단서가 나오는 전제는 이 문장에서 주장된 다른 (바흐친 용어로는 'alien[다른/외부의/이질적]') 텍스트로부터 가져온 것이다. 전제의 많은 경우에 the 'other text다른 나머지 텍스트'가 개별적으로 구체화되거나 확인될 수 있는 다른 텍스트가 아니라, 오히려 일반적인 의견과 상응하는 좀 더 성운처럼 막연한nebulous '텍스트(사람들이 흔히 말하는 텍스트상의 누적 경험이 결과된 바)'임이 덧붙여져야 한다. 예를 들어, 이 경우에 'the Soviet threat소련의 그 위협'은 기존 형식으로 순환되면서 우리 모두가 널리-쓰인 형식으로 인식할 수 있는 것이며, 뻬슈의 용어로는 'preconstructed미리 짜인 어구, 기존의 어구' 표현이다.

전제에 관한 서로 얽힌 텍스트로서의 설명 속에서, 전제된 명제가 실제로 텍스트 산출자에게서 당연한 듯이 여겨진 어떤 것은, 그 산출자의 이전 텍스트와 서로 얽힌 텍스트상의 관계에 비춰 해석될 수 있는 경우이다. 이에 대한 특정한 사례가 임의의 전제가 주장되고 한 텍스트의 일부분으로서 내세워진 다음에, 그 텍스트의 나머지 부분에서 전제되어 주어진 경우이다.

텍스트 산출자의 앞선 내용에 근거하든지 아니면 다른 사람들의 텍스트에 근거하든지 간에, 전제는 조작될 뿐만 아니라 또한 참된 그대로일 수도 있다. 다시 말하여, 텍스트 산출자가 다른 사람에게 주어진 것마냥 임의의 명제를 제시할 수도 있고, 또는 거짓으로 부당하게 그리고 조작하려는 의도와 함께 그 자신에 의해 내세워질 수도 있는 것이다. 전제는 사람들을 조절하는 효과적인 방법인데, 종종 주어진 전제에 도전하기가 어렵기 때문이다. 대중 매체에서 면담 응락자가 면담 주체(≒사회자)로부터 나온 임의의 전제를 문제 삼고 도전하는 경우에는, 현재 논제를 교묘하게 회피하는 책략으로 보이기 일쑤이다. 꾸며댄(조작용) 전제들조차 이전의 특정한 텍스트상의 경험 및 전제들과 함께 관련 대상들subjects을 해석하도록 요구하게 되며, 그렇게 실행함으로써 이념적으로 대상subject, 설득 대상들을 구성해 놓는 데 기여하는 것이다.

(다) 부정

부정문은 흔히 반론의 목적으로 쓰인다. 가령 『더 썬The Sun』지에서 뽑은 보도기사의 큰 제목은 다음과 같다.

I *Didn't* Murder Squealer! Robbey Trial Man Hits Out[162]
(난 고자질쟁이를 안 죽였어! 로비 형사재판의 피고가 힘줘 외쳤다)

여기에 있는 첫 부정문은 여기서 인용된 사람이 실제로 경찰에 제보한 '고자질쟁이'를 죽였다는 명제를 모종의 다른 텍스트 형태로 전제한다. 따라서 부정문은 특별한 유형의 전제를 담고 있으며, 이 또한 오직 그 전제들을 두고 논쟁하고 기각하기 위해서만 다른 텍스트들과 맞물려들면서 서로 얽힌 텍스트 모습으로 작동한다. 부정문의 전제에

---

162) (역주) 인용문이지만 따옴표 없이 단지 문장을 도치시켜 놓았을 뿐이다. 또한 여기서 영어 실사들을 강조하려고 마치 독일어처럼 대문자 D, M, S…로 쓰고 있다. 아마 신문 기사 제목의 형식으로 보인다. 영어 책자의 제목도 마찬가지로 흔히 실사들은 대문자로 쓰는 일이 잦다.

관한 해설은 리취(Leech, 1983)을 보기 바란다. 비록 외견상 부정문의 문법 형태가 없지만, 'the Soviet threat is *not* a reality소련의 그 위협이 사실이 아니다'로 풀어쓸 경우에 의미상으로 부정적 의미를 담고 있으므로, 'the Soviet threat is a myth소련의 그 위협이 허구이다'도 동일한 방식으로 작동함에 주목하기 바란다.

(라) 상위 차원의 담화

상위 차원의 담화metadiscourse는 명시적으로 서로 얽힌 텍스트 속성에 관한 특정한 형태이다. 텍스트 산출자는 자신의 텍스트 속에서 나름대로 서로 다른 층위들을 구별하여, 거리가 떨어진 층위를 마치 또 다른 외부의 텍스트인 양 취급함으로써, 그 텍스트의 어떤 층위로부터 자신을 분리하여 거리를 두고 있다. 맹게노(Maingueneau, 1987: 66~69)를 보기 바란다. 이를 성취하는 다양한 방식이 있다. 한 가지는 예를 들어

he was *sort of* paternalistic
(그는 일종의 온정주의자/부성애 실천자였어)

처럼, 어떤 표현을 아주 정확한 것이 아니라 가능성 정도로만 나타내려고 'sort of일종의', 'kind of그런 따위'와 같은 '책임 경감 표현hedging'163)을

---

163) (역주) 이는 제1세대의 생성문법 주자들이 본격적으로 다루기 시작했는데, 레이코프 (Lakoff, 2003; 노양진·나익주 뒤침, 2006)의 『삶으로서의 은유』(박이정) 제19장과 테일러(Taylor, 1989; 조명원·나익주 뒤침, 1997)의 『인지 언어학이란 무엇인가?』(한국문화사) §.4·4를 보기 바란다. 또한 김지홍 뒤침(2010)의 『입말 그리고 담화 중심의 언어교육』 (도서출판 경진)에서는 화자 스스로 빠져 나갈 구멍을 마련해 놓는 '동기'에다 초점을 모아 '책임 경감 표현'으로 번역했고, 이원표 뒤침(2004)의 『대중매체 담화 분석』(한국문화사)에서는 '완화 표현'으로 번역하였다. 노양진·나익주 뒤침(2006)의 『삶으로서의 은유』(박이정)에서는 '울타리 표현'으로 번역했는데, 아마 울담(fence)을 쳐서 남들로부터의 공격을 막는다고 본 듯하다.

이용하는 것인데, 브라운·레빈슨(Brown and Levinson, 1978)을 보기 바란다. 그렇지 않으면, 임의의 표현을 또 다른 텍스트에 속하는 것으로 말하거나('as x might have put it[x가 그렇게 표현하였듯이]', 'in scientific terms[학문상의 용어로는]'), 또는 비유적으로 말하는 것이다('metaphorically speaking[비유하여 말하면]').

또 다른 가능성은 임의 표현을 다시 풀어 말해 주거나paraphease 재편성하는 것이다(§.5-1 (마) 참고). 예를 들어, 정부 각료가 '모험심/과감함/기업 문화'를 언급하는 연설 도중에 핵심 용어인 '모험심/과감함/기업 정신'에 관해 다음처럼 풀어 말해 줄 수 있다.

Early in life we have an abundance of *enterprise*, initiative, *the ability to spot an opportunity and take rapid advantage of it*
(우리 인생에서 일찍부터 우리는 도전적 기업 정신을 풍부히 지니는데, 기회를 찾아내어 재빨리 활용하는 능력입니다)

상위 차원의 담화는 화자가 자기 자신의 담화 위 또는 바깥에 위치하고 있으며, 그 담화를 통제하고 조작할 위치에 있음을 함의한다. 이는 담화 및 정체성(주체 속성) 사이에 있는 관련성을 놓고서 흥미로운 함의를 지닌다. 이것이 한 사람의 사회적 정체성은 특정한 유형의 담화 속에서 어떻게 자리매김이 이뤄지는지의 사안이라는 관점과 정면으로 부딪쳐 맞서는 듯하다. 이에 대하여 두 가지 입장이 있다. 한편으로, 그 자신의 담화로부터 상위 차원의 담화가 만들어 내는 거리감이 있을 가능성이, 언제나 온전히 담화를 통제하는 위치에 있고, 그 사람의 담화가 자신의 주체 속성의 결과이며 반대의 결과가 아니라는 착상을 뒷받침할 수 있다. 이런 관점에서 상위 차원의 담화가 인문학에서 문학 비평이나 다른 형태의 학문 분석에서처럼 스스로를 통제 위치에 있는 듯이 내보여, 자기 과시를 함에 이익이 따라붙는 담화 유형에서 일반적으로 보임은 흥미롭다. 다른 한편으로, 저자는 담화와 주체 속성의 관계에 대한 변증법적 시각을 강조해 왔다. 주체들이 부분적으로 담화로 자리 매김이 이뤄지고 구성되겠지만, 또한 그들의 위상을 정하는 해당 담화구조(담화 질서)들을 놓고서 논쟁하고 재구성하는 실천 방식에도 깊이 간여하는 것이다. 이는 반론 측의 고려사항과 조작 측의 목표에 의해 동기가 마련된 재구성하기 과정을 포함한다. 앞에서 정부 각료에 의해 제시된 풀어 말하기도 '의미상의 가공 기술semantic engineering'을 구성해 준다(Leech, 1981: 48~52). '모험심/과감함/기업 정신enterprise'의 의미를 순진하게 정화하는 듯이 보이는 바가164) 오히려 정치적·이념적으로 동기가 깃든 정의 방식으로 해석될 수 있는 것이다. 추가 논의는 이 책의 §.6-3과 페어클럽(Fairclough, 1990a)을 보기 바란다.

(마) 반어

전통적으로 반어irony165)에 대한 설명은 '한 가지를 말하지만 그 의미는 또 다른 것을 가리킴'에 근거하여 서술해 왔다. 그런 설명은 제한적으로 활용되는데, 여기서 놓쳐 버리는 것이 반어의 서로 얽힌 텍스트 속성이기 때문이다. 반어적 발화는 다른 누군가의 발화를 '메아리'처럼 복제하는 것이다(Sperber and Wilson, 1986; 김태옥·이현호 뒤침, 1993: §.4-9). 예를 들어, 여러분이 'It's a lovely day for a picnic소풍 가기 딱 좋은 날이군요'라고 말한다고 가정해 보자. 여러분과 저자가 함께 소풍을 갔지만 비가 내렸다. 저자가 'It's a lovely day for a picnic소풍 가기 딱 좋은 날이네'라고 말한

---

164) (역주) 라틴어 '사이에서+붙잡다(entre+prendere)'로 이뤄졌고, 372쪽에 세 가지 의미가 제시되어 있다. 진취적으로 도전하는 '기업 정신'이나 도전적 '모험심'으로 번역할 수 있으며, 품성을 가리키기도 한다. 261쪽 이하를 보면, 영국의 통상산업부 장관 영(Young)의 연설들에서 특히 '기업 정신'(도전적 모험심)이 강조되었다.

165) (역주) 옥스퍼드 사전을 보면, '속마음을 숨기다'는 뜻의 희랍어 eirōn에 근거하여 '모른 척하다(eirōneia, simulated ignorance[일부러 모의한 무지])'에서 나왔다. 우리말 어감에서 '시치미 뚝 떼고' 마치 모른 척 태연히 말하는 일을 가리킬 듯하다. 흔히 쓰고 있는 '반어(反語, 도리어 모른 척 거꾸로 말하다)'로 번역해 둔다.

다[※ 아마 비꼬는 투의 어조와 함께 말해질 법함]. 저자의 발화는 반어일 것이다. 여러분의 발화를 메아리처럼 반복하지만, 저자가 여러분의 발화를 메아리처럼 복사하면서 저자의 목소리로 전달하고 있는 의미, 그리고 저자의 태도를 화가 났다고 하든, 비꼰다고 하든, 뭐라고 하든 간에, 여러분의 발화(실제로는 여러분)에 대한 모종의 부정적 태도를 표현해 주는 메아리 발화의 실제 기능 사이에는 불일치가 있다. 반어는 메아리로 복사된 텍스트의 의미가, 원래 해당 텍스트 산출자의 의미가 아니라는 점을 인식할 수 있는 해석 주체의 능력에 달려 있음에 주목하기 바란다. 그런 인식은 다양한 인자들에 토대를 둘 수 있다. 앞의 사례에서 '비'처럼 외현 의미 및 상황 맥락 사이의 빤한 불일치, 가령 낱말을 거리 두기 인용 속에 넣기처럼 화자 목소리의 이례적 어조에 담겨 있거나 글말 텍스트에 있는 단서, 텍스트 산출자의 믿음 체계나 가치에 관한 해석 주체의 가정 등이다. 영국에서 『데일리 텔레그라프The Daily Telegraph』의 일반적인 신문 구독자들에게 또는 미국 합중국 대통령의 연설에서 다음 문장이 쓰인다면

We *are* all *fully aware* of the economic achievement of communism
(우리는 모두 공산주의의 경제 성과를 충분히 잘 알고 있습니다)

경제 붕괴로 끝난 상황과 견주어 이내 반어적으로 인식될 것이다.

§.4-2 서로 얽힌 담화 속성(주로 산출 과정을 가리킴)

앞의 §.3-1에서 다른 용어들을 쓰면서 담화 질서가 두루 담화의 특정한 유형들에 걸쳐서 우선성primacy, 제1속성을 지니며, 여러 담화 유형들은 담화 질서의 다양한 담화 요소들의 형상으로 구성됨을 보여 줌으로써, 서로 얽힌 담화 속성interdiscursivity 또는 서로 얽힌 구성적/산출

적 텍스트 속성constitutive intertextuality166)에 대한 원리를 주장하였다. 또한 서로 얽힌 담화 속성(산출 과정임)의 원리가 다양한 층위에 적용됨을 시사하였는데, 사회구조 전반의 담화 질서, 제도적(기관적) 담화 질서, 담화 유형, 심지어 담화 유형들을 구성하는 담화 요소들의 층위들이다. 더욱이 패권 투쟁 모형의 핵심을 동일한 방향으로 받아들임으로써, 담화 질서를 불안정한 일시적 평형상태로 보는 견해로 이끌어가고, 내적으로 이질적인 담화 요소들로 구성되는데(구성 내용에서 서로 얽힌 텍스트 관계임), 이들 사이에 있는 경계는 지속적으로 담화 질서들로 재도입되도록 열려 있으며, 패권 투쟁의 과정에서 전혀 명시적으로 표현되지 않거나 다시 명시적으로 표현된다.

이 절에서는 어떤 종류의 담화 요소들이 담화 유형의 구성에 결합되는지에 대한 질문을 다루고자 한다. 더 앞에 있는 논의에서 저자는 그 다양성과 그 범위의 변동 가능성을 강조하였다. 담화 요소들은 범위가 발언 기회 얻어내기 제도로부터 시작하여, 낱말들, 범죄 보고서와 같은 갈래의 각본들, 일련의 정중한 표현 관례 따위까지 걸쳐 있다. 그러나 담화 질서를 만들어 주는 요소들을 분류하는 일이 가능하며, 소수의 주요한 유형들에 비춰 보아 특정한 낱말과 발언 기회 얻어내기 제도 따위를 그 속성으로 하는 담화 유형으로 명시하는 일은 융통성 있게 활짝 열려 있다. 이들 유형에서 광범위하게 쓰이는 용어는 '갈래genre', '표현 방식style, 표현 모습', '언어투식register, 말투', '담화'를 포함한다.167) 따라서

---

166) (역주) 212쪽의 역주 144에서 언급했듯이, 이 책에서 서로 얽힌 담화(interdiscourse) 속성은 주로 산출의 측면에 초점을 모으지만, 거꾸로 서로 얽힌 텍스트(intertext) 속성은 주로 이해의 측면을 가리킨다. 만일 후자를 상의어로 본다면, 불가피하게 수식어 구성적/산출적(constitutive)을 붙여야 한다. 마치 man(인간)이 하위에 다시 woman(여자)과 man(남자)으로 나뉘듯, 청소년이 하위에 다시 소녀와 소년으로 나뉘는 방식과 같다.

167) (역주) 이 낱말들이 수시로 교차하며 쓰일 수 있다는 점에서 '낱말 사슬' 관계에 있지만, 저자는 상의어로서 '갈래'를 선택하였으며, 갈래를 더 확대하여 텍스트의 산출 및 해석 과정까지도 포괄하는 것으로 정의하였다. 이하의 본문 속에서 미세한 차이들을 드러내고자 하지만, '오십보, 백보'에 지나지 않는다.

이미 이 용어들의 일반적 의미는 146쪽의 역주 88과 187쪽의 역주 124와 208쪽의

'면담 갈래interview genre',

'대화 방식conversational style, 대화 모습',

'요리책 어투the register of cookery books',

'과학적인 의료 담화scientific medical discourse'

들에 대하여 말할 수 있는 것이다.

이런 용어를 쓰는 장점은 우리 분석에서 그렇지 않았더라면 구별치 못했을 법한, 담화 질서의 요소들 사이에 있는 유형을 놓고서 주요 차이점들을 뽑아낼 수 있도록 해 주며, 그렇게 실행하는 데에서 담화 실천 사례가 관례들에 의해서 제약된다는 의미를 분명하게 만들어 준다는 데 있다. 또한 사뭇 두드러지게 차별적인 소수의 범주들과 함께 분석 얼개를 쓰기가 더욱 쉬워지며, 일부 용어들은 사회학자들 속에서 널리 쓰이고 있는데, 가령 대중문화의 분석에서 그러하다(Bennett and Woollacott, 1987). 담화 분석에서 이 용어들을 쓰는 일은 사회학에 좀 더 즉각적으로 분명한 방법으로서 그 가치를 비정해 주는 데 도움이 된다. 이것이 사회 실천 방식으로 언어 사용에 대한 일반적인 방식보다는, 오히려 특정한 유형의 관례('한 가지 담화', '이들 담화')를 가리키기 위해 쓰인 '갈래genre'에 관해서, 그리고 '담화discourse, 하위 부류의 담화'에 관해서 참이 된다. 저자가 지금까지 주로 써 왔듯이, 개관 장에서 다룬 '담화'에 대한 논의를 기억하기 바란다.

그러나 단점들도 있다. 담화 질서의 요소들은 극히 다양하다. 결코 우리가 다루는 것이 갈래인지, 표현 방식인지, 담화인지, 아니면 다른 어떤 것인지를 결정하기란 쉽지 않다. 분석 얼개를 너무 엄격하게 잡으면, 담화의 복잡성에 대한 혜안을 잃어버리는 결과로 이끌어갈 수 있다. 따라서 이들 용어를 신중하게 써야 하겠는데, 각 용어가 다양하

역주 142에서 풀이한 바 있다. 문체는 이미 글말에서 씌어 왔고, 말투는 입말에서 쓰인다. 특히 필자는 말투를 글말과 입말을 모두 아우를 수 있도록 '언어 투식'으로 부른다. 소문자로 적힌 담화는 담화 유형이나 하위 부류와 같은 뜻으로 쓰인다.

게 이질적인 영역을 처리해야 되겠지만, 때로 그 용어들을 원래 동기에 잘 들어맞는 방식으로 이용하기가 어려울 것이다. 저자가 이하에서 임의 유형의 관례를 가리키기 위해 쓴 '담화 유형'처럼, 다소 막연한 용어에 호소할 수도 있음을 깨달아야 한다. 또한 갈래나 표현 방식이나 담화에 관한 목록을 완벽히 갖출 수도 없고, 그런 목록도 존재하지 않으며, 항상 무엇인가가 이런 유형의 하나에 관한 별개의 사례가 되는지 그렇지 않은지 여부를 놓고서, 흔히 자신의 분석에 대한 출발점에 의해 영향을 받아서, 사뭇 자의적인 결정으로 비치는 문제에 직면하게 됨을 알고 있어야 한다.

　이들 언급을 염두에 두면서, 이제 유형들에 대한 논의로 들어가기로 한다. 저자가 쓸 용어는 '갈래genre', '활동 유형activity type', '표현 방식style, 표현 모습', '담화discourse, 하위 담화'이다. 비록 이들 상이한 유형의 요소가 각각 일정한 자율성을 지니고 있겠지만, 엄격히 이것들이 동등한 것은 아니다. 특히 갈래는 밀접하게 사회적 실천의 유형과 일치하며, 특정한 사회에서 특정한 시기에 획득한 갈래들의 제도는 그 밖의 다른 유형들이 어떤 결합과 어떤 형상들로 일어날 것인지를 결정짓는다는 의미에서(상의어가 됨) 다른 유형들에 모두 다 걸쳐서 포괄하고 있다. 더욱이 나머지 다른 요소들이 갈래와 관련하여 자율성의 정도에서 차이가 난다. 다시 말하여, 자유롭게 다양한 갈래 및 다른 유형의 요소들과 결합할 수 있는 범위가 다르다. 이것들은 '활동 유형·표현 방식·담화'의 세 축을 통해서, 최소 자율성으로부터 최대 자율성에 이르기까지 눈금상으로 등급을 이룬다. 이 책의 관점에서 본다면, 특히 관심 사항이 되는 것은 바로 제도상에서 일어나는 갈래의 변화, 그리고 다른 담화 요소들의 형상에 미치는 갈래의 효과인 것이다. 그렇지만 저자가 여기서 받아들이고 있는 (본질적으로 바흐친 식) 갈래에 대한 시각의 장점은, 갈래가 사회적 실천 방식이 관례들에 의해 제약되는 방식 및 변화와 창의성에 대한 잠재적 속성, 이 둘 모두를 놓고서 적절한 영향력을 내어 줄 수 있도록 허용한다는 점이다.

여기서는 비-격식적인 잡담, 가게에서 물건 구매, 취업 면접시험, 텔레비전 다큐멘터리(실화 극), 시 한 수, 학술 논문 한 편처럼, 사회적으로 인정된 유형의 활동과 연합되고 일부 법제화된 비교적 안정된 일련의 관례들을 가리키기 위하여, '갈래genre'라는 용어를 쓰게 될 것이다. 임의의 갈래는 특정한 텍스트 유형뿐만 아니라, 또한 텍스트를 생산(산출)하고 유통(배포)하며 소비(해석)하는 특정한 과정들까지도 함의한다. 가령, 신문의 보도기사와 시들이 전형적으로 사뭇 다른 종류의 텍스트일 뿐만 아니라, 또한 이것들이 사뭇 다른 방식으로 산출되고(가령 전자가 집단적 생산물이라면 후자가 개인별 생산물임), 아주 다른 종류의 유통 과정을 거치며, 아주 다르게 소비되는 것이다. 특히 시는 읽고 해석하는 데에 아주 다른 독법을 담고 있다[※ 주로 기존의 얼개를 벗어나 창의적으로 씌어지기 일쑤이기 때문에 그러함]. 따라서 갈래는 §.3-1 후반부와 §.6-3 후반부에서 논의된 기술description 및 해석interpretation 사이에 있는 구분을 어기면서 뒤섞어 방해해 놓는다.

바흐친(Bakhtin, 1986: 65)에 따르면, 갈래는 "사회의 역사로부터 시작하여 언어의 역사에까지 이르는 구동 벨트the drive belts"이다. 사회적 실천 방식에서 변화들은, 갈래 체계의 변화로 언어의 평면 위에 분명히 나타나고, 일부 그런 갈래들의 변화를 통하여 언어의 변화도 일어난다. 갈래 체계를 언급하면서, 여기서 저자는 142쪽 이하에서 논의한 담화 질서의 우선성primacy, 우월성 원리를 적용하고 있다. 한 사회 또는 그 사회 속에 있는 특정한 제도/기관이나 영역이 한 체계를 구성해 주면서, 갈래에 대한 특정한 형상을 서로 간의 특정한 관련성의 형태로 지니고 있는 것이다. 물론 그런 형상과 체계도 변화에 활짝 열려 있다.

텍스트 유형으로서 갈래에 초점을 맞추면서, 바흐친(Bakhtin, 1986: 60)에서 불렀듯이 특정한 갈래는 특정한 '합성구조compositional structure', 또는 저자가 쓸 용어로 말한다면, 특정한 '활동 유형activity type'과 연합되어 있다. 저자가 레뷘슨(Levinson, 1979)에서 받아들인 범주이다. 임의의 활동 유형은 구조화된 일련의 행위 연결체들(활동이 행위들로 구성됨)과 그 활동에 포함된 참여자들로 구체화될 수 있다. 후자는 다시 말하여 사회적으로 구성되고 해당 활동 유형과 관련하여 인식되는 해당 묶음의 주체 지위들이다.

예를 들어, 청과물 가게에서 물건을 사는 활동은, 주체 유형으로 불리는 것으로 '소비자'와 '가게 점원', 그리고 일련의 행위들을 포함하는데, 그중 일부는 이들 노선에 따라서 선택적이거나 반복될 수 있다. 소비자가 가게에 들어가서 주문대에서 자신의 순서를 기다린다. 가게 점원이 소비자에게 인사를 하고, 소비자가 인사에 반응하며, 몇 마디 사교적인 말을 주고받은 뒤 구매 주문을 받는다. 소비자는 구매 주문을 낸다. 아마 '이번 주에 나온 사과들은 어떻습니까?'에 대해서 '아, 콕스 사과가 좋죠!'와 같이 예비-요구 연결체로 진행될 듯하다. 가게 점원이 해당 상품을 꺼내오고 무게를 잰 뒤 포장 등을 하여 소비자에게 내어 준다. 아마 소비자와 가게 점원이 아마 해당 상품이 살 만 한지, 그리고 요구된 중량만큼 제대로 가져 왔는지 여부 등을 협상한다. 소비자는 가게 점원에게 고마움을 표한다. 가게 점원은 소비자에게 가격을 알려 준다. 소비자가 값을 치른다. 가게 점원이 거스름돈을 내 주고 고맙다고 말한다. 소비자가 가게 점원에게 고맙다고 말하고 작별 인사를 한다. 가게 점원도 작별 인사로 답한다. 이런 사례가 보여 주듯이, 활동 유형은 단일하고 엄격한 유형을 구체적으로 만들기보다는, 종종 일정한 범위의 선택 사항들에 관한 한계를 마련해 준다. 합성구조의 그런 속성들을 강조하는 갈래에 대한 시각을 보려면 핼리데이·허싼(Halliday and Hasan, 1985)에서 허싼의 다룬 내용을 보기 바란다.

갈래는 비록 흔히 대안이 되는 표현 방식과도 양립될 수 있겠지만, 특정한 표현 방식style, 표현 모습과도 연합되는 경향이 있다. 가령, 면담이 '격식적'일 수도 있고, '비격식적'일 수도 있는 것이다. 저자가 쓰고 있는 다른 용어들과 같이 '표현 방식style'도 딱 집어내어 규정하기가 힘들고, 다양한 방식으로 씌어 왔다. 핼리데이(Halliday, 1978)의 체계-

기능 언어학의 용어를 써서, 우리는 표현 방식style이 '전달 격식tenor', '구현 양식mode', '수사학적 선택 양식rhetorical mode'에 따라 이들 세 가지 주요 인자를 중심으로 변동하는 것으로 생각할 수 있다(146쪽의 역주 88 참고). 첫째, 표현 방식style은 전달 격식tenor에 따라서 변동된다. 다시 말하여 상호작용중인 참여자들 사이에 획득하는 관계의 종류에 따라서 달라지는 것이다. 따라서 표현 방식style을 '격식적 어투',168) '비격식적 어투', '공식적official 어투', '친밀한 어투', '평상시casual 어투' 등의 용어로 분류할 수 있다. 둘째, 표현 방식style은 구현 양식mode에 따라서 변동되는데, 텍스트가 글말인지 입말인지, 아니면 양자의 어떤 합성인지(가령 말하기 위하여 씌어진 어투[연설 원고], 말하듯이 씌어진 어투[소설], 글말인 듯이 말하는 어투[뉴스] 따위) 여부에 따라 달라지는 것이다. 따라서 표현 방식을 입말·글말·글말투의 입말 따위로 분류할 수 있다. 또한 일부 구현 양식을 반영하지만, 일부 전달 격식이나 갈래나 담화를 반영하는 용어들도 쓸 수 있다. 가령 '대화 어투', '격식 갖춘 글말 어투', '비격식적인 글말 어투', '학술 어투', '신문 기사 어투' 따위이다. 셋째, 표현 방식style은 수사학적 선택 모습에 따라서 변동되고, '논쟁 어투', '서술 어투', '해설 어투'와 같은 용어로 분류할 수 있다.

가장 자율적인 유형의 요소는 갈래가 아니라 '담화'이다. 갈래와 담화 사이의 관계에 대해서는 크뤼스(Kress, 1988)과 크뤼스·쓰뤼드골드(Kress and Threadgold, 1988)을 보기 바란다. 담화는 대략 전통적으로 '내용content', '생각 형성 의미ideational meanings', '주제topic', '소재subject matter' 따위로 논의되어 온 텍스트의 여러 차원들과 일치한다. 이들 전통적 용어보다는 '담화'를 쓰기 위한 합당한 이유가 있다. 담화는 소재를 구성하는 특정한 방식이고, 그 개념이 내용 또는 소재(지식의 영역)들

---

168) (역주) 번역하면서 쉽게 이해되도록 어투를 더 집어넣었는데, 말투로 바꿀 수도 있다. 어투는 낱말 선택에서 그 색깔이 드러난다는 것이고(좁은 범위를 자세히 다룰 수 있음), 말투는 전체적인 말씨와 어조와 목소리와 말하는 태도까지를 다 포괄할 수 있다(전체적인 인상을 다룰 수 있음).

이 오직 그것들의 특정 구성 내용들에 대한 매개된 형태로 텍스트 속에 들어 있음을 강조한다는 점에서 이전의 용어들과는 다르다. 이런 점에서 관련된 지식의 영역 및 그것이 구성된 특정한 방식을 모두 명시해 주기 위하여, 특정한 담화를 위한 용어들을 선택하는 것이 도움이 된다. 가령, 종래 다양한 '대안' 의술과 연계된 담화들과는 대조적으로, 현대의 기술적·과학적 관점으로부터 구성된 지식의 영역으로서 의술을 가리키기 위해 '기술-과학적 의료 담화'라든지, 아니면 여성해방주의 시각으로부터 구성된 지식의 영역으로서 성별을 다루는 '여성 해방주의 담론'이다. 이런 의미에서 담화가 푸코에게 주요한 관심 사항이었다(제2장 참고). 앞에서 언급하였듯이 담화는 다른 유형의 요소들보다 훨씬 더 자율적이다. 다시 말하여, 특정 갈래 및 특정 담화 사이에 여전히 중요한 제약과 서로 어울리며 양립할 수 있는 규칙들이 있지만, 기술-과학적 의료 담론과 같이 담화는 표준적으로 일정 범위의 갈래들(과학 논문, 강의, 자문 따위)과 연계되어 있고, 모든 종류의 다른 갈래들에서 스스로 모습을 드러낸다(대화, [가령 '동치미' 같은] 텔레비전 토크 쇼, 또는 시 따위).

특정한 갈래는 특정하게 '서로 얽힌 (명시적) 텍스트 속성의 구현 양식'과 연계되어 있다. 예를 들어, 빈도·구현 양식mode·담화 표상의 기능들은 뉴스 보도와 잡담과 과학 논문에서 사뭇 다르게 나타난다. 대조를 이루는 구현 양식 및 담화 표상의 실천 사례는, 다른 것들에 관한 담화가 지니게 될 서로 다른 의미와 가치들에 따라서 상이한 종류의 사회 활동과 관련하여 전개된다. 가령, 어떤 대화 또는 심지어 법정에서 산출된 어떤 대화에 관한 축자적 보고 내용은, 꼭 낱말마다 완벽할 것으로는 기대되지 않는다. 반면에, 또 다른 영역에서 하나의 과학 논문으로부터 가져온 인용에서는 완벽히 낱말(학술 용어들)이 같을 것이다. 다시, 다른 사람의 연설에 대한 표상이 종종 대상들이 말해진 표현 방식의 여러 측면들을 포착하고 시도하겠지만, 뉴스 보도기사에서는 거의 그렇게 하지 않는다. 좀 더 일반적으로 말한다면, 다른 텍스트들이 임의의 텍스트에서 모습을 갖추는 범위는, 이용된 서로 얽힌 명시적 텍스트 속성의 형태가 그러하듯이, 해당 갈래에 달려 있고, 다른 텍스트가 임의의 텍스트 속에서 기능하는 방식에 달려 있다.

이제 215쪽에서 다룬 〈표본 1〉을 참고하면서 이러한 일련의 요소들을 예시해 나가기로 한다. 그 갈래는 뉴스 보도기사이고, 아마 타블로이드(일간지 반절, B4 크기의 판형) 신문의 하위 갈래로서 상이한 표현 방식을 지닌 형상을 담고 있다. 활동 유형이 뉴스 전달자로서 그리고 뉴스 수신자(신문 구독자)로서 주체 지위들을 마련해 준다. 그 보고서가 집단적으로 소위원회에서 산출되었지만, 뉴스 기사에서는 가공의 개인으로서 저자가 된다(≒사실상 취재 기자임). 연결 구조들이 다음처럼 들어 있다. 큰 제목headlines·요약summary·자세히 언급하기elaboration·추이development, 경과·결과outcome들이다. 이 경우에 큰 제목이 두 가지인데, 이 이야기의 골자를 전달해 준다. 처음 두 개의 단락으로 된 요약은 약간 더 확대된 해당 골자의 내용을 전해 준다. 자세히 언급하기는 추가적인 두 개의 단락으로 이뤄져 있다. 부제목 '밀매 이득금'에 있는 최종 단락을 제외한 모든 단락이 추이(진행 과정, 경과)인데, 해당 기사의 더 자세한 세부 내용을 언급하고 있다. 마지막 단락인 결과는 어떤 행동이 취해질 것인지를 가리키고 있다. 뉴스 보도기사의 구조에 대해서는 폰대익(van Dijk, 1988)을 참고하기 바란다. 또한 해당 기사가 '위기-해결 구조'를 지님에 유의할 필요가 있다. 큰 제목과 해당 기사의 본문 대부분이 이 위기를 서술해 주고 있다. 반면에 짤막한 최종 단락은 그 해결책을 진술한다.

이 보도기사는 표현 방식에 비춰 보아 사뭇 복잡하다. 먼저 정보를 전달하고 있는 수사학적 선택 양식부터 다루기로 한다. 좀 더 자세히 말하여, 뉴스 전달자는 여기서 지식과 정보의 근원으로, 독자(신문 구독자)는 뉴스의 피동적 수용자로 구성되어 있고, 보도 내용은 그런 사건(≒법률의 제정 및 통과 과정)이 흔히 확정되지 않은 성격이며 다양한 해석에 활짝 열려 있다는 사실에도 불구하고, 전형적으로 신문에서 사건들에 관해 서술하는 권위적인 '참·거짓' 범주의 단언으로 이뤄져 있다. 이 경우에 흥미로운 점은, 수사학적 선택 양식이 표현 방식을 놓고서 전달 격식에 근거한, 그리고 구현 양식에 근거한 차원들과 결합하는 방법이다. 해당 기사의 표현 방식은 전달 격식에서 통속적이다vernacular, 서민들이 쓰는 말투이다. 더 앞에서 언급하였듯이, 집필자들이 마치 뉴스 제공자와 독자 사이의 관계가 대칭적인 양 서민들의 말투를 모방하고 있고, 하버마스(Harbermas, 1984)의 의미로 '일상세계lifeworld, 생활세계'의 일로 표현하고 있다. 해당 표현 방식은 입말이고 구현 양식에서 대화 말투이다. 이런 표현 방식상의 형상은 모순되는 듯이 보인다. 수사학적 선택 양식이 비대칭적인 주체 위상을 마련하고 공공 기관(≒하원 위원회)의 글말투 격식성을 함의하고 있지만(≒상위계층 양식), 이는 해당 양식의 비격식적이고 대화투이며 일상생활 요소들(≒서민 양식)과는 잘 어울리지 않기 때문이다.

이 보도기사에서 출현한 모습이 특히 충격적인 담화가 한 가지 있다. 범죄에 관한 '군국주의 담화'로 부를 만한 것인데, 사회와 '전쟁을 벌이고' 있는 범죄자들과 '그들과 싸워 이기려고' 하여 '군대를 투입시켜야만' 하는 사회의 비유를 중심으로 내세워져 있다. 그렇지만 이 보도기사에서 담화와 비유가 축자적 의미에서 군대 출동/투입 호소와 더불어 명시적으로 표현되어 있는데, 마약 밀매꾼들에 맞서서 무장 군대가 동원되는 것이다. 이는 시작 문장에서 모종의 양면성으로 이끌어 가는데, 여기서 『더 썬The Sun』지에서는 모종의 실제 전투를 내비치고 있는 것일까?

§.4-3 서로 얽힌 텍스트 속성 및 여러 가지 변형

사회 제도/기관들 속에서 그리고 이를 넘어서서 이뤄지는 특정한 실천 방식은, 특정하게 '서로 얽힌 텍스트 사슬들'이 그 제도/기관들과 연합되어 있는데, 그 계열의 각 구성원이 정규적이고 예측 가능한 방식으로 하나 또는 둘 이상의 다른 텍스트들로 변형된다는 의미에서, 변형되어 서로 관련된 텍스트 계열의 유형들이다. 변형에 대해서는 크뤼스티붜(Kristeva, 1986a), 호쥐·크뤼스(Hodge and Kress, 1988), 그리고 §.1-5의 비판적 언어학에 대한 논의를 보기 바란다. 이들 사슬은 연속적이거나 체계적이며, §.4-2에서 서로 얽힌 담화 속성(산출 과정에 초점이 있음)의 제목 아래 다룬 계열적인 서로 얽힌 텍스트 속성 관계(해석 과정에 초점이 있음)와는 대조를 이룬다. 특정 유형의 담화가 속하여 들어가는 서로 얽힌 텍스트 사슬을 구체적으로 보여 주는 일은 그 '유통'(분포)을 밝혀 보여 주는 방식이다. §.3-3에서 텍스트의 '생산·유통·소비'에 관한 논의를 상기하기 바란다. 간단한 사례가 진료 상담을 진료 기록과 연계하는 사슬이 될 듯하다. 일상적으로 의사들은 전자를 후자로 변형해 놓는다. 상이한 유형의 텍스트에 대한 상당수를 포함하는 자료가 확보된다면, 원론상 그것들 사이에는 거대하고 실제로 결정하기 어려운 서로 얽힌 텍스트 사슬도 존재할 수 있다.[169] 그렇지만 실제 사슬들의 숫자는 아마도 사뭇 제한되어 있다. 사회 기관/제도와 실천 방식들이 특정한 방식으로 명시적으로 표현되고, 사회구조화에 대한 이런 측면이 서로 얽힌 텍스트 사슬들의 전개/추이를 제약한다. 사실상, 서로 얽힌 텍스트 사슬들에 관한 실제적인 연구는 사회구조화에 대한 이런 차원을 놓고서 통찰력을 얻는 한 가지 방법이다.

서로 얽힌 텍스트 사슬은 아주 복잡할 것이다. 가령, 국제 외교 및 무기 (감축) 협상의 텍스트들이 속하는 사슬 따위이다. 소련의 고르바체프 서기장의 주요 연설(≒핵무기 감축)이 오늘날 모든 나라에서 다양

---

169) (역주) 오늘날 'Big Data(전산 처리된 대규모 자료)'는 저자가 이 책을 집필하던 당시에는 상상할 수 없었다. 그렇지만 대규모 자료를 통해서 이전에 전혀 깨닫지 못하던 것들이 새롭게 많이 밝혀지고 있다. 어린이 언어 발달에서도 그러하다. 대규모 자료를 통해 부모로부터 나온 자극보다, 스스로 필요를 느껴 옹알대는 발화가 더 기본적이라는 사실이 밝혀졌다. 언어 표현이나 구조가 중요 변수가 아니라, 오히려 어린이의 표현 동기나 내부 욕구가 더 중요함을 알게 된 것이다.

한 유형의 대중매체 텍스트로, 신문 보도기사로 변형되고, 외교 전문가들에 의한 분석과 비평들이 학술 서적과 논문으로 변형되어 발표될 것이며, 그의 연설을 풀어 말해 주는 또 다른 연설, 더욱 자세히 가다듬고 친절한 답변까지 해 주는 변형 과정들이 복잡하게 뒤엉켜 있다. 다른 한편으로, 일상 대화에 대한 기여는 오직 공동 참여자들에 의해서만 '마무리 짓는 입장 정리formulations'로170) 변형될 것 같다. 또 아마 다른 사람들도 들은 이야기를 전달해 주면서 변형될 듯하다. 따라서 서로 다른 유형의 텍스트들이 근본적으로 유통 그물짜임의 종류에서

---

170) (역주) 본디 Sacks(1972)에서 가져온 용어이며 다시 §.5-1 (마)에서 논의된다. 이는 특히 일련의 이야기를 마무리(매듭) 짓고 다른 이야기로 진행하거나, 또는 결론을 짓고 끝내기 위한 움직임을 가리킨다. 담화나 대화가 늘 「시작 → 중간 → 끝」으로 진행되어 다시 새로운 담화나 대화가 「시작 → 중간 → 끝」으로 이어져 나가게 된다(순환되어 나감, 주기별 진행 방식). 이렇게 하나의 주기를 놓고서 끝을 맺는 대목(한 대목의 의사소통 형식을 매듭지음)에서는, 흔히 이전까지의 발화 내용에 대하여 간략히 평가하게 된다. 단순히 공감을 표시하기 위해 '좋다!', '잘 들었다!' 따위의 말을 하거나, 관용구나 속담을 동원하여 가치를 매겨 주기도 하는 것이다. 이는 주로 권력을 쥔 쪽에서 자신의 판단대로 평가를 하면서, 권력이 없는 참여자들을 상대로 하여 그 대화의 골자를 정리하여 마무리 짓는 일과 밀접히 관련된다.

비록 다른 용어를 쓰지만, 저자가 429쪽에서는 요약하기(summarizing)란 말로도 썼고, 클락(Clark, 1996; 김지홍 뒤침, 2009)의 『언어 사용 밑바닥에 깔린 원리』(도서출판 경진) §.11-2에서는 sections(마디, 매듭)이란 말을 쓰면서 종결 마디(closing section)에서 촌평이나 입장 정리를 해 놓음을 지적하였다. 47쪽의 역주 24에서는 미시사회학 쪽에서처럼 formulation을 공식 형태로 명확히 서술해 준다는 뜻의 '공식화'로 번역한다면, 본래 개념을 드러내지도 못할 뿐만 아니라, 다른 것은 사적으로 몰래 이야기한 것이라는 오해가 잘못 생겨날 수도 있다. 따라서 '공식화'라는 번역 용어는 잘못된 것임을 알 수 있다.

머카씨(McCarthy, 1998; 김지홍 뒤침, 2012)의 『입말 그리고 담화 중심의 언어교육』(도서출판 경진, 개정증보판) §.2-4-3의 소제목 formulation을 '내용 정리'로 번역하였다. 페어클럽(Fairclough, 2001; 김지홍 뒤침, 2011)의 『언어와 권력』(도서출판 경진)에서는 좀 더 깊이 있게 다루고 있다. 페어클럽 교수는 formulation(입장 정리)과 reformulation(다시 입장 정리해 주기)이란 용어를 쓸 뿐만 아니라, 다른 자매 항목도 함께 다루었다. 그 번역본의 §.5-9-2 역주 33에서는 formulation을 '입장 정리'(발화 내용 정리 평가)로, §.8-4에 나오는 reformulation은 '다시 입장 정리해 주기'로 번역하였다. 페어클럽 교수는 이런 '입장 정리'의 근본적인 기능을 "권력을 더 많이 지닌 쪽에서 그렇지 않은 쪽을 통제하는 속성"이라고 밝혀 주었고, 다음처럼 모두 네 갈래의 방식이 있음을 처음 언급하였다.

① 입장 정리(formulation, 지금까지 진행된 발화 내용의 정리 평가)
② 간섭하기(interruption)
③ 명백하게 말하도록 강요하기(enforcing explicitness)
④ 애깃거리 통제하기(controlling topic)

그리고 텍스트가 속한 서로 얽힌 텍스트 사슬들에서 달라지고, 그리하여 텍스트가 겪는 변형의 종류도 달라진다. 설사 고르바체프에 대한 연설을 기획하는 데에서 결코 자세하게 텍스트 생산 및 소비의 많은 순환들을 예상할 수는 없겠지만, 주요한 유형의 청중들의 반응을 예상하는 방식(늑독자층을 가늠함)으로 텍스트를 기획하려고 할 것 같다. 그런 복잡한 예상이 이미 시사하였듯이 이질성 및 양면성의 근원이고, 복잡하게 서로 얽힌 텍스트 사슬들을 지닌 텍스트가 다른 것보다 이런 속성들에 좀 더 쉽게 얽히는 경향이 있다.

서로 얽힌 텍스트 사슬에서 텍스트 유형들 사이에 있는 변형은 다양한 종류의 것이 될 수 있다. 이것들은 담화 표상과 같이 서로 얽힌 명시적 텍스트 속성의 형태들도 포함할 수 있다. 다른 한편으로는 좀 더 확산된 속성을 지닐 수도 있다. 서로 다른 텍스트 유형들에 의해 공유된 공통 요소들로 해석될 수 있는 것이, 상이한 수준에서 그리고 근본적으로 다른 방식으로 분명해질 수 있다. 한 가지 소소한 경우에는 낱말들로, 다른 큰 차원의 경우에는 서사 이야기나 비유로, 또는 문법 선택 사항 중에서 선택 결과물들로, 또는 대면담이 조직되는 방식으로 등등. 예를 들어, 교육 이론에 관한 어떤 교재를 생각한다면, 무계층적인 협동학습 실천에 대한 이론적 해설이 주로 그 책의 낱말을 모습지어 놓겠지만, 반면에 '동일한' 이론이 실제 교실수업에서 교사와 학습자 사이의 대면담이 조직되는 방식으로 보여 줄 수도 있고, 교무실에서 자신의 수업 및 학생들과의 관계에 관하여 애기해 주면서 그 교사가 쓰는 비유 방식으로도 보여 줄 수 있다. 가령 학습자들에게 '모둠', '조', 또는 사실상 '특별업무 전담부'로 작업하도록 하는 따위이다.

페어클럽(Fairclough, 1990a)로부터 가져온 실제 사례를 살펴보기로 한다. 대처 정부(1985~1988)에서 영국의 통상산업부 장관이었던 로어드 영Lord Young의 연설들이 'enterprise culture모험심/과감함/기업 문화'(372쪽에서 세 가지 의미가 논의됨)의 개념·실천·정책의 발전에 주요한 요소였다. 자신의 부서를 '기업부'로 바꿔 부른 것도 로어드 영이었다. 그의 연설에서는 '기업'이란 낱말이 의미론적 가공 과정을 거쳤는데(자세한 것은 §.63을 참고), 이 낱말을 자립自立, 스스로 섬과 자조自助, 자신을 도움를 포함하여 기업 문화의 제창자로 알려진 기업가의 모험 정신과 연합된 일련의 속성들을 중심으로 하여 명시적으로 표현하였다. 모험심/과감함/기업 정신의 주체들enterprising subjects에 관한 이들 연설인 「모험심/과감함/기업 정신으로 가득찬 자아enterprising self」의 이론적 구성 내용은, 로어드 영의 '도전적 모험/과감함/기업 정신enterprise initiative'을 놓고 통상산업부DTI에서 발표한 홍보물과 어떤 관련성이 있는 듯이 보인다. 그 연설 속의 낱말에 포함되어 있는 것은, 여기서 특정한 의사소통 방식으로 변형되어 있다.

도전적 기업 정신에 관한 통상산업부DTI의 안내 책자에는 특히 '도전적인 판매the marketing initiative, 도전적 시장 확보'를 다루는 글이 있는데, 이는 다음과 같은 말로 요약된다.

> The essence of good marketing is to provide your customers with what they want. Not to spend time and money trying to persuade them to take what you've got. So, whether you're selling at home or abroad, it's important to understand both the market and your competitors
> (뛰어난 판매의 본질은 단골손님들에게 그들 자신이 원하는 바를 제공해 주는 것이다. 여러분이 갖고 있는 물건을 단골손님들이 사도록 설득하면서 돈과 시간을 쏟지 말라. 그렇다면, 국내 판매이든 해외 판매이든 간에, 그 시장과 여러분의 경쟁자를 동시에 이해하는 일이 중요하다)

이런 요약은 이 글이 시작되는 개관 안내에 들어 있다. 그리고 안내책자에서 다른 안내 란들과 같이, 사업 실천에 관해서 [참·거짓을 가리키는] 범주적인 대담한 단언들로 이뤄져 있다. 앞에서 본 첫 문장처럼 분명히 이 안내책자가 독자층으로 삼고 있는 사업가들에게는 진부한 표현truisms일 것이다. 또는 두 번째 문장처럼 어떤 사업에는 위협적일 수도 있다. 이것이 일부 사업자들이 판매해야 하는 것을 모두 다 구매하도록 사람들을 설득하면서 시간과 돈을 쏟고 있음을 전제로 하는 부정문임(금지 명령 '말라!')에 주목하기 바란다. 그러므로 사업가 독자들이 그런 권고 방향을 귀찮게 그리고/또는 모욕적으로 느낄 것이라고 예상할 수 있다. 그러나 저자는 독자들이 사뭇 다르게 읽을 것이라고 추측한다. 로어드 영의 시각에서 도전적 기업 정신을 지닌 사람은 직설적으로 말하고 들을 수 있다. 아마 이들 권고 방향이 실천하고자 하는 바는 두 가지 몫이다. 통상산업부DTI에 도전적 기업 정신의 정체성을 부여하고, 사업에 도전적인 사람과 도전적인 행동의 모형을 제공해 주는 것이다. '모험심/과감함/기업 정신으로 가득찬 자아'의 본성은 그 연설의 낱말에서뿐만 아니라, 또한 그 안내책자의 글말 양식(입말 양식도 함의함)에서도 모습을 드러낸다.

  서로 얽힌 텍스트 사슬들은 텍스트 유형들 사이에서 비교적 안정된 변형 관계를 구성할 수 있다(마치 진료 상담 및 진료 기록 사이의 관계에서처럼, 또는 소위원회 보고서를 신문 보도기사로 변형하는 상투적인 방식과 같이). 그러나 그것들도 종종 긴장과 변화의 노선으로 되고, 텍스트 유형들이 식민 지배를 받고 이념적으로 채색되는 통로가 되며, 그런 경로를 따라 텍스트 유형들 사이의 관계가 서로 경합하게 된다. 이것이 '도전적 기업 문화'와 연합된 서로 얽힌 텍스트 사슬을 해석하는 방식인 것이다. 건강 보험, 교육, 사회봉사, 대중매체뿐만 아니라 또한 통상산업부DTI 안내책자처럼 행정 홍보물에서까지도 찾아볼 수 있는 텍스트의 내용이, 로어드 영의 연설문들을 중심으로 나온 도전적 기업 문화에 연계된 의미와 함께 식민 지배를 당하고 있으며, 기업 정신의 이념 및 신우파의 정치 전략들로 채색되어 있다. 서로 얽힌 텍스트 사슬 속에서 기존의 노선과 통로는 전략적 목적을 위해서 이용되고 있는 것이다.

§.4-4 서로 얽힌 텍스트 속성·일관된 의미 연결·행위 주체/대상

서로 얽힌 텍스트 속성은 이 책에 있는 주요 관심 논제를 놓고서 중요한 함의를 지닌다. 텍스트를 통한 주체/대상들subjects171)의 구성 과정과 사회적 정체성에서 변화에 따라 담화 실천 방식을 바꾸어 가는 일에의 기여이다. 크뤼스티붜(Kristeva, 1986b), 쓰뢰드골드(Threadgold, 1988), 탤벗(Talbot, 출간중)을 보기 바란다. 텍스트의 서로 얽힌 텍스트 속성은 실질적으로 §.3-3에서 논의한 텍스트 해석의 과정을 복잡하게 만들어 놓는다. 텍스트에다 의미를 부여하기 위하여 해석 주체는 반드시 텍스트 속에 있는 다양한 요소들을 비록 꼭 하나로만 통일하지 않더라도, 일관되고 결정적인 또는 양면성이 없는172) 전체 속으로 맞춰

---

171) (역주) 본디 라틴어 어원 'sub(아래)+iacere(던지다)+tus(것)'으로 이뤄져서, 복종하는 신분이 낮은 사람(신하, 백성)을 뜻하였다. 「옥스퍼드 사전」의 어원 풀이에서는 아리스 토텔레스의 「사고 도구」에서 개체가 만들어진 질료를 뜻하거나 술어(형용사, 동사)의 주어를 가리키면서 뜻이 점차 넓혀졌음을 적어 놓았다. 주어의 뜻은 다시 주체로 확대되면서, 철학 쪽에서 object(대상)와 대립되는 뜻으로 쓰이기도 한다. 때로 subject는 학문의 영역을 뜻하거나 학과목을 가리키기도 한다. 심리학에서는 subject를 실험 대상이란 뜻으로 피험자(최근 흐름은 '실험 참가자'로 쓰기도 함)를 가리키기도 하며, subject-matter(소재나 제재, 주제가 다루는 대상)라는 말도 쓴다. 이런 뜻은 앞의 주체와 정면으로 모순되겠지만, 사실상 주체와 대상이란 말뜻이 서로 맥락에 따라 결정되어야 하는 경우가 있으므로 주의해야 한다. 여기서는 이념을 집어넣는 일상생활의 주체라는 의미도 들어 있고, 이념에 의해 영향받는 대상이라는 의미도 들어 있으므로, 둘을 아우르기 위하여 임시로 빗금을 써서 병렬해 놓는다.

172) (역주) 만일 다음과 같이 예시를 위하여 일부 갈래들을 일직선으로 나열하여 놓을 경우에

'학술 언어(→ 대중매체 언어) → 일상 언어 → 문학 언어(→ 스님들 참선 시)'

오른쪽으로 갈수록 중의성이나 양면적(모순적) 주제들이 들어갈 수 있고, 또한 이럴 경우에라야 문학 작품이 유감없이 고전성을 발휘한다고 믿는 이들도 있다. 독일에서 오페라로 올려진 「심청전」의 주제가 유교의 효로 읽히든, 불교의 선업 인과로 읽히든, 기독교의 자기희생(to die is to live)으로 읽히든 간에, 자신의 신념에 따라 다양하게 읽힌다는 것 자체가, 해당 작품이 인간 삶의 본질을 깊이 꿰뚫는 것으로 평가되는 것이다. 1970년대에는 이런 현상을 '표면적' 주제와 '이면적' 주제 따위로 구분하였었다. 서구쪽에서도 이런 현상을 이해(표면적 이해)와 해석(심층적 해석) 등으로 구분해 놓는다는 점에서, 이러한 여러 겹의 중층 주제가 모순을 역설로 바꾸어 새로운 인식을 이끌어 가는 인문현상을 잘 드러낼 수도 있다. 본문에서 저자는 '양면성이 없다'는 수식어를 쓰고 있는데, 주로 직설적으로 서술하는 학술 언어나 대중매체의 언어를 염두에 두고 언급하고 있음을 알 수 있다.

놓는 길을 찾아내어야 한다. 이를 단순히 해석 주체의 성과로 간주하기가 쉬운데, 텍스트들 밖에 있는 담화 처리 과정들(≒기억 자원과 사회 관계에 의해 가동됨)을 제어할 수 있음에 따라, 이는 암묵적으로 해석 주체를 서로 얽힌 텍스트 속성 위에다 그리고 밖에다 담화 주체로서 자리매김해 준다. 신비롭게도 그런 시각은 사회적·담화적 실천 방식들을 미리 존재하게 하는 사회적·담화적 주체를 함의하지만,[173] 동시에 그런 실천 관행들을 주체들의 구성 과정에 기여하고 오랜 시간에 걸쳐 그것들의 변형 과정에 기여함을 놓쳐 버린다. 여기서 저자가 받아들이게 될 입장은 서로 얽힌 텍스트 속성, 그리고 담화에서 계속 변동하고 있는 서로 얽힌 텍스트 관계들이 주체 구성의 과정을 이해하는 데에 중심적이라는 점이다. 이는 한 개인이 살아가는 동안 일생의 시간 규모상으로 그러하며, 사회집단과 공동체의 구성 및 재구성을 놓고서 그러하다.

크뤼스(Kress, 1987)에서는 그런 담화 구성과정의 사회적 중요성을 역설하는 한 가지 사례를 제시한다. 그는 다양한 유형의 교육 텍스트의 표본들을 분석하고 나서, 그런 서로 얽힌 텍스트 구성 과정이 광고 담화와 공유하고 있는 요소들과 맞물려 있다고 지적하였다. 예를 들어, 집안청소 대행업자를 위한 광고가, (광고나 해당 교재의 독자라는 함의가 깃듦) 인간 청소부 및 공산품 청소기 사이에 있는 청소 과정에서 소독제까지 살포하는 속성(가령, 「*Ajax cleans without rising*애이젝스가 물걸레질 없이도 말끔히 청소합니다」, 「*fine powders can absorb liquids*양질의 분말 세제가 수분을 모두 빨아들일 수 있습니다」 따위)을 가정관리 수업을 위한 교재들(≒우리는 「기

---

173) (역주) 원문에서는 순접 접속사 and(그리고)로 이어 놓았지만, 번역에서 역접 접속어미 '-지만'으로 바꿔 놓았다. 영어는 속에 든 내용과 상관없이 사실만을 그대로 나열하면서 순접 접속사를 쓴다. 마치 Yes와 No의 응답에 대한 선택에서 사실이면 Yes, 사실이 아니면 No로 대답하는 일과 동일하다. 그렇지만 우리말에서는 상대방의 의견에 반응하고, 사실 속에 들어 있는 내용에 따라 접속사와 응답 선택을 하게 된다. "밥 안 먹었지?"라고 물었을 때, 우리말은 '안 먹었다'는 전제를 질문자가 확인한다고 보아, "응, 안 먹었어!"라고 대답해야 한다. 영어는 사실에 초점을 모아 "*No, I did not*"이라고 대답하게 된다.

술·가정」교과서)과 공유하고 있는데, 이는 두 경우에서 모두 해당 청소기가 인간 청소부에게 '필요함'을 시사해 준다(≒편리한 도구임). 따라서 수업 교재와 다른 형태의 교육 담화들이 주체를 소비자로 구성해 주는 데 기여하고, 무엇보다도 특히 교육 진행 과정에서 교육시키는 독자들한테 광고를 읽히는 듯이 보인다. 앞에서 언급하였듯이, 이런 종류의 사례는 사회집단과 공동체의 구성 과정뿐만 아니라, 또한 개인들의 사회화 과정과도 관련된다. 그런 담화 실천 사례가 동시에 소비 만능주의로서 주변 세계에 대한 시각을 생성해 주는 것이다. 이는 동시에 표상을 산출하고 사람들을 공동체 속으로 조직해 놓는 것으로서, 담화의 이념 작업에 대한 시각과 일치한다. 드브레(Debray, 1981)와 맹게노(Maingueneau, 1987: 42)를 보기 바란다.

'일관된 의미 연결coherence'이란 개념은 대부분의 해석에 대한 설명에서 중심에 놓여 있다. 이미 언급하였듯이, 일관된 의미 연결은 텍스트의 속성이 아니라, [자신의 머릿속 인출구조를 작업 기억에 끌어다 놓고서] 해석 주체가 텍스트에 부과해 놓는 속성이다. 텍스트 산출자를 포함하여 서로 다른 해석 주체들에게는 아마 동일한 텍스트를 놓고서도 상이한 의미 연결 해석을 만들어 낼 소지가 있다. 일관된 의미 연결을 절대적이고 논리적인 의미로 이해해서는 안 된다.174) 일관된 의미 연결이 이뤄진 텍스트는, 해석 주체에 관한 한 현재의 목적을 위하여 서로 함께 충분히 잘 밀착되어 있지만, 동시에 미결정적이고 양면적인 해석을 막아 버리는 것은 아니다.

---

174) (역주) 특히 이과 계열이나 수학 논문의 경우에는 아무렇게나 해석하는 일이 불가능하며, 그런 경우에 학계에서 당장 퇴출되고 왕따를 당하기 마련이다. 따라서 일정한 해석 지침을 잘 준수하여 글말을 전개해 나가는 과정이 수 년 간에 걸쳐서 철저히 아주 잘 훈련되어 있어야 한다. 상대적으로 말하여, 이는 절대적이고 논리적인 해석들의 가능 범위를 아주 좁혀 놓는다고 말할 수 있다. 그렇다면 이와는 달리 여러 가지 해석이 충분히 보장되는 담화 해석은 생뚱맞은 방법일까? 그렇지 않다. 흔히 자연 과학에서의 발견 방법도 가지각색이 서로 경합하지만, 그 중에서 주먹구구 방식이더라도 스스로 발견하는 방법(heuristics, 이를 '자기 발견'이라고 번역하면, 자기를 발견한다는 뜻과 스스로 발견한다는 두 가지 뜻이 깃듦)이 바로 다양한 갈래의 담화 해석법과 비슷하다고 말할 수 있다.

저자는 제3장에서 해석 주체들이 이념적 본성에 관한 가정을 포함하여, 해석의 과정에 끌어오는 여러 가지 가정들에 의미 연결이 의존하고 있음을 보여 주는 사례를 이용했다. 가령,

그녀가 다음 수요일에 직장을 관둬. 임신을 했어
(She's giving up her job next Wednesday. She's pregnant)

에서, '여성이 아이를 가지거나 가지려는 경우에 직장을 그만 둔다'는 가정 위에서 비로소 의미가 부여된다. 또한 산출자가 유관한 가정을 만들 '능력'을 지니고서 일관된 의미 해석을 낳는 연결을 만들어 내는 해석 주체에 정체성을 부여하고 있다interpellate, 위상을 부여하고 있다(182쪽의 역주 120 참고)고 언급하였다. 이러한 의미 연결의 시각과 이념 부여에서의 그 몫은 서로 얽힌 텍스트 속성에 주의하도록 확장될 수 있다. 텍스트는 자신의 기존 경험으로부터 두루 임의 텍스트의 서로 얽힌 텍스트 성격의 다양한 요소들에 걸쳐서 연결을 구성하기 위하여, 그리고 일관된 의미 해석 내용을 생성하기 위하여, 가정을 이용하는 '능력' 있는 해석 주체들을 자명한 것으로 가정하고, 암묵적으로 그런 주체들한테 해석적 입장을 마련해 놓는다. 이것이 해석 주체가 언제나 텍스트의 여러 모순을 충분히 해소해 놓음을 함의한다고 여겨져서는 안 된다. 해석 주체는 반항적 해석을 산출할 수도 있고(아래 논의 참고), 해석 주체가 자신의 즉각적 목적들을 위해서 일부 알맞게 조정하거나 임시변통으로 수정한 결과에 도달할 수도 있다. 그러나 해석 주체들이 해석상 모순들을 해소해 주는 한, 그들은 텍스트에 의한 복합 주체로서 스스로 자리매김(위상 정립)이 되고 있는 것이다.

임의 텍스트를 놓고서 두루 서로 얽힌 텍스트의 다양한 요소들에 걸친 해석 내용은 동시에 의미의 다양한 차원들을 놓고서 생성된다. 생각 형성의 의미 및 대인관계의 의미이며(§.3-1 참고), 다시 후자는 관계 의미 및 정체성 의미로 세분된다. 예를 들어, 앞에서 살펴봤던 〈표

본 1〉과 〈표본 2〉는 모두 이질적 양식 및 갈래들을 뒤섞어 놓는 방식
과 연합된 복잡한 관계 의미를 지니고 있다. 이들 다양한 관계 의미들
을 융합하여 놓아 받아들일 만한 방식을 찾아내는 것은 바로 해석 주
체이다. 〈표본 1〉의 경우에, 관계 의미를 융합하는 것은 한편으로 출
처와 정보 제공자와 그리고 수동적인 정보 수용자 사이에 있는 관계
를, 다른 한편으로 일상생활의 공동 구성원들 사이에 있는 관계를 서
로 양립할 수 있도록 번역해 주는 일이 된다. 〈표본 2〉의 경우에, 융합
될 필요가 있는 것은 광고주-소비자 관계이고, 규칙 제정자로서 기관
(제도) 및 (가령 은행과 단골손님처럼) 주체로서 공적 구성원 사이에 있
는 관계이다. 복잡한 정체성 의미들을 지닌 텍스트의 한 가지 사례는,
페어클럽(Fairclough, 1989a; 김지홍 뒤침, 2011: 제7장)에서 분석해 놓은
1985년 12월 17일 당시 영국 수상(세 차례 총선에서 승리한 1979년 5
월~1990년 11월까지) 마가렛 대처Margaret Thatcher, 1925~2013와의 영국 공
영방송BBC 라디오 대담이다. 독자를 위한 복잡한 주체 위상이 (영국의
애국자·세심한 주부·걱정 많은 부모·도전적 기업가를 포함하여) 다양한 범
위의 요소들로부터 구성되어 있고, 다시 해석 주체에게 이들 모순된
정체성들을 일관적으로 의미 연결된 하나의 전체 속으로 융합해 놓도
록 실현되어 있다. 홀(Hall, 1988)에서도 비슷한 용어로 당시 영국 수상
대처의 담화에 대한 설명을 제공해 주는데, 이념 효과에 비춰보아 래
클로(Laclau, 1977)에 있는 '응축condensation'이란 개념을 써서 해석상 담
화 요소들을 융합시켜 가는 과정을 언급해 준다. 융합과 응축이 둘
모두 패권 이론의 틀 속에 이들 논제를 다루고 있다. 그렇지만 그러한
홀이나 래클로의 설명에서 빠져 있는 것은 특정한 실제 텍스트를 직
접 분석해 보여 주는 일이다.

지금까지 논의한 바에서는, 텍스트에서 마련해 둔 자리매김(위상)에
잘 들어맞는다는 의미로 고분고분 유순하게 따르는 해석자를 함의한
다. 일부 독자(해석자)들은 범위가 더 크든 더 작든 간에, 대체로 분명
하게 저항을 하면서 반응을 보인다. 물론 해석 주체들은 특정한 담화

처리 과정에서 담화 주체들보다도 범위가 더 넓다. 또한 특정하게 누적된 사회 경험들을 지니고, 다중 차원의 사회생활을 다양하게 지향하는 자원들을 지닌 사회적 주체들이며, 이들 변인이 특정한 텍스트를 해석하는 일에 관한 착수 방식에도 영향을 준다. 다른 변인은 그런 특정한 담화 실천의 영역에서 그들한테 이용 가능하고 그들에 의해 이끌려 들어오는 특정한 해석 원본들interpretative protocols이다. 예를 들어, 비판적 읽기를 위한 능력은, 모든 해석자들 사이에 그리고 모든 해석 환경들에서 동등하게 배분되어 있는 것이 아니다.

반항적 읽기는 정도의 차이가 있겠지만 임의 텍스트에서 서로 얽힌 텍스트의 명시적 표현 내용을 다 벗겨내어 없애 버릴 수도 있다. 예를 들어, 임의의 해석 주체가 〈표본 2〉에서 광고하는 요소들에 반항하여 부정적으로 반응할 수도 있다. 바클레이 신용카드에서 '내게 뭔가를 팔려고 애쓰는' 것이라고 해석하는 것이다. 이런 과정의 일부로서, 그 해석 주체는 해당 텍스트에 해석상 다른 텍스트를 산출함으로써(이 경우에 소비만능주의에 대한 사회학적 분석이나 정치적 비판이 됨), 서로 얽힌 텍스트 속성의 차원을 추가적으로 더해 놓게 된다. 반항적 해석 내용은 두루 서로 얽힌 텍스트 요소들에 대한 명시적 표현을 놓고서 벌이는 패권 투쟁의 한 가지 모습이다. 반항적 해석이 전형적으로 패권 투쟁을 좀 더 분명한 형태로 투영하는 텍스트 산출의 과정으로 이끌어 가겠지만, 반드시 이것만이 그런 실제의 경우는 아니다. 만일 그 텍스트들의 정치적·이념적 효과를 평가하기에 적합하다면, 해석 주체가 텍스트를 해석하는 방식을 설명해 주는 일이 중요하다. §.1-5에서 비슷한 노선을 따라 비판적 언어학에 대한 저자의 비판 내용을 상기하기 바란다. 그렇지만 또한 크뤼스(Kress, 1988)에서 '반항적 독자/읽기'의 개념에 대한 용법도 살펴보기 바란다.

제5장 텍스트 분석

: 사회관계 구성 및 '자아'

§.5-0 도입

제5장과 제6장에서는 텍스트 분석 및 담화 실천 사례와 연합된 '미시' 측면들에 초점을 모으려고 하는데, (제4장에서 다뤄진 서로 얽힌 텍스트 속성의 예외와 함께) 제3장에서 소개된 분석 범주들을 아주 선별적으로 발전시키게 된다. 낱말·문법·통사결속·텍스트 구조·속뜻이 지닌 힘·일관된 의미 연결이다. 제5장과 제6장의 차이는 강조점에 있다. 제5장에서는 주로 텍스트의 분석적 속성들에 집중하는데, 특히 이는 언어의 대인관계 기능 및 대인관계 의미와 연관된다. 반면에, 제6장에서는 주로 특히 생각 형성 기능 및 생각 형성 의미와 연관된 텍스트 분석의 측면들을 다룬다.

§.3-1에서 핼리데이의 대인관계 기능interpersonal function이 다시 두 부문의 기능으로 나뉠 수 있음을 제시하였는데, 저자는 이를 각각 '관계 맺기 기능relational function'과 '정체성 확정 기능identity function'으로 불렀다. 틀림없이 이것들이 사회적 관계가 실천되고 사회적 정체성이 담

화로 명시되는 방식들로 작동해야 하며, 또한 물론 담화상 사회적 관계와 정체성이 구성되는(재생되고, 경쟁하며, 재구성되는) 방식으로도 작동해야 한다. 제5장에서는 사회적 정체성의 구성 또는 '자아the self'의 구성 내용에 초점을 모으고자 한다. 좀 더 구체적으로 말하여, 담화가 문화적 변화의 과정에 기여하는 방식, 사회적 정체성 또는 특정 영역과 기관(제도)과 연합된 '자아'들이 재규정되고 재구성되는 방식들이다. 저자는 여기에 강조를 해 두고 싶은데, 이것이 문화적·사회적 변화에 대한 담화상의 중요한 측면이면서도, 여태 최근까지도 담화 분석에서 응당 받아야 할 관심을 훨씬 덜 받아왔기 때문이다.

저자는 다음과 같이 텍스트의 네 가지 분석적 속성에 관심을 쏟게 된다. 상호관계 제어 특징(말할 차례 얻어내기, 주고받기 구조, 주제 통제, 얘깃거리의 통제, 마무리 짓는 입장 정리), 양태 속성, 정중함, 전체 분위기ethos, 텍스트에 깃든 정신이다. §.3-2의 분석 범주에 비춰본다면, 상호작용 제어 특징은 텍스트 전개 구조의 차원이고, 양태 속성은 문법 차원이며, 정중함은 저자가 '힘force, 속뜻으로 담긴 기능'으로 불렀던 바의 측면이다. 아래에서 설명될 것인데, 전체 분위기ethos, 텍스트에 깃든 정신는 이들 범주를 초월하여 모두 아우르며, 자아에 대한 초점에 의해서 동기가 마련된다. 이들 특정한 논제를 주목하고자 선별한 것은 자의적 결정이 아니다. 이들 각각이 담화의 관계 맺기 기능과 정체성 확정 기능으로 사회적·문화적으로 변화의 중요한 측면들을 통찰하기 위한 풍부한 토대가 된다.

제4장에서처럼 특정한 담화 표본들을 놓고서 논의를 열어나가기로 한다. 세 개의 표본 중 두 개는 동종의 광범위한 담화 유형인 심리치료 상담으로부터 가져 왔는데, 의사-환자 관계 및 현대 사회에서 의사의 사회적 정체성인 '임상진료 자아medical self'가 구성되기 때문이다. 세 번째 표본은 격식 없이 이뤄진 대화로부터 가져 왔다. 이는 우리를 제8장으로 데리고 가는데, 앞의 두 표본 사이에 있는 또 다른 대조점을 강조하기 위하여 포함되었다. 서로 얽힌 텍스트 속성의 양식에 있

는 차이점들이다.

〈표본 1: '표준 관행의' 심리치료 상담〉

첫 번째 표본은 남성 의사와 여성 환자 사이에 있는 상담으로부터 가져온 발췌인데, 미슐러(Mishler, 1984)에서 인용된 미국에서의 임상 진료 상담 기록들에 대한 어느 연구로부터 가져 왔다. 침묵은 줄임표 부호 '…'로 표시되어 있는데, 각각의 점이 10분의 1초를 나타낸다. 쌍점 부호 ' : '는 음절을 길게 늘어뜨림을 가리킨다. 간섭과 중복은 아래·위 두 줄에 걸쳐 한쪽 대괄호 부호 '['로 묶여 있다. 소괄호 부호 '( )'는 잘 들을 수 없는 대목을 가리킨다. 로마 숫자 'I, II, III, IV' 따위는 해당 표본을 '주기cycle'('질문→답변→평가'로 이뤄짐)마다 나눠놓았는데(원문에서 V'과 V"으로 되어 있는 것을 번역에서 V①과 V②로 바꿨으며, 이는 하위 주기를 가리킴), 대략 §.1-1의 싱클레어·쿨싸드(Sinclair and Coulthard, 1975) 표기 체계와 일치한다. 번역의 맨 첫 열은 녹취 기록의 행수를 나타내고(번역 과정에서 원문의 행수와 대략 일치하도록 하였지만, 정확히 대응하지는 않음), 둘째 열의 '의'는 의사, '환'은 환자를 가리키는 줄임말이며, 세 번째 열의 로마숫자는 주기를 뜻한다.

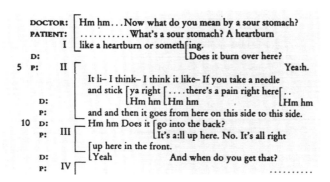

```
15              └ ......Wel:l when I eat something wrong.
     D:    V  ┌                                              How– How
          V'  │ soon after you eat it?
     P:       │                        ..............Wel:l
             └ ....probably an hour....maybe ┌less.
20   D:                                      └About an hour?
     P:   V"   Maybe less.........I've cheated and I've been
              │ drinking which I shouldn't have done.
     D:       └                                       ........
           ┌ Does drinking make it worse?
25   P:   VI └(...)                       Ho ho uh ooh Yes. ....
           ....Especially the carbonation and the alcohol.
     D:    └ .....Hm hm........How much do you drink?
     P:                                                  .....
          VII  ┌ ........I don't know...Enough to make me
          VII' │ go to sleep at night......and that's quite a bit.
30   D:        │ One or two drinks a day?
     P:        │                            O:h no no no humph it's
          VII" │ (more like) ten. ┌... at night.
     D:        └                  └How many drinks– a night.
35   P:                                              At night.
     D:    └
                                                        ....
          ....Whaddya ta– What type of drinks?.....I┌(...)–
     P:                                            └Oh vodka
         VIII ┌ ..yeah vodka and ginger ale.
40   D:       │                   ..................
              └ ......How long have you been drinking that heavily?
     P:   IX  ┌ .............Since I've been married.
     D:   IX' └                                    .....
           ┌ ...How long is that?
45   P:   IX" └              (giggle..) Four years. (giggle)
```

```
의        I  ┌ 홈 홈 … 시방 속이 쓰리다는 말이 무슨 뜻이죠?
05 환        └ ...............속이 쓰린 거요?
             위장이 타는 위장 속이 타는 거나 그런 거 뭔┌가
   의                                              └이 근처가 타요?
   환        II ┌                                        예 :
             그게 마– 내 생각– 내 생각에 마치– 그게 바늘 삼키면
             걸려서 ┌예 그래요 ┌ ......바로 여기 통증이 있어요 ┌ …
10 의        └홈 홈  └홈 홈                        └홈 홈
   환        그러고 그러고 나서 통증이 이쪽 편에 있는 여기로부터 이쪽으로 진행해
             └가거든요
   의       III ┌홈 홈 그게 ┌등 뒤쪽으로도 가나요?
   환           └그게 다 : 여기 위쪽으로요. 아뇨. 그게 괜찮거든요.
             ┌바로 여기 앞쪽으로는 말이에요.
             └└예                    그러고 언제 통증을 느끼죠?
   의       IV                        ...........................
   환           └........글 : 쎄 뭔가 잘못된 걸 먹으면.
15 의       V                              얼마–얼마나
            V① ┌빨리 식사 뒤에 그러나요?
   환                        ...............글 : 쎄......
             └아마 한 시간......혹 ┌그보다 덜
20 의                           └한 시간 정도요?
```

환	Ⅴ②	아마도 한 시간 안 돼서············내가 다른 사람들 몰래 술을 마셨거든요.
		술 마시지 말아야 되는데.
의		···········
25 환	Ⅵ	술을 마시면 통증이 더 심해지는가요?
		(···) 되 되 어 어흐 예.········
의		···특히나 탄산음료와 알코올이 그래요.
환		···흠 흠·······얼마나 자주 술을 마십니까?
30	Ⅶ	········
	Ⅶ①	········잘 모르겠어요.······밤에 충분히 잠을
		잘 수 있게 하려는 거죠·········그리고 그게 아주 약간이거든요.
의		하루에 한두 잔인가요?
환		아 : 아니 아니 아니 이크 그게
	Ⅶ②	(더 많이) 열 잔. ·········밤중에
		얼마만큼 하룻밤.
35 환		밤중에
의		········
환		·····어떤 날 종─ 어떤 종류의 술이죠?········내 (···)─
		오 보드카
	Ⅷ	···예 보드카와 탄산 청량음료요.
40 의		····················
	Ⅸ	·······얼마나 오랜 기간을 그처럼 과하게 술을 마셔왔습니까?
환	Ⅸ①	·····················결혼한 뒤로 계속요.
의		······
환	Ⅸ②	··· 얼마 동안이나 그러시는 거죠?
45		(킥킥 웃으며···) 4년간요. (키득키득 웃음)

먼저 '대인관계 제어 특징'으로 부르게 될 바의 일정 범위에 초점을
모으면서 시작해 나가겠는데, 대체로 이는 조직화 층위에서 해당 상
호작용이 미끄럽게 작동함을 보장해 주는 일과 관련된다. 그런 이야
기에서 해당 발언 기회들이 미끄럽게 배분되어 있고, 그런 주제들도
선택되고 변화되며, 질문에 답변이 이뤄지는 따위가 된다. 분명히 시
작점은 이 상호작용이 의사로부터 나온 질문들을 중심으로 짜여 있는
데, 환자에 의해 대답이 이뤄진다. 이 녹취 기록은 미슐러(Mishler, 1984)
에서의 9개 주기로 나눈 자료 분석과 맞물려 있다. 주기 Ⅴ·Ⅶ·Ⅸ에서
두 개의 하위 주기 ①과 ②로 나뉜 것은, 의사로부터 나온 '후속' 질문
을 담고 있으며, 이 질문이 환자의 자세한 답변을 이끌어냄을 보여
준다. 10행·13행·27행에 있는 경우에는 의사의 질문이 명백히 환자의
이전 답변을 인정하거나 수용하는 요소(흠, 예, 흠)에 뒤이어지고 있다.
이를 '받아들임acceptance'이라고 부르기로 한다. 심지어 받아들이기가

없을 경우에라도, 따로 의사가 후속 질문을 던지는 것이 아니라, 그보다는 다음 질문으로 진행해 나갔다는 사실이, 묵시적으로 환자의 이전 답변을 받아들인 것으로 간주될 수 있다. 바로 이점이 각 주기들 사이에서 의사의 질문이 들어가 있는 이유가 된다. 그들은 환자의 답변을 묵시적으로 받아들일 뿐만 아니라 또한 다음 주기를 시작하면서 하나의 주기를 끝낸다. 그러므로 미슐러(Mishler, 1984)에 따라 이런 주기들이 기본적인 세 부분의 구성을 지니고 있다고 말할 수 있다. ① 의사로부터의 질문, ② 환자로부터 나온 대답, ③ 그 답변을 묵시적이든 명시적이든 의사가 받아들임이다.

그렇다면 의사는 각 주기를 열고 닫음으로써, 환자의 대답을 받아들임으로써/인정함으로써, 상호작용의 기본적인 짜임새를 긴밀히 통제하고 있다. 이것의 한 가지 귀결점은, 의사가 발언 기회 얻어내기 제도, 즉 이런 상호작용에서 환자들 사이에 말할 기회가 배분된 방식을 통제하고 있다는 것이다. 발언 기회 얻어내기에 대해서는 색스·쉬글롭·제퍼슨(Sacks, Schegloff and Jefferson, 1973)과 쉔카인(희랍식으로는 '스켄케인'; Schenkein, 1978)을 보기 바란다. 환자는 의사에 의해 발언 기회가 주어진 경우에만 자신의 발언 기회를 얻고 있을 뿐이다. 이는 의사가 환자한테 질문을 던지며 대화를 이끌어 가고 있음을 의미한다. 다른 한편으로, 의사에게 발언 기회가 주어지지 않지만, 환자가 자신의 답변을 마치는 경우에나 또는 의사 자신의 목적을 위하여 환자가 충분히 말해 주었다고 결정하는 경우에, 의사 자신이 스스로 발언 기회를 차지한다(이하의 논의 참고).

이런 기본적 짜임새의 추가적 귀결은 '주제 통제권topic control'을 작동시킨다. 자신의 질문을 통하여 새로운 주제들을 끌어들이는 사람은 주로 의사이다. 가령 1행~13행에서 '쓰린 위장'이 뭘 뜻하는지부터 시작하여, '위가 타는 듯 고통스럽다'는 대목, 통증이 '등 뒤로 진행해 나가는지' 여부, 그 환자가 그 고통을 느끼는 경우까지로 바뀐다. 그렇지만 환자가 21행~22행에서 술을 마신다는 주제를 들여오고 있고, 의사가 24행에서 이를 문제 삼음에 주목하기 바란다. 아래에서 이런 예외를 다시 다루게 된다.

의사가 이전의 질문들에 대한 환자의 답변을 놓고서 선별적으로 받아들이는 방식은, 주제를 통제/제어하는 또 다른 측면이다. 예를 들어, 앞에서 언급한 21행~24행에 있는 연결체에서, 환자는 술을 마심으로써 잘못했음을 순순히 인정하지만, 의사는 이런 시인을 더 이상 따져들지 않는다. 그는 환자의 치료 조건에서 술(알코올)의 영향에만 관심이 있는 듯하다. 비슷하게, 29행~30행, 그리고 42행에 있는 환자의 답변들은 환자 쪽의 문제를 신호해 준지만, 더 좁은 치료의 세부 사항을 다루려고 하면서 의사는 이를 무시해 버린다. 우리는 그 의사가 미리 마련해 둔 질문 목록에 따라서 주제를 바꾸고 제약하고 있다는 느낌을 받는데, 환자에게 그런 순서를 훼방하도록 허용되지 않는다.

의사가 통제하는 또 다른 측면은 자신이 던지고 있는 질문들의 속성이다. 그것들이 ('요사이 어떻게 지내었는지 말해 줘요'와 같이) 환자에게 자유로운 발언권을 주는 열려 있는 질문이 아니지만, 환자가 대답할 내용들에 비교적 엄격한 제한이 깃든 거의 닫힌 질문이다. 일부는 '예/아니오' 질문이다. 가령 '여기 주위로 타는 듯이 느껴지나요?'처럼 어떤 명제를 긍정하거나 부정하는 '예' 또는 '아니오' 대답을 요구한다. 다른 것들은 이른바 '무엇, 언제, 어떻게' 등으로 시작하는 의문사 질문인데, 시간이나 알코올의 양과 종류에 대한 구체적인 세부 사항을 이끌어내는 것이다.

또한 의사의 질문과 환자의 답변 사이에 있는 관계도 긴밀히 살펴보는 것이 시사적이다. 1행에서 의사는 환자가 말을 다 끝내기 이전에 자신의 질문을 던지기 시작하며, 두 발언이 서로 겹쳐져 있다. 20행과 34행에서도 비슷하다. 이 경우에 비록 환자의 발언이 잠시 멈춤이 있지만, 의사는 이 침묵을 아마 완결을 가리키는 것으로 여기는 듯하다. 다른 경우에는 멈춤 없이 의사의 발언이 즉시 환자의 대답에 뒤따라 이어진다. 10행과 13행에서는 환자 답변에 당장 평가가 뒤이어지거나, 아니면 16행에서는 곧바로 질문으로 이어진다. 23행에서는 아래에서 언급할 이유 때문에 그 유형이 달라진다. 이것은 충분한 정보로 여긴 바를 얻는 즉시, 한 단계에서 또 다른 단계로 곧장 이동해 감으로써, 의사가 미리 마련된 질문 목록이나 질문 서식을 통해서 작업하고 있다는 인상을 강하게 준다. 이는 심지어 환자의 발언을 짤막하게 잘라 막고 있음을 뜻하기도 한다. 환자의 시각에서 바라본다면, 이런 의사의 질문 서식은 우연히 환자로부터 목록과 무관하고 예측 불가능한 일련의 질문들도 받을 수 있겠는데, 아마 인용된 부분의 답변 대목에서(15행, 18행, 29행, 42행) 의사가 던진 질문들과 대조적으로, 환자가 먼저 '⋯⋯' 우물쭈물 주저거리다가 대답하는 이유일 것이다.

그렇다면 상호작용 통제/제어의 측면과 관련하여 전반적인 그림은, 「질문 → 대답 → 평가」로 이뤄진 주기의 반복을 통하여 의사가 이야기(환자 발언의 내용과 길이, 주제의 도입과 전환)를 통제/제어함에 따라, 미리 마련한 질문 목록대로 진행한다는 것이다. 이제 이 표본에서 세 가지 다른 측면을 놓고 촌평을 미리 간략하게 언급해 두겠다. 각각 양태 속성과 정중함과 전체 분위기인데, 이것들이 각각 §.5-2, §.5-3, §.5-4에서 좀 더 충분히 다뤄질 것이다.

양태 속성에서는[175] 담화 산출자가 주장하는 명제가 참임을 주장

---

175) (역주) 고전 논리학에서 다룬 양태(양상) 속성은 아리스토텔레스의 '사유 도구'(특히 명제론)에서 비롯되는데 매우 간단하다. 즉, 필연성과 가능성이라는 두 의미자질이 사실과 행위의 두 갈래에 적용되어 네 가지 양태가 나온다. 각각 필연성 양태·가능성/우연성 양태, 그리고 의무 양태와 허용 양태이다. 이 위에다 다시 양화사 for all(전칭 양화사 '∀x')과 for a(존재 양화사 'ǝx')를 덧붙여, 그가 확립한 '명제 대립 사각형' 속에서 양태(양상)의 문제를 최초로 다루었었다. 양태가 비단 네 가지만 있는 것이 아니기 때문에, 그의 '명제 대립 사각형' 속에서 다룰 수는 없다. 이를 양화사처럼 취급할 수 있음을 암시한 통찰력은 현대 학문의 비조(鼻祖, forefather)로 기려지는 독일 수학자 프레게(G. Frege, 1848~1925)와 시제 논리 형식을 확립한 호주 논리학자 프롸이어(A. Prior, 1914~1969)를 거쳐 확립되었는데, 오늘날에도 여전히 논리식을 제약하는 연산자(operators)로서 취급된다(171쪽의 역주 112 참고).

본문에서 언급한 화자와 그가 주장한 명제 사이에 '가깝다는 느낌(affinity, 친연성)'은 고전 논리학에서는 전혀 다뤄지지 않았었던 양태 개념이다. 그렇지만 오늘날 믿음 구문(belief-sentence)을 다루면서 확립된 양태의 본성은, 우리가 사건을 바라보고 평가하는 인식의 결과임을 깨닫고 있기 때문에, 이런 양태 말고도 내포논리학 또는 양태(양

278

하는 일에 스스로 전념하는 정도나 또는 거꾸로 스스로 거리를 두는 정도에 관심을 둔다. 호쥐·크뤼스(Hodge and Kress, 1988)에서 이름 붙인 바대로, 산출자와 해당 명제 사이의 '가깝다고 느끼는 확신성affinity, 친연성' 정도이다. 그렇지만 그들도 잘 지적하였던 것처럼, 담화 산출자가 세계에 대한 표상을 갖고서 보여 주는 '친연성'(가까이 느끼는 확신성)의 정도가, 해당 담화에 있는 산출자와 다른 참여자들 사이에 관계(그리고 '친연성/가까이 느끼는 확신성')와는 서로 분리될 수 없다. 예를 들어 2행~3행에서 환자가 '쓰린 위'를

위장이 타는 위장 속이 타는 거 같은 뭔가
(*a heartburn like a heartburn or something*)

로 규정한다. 그 환자는 우선 증상을 '민간요법' 낱말로 서술하고 나서, 이를 ('*like*' *a heartburn*위장 속이 타는 거 같은') 직유법으로 강등하여 말하면서, 객관화를 위해 스스로 거리를 두고 난 뒤, 다시 '뭔가or something'라는 표현을 써서 자신이 책임질 일을 경감시켜 줌으로써hedging 더욱 스스로 거리를 두고자 한다(Brown and Levinson, 1978). 이는 낮은 친연성(≒확신성이 적은) 양태 속성이다. 그렇지만 치료를 위해 참되게 말해야 하는 환자의 동기로만 본다면, 참된 명제 및 의사와 환자 간의 사회적 관계라는 요인을 무시해 버리기는 어렵다. 그 여성 환자는 증상을 가리키는 낱말이 얼마만큼 정확한지 자신이 없었기 때문에, 참값을 보장해 주지 않는 낮은 양태 표현을 선택하였던 것일까? 아니면 적법한 치료 전문가와의 상호작용에서 의학 지식을 비슷하게 드러낼 어떤 단서도 일부러 대답 속에 집어넣기를 꺼려했기 때문일까? 그런 사례에서는 참된 명제와 사회관계, 지식과 권력이 서로 복잡하게 뒤얽혀

상)논리학에서는 더 많은 갈래의 하위 항목들이 다뤄지고 있다. 306쪽의 역주 183과 310쪽의 역주 184도 같이 읽어 보기 바란다.

있는 듯하다.

다음으로 정중함politeness, 공손하게 예의를 갖춤을 언급하기로 한다. 환자는 21행과 22행에서 의사의 질문 한 가지에 대한 대답에 더 덧붙여 말하는 방식으로, 아마 드러내기 어렵고 잠재적으로 자기 체면을 깎을 자신의 음주 버릇에 대하여 말한다. 미슐러(Mishler, 1986: 86)에 따르면, 그 환자는 이 시점에서 '농담투', '시시덕대는 말투'나 '유치한' 어조로 말한다. 이는 자신의 자존심과 '체면face'에 위협을 줄여 놓으면서 고백하는 방식으로 해석될 수 있다. 브라운·레뷘슨(Brown and Levinson, 1978)과 그리고 §.5-3 '정중함'에서 다루는 논의를 보기 바란다. 대조적으로 환자의 음주 버릇에 대한 의사의 질문은, 누그러뜨리지도 않은 채 대답하며, 심지어 야비하기까지 하다(41행). 의사는 부드럽게 외교적 수사나 누그러뜨림도 없이 노골적으로 환자의 처지를 '심각한 음주벽'이라는 입장 정리로 마무리를 지었다. 이는 §.5-1 (마) '마무리 짓는 입장 정리'에서 자세히 다뤄진다. 화용론 문헌에서 이용되는 넓은 의미에서 관련 용어를 쓴다면, 참여자의 '체면'과 그 자존심과 사생활 및 자율성의 보호를 지향하여 민감하게 작동해야 하는 정중함의 기준에서, 이 의사의 질문은 그 정도가 아주 낮은 것이다.

정중함의 결여(≒공손한 예의를 갖추지 못함)는 전체 분위기ethos에 대한 좀 더 일반적인 개념과 연결될 수 있다. 이는 자신이 쓰는 언어 표현 방식(입말 투나 글말 투)과 어조도 그 일부가 되는, 참여자의 전체 행동으로 자신이 어떤 종류의 사람인지를 표상해 주는 내용이며, 자신의 사회적 정체성 및 주체성subjectivity까지 알려 준다(Maingueneau, 1987: 31~35). 표준 관행의 심리치료를 실행하고 있는 의사들은, 과학적 분위기라고 부를 법한 바(현대 의학은 'medical science[의과학]'라는 속성에서 스스로 자부심을 느낌: 288쪽의 역주 179 참고)를 명시적으로 보여 주며, 다양하게 그들이 환자를 접하고 살펴보는 방식, 즉 의사들이 주제 목록에 따라 환자의 기여를 걸러내는 방식들로 실현된다. 이는 과학적인 방향으로 환자를 한 가지 사례로 취급하기보다는 환자를 인간적으로 대하는 태도와 관련될 정중함과 같은, 대인관계 의미에 관한 섬세함이 결여된 결과로 나온 것이다. 이런 노선에 따라서 산부인과 검사에 관한 연구로서 에머슨(Emerson, 1970)과, 이에 대한 논의로서 페어클럽(Fairclough, 1989a; 김지홍 뒤침, 2011: 127~137)을 보기 바란다.

지금까지 〈표본 1〉에 대한 설명은 상호작용을 놓고 의사에 의해 주도된 통제에다 초점을 모아 사뭇 일방적으로만 서술되어 왔다. 미슐러(Mishler, 1986)에서는 이런 상담을 놓고서 좀 더 환자의 관점을 지향하여 반대쪽 방향을 옹호하는 분석 방법도 있음을 지적하였다. 또한 서로 얽힌 텍스트 속성으로 보아도 이런 방법이 더욱 흥미로움이 드러난다. 저자는 이미 심리치료 관점 및 일상경험의 관점 사이에 불일치의 증거를 지적한 바 있다. 의사가 미리 준비한 주제가 다 종결되었으므로, 일부 환자의 발언 기회를 걸러내어 차단해 버렸다. 반면에 대안 표본의 의사는 지속적으로 심리치료의 '목소리'를 명시적으로 드러내는데, 환자의 기여 부분은 심리치료의 목소리와 더불어 '일상생활the lifeworld, 생활세계'이나 일상경험의 목소리와 뒤섞여 있다(이들 용어는 하버마스176)를 받아들인 미슐러의 것임). 미슐러에 의해 제시된 대안이 되는 분석 방식은, 이들 두 가지 목소리 간의 상호작용 속에 있는 갈등과 투쟁과 변증법에 초점을 모은다. 저자가 서로 얽힌 텍스트 속성에 대하여 지금까지 말해 온 바를 확장하면, 이는 명백히 대면담 형식으로 서로 다른 참여자들에 의해서 상호작용에 끌어들인 서로 다른 목소리들 사이에 서로 얽힌 텍스트 관계의 가능성을 허용해 주는 방식이다.

만일 이를 의사로부터 나온 통제력의 두드러짐을 염두에 두고 그런 용어로 살펴본다면, 그 상호작용이 사뭇 더 도막이 난 듯이 보이고, 질서가 잡혀 있지 않은 듯이 보인다. 심리치료의 목소리medicine(M) 및

---

176) (역주) 김재현 외 11인(1996)의 『하버마스의 사상: 주요 주제와 쟁점들』(나남)이 좋은 개론서이며, 하버마스(Harbermas, 1981; 장춘익 뒤침, 2006)의 『의사소통 행위 이론』 1~2(나남)를 읽어보기 바란다. 422쪽의 역주 251도 참고하기 바람.

일상생활의 목소리lifeworld(L)가 반복되며 서로 간섭하여 방해하는 것이다. 21행(*I've cheated*'다른 사람들 몰래')에서는 일상생활 목소리(L)가 심리치료 목소리(M)를 간섭하여 방해한다. 24행(*Does drinking make it worse?*'술을 마시면 통증이 더 심해지는 가요?')에서는 심리치료 목소리(M)가 일상생활 목소리(L)를 간섭하여 방해한다. 29행(*Enough to make me go to sleep*'밤에 충분히 잠을 잘 수 있게')에서는 일상생활 목소리(L)가 심리치료 목소리(M)를 간섭하여 방해한다. 31행(*One or two drinks a day?*'하루에 한두 잔인가요?')에서는 반대이다. 42행(*Since I've been married*'결혼한 뒤 계속')에서는 일상생활 목소리(L)가 심리치료 목소리(M)를 간섭하여 방해한다. 44행(*How long is that?*'얼마 동안이나 그러시는 거죠?')에서는 그 반대이다.

여성 환자는 왜 자신에게 수면제보다 술이 필요한지를 놓고서 긴 설명과 함께 45행에서 시작된 자신의 발언을 계속 이어 나가는데, 곧 의사로부터 나온 심리치료 목소리(M)의 질문이 뒤이어진다(*How often do you take them?*'얼마나 자주 수면제를 복용하시죠?'). 심리치료 상담의 이 대목에서는, 상담치료 목소리(M)와 일상생활 목소리(L)가 서로 씨름하고 있다. 심리치료(M)를 거듭 주장하기 위하여, 의사는 반복적으로 질문들에 대한 자신의 통제권을 구현하고 있다. 그럼에도 불구하고, 반복된 일상생활 목소리(L)의 습격이, 의사의 질문 목록을 방해하는 듯하다. 23행~24행, 27행, 37행, 41행, 44행에서 의사의 질문들에 앞서서 나타나기 시작하는 머뭇거림(……)을 주목하기 바란다. 의사는 거의 일상생활 목소리(L)를 끌어들이지 않지만, 반면에 여성 환자는 광범위하게 심리치료 목소리(M)를 이용하는 듯하며, 그런 의미에서 반대의 경우보다 의사한테 훨씬 더 잘 맞춰서 설명해 주고 있다. 명백하게 내용상으로 그 목소리들이 서로 대조가 된다. 심리치료 목소리(M)는 전문치료의 합당성을 구현해 주는데, 질환을 맥락으로부터 독립된 한 무더기의 신체 증상들로서만 취급한다. 반면에, 일상생활 목소리(L)는 질환을 환자 생활의 다른 측면들에 관한 맥락 속에다 집어넣고 말하는 '상식적' 합당성만 구현하고 있다. 미슐러(Mishler, 1984: 122)에서는 슈츠(Schutz, 1962)에서177) 구분한 '과학적 태도' 및 '자연적 태도' 사이의 구별과 서로 일치함을 지적하였다.

상호작용에 대한 그 의사의 통제권 및 목소리들의 변증법에 기댄 분석은, 둘 모두 미시적인 분석 수준에서 표준 관행의 심리치료 실천을 놓고서 그리고 전문직 모습으로서의 심리치료를 놓고서, 통찰을 얻어내는 방식이다. 그렇지만 다른 전문직처럼 의술도 현대사회에서 극적인 변화를 겪고 있는 중이다. 아마 담화 분석이 가장 잘 기여할 수 있는 바는, 의사와 환자가 실제로 상호작용하는 방식에서 이들 변화가 '현장에서on the ground' 어떤 모습인지(무엇과 같은지)를 탐구하는 하나의 수단을 제공할 것이다.

〈표본 2: '대안이 되는' 심리치료 상담〉

두 번째 표본은 심리치료 관행에서 변화의 논제들을 언급하기 위하여 마련되었다. 비록 근본적으로 상이한 종류이지만 이 또한 하나의 심리치료 상담이다. 짤막한 침묵은 마침표로 표시되어 있고, 좀 더 긴 침묵은 줄표 '-'로 표시되어 있다. 두 발언이 겹쳐짐은 아래·위 두 줄에 걸쳐 한쪽 대괄호 부호 '['로 묶여 있다. 잘 들을 수 없는 대목은 소괄호 부호 '( )'로 표시되어 있다.

```
PATIENT:    but she really has been very unfair to me . got ⌈no
DOCTOR:                                                     ⌊hm
P:          respect for me at ⌈all and I think. that's one of the reasons
D:                            ⌊hm
```

---

177) (역주) 강수택(1998)의 『일상생활의 패러다임: 현대 사회학의 이해』(민음사) 제5장에서 슈츠를 다루고 있다. 터너(Turner, 1999; 정태환 외 4인 뒤침, 2001)의 『현대 사회학 이론』(나남) 제26장에서 일부 '현상학적 상호작용론'으로 슈츠를 다루고 있고, 릿저(Ritzer, 2003; 한국이론사회학회 뒤침, 2006)의 『현대 사회학 이론과 그 고전적 뿌리』(박영사)에서는 제3장에 있는 '생활세계' 절에서 슈츠가 다뤄져 있는데, 현상학을 창시한 후설에 기댄 측면을 묘사해 놓았다.

```
 5  P:   why I drank s⌈o much you ⌈know – a⌈nd em
    D:          ⌊hm        ⌊hm  hm⌊hm    are you
         you back are you back on it have you started drinking
         ⌈again
         ⌊no
10  D:   oh you haven't (uncle⌈ar...)
    P:               ⌊no . but em one thing that the
         lady on the Tuesday said to me was that . if my mother
         did turn me out of the ⌈house which she thinks she
    D:              ⌊yes              hm
15  P:   may do . coz . she doesn't like the way I've been she has
         turned me o⌈ut befo⌈re . and em . she said that .
    D:       ⌊hm    ⌊hm
    P:   I could she thought that it might be possible to me for
         me to go to a council ⌈flat
20  D:             ⌊right yes ⌈yeah
    P:                ⌊but she
         said it's a very em she wasn't ⌈pushing it because . my
    D:                 ⌊hm
    P:   mother's got to sign a whole ⌈lot of ⌈things and
25  D:                ⌊hm   ⌊hm
    P:   e: . she said it's difficult ⌈and em . there's no rush over
    D:                ⌊hm
    P:   it . I I don't know whether . I mean one thing they say in
         AA is that you shouldn't change anything . for a year
30  D:                      hm
    D:   hm   yes I think I think that's wise . I think that's wise
         (5 second pause) well look I'd like to keep you know seeing
         you keep . you know hearing how things are going from
         time to time if that's possible
```

환 의	허지만 실제로 엄마가 나를 아주 불공평하게 대하여 왔거든요 . ⌈아무런 ⌊흠
환 의	존경심도 날 위해 눈꼽⌈만큼도 보여 주질 않았죠 그리고 내 생각에 . 그게 한 가지 이유일 거예요 ⌊흠
05 환 의	내가 그⌈리 많이 마시는지 말이죠 잘 ⌈아시겠지만⌉ 그러고 엄 ⌊흠 ⌊흠 흠⌊흠 다다 당신 당신은 옛날로 되돌아간 거예요? 당신이 술 마시는 일을 ⌈다시 시작한 거예요?
환	⌊아뇨

10 의
환
	오 당신이 안 (불분명⌈하여 들을 수 없음 …)
	              ⌊아니 . 허지만 엄 한 가지 그
	화요일에 그 여자분이 나한테 뭘 말했냐면요 . 만일 엄마가
	날 집⌈밖으로 내쫓았더라면 아마 엄마의 생각으로는 엄마가
	    ⌊예 흠

15 환 의	그럴 수 있을 텐데 . 왜냐면 . 엄마는 내가 해오는 방식을 안 좋아하거든요 엄마가 막 이⌈전에 나를 밖⌈으로 쫓아냈고 그리고 엄 . 엄마가 말하기를 . ⌊흠 ⌊흠
환	내가 할 수 엄마 생각으로는 그게 나한테 가능할 수 있다고 보았는데요 내가 상담소⌈병동에 들어갈 수 있다고 생각한 건데요

20 의
환
	⌊그래요 예 ⌈그래서
	        ⌊허지만 엄마가
	말하기를 그게 아주 엄 엄마가 그걸⌈계속하지는 않고 있었다는데요 왜냐면 . 우리
	                ⌊흠

의	

284

```
환   엄마가 막 모┌든 서류들 전┌체에다가 서명을 끝내고나서 그러고서
25 의           └흠        └흠
   환   어 : . 엄마가 말했는데 어렵대요 ┌그러고 엄. 급히 서두를 건 아니래요
   의                                   └흠
   환   그걸 놓고서 말이에요. 나 나는 잘 모르겠어요 . 내 말 뜻은 그들이 AA에서 말한
      게 한 가지 게
      우리가 아무런 것도 바꿔서는 안 된대요 . 일년 ┌동안은
30 의                                              └흠
   의   흠  예 내 생각에는 난 그게 현명하다고 보거든요 . 내 생각에 그게 낫죠
      (5초간 침묵) 자 잘 봐요 난 말이에요 잘 알겠지만 나는 계속 당신을 지켜보고
      싶거든요 잘 알겠지만 만일 가능하시다면 때때로 일들이 잘 되어 나가는지 당신한테
      서 계속 들어보고 싶거든요
```

이 표본 사례에서 해당 의사는 동종요법[178])처럼 '대안이 되는' 치료 및 '전인적' 처치에 열린 태도를 지닌 영국의 국립 건강보건부 안에서도 소수집단에 속하는데, 상담기법을 아주 잘 이용하고 있다. 이 표본에서는 〈표본 1〉에 보았던 의사의 통제권에 관한 명백한 구조들이 들어 있지 않을뿐더러, 또한 명백히 서로 다른 목소리 간의 불일치도 없고 갈등도 없다.

상호작용의 제어 자질에 비춰보아, 두 표본 사이에 가장 뚜렷한 차이는 「질문 → 대답 → 평가」로 이뤄진 주기가 〈표본 2〉에는 없다는 점이다. 이 표본은 여성 환자가 말해 주는 긴 설명을 중심으로 구조가 짜여 있다. 의사가 최소한의 대꾸('흠', '아뇨', '예', '옳아요')의 형태로 대부분의 경우에 맞대응을 해 주거나, 또는 6행~7행에서 주제 상으로 여성 환자의 설명과 연결된 질문을 던지고 있다. 〈표본 1〉에서처럼 질문에 대한 환자의 답변을 놓고 이뤄진 것은 아니지만, 29행에서는 제삼자에 의해서 권고된 일련의 행위들을 놓고 다른 어떤 평가도 내어 주고 있으며, 30행~32행에서는 뒷날 추후 상담도 제안하고 있다.

발언 기회 차지하기는 비대칭적으로 의사에 의해서 허락되는 것이

---

178) (역주) homeopathic(동종요법)이란, 같은 종류의 약이라도 많은 양을 쓴다면 병을 일으키고 사망에 이르게 되지만, 아주 작은 양만 쓴다면 환자에게서 자가 면역 반응을 이끌어 내어 치료가 가능하다는 믿음을 구현하는 치료 방법이다. 희랍 시대에서부터 동일한 약이라도 한편으로 독도 되고 다른 한편으로 약도 된다는 말을 해 왔다.

아니라, 서로 협동하여 관리되고 있다. 6행~7행에 있는 의사의 질문에서 발언 기회가 협상의 성격으로 분포되어 있다는 증거도 찾을 수 있다. 이는 신속하고 조용하게, 마치 곁다리처럼 표현되어 있다. 의사가 환자의 '발언권floor'을 '침해하고' 있다는 느낌이 들지 않도록 예민하게 배려하고 있음을 보여 준다. 질문도 환자에 의해 그렇게 취급되고 있고, 답변이 간략하다. 그러고 나서, 즉각 자신의 설명을 계속 이어나간다. 추가적인 증거는 30행에서 자신의 평가 뒤에, 의사에 의해 배려된 다소 긴 침묵이다(늑원하면 더 말해 보세요!). 이는 의사가 이 상담을 끝내는 쪽으로 진행해 나가기 전에, 만일 그 여성 환자가 원한다면 스스로 설명을 계속하여 다시 이어나갈 수 있도록 보장하는 '발언권' 만들어 주기처럼 보인다.

주제들의 도입 및 교체에 대한 통제권이 주로 〈표본 1〉에서는 의사에 의해 실행되었으나, 여기서는 환자에 의해서 실행된다. 주제 전개의 양식은 대화 모습이며 '일상생활' 내용이다. 환자는 단일한 하나의 주제에만 머물지 않은 채, '주제 상으로 말을 하고' 있지만, 두루 일련의 서로 연결된 주제들을 놓고서 자유롭게 바꿔 나가고 있다. 환자 어머니의 불공평성, 환자의 음주 버릇, 자신의 엄마와 함께 살지 않을 다른 가능한 대안 등이다. 그렇게 실행하면서, 환자는 대화상의 기준과 사뭇 관련된 방식으로 가다듬어 나가고 있지만, 아마 의학상 관례적인 심리치료의 관점과는 관련되지 않는다. 상담 시간 내내 의사가 주목하면서 반응하고 되점검하는 일은, 주제 전개의 이런 대화 양식을 받아들였음을 뜻한다.

그럼에도 불구하고, 단순히 의사가 환자에게 상호작용 통제권을 넘겨주고 있다고 결론을 내릴 수는 없다. 이런 종류의 심리치료 상담에서도 통제권을 환자에게 양보하기 위한 시작 부분은 변함없이 의사로부터 나옴에 주목하기 바란다. 비록 통제권 이양의 역설적 형식일지라도, 이는 의사가 여전히 어떤 차원에서 통제권을 행사하고 있음을 시사해 준다. 그렇지만 실제로 여기에조차 분명한 통제의 흔적이 남아 있다. 여성 환자의 음주 버릇에 대하여 치료상으로 중요한 질문을 던지고, 평가를 제시하며, (이 표본에서 명백하게 나온 부분이 포함되지는 않았지만) 이 심리치료 상담의 시작과 종결, 그리고 실제로 후속 행동 (≒추후 상담)을 통제하고 있다는 사실이다.

그렇지만 과묵함을 견지하면서 의사는 그렇게 상담하고 있는데, 이는 전통적인 심리치료 관행 및 전통적인 의사-환자 관계에서 특징적이지 않는 모습이다. 이는 우리들로 하여금 양태 속성·정중함·전체 분위기를 다루는 일로 이끌어 간다. 31행에서 '*I think*내 생각에'으로 표현된 평가는 명백히 '주관적' 평가 표지이다. 이는 해당 평가가 해당 의사의 소견임을 명백히 해 주며, 그 권위를 약화시켜 부드럽게 만들어 준다(§.5-2 참고). '*that's wise*그게 현명하다'는 의사 쪽에서 그 나름대로 전문직 판단의 암묵적이고 신비스런 출처에 접속함을 속뜻으로 깔아주는 듯하다. 이미 지적하였듯이, 6~7행의 질문 '*are you you back are you back on it*다 다 당신 당신은 옛날로 되돌아갔나요?'가 곁다리로 산출되었는데, 막연하고 어눌한 말투를 띠면서 시작 부분의 입장 정리(≒비유적으로 '교통정리')를 구성하고 있다. 이 질문의 이런 특징들이 잠재적으로 체면을 손상시키는 일을 최소화해 주고 있으며, 그런 의미에서 정중함을 높이고 있는 것이다. 장래의 후속 상담에 대한 제안도 또한 그런 의미에서 예의를 갖춰 있고 매끄럽다. 그 표현도 매우 간접적이다. 아마 그 의사는 여성 환자에게 추후 상담 약속을 잡도록 요청하고 있지만, 잠정적으로 의사가 실제 말한 바 '*I'd like ~ if that's possible*만일 가능하시다면, 나는 ~하고 싶거든요'는 의사가 환자를 다시 진찰하고 싶다는 뜻이다. '*to see how thing are going*일들이 잘 되어 나가는지 알아보려고'라고 말하면서, 의사는 또한 뒷날 후속 상담의 목적을 마치 사교 모임인 양 정리해 놓는다. 그리고 자신의 제안을 '*you know*잘 알겠지만, 잘 알고 있듯이'라고 말하면서, '*keep . you know hearing*잘 . 알겠지만 계속 들어보고 싶 싶거든요'처럼 주저거림 통해, 두 번씩이나 자신이 질 책임을 경감해 놓으며, 일부러 다시 어눌하다는 인상을 비치고 있다.

이들 촌평이 전체 분위기ethos라는 개념과 연계될 수 있다. 한편으로 〈표본 1〉에서는 그 의사가 말하는 양식이 과학적 분위기(≒전문 의사 분위기)에 어울리지만, 반면에 이 표본에서는 의사의 주저거림·잠정적인 표현·외견상의 어눌함이 모두 일상생활 분위기와 어울린다. 이런 종류의 심리치료 상담에서 의사들은 (흔히 모의된) '멋진', '보통' 사람, '친절한 청자'를 선호하여, 의사179) 모습의 '우월주의·격식성·거리감'을 거부하는 듯이 보인다. 일반적 전환들과 잘 어울리는 이런 흐름은, 현재 격변하는 우리 사회에서 주류의 문화적 가치이다. 여기서는 전문직의 우월의식elitism을 평가 절하하고, 격식 없음·자연스러움·통상적임에다 높은 가치를 매겨 놓는다.

〈표본 2〉는 또한 서로 얽힌 텍스트 속성에 비춰보아 〈표본 1〉과 차이가 난다. 〈표본 1〉에서 주목하였던 환자 치료 및 일상생활 목소리들의 변증법에 유추할 만한 것은 전혀 없다. 오히려 〈표본 2〉에서는 의사가 스스로 일상생활의 목소리를 끌어들여오고 있는 듯이 보인다. 가령, '*hearing how things are going*일들이 잘 되어 나가는지 계속 들어보고 싶거든요'이란 표현에 비춰보아, 후속치료 상담을 서술하는 데에서 그러하다. 여성 환자에게 그녀 자신의 말로 스스로에 대하여 설명해 주도록 말미를 내어 줌으로써, 환자를 편안하게 뒷받침하고 있으며, 광범위하게 되검점 반응을 해 주면서 환자를 격려하고 있는 것이다.

그럼에도 불구하고, 심지어 특성을 딱 꼬집어 드러낼 수 없는 방식일지라도, 의사는 여전히 통제권을 실제로 행사하고 있다. 다른 갈래들과 표준 심리치료 상담 갈래 간의 수렴 내용을 상정함으로써, 우리는 이런 사실을 서로 얽힌 담화 속성(서로 얽힌 구성적 텍스트 속성, 산출 측면에 관여함)에 비춰 살펴볼 수 있다. 표준 심리치료 상담의 일부 상

---

179) (역주) 아마 doctor가 의사뿐만 아니라 박사도 가리키므로, 자신들의 지위를 각별히 구별해 주기 위하여, 최근에 유별나게 의과학(medical science, 자랑스럽게 쓰더라도 번역 용어 '醫科學'은 글자 그대로 '병을 고치는[醫] 분과[科] 학문[學]'을 뜻할 뿐임), 의과학자(medical scientist)란 말을 쓰는 듯하다. 본문에서도 medical scientist(의과학자)를 쓰고 있으나, 번역에서는 평범하게 '의사'로 써 둔다.

호작용의 통제 특징이 계속 유지되지만, 간접적이고 다른 갈래(대안 심리치료 상담)의 영향을 받은 완화된 형태로 실현된다든지 하는 것이다. 그 행위들 자체는 (본디 속한) 한 갈래로부터 퍼지나, 그런 행동의 실현은 (영향을 받은) 다른 갈래로부터 나오는 것이다(≒의사와 환자 간의 주종 관계 및 대등 관계가 서로 뒤섞여 있음).

이들 다른 갈래는 무엇일까? 저자는 이미 일상적 대화를 언급하였다. 여기서 대화는 또 다른 갈래인 심리치료 상담의 구성적 요소로 실현되어 있다. 이런 유형의 심리치료 상담에서 1차적인 서로 얽힌 담화 관계는, 표준 심리치료 상담 갈래 및 면담이나 동일한 노선에 따라 분석하는 텐해브(ten Have, 1989)에서의 '치료 이야기therapy talk'로 부르는 것 사이에 놓여 있는 듯하다(또한 Jefferson and Lee, 1981을 보기 바람). 상담에서는 환자(또는 상담 의뢰 고객)들에게 말할 틈새(공간)를 내어 주고서, 환자 자신이 스스로 설명해 나가도록 강조한다. 명령조 어투를 쓰지 않으면서, 상담 의사는 흔히 환자들에게 긍정적인 반응으로 메아리처럼 대꾸를 하며, 환자의 목소리로 그들이 말한 내용을 놓고서 입장을 정리해 준다. 상담을 위한 모형에 대한 탐색은, 놀랍게도 제도권 속의 주종관계 담화를 벗어나서, 일상적 대화로 이뤄진 담화로 이끌어가지 못하였다. 후자 방식의 〈표본 2〉에서는 가령 '잘 들어주는 청자good listener, 착한 청자'의 일상생활 모습처럼, 분명히 의사의 과묵함 및 환자의 부담감 덜어주기로 나타나 있는 그런 가치들이 널리 실현되는 것이다.

심리치료 상담의 서로 다른 다양성들은 단순히 공존하는 것이 아니다. 이것들도 심리치료 실천 관행의 본성을 놓고서, 좀 더 일반적인 투쟁의 일부로서, 투쟁과 경합 관계 속에 들어가 있다. 〈표본 2〉와 같이 대안이 되는 심리치료 상담은, 환자를 한갓 치료 사례로 취급하지 않고, 보다 인간적으로 돌보아야 하는 가치와 투명하게 연계되어 있으며, 환자로 하여금 스스로 치료를 위하여 자신의 일정한 책임 따위를 떠맡도록 격려한다. 심리치료 상담의 다양성들 사이에 있는 투쟁에서, 현재 논란거리는 상담 및 심리치료 면담 사이의 경계 지점, 담화 질서 내부에서 서로 얽힌 담화 속성의 명시적 요소들처럼 바로 담화 질서 속에 있는 경계 지점들이다.

현대 의학적 치료에서 주요한 변화의 방향은, 〈표본 2〉처럼 좀 더 대등한 상담 쪽을 향해 있는 듯하다. 특히 이는 저자가 이미 언급한 문화 가치 및 사회관계에서의 전환에 대한 특정한 명시적인 조짐이다. 노골적인 권위와 전문성으로부터 멀리 벗어나 '치료 의사의 자아'를 구성하는 일에서의 전환(=환골탈태)이고, 상품과 의료봉사의 생산자로부터 멀리 벗어나 소비자와 고객을 향해 있으며, 딱딱하게 느껴지는 격식으로부터 멀리 벗어나 격식 없음 등으로 향한 권력상의 큰 전환인 것이다. 그렇지만 변화가 매끄럽고 부드럽지는 않다. 첫째, 다양다기하고 모순된 경향들이 작동하고 있다. 둘째, 문화적 변화에서의 흐름이 다른 차원에 있는 경향들과 조화될 수 있거나, 그런 흐름들과 갈등을 빚을 수 있다. 예를 들어, 〈표본 2〉의 방향으로 심리치료 관행을 바꾸는 일은 경제적으로 많은 비용이 든다. 의사는 환자에게 시간을 넉넉히 주어 스스로 말할 필요를 느끼도록 하는 기법을 쓰는 것이 아니라, 〈표본 1〉에서처럼 미리 마련된 질문 목록을 통해서 오히려 환자들을 훨씬 더 '효율적'으로 신속하게 '진료할' 수 있다. 영국뿐만 아니라 다른 나라에서도 마찬가지인데, 현재 의사와 다른 전문직 종사자들에게 그들의 '효율성'을 높여 나가도록 엄청난 압박이 주어진다. 이들 압박감이 문화적 차원에서 (탈근대를 추구하는) 주류의 흐름과 갈등을 빚는다. 담화상의 변화에서 현대 경향들에 대한 추가적인 논의는 제7장에서 다뤄진다.

〈표본 3: 부부들 사이에서 대화 말투의 서사 이야기〉

세 번째 표본에서는 서로 얽힌 텍스트 속성의 추가적인 차원을 예시해 준다. 다음 발췌는 외국에서 휴가를 보내고 되돌아오는 길에, 입국 공항 세관에서 만난 가까운 관계의 부부들 사이에서 나눈 대화이다. 이 녹취 기록에서는 4행을 1연으로 만들고(번역에서는 점선 줄표로 표시하고 각 연마다 숫자를 표시해 놓았음), 각 행마다 각각의 참여자를 나타내었다. 다만 첫 연의 뒷부분에는 오직 말을 하는 참여자만을 표시해 놓았다. 중복된 발화는 둘 이상의 행으로 병치하여 놓았다. 침묵은 마침표 '.'로 표시되어 있다. 등호 '='는 다른 발화에 즉시 이어져 뒤따라 나온 발화를 표시한다. 대문자(번역에서는 한글 고딕체임)는 큰 소리로 말해졌음을 뜻한다.

```
HUSBAND 1:   Silvie'd got some plants under the seat which were illegal to bring
HUSBAND 2:
WIFE 1:                                              oh gosh          yeh
WIFE 2:

H1:         in anyway              colorado beetle
H2:               plants                   oh good grief
W1:         really illegal . plants oh yes        mm       and rabies .

H1:         an er an er–
H2:               rabies
W1:                     yeh cos if an animal that has rabies spits on the
H2:                                                      good
W1:         leaves lying on the floor some other animal could catch it

H1:                                      and er . Silvie's mother'd
H2:         grief
W1:            so heh heh plants are really out heh
W2:                                       heh heh

H1:         bought me this telescope for a . birthday present yeh well was
H2:                                             oh yeh

H1:         combined birthday and christmas present
W1:            no                            combined birthday and

H1:               and that also ought to have been declared    = well
H2:                                                  . why =
W1:         christmas present

H1:         they're cheaper over there than it's like when you buy watches or

H1:         optical instruments    you've got to declare it because you pay
H2:                    good grief

H1:         import duty on it. erm so w we got got quite a lot of gear    it's
H2:                                                  mm
```

H1:   all small stuff   but cu cumulative   and my air of innocence
H2:   mm   yeheh

H1:   would have been stretching its cred credulity somewhat   I'd got er
H2:   mm

H1:   . a bought er . a pack of 250 grams of tobacco yknow . for you and

H1:   Martin, and Mary of course yknow heh   and er–   yeh
H2:   heh was that over as well

H1:   well– . no that was within the limit . but I forgot . that I'd also
W1:   no that–

H1:   got a couple of packets of Gitanes which I'd been smoking myself=
H1:   over but one pack I WISH YOU'D STOP INTERRUPTin
W1:   =yeh but they were open

H1:   me   there's one packet which er was unopened (tape continues)
H2:   hmhm

1연	남편1:	씰비가 법적으로 갖고 들어오지 못하게 금지한 어떤 식물을 의자 아래에다 놔 뒀어
	남편2:	
	부인1:	어머머 저런
	부인2:	그래요
2연	남편1:	어쨌거나 간에 콜로라도 딱정벌레
	남편2:	식물 와 저런 어쩌나!
	부인1:	정말 불법인 . 식물들 오 그래 음음 그리고 공수병
3연	남편1:	어 한 하나의 어–
	남편2:	공수병?
	부인1:	그래요 왜냐면 만일 공수병 걸린 동물이 침을
	남편2:	좋네
	부인2:	바닥에 놓여 있는 이파리들에다 내뱉는다면 다른 동물이 거기 닿을 수도 있거든요
4연	남편1:	그리고 어 . 내 장모님도
	남편2:	저런
	부인1:	그래서 허 허 식물이 사실상 밖에 허
	부인2:	허? 허?
5연	남편1:	이 쌍안경을 생일 . 선물로 나한테 사 줬거든 근데 글쎄
	남편2:	오 그래?
	남편1:	그게 생일 선물 겸 크리스마스 선물이래네
	부인1:	겸사겸사 생일 선물도 하고
6연	남편1:	그리고 그것도 또 반드시 세관에 신고해야 하는데 = 글쎄
	남편2:	. 왜 =
	부인1:	크리스마스 선물요
	남편1:	그게 더 싸거든 저기 있는 거보다는 말이야 그게 말이야 마치 손목시계 살 때에나
7연	남편1:	또는 광학 도구들이나 구매 물건을 신고해야 하지 왜냐면
	남편2:	저런 저런
	남편1:	거기에 수입 관세를 물어야 하니까 . 엄 그래서 우 우리가 아주 소지품이 많거든 그게
	남편2:	음음

8연	남편1:	모두 다 자그마한 것들이지만 누 누적되어 그리고 순진한 내 분위기가
	남편2:	음음 그래 허
	남편1:	아마 그 어느 정도 잘 잘 믿는 쪽으로 발휘되어서 내가 어
	남편2:	음음
9연	남편1:	. 한 샀거든 어 . 250그램짜리 담배 한 갑을 말이야 잘알듯이 . 자네하고
	남편2:	음음
	남편1:	마틴을 위해서 그리고 물론 잘 알듯이 말이야 매리가 허 그리고 어- 그래
	남편2:	허 그게 또 전부였어
10연	남편1:	글쎄- . 아니 그게 허용 한도 내이었지 . 허지만 잊어 버렸거든 . 내가 또
	부인1:	그래요 그게-
	남편1:	기탄즈 두 갑도 샀다는 사실을 말이야 내가 혼자서 피우는 거 = 한 갑 당신
		그만 끼어들어요
	부인1:	= 그래요 허지
		만 그게 열렸거든요
11연	남편1:	내 말에 마치 어 열지 않았던 담배가 한 갑 있었는데 (계속 진행되어 나감)
	남편2:	흐음흐음

제10연에서는 남편1이 자기 부인인 부인1에게 자신의 말에 그만 끼어
들라고 요구한다. 설명하는 동안에 부인1이 하고 있는 바를 '남편1의
말에 끼어들기'로 여기는지 여부는, 여기에 있는 대화의 정확한 속성
을 놓고서 우리가 내세우는 가정에 달려 있다. 다양한 서사 이야기나
이야기 말해 주기story-telling에는[180] 다양한 하위-갈래들이 있다. 이것
이 서로 달라지는 한 가지 중요한 방식은, 그 속에 한 사람의 단일한
서술자가 있는지, 여러 서술자가 있는지 여부이다. 둘 또는 심지어 그
이상의 사람들로부터 나온 협동하여 전개된 서사 이야기들은, 대화투
로 진행된 이야기 말해 주기에서 '그것이 누구의 이야기인지whose story
it is'를 알아차리는 일이 어렵지 않다. 아마 이 경우에는, 남편1이 자신
이 단일-서술자 이야기를 산출한다고 가정하고서 이 대화를 진행해
나가고 있다. 반면에, 비록 자신의 몫을 '뒷받침해' 주는 일로만 간주
할 수 있다손 치더라도, 부인1(뿐만 아니라 또한 남편2도) 자신들이 협동
하여 어떤 이야기를 산출하고 있는 것으로 가정한다. 부인1과 남편2
는 또한 일부 서술자 및 청중 사이의 대면담을 통하여 만들어진 이야

---

180) (역주) 여러 가지 변별적 특성이 있겠으나, 서사 이야기이든 이야기 말해 주기이든
간에, 어떤 주제에 대하여 사건들이 얽혀 나가는 짜임새를 갖추고 있어야 한다. 그렇지
않을 경우에는 우리말에서 흔히 '잡담'이라고 다른 범주를 부여하여 구별하게 된다.

기라는 추가적인 의미에서, 상호작용을 통하여 산출된 이야기의 모형을 중심으로 대화를 진행해 나가는 것으로 보인다.

서로 상이한 갈래의 모형을 기준으로 삼고서 대화를 진행해 나가고 있는 이런 참여자들의 상황은, 차라리 〈표본 1〉의 상황처럼 서로 얽힌 텍스트 속성의 또 다른 양식으로 간주될 수 있겠다. 거기에서는 서로 다른 참여자들이 서로 다른 목소리 쪽을 지향해 있다. 237쪽에서 도표로 제시한 서로 얽힌 텍스트 속성의 세 가지 양식에 대한 차이점을 상기하기 바란다.

저자가 옳은 것으로 가정하고 있는 서사 이야기의 두 가지 하위-갈래는, 물론 발언 기회 얻어내기 및 주제 통제권에 관한 제도에서 서로 차이가 날 것이다. 단일 서술자의 이야기 말해 주기는 그 이야기가 지속되는 동안에 '발언권rights to the 'floor''을 한 사람의 서술자에게만 귀속시켜 준다. 이는 비록 참여자들이 여전히 최소한의 반응형태로 되점검을 보이리라고 기대되더라도(≒화자의 이야기에 주목하고 있음을 보여 주는 맞대꾸하거나 또는 맞장구치는 간단한 신호임), 다른 참여자가 실질적 발언권을 얻는 권리를 지니지 못함을 함의한다. 그렇지만 이와는 달리, 협동하여 함께 산출된 이야기는 함께 나눠 갖는 발언권·공유된 발언 기회 얻어내기, 주제의 도입과 전환에 관한 공유 권리를 함의한다. 발언권에 대한 자신의 권리를 정중하게 행사하는 남편1의 시도는 솜씨 없이 매우 서툴다는 인상을 주는데, 함께 이야기를 전개시키는 일을 무시해 버림으로써 아내1과 남편2의 몫 배당(≒발언권 부여)에 둔감하기 때문이다.

여기서, 이야기 전개 권한에 성별의 문제(452쪽 역주 261의 테는 교수 책들을 참고)가 어느 범위까지 관련 있는 것일까? 남편2가 아내1과 함께 협동-산출의 서사 이야기 쪽으로 지향한다는 의식을 갖고 있다는 사실은, 그 자체로 여성 화자가 감초처럼 끼어 있는 협동-산출 이야기에 관한, 그리고 남성 화자들만 있는 단일 서술자 갈래에 관한 단순한 등식을 어떤 것이든 반박하는 증거가 되는데(≒성별은 결코 전개 주도권 결정에 주요 변수가 아님), 심지어 다른 근거상으로(≒가령 남성 위주의 문화) 남성만이 이야기 전개를 주도하는 일이 불가능하지 않다고 하더라도 그러하다. 그럼에도 불구하고, 저자의 경험에 비춰 보아 이 표본은 실제로 결혼한 부부 사이의 이야기 전개하기에서 광범위한 유형이 어떤 모습인지를 개략적으로 잘 보여 준다. 즉 남편 쪽에서 주도권을 잡고서 이야기를 진행해 나가지만(따라서 각광을 받지만), 반면에 부인 쪽은 뒷받침 역할만을 하면서, 남편의 설명을 거들고 자잘한 방식으로 그 설명을 가다듬으며 주제의 통제권을 공유하려는 시도가 없이 긍정적 촌평의 위상만 덧보태어 준다(interpellate 은 182쪽의 역주 120을 참고 바람). 이런 유형에 비춰보면, 아내1은 스스로 주제를 도입하고 남편2와의 대등한 면담에 간여하면서 이러한 한계를 지나쳐 버렸다. 의사의 통제권에 비춰 본 〈표본 1〉의 분석 및 이런 두 번째 표본의 남편-주도적 분석 사이에 있는 유사성에 주목하기 바란다.

이제 담화 자료로부터 이 표본들이 제기하는 분석의 유형을 놓고서 좀 더 체계적 논의 쪽으로 옮겨가기로 한다.

§.5-1 상호작용을 제어/통제하는 특징

상호작용을 제어/통제하는 특징들은 매끄럽고 부드러운 상호작용 짜임을 보장해 주는데, 발언 기회의 배분·주제의 선택과 전환·상호작용의 시작과 종결 따위이다. 상호작용의 제어/통제는 항상 참여자들에 의해서 어느 정도 서로 협력하며 시행되겠지만, 통제권의 정도를 따져본다면, 참여자들 사이에 비대칭성이 관찰될 수 있다. 임의 갈래에서 상호작용의 제어 관습은, 참여자들 사이에 있는 사회관계 및 권력 관계에 대한 특정한 요구를 구현해 놓는다. 따라서 상호작용 제어에 대한 탐구는, 사회적 실천 관행에서 사회관계에 대한 구체적 실천 및 협상을 해명해 주는 도구가 되는 것이다.

(가) 발언 기회 얻어내기

갈래마다 발언 기회를 얻어내는 방식이 서로 다르다. 하위집단 관찰해석의 대화 분석에서는, 참여자들 사이에 서로 협동하여 얽어나가는 성취 결과로서 대화에서 발언 기회를 얻어내는 일을 놓고서, 간단한 순서로 된 규칙들의 묶음에 근거하여, 영향력 있는 설명을 제시하였다.

> (ㄱ) 현재의 화자가 다음 화자를 선택하여 자신의 발언권을 넘겨준다.
> (ㄴ) 앞의 경우가 아니라면, 참여자들은 누구나 다음 화자로 '자신을 선택'할 수 있다.
> (ㄷ) 앞의 경우도 아니라면, 현재 화자가 계속하여 말을 이어나간다.

이들 차례로 된 선택지는 모든 참여자들에게 동등하게 이용될 수 있다. 이 규칙은 현재 화자의 발언 기회에서 있을 수 있는 종결 지점에서 적용된다. 가령, 발화 '끝내기 억양' 유형을 지니고서 임의의 문법 단위(문장, 절, 구 또는 심지어 낱말까지)의 끝자락에 도달하는 경우이다.

그렇지만 〈표본 1〉에서 보여 주었듯이, 발언 기회를 얻어내는 방법이 모든 참여자들에게 항상 동등한 권리와 의무를 중심으로 세워져 있는 것은 아니다. 〈표본 1〉의 발언 기회 얻어내기 모습은 전문직 종사자나 '내부자'나 '문지기'들이, '대중'이나 '고객들'이나 외부사람이나 학습자들과 마주 접하는 다양한 기관들에서 쉽게 찾아볼 수 있는 전형적인 방법이다. 이런 경우에, 권력 지닌 참여자(P) 및 권력 없는 참여자(N-P) 사이에 다음과 같은 종류의 권리 및 의무의 배분이 일반적이다.

(ㄱ) 권력 쥔 자(P)가 권력 없는 자(N-P)를 지명할 수 있지만, 그 반대는 불가능하다.

(ㄴ) 권력 쥔 자(P)가 스스로 자신을 선택하지만, 권력 없는 자(N-P)는 그렇지 않다.

(ㄷ) 권력 쥔 자(P)의 발언 기회는 종결될 법한 여러 지점을 건너 계속 늘어날 수 있다.

대화 분석은 일상 대화의 두드러지게 유창한 특징, 즉 일반적으로 사람들이 넓게 겹쳐지지도 않은 채로, 그리고 대화 흐름에서 주된 침묵이 전혀 없이도, 말을 잘한다는 사실을 설명하기 위하여 마련되었었다. 비대칭적으로 발언 기회를 얻어내는 방법의 또 다른 특징은, 대화상의 겹침 및 침묵이 둘 모두 권력 쥔 자(P)에게 이용될 만한 도구가 될 수 있다. 권력 쥔 자(P)는 만일 자신에 의해 통제된 관련성의 기준에 따라, 권력 없는 자(N-P)의 발언이 '무관하다고' 느껴질 경우에, 당장 끼어들어 권력 없는 자를 간섭할 권리를 지닐 수 있다. 그리고 권력 없는 자(N-P)가 아니라, 바로 권력을 지닌 자(P)는, 실제로 말을 하지 않으면서도 '발언권 배분'의 권리를 가질 수 있다. 가령, 자신의 통제권을 재확인하려는 방식으로, 또는 묵시적으로 남들을 비판하는 방식으로, 침묵한 채 그대로 기다리는 경우이다(≒권력 지닌 자의 침묵 자체가 거부 또는 인정치 않음을 드러내어 줌).

(나) 대화의 주고받기 구조

〈표본 1〉에서 살펴본 「질문 → 반응 → 평가」로 이뤄진 순환 주기는, 서로 다른 참여자들의 발언 기회에 대한 반복적 유형이라는 점에서 교환 유형을 한 가지 명백히 드러낸다. 이미 교실수업 담화에서 일어나는 이야기 교환을 연구한 선구적 업적 씽클레어·쿨싸드(Sinclair and Coulthard, 1975)에 대해서는 §.1-1에서 언급하였다. 그들은 「개시

→ 반응 → 되점검」구조를 분리해 내었는데(≒우리 문화에서 관찰되는 수업 구조는 아마 「발문 → 대답 → 칭찬」이라고 부를 법함), 〈표본 1〉의 교환 구조와 아주 비슷하다. 또한 §.1-2에서는 덜 가다듬어지고 덜 특징적인 유형의 구조도 포함해 놓는데, 대화 분석 연구자들이 '인접쌍adjacent pair'으로 불렀던 내용이다(Schegloff and Sacks, 1973). 인접쌍은 특정한 종류의 교환이라기보다는, 오히려 일반적으로 관찰되는 구조적 유형이다. 여기에는 순서 깃든 두 개의 화행 범주가 들어 있다. 첫 번째 화행의 실현이 두 번째 화행의 실현을 예측해 주겠지만, 그런 특정한 짝 짓기 모습은 사뭇 다양하다. 가령, 「질문 → 대답」, 「인사 → 답례 인사」, 「불평 → 사과」, 「초청 → 응락」, 「초청 → 거절」 따위이다. 마지막 두 가지 경우가 가리키듯이, 인접쌍의 첫 번째와 둘째 부분 사이에 항상 1:1의 관계가 있는 것은 아니다. '초청'에 대한 짝으로서 '응락'이 따르든지, 아니면 '거절'이 뒤따를 수 있다. 비록 거절이라는 뒷부분이 '선호되지 않고 회피할' 선택지라는 인상을 남길지라도, 짝을 이루는 방식이 아주 다양한 것이다(Schegloff, Jefferson and Sacks, 1977; Pomerantz, 1978; Levinson, 1983; 이익환·권경원 뒤침, 1992: §.6-3을 보기 바람).

많은 교환 유형을 보면 「질문 → 대답」으로 이뤄진 인접쌍이 중심적이다. 일부 갈래에서는 더 높은 차원의 구조를 이루고 있는 「질문 → 대답」 교환 연결체를 찾을 수 있다. 씽클레어·쿨싸드(Sinclair and Coulthard, 1975)를 따라서, 이를 '대화 주고받기transactions, 상품거래' 또는 '대화 구현 사례episodes'로 부를 수 있다. 이는 교실수업에서도 그러하다. 수업 시간의 일부가 특정한 주제를 놓고서 「질문 → 대답」 연결체로 구성될 수 있으며, 흔히 교사 주도의 수업에서는 교사에 의해서 개시하기와 종결하기가 이뤄진다. 또한 상당히 다른 방식이겠지만, 재판 법정에서 상호–심문에서도 응용된다. 재판을 변호하면서 소송 관련 사실case을 확증하기 위하여, 증거물witness에 기대어 그런 연결체들을 이용할 수 있는 것이다(Atkinson and Drew, 1979).

대화의 교환 방식에 대한 본질은, 발언 기회 얻어내기뿐만이 아니라 또한 사람들이 말할 수 있는 종류의 것들과도 관련된다. 예를 들어, 교환을 개시하는 데에서, 교사는 학생들에게 정보를 전달하고, 질문을 던지며, 그 수업을 진행하기 위하여 학습 목록을 진술하며, 학생들의 행위를 통제할 수 있다. 이와는 반대로, 학생들은 자신이 말하거나 할 수 있는 바에서 제약이 훨씬 더 많이 주어져 있다. 주로 교사의 질문에 대답을 하고, 수업과 관련된다고 판정받는 테두리 속에서 학습자들이 그렇게 실행해야 하는 요건과 더불어, 교사의 질문에 반응하여 어떤 과제들을 실행한다. 교실수업에서 많은 질문들은 전통적으로 '예-아니오' 답변이나 최소한도의 설명만 덧붙인 '닫힌 형식'이다.

(다) 주제의 통제/얘깃거리의 제어

하뷔 색스(Harvey Sacks, 1968)에서는 다음처럼 지적한다.

'주제별로 말하기'가 '임의 주제'를 놓고서 말하기의 구역blocks들로 이뤄지는 것이 아니다. 사뭇 특별한 환경 아래 이뤄지는 경우만 제외하고서, 우리가 임의의 주제를 제시할 경우에는, 여러분이 말하고 있는 바를 놓고서 다른 사람들도 주제별로 말하려고 할 것임을 장담할 수 있겠지만, 여러분이 의도한 해당 주제가 상대방들도 말하고자 하였을 법한 주제였다고 장담할 수는 없다.

우연히 도입해 놓은 임의의 주제를 놓고서, 항상 관련된 것으로 또는 해당 주제를 전개한 결과로 해석될 수 있는 주제들이 아주 다양하게 많이 있다. 색스는 대화에서 어떤 주제가 적합할 것인지를 예측할 수 없음을 또한 지적하고 있다. 대화의 주제들, 그리고 실제 사람들이 주제별로 함께 말해 가면서 주제들을 바꿔 나가는 방식은, 일상생활에 대한 선입견 및 일상생활(생활세계)을 구성하고 있는 상식에 관해서 많은 통찰력을 제공해 준다. 또한 대화상의 주제가 내세워지는 방식도 흥미를 끈다(Button and Casey, 1984). 주제는 전형적으로 한 사람의 참여자에 의해 제시되고, 다른 사람에 의해 수용되며(또는 거절됨), 그리고 나서 첫 번째 참여자에 의해 이내 가다듬어진다. 예를 들면(Button and Casey, 1984: 167),

갑: Whaddiyoh kno : w (무얼 네가 알지)
을: hh Jis' got down last night (흐 어제 이것들 쓰려졌어)
갑: Oh you *di : d*? (오 그래 네가 그랬니?)

을은 주제를 제시하고, 갑은 그 주제를 받아들이며, 좀 더 뒤에 을이 다시 그 주제를 가다듬어 전개해 나간다. 가령, 집안에서 일어나는 남성과 여성 가족 사이에서도, 주제들을 받아들이는 일이 비대칭적임을 보여 준다. 여성이 남성보다 더 많은 주제를 제시하지만, 종종 [권력이 더 많은] 남성이 제시한 주제들이, 그렇지 않은 반대의 경우보다도 여성한테 수용되는 일이 훨씬 더 많다(Fishman, 1983).

그렇지만 주제들에 대한 하위집단 관찰해석의 조사 연구는 「대화에 근거하고 있고, 참여자들 사이에 똑같은 권리와 의무가 대등하게 배분되어 있다」는 가정을 깔고 있다. 주제별로 말하기에 대한 색스의 설명 방법, 그리고 다른 참여자도 자신의 주제에 끼어들어 어떻게 전개해 나갈지를 제대로 예측할 수 없는 속성은, 표준 치료 상담에서 환자의 이야기 또는 교실수업에서 학생들의 이야기와는 거의 연관되어 있지 않다. 〈표본 1〉을 분석하면서 언급하였듯이, 그런 상호작용에서는 오직 주도적인 참여자에 의해서만 미리 마련된 의사소통 목록이나 고정된 투식에 따라서 주제가 도입되고 바뀌게 된다. 이것은 그 담화에서 공공연히 고정될 수도 있고, 그렇지 않을 수도 있다.

(라) 의사소통 목록을 마련하고 정돈/정리하기

상호작용을 통제하는 데에 의사소통 목록을 마련하고 정돈/정리하는 일setting and policing agendas은 중요한 요소이다. 의사소통 목록은 교실 수업에서 흔히 학생(P)들에 의한 상호작용의 개시 부분에 명시적으로 마련된다. 교사들은 수업의 개시 부분에서 그렇게 하고, 수업을 진행하는 동안에도 질문–답변 주고받기로 그렇게 한다. 학습자를 훈계하는 면담도

자네가 여기 있는 까닭은…
(why you're here)

과 같이 종종 면담받는 학생에게 면담 주체(교사)가 분명히 말해 주는 일과 함께 시작할 것인데, 그런 사례는 토마스(Thomas, 1988)을 보기 바란다. 의사소통 목록을 마련하는 일은, 임의의 상호작용을 개시하기 및 종결짓기, 그리고 이야기 주고받기나 구체적 사건들을 구조화하는 일을 놓고서 학습자(P)에 대해 이뤄진 일반적 통제의 한 가지 측면이다(원문에 by가 쓰였지만, 교사 주도 수업이므로 '대해'로 번역해 둔다: 뒤친이).

상호작용을 하는 동안에 다양한 방식으로 학습자(P)가 다른 참여자들을 자신들의 의사소통 목록에 따르도록 유지한다는 의미에서, 명시적인 그리고 묵시적인 의사소통 목록이 둘 모두 잘 '정돈되어' 있다. 〈표본 1〉에서는 정돈하기의 명백한 표현을 한 가지 포함해 놓았다. 여성 환자가 의사소통 목록의 해당 단계와 관련된 정보를 외견상 다 제시했다고 결정한 경우에는, 의사가 그 환자의 발언 기회들을 짤막하게 끊어 버리고 있다. 또 다른 명백한 표현은 교실 수업으로부터 가져온 다음 인용에서 예시되는데(Barnes, 1976에서 녹취 기록을 가져옴), 교사가 도심의 인구 과밀화 문제를 놓고서 자신의 학생들에게 대답하도록 요구하고 있다.

```
PUPIL:      the exhaust fumes will cause pollution
TEACHER:    pollution good word Maurice something more about the traffic
PUPIL:      the pavements would get ⌐(unclear)
TEACHER:                           └no I'm thinking of some different form of traffic
            can anybody . Philip
PUPIL:      e : m ⌐(unclear)
TEACHER:          └I'm on traffic .  I'm on traffic David
PUPIL:      the trains ⌐(unclear)
TEACHER:               └trains yes
```

```
학생:   자동차 배기가스들이 공해를 일으킬 겁니다
교사:   공해 맞는 말이죠 모뤼스 교통수단에 대해서 뭔가 더 말해 볼까요
학생:   포장도로들이 ~할 것 같습니다 ⌐(불분명하여 듣지 못함)
교사:                            └아니 난 다른 형태의 교통수단을 생각하거든요
       누구 말해 줄 사람 있을까요 .  필립 군
학생:   어 : 엄⌐(불분명하여 듣지 못함)
교사:        └나는 교통수단들을 다루고 있는데 . 난 교통을 말하고 있어요 데이뷧
학생:   기차들⌐(불분명하여 듣지 못함)
교사:        └기차 예
```

학생의 두 번째 발언 기회는, 비록 묵시적으로 교사가 따라가고 있는 의사소통 목록에 명시되어 있는 일반적 주제와 완벽히 관련됨에도 불구하고, 교사에 의해서 거부된다. 교사는 교통수단의 또 다른 형태에 대한 정식 명칭을 유도하고 있다. '자신이 어디 있는지where she is'(아마 뒤친이의 추측으로는, 교사가 멀리 떨어진 곳에서부터 통근하기 때문에, "자신이 어디에 사는지")를 명시해 둔 그 발문 목록을 보면서 교사에 의해서 그렇게 거절되었지만, 또한 학생이 그 자신의 발화를 다 끝내기도 전에 학생의 답변을 가로막고 끼어드는 듯함에 주목하기 바란다. 첫 두 대목의 발언 기회가 시사해 주듯이, 그 의사소통 목록은 학생들로부터 특정한 정보뿐만 아니라, 또한 '공해pollution'처럼 핵심 낱말들도 유도하도록 미리 마련되어 있다.

  교사와 학생 사이에 있는 상호작용에서 두드러진 측면 한 가지는 전형적으로 교사가 학생들의 발화를 평가한다는 것이다. 가령, 앞의 사례에서는 교사가 자신의 첫 발언 기회에서, 학생 모리스 군의 '공해'란 낱말의 사용을 긍정적으로 평가하고 있다. 씽클레어·쿨싸드(Sinclair and Coulthard, 1975)에서 교실수업 담화를 위하여 제시된 「개시 → 반응

→ 되점검」의 의사소통 교환 구조는, '되점검' 단계에 있는 이런 '평가' 요소와 맞물려 있다. 다른 사람들의 발화에 대한 그런 체계적 평가는, 의사소통 목록들을 정돈하는 강력한 방식이다. 교실수업에서 그 이용은 전체 학생들에 대한 교사의 권력을 강조할 뿐만 아니라, 또한 관례화된 교실수업 실천 방식이 학생들을 시험이나 검사 상황에 배치해 놓는 범위를 보여주기도 한다. 이런 형태의 교실수업 담화에서는, 실질적으로 참여자들이 말하는 모든 것들이 언어를 통해 '표시되어' 있다.

상호작용을 하는 한 사람의 참여자가 다른 사람의 기여한 바를 정돈할 수 있는 다른 방식들도 다양하게 많이 있다. 토마스(Thomas, 1988)에서 서술해 놓은 것 한 가지는 명백한 강요 말투이다. 양면적인 일 그리고/또는 침묵은 불평등한 만남의 경우에 권력 없는 자(N-P) 쪽에서 경의를 표시하기 위하여 고전적으로 선택하는 방식이다. 이는 권력 쥔 자(P) 쪽에서 권력 없는 참여자(N-P)들에게 명시적으로 발언하도록 강요하려고 기획된 입장 정리와 서로 맞부딪히거나, 아니면 권력 쥔 자(P)에 의해서 지금까지 말해진 바를 그 자신의 방식대로 정리한 내용을 권력 없는 자(N-P)들에게 받아들이도록 강요하는 다음 표현과도 상충될 수 있다.

You understand that, don't you?
(당신 그 점을 잘 알아들었죠, 그렇죠?)

(마) 마무리 짓는 입장 정리

마무리 짓는 입장 정리formulation181)는 대화 분석자들로부터 가장 주

---

181) (역주) 301쪽의 policing agenda(의사소통 목록을 정돈/정리하는 일)과 일부 그 기능이 겹치는 대목이다. 이를 '공식화'나 '형식화'로 번역한다면, 이 개념의 본질을 호도해 버리므로, 일부러 주석을 달아둔다. 이 말의 본뜻이 한 대목의 의사소통을 '마무리 짓는 형식(formulate)'이며, 그 기능인 '마무리 짓기'에 핵심이 놓여 있다. 429쪽에서는 'summarizing(요약하기)'라고 써서, 괄호 속에다 'roughly equivalent to formulation, see

목을 많이 받아온 상호작용 통제 방식의 또 다른 측면이다(Heritage and Watson, 1979 참고). 색스(Sacks, 1972: 338)[182]에서는 마무리 짓는 입장 정리를 다음과 같이 서술해 놓았다.

> 어느 구성원이 해당 대화의 특정 부분에서, 그 대화를 서술해 주거나, 그 대화를 설명해 주거나, 그 대화를 성격지어 주거나, 명시적으로 해 주거나, 번역해 주거나, 요약을 해 주거나, 그 대화의 골자를 채워 주거나, 또는 규칙과 합치됨을 뜻하는 표시를 말하거나, 아니면 규칙들로부터 벗어난 대목을 언급해 준다
>
> (A member may treat some part of the conversation as an occasion to describe that conversation, to explain it, to characterize it, to explicate, or translate, or summarize, or furnish the gist of it, or take note of its accordance with rules, or remark on its departure from rules)

§.5-1 (라)에서 다뤘듯이, 만일 여기서 정돈하는 방식인 마무리 짓는 입장 정리와 관련된 마지막 두 개의 절(번역에서는 '또는'으로 시작됨)을 제외해 둔다면, 색스의 설명에서 마무리 짓는 입장 정리formulation란, 담화가 앞선 상호작용보다는 오히려 앞으로 지속되어 나갈 상호작용

---

p. 157(바로 이곳 번역 303쪽에서부터 다루는 '마무리 짓는 입장 정리'와 거의 같은 개념임)'이라고 덧붙여 놓고 있다. 다시 말하여, 요약한다는 일 그 자체가 지금까지 전개된 담화 내용을 평가하고 마무리 짓는 일임을 함의하는 것이다. 연구자에 따라 이런 기능을 서로 다른 용어들로 표현해 놓기도 하는데, 또한 47쪽의 역주 24와 260쪽의 역주 170도 함께 참고하기 바란다.

182) (역주) 이 논문은 검퍼즈·하임즈 엮음(Gumperz and Hymes, 1972)의 『사회언어학의 여러 방향: 의사소통의 소집단 관찰해석 방법(Directions in Sociolinguistics: the Ethnography of Communication)』에 11번째로 실린 "어린이들이 말한 이야기들의 분석 가능성에 대하여"(325~345쪽)라는 글이다. 어른들의 이야기 짜임 방식과 어린이들의 이야기 짜임 방식이 꼭 일치하는 것만은 아니겠지만(어른 이야기가 변인들이 더 많아 더욱 복잡하겠지만, 어린이들의 소통 모습이 어떤 원형의 모습을 보존할 개연성이 있음), 색스의 글은 필자의 딸들이 어릴 적 일기를 쓸 때 마무리로서 "참 좋았다"라는 「자기 평가」 대목이 언제나 들어가 있었음을 상기시켜 준다. 당시에는 왜 그런지를 전혀 깨닫지 못했으나, 색스의 통찰 덕택에 "참 좋았다"는 표현이 하루치 일기를 마무리 짓는 '마침표 평가'임을 비로소 알게 되었다.

의 일부가 되는 특정한 형태(전망, 예상)의 담화 표상인 듯하다. 현재의 상호작용 및 앞선 상호작용 사이의 경계는, 우리가 생각하는 만큼 어떤 경우에라도 결코 항상 분명한 것이 아니다. 대화 도중에 전화를 받으면서 간섭받기 이전에 나눴던 우리의 대화가, 또는 점심 이전에 나눴던 우리의 대화가, 또는 지난주에 나눴던 우리의 대화가, 현재 우리가 나누고 있는 대화의 일부일까, 아니면 다른 대화일까? 이 질문에 대해 결코 간단한 대답은 없다(≒각자의 기억에 달려 있음).

색스의 인용에서 마지막 두 절이 함의하듯이, 마무리 짓는 입장 정리formulation는 흔히 정돈하기의 형태a form of policing를 띤다. 대화 상대방을 애매한 양면성ambivalence으로부터 빠져나가도록 강요하는 효과적인 방법은, 상대방이 죽 말해 놓은 바를 놓고서 마무리 짓는 입장 정리를 제시해 주는 것이다. 다음에 토마스(Thomas, 1988)에서 경찰 상급자인 경정senior police office(O) 및 일선 순경policeman(P) 사이에서 일어난 징계 면담으로부터 표본을 한 가지 가져 왔다.

O: you say that you're working to er er er the proper standards is that right
P: well I've never had any comment other than that
O: are you saying that nobody's brought your shortcomings to your notice

경정: 자네는 어 어 어 적합한 기준에 따라 일하고 있다고 말했지 내 말이 맞는가?
순경: 글쎄요 저는 그밖에 다른 얘기를 결코 해 본 적이 없습니다
경정: 자네는 아무도 자네의 잘못을 자네한테 깨닫게 해주지 않았다고 말하고 있는 게지?

상급자인 경정(O)의 발언 기회가 두 번 모두 일선 순경(P)의 말한 바를 놓고서 입장 정리를 하고 있다. 앞의 두 번째 경우에서 명백해지듯이, 두 번 모두 실질적으로 일선 순경이 실제 말한 바를 재표현하고 있고, 일선 순경(P)으로 하여금 그가 '말하고 있는' 바를 더욱 명시적으로 만들도록 분명하게 기획되어 있는 것이다.

심지어 마무리 짓는 입장 정리가 특정하게 정돈/정리하기policing 작업을 하지 않는 경우에라도, 일부 참여자들에게 이미 진행되었거나

상호작용에서 다 드러난 대화 내용에 관해 그들 스스로 정리한 내용을 버리고서 다른 사람(권력 쥔 자)으로부터 나온 정리 내용을 찬동하여 받아들이도록 함으로써, 여전히 상호작용의 주요한 통제 기능을 맡고 있다. 그렇다면 권력 쥔 자에게 이롭게 작동하는 방식으로 일부 참여자들의 (입장 정리) 선택지 내용을 제약해 버릴 수도 있는 것이다. 마무리 짓는 입장 정리가 이런 방식으로 작동함을 우리는 비단 경찰의 징계 면담과 심문에서뿐만 아니라, 라디오 면담에서도 찾아내게 된다(Heritage, 1985).

§.5-2 양태 속성(철학에서는 modality를 '양상'으로 번역함)

"지구는 평평하다the earth is flat"와 같이 세계에 대한 모종의 단언(명제)이 주어진다면, 참·거짓의 범주상 우리는 그것을 긍정할 수도 있고 (지구가 평평하다), 부정할 수도 있다(지구가 평평하지 않다). 그러나 또한 이용할 수 있는 덜 범주적 주장도 다양하게 있고, 긍정 단언이나 반대 단언에 몰입하여 주장하는 확정성 정도에서도 또한 훨씬 미약할 수 있다. 예를 들면 앞의 주장을 다음처럼 말할 수 있는 것이다.

$$\text{the earth} \begin{cases} \textit{may be} \\ \textit{is probably} \\ \textit{is possibly} \\ \textit{is sort of} \end{cases} \text{flat}$$

(지구가 평평할 수 있다)
(지구가 아마 평평할 것 같다)
(지구가 평평할 가능성이 있다)
(지구가 일종의 평평함이다)

이것이 양태의 측면이며,[183] 언어의 '대인관계' 기능에 해당하는 절에

---

183) (역주) 우선, 국어학 쪽에서는 시상(tense-aspect)란 용어가 우선 정의되기 때문에, 혼동을 피하여 '양상'보다는 '양태'라는 말을 쓰고 있음을 적어 둔다. 양태 또는 양상에 대해서는 결코 간단히 다뤄 지나갈 사안이 아니다. 다소 길더라도 이 역주에서는 필자가

알고 있는 양태에 대하여 핵심을 간략히 요약해 놓아, 독자들이 디딤판으로 삼을 수 있도록 해 둔다.

양태 속성은 아리스토텔레스의『사유 도구(*organon*)』중에서 주어와 술어의 결합 방식을 따지는 『해석론(*On Interpretation*)』(김진성은 「명제에 관하여」로 번역했음)에서 심도 있게 처음 다뤄졌다. 그렇지만 양화사 하나(for some)와 모두(for all), 그리고 부정사(not, no)가 만들어 놓은 '명제 대립' 사각형에만 집착하였기 때문에, 그의 양태에 대한 논의는 허점이 많으며, 오늘날 내포 논리 자체가 가능세계와 현실세계를 모두 다 아우르는 범위와 비교할 때 소략하기 짝이 없다.

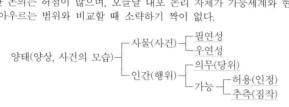

위 그림에 잘 드러나듯이, 양태의 갈래는 먼저 사물에 적용되는지, 사람에 적용되는지에 따라 둘로 나뉜다. 다시 전자는 필연성 양태와 우연성 양태로 나뉘며, 동일한 속성을 적용하여 후자에는 각각 의무양태(당위)와 가능양태로 나뉜다. 가능양태를 더 세분하여 허용양태(인정)와 추측양태(짐작)로 구분할 수 있겠는데, 아리스토텔레스는 오직 허용양태(인정)만을 다뤘었다.

그런데 왜 그가 양태를 이렇게 파악했던 것일까? 아직까지 명시적인 논의가 없지만, ㉠ 당시 소크라테스의 스승이었던 파르메니데스(Parmenides)의 진리관이 '존재하다'와 '존재하지 않다'의 두 축에 의해서 나뉘는 '실세계 대응' 관점이었음을 염두에 두면서, ㉡ 아리스토텔레스의 '사유 도구' 속 행간을 읽으면 이내 양태 설정의 기본 동기나 의도를 찾아낼 수 있다. 그는 자신이 처음 세운 명제 대립의 사각형이 가장 중요한 진리 틀이라고 굳게 믿었다. 발상을 전환하여 그는 실세계 대응의 진리관이 표현해 주는 양태도 기본적으로 '있다'와 '없다' 사이의 선택지라고 보았다. 그렇다면 이에 대한 원형개념은, 바로 존재(오늘날에는 '외연의미'로 부름)를 가리키는 계사 to be(있다, 또는 존재사 to exist)로 재구성될 수 있다. 주어와 술어가 결합되어야 한다는 자신의 주장을 그대로 수용하여, 그는 '계사+주어'(존재사+주어)의 모습을 「있다/존재한다+대상/실체」와 같이 겹쳐 읽기를 했던 것이다(그러나 이런 겹쳐 읽기 그 자체가 양태 개념에 대한 오류의 단초였음). 그런데 만일 이것이 복합문으로 될 경우에는, 「상위문+내포문」의 결합을 응당 '계사+주어'의 거울 모습일 수밖에 없다고 보았다(양자 모두 「술어+주어」의 구현체임). 그러나 주어와 술어의 실현 순서는 그에게 전혀 문제가 되지 않았다. 참고로, 여기서 '내포문, 상위문'의 개념은 현대 통사론에서 계층성을 반영하기 위하여 찾아낸 개념이며, 현대에 들어서기 이전에는 이런 계층적 구조 개념이 전무했었다. 만일 이를 대각선 관계(대우 관계)를 이용하여 서로 모순 대립을 드러내려면, 복합문으로 구현된 상위문의 양태표현도 동일하게 대립하도록 만들어야만 했는데, 동시에 복합문 속의 내포문도 부정하여 대립하도록 만들어 주어야 하는 것이다. 그의 책에서 상위문에서 양태를 가리키는 표현은 '가능하다(possible), 허용되다(admissible), 필요하다(necessary), 참이다(true)'로 나오고, 내포문은 to be~(구) 또는 that it should be~(절)로 표시되는데, 상위문 및 내포문 동사 양쪽에 모두 not이 들어가서 다양한 결과가 도출된다.

결과적으로 그의 책에서는 '가능·불가능·필연·허용'의 네 가지 양태를 예시하면서 (불가능 양태는 특히 인간에게 적용될 경우 '금지' 양태로 해석됨), 이들을 부정소 not을 이용하여 대립 형식들을 만들어 내었다(사실은 부정소 not의 부정 범위도 여러 가지임에도 불구하고, 애써 두 항목의 부정만이 있는 것처럼 착각하였음). 상위문의 부정 및 내포문의 부정도 함께 다루었는데, 각별히 두 군데를 모두 부정을 해야만 대우 관계의 모순 대립을 이루는 것으로 보았었다. 이제 그가 상정한 이런 모습을 대립 관계의 사각형 그림으로 보이면 다음과 같다. 그렇지만 이런 모습을 제대로 파악하지 못한 채, 이 부분을 다루는 아리스토텔레스의 번역 및 논의들은 다수 착종이 우심하다.

양태 속성 표현의 대립
(명제 대립 사각형을 응용함)

A: 가능 양태 ―― 반대 대립 ―― E: 불가능 양태

상하대립   모순 대립 모순 대립   상하대립

I: 허용 양태 ―― 반대 대립 ―― O: 필연 양태

페어클럽(Fairclough, 2003; 김지홍 뒤침, 2012)의 §.10-3에서도 이와 유사한 모형의 양태 모습을 상정했는데, 특히 권력 관계를 다루기 위하여 문장을 종결하는 서술 모습(발화 유형)에 초점을 모았다.

발화 모습
(서술 양태)
┌ 지식 교환 모습 ┌ 진술 양태: 사례로는 단정문, 양상 조동사, 부정문
│ (인식 양태)   └ 질문 양태: 사례로는 긍정 의문, 양상 조동사, 부정 의문
└ 활동 교환 모습 ┌ 질문 양태: 사례로는 긍정 의문, 양상 조동사, 부정 의문
  (의무 양태)   └ 질문 양태: 사례로는 긍정 의문, 양상 조동사, 부정 의문

그렇지만 이런 모습의 양태 논의는 결정적 결함이 세 가지 있다. 첫째, 양태 종류가 오직 여기서 거론하고 있는 네 가지만 있는 것이 아니라, 새롭게 거론되는 양태는 현재 적어도 여덟 가지 이상이 상정된다. 양태의 하위 요소들이 분명히 네 가지 이상 존재한다면, 그가 처음으로 만들어 보여 당시 사람들에게 큰 충격을 줬던 '명제 대립의 사각형' 속에다 그걸 모두 다 집어넣고 다룰 수 없는 노릇이다. 오직 네 가지 항목에만 골몰했었기 때문에, 불가능 양태가 사람에게 적용된다면 '금지 양태'('말라, 못한다' 따위)로 불러야 함에도 불구하고, 이런 새로운 범주의 정의를 전혀 고려치 않고 있었다. 만일 시상과의 연관을 염두에 두고서 양태 개념을 확장할 경우에, 필자는 다음처럼 여덟 가지 양태를 제시할 수 있을 것으로 본다. 그렇지만 어느 누구도 아직 시도해 보지 않은 모형이므로, 앞으로 꾸준히 비판과 검증을 받으면서 정합적으로 수정되어 발전되어 나가야 할 것이다.

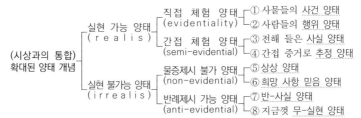

(시상과의 통합)
확대된 양태 개념
┌ 실현 가능 양태
│ (realis)
│   ┌ 직접 체험 양태 ┌ ① 사물들의 사건 양태
│   │ (evidentiality) └ ② 사람들의 행위 양태
│   └ 간접 체험 양태 ┌ ③ 전해 들은 사실 양태
│   (semi-evidential) └ ④ 간접 증거로 추정 양태
└ 실현 불가능 양태
  (irrealis)
    ┌ 물증제시 불가 양태 ┌ ⑤ 상상 양태
    │ (non-evidential) └ ⑥ 희망 사항 믿음 양태
    └ 반례제시 가능 양태 ┌ ⑦ 반-사실 양태
      (anti-evidential) └ ⑧ 지금껏 무-실현 양태

둘째, 필연 및 불가능 양상은 모두 어떤 사건이나 어떤 대상이 100% 아니면 0%의 진리값 판단을 전제로 한다. 그렇지만 이와는 달리, 가능 및 허용(인정) 양상은 그 속뜻이 개연성이나 또는 확률을 담고 있으므로, "옳다/그르다, 참이다/거짓이다"라는 흑백

대한 문법적 차원이다(§.3-1 참고). 임의의 단정적 발화에서, 언어 산출자는 호쥐·크뤼스(Hodge and Kress, 1988: 123)에서 명제와의 '친연성' 정도(311쪽의 역주 186 참고)로 부른 바를 반드시 가리켜 주어야 하며, 따라서 그런 발화는 어떤 것이든지 양태의 속성을 지니거나 '양태로

가치와 어울릴 수 없다. 특히 이 양상들이 인간의 행위와 관련할 경우에는, 관찰되고 논의 대상이 되는 어떤 인간의 '의도' 내지 '의지'에 의해서 일어날 수도 있고, 일어나지도 않을 수 있다. 참과 거짓의 판단에 세상 사물의 있고 없음(또는 사건이 일어나거나 일어나지 않음)뿐만이 아니라, 관찰 대상이 되는 인간의 의지와 의도가 더 들어가야 하는 것이다. 그렇다면 사물이나 사건만 다루는 논리학에서 인간의 의지와 의도를 다루어야 한다. 그럼에도 아리스토텔레스는 그의 윤리학 계통의 책들에서만 인간의 속성을 다루고 있을 뿐, 논리학 계통의 책에서는 전혀 인간 속성들이 개재될 수 없다고 본다. 이는 다룰 수 있는 양상과 다룰 수 없는 양상을 구분하지 못한 결과로 빚어진 오류이다. 이런 점에서 필연성·불가능성 양상과 개연적이고 확률적이며 인간의 의지에 의해 참값 여부가 달라질 수 있는 가능성·허용 양상을 함께 다루는 것은 오류이다.

셋째, 참과 거짓 두 값만 논의하는(중간값을 배제한다는 뜻의 '배중률'을 받아들이는) 아리스토텔레스의 논리학(고전 논리학)에서는 확률성의 사건이나 사태를 다룰 수 없는데도 불구하고, 서로 함께 다뤄질 것으로 착각하고 있는 것이다. 이런 엄연한 사실을 깨닫고 있지 못하고 있거나, 무시하고 있는 것이다. 후자의 경우, 오늘날에는 흐릿한(fuzzy, 경계가 불분명한) 논리학에서 다룬다. 이는 기본적으로 두 값 논리에다 다시 두 값이 일어날 확률을 곱하여 진리값을 다루는 모형이다. 이는 그의 머릿속에 깃들어 있지도 않은 발상이다.

언어학계에서는 인식 양태(간접 증거 포함) 및 증거 양태에 대한 추가 논의도 필요하다고 본다. 월리스 췌이프(W. Chafe, 1986, 『증거 제시 속성: 인식 방식에 대한 언어 부호 표시(*Evidentiality: The Linguistic Coding of Epistemology*)』, Ablex Pub.) 교수가 인디언 말들의 분석을 통하여 확립한 증거 양태도 후속 논의가 급속히 진전되어, 의사소통 상호작용 속에서 어떻게 기여하는지를 다루고 있다. 필자는 언어 표현이 정신 표상의 산물임을 감안한다면 양태에 관한 범위와 깊이가 더욱 진전될 것으로 본다. 우리말로는 김원필 외 18인(2008)의 『언어 유형론: 시제와 상, 양상, 조동사, 수동태』(도서출판 월인)과 박재연(2006)의 『한국어 양태 어미 연구』(태학사) 읽어 보기 바란다. 영어 문헌들은 너무 많이 나와 있는데, 필자가 갖고 있는 책 중에서 2000년 이후의 것을 연도별로 몇 권만 적어 둔다.

- Facchinett 외 엮음(2003), 『*Modality in Contemporary English*』(Mouton de Gruyter)
- Leiss and Abraham 엮음(2004), 『*Modes of Modality: Modality, Typology, and Universal Grammar*』(John Benjamins)
- Aikhenvald(2004), 『*Evidentiality*』(Oxford University Press)
- Fine(2005), 『*Modality and Tense: Philosophical Papers*』(Clarendon Press)
- Frawley 엮음(2006), 『*The Expression of Modality*』(Mouton de Gruyter)
- Portner(2009), 『*Modality*』(Oxford University Press)
- Hogeweg, de Hoop, and Malchukov 엮음(2009), 『*Cross-linguistic Semantics of Tense, Aspect, and Modality*』(John Benjamins)
- Nuckolls and Michael 엮음(2014), 『*Evidentiality in Interaction*』(John Benjamins)
- Nuyts and Auwera 엮음(2016), 『*Oxford Handbook of Modality and Mood*』(Oxford University Press)

표현'된다.

문법에서 양태 속성은 전통적으로 must, may, can, should 따위의 '양태 조동사'들과 연계되어 있었는데, 이런 조동사가 양태를 실현해 주는 중요한 수단이 된다. 그렇지만 호쥐·크뤼스(Hodge and Kress, 1988)에서 끌어들이는 문법에 대한 체계적 접근에서는 양태 조동사들이 많은 것들 중에서 유일한 한 가지 양태 특징임을 강조하였다(Halliday, 1985: 85~89를 보기 바람). 시제tense는 또 다른 문법 요소이다.[184] 마지

---

184) (역주) 문법 요소 중 대표적인 범주로서 'tense(시제)'를 거론한다. 고전 논리학(소위 명제논리)에서는 시제는 다뤄지지 않았고, 171쪽의 역주 112와 278쪽의 역주 175에서 현대에 들어서서 프라이어(Prior)에 의해 등식과 부등식을 쓰는 양화사를 도입함으로써 비로소 시제를 논리 형식으로 다루게 되었음을 언급한 바 있다. 철학 쪽에서는 시제가 없는 형식을 proposition(참·거짓 범주의 단언, 명제), 시제 양화사가 달린 형식을 statement(시제 표현의 진술)로 구별하여 부르기도 한다. 우리말에서는 시제라고 말은 외국의 영향 때문에 관습적으로 써 왔지만, 오히려 상(aspect)을 다루거나 동시에 겸하고 있으므로, '시상(tense-aspect)'이란 표현을 많이들 선호한다. 그런데 우리말의 문제는 동일한 형태소가 시제(기준점이 주어지고 사건 시점과 기준점 사이의 관계를 서술함)와 상(相, 사건 전개 모습)과 양태(화자의 믿음을 서술 사건에 투영한 표현 모습)의 기능까지 겸하고 있다는 데에 있다.

여기서는 필자가 이해하는 시제와 상의 구분을 간략히 지적해 두고자 한다. 어떤 언어이든지 상이 없는 언어는 없으나, 시제가 없는 언어들이 더러 보고되고 있으므로, 기본값으로 상 표현이 사건을 서술하는 데 들어가 있음을 알 수 있다. 언어 유형론에서 지금까지 보고된 바로는 상만 있는 언어가 더러 있고, 시제와 상을 함께 갖고 있는 언어가 가장 많으며, 시제만 갖고 있는 언어는 없다고 알려져 있는 것이다. 우리말은 시제 형태소도 동시에 상의 기능을 지니고 있으므로, 이를 한 개념으로 묶어 '시상' 또는 시상 체계라는 말을 쓰고 있다.

상(相, 모습이나 측면, 즉 사건의 전개 모습)을 다루기 위해서는 관찰자와 화자/서술자가 동일인이 되어 관찰되는 사건을 말하게 된다. 이 때 사건은 거의 시간 폭을 지닌 큰 덩이로 서술된다. 따라서 상을 다룰 때에는 흔히 관찰자 겸 화자 자신이 경험하는 사건 진행 폭을 서술하게 된다. 기본 구성요소가 간단하게 화자와 사건과 청자이다(간단히 화자와 사건 사이의 2자 관계로 부름). 가령, "바닥이 마르고 있다 : 바닥이 말라 있다"(진행상 : 완료상). 만일 "내일 틀림없이 너 아버지한테 혼났다!"라고 미래 시점에 완료상을 쓴다면, 그 속뜻(함의)이 미래 사건을 마치 완결된 것처럼 서술해 주고 있으므로, 상대방에 대한 경고나 자기 자신의 확신이 깃들 수 있다.

이와는 달리 시제는 더 복잡한 계산이 동원된다. 먼저 기준점이 설정되어야 하고, 다시 사건에 관련된 시점이 들어와야 한다. 시제란 결국 기준점과 시점 사이에 있는 대소 관계 또는 등치 관계로 표시된다. 여기서는 관찰자와 화자(심지어 서술자도 분화되어 달라질 수 있음)가 반드시 일치되어야 한다는 전제가 들어 있지 않다. 따라서 여기서는 구성요소가 기준점과 사건과 화자와 청자가 들어 있어야 하고, 더러 화자와 관찰자가 일치하지 않은 경우에는 다시 더 하위 분류가 이뤄지는 것이다(간단히 화자와 기준점과 사건의 3자 관계라고 부름). 우리말에서 "먹는다"는 시제(그 버섯은 먹는다, 식용 버섯이라는 뜻)의 해석도 지니고, 상의 해석(철수가 밥 먹는다, 지금 먹고 있다

310

막 단락에 있는 사례에서처럼, 단순 현재 시제 'is-이다'가 실현되어 참·거짓의 범주 양태를 보여 준다. 또 다른 것은 'probably아마도', 'possibly가능하게', 'obviously분명히', 'definitely확정적으로' 등과 같이 한 묶음의 양태 부사로서, 모두 상위문을 구성하는 형용사 구문(≒정확한 표현은 인식·판단 구문임)으로도 나오는데, 가령 다음과 같다.

$$ \text{it's} \begin{cases} likely \\ probable \\ possible \end{cases} \text{that the earth is flat} $$

(지구가 평평할 것 같다)
(지구가 아마 평평할 듯하다)
(지구가 평평할 가능성이 있다)

이런 가능성 이외에도, 다양한 정도로 친연 관계affinity, 가깝게 느끼는 친연성를 명시해 주는 다소 장황한 범위의 방식들이 더 있다. 이른바 책임 경감 표현들hedges로서[185] 'sort of일종의', 'a bit약간', 'or something또는 그런 거', 억양 유형, 주저거리면서 말하기 따위이다. 〈표본 1〉에서도 책임 경감 표현의 사례가 있었는데, 그 여성 환자가 '속쓰림sour stomach, 신위장'을 말하면서, 'heartburn like a heartburn *or something*속이 타는 거 마치 위장 속이 타는 거나 그런 거'이다.

양태 속성은 명제를 놓고서 친연성affinity[186]의 선택 정도에 대한 주관적 토대가 명시적으로 만들어질 수 있다는 점에서 '주관적'일 수 있다. 〈표본 2〉에서 '*I think* that's wise내 생각에는 그게 현명하다고 보거든요'를 상기하기 바라며, 앞의 표현도 또한 다음처럼 명시적으로 표현된다.

는 뜻)도 지니므로, 이 말을 쓰는 상황에 따라서 구분하게 된다.

185) (역주) '책임 경감 표현'은 158쪽의 역주 98과 246쪽의 역주 163을 보기 바람.

186) (역주) 저자가 선택한 용어 '친연성'보다 오히려 '확실성 여부'나 '확신성 여부'로 바꾸는 편이 훨씬 더 이해가 빠르다. 저자는 화자의 믿음과 사건 사이에서 스스로 「가깝다고 느끼는 정도」(결과적으로 참값에 거의 가까이 근접해 있다고 느낌)를 가리키기 위하여 affinity(친족 관계, 가깝게 느끼는 친연성)를 썼겠지만, 이런 용어의 사용이 도리어 독자에게 이해의 어려움만 더해 준다. '낮은 친연성'은 거의 불확실하다는 뜻이고, '높은 친연성'은 거의 확실하다는 뜻이므로, 이 점을 고려하면서 번역을 해 둘 것이다.

$$I \begin{Bmatrix} think \\ suspect \\ doubt \end{Bmatrix} \text{ that the earth is flat}$$

(난 지구가 평평하다고 생각해요)

(난 지구가 평평하다는 짐작을 해요)

(난 지구가 평평하다는 걸 의심해요)

또는 양태 속성이 '객관적'일 수도 있는데, 그런 표현에서는 앞의 주관적 토대가 묵시적으로 남겨진다.

$$\text{the earth} \begin{Bmatrix} may\ be \\ is \end{Bmatrix} probably \text{ flat}$$

(지구가 아마 평평할 듯해요
: 양태 표현의 주체가 없음)

(지구가 아마 평평하거든요
: 양태 표현의 주체가 없음)

주관적 양태 표현의 경우에, 명제를 놓고서 화자 자신의 친연성 정도(≒확실성에 대한 믿음 여부를 가리킴)가 표현되고 있음이 명백하다. 반면에 객관적 양태 표현의 경우에는 누구의 관점이 표현되고 있는지가 분명치 않을 수 있다. 가령, 화자가 스스로 자신의 관점을 보편적인 것으로 투영하고 있는지, 아니면 어떤 다른 개인이나 집단의 관점을 전달 수단으로 이용하고 있는지 여부가 드러나지 않는 것이다. 객관적 양태 표현의 이용은 종종 모종의 권력 관계를 함의한다(≒묵시적이라 해도 마치 보편적 진리인 양 청자에게 화자의 주장을 받아들이도록 강요하고 있음).

양태 속성은 흔히 단일한 발화 또는 문장의 여러 가지 특징들로 구현되기 일쑤이다. 예를 들어

I *think* she was *a bit* drunk, *wasn't she*?
(내 생각에는 그녀가 약간 취했었는데, 안 그랬었나?)

에서는 확실성 여부에 대한 주장의 낮은 정도가 주관적 양태 표지(I

think(내 생각에)와 책임 경감 표현(a bit약간)과 청자로 하여금 화자 주장에 동의하도록 에둘러 요구하는 '꼬리 달린 설의법 형태tag question'를 덧붙여 표현되어 있다.

그러나 화자 또는 필자가 해당 명제(주장)를 놓고서 자신의 주장에 대해 몰입하는 정도 이외에도, 양태 표현에는 더 많은 것이 들어 있다. 다른 사람과의 상호작용 과정에서 언어 산출자는 자신이 단정하는 주장에 관한 자신의 몰입 정도를 가리켜 준다. 단정 주장에 대하여 화자가 표시하는 친연성affinity, 확실성 여부는 종종 상대방과의 친연성이나 유대감에 대한 그들의 느낌으로부터 따로 떼어내기가 아주 어렵다. 예를 들어,

> isn't she beautiful! (그녀가 안 아름답나!)
> she's beuatuful, *isn't she*! (그녀가 아름답네 안 그런가!)

라는 표현이 '그녀가 아름답다she is beautiful'는 단언과 아주 높은 친연성(늑거의 확실함)을 표현해 주는 방식이겠지만, 또한 상대가 누구든 간에 함께 말을 주고받는 사람과의 유대감을 표현해 주는 방식이기도 하다. 이런 종류의 의문문(부정 의문, 설의법 꼬리표를 달고 있는 긍정 단언, 이것들이 둘 모두 상대방으로부터 긍정적인 답변을 기대하고 있음)은 해당 명제와 높은 친연성(늑거의 확실함)이 화자와 청자 사이에 공유되어 있음을 전제로 한다. (미리 청자의 답변이 알려졌다고 한다면) 그런 질문에서는 청자로부터 정보를 얻으려고 말한 것이 아니라, 오히려 청자로부터 이런 친연성(늑거의 확실함) 및 유대감을 보여 주도록 요구받는 것이다. 따라서 높은 친연성(늑거의 확실함)을 표현하는 일은 임의의 단언 내용에 대하여 참·거짓을 주장하는 데에 몰입하는 일과 거의 무관할 수 있으며, 그보다는 오히려 유대감을 보여 주려는 희망과 관련이 더 큰 것이다(Hodge and Kress, 1988: 123). 거꾸로, 막 언급된 〈표본 1〉로부터 가져온 사례 'heartburn like a heartburn *or something*속이

타는 거 마치 위장 속이 타는 거나 그런 거'는, 단언 문장과의 낮은 친연성(≒거의 불확실함)이 지식이나 확신 결여를 가리키기보다는, 권력의 부재를 표현하는 것으로 볼 수 있고, 지식으로 단언될 수 있는 바가 (그러므로 임의 명제에 관한 높은 친연성[≒거의 확실함] 표현 방식이) 권력 관계에 달려 있음을 보여 준다. 그렇다면 양태 속성이란 담화에서 실제 현실의 중요성 및 사회관계의 구현 사이에 있는, 또는 체계-기능주의 용어로 말하여 언어의 생각 형성 기능 및 대인관계 사이에 있는, 교집합 영역이 되는 것이다.

양태 속성은 담화의 주요한 차원이며, 전통적으로 양태가 그러리라 여겨져 온 바보다도 더욱 중심적이며 더욱 널리 퍼져 있다. 양태의 사회적 중요성에 대한 한 가지 잣대는, 명제들의 양태 속성이 경합하는 범위 그리고 투쟁과 변형에 열려 있는 범위이다. 예를 들어 양태 속성의 변형은 대중매체 보도에 널리 퍼져 있다. 호쥐·크뤼스(Hodge and Kress, 1988: 148~149)에서는 영국 노동당 당수 마이클 풋Michael Foot에 의해서 말해진 고도로 양태 속성을 이용하여 낮은 친연성(≒거의 불확실함)을 표현한 다음의 사례를 제시해 준다(≒선거의 패인을 언급하되 스스로 책임질 주장을 삼가고자 일부러 겹겹이 '일반적으로, 저는, 일부, 생각하다' 등을 집어넣었음).

in general I do think that one factor that influenced the election was *some of* the affairs that have happened at the Greater London Council
(일반적으로 그 선거에 영향을 주었던 한 가지 요인이 저는 큰 런던 지역 의회에서 일어난 일부 그런 사안들이었다고 실제로 생각합니다)

이 말은 신문 보도에서 참·거짓 범주의 단정적인 제목으로 변형되었다.

Foot Blasts Red Ken over Poll Trouncing
(투표 경합을 놓고서 풋이 붉은 켄을 훅 완전히 날려 버리다)

여기서 '붉은 켄'은 1980년대 초반 런던에서 논쟁적인 노동 행정부의 지도자 켄 리빙스턴Ken Linvingstone을 가리킨다('붉은'과 공산주의 연상관계).

특정한 사례들을 벗어나더라도, 대중매체의 실행 방식에서 양태 속성과 연합된 좀 더 일반적인 속성들이 있다. 대중매체에서는 사실상 일반적으로 진리와 지식에 관한 사안들을 다루는 것으로 주장한다. 이것들이 체계적으로 복잡하고 혼란스런 일련의 사건들에 대한 해석들에 불과할 수 있는 것만 '사실fact'로 변형한다. 양태 속성에 비춰보면, 앞의 호쥐·크뤼스(Hodge and Kress, 1988) 인용 사례에서와 같이, 이는 참·거짓 범주의 양태, 긍정적·부정적 주장을 위한 편견을 포함하고 있다. 따라서 비교적 (양태 동사·양태 부사·양태 형용사·책임 경감 표현 따위) 양태 구성 요소들의 이용이 거의 없다. 이는 또한 객관적 양태 속성(≒참·거짓에 관한 강한 범주적 표현)에 대한 편애이기도 한데, 일부 관점들을 보편적으로 서술되도록 해 준다.

이제 특정한 사례를 다뤄나가기로 한다. 1989년 5월 30일 북대서양조약기구NATO 정상회담에서는 유럽에 배치된 단거리 핵미사일의 감축 협상을 놓고서 북대서양조약기구NATO의 입장이 무엇이 되어야 할지에 관한 논쟁적인 주제를 다루었다. 의견 불일치를 해소하거나 감싸는 일에 다양하게 신뢰를 얻었는데, 일부 경우에는 영국(매기 대처 수상)의 강경노선 입장을 지지하는 승리처럼 해석되었다. 아래에 여러 신문의 기사 제목들을 몇 가지 제시한다.

- NATO Summit Ends in Uneasy Compromise (*Guardian*)
  북대서양조약기구 정상회담이 쉽지 않은 약속으로 끝나다
- Maggie's Nuclear Victory in the Battle of Brussels (*Mail*)
  매기 대처의 브뤼셀 전투에서 거둔 핵 담판 승리
- Bush Hails NATO Unity as Missiles Row is Settled (*Daily Telegraph*)
  미사일 논쟁이 타결되자 부시가 북대서양조약기구 협의체에 환호하다각 제목에서 정상회담에 대한 상이한 해석을 제시하고 있으며, 여전히 각각 참·거짓의 강한 범주적 양태들을 쓰고 있다. 『메일Mail』지 제목은 실제로 영국 수상 '매기'가 브뤼셀에서 열린 전투에서 핵 승리를 거뒀다고 주장하는 것이 아니라 오히려 실질적으로 승리했음을 '전제하고' 있음에 주목하기 바란다(전제에 대해서는 §.4-1 (나)를 보기 바람). 한 단계 더 나아가 사실성을 당연한 것으로 여기면서 우리는 전제를 참·거짓의 범주적 양태 표현을 떠맡는 것으로도 간주할 수 있다. 이들 해석 사례에 맞서서, 참·거짓 범주의 양태가, 축약하고 요약해 주는 신문기사 제목의 속성에 의해서 부과되는 것이지, 본질적으로 대중매체 담화의 속성에 의해서 그런 것이 아님을 근거로 하여, 반대의 해석도 제기될 수 있다. 비록 이런 반론이 가능하더라도, 분명히 기사 제목들은 대중매체 담화에서 특정하게 일반적인 경향의 분명한 사례인 것이다. 가끔씩 신문에서는 진리에 대하여 (흔히 조화로울지라도) 경합하는 내용들을 제공하는 경향이 있다. 그런 내용들 각각에서 사건들이 투명하게 그리고 참·거짓 범주상으로 표현될 수 있고 관점이 보편화될 수 있다손 치더라도, 묵시적이고 방어 불가능한 주장에도 토대를 둔다. 이런 신화myth는 대중매체의 이념 주입 작업을 보강해 준다. 즉, 실제 현실에 관한 심상images 및 범주를 제공하는 일, 사회 주체들의 위상을 부여하고 형성하는 일, 주로 사회 통제 및 재생산에 기여하는 일이다.

대중매체 담화 사례들이 가리키는 바는, 양태 속성이 단순히 친연성 정도(≒확실성 여부)를 말투로 표시하기 위하여 화자나 필자에게 이용될 수 있는 일련의 선택뿐만이 아니라는 점이다. 그 나름대로 그런 선택에 내맡겨진 관점을 놓쳐 버리는 것이 있다(≒양태 표현의 이념 주입 결정론을 강하게 주장할 수 없다는 뜻임). 담화 유형들 간의 다양성처럼 양태 속성의 실천 방식에 대한 다양성을 무시해 버리고, 특정한 양태 속성의 실천 방식이 특정한 담화 유형들을 끌고 들어오는 사람들한테 부과해 놓는 범위를 다룰 수 없는 것이다.

또 다른 양태 속성의 이용 사례는 학술 목적의 글쓰기에서 찾아진다. 광범위하게 비판 받고 있지만, 학술 목적의 글쓰기에서 친숙하고 여전히 영향력 있는 전통에서는 참·거짓의 범주적 양태 표현을 회피하는 일은 하나의 근본적인 원리에 속한다(≒그렇지 않을 경우에 하나님 말씀처럼 되어 버림). 논란의 소지가 있겠으나, 이는 수사학적 이유로 말미암는데, 단정한 내용에 대한 낮은 친연성(≒거의 불확실함) 때문이라기보다는, 오히려 수용된 신중하고 면밀한 주체 속성subjectivity 및 '학자다운 the scholar'의 분위기를 투영해 주려고 동기가 마련된다. 학술적 글쓰기 특히 과학적 글쓰기의 수사학을 보려면『경제 및 사회Economy and Society』(1989 특집호)를 참고하기 바란다.

§.5-3 정중함(격식 갖춤)

언어에서의 정중함politeness, 격식 갖춤[187]은 1970년대와 1980년대에 영미 화용론에서 주요한 관심거리였는데, 브라운·레뷘슨(Brown and Levinson, 1978), 리취(Leech, 1983), 리취·토마스(Leech and Thomas, 1989)를 참고하기 바란다. 가장 영향력 있는 것은 브라운·레뷘슨의 설명이다. 그들은 인간에게 보편적인 일련의 '체면 수립 욕구face wants'[188]를 가정한다.

---

[187] (역주) polire(과거분사 politus)란 라틴 어원은 made smooth(매끄럽게 되다)나 polished (겉면이 잘 닦이다)를 가리키며, politeness는 "격식이나 예의를 갖춰서 정중하게 표현하다"는 뜻이다. 우리말에서는 공손법·대우법·존경법·높임법 등으로 불리는 영역과 겹치겠지만, 간접 표현이나 우회 표현도 중요하게 정중함을 표현하는 선택지에 속하므로, 애오라지 우리말 형태소 '-으시-'를 중심으로 한 높임법 사용보다 더욱 큰 개념이 된다.

[188] (역주) 미국에서 실용주의 철학을 열어 놓은 듀이(1859~1952)의 친구인 미이드(G. H. Mead, 1863~1931)는 미시사회학이란 분야를 개척하면서, 자아(self)를 내면적 자아와 외향적 자아로 구분한 바 있다. 영어 문장에서 주어로 쓰이는 I(내가)와 목적어로 쓰이는 Me(나를)를 학술 용어로 채택하여, 자아는 I(내면적 자아)와 Me(외향적 자아)의 두 측면이 동시에 작동하는 것이다. 미이드의 통찰력은 두 사람의 제자로 이어진다. 한 쪽은 불루머(Blumer, 1969)의 『상징적 상호작용론: 관점과 방법(*Symbolic Interactionalism: Perspective and Method*)』(University of California Press)이고, 다른 한 쪽은 고프먼(Goffman,

사람들은 남에게 내세울 수 있는 '긍정적인 체면'도 갖고 있고, 남한테 감춰 놓고 싶은 '부정적 체면'도 갖고 있다. 전자는 남들로부터 좋아함을 받고 이해를 받으며 칭찬받기를 원하는 일이며, 후자는 남들로부터 간섭받거나 방해받고 싶어 하지 않는 일 따위이다. 일반적으로 응당 체면이 보호되어야 한다는 점은 모든 사람들의 관심 사항이다. 브롸운·레뷘슨(Brown and Levinson, 1978)에서는 잠재적으로 참여자들 자신의 체면이나 대화 상대방의 체면을 깎아 버릴 만한 화용 행위를 누그러뜨려 놓기 위하여, 담화 참여자들 쪽에서 취하는 일련의 전략들에 비춰서 정중함을 살펴본다. 이런 설명은 언어 사용을 개인들의 의도에 의해서 형성된 것으로 여기는 화용론에서 전형적인 방식이다.

여기서 놓쳐 버린 것은 한 문화 속에서도 두루 서로 다른 담화 유형들에 걸쳐서 정중함 실천 방식들이 매우 다양하다는 감각이다. 다양한 정중성의 실천 방식과 다양한 사회관계 사이에 있는 연결점과 정중성 실천 방식에 의해 제약받고 있는 산출자들도 매우 다양히 바뀔 수 있다는 점이다. 브르디외(Bourdieu, 1977: 95쪽, 218쪽)에서는 브롸운·레뷘슨(Brown and Levinson, 1978)의 관점과는 사뭇 다른 정중함에 관한 시각을 제시하는데,

정중함에 대한 양보가 언제나 정치적인 양보임

1922~1982)이다. 체면(face)은 정신병동의 환자들을 관찰하면서 연극처럼 자신을 내보이려는 욕구를 설명하면서 고프먼에 의해 확립된 개념인데, 미이드가 내세운 외면적 자아에 해당한다. face(낯을 세우다, 쪽 팔리다, 얼굴, 체면)는 우리가 창피당하면 얼굴 바닥이 붉어지는 데에서 생겨난 말이다. 그를 비아냥거리는 쪽에서는 예수나 석가모니가 체면 때문에 그들의 삶을 그렇게 살았는지 반문하기도 하지만, 평범한 사람들의 행동 특성을 설명해 주는 매우 기본적인 개념임에 틀림없다. 고프먼의 책들 중에서 세 권이 번역되어 있으며, 53쪽의 역주 25를 보기 바란다. 개인들끼리 관계를 맺을 적에 이런 체면을 보호하거나 위협하는 일의 중요성을 깨닫고, 스텐포드 대학의 심리학자 클락(Clark)은 체면의 하위 구성요소를 상대방의 자율성(autonomy)을 높이거나 낮추는 일, 그리고 상대방의 자존심(self-respect)을 높이거나 낮추는 일로 재구성해 줌으로써, 비로소 체면 세우기에 대한 계산을 할 수 있게 되었다. 클락(Clark, 1996; 김지홍 뒤침, 2009)의 『언어 사용 밑바닥에 깔린 원리』(도서출판 경진)를 읽어 보기 바란다. 처음으로 체면의 개념을 격식 갖춘 언어 표현의 사용 방식에 적용한 업적이 바로 브롸운·레뷘슨(Brown and Levinson, 1978)이다.

(the concessions of politeness are always political concessions)

을 주장한다. 그는 이 점을 다음처럼 더욱 가다듬어 놓았다.

> 정중성 규칙으로 불리는 바에 대한 실질적인 숙달, 그리고 잠재적 청자들
> 의 서로 다른 계층들을 향하여 이용할 수 있는 격식들 각각에 특히 적합하
> 게 맞춰 놓는 기술은 … 확정된 정치 질서의 묵시적 공리계를 구성하는
> 일련의 대립 요소들을 자동적 과정처럼 작동하도록 만드는 무의식적 숙달
> 을 전제하며 따라서 그런 인식을 전제로 한다
> (practical mastery of what are called the rules of politeness, and in particular
> the art of adjusting each of the available formulae … to the different classes
> of possible addressees, presupposes the implicit mastery, hence of the recognition,
> of a set of oppositions constituting the implicit axiomatics of a determinate
> political order)

달리 말하여, 특정한 정중성 관례는 특정한 사회관계와 권력 관계를 구현하며, 그런 관례의 사용은 묵시적으로 그런 관계들을 인정하는 것이다(Kress and Hodge, 1979를 보기 바람). 그런 관례들이 끌어들여져 오는 한, 틀림없이 그런 관계들을 재생산하는 일에 기여하게 된다. 이에 따른 귀결 한 가지는, 주어진 갈래 또는 담화 유형에 대한 정중성 관례들을 탐구하는 일이, 담화 실천 사례들 및 담화가 연합된 기관 영역들 내부에서 사회관계 속으로 들어가 통찰력을 얻는 한 가지 방식이다. 이는 정중성 관례들에 대한 구조주의적 설명을 위하여 정중성 전략을 놓고서 브롸운·레뷘슨(Brown and Levinson, 1978)에서 자발적 의지로 설명하는 방법을 대체하려는 것이 아니다. 저자의 입장은 변증법적인데, 관례들에 대한 제약을 인식하고 있지만, 다른 한 편으로 또한 특정한 조건 아래 창의적으로 재명시하고 따라서 관례들을 변형할 가능성도 인식하는 것이다(§.3-1 참고).

그렇지만 브롸운·레뷘슨(Brown and Levinson, 1978) 업적은 실제로 정
중성 현상에 대한 뛰어난 설명과 맞물려 있는데, 이는 임의의 서로
다른 이론 얼개 속에서도 거기에 맞춰 적합하게 고쳐질 수 있는 것이
다. 아래 〈도표 5-1〉에서 그들의 얼개에 대한 주요 부분을 요약해 놓았
는데, '체면-위협 행위face-threatening acts, 이하 'FTAs'로 줄여 씀'를 실행하는 다
섯 가지 일반적 전략들을 서로 구분해 준다(Brown and Levinson, 1978:
60).[189]

〈도표 5-1〉 '체면 위협 행위(FTA)' 실행 전략

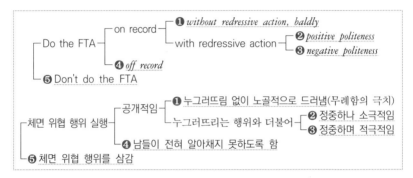

이제 한 가지 예로, 자동차 바퀴에 구멍이 나서 도움을 요청하는 경우
를 상정하기로 한다. 도움 요청은 청자addressee(A)에게 특정한 방식으
로 행동하도록 압력을 넣는다(요구한다)는 점에서, 잠재적으로 청자의

---

189) (역주) 이 도표는 상대방의 체면이 깎이는 쪽에 초점이 있으므로, 상대적으로 동그라
미 번호에 따라 ❶이 가장 체면 손상을 입게 된다(쪽팔리게 됨). 반면에 마지막 ❹가
남이 알아차리지 못하므로 상대방의 체면을 완벽히 살리게(구제하게) 된다. ❷에서 긍
정적이란 말뜻은 체면 위협 행위에 긍정적(어긋나지 않고 여전히 체면이 손상될 수
있음)이라는 뜻이며(다소 체면이 깎일 수 있으므로, 체면 위협적 범주에 속함), ❸의
부정적이란 말뜻은 체면 위협 행위에 부정적(어긋나며 체면 손상을 벗어나게 됨)이란
말이다(체면 위협 범주에 속하지 않고, 대신 새롭게 체면을 보호해 주는 범주에 속할
수 있음). 따라서 상대방의 입장에서 본다면, 공손하고 정중한 말투를 쓰는 것이 ❷가
소극적이고 미약하며, ❸이 적극적이고 상대방을 더욱 높여 주는 말투인 것이다. 이
두 항목의 번역은 직역보다는 의역을 해 둔다(정중하나 소극적 : 정중하며 적극적). ❺
체면 위협 행위를 삼가는 것이 상대방의 체면을 가장 높이 보호해 주는 일다. 따라서
숫자가 더 높을수록 체면이 더 잘 보호됨을 알 수 있다.

체면에 해를 끼쳐 부정적으로 체면이 깎일 뿐만 아니라,[190] 또한 화자
의 체면에도 손상을 줄 수 있다.

Help me fix this tyre
(이 바퀴 고치는 거 좀 도와줘: 마치 빚을 갚으라고 강요하는 듯이 표현)

라고 발언함으로써, 체면 손상을 줄여 놓으려는 일련의 시도도 없이,
다시 말하여 '누그러뜨리려는 행위'도 전혀 없이, '노골적으로' 도움이
요청되고 있는 것이다(전략 ❶에 따른 표현이며, 마치 갑을관계처럼 느껴
지고 무례함). 이런 표현이 체면을 다소 위협하겠지만 다시 소극적으로
말해질 수도 있다(전략 ❷에 따른 표현이며, 다소 체면에 위협적임),

Give us a hand to fix this tyre, mate
(친구야, 이 바퀴를 고치는 데 손길 좀 보태다오: 여전히 의무감을 지우는
듯함)

이 경우 가령 청자(A)에게 호감이나 호의를 보이거나 청자와의 유대
감을 보여 줌으로써, 요구가 상당히 경감되거나 누그러뜨려져 있다(≒
대등한 관계의 친구처럼 부르는 일, 손길을 주는 일이 먼저 있고 나서, 다시
고치는 일로 진행되는데, 이런 간접적이고 복합적인 과정으로 표현하여, 청

---

190) (역주) 아무런 의무도 없는 청자에게 일부러 부탁하거나 요청하는 일이, 그로 하여금
어떤 의무감을 떠맡도록 요구하거나 강요하는 듯이 볼 수 있기 때문에, 여기서는 이를
'부정적 체면'으로 표현한 것이다. 화자의 체면이 깎이는 것은 자동차가 정상적으로
작동하지 않아 당황스럽고(상대방이 쪽팔려 얼굴이 붉어짐) 더러 부정적 낙인이 찍힐
수도 있음을 염두에 둔 것이다. 이 도표의 기본값이 '체면 위협 행위(FTA)'이므로, 원문에
서는 '체면 위협에' positive politeness(긍정적인 정중함)와 negative politeness(부정적인
정중함)로 표현되어 있으나, 긍정적 정중함과 부정적 정중함이란 축자 번역은 오해를
불러일으킨다. 여기서는 더욱 명확히 하여, 전자를 '체면을 깎는 표현'으로, 후자를 '체면
을 살리는 표현'으로 번역하여 둔다. 325쪽의 '요약하자면'으로 시작되는 단락에서는
저자 자신도 혼동하여 두 차례나 negative와 positive를 반대의 뜻으로 쓰고 있기 때문이다
(그곳의 역주 192 참고).

자가 전 단계만 거절하더라도 체면이 크게 손상되지 않도록 함). 체면을 위협하지 않고 상대방의 선택 폭을 넓혀 놓음으로써 다시 다음처럼 좀더 정중하게 표현될 수도 있다(전략 ❸에 따른 표현임).

Sorry to bother you but could you help me with this tyre?
(성가시게 해서 미안한데, 이 바퀴를 고치는 거 도와줄 수 있나요?)

이 경우에 청자의 사생활 존중하는 표현을 쓰거나 또는 화자가 청자를 방해하지 않고 강요치 않으려는 바람('성가시게 하여 미안하다')을 미리 보여 줌으로써, 청자의 부담이 크게 경감된다. 또한 다른 사람이 눈치 채지 못하도록 비밀스럽게off record 다음처럼 말할 수도 있는데(전략 ❹에 따른 표현임),

'Now how on earth am I going to fix that?' 아니면,
(자 대체 어떻게 이걸 고치지?: 내 자신의 일이지만, 듣는 이의 자발적 도움을 바람; that은 78쪽 역주 45와 161쪽 역주 102 참고)
'Did you notice I've got a flat tire?'
(내 차 바퀴가 펑크 난 걸 보셨나요?: 암시적인 간접 표현으로 상대방의 호의를 바람)

따라서 이런 표현에서는 뭐가 언급되는지 추론되어야 하며, 말해진 것은 여러 가지 대안 해석에 활짝 열려 있다(≒간접 요청으로 해석되지 않고, 사실 표현으로도 볼 수 있는데, 후자 해석이라면 청자에게 아무런 도움도 바랄 수 없음). 반면에 상대방의 체면을 보호해 주는 정중한 표현에서는 단순히 'help도와줘'라는 말보다, 오히려 'could[191]) you help도와주실

---

191) (역주) 의지와 관련해서는 Would를 쓰고, 가능한 사건이나 능력을 가리키려면 Could를 쓴다. 이런 조동사도 현재시제 형태가 아니라, 과거시제 형태를 쓰는 것은, 양태상 마치 이미 지나가 버린 일이어서, 현시점에서는 아무런 부담을 상대방에게 없을 수조

수 있겠습니까?'라는 고정된 동사 형태를 쓴다. 이것이 요구를 표현하는 간접 방식으로, 외견상 도움을 줄 수 있는 청자(A)의 능력을 가정하여 묻는 것이다. 그리고 이는 남이 알아차리지 못하도록off record, 비밀스럽게 말하는 전략과 함께, 간접 표현의 속성을 공유한다. 간접적으로 말하는 방식, 즉 '간접 화행indirect speech act'의 이용은 정중한 표현의 중요한 일부이다. 그러나 남이 눈치 못 차리도록 비밀스럽게 말하는 사례들의 간접성은, 청자에게 그 의미를 찾아내는 노력을 요구할 수 있다. 고정된 'could you help도와주실 수 있겠습니까' 표현의 간접성은 이미 관습화되어 있으므로, 해석상 어떤 문제점도 얹어놓지 않는다.

앞에서 언급하였듯이, 진료 상담의 본질에서 자리를 잡고 있는 이런 전환의 한 가지 차원은 정중성 관례에서의 바꿈인 듯하다. 이에 대한 어떤 증거가 〈표본 1〉과 〈표본 2〉에 나타나 있다. 'heartburn like a heartburn or something속이 타는 거 마치 위장 속이 타는 거나 그런 거'라고 하여, 책임 경감 표현을 쓰면서 그 여성 환자의 '시고 쓰린 위'에 대한 낱말 사용에서 보인 친연성이 낮은 양태low affinity, 마치 아닐 수도 있는 듯이 불확실하게 표현함는, 더 앞에서 지적하였듯이 그 의사의 권력 및 전문지식이 주어진 환경에서, 확실하게 내비치는 강한 표현을 삼가는 일로 설명될 수 있다. 이런 양태 표현의 특징은 또한 체면을 보호하는 정중함의 자질로서, 의사의 권위 영역을 침해하는 일을 일부러 피하고 있는 것이다. 〈표본 1〉의 제21~22행, 제29~30행, 제42행에서 보듯이, 그 여성 환자가 일상생활의 목소리로 전환한 것도, 공손성에 비춰서 살필 수 있다. 그것들이 현재 논의 초점이 된 문제 이외에, 그리고 그 문제 밑바닥에 깔린 일련의 문제들을 놓고서, 의사에게 전달하는 비공식적인 암시로

차 없는 듯이 표현하고 있으므로, 간접 표현의 효과와 거의 동일한 것이다. *Could* you help(과거의 어느 시점에서 도와줄 수 있었겠습니까?). 이런 점이 바로 현재시제의 조동사 Will(의지로 행동을 부과함)이나 Can(가능한 능력을 쓰도록 요구함)보다 더욱 공손해 보일 수 있는 까닭이다. 그렇지만 공손 표현은 거의 관용구처럼 고정되어 있기 때문에, 설사 이런 식의 설명이 가능하다고 해도, 그런 어구들을 마치 한 낱말처럼 외워 두어야 한다.

간주될 수 있는 것이다. 비공식적인 모습으로 말함으로써(≒결국 '아니면 말고!'라는 취소 가능성이 높은 말투가 됨), 환자 자신의 체면에 위협적인 사태를 막고, 종종 '개인적' 문제로 치부하여 공식적 논의 금지 사항을 끄집어내는 일을 신중히 삼가는 태도로 이해되는 것이다. 아마 그런 표현들이 또한 그 의사의 체면을 보호하는 쪽으로 향해 있다. 관례적인 진료 상담에서는 흔히 '진료와 무관한' 문제들은 엄밀히 의사의 본업으로 간주되는 것이 아니다. 따라서 그런 문제를 제기하는 일 자체가, 의사한테 통상적 임무를 넘어선 것을 부담지우는 일(≒의사 체면을 위협함)로 해석될 소지가 있다.

〈표본 1〉에서 의사는 정중함에서 부정적이지도 않고 긍정적이지도 않다. 질문을 던지는 일이 잠재적으로 환자(청자)의 체면을 깎아내려 위협하는 행위이지만(≒갑을관계처럼 환자인 을에게는 의무만 있기 때문임), 잠재적으로 의사의 질문 몇 대목이 또한 그 여성 환자의 체면을 위협적으로 깎아내린다. 가장 명백한 대목은 질문을

How long have you been drinking that heavily?
(얼마나 오래 그렇게 과음을 해 오시는 거죠?)

라고 던짐으로써, 여성 환자의 품위가 손상되거나 얼굴을 붉힐 수 있다는 점에서 그러하다. 그럼에도 불구하고, 그 의사는 이들 질문에 대답해야 할 부담을 경감시키지도 않은 채 노골적으로 공개적인 질문들을 계속 던지고 있다.

〈표본 2〉에서는 정중성 관례가 거꾸로 되어 있는 듯이 보인다. 그 환자와 관련하여 정중함에서 긍정적·부정적 체면 모습을 둘 모두 보여 주는 사람이 바로 의사인 것이다. 의사는 일상생활의 목소리를 들으면서 스스로 자신의 체면을 위협하는 모습을 보여 주지만, 둘 모두 진료 상담에 생산적이며(일후 추가적인 상담 내용이 '사태가 어떻게 진전되고 있는지 들으려는' 것임) 또한 수용적이다(그 환자의 일상생활 설명을

놓고 되점검하고 있는 의사의 반응임). 의사는 자신의 질문과 평가에서, 그리고 다시 내원하도록 말하는 제안에서, 신중하고 경감된 형태로 체면을 보호하는 정중함을 보여 준다. 그 여성 환자는 체면을 보호하는 정중함을 아무런 것도 보여 주지 않았다. 사실상 그 환자가 종결을 향하려는 의사의 움직임에 끼어들어, 환자 자신의 설명을 재개하여 노골적으로 간섭하지만(≒의사의 권위를 무시하므로, 의사의 체면을 위협하는 대목임), 이 대목은 인용된 표본 속에는 들어 있지 않다. 그렇지만 그 환자는 의사한테 일상생활의 목소리로 이야기하고 있다는 바로 그 사실만으로도, 체면 보호의 정중함을 보여 주는데, 이는 묵시적으로 그 의사와 공통적이고 대등한 기반을 요구하는 것이다.

요약하자면, 〈표본 1〉에서는 그 여성 환자에 대한 체면 위협을 보여 주고, 의사의 체면을 보호하지도 위협하지도 않는 중립성을 보여 준다. 반면에 〈표본 2〉에서는 의사의 체면을 위협하는 무례함과 체면을 보호하는 정중함을 보여 주지만, 환자에게는 체면을 보호하는 정중함을 보여 준다.192) 이들 차이점은 표준적인 진료 상담 및 대안이 되는 진료 상담에서의 대조적 사회관계와 일치한다. 표준적인 진료 상담에서는 의사와 환자 사이에 지식 및 권위에 관하여 또렷한 비대칭성이 존재하는데, 이는 환자에게서 의사를 향한 복종 및 체면 보호의 정중함을 함의한다. 의사 및 환자 간의 관계는 엄격히 격식이 갖춰져 사회적으로 일정한 거리가 떨어져 있는 관계로서, 정중함에서 체면 위협과는 반대쪽이다. 그리고 환자는 사람이 아니라 문제 덩어리로 취급

---

192) (역주) 이 대목에서 저자 자신도 negative와 positive란 용어를 거꾸로 쓰고 있다. 〈도표 5-1〉에서 제시된 기본값이 '체면 위협 행위(FTA)'이므로, 이 행위에 부정적이라면 응당 '체면 보호 행위(FSA, Face Saving Act)'가 된다. 거꾸로 이에 긍정적이라면 '체면 위협 행위'가 된다. 환자를 존중하는 대안적인 진료 상담 〈표본 2〉에서는, 환자가 중심이 되고 주인처럼 행세하고 있으므로, negative politeness for patient(환자에게 체면 위협에 부정적이며 체면을 보호해 주는 정중함)로 적어야 옳다. 원문의 positive politeness for patient는 오류이며 negative로 교정되어야 한다. 또한 저자가 이 단락의 마지막 대목의 서술에서도 동일한 오류를 범하고 있지만(militate against ~~negative~~ politeness on the patient's part, and favor mutual ~~positive~~ politeness), 교정된 모습으로 번역해 둔다.

된다. 이 점은 의사 쪽에서 환자에 대한 체면 보호의 정중함이 결여된 것으로 판명되는데, 정확히 사람으로서의 환자에 대한 무례한 태도로 비판받는다. 이와는 다르게, 대안이 되는 진료 상담에서는 의사가 대칭성·격식 없음·사회적 친밀성을 모의하는데, 이는 환자 쪽에 체면 보호에 긍정적으로 작용하며, 정중함에서 의사와 환자 사이의 상호간 체면 보호를 선호한다. 따라서 환자가 비로소 사람으로 대접받는데, 이는 환자에 대한 의사의 처지로부터 분리될 수 없는 체면 위협 행위가 체면을 보호하는 정중함에 의해서 경감되는 경향을 띠게 될 것임을 의미한다.

§.5-4 전체 분위기

두 가지 서로 다른 진료 상담 표본을 논의하면서, 저자는 '전체 분위기ethos'에서의[193] 차이점을 언급하였다. 즉, 의사들이 언어적·비-언어적 행동들을 통해서 묵시적으로 신호해 주는 사회적 정체성에 대한 종류에서의 차이점이다. 전체 분위기에 대한 물음은 서로 얽힌 텍스트 속성과 관련된 것이다. 상호작용에서 참여자들의 주체성(사회적 정체성, '자아self')을 구성하기 위하여 다른 갈래로부터 그리고 다른 담화 유형으로부터 어떤 모형이 채택되는가? 〈표본 1〉의 경우에 그 모형은 과학 담론으로부터 취해진 것이었고, 〈표본 2〉는 일상생활의 담론에서 취해졌다.

그렇지만 전체 분위기가 더 넓은 '모형 만들기modelling' 과정의 일부

---

193) (역주) 중·고등학교의 '학교 교훈'을 말하는 상황에서, 영국 런던 사람이 ethos를 쓰는 것을 들었던 일이, 필자에게는 이 낱말에 대한 첫 기억이다. 어원은 nature(자연) disposition(성향, 기질) 등의 의미를 지닌 희랍어 ēthos이다. 옥스퍼드 사전에는 특정 집단이나 공동체에 귀속되는 도덕적 정신적 이념과 태도(the moral ideas and attitudes that belong to a particular group or society)로 풀이하였다. 여기서는 '전체 분위기'나 참여자가 지닌 '정신' 따위로 번역해 둔다.

로 간주될 수 있는데, 거기에서는 상호작용의 시간·장소 및 그 참여자 집단뿐만 아니라, 또한 참여자 분위기들이 다른 것들보다도 오히려 특정하게 서로 얽힌 텍스트 방향들에 있는 결합체들의 투영에 의해서 구성된다. 맹게노(Maingueneau, 1987: 31~35)에서는 프랑스 혁명의 담론 사례(가령 정치 연설들)를 제시하였는데, 이는 시간·장소·'무대scene', 그리고 참여자 및 참여 정신에 비춰보아(곧 전반적인 담화 상황의 의미에서) 고대 로마의 공화정 담론 위에다 모형이 만들어져 있다.

〈표본 2〉는 역사적으로 덜 확대된 사례이다. 이런 종류의 '대안이 되는' 치료는 고민을 지닌 사람 및 동정심 많은 청자 사이에 일어나는 일상생활의 '고민거리 이야기' 위에다 모형을 둔 진료 상담 실천의 담화를 구성한다(Jefferson and Lee, 1981; ten Have, 1989). 이런 모형이 상담 담화를 통하여 치료 담화로 이용될 수 있게 만들어진다고 가정하는 것은 온당한데, 이는 스스로 '고민거리 이야기' 위에다 수립되어 있다. 참여자들은 친구 사이가 아니라면 유대감 및 공통 경험의 관계로 엮이고, 무대는 자신의 문제점을 놓고 스스로 털어놓아 벗어 버리는 것으로 구성된다. 여전히 그 장소는 명백히 의료적인데, 의사의 사무실이다. 대안이 되는 의술 행위(뿐만 아니라 동일한 위상을 받아들이는 교사와 다른 전문 직업인도 포함하여) 속에서 사람들에게 편안하게 '집에서처럼' 느끼도록 만들기 위하여 기관의 분위기를 바꾸고자 노력하면서 의사들에게 가구나 장식물 항목들의 배치와 같은 논제들도 관심사항이 된다. 의사의 이야기에 의해서 그리고 좀 더 일반적으로 이런 종류의 상담에서, 의사가 행동하는 방식에 의해 전달되는 전체 분위기는 잘 돌봐주고 호의적인 친구의 느낌이며 '잘 들어주는 청자'이다.

그렇다면 전체 분위기는 담화의 전반적 몸체에 의해서 분명히 나타나는 것이고, 목소리에 의해서만 나타나는 것은 아니다. 브르디외(Bourdieu, 1984: 제3장)에서는 언어가 응당

사회 세계에 대하여 한 사람의 전체적 관련성이 표현된 신체적 습관의 차원

(a dimension of bodily hexis[194]) in which one's whole relationship to the
social word is expressed)

으로 간주되어야 함을 주장하였다. 가령 '대중 계급의 명시적 표현
모습articulatory style of the popular classes'은 "「판박이 모양새mannerisms」나 「
겉만 화려한 유행chichis」을 거절하고 힘찬 생식성의 시장 가격valorisation
of virility에 의해 지배된 한 사람의 신체에 대한 전반적 관련성과 서로
떼어 놓을 수 없다". 의사들이 이야기하는 방식뿐만이 그런 분위기를
전달해 주는 것은 아니다. 그런 분위기는 의사들이 보여주는 전반적
인 몸짓 성향이 누적되어 나온 결과이다. 의사들이 의자에 앉는 방식,
얼굴 표정, 신체 움직임, 말해진 바에 대하여 신체적으로 반응하는 방
식, 근접 공간에서의 행위 양식(자신의 환자에게 가까이 다가가거나 심지
어 신체 접촉을 하는지 여부, 일정한 거리를 두는지 여부) 따위인 것이다.

§.5-5 결론

전체 분위기ethos라는 개념은 자아에 대한 특정한 내용을 구성하는
일에 간여하는 담화뿐만 아니라, 좀 더 일반적으로 행위들까지 포함
하여 다양한 여러 가지 특징들을 한데 그러모을 수 있는 핵심을 구성
한다. 그런 형상 속에서 제5장에서 저자가 힘을 쏟아 온 텍스트 분석
의 여러 측면들이 모두 부분의 몫으로서 작동한다. 사실상 전부가 아
니라면 대부분의 경우에, 분석하여 떼어낼 수 있는 담화와 텍스트의
모든 요소가 직접적으로든 간접적으로든 간에 자아를 구성해 놓는 일

---

194) (역주) 아리스토텔레스의 『형이상학』(김진성 뒤침, 2007, EJ북스)에서 쓰인 용어로,
'습성이나 성향'(번역본의 41쪽, 56쪽, 98쪽, 213쪽), '신체의 상태'(번역본의 179쪽, 466
쪽), '소유한 상태'(226쪽, 234쪽, 249쪽) 등을 가리켰다. 이 용어가 라틴어로 번역되면
서 habitus(습성이나 습관)로 바뀌었는데, 일부에서는 외래어 '아비투스'로 써서 독자들
을 좌절시키기 일쑤이다.

을 위하여 모종의 함의를 지니는 것이다.

그럼에도 제5장을 시작하면서 언급하였듯이, 이것이 언어 연구와 담화 분석에서 애써 무시해 왔던 논제들이다. 담화에서 자아에 대해 주어졌던 대부분의 관심은 보통 '표현'의 개념에만 초점이 모아져 있었다. 언어의 '표현적' 기능 또는 '정서적' 기능을 구분해 주는 것이 일반적인데, 이는 사람들이 대상들을 놓고서 그것들에 대한 자신의 느낌을 보여 주거나 그것들을 향한 태도를 보여 주는 방식으로, 어떻게 낱말로 표현하는지와 관련된다. 낱말의 '표현적' 측면을 가리키는 '정서적 의미'라는 개념도 널리 쓰이고 있다. 예를 들어, 언어 기능에 대한 로만 야콥슨(Jakobson, 1961: 354)[195]의 유명한 설명 방식은, 화자가 말하고 있는 바를 향한 자기 자신의 태도에 대한 직접적인 표현을 목표로 하는 기능인 '정서적' 또는 '표현적'으로 구분해 준다. 이런 설명이 다루지 못하고 남겨둔 바는 구성의 중요한 관점이다. 즉, 자아를 구성하거나 구축하는 일에서의 담화의 역할이다. 만일 우리가 구성을 강조하여 부각하는 경우에, 언어의 정체성 부여 기능이 커다란 중요성을 떠맡기 시작한다. 왜냐하면 사회가 그 구성원들에 대한 정체성을 범주로 나누고 수립하는 방식이, 그들이 일하는 방법, 권력 관계가 부과되고 실천되는 방법, 하위차원의 사회들이 재생되고 변화하는 방법에 대한 근본적 측면이기 때문이다. 반면에 표현에 초점을 모으는 일은 정체성 부여 기능을 완전히 대인관계 기능의 사소한 측면으로 (주변으로) 내몰아 버렸다. 이것이 저자가 언어 기능들을 놓고서 핼리데이(Halliday, 1978)의 설명 방식을 수정하여 정체성 부여 기능을 구분해 놓은 까닭이다(§.3-1을 보기 바람). 그럼에도 불구하고, 별개의 정체성 기능을 구분해 주기 위해서 좀 더 기술적이고 상세한 경우가 남아

---

195) (역주) 셰년(Shanon, 1948)의 수학적 모형에 영향 입은 『언어학과 시학』인데, 다음처럼 번역되었다. ① 김태옥 뒤침이 이정민 외 엮음(1977)의 『언어과학이란 무엇인가』(문학과지성사)에 있고, ② 신문수 엮고 뒤침(1989)의 『문학 속의 언어학: 로만 야콥슨』(문학과지성사)에도 있으며, ③ 권재일 뒤침(1989)의 『일반 언어학 이론』(민음사)에도 들어 있다.

있다. 핼리데이로서는 별개의 기능을 찾아내기 위하여 문법의 짜임새 중에서 정체성과 상응하는 비교적 또렷이 구별되는 영역(늑대인 관계 기능)이 존재하는 것이다.

제6장 덩잇글 분석

: 사회적 실제 현실을 구성하기

§.6-0 도입

제6장에서는 주요한 초점이 언어의 생각 형성 기능 및 생각 형성 의미와 관련된 텍스트 분석의 여러 측면들에 놓여 있으며, 장 제목으로 내세웠듯이 '사회적 실제 현실을 구성하는 일'과 관련된다. 그러므로 강조점이 새로 만든 '의미 내용-signification, 의미 부여 내용' 및 기존 대상을 '가리키는 내용-reference'196)에서 담화의 역할에 놓여 있는데(§.2-3 참고), 전자는 지식 체계 및 믿음 체계를 구성하고 재생산하며 도전하고 재

---

196) (역주) 일반적으로 동사에 접사를 붙여 명사를 만드는 방식은 크게 세 단계를 거친다. 진행 과정에 초점을 모으거나(우리말 접사 '-기', 영어 접사 'ing'), 그 과정이 끝난 결과 상태에 초점을 모으거나(우리말 접사 '-음', 소위 과거분사로 불리는 영어 접사 'ed'), 이 과정이 끝난 뒤 나오게 되는 산출물 또는 결과물에 초점을 모으는 것이다(우리말 접사 '-이, -개, -암, -람' 따위, 영어 접사는 'er, or' 등). 이를 다음의 도표로 보여 줄 수 있는데, 제2장에서는 이미 '가리키기(referring)'와 '의미 만들기(signifying)'라는 진행 과정의 단계를 가리키는 낱말을 썼지만, 여기서는 결과 상태 또는 '산출물'에 초점을 모으는 표현을 썼기 때문에, 각각 'signification(새로 만든 의미 내용)' 및 'reference(가리키는 내용)'이라는 용어를 쓰고 있는 것이다.

구성하는 과정에 있는 담화의 역할을 다루게 된다. 그러나 이는 강조점을 두는지 어디에 정도의 문제에 불과하고, 불가피하게 제5장에 논의된 관심 사항이었던 관계적 기능 및 정체성 부여 기능과 겹쳐질 것이다.

저자가 논의하는 두 가지 주요 담화 표본은 첫째, 태교 지침에 관하여 예비부모를 위한 소책자에서 가져온 발췌이고, 둘째, 앞에서 간략히 언급되었던 것으로서 '모험/과감함/기업 문화'에 관하여 영국정부의 각료 로어드 영Lord Young 장관에 의해 이뤄진 일련의 연설로부터 가져온 발췌이다. 저자가 각 절에서 다룰 특정한 분석적 주제는 다음과 같다.

① 접속사 및 논점 전개
② 전이 속성(≒변형 관계) 및 주제가 되는 대상theme, 논의거리197)

낱말 만들기의 일반 절차

동사(기본어미 '-다')	진행과정(접사 '-기')	결과상태(접사 '-음')	산출물(접사 '-이,-개' 등)
묻다(to bury)	묻기(burring)	묻음(burried)	무덤(burial)
꾸짖다(to scold)	꾸짖기(scolding)	꾸짖음(scolded)	꾸지람(scolder)
살다(to live)	살기(living)	삶(lived)	사람(man)
알다(to know)	알기(knowing)	알음/앎(known)	앎/알음알이(knowledge)
웃다(to laugh)	웃기(laughing)	웃음(laughed)	웃이/웃음(laughter/laugh)
막다(to stop)	막기(stopping)	막음(stopped)	마개(stopper)
생각하다(to think)	생각하기(thinking)	생각함(thought)	생각(thought)
[떡]볶다(to roast)	[떡]볶기(roasting)	[떡]볶음(roasted)	[떡]볶이(roaster)
지나다(to pass)	지나기(passing)	지남(past)	옛날(past)

197) (역주) 핼리데이의 전이 속성(transitivity)을 저자는 생성문법의 변형 관계 정도로 활용하고 있다. 그렇지만 본디 핼리데이(Halliday, 1985)에서는 문장이나 절이 가리키는 '사건 전개 구조'를 드러내기 위한 포괄적인 상의어로 썼었고, 모두 아래의 여섯 가지 사건 유형이 들어 있다.

　　① 인과율로 된 물리적 사건의 전개/진행 과정(material process)
　　② 정신적 전개/진행 과정(mental process: 지각·정서·인지를 포괄함)
　　③ 의도를 지닌 주체의 행위 전개/진행 과정(behavioural process)
　　④ 언어의 전개/진행 과정(verbal process)
　　⑤ 관계의 전개/진행 과정(relational process: 속성 및 대상 확인)
　　⑥ 존재 과정(existential process)

물론 원저자(핼리데이)의 규정에만 얽매일 것은 아니겠지만, 페어클럽 교수는 핼리데

③ 낱말 의미

④ 낱말 표현

⑤ 비유

제3장의 분석 범주에 비춰본다면, ①은 통사결속과 관련되고, ②는 문법과 관련된다.

§.6-1 접속사 및 논점 전개

다음 표본은 병원에서 예비 부모들에게 준 소책자로서 모뤼스(Morris,

이(Halliday, 1985) 방식을 과감히 수정하여 '변형 관계' 정도로만 쓰고 있음을 적어 둔다. 핼리데이(Halliday, 1985)의 §.5-5에서는 임의의 절들을 분석하여 해당하는 사건 유형에 따라, 마치 생성문법에서 의미역 구조를 배당하고 연결해 놓듯이, 적어도 다섯 가지 층위에 걸쳐서 각각의 기능들을 표시해 놓았다. 언어 분석에서 복합 층위를 도입한 모범적인 최초의 경우이며, 지금도 언어 분석을 위한 좋은 본보기가 되므로, 아래에 일부러 그의 책 68쪽에 있는 분석 사례를 하나 인용해 둔다. "Why are there more floods in houses in the basement?(왜 집들마다 지하실에 더 많은 홍수물이 들어왔을까?)"

《 예문 》	"Why		are there		more floods in houses in the basement"	
I 사건의 유형 transitivity	환경		과정		참여자	환경
	원인		⑥ 존재 과정		매개자와 존재	장소/공간
II 서건 서술 방법 mood	부가어	종결절		주어	보어	부가어
	수의적	서법소			나머지	
III 주제-해설 구조 thematic	주제 부분 (화제 부분)		설명 부분			
IV 정보 구조 information			새 정보		초점	

그리고 §.6-2에서는 정보 구조 이론을 따라 theme(논의거리로서의 주제, 화제가 되는 대상) 뒤에 이어지는 요소를 rheme '설명'으로 부른다(위 그림의 셋째 층위에서 '주제 부분 및 설명 부분'에 해당함). 따라서 생성문법에서 '대상' 또는 '대상 의미역(theme theta-role)'과 자칫 혼동을 초래할 수 있다. 여기서는 다소 길더라도 '주제가 되는 대상'으로 풀어주거나 아니면 '논의거리가 되는 대상'으로 번역해 둔다. 「주제 및 설명」으로 제시하는 정보 구조의 얼개에서 첫 부분을 가리키는데, 더 자세한 풀이는 351쪽의 역주 211과 362쪽의 역주 221을 참고하기 바란다.

1986) 『태교와 육아The Baby Book』에서 가져온 임산부 태교에 대한 한 절의 일부이다. 저자는 분석 과정에서 비슷한 책자로서 영국 건강교육위원회(Health Education Council, 1984) 『임신 기간의 관리Pregnancy Book』로부터 가져온 대조적인 발췌 내용도 뒤에서 곧 소개하게 될 것인데, 원본에서 '검진'으로 제목이 붙은 하위절 바로 앞에 나왔던 '임신 기간'이라는 하위절은 빼어두었다.

〈표본 1: 임산부 돌봄Antenatal Care〉

The essential aim of antenatal care is to ensure that you go through pregnancy and labour in the peak of condition. Inevitably, therefore, it involves a series of examinations and tests throughout the course of your pregnancy. As mentioned above, antenatal care will be provided either by your local hospital or by your general practitioner, frequently working in cooperation with the hospital.

It is important to attend for your first examination as early as possible, since there may be minor disorders that the doctor can correct which will benefit the rest of your pregnancy. More particularly, having seen your doctor and booked in at a local hospital, you will usually receive the assurance that everything is proceeding normally.

임신 기간 동안의 돌봄에 관한 본질적 목적은, 최상의 조건에서 임신 기간을 보내며 일을 하도록 보장해 주려는 것입니다. 그러므로 여러분 임신 기간 동안 단계별로 불가피하게 계속 받아야 할 일련의 검진과 검사들을 포함합니다. 앞에서 언급되었듯이, 임신 기간 동안 돌봐야 할 내용은 여러분이 거주하는 지역 병원이나 아니면 종종 지역 병원과 협력하며 일하는 여러분의 일반 가정의에 의해 제공될 것입니다.

여러분의 최초 검진을 위하여 될 수 있는 대로 일찍 병원에 오는 일이 중요한데, 왜냐하면 의사가 고쳐 줄 수 있는 사소한 이상 징후가 있을 가능성도 있고, 그에 대한 치료는 여러분의 나머지 임신 기간 동안에 이로움을 줄 것이기 때문입니다. 좀 더 구체적으로 지역 병원에 진료 예약을 하고 산부인과 의사를 찾아가 상담함으로써, 흔히 여러분은 모든 것이 정상적으로 진행되어 나간다고 확신을 갖게 될 것입니다.

〈표본 2: 산부인과 첫 방문The First Visit〉

Your first visit involves a comprehensive review of your health through childhood and also right up to the time you became pregnant. Just occasionally women may suffer from certain medical disorders of which they are unaware — such as high blood pressure, diabetes and kidney disease. It is important for these problems to be identified at an early stage since they may seriously influence the course of the pregnancy.

The doctor and midwife will also want to know about all your previous health problems, as well as discussing your social circumstances. We do know that social conditions can influence the outcome of the pregnancy. For this reason, they will ask you details about your housing, as well as your present job. In addition they will need to know if you smoke, drink alcohol or if you are taking any drugs which have been prescribed by your doctor or chemists. All of these substances can sometimes affect the development of a baby.

여러분의 최초 산부인과 방문에서는 여러분의 건강을 놓고서 지속적으로 어린 시절 이후로부터 또한 바로 여러분이 임신한 시점까지에 걸쳐서 종합적인 정밀 검토를 하게 됩니다. 바로 이따금씩 여성들은 스스로 깨닫지 못하는 특정한 의료상의 이상 징후, 예를 들어 고혈압·당뇨·신장 질병으로부터 고통을 받을 수 있기 때문입니다. 초기 단계에서 이들 문제가 있는지 확인되는 것이 중요한데, 왜냐하면 이런 질병이 임신 기간 동안 심각하게 영향을 줄 수 있기 때문입니다.

의사와 산파가 또한 여러분의 사회적 환경들에 관하여 논의하면서 임신 이전 여러분의 건강 문제들에 대해서도 모두 다 알고 싶어 할 것입니다. 우리는 실제로 사회적 조건들이 임신 기간의 말기에 영향을 미칠 수 있음을 잘 알고 있습니다. 이런 이유로, 여러분의 주거문제는 물론, 여러분의 현재 직업에 대해서도 자세한 사항들을 여러분에게 질문하게 될 것입니다. 게다가 여러분이 흡연을 하는지, 상습적으로 술을 마시는지, 여러분의 의사나 약사에 의해서 처방된 약들을 복용하고 있는지를 알 필요가 있습니다. 이런 물질들이 모두 때로 태아의 발달에 영향을 미칠 수 있기 때문입니다.

〈표본 3: 검진Examination〉

You will be weighed so that your subsequent weight gain can be assessed. Your height will be measured, since small women on the whole have a slightly smaller pelvis that tall women — which is not surprising. A complete physical examination will then be carried out which will include checking your breasts, heart, lungs, blood pressure, abdomen and pelvis.

The purpose of this is to identify any abnormalities which might be present, but which so far have not caused you any problems. A vaginal examination will enable the pelvis to be assessed in order to check the condition of the uterus, cervix and the vagina. A cervical smear is also often taken at this time to exclude any early pre-cancerous change which rarely may be present.

여러분의 몸무게가 측정될 것이며, 따라서 지속적으로 여러분의 몸무게 증가 정도가 평가될 수 있습니다. 여러분의 키도 측정될 것인데, 전반적으로 키작은 여성은 키 큰 여성보다 약간 더 작은 골반을 갖고 있기 때문이며 — 이는 놀랄 일이 아닙니다. 그런 다음에 완벽한 신체검사가 실행될 것인데, 여러분의 가슴·심장·허파·혈압·흉곽·골반을 검사할 것입니다.

이 검사의 목적은 발현할지도 모르나 지금까지 여러분에게 아무런 문제를 일으키지 않았을 법한 비정상적 신체 상태를 어떤 것이든지 찾아내려는 것입니다. 자궁·자궁 입구·질의 상태를 진단하기 위하여 질내 검사는 골반이 제대로 기능할 수 있는지 여부가 평가될 수 있습니다. 거의 발현하지 않았을 수도 있지만 암 발생 전조의 초기 변화를 어떤 것이든 배제하기 위하여, 종종 이 시기에 자궁 입구의 도말 표본 검사도 실시됩니다.

이들 표본에서 우리는 텍스트 통사결속 및 문장 구조의 몇 측면들을 분석하면서 시작할 것이다. 이는 이용되고 있는 종류의 논점 전개 및 그 논점이 가정하고 있는 합리성에 대한 종류의 표준을 들여다보는 방식을 제공해 줄 것이다. 차례로 이 텍스트에서 구성된 사회적 정체성의 종류에 대한 어떤 통찰력도 전달해 줄 것인데, 특히 이 표본이 담고 있는 의과학적 목소리 및 전체 분위기이다.

이제 '검진'으로 제목이 붙은 〈표본 3〉에서 문장들이 구성된 방식을 다루기로 한다. 여기에는 두 단락이 있고, 각각 세 개의 문장으로 되어 있다. 첫 단락의 마지막 문장과 두 번째 단락의 첫 문장을 제외한다면, 각각의 문장이 목적 또는 이유를 표시해 주는 접속사를 갖고서 두 개의 절(즉, 단순한 문장인데, §.3-2를 보기 바람)로 연결되어 있다. 이를 다음처럼 도식으로 나타낼 수 있다.

첫째 절 { 따라서/~하기 때문에/~하려고/그리하여 } 둘째 절
Clause I { so that/since/in order to/to } Clause 2

심지어 두 가지 예외까지도 일부 이런 유형에 들어맞는데, 왜냐하면 두 절 사이에 있는 연결이 목적의 한 가지이기 때문이다. 둘째 절의 첫 문장은 "이 검사의 목적은 ~ 찾아내려는 것입니다"로 시작하는데, 거기에서 지시대명사 '이'는 첫 번째 단락의 마지막 문장을 도로 가리키고 있다. 실제로 이 표본에서 목적이나 이유에 의해서 연결되고 있는 문장의 유형뿐만 아니라, 문장들 속에 있는 절들도 또한 계속 반복되고 있다. 막 살핀 전달내용은 환자에게 다시 확신시켜 주려는 것이다. 임신 기간 동안의 돌봄에서 문제가 될 수 있는 모든 것이, 타당한 이유와 함께 그 책자에 씌어 있다. 확신 받게 될 사람이 누구인지는 분명하지만, 정확히 누가 그런 확신을 주기 위한 일을 실행하는지는 덜 분명하다.

참여자들을 살펴봄으로써 이 점을 수립해 나가기로 한다(늑적어도 네 종류의 참여자임). 이 표본에는 담화 실천의 한 대목으로서 참여하고 있는 사람들이 있고, 또 서술되고 있는 임산부의 돌봄을 시행하는 과정에 참여하고 있는 사람들이 있다. 전자는 ① 이 텍스트의 독자들인데, 대부분의 경우에 임산부로서 임신 기간 동안의 유의사항을 따르거나 돌보미로서 긴밀히 임신 기간 동안의 돌봄을 실행할 사람들이다. 그리고 ② 이 텍스트의 집필자들인데,198) 어떤 집필자도 확인되지

---

198) (역주) 원문의 producer(산출자)는 이 소책자의 저자를 가리키므로, 맥락을 살려 축자

않았지만 편집자(산부인과199)의 어느 교수)와 편집진 명단이 책에 적혀 있다. 임신 기간 동안의 돌봄을 시행하는 참여자는 ③ 임산부와 ④ 산부인과 의료진이다. 담화 참여자로서 독자 및 임신 기간 동안 돌봄을 시행하는 참여자로서 여성 사이의 관계는 명백하다. 전자가 거의 대부분 후자인 것이다. 이 텍스트 집필자 및 임신 기간 동안의 돌봄을 시행하는 참여자 사이의 관계는 사뭇 덜 분명하다. 원론적으로 이 텍스트 집필자들은 임산부의 관점이나 산부인과 의료진의 관점을 받아들일 수도 있고, 아니면 사실상 이들 관점을 어떤 것도 수용하지 않을 수도 있다.

이 표본의 경우에, 텍스트 집필자들은 명백히 산부인과 의료진으로 확인된다. 이에 대한 가장 명백한 증거는, '최초의 방문'으로 제목이 붙은 절의 두 번째 단락에 있다. 그 단락의 첫 번째 문장과 세 번째 문장이 그 의료진에서 '알고 싶어 하고' 그리고 '질문하게' 될 바를 미리 말해 준다. 두 번째 문장은 그 의료진이 묻는 이유에 대한 설명이지만, 의료진에서 자신들의 의료 행위가 근거하고 있는 과학 지식이 유의미하게 '우리가' 잘 알고 있는 것으로 표현되어 있다. 여기서 '우리'라는 낱말을 씀으로써, 담화 산출 과정에 있는 참여자로서 텍스트 집필자들 및 임신 기간 동안의 돌봄을 시행하는 참여자로서 의료진 사이에 둘이 서로 겹쳐짐을 표시해 주고 있다.

그렇지만 둘 사이에서 일정한 거리를 두는200) 한 가지 사례가 '검진'으로 이름 붙은 표본의 첫 번째 단락 둘째 문장에 들어 있다. 꼬리표 달린 '이는 놀랄 일이 아니다'라는 해설은 예비 환자의 일상생활

역보다 '집필자'로 쓰는 것이 더 부드럽게 읽힌다.

199) (역주) 원문에 산과(obstetrics)와 부인과(영국 철자 gynaecology, 미국 철자는 gynecology)가 나란히 적혀 있지만, 우리나라에서는 이 두 영역을 한데 합쳐서 '산부인과'로 쓰고 있으므로, 우리 방식대로 번역해 나가기로 한다.

200) (역주) 거리 두기(distancing)는 심리적 거리감(친소 관계) 및 사회적 거리감(신분 관계)으로 더 나뉘는데, 모두 정중성(우리말로는 대우표현)이라는 복합개념을 정의하는 공식성(publicity) 및 격식성(formality)의 하위 구성요소가 된다(382쪽 역주 230).

목소리로 등장하거나, 아니면 사실상 의료진의 전문직이 아닌 일반 능력으로 등장한다. 제5장에서 〈표본 1: 표준 관행의 심리치료 상담〉을 놓고 분석하면서 언급한 미슐러Mishler의 일상생활 목소리를 상기하기 바란다. 그러나 이것과 이유를 표현해 주고 있는 그 문장의 두 번째 절('전반적으로 키 작은 여성이 키 큰 여성보다 약간 작은 골반을 갖고 있기 때문이며') 사이에 목소리 상의 대조에 주목하기 바란다. 이 이유 절은 의학 목소리이다. '골반'이 의학 용어이고, 그 절이 권위적인 단정을 담고 있으며, 우리는 이를 의과학적 증거에 기반을 두고 있다고 여긴다. 또한 전체적으로 보아 이 발췌에서 훨씬 더 전형적인 진술로서, 대체로 이유를 담고 있는 절은 의학 목소리로 되어 있는 것이다. '대체로on the whole'라는 책임 경감 표현도 흥미롭다(≒과학 논문처럼 확률적 통계값을 제시해 주기보다는, 인상적 느낌만 서술하는 표현임). 그런 애매한 표현이 한편으로는 일상생활 목소리로의 전환을 시사해 주지만, 다른 한편으로는 의과학과 연합된 신중하고 용의주도한 전체 분위기도 표시해 준다.

명백히 다시 확신감을 심어 주고 있는 요소는 산부인과 의료진이다. 이유 또는 목적을 표시하는 절들은 끊임없이 의학적 목소리로 제시되고, 의료진들로부터 기대할 법한 종류의 합당성과 논점전개를 제공해 주는데, 이는 이 발췌에서 전체적인 의과학 분위기의 구성에 기여한다(§.5-0 〈표본 1: 표준관행의 심리치료 상담〉의 해설에서 Maingueneau, 1987을 인용한 대목을 참고하기 바람). 다음에 『임신 기간의 관리Pregnancy Book』에서 가져온 발췌와 서로 비교해 보기 바란다.

Throughout your pregnancy you will have regular check-ups … This is *to make sure that both you and the baby are fit and well, to check that the baby is developing properly*, and *as far as possible to prevent anything going wrong* …
(이탤릭 글씨는 강조하기 위해서 인용자[페어클럽]가 표시했음)

여러분의 임신 기간 내내 정규적인 검진을 받게 될 것입니다 … 이는 여러분과 태내 아기가 건강하고 튼튼함을 보장하고, 태아가 적합하게 신체 발달을 하고 있음을 점검하며, 그리고 가능한 한 잘못될 소지가 있는 걸 어떤 것이든 예방하려는 것입니다 … (고딕 글씨는 인용자[페어클럽]가 표시함)

이탤릭 글씨(번역에서는 고딕 글씨)는 『태교와 육아The Baby Book』에 있는 동등한 내용의 것보다도 명백히 일상생활의 목소리에 더 가깝지만, 그럼에도 불구하고 저자는 『임신 기간의 관리Pregnancy Book』에서 목소리의 양면성이 있음을 느낀다. 이에 대한 이유는 의료진이 환자한테 말을 하는 경우에는(§.5-0 〈표본 2: 대안이 되는 심리치료 상담〉을 상기하기 바람) 부분적으로 종종 실제로 일상생활 목소리로 전환을 하고, 이탤릭 글씨(번역은 고딕 글씨)로 된 표현이 의료진에 의해서 말해질 수도 있는 것이다. 그러므로 『임신 기간의 관리Pregnancy Book』의 집필자가 환자의 관점으로부터 집필을 하고 있는지, 아니면 의료진(사이에서 '현대적 모습으로 된' 지위)의 관점으로부터 집필하는지 여부는 불분명하게 남아 있다.

　『태교와 육아The Baby Book』 발췌에서 텍스트 집필자와 의료진이 뒤섞인 추가 증거는 그 양태 속성의 표현들로부터 나온다(§.5-2 참고). '검진'이란 제목이 붙은 절의 첫 단락에서, 세 개의 문장이 모두 조동사 'will-될 것이다'로 양태를 표현하고 있는데, 이는 참·거짓 범주에 대한 의미를 전달하며―'this is what will happen바로 이런 일이 일어날 것이다'―텍스트 집필자가 내부자 지식(≒의료 지식)의 입장으로부터 서술하고 있음을 시사한다. 비슷하게 조동사 'can할 수 있다'으로 표현되었고(가령, '이런 물질들이 모두 때로 … 영향을 미칠 수 있습니다'), 조동사 'may~할 수도 있다'로 표현되었는데(가령, '거의 발현하지 않았을 수도 있는 미발달의 초기 암적 변화'), 이 텍스트 집필자는 의학적 가능성들에 대하여 전문가로서의 단언을 내리고 있다. 어떤 것이든 간에 빈도 부사 'sometimes때로', 'rarely거의 ~않다'들도 이들 단언의 권위성을 더해 놓고 있다. 또한 두 번째 단락의 시작 문장에서 'it is important~이 중요하다' 및 첫 번째 단락 둘째 문장의 부사 'inevitably불가피하게'에도 주목하기 바란다. 'pre-cancerous암으로 발달할 전조가 되는'와 같이 전문 의학 용어의 사용도 '내부자' 효과를 강화시킨다.

요약한다면, 이 표본에 있는 통사결속cohesion에 대한 분석은 논증전개의 유형 및 합당성 확보의 유형으로 들어가는 방법을 제공해 주며,[201] 따라서 그 속에 구성되어 있는 의과학적 목소리와 전체 분위기를 전달해 준다. 이런 표본으로부터 일반화해 보면, 텍스트 유형이 그것들의 절들 사이에 마련된 관계의 종류에서 차이가 나고, 그것들이 선호하는 통사결속의 종류에서도 그러하며, 그런 차이들이 문화적 또는 이념적으로 중요성을 띨 소지가 있다. 통사결속에 있는 이러한 차이들은 텍스트 유형의 전반적인 '텍스트 짜임새'(Halliday, 1985: 313~318)에서, 절들을 구조화하여 텍스트로 만들어 내는 전체적 방식에서, 차이점을 드러내기 위하여 다른 것들과 결합한다. 변이 가능성의 다른 차원들은 다음절에서 논의될 소재를 포함한다. 텍스트 집필자에 의해 이미 알려지거나 수립된 것으로 제시된 '주어진/알려진 정보'가 '새로운/모르는 정보'와 서로 구분되는 방식이며(Halliday, 1985: 271~286; Quirk et al., 1972: 237~243), 텍스트의 특정 부분들을 초점으로 내세우거나fore-grounding 또는 배경으로 깔아 놓는back-grounding 방식들이다(Hoey, 1983). 아마 다른 것보다 덜 분명하지만 탐구할 가치가 있을 것으로 입증될 법한 담화상[202]의 변화에 대한 한 가지 측면이 텍스트 짜임새와 통사결속에서의 변화이다. 예를 들어, 광고 형태에 의해 식민지처럼 지배된 공공 정보의 유형들이(가령, 후천성 면역결핍증AIDS과 같은 논제에 대한 정부의 공익 광고) 이들 측면에서 여러 변화들을 명시적으로 보여 준다

---

201) (역주) '통사결속'은 §.3-2에서 논의되었으며 155쪽의 역주 96 및 176쪽의 역주 114도 함께 살펴보기 바란다.

202) (역주) discourse의 형용사 '담화의, 담화상의'는 discoursal이나 discursive로 쓰고 있는데, 옛날 저자에게 전자 서신으로 문의한 결과, 서로 구분이 없이 혼용된다는 답신을 받은 적이 있다. 사전을 찾아보면 후자가 중세 시대에도 쓰인 바 있는데, 다른 의미로 '장광설'이란 속뜻도 담고 있다. 전자가 아마 최근에 만들어진 형태일 것으로 짐작된다.

는 것이 그런 사례가 아닐까? 만일 그러하다면 그런 변화들이 합당성 및 전체 분위기에 있는 변화들과 어떻게 연결될 수 있을 것인가?

이미 인용된 단락에서 푸코(Foucault, 1972: 57)는 '여러 집단의 진술이 결합될 수 있는 다양한 수사학적 얼개(서술·연역·정의들이 서로 이어지면서 한 텍스트의 건축물을 특성짓는 데 어떻게 이것들이 서로 함께 연결되는지에 관한 논의)'를 언급한다. 한 가지 층위에서 통사결속에 대한 분석은 절들 사이에 있는 기능적 관련성에 초점을 모으며, 다양한 유형의 텍스트에서 '수사학적 얼개들rhetorical schemata'과 같은 내용을 탐구하는 데 이용될 수 있다. 예를 들어, 『태교와 육아The Baby Book』의 발췌에서 지배적인 유형은 임산부에게 일어날 일들에 관한 서술 형태이며, 이런 일을 위하여 의학적 근거에 입각한 설명이 뒤따른다. 잡지 광고의 시작 부분인 다음 발췌는 아주 다른 구조를 지니고 있다.

Consider for a moment why diplomats and company directors the world over choose to travel S-class. Perhaps it's because the Mecedes-Benz flagship conveys presence without courting ostentation. Its styling complements the demeanour of those who have nothing to prove.

잠시 전 세계에 퍼져 있는 외교관들과 회사 중역들이 왜 S-등급의 여정을 선택하는지 생각해 보시기 바랍니다. 머써더즈-벤츠 최고급 자동차가 겉치레 허식 없이 당당한 면모를 드러내기 때문일 것입니다. 그 모양새는 더 이상 증명이 필요 없는 분들의 품격을 보장해 드립니다.

(*Sunday Times Magazine*, 21 January 1990)

이런 광고는 「질문-답변」 연결체로 시작하거나 또는 좀 더 정확히 말하여 간접 질문(독자에게 질문을 살펴보도록 요구함)에 이어 두 문장으로 제시된 가능한 답변이 뒤따른다. 이것이 광고에서 널리 이용된 수사학적 얼개이다. 사사 이야기의 유형처럼 서로 다른 수사학적 양식이 그들이 이용하는 얼개에서 또렷이 두드러진 것 같다.

비록 마지막 발췌에 있는 「질문-답변」 관계는 포함되어 있지 않지만, 핼리데이(Halliday, 1985: 202~227)에서는 절들 사이의 기능적 관계에 대한 일부 주요한 유형들을 분석하기 위한 자세한 얼개를 제공해 준다(또한 Hoy, 1983을 보기 바란다). 동일한 틀의 내용이 또한 전체 문장들 사이의 기능적 관계를 위하여 이용될 수 있다(Halliday, 1985: 303~309). 핼러데이 교수는 개략적으로 절들 사이에 주요한 관계 유형 세 가지를 구분해 놓았다. '가다듬기elaboration', '확대하기extension', '강화하기enhancement'이다. 가다듬기에서는 하나의 절이나 문장이 '주제가 되는 그 대상을 더욱 구체적으로 언급하거나 서술해 줌으로써 또 다른 의미를 가다듬는데', 다시 말하여 재표현하거나, 사례를 들어주거나, 명백히 해 놓는 일이다. 후자의 한 가지 사례가 임산부 돌봄 텍스트에서 '좀 더 구체적으로'라는 말로 시작되는 두 번째 단락의 마지막 문장이다.

확대하기에서는 하나의 절이나 문장이 '그 문장에 새로운 어떤 것을 더해 줌으로써 또 다른 의미를 늘여 놓는다'. 이것은 '그리고, 더구나' 따위로 표시된 간단한 추가 사항일 수도 있고, '그러나, 여전히, 그렇지만' 등으로 표시된 역접 관계일 수도 있으며, '또는, 이와는 달리, 그 대신에' 등으로 표시된 변이 내용일 수도 있다.

강화하기에서는 하나의 절이나 문장이 '여러 가지 가능한 방법으로 주제가 되는 그 대상을 적합하게 표현해 줌으로써 또 다른 의미를 강화시켜 주는데, 시간·장소·방식·원인이나 조건 등을 언급해 주는 일이다'. 여기서 절과 문장 사이에 주요한 관계는 다섯 가지이다. ① 시간 관계temporal relations

'A 그리고 나서 B', 'B 다음에 A', 'B이라면 A', 'B하는 동안에 A'
(A then B, A after B, A when B, A while B)

등, 단 A와 B를 절이나 문장으로 간주할 수 있다. ② 『태교와 육아The Baby Book』의 분석에서 찾아진 이유 및 목적의 관계와 같은 인과 관계

causal relations, ③ '만일 A이라면 B이다if A then B'와 같은 조건 관계 conditional relations, ④ 'B라는 곳에서 A이다A where B'와 같은 공간 관계 spatial relations, ⑤ 'B와 같이 A이다, A가 B와 비슷하다A like B, A similarly B'와 같은 비교 관계comparisons이다.

텍스트 유형들 사이에 있는 중요한 변인은 절과 문장들 사이에 어떤 관계가 어느 범위까지 명백하게 표시되어 있는지이다. 『태교와 육아The Baby Book』 및 『임신 기간의 관리Pregnancy Book』 사이에 있는 한 가지 차이점은 인과 관계들(이유 및 목적)이 일반적으로 전자에서 더욱 명시적으로 표시되어 있다는 사실이다. 예를 들어 '따라서so that', '하기 때문에since'와 같은 접속사들이 더 많이 들어 있다. 그리고 이런 명확성은 의과학 목소리 및 분위기를 담고 있는 전자에서 또렷이 지배적 인상을 만들어 주는 데 기여하는 듯하다.

명확성에서 이러한 변이 가능성은 또한 통사결속의 분석에서 두 가지 층위를 구분해 놓을 필요성을 가리켜 준다. 앞에서 서술해 놓은 관계들처럼 통사결속의 기능적 관계에 대한 분석 및 방금 언급한 접속사와 같이 텍스트의 표면에 명백한 통사결속 표지들에 대한 분석이다. 후자에도 또한 주목할 필요가 있는데, 기능적 관계가 어떤 정도로 명백히 표시되는지를 결정해 줄 뿐만 아니라, 또한 각각 선호하는 표지들의 유형에서 텍스트 유형들 간에도 중요한 구별이 있기 때문이다. 핼리데이(Halliday, 1985: 288~289)에서는 표면의 통사결속 표지들을 놓고서 주요한 네 가지 유형을 구별해 놓았다.203) ① 지시 내용reference, ② 생략ellipsis, ③ 접속conjunction, ④ 어휘 결속lexical cohesion이다.204) 다시 이것

---

203) (역주) 전산 처리된 말뭉치를 다루게 되면서, 새롭게 담화 결속 기제가 시제 표현을 이용하는 일도 있음이 처음으로 머카씨(McCarthy, 1998; 김지홍 뒤침, 2012)의 『입말 그리고 담화 중심의 언어교육』(도서출판 경진, 개정증보판)에서 밝혀진 바 있다. 이를 도표로 그려 176쪽의 역주 114에서 자세히 다뤘으므로 그곳을 살펴보기 바란다.

204) (역주) 어휘 결속은 흔히 '낱말 사슬 만들기(lexical chaining)'로도 부르는데, 서양의 중고고 글쓰기 교육(특히 수사법 교육)에서 가장 역점을 두는 일 중 하나이다. 159쪽 역주 99에 그 실례를 언급해 놓았으며, 압권인 호이(Hoy, 1991)를 참고하기 바란다. 172쪽의 역주 113에서는 우리 문화에 영향을 미친 한자권에서 낱말 사슬에 대한 인식

들에 대해서도 개략적인 윤곽만 제시하기로 한다. 지시 내용은 텍스트의 더 앞부분으로 되돌아가서 가리키는 일이거나, 더 뒤에 나올 텍스트의 어느 부분을 가리키거나, 또는 텍스트 밖에 있는 관련 상황 또는 그 텍스트의 더 넓은 문화적 맥락을 가리켜 주는 것인데, 인칭대명사·지시대명사·정관사 따위 언어 항목들을 이용한다. 생략은 그 텍스트의 다른 부분으로부터 정보를 얻어내어 복원시킬 수 있는 항목들을 없애 버리거나 또는 대용 표현의 낱말로 그것들을 대치하여서, 따라서 그 텍스트의 두 부분 사이에 결속된 연결을 만들어 내는 일이다. 예를 들어, 다음처럼 주고받는 대화의 뒤이어진 대답에서 카드놀이의 '스패이드 패'는 생략되어 있다.

"Why didn't you lead a spade?" – "I hadn't got any"
([카드놀이에서] 왜 넌 스페이드 패를 내밀지 않았니?―내겐 없었거든)

접속은 이미 아주 넓게 언급되어 왔다. 전통적으로 '접속사'로 불려온 'since~하기 때문에', 'if~이라면', 'and그리고' 등은 물론이고, 'therefore그러므로', 'in addition분만 아니라', 'in other words달리 말하여'와 같이 '접속 부가어conjunctive adjuncts'(Halliday, 1985: 303) 또는 '접속구conjuncts'(Quirk et al., 1972: 520~532) 등을 포함하여 접속 낱말과 접속 표현을 지닌 통사결속이다. 어휘적 결속은 낱말의 반복을 통한 결속이며, 의미 관계에서 낱말과 표현들의 연결체로서(Leech, 1981을 보기 바람), 의미가 동일함을 뜻하는 '유의어' 또는 한 낱말의 의미가 다른 낱말의 의미를 '다 포괄함'을 뜻하는 '상의어'가 있으며, 이밖에도 'pipe담뱃대', 'smoke담배 연기', 'tobacco담뱃잎'처럼 동일한 의미 영역에 속하여 함께 실현되는205) 경향이 있는 표현,

---

이 거의 3천 년 전부터 있었음을 언급해 두었고, 179쪽의 역주 115에서는 우리말로 낱말 사슬을 예시해 놓았으므로, 그곳을 읽어보기 바란다.

205) (역주) co-occur(함께 실현되다, 공기하다)라는 낱말은 미국 기술주의 언어학에서 처음 썼던 것인데, 여기서는 모순 없이 일관된 도출을 이끌어 내기 위한 핵어(head) 개념이 없이 그대로 현상을 받아 적는 일에만 관심이 있었다. 우리말에서 '줄'이란 형식 명사가

즉 함께 '이어져 있는collocate' 낱말 및 표현들의 연결체(Halliday, 1966)도 있다.206)

표면적으로 이들 유형의 통사결속 표지를 단순히 텍스트의 객관적 속성으로 간주하는 일은 본질을 오도하는 것이 될 듯하다. 통사결속 표지들은 반드시 텍스트를 놓고서 해석 주체에 의해서 일관된coherent, 의미 연결이 이뤄진 해석을 구성해 주는 처리 과정의 일부로 해석되어야 한다(§.3-3의 중반부 논의를 참고 바람). 통사결속 속성은 일관성cohesion, 의미 연결성에 대한 한 가지 요인이다. 예를 들어, 이런 점에서 텍스트에 대한 해석 주체의 해석 내용을 고려하지 않고서는 텍스트에 있는 어느 어휘 항목들이 이어져 나오는지, 다시 말하여 어느 항목들을 해석 주체가 실제로 여러 관계들 사이에서 초점이 되는 것으로 알아보는지를 구체적으로 명시해 줄 수 없는 것이다(≒해석 내용이 상황마다 선택지가 달라지기 때문임). 그럼에도 불구하고, 통사결속 표지들이 역동적으로

나오면 반드시 "그가 올 줄 알았다/몰랐다"와 같이 그 뒤에 '알다, 모르다' 따위의 동사가 나와야 하고, '인기척'이란 낱말은 반드시 "인기척 나다/듣다"와 같이 '나다'와 같은 발생 동사나 그 사건을 지각하는 '듣다' 동사가 이어져야 하는 것이다. 이런 경우를 함께 나온다/실현된다(co-occur)고 불렀던 것이다.

그런데 생성문법에서는 가설-연역적 공리계가 인간 사고를 모순 없이 도출한다는 전제를 받아들여 방법론적 일원론(methodological monism)을 그 운용 원리로 채택하였으므로, 용어도 달라질 수밖에 없었다. 맨 처음 썼던 용어는 '구-구절 구조' 규칙이 갖춰진 다음에 빈 칸 속에 들어가야 하는 규칙이란 뜻으로 sub-categorization(하위-범주화 제약, 낱말 삽입 규칙)으로 불렀었는데, 1980년대에 들어서는 핵어가 요구하는 내용들을 선택한다는 뜻에서 selectional restriction(선택 제약)이라고 바꿔 불렀다. 곧 핵어 '알다/모르다'가 '줄'을 실현시키는 내포문을 선택하거나 핵어 '나다' 또는 '듣다'가 발자국 소리와 같은 대상을 요구한다고 보는 것이다.

전산 처리된 언어 자료를 이용하여 처음 구-결합론(phraseology) 영역을 수립한 씽클레어(J. M. Sinclair, 1933~2007) 교수는 우리 머릿속 저장고에서 개별 낱말보다 이음말(collocation)이 더 기본적임을 깨닫고서 '미리 짜인 단위(preconstructed unit)'로 불렀다. 이는 다시 관용적 결합 원리(idiom principle)와 개방적 선택 원리(open-choice principle)에 따라 문장 따위의 큰 단위로 확대된다고 보았다. 공기 관계는 관용적 결합 원리에 의해 작동하는 한 가지 사례이다. 38쪽의 역주 20에 적어 놓은 씽클레어 교수의 업적들을 참고하기 바란다.

206) (역주) 흔히 관용구 정도를 중심으로 하여 collocation(이음말)을 다루고 있으므로, 한자를 좋아하는 이들은 '연어(連語, 聯語)'라고 부른다. 그렇지만 이하 단락에서 명시적으로 사전의 설명에서 찾을 수 없는 연결체들까지도 collocation(이음말)이라고 부르고 있으므로, '연어'라는 한자어로는 도저히 그런 범위를 포착하거나 가리킬 수 없다.

텍스트 산출자의 관점으로부터 바라볼 필요가 있다. 텍스트 산출자가 해석 주체를 놓고서 주체subject(동시에 대상의 뜻도 있는데, 151쪽의 역주 92와 264쪽의 역주 171을 보기 바람)로서 위상을 부여하는 과정에서 능동적으로 특정한 종류의 통사결속 관계들을 마련해 놓는다. 결과적으로, 이들 역동적 용어들로 바라본 통사결속이란 임의의 텍스트에서 전개되고 있는 이념 '작업'의 중요한 모습임이 밝혀질 수도 있다.

몇 단락 앞에서 제시되었던 '머씨더즈-벤츠 최고급 자동차'에 관한 잡지 광고에서 이런 점들을 예시해 준다. 이 대목에 관해 일관되게 의미 연결된 해석은 상당량 추론 작업에 달려 있다. 이는 그 텍스트 산출자에 의해 마련된 이음말 관계의 의미가 이어진 연결체들을 재구성해 주는 일을 중심으로 이뤄지는데, '외교관 및 회사 중역' 사이의 연결, '겉치레 허식 없이 당당한 면모를 드러냄' 및 '더 이상 증명이 필요 없는 분들의 품위' 사이의 연결이다. 다시 말하여, 겉치레 허식 없이 당당한 면모를 드러내는 일이 외교관 및 회사 중역들의 특징이라고 가정함으로써(여기서는 이런 특징이 자동차에 그대로 옮겨져 있음), 그리고 외교관과 회사 중역들이 품격(≒품위와 인격)을 지니며 더 이상 입증할 필요가 없다고 가정함으로써, 그 텍스트의 의미를 만들 수 있는 것이다. 이들 이음말 관계가 사전에서 찾아낼 수 없을 법한 것임에 주목하기 바란다(좁은 범위로만 쓸 경우에 '개'와 '짖다' 사이의 관계를 가리키지만, 여기서는 이보다 훨씬 더 넓은 범위로 '이음말'의 개념을 쓰고 있음). 그런 관계가 텍스트 산출자에 의해서 이 텍스트 속에 들어가 있는 것이다. 그런 관계를 마련해 놓는 데에서, 산출자가 또한 이들 이음말 관계들을 해석자가 가려낼 수 있는 '능력'을 지녔다고 가정하고 있다. 그런 위상 속에 해석자가 성공적으로 자리 잡는 한, 해당 텍스트는 이들 연결이 상식적이 되도록 주체subject, 동시에 덩잇글을 읽을 대상자도 됨를 구성하는 일에서 이념적 작업을 성공적으로 수행하고 있는 셈이다. §.3-4 (가)에서 알튀쎄르에 대한 언급 및 §.4-4에서의 '행위 주체/대상'에 대한 논의를 보기 바란다.

§.6-2 문장이 변형되는 전이 속성 및 주제가 되는 대상

§.1-5의 비판적 언어학 및 §.3-1 담화(담론)의 후반부에서 다룬, 생각 형성 차원의 절clause207)에 관한 문법은, 체계-기능 언어학에서 일반적으로 '전이 속성'으로208) 언급되는데(Halliday, 1985: 제5장), 절에서 부호로 입력되어 있는 여러 과정의 유형과 그 과정들에 포함된 참여 요소의 유형을 다루게 된다. 여기서 '참여 요소'는 절에 있는 항목들을 뜻한다. §.1-5에서 언급했듯이, 비판적 언어학 내부에서 담화를 분석을 하는 과정으로 체계-기능 언어학이 많은 주목을 받아왔는데, 퐈울러 외(Fowler et al., 1979), 크뤼스·호쥐(Kress and Hodge, 1979), 크뤼스(Kress, 1988), 호쥐·크뤼스(Hodge and Kress, 1988)을 보기 바란다. 두 가지 주요 유형의 전개 과정은 '관계적' 전개 과정 및 '행동' 전개 과정이다. 전자는 동사가 참여 요소들 사이에 있는 관련성을 표시해 준다('존재·소유·됨' 따위). 후자는 행동 주체가 목표를 향해 행위를 진행해 나간다. 이 절에서는 또한 '주제가 되는 대상theme'에 대하여 거의 언급

---

207) (역주) 언어학에서 부르는 절(clause) 또는 절-유사 단위(clause-like unit)는, 철학·수학·논리학에서 참·거짓을 따지는 'proposition('최소 단언', 명령문으로 된 표제를 가리키는 '명제'는 잘못된 말임)' 또는 사고 단위(thought unit)로 부르거나, 담화 연구에서 억양 단위(intonation unit)로도 부른다(Chafe, 1994; 김병원 외 뒤침, 2006, 『담화와 의식과 시간: 언어 의식론』, 한국문화사).

208) (역주) '전이 속성'이란 내포 의미의 차이만 제외한다면 생성문법에서 다룬 '변형 관계'와 거의 같은 내용이다. 여기서는 특히 '능동태 구문 및 수동태 구문', 그리고 '문장 및 명사 구문' 사이에서 서로 전이되어 바뀐 것을 대상(생성문법에서는 '대상 의미역' theme theta-role을 받는 논항임)으로 논의하였다. 그 결과, 이들 사이에 서로 내포 의미가 달라진다. ① 먼저 능동태 구문과 수동태 구문의 전이 속성은, 서술 관점의 차이를 드러낸다. 능동태 구문은 일련의 사건에 대하여 책임질 주체를 드러내어 주지만, 수동태 구문은 마치 자연계의 인과율에 따라 일어난 듯이 책임질 사람을 가려버리는 효과를 지니는 것이다. 따라서 대중매체나 공문서나 학술 논문 따위에는 압도적으로 수동 표현 우세 현상이 관찰된다. 수동태 구문에 대해서는 361쪽의 역주 219도 같이 보기 바란다. ② 다음으로 문장과 명사 구문 사이에는 참·거짓의 함의가 기본값(default)으로 들어가 있는지 여부에서 내포 의미가 달라진다. 문장은 일반적으로 듣는 즉시 청자가 참인지 거짓인지를 경험상으로 따져 즉각 판단할 수 있다. 그렇지만 명사화 구문들은 마치 언어 표현에 대응되는 실제 세계의 사물이 있는 듯한 함의를 깔고 있으므로, 거짓된 주장이라도 명사화 구성을 갖고 표현될 경우에는 듣는 이들이 마치 그것이 참이라고 착각하게 되는 것이다.

되지 않을 것인데, 정보의 도드라짐informational prominence, 정보의 탁립 정도에 따라 절 요소들에 각각 위상이 배정되는 방식에 관심 둔, 텍스트 차원의 절에 관한 문법이다.

임산부 돌봄 소책자로부터 나온 발췌에서, 전개 과정의 행위 유형에 관하여 주목할 만한 점 한 가지는, 산모가 거의 행위 주체로 언급되지 않는다는 점이다. 행위 과정에서 행위 주체는 종종 의료진이거나 (많은 경우에 묵시적으로 그러한데, 가령 "you will *be weighed*여러분의 몸무게가 측정될 것입니다"와 같이 해당 절이 수동태 구문이고 행위주가 '삭제'되어 있기 때문임) 또는 비-인간 개체들로서, 가령 "Your First Visit여러분의 산부인과 첫 방문"이란209) 제목의 발췌에서 두 번째 단락의 'social conditions사회적 조건들'와 'substances물질들'이다. 거꾸로, 'you여러분'와 'your height여러분의 키'과 같은 임산부 또는 임산부의 신체적 특징이 행위 절에서 아주 자주 목표로 등장한다. 또한 임산부를 가리키는 '여러분'이 정보상 중요한 절의 시작 위치에는 거의 잘 등장하지 않고, 그 '주제가 되는 대상theme'으로만 나온다(후속 논의 참고).

『임신 기간의 관리Pregnancy Book』는 이러한 측면들에서 크게 차이가 난다. 'you여러분'를 행위 주체로 내세운 행위 전개 과정들을 많이 포함하고 있고, 다수의 절들도 주제가 되는 대상인 'you여러분'를 갖고 있다. 예를 들면,

> You will probably want to ask a lot of questions yourself — about antenatal care, about the hospital, about your pregnancy. You may also want to say something about what you hope for in pregnancy and at the birth. Tell the midwife anything that **you** feel is important. Write down in advance the things you want to ask or say.

---

209) (역주) 앞의 발췌에서는 'the first visit'(최초의 방문)이므로 뜻이 통하도록 번역을 '산부인과 첫 방문'으로 적어 두었다. 여기서는 본디 정관사 the 대신에 your(여러분의)가 들어가 있는데, 작은 실수이겠으나 저자가 잠깐 착각한 듯하다.

> 여러분은 아마도 임신 기간의 돌봄에 대해서, 병원에 대해서, 여러분의 임신에 대해서, 많은 질문을 스스로 던지고 싶을 것입니다. 또한 임신 기간 동안 그리고 출산에서 여러분이 희망하는 바에 관하여 무언가를 말하고 싶을 수도 있습니다. **여러분이** 중요하다고 느끼는 것을 무엇이든 산파에게 말해 주십시오. 미리 여러분이 묻거나 말하고 싶은 것들을 종이에 적어 주십시오.

'you여러분'는 '원하고', '질문들을 던지며', '말하고', 묵시적으로 '이야기하고', '종이에 적어 놓는' 행위 주체이다. 그리고 'you여러분'는 다섯 절에서 주제로 논의된 대상이다('임신 기간 동안 그리고 출산에서 여러분이 희망하는 바'와 같은 종속절을 포함하여). 그것이 또한 명령문 형태 '말해 주십시오!'와 '종이에 적어 주십시오!'에서 묵시적 주제가 되는 대상이라고 말할 수도 있다. 점선 밑줄이 그어진 진한 글씨 'you여러분이'의 사례는 『임신 기간의 관리Pregnancy Book』의 '여러분 중심성'을 강조해 준다. 이는 『태교와 육아The Baby Book』에서 중심으로부터 배제된 임산부의 속성과 대조를 보인다. 후자에서는 비교적 높은 비율로 행위주가 표시되지 않는 수동태 구문이 쓰였는데, 묵시적 행위 주체는 의료진의 구성원이다. 또한 §.6-1에서 언급한 참·거짓 범주로 이뤄진 예측양태와 결합되어 있고('you will be weighed여러분의 몸무게가 측정될 것입니다'는 두 가지 특징을 모두 결합하고 있음: 수동태 및 참·거짓 양태), 임산부가 한결같이 이름 모를 기계적 절차들을 따라야 할 존재라는 느낌만 전해 준다. 『임신 기간의 관리Pregnancy Book』에서 'you여러분'이 주제가 되는 대상으로 취급받는 일은, 다시 앞 절에서 시사했듯이, 만일 양면성이 있을 경우 여기서는 임산부의 관점을 채택함을 보여 준다. 반면에 이와는 달리 『태교와 육아The Baby Book』에 들어 있는 관점은 확고하게 의료진의 관점일 뿐이다.

전이 속성의 마지막 특징은 표본에 있는 '명사화 구성'의 정도이다.[210] 명사화 구성은 사건 전개/진행의 과정들을 명사로 된 대상물처럼 바꿔 놓는 일이다. 이는 시제 및 양태 표현이 언급될 수 없다는 점에서 그 전개/진행 과정 자체를 배경으로 깔아 놓는 효과를 지니고, 일반적으로 그 참여 요소들을 낱낱이 구체화되지 않으므로, 누가 무엇을 누구에게 실행하고 있는지는 묵시적으로 남겨져 있다. 의학 및 다른 과학–기술 담화의 언어에서는 명사화 구성을 선호하지만, 이 표본의 독자들과 같이 '일반' 사람들에게는 그런 명사화 구문이 추상적이고 위협적이며 신비하게 보일 수 있는 것이다. 『태교와 육아The Baby Book』에는 많은 양의 명사화 구성들이 들어 있다. '여러분의 첫 방문'(산부인과 첫 방문, 349쪽의 역주 209 참고)이란 제목의 절에 있는 명사화 구문의 몇 가지 사례들은 다음과 같다.

'a comprehensive review of your health여러분의 건강에 관한 종합 검진',

'medical disorders의료상의 이상',

'kidney disease콩팥 질병',

'your previous health problem이전에 있었던 여러분의 건강상 문제점',

'the outcome of the pregnancy임신 기간 동안의 결과',

'the development of a baby태내 아기의 신체 발달'

높은 빈도의 명사화 구성이 이런 텍스트를 '의학적 목소리'로 향하도록 하는 또 다른 지표가 된다.

이제 좀 더 일반적인 용어로 이 사례에서 제기된 논제를 다루기로 하겠는데, 먼저 전이 속성(≒변형 관계)을 다루고 나서, 다음으로 태(능동태 및 수동태)를 다루고, 다시 명사화 구성과 주제가 되는 대상theme, 논의거리인 대상211)을 다루어 나가기로 한다.

---

210) (역주) 68쪽과 69쪽의 역주 38과 역주 39에서 문장이 점차 명사 구성으로 바뀜(전이될) 경우에 무엇이 어떻게 달라지는지를 언급해 두었다. 그곳을 참고하기 바란다.

211) (역주) 이 책에서는 §.1-5에서는 theme(대상 의미역)을 생성문법의 용어로 써서 agent(행위 주체)와 대립시키고 있지만, 여기서는 특히 핼리데이(Halliday, 1978)와 같은 입장의 정보 구조 이론을 깔고서 이 구문을 설명해 주고 있다. 서로 다른 이론을 채택함으로써 비록 동일한 영어 낱말 theme이라고 해도, 이를 정보 구조 이론에서는 '주제가

실세계에서 사건의 진행/전개 과정 및 생물·무생물의 참여 요소가
있고,212) 언어에서도 사건의 전개/진행 과정 표현과 참여 요소들의

되는 대상'으로 번역해야 되며, rheme(설명, 해설)과 짝을 이룬다. 프라그 학파에서 썼
던 「이미 알려진 정보: 새로운 정보」라는 용어로도 널리 쓰이고 있다. 여기에 대해서는
362쪽의 역주 221을 읽어보기 바란다. 제2장에서 푸코를 언급하면서 '대상'이라고 번역
한 낱말은 object(대상, 사물, 객체)이며, 이는 subject(주어, 지배에 복종 당하는 사람,
피실험자, 151쪽의 역주 92 및 264쪽의 역주 171도 같이 참고 바람)와 짝을 이루고
쓰였음도 덧붙여 둔다.

설사 용어 사용이 조금 다르다고 해도, 형용사 구문으로 분류되는 이런 구문을 생성
문법에서 지속적으로 심도 있게 다뤄왔다. 머릿속의 초기 표상에서는 관찰자이면서
또한 화자가 주어가 되고, 그 대상을 관찰한 뒤에 그 대상의 속성을 서술하는 형상을
지녀야 한다. 그렇지만 언제나 동일한 '관찰자=경험 주체=화자=단언 주체'의 속성이
주어지며, 늘 이것이 상위문 "나는 너에게 다음을 주장한다/단언한다"는 형식 안에 들
어 있고, '나'와 '너'가 언제나 비어 있기 때문에, 내포문에 있는 대상(theme)이 필수적으
로 상위문의 비어 있는 주어 자리로 이동하는 것(필수적 상승 이동)으로 설명한다. 이
를 '비-대격 구문(un-accusativity)'이라고 부른다(최근의 논의에서는 '감각 및 감정 동사
구문'으로까지 더 확장되어 논의되고 있음). 또한 경험 주체(experiencer)가 문장의 표면
으로 어떻게 어디에 나오는지는 개별 언어들의 특성을 결정해 놓는다. 이에 대해서는
234쪽의 역주 159에서 자세히 언급해 두었다. 그렇다면 수동태 구문이 따로 있는 것이
아니라, 우연히 결국 비-대격 구문의 형식을 이용하는 부차적인 통사 형식에 지나지
않는다. 이런 설명 방식이 더 일반적이며, 인간 사고의 공통성을 보장해 준다는 점에서
훨씬 설득력이 있게 보이는데, 다음 책들을 읽어보기 바란다.

① 레뷘·뢰퍼포어-호뵙(1995), 『비-대격성: 통사-어휘 의미론의 경계면에서(*Unaccusativity:
At the Syntax-Lexical Semantics Interface*)』(MIT Press)

② 알렉지어두 외 엮음(Alexiadou et al., 2004), 『비-대격성 수수께끼: 통사-어휘 경계
면의 설명들(*The Unaccusativity Puzzle: Explorations of the Syntax-Lexicon Interface*)』
(Oxford University Press)

③ 기즈본(Gisborne, 2010), 『지각동사의 사건 구조(*The Event Structure of Perception Verbs*)』
(Oxford University Press)

④ 딜러(Diller, 2014), 『느낌 낱말들: 영어 감정동사들에 관한 역사적 연구(*Words for
Feeling: Studies in the History of the English Emotion Lexicon*)』(Winter University Press:
Heidelberg)

212) (역주) 물론 저자가 과도하게 일반화해 놓고 있다. 연역적으로 서술한다면, ① 생태
환경이 먼저 주어지고, ② 이것이 무대로 설정된 다음에, ③ 그 무대 위에 대상들이 있고,
④ 그 대상들 사이에서 변화가 일어나는 사건이 주어져야 하는 것이다. 사건이란 임의
상태의 변화라고 정의될 수 있으므로, 원문의 processes(사건 진행 과정)는 ④의 단계에
관련된 서술 내용이다. 이것만이 아니다. 이러한 사건의 진행 또는 변화는 첫째, 자연계
의 인과율에 의해 일어나는지, 둘째, 생명을 유지하려는 본능에 의해서 일어나는지,
셋째, 인간을 설명하기 위하여 사회관계 작동원리와 자유의지를 도입해야 하는지에
따라 더 세분되어야 옳다. 비판적 담화 분석에서는 물론 셋째를 중심으로 한 사회현상과
물음들을 다루게 된다. animate(생물, 유정물)와 inanimate(무생물, 무정물)는 옛날 용어
를 이어받아 정(情)이 있느냐 없느냐(유정, 무정)를 쓰기도 한다. 중국 송나라 때 발전한
성리학에서는, 마음(心)의 본체가 성(性, 성격)으로 언급되고, 외부로부터 자극을 받아
그 반응으로 정(情)이 작동하므로 드디어 밖에서 관찰할 수 있는 것이다. 오직 살아있는
생명체라야만 자극에 대한 반응 행동으로 정(情, 감정)을 드러내 보일 뿐이다. 이런

표현이 있지만, 그렇다고 하더라도 실제 전개/진행 과정의 본성으로 부터 언어상으로 표시되는 방식을 간단히 추정할 수는 없다. 반면에, 실제 전개/진행 과정이 그 사건의 전개/진행 과정이 해석되는 관점에 따라 언어 표현으로는 아주 다양한 방식으로 표시될 수 있는 것이다. 임의의 언어는 몇 가지 전개/진행 과정 유형 및 이에 관여된 참여 요소 유형에 따라서 차이가 난다. 그리고 실제 현실의 전개/진행 과정에 대한 의미 내용은, 이런 유형들 중 하나의 유형에 맞춰 동화시켜 나가는 일이다. 전이 속성(≒문장을 명사절·명사구·명사의 형태로 바꿔 표현하는 속성)을 분석하기 위한 사회적 동기는, 임의의 특정한 텍스트에서 임의의 사건 전개/진행 과정이 어떤 특정한 유형의 담화로(그리고 다른 유형의 담화로) 표명되는 방법을 결정짓는 것이, 어떤 사회적·문화적·이념적·정치적·이론적 요인들인지를 알아내고자 하는 것이다.

영어에서 주요한 사건 진행/전개 과정의 유형은 다음의 네 가지이다.213)

점에서 성(性)은 잠재태이고, 정(情)은 발현태이다. 여기서는 각각 쉽게 쓰는 낱말로 생물과 무생물이라고 번역해 둔다.

213) (역주) 언어가 표현하는 사건을 놓고서 다루기 시작한 것은 헝가리 출신의 미국 철학자 벤들러(Zeno Vendler, 1921~2004) 교수의 업적에서 비롯된다. 1967년 『철학 속의 언어학(*Linguistics in Philosophy*)』(Cornell University Press), 1968년 하버드 대학 박사논문인 『형용사 및 명사화 구문(*Adjectives and Nominalizations*)』(Mouton de Gruyter), 1984년 『정신 작동의 대상물(*The Matter of Minds*)』(Clarendon Press)를 보기 바란다. 이런 논의는 인간 정신을 탐색하던 생성문법에서 논항구조(argument structure)를 일반화해 놓음으로써, 자연스럽게 사건 구조(event structure)를 다루는 단계로 발전해 나가게 되었다. 우리말로는 김지홍(2010)의 『국어 통사·의미론의 몇 측면: 논항구조 접근』(도서출판 경진)을 보기 바란다. 필자의 판단으로 필독해야 할 책들을 아래에 적어 둔다.

• 히긴보덤 외 엮음(Higginbotham, Pianesi, and Varzi, 2000), 『사건의 표현 방식(*Speaking of Event*)』(Oxford University Press)
• 해일·카이저(Hale and Keyser, 2002), 『논항구조 이론에 대한 서설(*Prolegomenon to a Theory of Argument Structure*)』(MIT Press)
• 두보이스 외 엮음(Du Bois, Kumpt, and Ashby, 2003), 『선호된 논항구조: 기능을 위한 구조물로서의 문법(*Preferred Argument Structure: Grammar as Architecture for Function*)』(John Benjamins)
• 로쓰슈타인(Rothstein, 2004), 『사건을 구조화하기: 어휘 측면의 의미론 연구(*Structuring Events: A Study in the Semantics of Lexical Aspect*)』(Blackwell Publishing)
• 레빈·뢰퍼포어-호뱝(Levin and Rappoaport-Hovav, 2005), 『논항 실현 방식(*Argument Realization*)』(Cambridge University Press)

action의지에 따른 일련의 행동214)

event변화를 모두 아우르는 사건

relational관계적 과정

mental processes정신적 과정

더 앞쪽에서 이미 일련의 행위 및 관계적 과정에 대해서는 언급하였다. 두 가지 유형의 행동 과정들이 구별될 수 있다. [책임질 사람임]] '지시된directed' 행동 및 [책임질 사람이 없는] '비-지시non-directed' 행동이다. 행위 주체가 지시된 일련의 행동은 『태교와 육아The Baby Book』에서 확인해 둔 유형인데, 임의의 행위 주체가 어떤 목표를 향하여 일련의 행동을 하게 된다. 이는 (해당 텍스트의 표면에 명시된 대로) 일반적으로 타동사 구문으로 표현되는데, '주어＋동사＋목적어'로 된 절로서, 가령

• 바워먼·브롸운 엮음(Bowerman and Brown, 2008), 『논항구조에 대한 몇 가지 범-언어적 관점: 학습 가능성의 함의들(Cross-linguistic Perspectives on Argument Structure: Implications for Learnability)』(Lawrence Earlbaum)
• 뢰퍼포어-호봡 외 엮음(Rappaport-Hovav, Doron, and Sichel, 2010), 『어휘의미·통사·사건 구조(Lexical Semantics, Syntax, and Event Structure)』(Oxford University Press)
• 뢴들(Randall, 2010), 『연결 짓기: 논항구조의 기하학(Linking: The Geometry of Argument Structure)』(Springer)
• 로버륑 엮음(Robering, 2014), 『사건·논항·시상: 동사 의미론의 몇 가지 주제(Events, Arguments, and Aspects: Topics in the Semantics of Verbs)』(John Benjamins)

214) (역주) act(낱개의 행위, 단일 행위)가 '시작 → 중간 → 끝'으로 계속 이어져서 하나의 사건을 만들 경우에 action(일련의 행위)이라고 부르며, 반드시 시작점과 끝점이 있다. 따라서 낱개의 행위 'act'는 더 이상 분석될 수 없겠으나, action은 일련의 과정이 성공적으로 끝나든 그렇지 않은 간에 여러 개의 하위 행위들로 분석될 수 있는 것이다. 이런 구분을 명확히 찾을 수 없었던 필자는, 우연히 클락(Clark, 1996; 김지홍 뒤침, 2009: §.1-3의 역주 24에서 교수의 책을 번역하면서 어떻게 구분되어야 하는지를 비로소 알게 되었다. action(일련의 행위)과 event(상태 변화로서의 사건)의 구분도 매우 간단하다. 351쪽의 역주 211에서 언급하였듯이, 임의의 상태 변화가 자유의지를 지닌 사람에 의해 일어났는지, 아니면 단순히 인과율에 의해 그런 변화가 일어났는지를 나눠 놓기 위한 것이기 때문이다. 문제는 의도적으로 사람이 일으킨 사건을 오직 결과 상태만을 표현하여, 마치 인과율에 의해 일어난 일처럼 말하는 일이다. "철수가 쓰레기를 태웠다"(타동사 구문)라고 말하지 않고, 대신 "쓰레기가 불탔다"(자동사 구문)나 "쓰레기 소각"(명사화 구문)처럼 말하는 것이다. 그렇다면 듣는 사람을 속이고자 서술 관점을 일부러 그렇게 고정시켜 놓은 것임을 알 수 있다.

the police shot 100 demonstrators
(경찰에서 시위 군중들 100명을 쏴 죽였다)

이다. [책임질 사람을 감춰 표현된] '비-지시' 행위는 행위 주체와 일련
의 행위를 포함하지만, (명시적인) 목표가 드러나 있지 않다. 이는 일반
적으로 자동사 구문으로 표현되는데, '주어+동사'로 된 절이다. 예를
들어 앞의 사례가 가리키는 똑같은 사건을 놓고서도

the police were shooting
(경찰에서 총을 쏴 죽이고 있었다)

라는 절로 표현될 수 있다. 사건 전개 과정은 사건 및 목표(≒이를 수혜
자와 피해자로 더 세분키도 함)를 포함하는데, 또한

100 demonstrators died
(시위 군중들이 100명 죽었다)

와 같이 자동사 구문의 절로 표현된다. 비-지시 행위 및 사건 절이
항상 또렷이 구분되는 것은 아니지만, 그 사건들을 놓고서 가장 자연
스럽게 질문을 던지게 되는 방법에 비춰보면 두 가지 표현법이 실제
로 차이가 난다. [책임질 사람이 숨겨진] 비-지시 행위는 가장 자연스럽
게 다음 질문의 형식과 연계된다.

What did x(=*the agent*) *do?*
(행위 주체 x가 무슨 일을 했나?)

그렇지만 사건 표현은 다음 질문 형식과 연계되어 있다.

What happened to x(=the goal)?

(목표점 x한테 무슨 일이 일어났나?)

관계상의 전개/진행 과정은 개체들 사이에서 '있기being'·'되기becoming'·
'갖기having, possession; 소유'란 관계를 포함한다.215) 가령

100 demonstrators are dead

(지금 현재 시위 군중이 100명 죽어 있다)

와 같다. 마지막으로, 정신적 전개/진행 과정은

㉠ 'know알다'·'think생각하다'와 같은 인식cognition 동사,

㉡ 'hear들리다'·'notice눈여겨보다, 주의하다'와 같이 지각perception 동사,

㉢ 'like좋아하다'·'fear무섭다'와 같이 정서affection 형용사

등을 포함한다. 이것들은 일반적으로 타동사 구문의 절로 실현되며,
가령

the demonstrators feared the police

(그 시위 군중들이 경찰을 무서워했다/두려워했다)

와 같은데, 핼리데이(Halliday, 1985)에서 'senser지각 주체' 및 'phenomenon

---

215) (역주) 331쪽의 역주 196에서 '낱말 만들기의 일반 절차'라는 도표를 제시하였는데,
진행 과정이나 전개 과정을 가리킨다면, 우리말에서 접사 '-기'를 쓰는 것이 합당하다.
이런 점 때문에 '있음, 됨, 가짐'과 같이 결과 상태를 가리키는 접사 '-음'을 선택하지
않고, 대신 '-기'로 번역해 두었음을 밝혀 둔다. 그렇지만 영어의 접사 '-ing'가 산출물
(teach[가르치다] → teaching[가르치기 그리고 교육])을 가리키는 데에도 쓰일 수 있다
는 점에서(결과 상태를 가리키는 taught[가르친]은 결코 산출물을 가리킬 수 없다는
점에서 예외적임), 결과 상태로의 해석 가능성도 열어놔 둔다. 이런 공백이나 뒤섞임을
설명해 줄 만한 영어의 직관이 필자에게 없기 때문이다.

356

현상'이라고 부른 바를 포함한다. 이 경우에 지각 주체는 정신적 전개/진행 과정을 경험하게 되는 개체, 즉 '그 시위 군중들'이며, 현상은 그런 경험의 목표나 출처가 되는데 이 경우에 '경찰'이다.

실제 사건 전개/진행 과정을 표현하기 위하여, 사건 전개 과정의 어느 유형이 선택되는지는, 이미 앞에서 지적했듯이 문화적·정치적·이념적 중요성을 띨 수 있다. 핼리데이(Halliday, 1971)에서는 윌리엄 골딩William Golding의 소설 『후계자들Inheritors』에216) 대한 연구에서 문화적 중요성에 관한 문학적 사례를 제공해 준다. 고생대의 네안데르탈 인류 Lok록의 관점이 사건 전개 과정들을 지닌 소설에서 어떻게 표현되는지를 보여 주는데, 결과적으로 [책임질 사람이] '지시된 행위'와 행위 속성의 관계와 그것과 연합된 인과율은 표현될 수 없었다. 이는 Lok록의 문화적 원시성을 드러내고, (현생 슬기로운 인류Homo sapiens) 사람들The People의 행위들을 이해하는 능력이 결여되어 있음을 드러내 준다.

저자가 앞에서 들었던 예시 표본의 일부('경찰이 시위 군중들 100명을 쏴 죽였다', '시위 군중들이 100명 죽었다', '시위 군중들이 100명 죽어 있다')는, 사건 전개 과정의 유형에 대한 선택을 놓고서, 있을 수 있는 정치적·이념적 중요성을 시사해 준다. 예를 들어, 언제나 중요한 것으로 제기되는 논제는, 행위 속성agency·원인 속성causality, 인과율·책임 속성responsibility이 대중매체에서 중요한 사건들에 대한 설명으로 명시적으로 표현되는지, 아니면 막연히 애매하게 남겨지는지 여부이다. 앞에 있는 사례들은 이런 사회 문제가 항상 제기하는 사건들에 관하여 한 가지 범주를 상기시키는데, 폭력 및 난폭하게 살해된 주검이다. 따라

---

216) (역주) 황찬호 뒤침(1988)의 『후계자들』(범한출판사)로 나와 있는데, 그 해설(480쪽)에 "악(원죄)이라고 하는 것이 네안데르탈인에게는 존재하지 않았고, (현생) 인류와 함께 이 세상에 출현했다는 것을 이야기의 중심 주제로 삼고 있다."고 하면서도 석연치 않은 대목도 있음을 덧붙여 놓았다. 네안데르탈 인 중 마지막으로 남은 남자와 여자가 Lok(록)과 퐈(Fa)인데, 모든 사건들을 서술해 주는 주인공 록은 그중에서도 사고 능력이 가장 낮은 존재이다. 골딩은 『파리 대왕』 등으로 1983년에 노벨문학상을 받았다.

서 트루(Trew, 1979)에서는 남아공화국에서 정치 시위 과정에서 빚어진 주검들을 표현하는 데에서 해당 신문의 정치적 지향성이, 사건의 전개/진행 과정 유형에 대한 선택을[217] 결정하였고, 따라서 억울한 주검들에 대한 책임이 명백히 드러나는지에 대한 표현 여부, 그리고 누구한테 그 책임이 돌아가는지에 대한 표현 여부를 결정해 놓았음을 잘 보여 주었다. 비슷하게 전쟁·실업·산업쇠퇴·산업재해 등도 가끔씩 막 자연계의 인과율에 따라 발생한 사건처럼 표현되기도 하고, 때로는 책임을 질 행위 주체들을 지닌 일련의 행위들에 기대어 표현되기도 한다. 이러한 대안이 되는 표현 방식들이 정치·이념 투쟁의 초점이 될 수 있다. 더 앞에서 살펴본 임산부 돌봄의 전개 과정에 대한 의미 내용에서도 동일한 주장이 성립된다. 이는 임산부가 일련의 행위들에 대한 행위 주체로 표현되는지, 아니면 단지 일련의 행위들에 대한 목표(대상)로서만 표현되는지에 관한 물음이다.

절의 문법 형태가 언제나 그 전개/진행 과정의 유형을 서술해 주는 손쉬운 안내자가 되는 것은 아니다. 예를 들어, 핼리데이(Halliday, 1985: 제10장)에서 '문법적 은유'라고 부른 사례가 있는데, 여기에서도 한 가지 전개/진행 과정의 유형이 전형적인 또 다른 유형의 문법 실현을 떠맡게 된다. 다음은 영국 공산당 기관지『모닝 스타The Morning Star』에 있는 기사로부터 뽑은 인용 발췌이다(이미 §.1-5에서도 언급되었음). 그 기사 제목은 'Big Demos Boost Health Service Fight대규모 시위대들이 보건복지 투쟁을 한 단계 더 끌어올리다'이다(여기서 영국의 북부사람들은 특히 스코틀랜드 광부들을 가리킴).

health workers and colleagues demonstrated and rallied, marched and picketed,

---

217) (역주) 이를 김지홍(2015)의『언어 산출 과정에 대한 학제적 접근』(도서출판 경진) §.6-2에서는 해당 사건에 대한 '서술 관점의 수립'이라고 불렀다. 물론 여기에는 그 사건을 자세히 서술해 주는지 아니면 일반화하고 추상적인 모습으로 언급하는지, 문장으로 서술하는지 명사화 구문으로 표현하는지, 관련된 대상들을 개별적으로 부르는지 아니면 총칭적으로 일반화하여 부르는지 여부까지도 다 포함되어야 할 것이다.

leafleted and petitioned

(보건 복지조합 노동자들과 임원들은 시위를 하면서 집결하였고, 행진을 하면서 구호가 적힌 피켓을 들었으며, 대중매체에도 광고를 싣고 정부에도 탄원서를 제출하였다)

Parliament was hit by hundreds of northerners

(의회가 영국 북부사람 수백 명에게 [법안 통과 압력의 폭격으로(로비로)] 두들겨 맞았다)

명백히 이들 인용은 모두 의도적인 활동에 대하여 강력한 인상을 심어 주는 행위 절이다. 첫 번째와 세 번째는 '주어＋동사＋목적어'를 지닌 타동구문의 절로서, 책임질 사람이 지시된 행위를 표현해 주고 있다. 그러나 이들을 비유적 대안처럼 간주할 수도 있다. 예를 들어

'many people have *demonstrated* and this has helped those fighting for the health services'

(많은 사람들이 시위를 보여주었고, 이것이 보건 복지 제도를 위한 투쟁에 도움이 되었다)

'hundreds of northerners *conducted* a lobby of Parliament'

(수백 명의 영국 북부사람들이 의회의 의안 통과에 압력을 가하도록 이끌었다)

다시 써 놓은 버금 문장들에서는, 명백히 책임질 사람이 전혀 지시되지 않은 채 한 계열의 행위 절로만 바뀌어 표현되어 있다. 다시, 이 점을 행위 주체를 명백히 주어로 요구하는 '*took part in* demonstrations 시위에 가담하다'와 '*held* rallies규합해 놓았다'를 바꿔 쓴 '문법적 은유 표현'으로 간주할 수 있다. 이 경우에는, 그 신문의 정치적 입장에서 문법적 은유를 쓰기 위한 분명한 동기가 있는 것이다.

[책임질 사람이] 지시된 행위 절들에서 추가적인 변인은 '태voice'이

다. 이는 능동태가 되거나 수동태(피동태)로 될 수 있다(Quirk et al., 1972: 801~811; Halliday, 1985: 제5장).218) 수동태 구문의 절에서 행위의 목표가 주어로 나오고, 행위 주체는 'by~에 의해서'로 시작되는 구가 되어 '수동태 행위주passive agent'가 되든지, 아니면 완전히 생략될 수 있다. 후자의 사례로서 『임신 기간의 관리Pregnancy Book』에 있는

antenatal care will be provided either by your local hospital or by your general practitioner
(임신 기간 동안의 돌봄은 여러분의 지역 병원이나 일반 가정의에 의해 제공될 것입니다)
your height will be measured
(여러분의 키가 측정될 것입니다)

이다. 능동태 구문의 절은 '무표적unmarked, 기본값' 선택이며, 수동태 구문을 선택하기 위한 특별한 이유가 없을 경우에 늘 선택되는 형식이다. 수동태 구문을 선택하는 동기는 아주 다양하다. 비록 행위 주체가 그 자체로 너무 자명하거나, 전혀 무관하거나, 또는 알 수 없다는 등의 여러 사실 때문에, 동기가 다양하게 마련될 수 있다손 치더라도, 뚜렷한 한 가지 이유는 수동태가 '행위 주체의 생략'을 허용해 주기 때문이다. 행위 주체가 생략된 수동태 구문에 대한 또 다른 정치적·이념적 이유는, 일부러 행위 속성을 불분명하게 만들어 놓아서, 궁극적으로 원인 속성 및 책임 속성을 애매하게 하려는 것일 수도 있다. 다음의 두 구문을 대립시켜 비교해 보기 바란다.

police shot 100 demonstrators

---

218) (역주) '태'는 이 두 가지만 있는 것이 아니라, 한 대상의 내재적 속성을 표현해 주는 '중간태(middle voice)'도 있다. 가령, "The bread *cuts* easily(그 빵은 잘 썰린다)"에서와 같이 빵의 내적 속성을 표현해 주는 경우이다. 234쪽의 역주 159를 보기 바란다.

(경찰이 시위 군중 1백 명을 쏴 죽였다: 당연히 책임은 행위를 한 경찰이

져야 함)

100 demonstrators were killed

(시위 군중 1백 명이 죽어 있었다: 결과 상태만 있고 책임질 주체는 표현되

지 않음)

수동태 구문이 또한 절의 텍스트상의 기능과 관련한 고려사항들 때문

에 선택될 수도 있다. 수동태 구문은 목표the goal219)를 문장이 시작되

는 '주제가 되는 대상' 위치로 앞서 나오도록 바꿔 버린다. 일반적으로

이는 그 논의거리 대상을 '주어진 것given, 사실로 주어진 것' 또는 이미 알려

진(≒따라서 청자도 알고 있는) 정보로 제시함을 의미한다. 또한 행위

주체를 생략해 버리지 않는다면, 절의 마지막 위치에 있는 도드라진

위치로 가도록 바꿔 버리는데, 흔히 이 위치에서 새로운 정보를 찾게

된다.220) 예를 들어

antenatal care will be provided either by your local hospital or by your general

practitioner

(임신 기간 동안의 돌봄은 여러분의 지역 병원이나 일반 가정의에 의해

제공될 것입니다)

---

219) (역주) goal(목표 의미역)은 한 행위의 종착점(목표점)에 있는 개체를 가리키는 용어로
서, 종착점에 있는 개체에게 이익을 주는지 여부에 따라 서로 구분하여 '수혜자'나 '피
해자'로 달리 부르기도 한다. '주제가 되는 대상'은 351쪽의 역주 211 및 362쪽의 역주
221을 함께 보기 바란다.

220) (역주) 의사소통 정보 이론에서 가장 최근에 나온 종합판은 크뤼프카 외 엮음(Krifka
and Musan 2012)의 『정보 구조의 표현(*The Expression of Information Structure*)』(De
Gruyter Mouton)인데, 13편의 글에서 범-언어적 자료들을 다루고 있다. 풰리 외 엮음
(Féry and Ishihara, 2016) 『정보 구조에 대한 옥스포드 소백과』(Oxford University Press)
에는 40편의 글이 들어 있다. 362쪽의 역주 221을 보기 바란다. 램브렉트(Lambrecht,
1996; 고석주 외 뒤침, 2000)의 『정보구조와 문장 형식: 주제, 초점, 담화 지시물의 심적
표상』(월인)과 치포눈(Zifonun, 1987; 이희자 뒤침, 2002)의 『의사소통 단위와 문장』(한
국문화사)도 같이 읽어보기 바란다.

에서 '임신 기간 동안의 돌봄'이 주어져(알려져) 있는 정보인데, 이는 인용 발췌의 전문이 서술해 주는 내용이다. 그리고 새로운 정보는 누가 그런 돌봄을 제공해 주는지에 관한 것인데, 새로운 정보 자리[221]에 있는 행위 주체들이다(실제로 두 선택지가 대안으로 제시됨). 주제가 되는 대상에 대해서는 아래 논의를 보기 바란다.

명사화 구문은 행위 주체를 생략하는 잠재성을 수동태 구문과 함께 공유하고 있으며, 생략 동기들의 다양성에서도 그러하다. 동일한 방향으로 두 가지 일이 모두 함께 일어나기도 한다. 가령

a complete physical examination will then be carried out

(그런 다음에 완벽한 신체검사가 실행될 것입니다)

앞에서 주목하였듯이, 여기서 행위 주체가 없는 수동태 구문 및 참·거짓을 단정하는 범주적 서술 양태가 서로 결합하여, 임산부를 익명으로 (물건마냥 취급되는) 한결 같은 검진 절차를 받아야 한다는 의미를 전달하면서, 그 소책자에서 의과학적인 목소리를 강화시켜 주고 있다. 또한 행위 주체가 찾아지지 않은 명사화 구문을 씀으로써(여기서는 '완벽한 신체검사') 그런 목소리를 거듭 강조해 놓는다. 명사화 구문들이 또한 행위 주체들만이 아니라 다른 참여자들도 누락시키는 일을 포함할 수 있다. 가령,

---

221) (역주) 이는 문장 형식 「주어 → 술어」를 마치 「무대 → 배우」, 「배경 → 초점」, 「계단 붙은 디딤판 → 윗층」 따위로 겹쳐 읽음으로써 순서상 더 뒤에 오는 것이 알려지지 않은 새로운 정보라고 가정하는 것이다. 달리 말하여, 이것들을 모두 「주어진 정보 → 새로운 정보」 혹은 「옛 정보 → 새 정보」의 틀이나 또는 「주제 → 설명(theme → rheme)」으로 재 해석하는 것이다. 주어진 정보는 청자와 화자 사이에 새로운 정보를 전달해 주기 위한 '디딤돌' 또는 공통 기반(common ground)으로서 역할을 떠맡고 있다고 해석한 것이다. 이때 주의할 점이 있다. 분명히 이런 틀을 따르지 않는 언어 형식도 있으며, 이를 '지각 현저성(perceptive prominence, 쉽게 주목하게 됨, 지각상의 우세함)'이란 개념으로 설명한다. 거꾸로, 이는 늘 맨 앞에 나오는 언어 형식을 누구나 다 쉽게 주목하게 된다는 이론이다. 정보 구조 이론에서 맨 뒤쪽에 나오는 강조점과 문장의 맨 첫머리에 나오는 지각상의 우세함을 모순 없이 설명해 주는 틀도 제안되었는데, 앞과 뒤를 높이 치올린 옛날 서구 목욕탕 욕조 모습을 따서 'bath tube(욕조)' 효과라고 부르기도 한다.

it involves a series of *examinations* and *tests* throughout the course of your pregnancy

(이는 여러분 임신 기간 동안 단계별로 계속 받아야 할 일련의 검진과 검사들을 포함합니다)

에서 명사 '검진'과 '검사'는 행위 주체 및 목표(즉, 수혜자)를 생략한 모습을 담고 있다.[222]

명사화 구문은 전개/진행 과정과 활동을, 결과 상태와 주제가 되는 대상으로 바꾸어 버리고, 구체적인 대상물을 추상적인 개념체로 바꿔

---

[222] (역주) 사전에 하나의 항목으로 명사가 등록되어 있으므로, 그렇다면 왜 굳이 문장처럼 행위 주체와 대상(목표) 따위를 집어넣어야 하는지 의문이 들 것이다. 이는 언어의 기본 단위, 기억의 기본 단위, 경험의 기본 단위와 서로 맞물려 있는 가장 근원적인 질문에 맞닿아 있다. 적어도 새로운 영역들을 개척해 온 현대 학문의 흐름에서는 '언어·기억(언어에 기댄 재구성 기억)·경험(의식적 경험)'의 기본단위들이 서로 공통점을 공유하고 있다고 가정하고 있다. 다시 말하여, 가장 먼저 주어져야 할 대상이 우리의 실세계 경험인데, 경험의 단위들을 '낱개의 사건'이라고 부르며, 이것이 내적 분석의 구조를 지닌 채로(주어와 술어의 결합 형상으로) 장기 기억 속에 들어가 있다. 관련된 좀 더 자세한 내용은 김지홍(2015)의 『언어 산출 과정에 대한 학제적 접근』(도서출판 경진)의 제2장 1절 '생각 또는 사고 단위'를 보기 바란다. 실제 현장의 경험 사건들을 처리하려면, 부지불식간에 관련 인출구조를 전-전두엽에 있는 작업 기억으로 불러들여, 현재 들어온 자극 내용들과 서로 비교하면서 처리가 이뤄지는 것으로 알려져 있다.

만일 사고의 기본 단위가 우리가 경험하는 낱개의 사건(단위 사건)이라고 한다면, 국어사전에 올라 있는 항목들도 궁극적으로 모두 인간 사고 방식을 모의하여 재서술될 필요가 있을 것이다(후술할 추상화 연산소 람다 변환 방식으로 표현된 항목들이 됨). 지금 현재 참스키 언어학에서의 논의는 destruction(파괴)과 같이 '사건 관련 명사'만을 놓고서, 동사 destroy(부수다, 파괴하다)와 똑같은 논항구조에 의미역을 부여하여 명사 구성을 도출해 내고 있지만, 이는 한 가지 예시이다. 모든 언어 구성체들이 모두 낱개 사건의 구성체로 재표현되어야 할 것이다. 논항구조와 의미역 배당에 대해서는 김지홍(2010a)의 『국어 통사·의미론의 몇 측면: 논항구조 접근』(도서출판 경진)과 김지홍(2010b)의 『언어의 심층과 언어교육』(도서출판 경진)을 읽어보기 바란다.

인류 지성사에서 이런 명사화 구문을 처음으로 다룬 것은, 언어 형식과 전혀 무관한 수학 기초론(foundation of mathematics) 개척자들에 의해서이다. 뤄쓸(1937 개정판)의 『수학의 원리(*The Principles of Mathematics*)』(Norton)에서부터 출발하여, 미국 프린스턴 대학의 처취(Alonzo Church, 1941)의 『추상화 연산소 람다-변환의 계산 방식들(*The Calculi of Lamda-Conversion*)』와 『수리논리학 개론(*Introduction to Mathematical Logic*)』(둘 모두 Princeton University Press)에서 완성된다고 한다. 그 기본 생각은 모두 참값만을 지닌 논항들로 해당 함수를 작동시키는 것이다(연산자 람다로 묶인 원소들에 대한 함수). 예를 들어 '사랑한다'는 집합을 구성하는 데에 배타적으로 모두 사랑 관계에 있는 대상들만을 모아 놓고 다시 상위 집합을 재구성하는 합성함수(composite function)의 방식이다. 68쪽의 역주 38을 보기 바란다.

놓는다. 예를 들어, 임신-출산 과정에서 태아가 정상적으로 발달하지 않을 수 있는 구체적 전개/진행 과정을 가리키는 일(≒조심하면 아무일 없이 지날 수 있는 과정임)과 '발현되어 나올 수도 있는 임의의 비정상적 상태'를 가리키는 일이 서로 별개의 다른 전개/진행 과정이다. 후자는 특히 추상적 대상들에 대한 새로운 범주를 새로 만들어낸다.223) 새로운 대상(≒학문 영역)들에 대한 창조는, 현저하게 문화적·이념적 중요성을 지닌 명사화 구문의 한 특징이 된다. 예를 들어, 성형 수술에 대한 다음 광고 문구

> Good looks can last you a lifetime!
> (멋진 얼굴은 여러분에게서 평생 동안 지속됩니다!)

에서 '멋진 얼굴/용모'가 "you look good!용모가 멋지시군요!, 얼굴이 참 좋습니다!" 라는 구체적인 관계상의 전개/진행 과정을 가리키는 문장으로부터 전환되어, 명사화 구문으로 표현되어 있다. 이 명사화 결과는 지엽적이며 일시적인 조건을 내재적 상태나 속성으로 바꾸면서, 별개의 대상(looks 용모, 언제나 s가 붙어 얼굴의 이모저모)처럼 만들어 주며entify,224) 그런 다음에야 이것이 그 자체로 문화적 주목거리와 조정 과정의 초점으로 자리를 잡게 된다. 예를 들면, 다음과 같은 가치가 생겨나는 것이다. 멋진 용모가 가꿔질 수 있고, 더 끌어올릴 수 있으며, 보살펴질 수 있는데, 이런 용모(언제나 복수이므로 원문에서 they로 받고 있음)는

---

223) (역주) 비정상적인 태아 발달이나 기형적 태아 발달을 학문적으로 다루는 별개의 영역이 이미 주어져 있다는 뜻이다. 다시 말하여 여기서 여느 산모의 태아 발달과는 별개의 영역으로 간주됨을 의미한다.

224) (역주) entify는 일반사전에서 찾을 수 없다. Google 검색에서는 비슷한 낱말로 reify(추상적인 것을 구체적으로 만들다)와 hypostatize(막연한 개념을 실체화하다)를 올려놓았고, 영국 백과사전(www.encyclo.co.uk)에서는 별개의 개체가 되도록 하다(to cause to become a separate entity)로 풀이하였다. 아마 개체(entity)라는 어근에 접사 'ify'가 붙은 듯하며, '현실에 있는 개체가 되도록 하다'는 정도로 번역해 둔다. 우리말 누리집 검색을 하면 축자 번역으로 (객체 지향 철학에서) '존재자화'를 쓴 경우도 있었다. 그러나 필자는 이 말이 무슨 뜻인지 알 수 없어서 따르지 않는다.

사람들에게 좋은 운수를 가져다주고, 사람들을 행복하게 해 주며, 불운도 가져다 줄 수 있는 것이다. 그렇다면 명사화 구문이 그 자체로 전개/진행 과정에 대한 목표의 역할 및 심지어 행위 주체의 역할까지도 떠맡게 되는 것이다. 명사화 구문의 속성들에 대한 추가적인 논의는 크뤼스·호쥐(Kress and Hodge, 1979: 제2장)을 보기 바란다(또한 이 책 뒤에 나온 Fairclough, 2003; 김지홍 뒤침, 2012: §.8-7도 참고 바람).

이미 저자는 수동태 구문의 절을 선택하는 동기들을 논의하면서 '주제가 되는 대상theme'을 언급하였다. 수동태 구문에서 주제가 가진 대상theme은 그 절의 맨 첫 부분이 되며, 그 나머지 부분은 때로 '설명rheme'으로 언급된다(Quirk et al., 1972: 945~955; Halliday, 1985의 제3장). 이들 (정보 구조의) 용어로 절을 분석하는 일은, 절들의 텍스트상 기능을 살펴보는 일을 뜻하며(§.3-2 참고), 넓은 의미에서 그것들이 정보를 어떻게 구조화해 주는지를 의미한다. 주제가 되는 대상theme, 논의거리인 대상은 절에서 그 텍스트 산출자의 출발점이다. 일반적으로 무엇이 '주어진/알려진' 정보로 '간주될' 것인지와 일치하는데, 실제 세계에서 과연 그러한지(참된 추측인지) 여부는 별개의 문제이겠지만, 텍스트 산출자 및 해석 주체 양쪽 모두에게 이미 알려져 있거나 참값인 정보로 간주되는 것이다.

서로 다른 유형의 텍스트에서 주제가 되는 대상theme으로 선택되는 경향이 있는 것을 살펴보는 일은, 사회적 질서 및 수사학적 전략에 관한 상식적 가정들을 놓고서 우리에게 통찰력을 제공해 줄 수 있다. 우선 상식적 가정을 살펴보기로 한다. (1) 서술 단정의 절 또는 진술에서 주제가 되는 대상의 '무표적' 선택(기본값 실현)은 그 절의 주어가 된다. 이는 그 밖의 다른 어떤 것을 선택할 만한 특별한 이유가 없을 경우에 이뤄진 선택의 결과가 된다. 예를 들어, '검진'으로 제목이 붙은 『태교와 육아The Baby Book』의 하위절에서는 그 문장들의 주요한 절에서 주제로 다뤄지는 한 계열의 대상들(어떤 주제 구조a 'thematic structure')을 마주하게 된다. 이는

'여러분의 키your height',

'완벽한 신체검사a complete physical examination',

'질내 검사a vaginal examination',

'자궁 경부 도말 표본a cervical smear'

등과 같이 의료진이 진료해야 하는 항목들에 대한 목록을 보여 주며, 그러한 정규적 검진에 관한 상식적 가정들을 가리켜 준다. 'the purpose of this이 검진의 목적'로 표현된, 주제가 되는 대상이 들어 있는 두 번째 단락의 첫 번째 절은 사뭇 다르며, 주제가 되는 대상에 대한 잠재적 후보의 또 다른 측면을 보여 준다. 즉, 특정한 요소를 주제가 되는 대상으로 다룰 수 있게 해 주는 문법적 구성체의 존재이다. 이런 경우에, 바로 'to identify…찾아내려는 것입니다'라는 설명 그 자체가 주제가 되는 대상으로 부각되는 것이다(≒「주제 → 설명」의 정보 구조 틀로 볼 경우에, 주제는 '이 검진의 목적'이며, 설명은 '~찾아내려는 것입니다'임).

(2) 주제가 되는 대상에 대한 유표적인 선택은, 종종 상식적 가정들에 관한 것뿐만 아니라, 수사학적 전략들에 관해서 그것들이 보여 주는 내용에서도 또한 흥미롭다. 'Inevitably, therefore, it involves …그러므로 불가피하게 계속 받아야 할 … 들을 포함합니다'로 시작되는 『태교와 육아The Baby Book』 발췌에 있는 두 번째 문장이 그런 한 가지 사례이다. 'inevitably불가피하게'와 'therefore그러므로'는 유표적 대상(주제가 되는 대상)으로서 기능을 하는 부가어adjunct이다(Quirk et al., 1972: 420~506). 임의 요소들을 유표적인 대상(주제가 되는 대상)으로 만들어 주는 일은, 그 대상들을 초점으로 내세우는 한 가지 방식이다. 이 사례에서 초점으로 내세워진 것은, 임산부 돌봄에 대한 합리적인 속성들이다. 마지막 절에서 언급하였듯이, 이는 또한 해당 발췌에서 통사결속을 작동시켜 의미를 부각시켜 주는 선행 작업인 것이다. 사뭇 다른 경우는 '산부인과 첫 방문'이란 제목이 달린 하위절의 두 번째 문장인데, 여기서 주제가 되는 대상은 'just occasionally바로 이따금씩'이다. 이 문장이 초점으로 내세운 것

은, 예상하는 두려움 및 두려움 없애기와 더불어, 임산부 돌봄에서 선행되어야 할 주요 작업에 관한 한 가지 예시인데, 이는 종종 임산부 돌봐주기patronizing로 이해될 수 있다.

이상을 요약하면, 절과 문장에서 맨 첫 머리에 놓이는 요소에 주목하는 일은 언제나 가치가 있다. 왜냐하면 어떤 시점에서도 명료하게 서술되지 않을 수 있는 가정 및 전략들에 대한 통찰력을 제공해 줄 수 있기 때문이다.

저자는 이 절을 짤막한 표본에 대한 분석을 덧붙여 놓으면서 매듭을 짓고자 한다. 이 표본은 전개/진행 과정 유형의 선택·명사화 구문·주제가 되는 대상들의 선택이 텍스트에서 어떻게 상호작용하는지를 잘 보여 준다. 다음은 영국의 원자력발전소에 대한 공개 토론 마당의 광고에서 뽑아온 내용이다.

Can we Seriously Meet our Energy Demands without Nuclear Power?

ENERGY consumption worldwide has grown some twenty fold since 1850. There is a view that energy demand for the industrial nations could even treble in the next 30 years.

(*The Guardian*, 14 August 1990)

원자력 발전소가 없이도 우리가 요구하는 에너지 수요를 진정으로 충족시킬 수 있을까?

전세계에 걸쳐서 에너지 소비가 1850년 이래 20배나 증가하였다. 산업 국가들에 필요한 에너지 수요가 30년 뒤에는 심지어 세 곱절까지 높아질 수 있다는 견해가 있다. (『가디언』, 1990년 8월 14일자)

이 기사의 제목이 첫 번째 절은 문법상의 은유로 간주될 수 있다. 이것이 타동사 구문이며, 책임질 주체가 지시된 행위 절로 보이지만(행위주체는 'we[우리]'이고, 'our energy demands[우리의 에너지 수요]'는 목표임),

can we seriously produce as much energy as we want to use without nuclear power?
(원자력발전소 없이 우리가 쓰고 싶은 만큼 에너지를 많이 생산할 수 있을까?)

와 같은 은유적 표현으로 간주될 수 있다. 은유적 표현에서는 목표점 goal으로서 명사화 구문 'our energy demands우리의 에너지 수요'을 갖고 있는데, 이는 내용상으로 참·거짓을 따지는 하나의 단언으로 표현할 법한 내용('we keep wanting more energy우리는 계속 더 많은 에너지를 필요로 한다')을 전제된 개체인 양 취급하고 있다. 한편 그런 단언이 제시된다면 응당 참인지 거짓인지 논쟁에 활짝 열려 있겠지만, 이와는 달리 '계속 더 많은 에너지를 필요로 한다'는 그런 전제는 전혀 의심받지 않고 논쟁에서 벗어나 있다. 여기서 전제된 개체들이 또한 주제가 가진 대상이란 점만 제외한다면, 비슷한 것들이 다음 이어지는 두 개의 문장에서도 나오고 있다. 'energy consumption worldwide전세계에 걸친 에너지 소비'와 'energy demand for the industrial nations산업 국가들에 필요한 에너지 수요'이며, 후자는 핵어 명사 'view견해'를 수식하는 관계대명사 'that~라는, ~라는 견해'에 의해 도입된 내포문225) 속에서 주제가 되는 대상이 된다. 이는 '주어진/알려진 정보'로서의 내포문 지위를 강화시켜 주는데, 당연한 것으로 간주될 수 있는 정보인 것이다. 따라서 문법상의 은유인 명사화 및 주제가 가진 대상이 둘 모두 우리한테 실제로 그렇게 많은 에너지가 필요한지 여부에 대한 논제를, 이를테면, 배경 정보로 깔아 놓는 일에 공모하고 있다.

§.6-3 낱말의 의미

언어 텍스트의 산출자 또는 해석 주체로서 우리는, 비록 저자가 아래에서 시행하듯이 가끔씩 단일한 낱말에 초점을 모으기 위한 분석

---

225) (역주) 본문에서는 종속절(subordinate clause)이라고 하였지만, 이는 접속문의 한 갈래인 주절 및 종속절 사이의 관계를 표시해 주는 것이므로, 잘못된 용어이다. 마땅히 핵어 명사 a view(견해)를 꾸며주는 내포문으로 불러야 옳다. 여기서는 꾸밈말(수식어)로 번역해 둔다.

목적을 위해서 유용하더라도, 낱말이나 의미들이 고립되어 있는 것이 아니라, 오히려 언제나 윌리엄즈(Raymond Williams, 1976: 19)에서 낱말들 및 의미들의 '군집cluster, 무리'으로 부른 바와 마주하게 된다. 낱말과 의미의 관계는 양방향으로 '1 : 1'의 관계라기보다는 오히려 '여럿 : 1'의 관계이다. 전형적으로 낱말은 다양하게 여러 가지 의미를 지니고 있고, 전형적으로 의미는 다양한 방식으로 '낱말을 선택하여 표현된 다worded'. 서로 다른 낱말 표현들이 의미를 바꿔 놓기 때문에, 비록 이 주장이 오히려 다소간 오도하고 있다손 치더라도 그러한데, §.6-4를 보기 바란다. 이는 언어 산출자로서 우리가 언제나 낱말을 쓰는 방식 및 의미를 낱말로 표현하는 방법에 대한 선택과 대면해 있음을 의미하고, 언어 이해자로서 우리가 언제나 산출자가 표현한 낱말 선택들을 해석하는 방법(그 표현들에 어떤 가치가 부여되어 있는지)에 관해서 결정을 내려야 한다는 사실과 대면해 있음을 의미한다. 이러한 선택 및 판단 결정들이 순수하게 개인별 속성에만 속한 것은 아니다. 낱말의 의미, 그리고 의미에 대한 낱말의 선택과 표현은 사회적으로 변화하기 쉽고, 사회적으로 경쟁하며, 더 넓은 사회적·문화적 전개 과정의 여러 측면들에 속한 사안이다(≒저자는 이 절을 매듭지으면서 376쪽에서 이를 여러 낱말 의미들 사이에 이뤄진 '패권 투쟁 모형'으로 부름).

여기서 저자는 의미를 표현하는 낱말의 선택과 표현(≒언어 산출 과정)보다는 오히려 낱말의 의미(≒언어 이해 과정)에 초점을 맞추게 될 것이고, 다음에 이어지는 두 개의 절(§.6-4와 §.6-5)에서는 거꾸로 언어 산출 과정에 초점을 모을 것이다. 윌리엄즈가 지적했듯이 문화적으로 두드러진 어떤 '핵심 낱말'들이 있는데, 사회 조사 연구에서 초점을 모을 가치가 있는 것들이다. 저자는 현재의 사례로서 'enterprise모험심, 과감함, 사업'를 논의하게 될 것이다. 저자는 관습적으로 임의의 낱말과 연합되어 있는 일정 범위의 의미를 가리키기 위하여 '잠재적 의미 meaning potential'란 용어를 쓸 것이다. 이는 일반 사전에서 풀이해 주려고 노력하게 될 내용이다. 일반적으로 여느 사전들은 낱말들에 대한

항목을 다음과 같이 잠재적 의미에 대한 견해를 함의하는 방식들로
마련해 놓는다.

  (1) 잠재적 의미는 안정되어 있다.
  (2) 잠재적 의미는 언어 공동체의 모든 구성원들에게 공통적이라는 점에서
      보편적이다.
  (3) 한 낱말의 잠재적 의미 속에서 여러 가지 의미들은 서로 구분되며, 서
      로서로 명백히 경계지어져 있다.
  (4) 한 낱말의 잠재적 의미 속에서 여러 가지 의미들이 서로 상보적 관계에
      놓여 있으며('~이거나/~그렇지 않다면either/or'), 서로 간에 배타적이다.

한편 일부 사례들에서는 (1)~(4) 진술이 사뭇 잘 작동되지만, 다른 사
례들에서는 아주 본질을 호도하여 왜곡시켜 버리는데, 특히 낱말들과
의미들이 사회적·문화적 경쟁 관계 및 변화의 전개 과정에 함의되어
있을 경우에 그러하다. 그런 경우에, 낱말-의미 관계는 급속하게 변화
할 수 있고, 따라서 잠재적 의미가 불안정하게 되어, 이것이 경쟁적으
로 의미들을 낱말에 귀속시키는 일과 잠재적 의미 사이에 갈등을 포
함할 수 있다. §.1-6에서 뻬슈가 논의하였듯이, 의미상의 변이는 이념
적 갈등의 한 측면이자 이념적 갈등의 한 요인이다. 더욱이 의미의
변화와 경쟁은 한 낱말의 잠재적 의미 속에서 그 경계선의 선명도 및
명확성에서의 변화로 귀결되는데, 실제로 그런 경계선들을 둘러싸고
경쟁이 반복적으로 일어날 수 있다. 또한 한 낱말의 잠재적 의미 속에
있는 의미들 사이에 관계들의 본성을 둘러싸고서도 반복적으로 경쟁
이 일어날 수 있고, 그런 관계가 실제로 상보성의 관계인지 아니면
오히려 계층적인 관계인지 여부를 둘러싸고서도 일어날 수 있다. 그
리고 만일 계층적 관계라면, 의미들 사이에서 지배와 복종의 특정한
관계를 둘러싸고서 경쟁이 그러할 수 있다. 저자는 이들 가능성 중
일부를 아래에서 예시하게 될 것이다.

잠재적 의미를 놓고서 이들 여러 대안 모형들에 관한 증거는 텍스트로부터 나온다. 일반 사전의 모형은 잠재적 의미를 향한 규범적 지향성을 지니고서 산출되고 해석된 텍스트들과 일치하는데, 이는 그 모형을 잠재적 의미 속에서 따르거나 선택할 부호로서 취급한다. 자연과학을 전공하는 대학생과 중등학생들에 의해 씌어진 글이나 논술문이 좋은 사례가 될 수 있다. 저자가 제시한 대안이 되는 모형에서는 잠재적 의미들을 향한 창의적 지향성을 지닌 텍스트들에서 증거를 찾게 된다. 이는 아래에 있는 사례들과 같이 그런 글을 탐구할 만하고 변화될 수 있는 자원으로 취급한다. 창의적인 텍스트는 의미의 중의성 및 양면성에 의해서, 그리고 낱말들의 잠재적 의미를 갖고 노는 수사학적 놀이에 의해서 특징지어진다. 창의적 텍스트가 반드시 잠재적 의미를 자원으로 쓰는 것은 아니겠지만, 의미들 사이의 경계와 관계를 뒤바꾸는 일을 포함하여, 잠재적 의미들을 해체하고 재구성하는 일에 기여를 한다.

이제 'enterprise모험심, 과감함, 사업'란 낱말이 대처 정부(1985~1988)의 내각에서 통상부 장관을 지낸 로어드 영Lord Young의 연설에서, 그리고 'enterprise culture모험심 가득한 문화, 과감한 문화, 기업 문화'를 투영하는 핵심 내용에서 어떻게 쓰이는지를 검토하기로 한다. 이 연설들에 대한 세부 사항 및 자세한 분석을 보려면 페어클럽(Fairclough, 1990a)를 읽어보기 바란다. 이미 저자는 제4장에서 서로 얽힌 텍스트의 변형을 예시해 주기 위하여 이 사례들을 언급한 바 있다. 여기서는 특히 낱말 의미의 특징들에 대한 사례로서 이 연설에 관심을 두고 있다. 이는 핵심 문화적 개념에 대한 담화 구성체의 형성 과정에서, 잠재적 의미가 어떻게 이념적으로 그리고 정치적으로 투입될 수 있는지를 잘 보여 준다.

다음에 있는 관찰 결과들은, 'enterprise과감함, 모험심'를 '물질 명사' 또는 '불가산 명사'와 관련지어 주는데, 오직 단수 형태로만 나오며, 부정관사 a하나의를 지닐 수 없다(Quirk et al., 1972: 130). 'enterprise사업체'는 또한 가산 명사로도 쓰일 수 있는데, 가령 'an enterprise한 사업체'나

'enterprises여러 사업체들'이다. '옥스퍼드 영어 사전OED'을 보면, 불가산 명사로서 'enterprise'는 세 가지 의미를 지니고 있는데, 아래에서 각각 '활동'과 '품성'과 '사업'의 의미로 언급해 놓았다.

옥스퍼드 영어 사전(OED)에서 가져온 'enterprise'의 풀이

①	활동 activity	: 과감히 어렵거나 중대한 일에 간여함 (engagement in bold, arduous or momentous undertakings)
②	품성 quality	: 어렵거나 위험하거나 우려스런 일에 간여하려고 하는 성향이나 준비성; 과감한 정신 (disposition or readiness to engage in undertakings of difficult, risk or danger; daring spirit)
③	사업 business	: '사적인 사업'과 같이 '사적'이나 '자유로운'에 의해서 수식될 경우 (when modified by 'private' or 'free', 'private business')

이들 세 가지 의미를 집합적으로 'enterprise모험심/과감함/사업'의 잠재적 의미로 언급하기로 한다. 또한 품성이란 의미의 경우에 특히, 'the ability exploit a market opportunity그 능력으로 시장 기회를 잘 이용해야 한다'처럼 사업 활동과 관련된 '성품' 및 'willingness to take risk위험을 무릅쓰려는 자발적 의지'처럼 좀 더 일반적인 '인품' 사이에 서로 대조되는 점도 있다.

영 장관의 연설에서는 경영의 의미에서 'enterprise사업, 기업'가 일반적으로 수식어 '사적인' 또는 '자유로운'도 없이 쓰이고 있다. 이는 'enterprise모험심/과감함/사업'의 잠재적 의미의 양면성을 늘여 놓는다. 원칙적으로 이 낱말의 어떤 실현도 세 가지 의미의 어떤 것으로도 또는 세 의미의 어떤 결합 모습으로도 해석될 수 있도록 열려 있다. 그렇지만 대부분 'enterprise모험심/과감함/사업'의 출현이 사실상 양면적이고 세 가지 의미의 어떤 결합 모습을 포함하고 있지만, 이런 잠재적 양면성은 대체로 이 낱말이 실현되는 즉각적인 언어 맥락을 포함하여 문맥에 의해서 줄어들게 된다. 언어 맥락은 두 가지 종류의 효과를 지닌다. 첫째, 그 의미들 중에서 하나 또는 그 이상을 제거할 수 있다. 둘째, 다른 의미들을 제거함이 없이도 그 의미들 중 하나에다 상대적인 탁

월성을 내어 줄 수 있다. 아래에서 관련 사례들이 주어질 것이다.

'enterprise모험심/과감함/사업'의 잠재적 의미와 양면성에 대한 잠재태는 영 장관 연설에서 전략적으로 이용되고 있는 자원을 구성해 준다. 서로 다른 연설에서 한 의미를 선택하여 부각함으로써 다른 의미들을 배제해 버리는 것이 아니라, 의미들에 대한 특정한 형상을 수립해 줌으로써, 'enterprise모험심/과감함/사업'의 의미들 중에서 두드러진 관계들에 대한 특정 계층을 마련해 줌으로써, 서로 다른 의미를 강조한다. 이는 개인 사업을 문화적으로 가치가 있는 'enterprisingness모험 속성/과감한 속성/사업 속성'의 품격과 연합해 줌으로써, 명백하게 다소 신용 잃은 개인 사업 분야에 대한 재평가에 기여하는 일에서, 더 넓은 전략적 목표들에 알맞은 것으로 간주될 수 있다. 이것이 바로 전략적으로 서로 얽힌 담화 속성에 있는 실천 사례인데, 이 낱말의 잠재적 의미에 관한 서로 다른 요소들이 서로 다른 유형의 담화에서 강조되는 한에서 그러하다.

다음에 1985년 3월에 행한 연설로부터 가져온 한 가지 사례가 있다.

The task of government (is) to produce a climate in which prosperity is created by *enterprise*

(정부의 과제는 기업/모험심/과감함에 의해 번영이 창조되는 분위기를 만들어 주는 것입니다)

이 문장은 개인 사업을 언급하는 단락 바로 다음에 나오는데, 그럼에도 불구하고 이는 다른 의미들을 배제하지 않은 채로 ③ 사업의 의미를 제공해 준다. 여기서 'enterprise모험심/과감함/사업'를 그 언어 맥락에서 이 문장을 의미상으로 전혀 부적합하게 만듦이 없이 자유롭게 다음의 어떤 표현으로도 대치해 줄 수 있는데,

'private enterprise개인 사업',

'enterprising activity모험심 있는 활동',

'enterprising individual과감한 개인'

따위이다. 동일한 연설에 있는 다른 경우들에서는 언어 맥락의 다른 측면들을 통해서 두드러진 의미 관계가 수립되어 있는데, enterprise 와 다른 표현들을 병치해 놓는 일을 통해서 이뤄진다. 가령 '*business enterprise* and the job of wealth creation품격 높은 경영 사업과 재화 창조의 직업'은 비록 언어 맥락에서 잠재적 의미의 저울 눈금 중 '사업 품격'의 지점 에다 그 낱말을 배치해 놓았으나, 여전히 ③ 사업이란 의미를 강조해 준다. 반면에 'individual *initiative and enterprise*개인의 주도권과 모험심'에서는 ② 품성의 의미를 강조해 놓는다.

1985년 7월에 행해진 두 번째 연설에서는 'entrepreneurs기업가'에 관 심을 쏟았는데, 이런 초점은 좀 더 두드러진 ② 품성 의미와 더불어 'enterprise'의 의미들이 계층화되어 있는 방식을 반영해 준다. 이런 상 대적 두드러짐salience, 탁월성은 다음의 일부 사례에서처럼 'enterprise'가 품성 의미를 고립시켜 놓은 표현들과 결합되는 일을 통해서 통사적으 로 표시되어 있다.

harmful to enterprise ― and the enterprising instincts of individuals
(과감함에 ― 모험심 많은 개인의 본능에 해롭습니다)
to encourage enterprise and to encourage enterprising individuals
(과감함을 장려하고 모험심 많은 개인들을 격려하기 위하여)

그러나 가장 두드러진(우세한) 것은 바로 그 잠재적 의미의 저울 눈금 에서 사업 품격의 지점이며(③+②), 따라서 맨 처음의 연설에서와 같 이 'enterprise모험심/과감함/사업'의 의미를 구조화해 주는 일이 사업-주도 적 의미로 구성되어 있다.

세 번째 연설은 1987년 11월에 행해졌다. 여기서 놀라운 점은 언어 맥락이 양면성을 줄여 놓고 ② 개인 품성의 의미를 부가해 주는 사례들의 숫자이다.

raised the skills and enterprise of individuals
(개인들의 기술과 과감함을 상승시켰습니다)
recognise the professionalism and enterprise of their managers
(그들의 전문 경영인들의 직업의식과 과감성을 잘 인식하고 있습니다)
use the talents and enterprise of people
(사람들의 재능과 과감성을 이용하십시오)

각각의 경우에, 개인의 성격을 의미하는 명사와 함께 배열되고 있거나 또는 'of individuals개인들의'라는 전치사 구절에 의해 수식됨으로써 'enterprise과감함'에다 ② 품성을 뜻하는 '과감성'이란 의미가 부여되고 있는데, 이는 enterprise과감함의 의미를 물론 한 가지 품성으로 사람들의 범주에다 귀속시켜 준다. 더욱이, 언급되고 있는 품성들은 더 앞에서 본 두 가지 연설들에서보다 잠재 의미의 저울 눈금 중에서 더 많이 일반 개인을 가리키는 지점을 향해 있다. 그렇지만 이것은 두드러짐 salience, 탁월성에서 오직 상대적인 전환일 뿐이다. 중요한 비율의 사례들이 세 가지 잠재 의미들 사이에서 양면성을 지닌 채 남아 있고, 일부 사례에서는 언어 맥락이 여전히 ③ 사업 의미를 강조하고 있는데, 가령 다음과 같다.

The whole climate for wealth creation and enterprise has changed
(재화 창조와 사업을 위한 전반적 분위기가 바뀌었습니다)

이들 연설에서 밑바닥에 깔려 있는 흐름은 'enterprise모험심/과감함/사업'에 대한 잠재적 의미의 재구조화를 향해 있고, 이는 품성 저울 눈금의 사람 성격의 의미 및 일반 개인의 성품 지점을 부각해 준다. 이런 흐름은 그 자체로 대처 정부의 집권 첫 10년 기간에 걸쳐서 보수당 토리

Tory의 과감성 전략에 대한 혁신의 일부가 된다. 이 기간의 더 이른 시기에는 enterprise culture모험심/과감성/기업 문화가 대체로 (민영화·산업에 영향을 주는 규제 완화·과세의 축소와 같이) 경제적 척도 및 (주택 및 고등교육에서 지역별 권한에 대한 지위를 축소하는226) 일과 같이) 정치적 척도를 통해서 창조될 수 있을 것으로 가정하였었다. 1980년대 중반쯤에 들어서자 정부 각료들은 필요한 것이 '문화 및 심리'(나이즐 로슨Nigel Lawson의 표현임)에서 일련의 변화라고 생각하기 시작하였다. 통상·산업부의 주도를 통해서, 그리고 가령 교육 및 훈련에서 'enterprise과감성' 요소를 통해서, 그들은 여전히 근본적으로 사업과 연관된 'enterprising activity 기업 활동'과 'enterprising self과감성 있는 자아'를 위한 모형을 투영하기 시작하였으나, enterprising qualities과감성 있는 품성들의 묶음을 강조하였다. 이들 변화에 대한 자세한 분석을 모뤼스(Morris, 1990)을 보기 바란다. 사업을 지향하는 방향 속에서 강조점에 대한 이런 전환의 지속적 억제는 또한 앞의 세 번째 연설을 분석하면서 언급하였듯이 'enterprise모험심/과감함/사업'에 대한 이질적 의미의 혼용으로 반영되어 있다.

패권 투쟁의 모형에 비춰보면, 영 장관이 보여 준 'enterprise모험심/과감함/사업'의 잠재적 의미에 관한 전략적 재구조화 및 §.3-4 (나)에서 논의한 담화 질서의 재구조화 사이에는 상동관계가 있다. 낱말들에 대한 특정한 의미들 사이에서 벌어진 투쟁에서 거둬 이긴 성공적 의미, 그리고 잠재적 의미들에서 특정한 구조화에 대한 성공은 실제로 패권을 쟁취하는 일로 해석될 수 있는 것이다. 그러므로 이 절을 시작하면서 서술해 놓은 모형을, 낱말 의미의 '패권 투쟁 모형'으로 부를 수 있을

---

226) (역주) 광복 후 처음부터 '국가 교육과정'을 만들었던 우리나라와는 달리, 영국에서는 국가 차원의 중등학교 교육과정이 영국병을 고친다는 대처 정부의 깃발 아래, 1988년에 와서야 처음으로 만들어지고 시행되었다. 이런 국가 차원의 교육과정을 참고하면서, 학교별로 수석 교사의 주도 아래 개별 학교의 교과과정을 짜야 하고, 동시에 일련의 과제 연속물로 이뤄진 교재들도 마련하도록 하는 조치가 법제화되었다. 아주 편리하게도, 학교 관련 문서들이 다수 누리집을 통해서 공개되고 있으므로, 한국에서도 관련 문서들을 쉽게 내려 받고 읽을 수 있다는 점이 부럽다. 아마 공공성을 위해서 공개되는 듯하다. 이는 숨기기에 급급한 듯이 보이는 우리나라 정서와는 크게 다른 모습이다.

듯하다. 이는 정치적 연설에서뿐만 아니라 또한 교육·상품 광고 등의 영역에서 낱말 의미를 조사하기 위한 도구로도 이용될 수 있는 모형인 것이다.

§.6-4 낱말들을 선택하고 표현하기|wording

이 절에서는 '낱말 : 의미' 사이의 결합 관계가 '다多 : 1many-to-one' 속성227)을 지닌다고 하는 두 번째 측면을 다루어 나가기로 한다. 의미를 낱말로 표현하는 선택 방식의 다중성이다. '표현 방식wording'(이하에서

---

227) (역주) 기호학에서는 기호가 형식과 내용의 결합체라고 말한다. 이를 언어에 적용하면, 언어도 형식과 내용의 결합체이다. 초등학생도 알아듣게 말한다면, 말은 소리와 뜻이 결합된 것이다. 그런데 이런 '형식 : 내용'의 결합 관계가 '1 : 1'일 수 있다. 퍼어스 (C. S. Peirce, 1839~1914)가 55세 때 쓴 "What is a Sign?"에 따르면, 만일 이런 관계가 우리가 쉽게 볼 수 있는 가시적 대상을 놓고 말을 할 경우에, 이런 '1 : 1' 결합을 icon(본뜸, 모상, 도상)이라고 불렀고, 만일 대상을 볼 수 없는 추상적 개념과의 결합이라면, 그런 형식과 추상적 개념 사이의 '1 : 1' 결합을 index(붙듦, 가리킴, 색인)이라고 불렀다. 이런 1:1의 필연적 결합 관계에 있는 사례를 들어보면, 전자는 여름날 먹구름이라는 형식이 소나기가 퍼붓는다는 내용임을 곧 알 수 있다. 후자는 무척 배가 고플 때에 배에서 나는 소리가 있다. '꼬르륵꼬르륵' 소리를 만일 형식 '~~~~'으로 표시한다면, 그 내용은 무척 배가 고프다는 뜻이다. 필연적으로 꼬르륵거릴 경우에, 배가 고파 뭔가를 먹어야 한다는 뜻임을 누구나 다 안다. 퍼어스는 후자의 예를 동풍 서풍처럼 바람도 눈에 보이지 않지만, 대신 첨탑 위의 솟아 있는 수탉 풍향계를 눈에 보이는 기호로 만들 수 있고, 그 수탉 풍향계와 바람을 각각 형식과 내용의 결합이라고 간주할 수 있다. 이들 사이의 1:1 결합을 필연적 결합 또는 자연적 결합으로 부른다.

그렇지만 형식과 내용 사이의 결합이 '다(多) : 1'이거나 거꾸로 '1 : 다(多)'가 될 경우도 있다. 대표적인 것이 우리가 쓰는 언어이다. 언어는 형식과 내용의 상징적 결합을 이룬 것이라고 말한다. 우리말에서 '다리'라는 소리 형식은 적어도 둘 이상의 대상을 가리킬 수 있다. 사람의 사지 중 하나를 가리키거나, 강물 위에 건너다니기 위해 놓은 인공물을 가리킬 수도 있으며, 조선조 부인의 머리위에 더 얹는 이여머리를 가리킬 수도 있다. 이는 '1 : 다(多)'의 결합이다. 반대의 경우는 남녀 관계를 그린 문학 작품들이 허다하게 많은데, 이들이 모두 '사랑'이란 주제로 귀결될 경우에, 여러 문학 작품들과 그 주제인 사랑 사이의 관계가 '다(多) : 1'이 될 수 있다. 한국어에서 돼지 울음소리는 '꿀꿀'로 표시하지만, 아프리카 돼지나 영어권의 돼지는 'oink-oink'라고 적는다. 비록 '꿀꿀'로 적든, '오잉크-오잉크'로 적든 모두 돼지를 가리키기는 매한가지이므로, 이 또한 '다:1'의 결합이라고 말할 수 있다. 이렇게 '1 : 다' 또는 '다 : 1'의 결합을 가리켜 여러 가지 이름으로 불러왔는데, '비자연적' 결합 관계, '비필연적'(우연한) 결합 관계, '상징적' 결합 관계, '사회적' 결합 관계, '관습적' 결합 관계 등이다.

낱말들을 선택하고 표현하는 일을 '표현 방식'으로 줄임)에 대해서는 메이 (Mey, 1985: 166~168)을 보고, '어휘 표현 방식lexicalization'에 대해서는 핼리데이(Halliday, 1978: 164~182)를 보기 바란다. §.3-2에서 이미 언급하였듯이, 표현 방식wording, 낱말들을 선택하고 표현하는 일에 초점을 모은 어휘에228) 대한 관점은, 사전에 근거하고 있는 어휘에 대한 견해와는 사뭇 대조를 보인다. 사전은 언어의 형식을 표준적으로 만들고 내용을 설명해 주는 기제의 일부이다(Leith, 1983). 대체로 언제나 사전은 공동체 속의 언어에 대한 단일한 견해에 골몰해 있고, 명시적으로 표명되지 않는다손 치더라도 사전 속의 어휘는 묵시적으로 규범적이다. 사전에서는 지배적인 표현 방식wordings 및 낱말 의미word meanings를 오직 하나만 있는 유일한 것들로 제시해 놓기 일쑤이다.

그렇지만 '임의의 의미를 표현하는 방식의 다중성'에 관하여 언급하는 일은, 미리 의미가 낱말이 선택되기 이전에 다양한 방식으로 주어져 있고, 두루 다양한 표현 방식에 걸쳐서 안정되어 있는 듯한 잘못된 함의를 주기 십상이다. 특정한 경험 영역들을 놓고서 언제나 대안이 되는 '의미−표상signifying' 또는 의미를 부여하는giving meaning to 방식이 있다고 말하는 편이 더욱 도움이 될 것이다(Kristeva, 1986b). 결과적으로 특정한 이론적·문화적·이념적 관점으로부터 특정한 방식으로 '해석하기'가 또한 가능하다는 사실이 성립된다. 경험 영역들에 대한 상이한 관점들은, 그 경험들을 낱말로 표현하는 서로 다른 방식들이 있음이 귀결되어 참값으로 성립한다. 이민/이주를 새로운 생활에 대한 '추구'가 아니라, 이와 부정적으로 대립되는 '쇄도'나 '홍수'로 표현하듯이, 우리는 대안이 되는 표현 방식을 살펴봐야 하는 것도 바로 이런 이유들 때문이다. 그렇다면, 실제적 의미에서 우리가 표현 방식

---

228) (역주) 관련된 용어들이 아주 많이 쓰인다. 159쪽의 역주 99를 보기 바란다. 낱말은 개별적인 대상을 가리키고, 어휘는 집합적인 용어인데, 어휘가 더 큰 범위에 해당하며, 접사·낱말·어구·속담·고정된 표현 등을 모두 다 포함할 수 있다. 한자 휘(彙)는 고슴도치를 그린 상형 글자이며, 고슴도치처럼 가시들이 다 모아져 있음을 뜻한다. 어휘는 낱말들을 다 모아 놓은 것으로 풀이할 수 있다.

을 바꿈에 따라, 또한 그 의미도 바뀌어져야 하는 것이다. 그럼에도 불구하고, §.3-1에서 실제 현실에 대한 존재를 담화에서 언급된 '대상'들에 대한 기존 영역이라고 무시하거나 거부하는 방식으로, 실제 현실을 의미-표상해 주는signifying/구성하는constituting 능동적 전개 과정을 과도하게 진술해 버리는 위험을 피해야 하겠다. 이를 위한 저자의 유보사항을 상기하기 바란다(≒과도 결정의 함정을 피하기 위해 변증법적으로 조정될 필요가 있음을 주장했음).

이제 표현 방식들이 새로운 '어휘 항목들lexical items'을 생성하는데 (Halliday, 1966), '어휘'는 전문 용어로서, 때로 '낱말words'들보다 더 선호된다. 그 이유는 첫째, 일상생활에서 쓰는 '낱말'이 아주 많은 서로 다른 목적들을 위해 쓰이고 있기 때문이다. 둘째, 전문 용어 '어휘 항목'이 일정한 정도로 고정성 및 안정성을 성취한 표현들을 지시한다는 착상을 포착해 주기 때문이다. 이런 과정을 특히 분명하게 만들어 주는 한 가지 유형의 표현 방식wording은, 명사화 구문 만들기 과정을 포함한 표현 방식이다. 예를 들어, 다음 (1)에 대한 표현 방식이, (2)에서 보듯이 '자각-일으키기'라는 새로운 어휘 항목으로 굳어졌다.229)

(1) They held meetings to encourage people to become more conscious of their lives.

(그들은 사람들의 자신의 생활을 좀 더 자각하도록 장려하는 모임을 몇 번 가졌다)

(2) They held *consciousness-raising* sessions.

(그들은 자각-일으키기 모임을 몇 번 가졌다)

어휘 항목들을 창조하는 일은 경험의 영역에 더 넓은 이론적·학문적·

---

229) (역주) 1980년대에 들어서면서 영국의 중등교육을 발전시키기 위하여 언어 및 언어 사용에 대한 자각 운동이 일어났고, 점차 의사소통 중심 언어교육(CLT)으로 통합되었다. 11쪽의 역주 2와 187쪽의 역주 125를 읽어보기 바란다.

이념적 시야 속으로 특정한 관점을 들여온다. 이런 자각-일으키기와 같은 경우, 이는 문화적으로 중요한 새로운 범주들을 생성한다. 그 결과가 오히려 좀 더 국지적일 수 있다. 성형 수술의 피부과 병원을 위한 광고가 'eyebag removal눈물주머니 제거', 'nose refinement코 가다듬고 오뚝 세우기', 'wrinkle improvement주름 제거', 'bat ear correction곧추 선 박쥐 귀 교정'과 같이 다수의 어휘 항목들을 포함한다. 이는 성형 수술에 이념상으로 '과학적' 어휘를 제시하면서 적어도 복합 분야 속에서 진행되는 복잡한 수술이라는 인상을 주는 데에 중요하다. 따라서 이런 광고의 묵시적인 주장은 과학에 근거한 치료의 믿을 만한 지위가 확보된다.

표현 방법의 다중성은 서로 얽힌 텍스트 속성의 한 가지 측면으로 간주될 수 있다. 한 영역의 경험을 표현하는 방법이 텍스트를 산출하는 일에서 어휘 수준으로 보면 서로 얽힌 텍스트의 요소들에 대한 특정한 형상을 구성하는 일과 동등하다. 앞에서 살펴본 『태교와 육아The Baby Book』 및 『임신 기간의 관리Pregnancy Book』에 있는 어휘상의 차이는, 자궁 입구의 도말 검사에 관한 목적을 설명해 주는 일에서 비교하여 알 수 있듯이 이를 잘 예시해 준다. 각각 전자에서는 'to exclude any pre-cancerous change암 발생 전조의 변화를 어떤 것이든 배제하기 위하여'(전문 용어), 후자에서는 'to detect early changes in the cervix which could later lead to cancer뒷날 암으로 이끌어갈 만한 자궁 경부에 있는 초기 변화들을 찾아내기 위하여'(일상낱말)로 표현되어 있다. 여기서 쓰인 방식대로 '암 발생 전조의'와 '배제하다'가 둘 모두 의학 담론에 속하지만, 반면에 '뒷날 암으로 이끌어갈 만한 … 변화들'은 대화투의 일상생활 담화에 속한다. 이들 어휘 차이점은 두 소책자의 서로 얽힌 텍스트 속성에 있는 차이점들의 일부이다. 비슷한 설명 방식이 뉴스 보도에도 적용할 수 있다. 215쪽의 〈표본 1〉에는 『더 썬The Sun』지 기사가 'drug traffickers마약 운반책'을 'pushers마약 밀매꾼'과 'pedlars뒷골목 행상'으로 바꿔 놓은 '번역' 사례가 '일상생활의 말'을 모의하려는 『더 썬The Sun』지를 중심으로 서로 얽힌 텍스트 형상에 대한 한 가지 차원이 된다.

추가 사례는 '심리적 압박감과 회사원: 건강 비결을 위한 압박감 관리'에서 알 수 있다(Looker and Gregson, 1989). 이는 현대 직업에서 성공에 대한 열쇠가 직장의 품격과 업무에의 전념이라는 현대 경영 지혜를 반향(메아리)처럼 보여 준다. 이 기사의 표현 방법에서 사람들은 '인적 자원'으로 적혀 있다.

〈표본 4: 스트레스의 관리에 투자하십시오〉

Stress management facilitates the use of personal skills which in turn improves work performance and leads to the effective operation and management of any organisation. A small investment in stress management courses and programmes can have a major impact on an organisation's profitability. There is no doubt that an organisation's greatest assets is its employees and it is their health and performance that is seen in the balance sheets at the end of the day. So for health and success be wise about stress.

심리적 압박감(스트레스) 관리는 차례대로 업무 수행을 증진시키고 임의 조직체의 효과적 운용과 관리를 이끌어 가는 개인별 기술들의 이용을 촉진합니다. 심리적 압박감 관리 방법과 프로그램들에 자그마한 투자가 한 조직체의 이익을 놓고서 주요한 효과를 지닐 수 있습니다. 한 조직체의 가장 큰 자산은 그 노동자들이며, 마지막 날짜의 마감 시점에서 대차대조표에 보인 것이 바로 노동자들의 건강 및 업무 수행임에는 의심할 여지가 없습니다. 따라서 건강과 성공을 위해서 심리적 압박감에 관해 현명히 대처해야 하는 것입니다.

여기서 서로 얽힌 텍스트 형상의 놀랄 만한 측면은 갈래들의 혼합이다. 학술 논문의 갈래와 상업 광고의 갈래가 섞여 있다. 후자는 맨 마지막 문장에 가락 맞춘 구호로 제시되어 있다(가령, 헬쓰 → 스트레스 → 와이즈 → 스트레스). 그러나 저자의 주요 관심은 발췌에 있는 담화의 형상에 있다(§.4-2 참고). 첫째, 노동자들을 '자산'과 '자원'으로 표현하고 활용하는 회계 사무의 담론이 있다. 둘째, '심리적 압박감 관리'라는 언어 표현에는 회사 조직의 영역으로부터 자아의 영역으로 확대해

놓은 조직 관리의 담론에 대한 확장본이 있다. 셋째, 인사 관리의 담론
도 있는데, 그 자체로 기계 기술의 담론을 인간 존재에 적용하는 일과
맞물려 있다. 사람을 그들의 '수행'에 비춰 등급을 매기는 것으로, 이
는 '기술'이란 개념을 좀 더 수작업 능력을 놓고 쓰던 전통적인 용법으
로부터 확장하여, 다시 수작업은 아니더라도 전통적으로 '개인별' 능
력('개인의 사적 기술')에 적용한다.

이 발췌는 직장(일터)에서 진행되고 있는 중요한 전환을 예시해 주
며, 기술 변화 및 새로운 유형의 관리법과 연계된 전환이다. 지금까지
합법적으로 고용자의 간섭 범위 바깥이고 개인의 사적 영역이라고 간
주되어 온 노동자들의 '개인별' 특성이, 이제 그런 범위의 고용자 간섭
속에서 재규정되고 있는 것이다. 따라서 노동자들의 스트레스(심리적
압박감) 문제가 고위 임원들의 합법적 관심 사항이 된다. 이런 종류의
발췌는 그런 관심 사항들을 위하여 좀 더 전통적으로 직장에 속했던
일정 범위의 담론(회계·조직 관리·기계 기술·인사 관리의 담론)들을 끌어
들이면서, 새로운 직장 담론을 생성하려는 시도들을 시사해 준다. 이
런 담론들의 형상이 노동자들·노동자들의 능력·노동자들의 건강 문
제들에 대한 표현 방식에 반영되어 있다.

상대적인 실사 어휘 밀집도230)에 비춰보아, 특정한 관점들로부터

---

230) (역주) density(빽빽한 정도, 밀집된 정도)는 본디 입말과 글말의 차이를 찾아내려는
기준으로서, 유뤄(Ure, 1971)에서 처음 제시되었고, 핼리데이(Halliday, 1985)의 『입말과
글말(*Spoken and Written Language*)』(Oxford University Press) 제5장에 수용되어 발전된
개념이다. 한마디로, 전체 덩잇글에서 실사와 허사의 비율을 따질 적에, 글말은 실사들
의 밀집도가 높지만, 입말은 허사들이 많이 나오므로 실사 밀집도가 상당히 낮다. 유뤄
(Ure, 1971)에서는 전체 덩잇글의 낱말들을 실사와 허사로 나눈 뒤에, 실사의 출현이
기준값 40%를 넘으면 글말이라고 보았다. 즉, 실사 어휘 밀집도(lexical density)가 40%이
상이 되면 글말로 판정을 받고, 그렇지 않으면 입말로 판정되는 것이다.
  그렇지만 이 개념이 지금 현재 잘 거론되지 않는다. 그 이유로서 필자는 대체로 세
가지 정도를 들 수 있다. 첫째, 실제로 '카톡' 또는 문자 메시지처럼 "입말다운 글말"이
있고, 거꾸로 9시 뉴스처럼 "글말다운 입말"이 있기 때문에, 입말·글말이 그 자체로서
궁극적인 개념이 되지 못하는 것이다. 둘째, 입말다움 및 글말다움을 가르는 숫자값을
40%로 상정하였지만, 이는 필연적 동기가 전혀 없이 연구자가 자의적으로 설정한 것일
뿐이다. 셋째, 언어 표기마다 개별 언어의 특성(부착어, 집합어, 고립어 따위)이 반영되
어 있는데, 이런 특성이 실사 어휘 밀집도와 맞물려 있지 않다. 가령 우리나라는 조사를

가져온 특정한 영역들의 언어 표현을 비교해 보는 것은 유익하다. 다시 말하여, 실사 어휘를 포함하여 생성되어 있는 상이한 언어 표현의 숫자들을 비교해 보는 것인데, 많은 수가 거의 유의어들이 될 것이다. 중요한 업적으로서 핼리데이(Halliday, 1978)에서는, 임의 영역의 밀집도 높은 언어 표현을 가리켜 '과도한 실사 어휘화overlexicalization'[231]라는 용어를 쓴다. 저자는 이 말 대신 '과도한 실사 표현overwording'이라는 말을 쓰게 될 것이다. 과도한 실사 표현은 덩잇글이 표현하고 있는 이념에 책임이 있는 집단의 '이념상 특이성'을 뒷받침하고 있는 '강력한 몰두intense preoccupation'에 대한 신호이다(Fowler et al., 1979: 210). 한 가지 사례는 영국 중등학교에서 가르치고 있는 영어 교육을 놓고서 다룬 1988년 킹먼 보고서(영국 교육-과학부에서 발간함)[232]에 씌어진 언

낱말로 규정하고 있기 때문에, 실사 어휘 밀집도의 계산 방식이 전혀 그대로 적용될 수 없다. 심지어 영어의 분석에서도 서로 차이가 나는데, 가령 there를 전통문법에서는 실사로 규정하지만, 생성문법에서는 허사로 간주하는 것이다.

이런 이유들이 입말과 글말을 나누는 더 심층적 동기가 다른 데에서 찾아져야 함을 함의하며, 그 후보로서 의사소통 상황에 대한 속성이 거론된다. 격식을 갖추고서 공식적인 발언을 해야 하며 일정한 심리적 거리를 계속 유지해야 하는 상황이라면 글말 투의 말을 하게 되는 것이다. 이런 직관이 옳다면 입말·글말은 사용 환경에 따라 사용 의도를 구성하는 기본자질들의 배합으로 재구성되어야 함을 알 수 있다. 이런 노선에서의 선구 업적은 특히 바이버(Biber, 1988)의 『두루 입말과 글말에 걸쳐 있는 변이 현상(*Variation across Speech and Writing*)』과 『언어 투식 변이의 여러 차원: 범-언어적 비교 연구(*Dimensions of Register Variation: A Cross-linguistic Comparison*)』(1995; 두 권 모두 Cambridge University Press)가 있다. 15쪽의 역주 3과 146쪽의 역주 88도 참고하기 바라며, 또한 머카씨(McCarthy, 1998; 김지홍 뒤침, 2012) 『입말 그리고 담화 중심의 언어교육』(도서출판 경진, 개정증보판)의 제2장도 함께 읽어보기 바란다.

현재 우리나라 한글 맞춤법의 규정 자체는 낱말을 대상으로 하고 있는데, 어문규정이 낱말을 대상으로 삼아서는 안 되고, 보다 더 심층적으로 사고의 기본단위인 '절'을 먼저 정의한 뒤에, 다시 '어절'을 중심으로 새롭게 재규정되어야 옳다. 이런 주장은 처음 김지홍(2014)의 『제주 방언의 통사 기술과 설명』(도서출판 경진) '부록 2'에 실린 "제주 방언의 표기에서 「띄어쓰기」 문제"에서 제시되었는데, 해당 논의를 읽어보기 바란다.

231) (역주) 물론 영어에서는 라틴어와 희랍어가 어원으로 들어 있는 말을 쓰는 것이겠지만, 우리나라에서는 법률 용어들이 대체로 마침표도 없이 한자어들을 쓰는 명사구들만을 계속 나열해 놓는 경우가 많다. 따라서 전공자들 이외에는 쉽게 읽히지도 않고, 초점이 어디에 있는지도 알 수 없도록 왜곡되어 있다. 세종대왕의 어리석은 백성을 위하는 정신이 전혀 없고, 부지불식간에 시민들 위에 군림하려는 저의마저 담고 있는 듯하다.

232) (역주) 1980년대에 언어 자각 운동(자각 일깨우기)을 이끌었던 페어클럽 교수는 당연히 언어교육에도 관심을 쏟아왔으며, 그의 비판적 담화 분석의 책자들에서도 언어교육 모형을 결론삼아 제시하는 것이 상례이다(11쪽의 역주 2 및 187쪽의 역주 125 참고).

필자가 국어교육에 대한 공부를 본격적으로 시작하면서 우연히 살펴보았던 것이 영국의 모국어 교육과정이었다. 이는 609쪽이나 되는 방대한 불럭(Bullock, 1975)의 『실생활을 위한 언어(A Language for Life: Report of the Committee of Inquiry Appointed by the Secretary of State for Education and Science under the Chairmanship of Sir Alan Bullock FBA)』(Her Majesty's Stationary Office)를 첫 출발점으로 삼는다. 연방 형태의 영국은 각각 '스코틀란드·웨일즈·잉글란드·북아일란드'에서 독자적으로 교육이 시행되고 있다. 여기서 다루는 것은 주로 잉글란드와 관련됨을 적어둔다. 모어 또는 모국어(젖먹이 시절 배운 말이므로, '모어'가 더 올바름)로서 영어 교육에 대한 개혁은 1980년대 초반의 언어 자각 운동을 거쳐(현재도 제2 언어교육 분야에서 의사소통 중심 언어교육으로 구현되고 있는데, 의사소통을 촉진시키는 일련의 과제를 마련하는 것이 핵심이므로 최근에 과제 중심 언어교육(TBLT)으로 불림) 1988년 영국병을 고치려고 하였던 대처 정부에서 처음으로 국가 차원의 '교육과정'을 마련하는 일로부터 본격화되었다. 이를 위해서 나왔던 것이 본문에서 인용하고 있는 이른바 '킹먼 보고서'이며, 같은 해에 '교육 개혁령'(Education Reform Act)이 공포되었다.

이 보고서에 이어서, 이듬해 1989년 3월 국가 차원의 모어로서 영어 교육과정 'English in the National Curriculum'이 성문화되어 공표되었고, 같은 해 6월에 '콕스 보고서'가 나왔다. 1993년 4월 위 교육과정 수정이 발표되었고, 같은 해 12월 다시 교육부 장관 론 디어링(Ron Dearing)에 의해 보고서 형태로 'The National Curriculum and its Assessment'가 공표되었으며, 이를 현장 교실수업에서 구현할 수 있도록 1995년 1월 'English in the National Curriculum'이 공표되었다. 영국에서는 수석 교사를 중심으로 하여 학교별 맞춤 교육과정을 먼저 짜고, 이에 따라 일련의 과제 연속물을 만들고서 가르치게 된다. 학교마다 고유한 교육과정을 짜는 데에 도움을 주기 위하여, 어떻게 학교 현장에서 시행될지를 예시해 주는 문서로서 '구현 얼개(Framework)'도 같이 제공된다. 우리말로는 우리말교육연구소 엮음(2004)의 『외국어 국어 교유과정 1: 일본·중국·영국·프랑스의 교육과정』(나라말)을 보기 바란다.

페어클럽 교수는 §.7-2에서 콕스 보고서가 교육을 상품화하고 직업 준비 교육에만 몰입시켰다고 비판한다. 또한 1989년 보고서의 책임자였던 맨체스터 대학에서 문학을 가르치는 콕스(Charles Brian Cox, 1928~) 교수도 스스로 계속 국가 차원의 교육과정에 대한 비판서를 출간하였는데, 언어교육이 외국인이 살아남기 위해 쓸 필요가 있는 기본적인 네 가지 기능에 몰입하고 취업 준비를 궁극적인 목표로 삼아서는 안 되는 것이며, 다음 책을 읽어 보기 바란다.

- 콕스(1991), 『콕스 보고서에 대한 콕스 생각: 1990년대의 모어로서 영어 교육과정 (Cox on Cox: An English Curriculum for the 1990's)』(Hodder & Stoughton)
- 콕스(1995), 『모어(모국어)로서 영어 교육과정 전쟁에 대한 콕스 생각(Cox on the Battle for the English Curriculum)』(Hodder & Stoughton)

경상대학교에서 가르치셨던 김수업 선생의 책에서도 거의 비슷한 주장을 본다. 우리나라에서 여기저기 급박하게 1990년대부터 국어교육과에서 박사과정을 차리고서 네 가지 의사소통 기능교육이나 '지식 교육' 따위를 대단한 일인 양 떠들 적에, 모름지기 인간의 창의적 정신과 공동체의 가치를 높이는 일이 교육의 근본 목적임을 명백히 인식하고서 이를 국어교육의 뼈대로 주장하였다. 수십 년이 지난 지금 시점에서 읽어 보더라도, 우리 문화의 맥을 이어 놓는 그 분의 통찰력을 배울 수 있다. 필자는 우리나라 교육계의 큰 자산으로 평가하며, 필자의 사견으로 아래에 중요한 저서 다섯 권을 적어 둔다.

- 김수업(1989), 『국어교육의 원리』(청하)
- 김수업(1998), 『국어교육의 길』(나라말)

어 능력들에 대한 표현 방식이다. 그곳의 언어 표현으로 'competence능력', 'effectiveness효과', 'mastery숙달', 'facility수월성', 'expertise전문지식', 'skill기술' 따위를 담고 있다. 이런 과도한 언어 표현들은 자족적 최소 단위[233] 방식으로 가르치고 배울 수 있는 일련의 명확한 기계적 기술로서의 언어관을 이념적으로 투영하고 있는 킹먼 보고서Kingman Report의 선입견(편견)과 결부되어 있는 듯하다. 이는 의미의 생각 형성 측면을 놓고서 관례적이며 적합한 언어 산출 및 언어 해석만 강조하는 언어관이다 (Fairclough and Ivanic, 1989를 보기 바람).

과도한 언어 표현 이외에도, 핼리데이(Halliday, 1978)에서는 '재표현 rewording' 및 이와 대립적인 기존의 표현도 구분해 놓았다. 전자는 그의 용어로 '재어휘화relexicalization'이며, 기존 표현에 대한 대안으로서 마련된 새로운 표현을 산출하는 일이다. '재표현'이란 용어는 서로 얽힌

• 김수업(2005), 『국어교육의 바탕과 속상』(나라말)
• 김수업(2006), 『배달말 가르치기』(나라말, 현재 휴머니스트로 옮겨 간행됨)
• 김수업(2012), 『우리말은 서럽다』(휴머니스트)

　비록 조금 다른 관점에 서 있지만, 번역자도 이미 36쪽의 역주 19에서 언어교육의 발전 방향에 따라, 사춘기 이전과 이후의 교육에서 초점들이 조금씩 이동해야 함을 지적한 바 있다. 즉, 비록 개인의 자아실현에 초점 모아 교육이 시작하게 되겠지만, 사춘기를 거치면서 점차적으로 더불어 살아가야 하는 사회공동체의 가치를 높이는 쪽으로 가야 함을 주장하였다.

233) (역주) 입력과 출력을 도맡아 처리하는 연산 기제(computation)로서 인간의 상징 능력까지도 구현하는 기계(컴퓨터, computer)의 계층적 작동 방식을 가리켜 modular(자족적인 최소 단위체)라고 부른다. 이 용어를 처음 쓴 이는 미국의 심리철학자 포더(Fodor 1983)의 『자족적 최소 단위체로 이뤄진 마음의 속성(*The Modularity of Mind*)』(MIT Press)이다. 참스키 교수는 언어 능력도 통사라는 최소 단위체(Syntax)로부터 시작하여 음운이라는 최소 단위체(Phonetic Form)와 의미라는 최소 단위체(Logical Form)로 구성된다고 보았다(3원 최소 단위체 속성임). 자족적인 최소 단위체들이 정보를 주고받으면서 전체적인 마음이 발현되는 것으로 가정하였던 것이다. 조명한(1989), 「언어처리 이론으로서의 단원성의 문제」, 『인지과학: 마음·언어·계산』(민음사)에서 단원성이라고 번역하였지만, '단원성'이란 말 자체가 뜻을 알아차리기 어렵다. 자족적인 '최소 단위체'로 번역해 둔다. 이에 맞서는 가정이 연결주의(connectionism)이다. 우연히 필자가 한구연구재단의 명저 번역으로 두 차례 지원을 받은 바 있는데, 모두 언어 산출 및 언어 이해 분야에서 정상 과학으로 평가받는다. 르펠트(Levelt, 1989; 김지홍 뒤침, 2008)의 『말하기: 그 의도에서 조음까지』(나남)는 연산주의(computation)에 바탕을 두고 쓰였지만, 킨취(Kintsch, 1998; 김지홍·문선모 뒤침, 2010)의 『이해: 인지 패러다임』(나남)은 연결주의(그 책에서는 '제약만족 이론'으로 부름)에 근거하여 쓰여져 있다. 자세한 내용은 그 번역서들에 있는 역자 해제와 주석들을 참고하기 바란다.

그리고 변증법적인 언어 표현의 성격을 담기 위한 유용한 낱말이다. 에들먼(Edelman, 1974)에서는 심리치료의 실천 방식을 놓고서 새롭게 관례적 표현과 반대되며 적대적인 방식으로 재표현해 줌으로써, 관례적인 언어 표현의 밑바닥에 깔려 있는 관점들을 강조한다. 앞에서 본 스트레스(심리적 압박감) 관리 텍스트에서는 기존 표현들을 인사관리의 측면 속으로 맞물려 놓기 위하여, 노동자들 및 그들의 능력과 문제점들을 재표현해 놓고 있다. 다음의 사례에서는 (신자유주의를 옹호하면서) 재표현 방식이 교육에 대한 '시장 판매 촉진marketization'의 일부로 간주될 수 있다.

> The vocational preparation product is usually a programme. Its design and implementation are therefore central parts of the marketing process, and should start from the needs of potential customers and clients and the benefits for which they are looking. (*Further Education Unit*, 1987: 51)
> 일반적으로 취업 준비 상품은 학습 내용입니다. 그러므로 그 기획 및 구현이 판촉 과정의 중심 부분이 되며, 잠재적인 소비자와 단골손님(고객)들의 필요로부터 그리고 그들이 찾고 있는 이익으로부터 출발해야 합니다. (『후속 고등교육 단위』, 1987: 51)

여기서 재표현 방식은 §.6-3에서 논의한 의미 재구성하기와 제휴하여 진행되고 있다. 'design기획'이 명백히 두 번째 문장에 있는 'marketing판촉 전략'의 하위 개념이 되고 있다. 이는 '교육과정 기획'의 개념을 좀 더 넓게 상업에 근거한 '기획'의 의미 속으로 포함시켜 가는 과정이 일부이다.

§.6-5 비유('은유'로 대표됨)

전통적으로 비유는 다른 종류의 언어와는 거의 관련이 없으며, 문학 속의 언어, 특히 시의 특징으로만 관념되어 왔다. 비유에[234] 대한 최근의 업적은 강력히 이것이 사실이 아님을 시사해 주었는데, 레이코프·존슨(Lakoff and Johnson, 1980)[235]을 보기 바란다. 비유는 모든 종

---

234) (역주) 남자(man)와 여자(woman)의 상의어를 사람(man)으로 부르듯이, '은유'가 상의어로 쓰이고 있다. 소쉬르의 계열관계와 통합관계를 응용한 야콥슨의 지혜에 의해서, 비로소 비유는 은유(隱喩, 숨은 비유)와 환유(喚喩, 특징적 부분이 전체를 불러일으키는 비유)로 대분된다.

비유(figurative language) ┬ 은유(metaphor)
└ 환유(metonymy)

단, 여기서 상의어에 해당하는 '비유'의 뜻으로 영어에서는 다시 은유가 쓰이고 있다. 그 까닭은 영어에서는 길게 구(phrase) 형식으로 figurative language(비유 언어)나 figurative use(비유적 언어 사용)라고 불러야 하는 불편함이 있기 때문이다. 그렇지만 우리말에서는 '비유'(견주어 넌지시 깨우쳐 줌, 比喩)라는 상의어가 따로 있고, 이 아래에다 하위 개념으로서 은유와 환유가 있다. 우리말에서 남자와 여자의 상의어로 '사람' 또는 '인간'을 쓰듯이, 다른 계층의 말은 달리 '비유'로 써 주는 것이 우리말다운 질서인 것이다. 따라서 상의어로 쓰일 경우에는, 영어의 축자번역에서 초래되는 혼동을 피하여 언제나 '비유'로 번역해 둔다.

중국의 고대 노래를 담고 있는 『시경』에서는 표현법이 세 가지로 나뉜다(여섯 가지 중 나머지 세 가지 '풍·아·송'은 시의 갈래에 해당하므로, 아래의 표현법과는 구별되어야 함).

① 직설적인 부(賦, 붙임)
② 넌지시 사물에 빗대어 말하는 비(比, 견줌)
③ 상징적으로 울림을 일으키는 흥(興, 일으킴)

필자는 만일 직설적인 부(賦)를 제외한다면, 비와 흥만 남는다는 점에서 야콥슨의 분류와도 비슷하다고 본다. '계열 관계'로서의 은유는, 대상과 대상 사이의 유사점을 끌어낸다는 점에서 비(比)와 동일한데, 가령 곳간에서 노니는 살찌고 늙은 쥐의 모습을 백성들을 쥐어짜는 탐관오리의 모습과 서로 겹쳐서 노래하는 것이다. 이와는 달리 외부 세계의 대상이 독자의 마음을 울린다는 흥(興)은, 물가에서 '관관' 울고 있는 물새를 보면서 문득 자신의 좋은 짝을 생각나게 만드는 경우이다. 통합 관계로서의 환유가 또한 그 대상의 일부가 그 대상 전체를 상상하도록 불러일으키는 작용이라는 점에서 (부분 → 전체 대상 → 감흥), 한 단계가 더 추가되어 있을 뿐, 대상에 대한 서술이 인간의 마음에서 울림을 끌어낸다는 점(대상 서술 → 감흥)에서는 서로 공통 기반을 지니는 것으로 보인다. 물론 범주가 서로 교차되는 경우도 있으므로, 이런 필자의 생각이 좀 더 면밀히 검토될 필요가 있겠으나, 만일 필자의 직관이 옳다면, 이미 몇 천 년 전에 중요한 통찰을 명문화하여 직접 실천하고 있었던 셈이다. 아리스토텔레스의 『수사학』에서 각별히 갈래 또는 영역마다의 특성을 드러내고자 주력하였던 것에 비하면 시경의 주장은 매우 실용적이며 실학다운 발상임을 깨달을 수 있다.

235) (역주) 이 책은 30년 넘게 아직도 꾸준히 읽히고 있다. 23년이나 흘른 뒤 나온 2003년

류의 언어와 모든 종류의 담화에 널리 퍼져 있고, 심지어 가장 그럴 것으로 예상되지 않는 경우로서 과학 담론과 공학기술 담론에서까지도 그러하다. 더욱이 비유가 담화의 피상적인 문체적 장식품은 아니다. 다른 비유가 아니라 특정한 어느 한 가지 비유를 통하여 대상을 의미하는 경우에, 우리는 다른 방식이 아니라 그 한 가지 방식으로 우리가 느끼는 실제 현실을 구성해 놓고 있는 것이다. 비유는 우리가 생각하는 방식 및 행위하는 방식을 구조로 만들어 주고, 널리 퍼진 근본적 방식으로 우리의 지식과 믿음 체계를 구조화해 놓는다.[236]

경험의 특정 영역이 어떻게 비유로 표현되는지는 담화 실천 방식 내부에서 그리고 두루 전반적으로 투쟁하여 얻어내고자 하는 몫the stakes(193쪽의 역주 131 참고)의 한 가지이다. 예를 들어, 고등교육에 종사하는 일부 당사자들은

courses have to be packaged in modules that our consumers want to buy
(교육 내용은 우리 소비자들이 일괄 구매하고자 하는 최소 단위 형식들로 꾸려져야만 한다)

처럼 표현된 상품 및 소비자 비유를 놓고서 적극적으로 반발한다. 중요한 문화적·사회적 함의를 지닌 담화상의 변화에 대한 한 가지 측면

수정판이 노양진·나익주 뒤침(2006)의 『삶으로서의 은유』(박이정)로 나와 있다. 다시 이 두 저자는 1999년 비유의 문제를 지성사 속에서 조명하면서 책을 내었는데, 임지룡·윤희수·노양진·나익주 뒤침(2002)의 『몸의 철학: 신체화된 마음의 서구 사상에 대한 도전』(박이정)으로 번역되어 있다.

236) (역주) 언어학자 레이코프와 철학자 존슨이 끼친 영향으로 비유에 대한 관심이 세계 학계에서 크게 떨쳐 일어났고, 좋은 책들이 많이 나와 있다. 우리나라에서는 발음하기도 어려운 '졸탄 케베체슈(Zoltán Kövecses)' 책이 세 권이나 번역되어 있어 초보자들에게 크게 도움이 된다.

· 이정화·우수정·손수진·이진희 뒤침(2003), 『은유: 실용적 개관서』(한국문화사)
· 김동환 뒤침(2009), 『은유와 문화의 만남: 보편성과 다양성』(연세대 출판부)
· 김동환·최영호 뒤침(2009), 『은유와 감정: 언어·문화·몸의 통섭』(동문선)

또한 노울즈·문(Knowles and Moon, 2005; 김주식·김동환 뒤침, 2008)의 『은유 소개』(한국문화사)도 함께 읽어 보기 바란다.

은 실제 현실의 비유 표현에 있는 변화이다. 이런 사례를 추구해 나가기 위하여 시장 상품으로서 교육 및 다른 복지제도service에 대한 비유적 구성체가, 이들 영역에 있는 담화의 변형 과정뿐만 아니라 또한 사고방식과 실천에 대한 변형 과정에서도 강력한 설득 요소가 된다 (아래 논의 참고).

일부 비유는 특정한 문화 내부에서 심도 있게 자리 잡아 아주 자연스럽기 때문에, 사람들이 대부분 자각하지 못할 뿐만 아니라 그런 비유를 주목하도록 요구될 경우에조차도 담화와 사고와 행동에서 비유들로부터 벗어나기가 극단적으로 어려움을 깨닫는다. 레이코프·존슨 (Lakoff and Johnson, 1980)에서는 논쟁에 대한 비유적 구성을 전쟁으로 보도록 하는 것들을 다루는데, 가령 다음과 같다.

'Your claims are *indefensible*당신 주장들은 방어하기 어렵다'
'he *attacked* every weak point in my argument그가 내 주장의 모든 약점들을 공격했다'
'his criticisms were right *on target*그의 비판들이 당장 표적이 되었다'
'I *demolished* his argument나는 그의 주장을 완전히 궤멸해 버렸다'

그들은 이것이 언어 표현의 피상적인 사안만이 아님을 지적한다. "우리가 논쟁에서 실제로 실행하는 많은 것들이 부분적으로 전쟁의 개념에 의해 구조를 갖춘다."(Lakoff and Johnson, 1980: 4) 따라서 담화의 군사 전쟁 조직 모습은 또한 사고 및 사회적 실천 방식에 대한 군사 전쟁 조직화인 것이며(Chilton, 1988), 마찬가지로 앞에서 다룬 교육 분야에서 담화의 시장 판매 모습도 또한 사고와 실천 방식의 시장 판매 조직화인 것이다.

담화의 군사 전쟁 조직 모습에 대한 다음의 사례는, 오히려 실제 현실을 특정한 방식으로 구조화하는 데에서 비유의 효과를 좀 더 잘 예시해 준다. 이는 1987년 영국 총선거(정기적인 선거)에 대한 연구로부터 가져 왔는데, 좀 더 각별히 대중매체에서 국가 방위 문제가 어떻게 다뤄지는지를 잘 보여 준다(Garton, Montgomery and Tolson, 1988; Montgomery, 1990). 이들 저자는 국가 방위 문제 그 자체 및 대중매체에서 선거구호로 그것을 나타내는 방식 사이에 '일치'가 있음에 주목하였다. 그 선거 구호 자체를 위한 지배적 비유는 전쟁의 비유였다. 텔레비전과 신문에서 다룬 기사로부터 가져온 다음 사례들은 이런 점을 잘 보여 준다(강조를 위한 이탤릭 글씨는 인용자가 쳐 넣음).

① Defence was *the centrepiece of her attack* on Labour and Neil Kinnock. (BBC 1, 26 May)
   방어가 노동당과 키녹 당수에 대한 대처의 공격에 맞대응하는 주요 특징이었다. (영국 공영방송 1채널, 5월 26일)

② Tonight in South Wales the Thatcher *counter-attack* began. (BBC 1, 26 May)
   오늘 저녁 남 웨일즈에서 대처의 반격이 시작되었다. (영국 공영방송 1채널, 5월 26일)

③ Mrs Thatcher's attack was part of a *two-pronged* Conservative effort to stop Labour. (BBC 2, 26 May)
   대처 여사의 공격은 노동당을 저지하기 위하여 두 갈래로 된 보수당 분투의 일부였다. (영국 공영방송 2채널, 5월 26일)

④ The Labour Party *mounted a determined rearguard action* yesterday. (*Financial Times*, 27 May)
   어제 노동당에서는 결연한 지원대 행보에 직접 나섰다. (『피낸셜 타임즈』지, 5월 27일자)

⑤ The Conservative and Alliance *pincer movement against* Labour included a bitter *assault* by David Owen. (*Independent*, 26 May)
   노동당에 대항하는 보수당과 연합체의 협공 실행에는 오원에 의한 모진 백병전/설전까지 들어 있었다. (『인디펜던트』지, 5월 26일자)

해당 논제가 물론 대중매체에 기존의 군사 전쟁 비유를 제공해 준다. 이들 저자가 지적하듯이 한 가지 실질적 효과는, 대중매체를 통하여 노동당이나 다른 정당에서 국제관계의 노골적인(비열한) 대결 전략에 근거하지 않고서는―가령, 좀 뒤에 나오는 다음 인용에서처럼 'standing up to bullies공갈배한테 과감히 맞서는 일', 'deterring단념하는 일' 등에 비춰 모든 걸 내걸지 않고서는―이런 보수당의 공격에 대한 방어책을 쓰기가 아주 어렵게 만들어 버린다.

더욱이 선거 구호가 사실에 관한 사안으로서 직접 얼굴을 마주보면서 대치하거나 논쟁하는 일로 실행되는 것은 아니다. 이것이 바로 대중매체에서 선거구호들을 구성하는 방식인 것이다. 대중매체에서는 선택적으로 관련 자료를 주문하고 표현하는 방식을 통해서, 한 방을 얻어맞고서 곧 이어 반격으로 한 방을 먹이듯이, 선거구호의 복잡함과 혼란을 과감히 상투적인 논쟁이나 결투의 모습으로 축소해 버린다. 그렇다면 단지 대중매체에서 반영해 주는 실제 현실로서 이런 내용이 묘사되며, 따라서 대중매체 그 자체가 실제 현실에 대하여 갖게 되는 구성적 효력들을 독자들이 깨닫지 못하도록 가려 버리는 것이다. 또 다른 실천상의 결과는, 대중매체의 취재와 보도가 그 자체로 은유에 의해서 형성되게 마련이라는 사실이다. 예를 들어, 우리는 한쪽 정당의 '공격'과 다른 정당의 '역공' 사이에서 하루하루 교체되는 유형을 파악할 수 있다. 그리고 정치 목적의 정당에서는 대중매체에서 그려 놓은 소묘에 대한 '실제 현실'과 서로 잘 들어맞도록 자신들의 선거구호들도 고쳐나가게 된다. 만일 어느 날 대립 속에서 한쪽 정당이 주요한 '한 방'을 먹인 것으로 묘사된다면, 다른 쪽 정당에서는 대중매체의 고문들이 정당 관계자들에게 말할 수 있는 언론 모임이나 연설에서 이내 '역공'으로 전환될 수 있는 관련 자료를 제공해 줄 필요가 있다. 요약한다면, (공격-역공) 은유는 선거 구호의 취재-보도 범위에, 그리고 해당 선거구호 그 자체에 영향력을 지니고 있는 것이다.

가아튼·몽고메뤼·톨슨(Garton, Montgomery and Tolson, 1988)에서는

또한 1987년 총선거에서 국가 방위 문제에 대한 취재와 보도 범위에서 '각본scripts'에 대한 이념적 영향력을 지적하였다. 다른 연구자들이 '서사 이야기narrative'란 용어를 써 왔지만, 이들 저자는 상투적인 극본 및 이와 연관된 일련의 사건 연결체를 가리키기 위하여 '각본'이란 용어를 쓰는데, 이는 한 문화에 대하여 깊숙이 내포된 상식의 일부가 된다. 많은 각본들이 비유적 기반을 지니고 있다. 예를 들어, 췰튼(Chilton, 1988: 64)에서는 다음 표본에서 보듯이 영국의 핵무기를 늘여 놓을 필요성을 설득하고자 의도된 영국 국방성의 전단지를 논의한다.

〈표본 5: 공갈배 처치 방법, 억지력을 통한 평화: 그 협박에 대한 유일한 정답〉

HOW TO DEAL WITH A BULLY

PEACE THROUGH DETERRENCE — THE ONLY ANSWER TO A BULLY'S THREAT

Many of us have had to stand up to a bully at some stage in our lives. The only answer is to say: "Let me alone — or you'll be sorry." And to have the strength to back up your words.

우리 생활에 어떤 단계에서는 많은 사람들이 스스로 공갈배에 맞서야만 합니다. 유일한 정답은 "내 혼자의 힘으로 맞설 게! — 그러지 않으면 후회스러울 거야!"라고 말하는 것입니다. 여러분의 말을 뒷받침하기 위해서는 강력한 힘을 가질 필요가 있습니다.

여기서 췰튼이 '공갈배 각본'으로 부르는 것이(공갈배는 언제나 힘이 약한 희생자를 공격하는데, 공격을 받지 않기 위한 유일한 방법은 강력한 힘을 가진 듯이 보이는 길뿐임), 개인들 사이의 관계로서 그리고 전형적으로 학생들 사이에 있는 관계로서, 국제관계를 은유하는 데 쓰이고 있다. 가튼·몽고메뤼·톨슨(Garton, Montgomery and Tolson, 1988)에서는 노동당 당수 키녹Neil Kinnock이 말한 국가 방위에 대한 핵심 진술로서 이 각본과 다른 각본이 대중매체에서 변형되고 구성된 방식들에 대한 기반이 됨을 보여 주었다.

　대중매체와 다른 홍보물에서 '전쟁·전염병·생태적 재앙' 등으로 비교적 사회적 균형 상태를 무너뜨리는 사건이 은유되는 방식들은, 한 문화의 가치 체계 및 선입견들 속을 들여다보는 데에 탁월한 통찰력을 제공해 준다. 예를 들어, 쏜택(Sontag, 1988)에서는 후천성 면역결핍증AIDS에 대한 은유를 조사하였다. 그녀는 후천성 면역결핍증AIDS과 결부된 주요한 은유가 흑사병plague, 역병임을 지적하였다. 쥐들이 옮긴 페스트균으로 14세기 서구 인구의 절반을 죽인 흑사병처럼, ① 후천성 면역결핍증AIDS도 밖으로부터 들어왔고, ② 이방인 속성foreignness과 연계되어 있다. 일반적으로 이 병은 아프리카에서 기원한 것으로 알려져 있고, ③ '짐승다운 성적 방종함'을 지닌 흑인에 대한 전형적인 연상작용 쪽으로 쏠린 인종 차별의 냄새를 띤다. ④ 흑사병의 은유가 또한 군대의 은유와도 연결되어 있다. 즉, '침략'으로 묘사된 후천성 면역결핍증AIDS이다. 좀 더 구체적으로 말하여, 유럽과 미국에 대한 제3 세계의 침략이다. 흑사병마냥 후천성 면역결핍증AIDS도 또한 '사회에 대한 판단'에서 그 도덕적 방종으로 해석되고, 후천성 면역결핍증의 확산으로 인하여 정치적으로 그리고 동성애 공포증 측면으로 '관대한 사회'를 도로 물러나게 만든다. 그렇지만 흑사병 은유는 실제로 모순이 있고 문제가 많은 측면이 있다. 흑사병이나 후천성 면역결핍증AIDS에 어느 누구도 면역이 된 사람이 없다. 그럼에도 불구하고, 이런 보편성이 이념상으로 후천성 면역결핍증AIDS에 대한 중요한 구성물을 (나와 전혀 무관한) '남'의 질병으로 보도록 하는 위험에 빠뜨려 놓는다. 즉, '우리'한테 한 가지 위협으로서 '남들의(그들의)' 질병인 것이다(늑마치 '강 건너 불 구경'처럼 만들어 버림으로써 철저한 대책을 강구하지 못하게 막음).

§.6-6 결론

여기서는 제5장과 제6장을 놓고서 텍스트를 분석하는 속성들에 대한 논의를 매듭짓기로 한다. 저자가 다룬 주제들은 담화 분석을 실천하기 위한 안내 지침의 일부로서, 제8장에서 다시 요약 형태로 모두 함께 모아질 것이다. 여기서는 독자들에게 담화 분석을 위하여 제3장에서 소개해 둔 세 가지 차원의 얼개를 상기시키는 것만으로 충분하다. 텍스트 분석이 결코 고립된 채 실행되어야 할 어떤 것이 아님을 강조하기 위하여, 담화를 세 가지 차원

① 텍스트로서as text
② 담화 실천 사례로서as discourse practice
③ 사회적 실천 관행으로서as social practice

분석하는 일이다. 이내 텍스트의 복잡함에 간여되기가 십상이므로, 따라서 텍스트 분석이 그 자체로서 칭찬할 만한 표적으로 간주되기에 이르렀다. 실제로 담화 분석을 서술하면서 브르디외(Bourdieu, 1988: xvii)에서

방어 불가능한 내적 분석의 형태 속으로 퇴보하는
(having 'relapsed into indefensible forms of internal analysis')

것으로 여기고서 그가 유의했던 형태들과 같이, 그런 방향으로 치우친 몇몇 담화 분석의 형태들도 있다. 이와 반대로, 저자는 분석이 담화 해석으로부터 고립된 채 이뤄진 텍스트의 서술만으로 이뤄질 수 없음을 주장하고자 한다(이들 용어의 구별은 150쪽의 〈그림 3-1〉에 있는 설명 부분들을 보기 바람).237) 따라서 저자는 지속적으로 텍스트를 제6장 및 그 이전의 장들에서 서술된 방식으로 해석해 왔다. 두 가지 차원에서

의 해석이 필요하다.

(1) 한 가지 차원의 해석은, 텍스트의 특징들을 담화 실천 사례에 있는 요소들로 간주함으로써, 특히 (이질적 요소들과 관례들에 대한 서로 얽힌 텍스트의 결합 및 서로 얽힌 담화의 결합을 포함하여) 텍스트 산출의 과정들에 대한 '흔적'으로, 그리고 텍스트 해석의 과정에 있는 '단서'들로 여김으로써, 텍스트를 이해하려고 노력하는 일이다. 여기서 그런 분석이 실행하는 바에 대한 저자의 설명 및 §.3-3에서 텍스트 해석 주체들이 실행한 바를 놓고서 저자가 언급한 설명 사이에는 서로 비슷한 점이 있다. 사뭇 체계적으로 이용한다는 점에서 조금 다를지라도, 분석 주체들도 또한 공동체의 유능한 구성원으로서 그들이 지닌 기억 자원들이 필요하다. (2) 다른 차원의 해석은 텍스트가 어떻게 산출되고 해석되는지를 놓고서 텍스트의 특징들 및 한 사람의 해석을 둘 모두 합쳐서 이해하려고 하는 일인데, 양자를 더 넓은 사회적 실천 관행 속에 들어 있는 것으로 간주하는 것이다. 더 앞서 나온 페어클럽(Fairclough, 1989a; 김지홍 뒤침, 2011: §.6-1과 §.6-3)에서는 이들 두 차원의 해석을 각각 '해석'과 '설명'으로 구분해 놓았었다.

서술이 흔히 잘못 가정되어 오듯이 결코 해석으로부터 분리되는 것은 아니다. 한 사람의 분석 주체로서 (그리고 평범한 텍스트 해석 주체로서) 우리는 불가피하게 언제나 해석 작업을 하고 있으며, 결코 순수히 서술로만 이뤄진 분석의 단계란 존재하지 않는다. 결과적으로 텍스트에 대한 분석은, 담화 처리 과정 및 더 넓은 사회 과정과의 관계들에 대한 한 사람의 해석에 따라서 모습이 갖춰지고 색깔이 입혀진다. 입

---

237) (역주) 150쪽의 역주 91 및 15쪽의 역주 3을 읽어 보기 바란다. 담화를 분석하는 세 가지 차원인 '텍스트·담화 실천 사례·사회적 실천 관행'의 측면들은 결코 내포 관계를 이뤄서는 안 된다. 사회적 실천 관행이 필연적으로 담화 실천 사례나 텍스트로 구현되는 것이 아니기 때문이다. 그렇다면, 나란히 병렬된 담화 내부 층위 및 사회관계 층위 사이에 있는 대응 관계로 파악되어야 옳다. 담화 분석을 통해서 사회관계의 지문을 읽어내고, 이를 통해 사회관계의 실상을 찾아내는 일로 진행해야 하는 것이다. 명탐정 샬록 홈즈의 비유를 빌려 쓰면, 범인의 발자국은 담화에 해당하고, 그 발자국들을 좇아 가면서 찾아내야 하는 범인은 사회관계의 실상이 되는 것이다.

말로 된 텍스트의 녹취 기록을 만들어내는 일조차도 마침내 불가피하게 그 텍스트에 대한 해석 방식을 결정하는 일로 귀결되고(§. 8-1 (마)를 보기 바람), 무엇을 서술해 놓을지에 관한 한 사람의 선택도 미리 지닌 해석상의 결론에 달려 있다. 그뿐 아니라, 저자가 텍스트의 분석적 특징으로 부르는 내용도, 대부분의 경우에 해석에 대한 상당한 혼합물을 지닌다. 예를 들어, 저자가 통사결속에 대한 분석의 일부로 다룬 텍스트에 있는 어휘상의 이음말에 대한 유형들도, 결코 해당 텍스트에서 객관적으로 '거기에' 있는 것이 아니다. 다시 말하여, 그런 이음말 유형도 우리가 텍스트를 해석하는 방식에 따라 '거기에 놓여 있는' 것이다. 따라서 서술 및 해석이 상호간에 필요할 뿐만 아니라, 또한 이것들이 서로서로 겹쳐져 있는 것이다.

분석 주체 및 참여 주체 사이에도 추가적으로 비슷한 점들이 있다. 분석이 공동체 속에서 다른 텍스트들처럼 사회적으로 유통되고 소비된 텍스트의 산출로 이끌어가고, 임의의 다른 담화와 같이 분석에 관한 담화도 또한 하나의 사회적 실천 방식의 모습으로 된다. 이것이 변증법적으로 사회구조와 관련되고, 패권 투쟁과 관련하여 자리를 잡게 되며, 이념상으로 그리고 정치적으로 투입되는 상태에 활짝 열려 있다(≒담화와 담화 분석 속에 이념과 정치 색깔이 깃들게 마련임). 분석 주체들은 자신이 분석하는 사회적 실천 관행을 벗어나서 그 위에 있는 것이 아니라, 사회적 실천 관행의 내부에 있다. 그러므로 가능하다면 분석 주체들은 담화 해석 과정에서 끌어들이는 자원들에 대하여 그리고 분석 그 자체의 사회적 실천 관행의 본성에 대하여 자의식self-conscious, 반성의식을 갖고 있는 것으로 여길 법하다. 즉, 그런 자원과 실천 관행을 조건화해 놓는 구조들, 패권 투쟁에서 자리 매김에 대한 그 지향 방향, 자원과 실천 관행으로부터 나온 결과물, 그리고 투쟁 및 주조들에 대한 자원과 실천 관행의 효과들에 대한 자의식이다.

제7장 현대 사회에서의 담화 및 사회 변동

§.7-0 도입

저자가 §.3-5에서 논의하였듯이 담화상의 변화에 대한 이중적 지향성에 비춰보면, 제7장에서 저자의 관심 사항은 담화상의 개별 사건들에 있는 변화보다는 오히려 일반적인 담화 질서에 있어서의 진행 중인 변화에 모아진다. 저자는 사회구조적 담화 질서에 영향을 주는 담화상의 변화에서 모종의 광범위한 흐름들을 찾아내고, 이러한 흐름을 좀 더 일반적으로 사회-문화적 변화의 방향과 연관 짓게 될 것이다. 저자가 언급하게 될 종류의 변화는 개관 장에서 언급하였듯이, 부분적으로 국제적 성격 또는 적어도 초국가적 성격을 지닌다. 담화 질서에 있는 그런 변화의 흐름들에 얼마나 관심이 주어지지 않았는지를 알게 되면 놀랄 것이다. 그러므로 제7장은 거의 무시되어 온 조사 연구의 큰 영역에 대한 예비적 일거리로 간주되어야 한다. 저자는 주요한 세 가지 흐름을 논의하게 될 것이다. 담화에 대한

① 민주화 실천democratization, 민주화 운동

② 판매용 상품으로 만들기commodification

③ 가공 기술technologization

이다. 처음 두 가지 흐름은 담화 실천 방식에 있는 실질적 변화와 관련
되지만, 세 번째 흐름은 담화 실천 방식에서 의식적 간섭이 변화를
일으키는 데에서 점점 더 중요한 요인이 됨을 시사해 준다. 이들 세
가지 흐름은 영향력이 설사 가지런하지 않더라도 현대의 담화 질서에
두루 널리 퍼진 영향력을 지니고 있으며, 특정한 기구나 영역과 연합된
지엽적/국지적 담화 질서들 사이에 뚜렷한 대조점들이 존재한다.

　특정한 흐름에 초점을 모으는 일은 진행 중인 담화상의 변화를 놓
고서 복잡하고 모순된 과정들에 있는 유형들을 찾아내는 방식을 제공
해 주지만, 이는 변화를 살펴보는 아주 추상적인 방식이다. §.7-5에서
는 그런 흐름들이 서로서로 어떻게 상호작용을 하는지를 살펴봄으로
써, 그리고 담화 질서들을 구조로 만들어 놓는 일을 놓고서 그런 흐름
들이 패권 투쟁의 과정을 어떻게 형상화하는지를 고려함으로써, 일정
한 범위까지 이를 교정하려고 시도한다. 담화 실천 방식의 상이한 모
형들에 비춰보아, 저자가 옹호하고 있는 패권 모형이 '부호' 모형a code
model이나 '모자이크'(또는 '절충') 모형a mosaic or negotiative model보다는 좀
더 만족스런 설명을 제시한다고 논증하면서, 그 흐름들에 대하여 서
로 다른 해석 내용들을 제시한다.

§.7-1 민주화 실천democratization, 민주화 운동

　저자가 쓰는 담화의 '민주화 실천'(민주화 운동)이란 말은 담화상에
그리고 언어적인 권리에 있는, 그리고 인간 집단의 의무와 명성에 있
는 비평등성과 비대칭성에 대한 제거를 의미한다. 좀 더 일반적으로

말하는 민주화 실천처럼 담화에서의 민주화 실천도 최근 몇 십 년에 걸친 변화의 주요한 매개변수가 되어 왔지만, 두 경우에 있어서 그 과정은 심히 고르지 않게 진행되어 왔다. 예를 들어, 영국에서 (켈트 어에 속한) 웨일즈 어Welsh 화자들은 (식민지 시절 인도 구자뢰트 주에서 영국으로 이주해 온) 구자뢰티 어Gujarati 화자들보다 훨씬 더 큰 권리를 얻어내었다. 두 경우에서 모두 얼마나 실재적인 변화 또는 얼마나 표면적인cosmetic, 그럴싸하게 겉에 분칠만 해 놓은 변화가 있어왔는지에 대한 의문이 여전히 남아 있다. 여기서는 담화의 민주화 실천에 관한 다섯 가지 분야를 검토하게 될 것이다.

㉠ 한 언어 및 해당 언어 속에서 사회 방언들 사이의 관계
㉡ 품위 있는(≒영국에서는 상위 계층 말투의) 담화 유형에 대한 접속
㉢ 불평등 권력 관계로 된 기관에서 쓰는 담화유형에서 노골적인 권력 표지들의 제거
㉣ 격식 없는(비-격식적) 언어 사용 쪽으로의 흐름
㉤ 언어 사용에서 찾아지는 성별에 관련된 실천 방식에서의 변화

전체적으로 보아, 영어보다 다른 언어들이, 표준 영어보다238) 다른 사

---

238) (역주) 표준화 흐름은 영국 등에서 짐승을 이용한 노동력이 증기 따위를 이용한 기계로 대치되면서 생겨난 중소 자본가들에 의해 생겨났으므로, 근대화의 산물임을 알 수 있다. 그들은 물건을 온갖 곳에 팔기 위하여 서로들 간에 어떤 기준이나 표준을 마련할 필요성을 느꼈던 것이다. 언어에 대한 표준화도 근대에 와서 생겨났을 뿐이다. 영국의 표준어(the accent of Standard English in the United Kingdom)는 '용인된 발음(Received Pronunciation, RP)'으로 불리는데, 이 말에서도 발음을 어떻게 하는지를 중시하였음을 알 수 있다. 가령, 카크니로 불리는 영국 노동자 계층에서는 book[북, 부크]를 [부희]처럼 발음하며, 동시에 하층 계급이라는 낙인이 같이 따라붙는다. 우리나라의 역사에서는 경제의 중앙 집권화가 고려 중·후기에서부터 생겨났다('감무'라는 세곡 운반 관리가 강길이나 바닷길을 따라 개성에서 파견되었음). 표준화의 일환인 표준어가 본디 중앙 집권 세력과는 관련이 없는 것이다. 그렇지만 결과적으로 서울(한양)의 지식 계층이 쓰는 방언을 표준으로 결정하였기 때문에, 더러 우리나라에서는 이것이 근대화의 결과인지, 중앙 집중 권력에서 나온 결과인지를 혼동하는 일이 잦은데, 따라서 이를 바꿀 수 없는 가치인 양 호도하는 경우도 있다.

회 방언뿐만 아니라 또한 다양한 악센트들이,[239] 제2차 세계대전 이후로 공식적 기능의 범위에서 좀 더 널리 받아들여지고 묵인되고 있음이 실제 경우이다. 그렇다고 하여 이것이 언어학적 이상 세계의 새날 아침이 되었다고 선언하는 것은 아니다. 이것들은 사회 투쟁의 성취이지만, 지속적으로 저항을 받아 왔고 저항과 마주치게 된다. 더욱이 이런 성취가 고르지 않다. 영국에서 다양한 아시아 계통의 공동체처럼 가장 불이익을 받는 소수 집단들은, 다른 영역들에서와 같이 이런 측면에서도 인종 편견적 불공평함을 부당하게 받게 마련이다. 그럼에도 불구하고, 민주화 실천 운동은 이런 점에서 실재의 힘이 되어왔고, 불공평함과 편협함이 여전히 두드러진 경우들을 중심으로 하여 많은 논쟁들이 지속되고 있음에도 아랑곳하지 않고, 그 논쟁의 수준과 도드라짐 그 자체가 그런 논제들이 실제로 사회의 문제 목록으로 올라 있음을 가리켜 준다. 한 가지 자주 언급되는 본보기가 방송인데,

---

239) (역주) 저자가 왜 '악센트'를 내세웠는지에 대해서는 조금 설명이 필요하다. 음운론에서는 동등한 간격의 시간(isochrony, equal time duration)이라는 개념이 매우 중요하다. 이는 결코 물리적 측정값이 아니라, 심리적이고 인상적이며 주관적인 느낌 값을 말한다. 구조주의 언어학자 파익(Pike, 1947)의 『음운학(*Phonetics*)』(University of Michigan Press)에서는 인간의 언어가 크게 강세 박자(stress-timed) 언어와 음절 박자(syllable-timed) 언어 둘로 나뉜다. 1음절에 대한 동등한 시간 간격(주관적으로 동등한 지속 시간)이 강세 박자 언어와 음절 박자 언어에서 각각 내적 구성이 달라지는 것이다. 여기서 박자(beat)가 상위 개념이므로, '시간-측정된(timed)' 또는 '시간-측정하는(timing)'을 모두 '박자'로 부르고 있다. 영어는 악센트를 강세의 대표로 내세워 놓고 있으며, 악센트에 따라 음절 숫자도 달라지고, 품사 따위도 바뀌어 버리는 것이다.
   영어·아랍어·스웨덴어 등은 대표적으로 강세 박자 언어이고, 우리말·불어·스페인어 등은 대표적으로 음절 박자 언어이다. strike가 영어에서는 무거운 1음절에 지나지 않지만, 우리말에서는 4음절(스트라익) 또는 5음절(스트라이크)이다. 음절을 이루는 핵이 무엇이냐에 따라 달라지고 있기 때문이다. 영어에서는 'i[ay]'라는 이중모음에 악센트가 붙고, 이를 중심으로 상승세의 구성소와(on-set) 하강세의 구성소(off-set)들이 한데 묶이어, 단지 입을 한 번만 빵긋했다고 여기는 것이다. 그러나 우리말에서는 모든 모음이 다 음절을 구성하는 핵이 되므로, 마지막 k를 내파음 '윽'으로 발음하거나 외파음 '크'로 발음하는지에 따라 4음절이나 5음절로 계산하는 것이다. 거의 모든 모음들이 핵이 되는 우리말과는 달리, 일부만 핵이 되는 경우는 특히 중국어에서 찾아진다. 우리말에서는 두 개의 모음이 모여 중모음(2중모음)을 이루지만, 중국어에서는 심지어 표기상 4중모음까지도 나올 경우가 있다. 따라서 음절(syllable)이란 개념을 정의할 경우에는 언어마다 고유한 특성들이 면밀히 고려될 필요가 있음을 알 수 있다. 강세 박자 언어와 관련하여 쉽게 씌어진 책으로서 윤여범 뒤침(2004: 54쪽 이하, 126쪽 이하)의 『옥스포드 언어교육 지침서: 발음』(범문사)을 보기 바란다.

거기에서 비표준 방언과 지역 악센트를 쓰는 사람들이 비록 여전히 사뭇 엄격한 제한 속에 갇혀 있지만240) 전례 없이 접속권을 얻어 등장하고 있다. 예를 들면, 표준 영어와 '용인된 발음' 악센트'RP' accents가 여전히 전국 뉴스 방송에서 필수사항이다de rigueur. 비록 전국에 방영되는 텔레비전과 라디오 연결망으로 보고 듣는 지역 뉴스에서 다른 (지역) 악센트를 지닌 사람이 뉴스를 방송하고 있음을 쉽게 찾을 수 있더라도, (역사상 한 번도 혁명다운 혁명이 없었던 영국에서 쓰여온 사회 계급 방언으로서) 노동자 계층의 악센트를 지닌 사람의 경우는 찾을 수는 없다. 노동자 계층의 악센트들이 실제로 방송에 등장하지만, 퀴즈 풀이나 일일 연속극과 같은 방송 시간대에 국한된다. 동등하게, 한편으로 웨일즈 어 방송이 큰 폭으로 늘어나 전파를 타고 있지만, 아시아 계통과 다른 소수 집단 언어들은 오직 지엽적으로만 보호받고 있다. 방송 분야에서는 비록 유명세가 덜한 영역에 국한될지라도 비표준 언어 다양체 및 소수 언어들을 놓고서 공적 영역에서 적합성의 기준을 느슨히 적용하여 인정하고 있다.

이러한 흐름들은 근대 시기의 특징으로 되어 온 표준 영어의 지배가 이제 끝나고 있는지 여부에 대하여 의문을 제기한다(Leith, 1983). 우리가 '탈-표준post-standard' 상황에서 살고 있는 것인가(Jameson, 1984)? 또한 국제적 차원에서도 이런 질문을 제기한다. 한편으로 비-공식적인 unofficial 세계어world language로서 영어의 지위가 계속 강화되고 있는데, 지금까지 거의 인정을 받지 못한 인도 영어와 아프리카(≒남아공) 영어처럼 다양한 '영어들'이 영국 영어 및 미국 영어들과 좀 더 대등한

---

240) (역주) 우리나라에서 아직 순수하게 방언만으로 9시 뉴스를 진행하는 경우는 없을 듯하다. 매우 인상적인 필자의 관찰로만 보면, 새 천년 들어서기 이전에는 텔레비전 드라마에 하층 계층의 사람들이 충청 방언을 쓰는 경우로 고정되었던 듯하다. 방송 채널이 제도적으로 늘어난 데에서도 말미암겠으나 새 천년 이후로는 두드러지게 경상 방언 화자들도 텔레비전 토론에 나와 자신의 방언을 거리낌 없이 쓰는 비율이 늘어나고 있다. 한국 대통령들의 다수가 우연히 경상 방언 화자임도 특이하다. 결코 일반화될 수는 없겠지만, 아마 신라 세력이 개성 세력으로 옮겨가고, 다시 한양 세력의 다수를 구성했던 역사적 사실과도 무관치 않을 듯하다.

발판을 마련하고서 새롭게 나타나고 있다. 비록 이것이 너무 과도한 진술되어서는 안 되겠지만, 두루 전세계에 걸쳐서 언어 학교에서 수백만 사람들에게 가르쳐지고 있는 것은 여전히 우세하게 영국 영어와 미국 영어이다. 그리고 만일 국가 차원과 국제적 차원에서 단일한 표준어로부터 벗어난 진정한 전환점이 있다면, 이것이 언어 영역에서 실제적인 패권의 분열을 나타내거나, 아니면 패권이 단지 새로운 형태를 떠맡고 있는 것일까? 아래에서 '근대주의 및 탈-근대주의'[241] 논쟁의 맥락 속에서 담화상의 변화에 대한 논의를 하면서 다시 이런 논제들을 다루게 될 것이다.

이런 첫 번째 민주화 실천과 연계하여, 비-표준 영어의 다양체를 쓰고 있는 화자들을 위한, 여성들을 위한, 그리고 흑인과 아시아 소수 집단을 위한, 품격 있고 우세한 담화 유형에 접속하는 특정한 민주화

---

241) (역주) 접사 앞-(pre-)과 대립되는 뒤-(post-)란 뜻을 번역할 경우에, 오늘날의 지성사도 여전히 근대 속성(modernity, 근대성)의 지속적인 흐름이라고 본다면 '근대-후기'로 말하고, 이와는 달리 근대 속성에 대한 단절로 본다면 '탈-근대성'이라고 말할 수 있다. 근대를 이루는 속성은 천문학에서부터 새로운 발견을 이룩하면서 수학 공식에 의해 기술되는 물리학·화학 분야의 혁명으로 이어진, 인류 지성사에서 새롭게 생겨난 뚜렷한 흐름이다. 근대 속성이 무엇인지에 대해서는 툴민(Toulmin, 1990; 이종흡 뒤침, 1997)의 『코스모폴리스(≒총체적인 우주와 사회의 질서): 근대의 숨은 이야깃거리들』(경남대학교 출판부)과 강수택(1998)의 『일상생활의 패러다임: 현대 사회학의 이해』(민음사)를 읽어 보기 바란다. 수학 공식으로 표상되는 일반성·추상성·보편성 등에 반발하여, 이는 개별성·구체성·맥락성 따위에 강조점을 두려는 흐름이다. 그러나 피상적인 이해만으로는 잘못을 범할 우려가 많다.

첫째, 언어학자 노엄 참스키 교수는 오늘날도 여전히 근대적 속성을 탐구해 가는 길 속에 있다고 보아, post-modernity(근대-후기 속성)이란 개념이 성립될 수 없다는 태도를 지니고 있다. 왜냐하면 일반성이나 보편성이 결코 독립적으로 따로 주어지는 것이 아니라, 반드시 개별성·구체성·맥락성·체험성 등으로부터 출발하여, 다음 단계로 차츰 진전해 나가는 과정을 가리키기 때문이며(보편 원리 및 개별체 구현 방식이 동시에 상정됨), 현대 언어학을 열어 놓은 소쉬르도 공통성과 개별성이 동시에 우리 머릿속 언어 사용에 깃들어 있다고 보았기 때문이다. 둘째, 근대-후기라고 하든지, 아니면 탈-근대라고 하든지, 이런 흐름에는 뚜렷이 일군의 선도적인 사람들이 있는 것이 아니라, 근대 속성에서 부분부분 어느 속성을 벗어나거나 비판하는 개미 집단들이 있을 뿐이라고 폄훼하는 이들도 있다. 일단 여기서는 저자의 의도에 따라 쉽게 이해될 수 있도록 단절을 의미하는 '탈-근대'로 써 두겠는데(저자는 스스로 비판적 담화 분석도 새로운 분야라고 주장하고 있으므로, 근대 속성을 벗어난 흐름을 자신의 배경으로 깔 필요가 있는 것임), '탈-근대'의 공통된 속성(속성들)이 연구자나 논의하는 사람마다 달라질 수 있다는 한계가 큰 문제이다.

운동이 있고, 그런 담화 유형들 속에서 품격 있고 권력을 지닌 주체 지위subject positions, 대상의 자리매김들이 있다. 한 가지 사례가 법정(비록 법정 변호사 또는 고등법원 판사가 아니라 하급법원의 판사와 사무 변호사이더라도)에서나 고등교육에서나 또는 대중매체에 있는 지위들에 접속권을 획득하여 그런 지위를 차지한 여성의 숫자가 증가하는 현상이다. 물론 여기서 주요한 논제는, 그런 영역들 속에서 공식 기구들에 그리고 공식 지위들에 접속하여 차지하는 일이며, 관련 담화에 대한 접속이 바로 그런 지위 획득의 일부가 되는 것이다. 한 가지 귀결은 비표준 방언과 지역 악센트가 어느 정도 지금까지 어울릴 것으로 간주되지 않았던 담화 실천 방식들에서도 적합한 것으로 인정되기 시작했다는 것이다. 영국에서 오늘날 대학 강의가 리버풀Liverpool 악센트로도 진행될 수 있겠지만, 이것이 결코 시행에 전혀 문제가 없는 일이 되었음을 의미하는 것은 아니다.

광범위하게 알아차릴 수 있는 또 다른 변화는 이 책에서 좀 더 핵심적인 관심 사항으로서 권력 관계가 불공평한 공적 기관에서 쓰는 담화의 유형들에 있어서 계층 및 비대칭적 권력과 관련된 노골적인 표지들의 제거이다. 제5장에서 '표본 1'과 '표본 2'를 놓고서 다룬 표준적인 진료 상담 및 대안이 되는 진료 상담 사이에 있는 대조가 한 가지 사례였다. 전자에서는 의사가

    '질문 → 답변 → 평가'

의 틀을 순환시켜 가면서 발언권 차지 및 주제를 통제하였다. 반면에 후자에서는 의사와 환자 간에 명백한 비대칭성이 들어 있지 않다. 비슷한 대조점이 강사와 대학생, 교사와 학생, 관리자와 노동자, 부모와 자식 사이에 있는 상호작용을 놓고서도 좀 더 전통적인 실천 방식 및 좀 더 '현대적인' 실천 방식 사이에서도 찾아질 수 있다. 제거될 경향이 있을 법한 많은 유형의 언어 표지들 중에서 다음 사항들을 거론할

수 있다.

　ⓐ 인사말의 비대칭성
　ⓑ 좀 더 간접적이고 민감히 '체면' 관련 형태들을 위주로 하여, 지시적인
　　(가령 명령) 말투를 쓰는 '대담함'(Brown and Levinson, 1978)
　ⓒ 논의거리를 먼저 제안하고 질문을 던지는 일처럼 의사소통에 기여할
　　수 있는 권리에서의 비대칭성
　ⓓ 권력 있는 참여자들에게 이용되나 다른 사람들에게는 접속될 수 없는
　　특별한 어휘의 이용

물론 특정 유형의 상호작용에서도 여전히 이들 특징을 모두 다 찾아
낼 수 있을 것이다.

　또한 노골적인 표지들이 덜 분명해짐에 따라, 권력 비대칭성을 담
고 있는 묵시적 언어 표지들이 세력을 더 많이 지니게 되며, 그 결과로
서 권력 비대칭성이 완전히 사라지기보다는 더욱 미묘하게 있는 듯
없는 듯 깃들어 있다고도 논의될 수 있다. 예를 들어, 만일 온전히 저
자가 어떤 상호작용에서 지금까지 말해 놓은 내용들을 요약하거나 평
가하여 마무리하는 일(그리하여 지속적으로 지금까지 의사소통이 이뤄져
온 바에 대한 저자의 평가를 제시하는) 유일한 사람이라면(§.5-1-마), 이
는 저자가 그렇게 마무리를 짓도록 초대받음이 없이도 항상 그런 권
한대로 말하게 마련인 사람이라는 지위보다, 좀 더 교묘한 종류의 비
대칭성을 구현하는 모습이다. 그럼에도 불구하고, 이는 사뭇 잠재적
인 비대칭성이며, 관련 상호작용을 통제하기 위해 저자에게 유리한
쪽으로 이용될 수 있는 것이다. 예를 들어, 헤뤼티쥐(Heritage, 1985)에
서는 라디오 면담 주체들이 통제력을 구현하는 방식으로 대화를 마무
리 짓는 자신들의 권리를 이용하였고, 말해진 바에 대하여 판단을 표
현하지 말아야 하는 의무 사항을 위배하지 않은 채 면담 상대방 쪽에
서 말한 바를 평가하였음을 지적하였다.

그런 경우들을 해석하는 한 가지 방법은, 노골적인 권력 표지들과 비대칭성에 대한 확실한 제거가 오직 겉으로 그럴싸하게 보이려는 분장일 뿐이고, 다양한 종류의 권력 소유자들과 '문지기'들이 단지 노골적인 통제의 요소들을 숨겨 실제로 위장된 통제 기제들로 대치하고 있다고 보는 것이다. 그런 전환에 모종의 진실이 있겠지만, 사실은 겨우 절반의 진실일 뿐이다. 이런 모습의 민주화 실천이 가끔 보여주기 위한 분장용이지만, 또한 실질적일 수도 있으며, 아래에서 논의되어 있듯이 그 의미를 놓고서 투쟁이 있는 것이다.

노골적인 권력 표지들을 제거해 가는 흐름은 긴밀히 비격식성 쪽으로 향한 흐름과도 이어져 있다. 권력과 지위의 비대칭성들이 가장 첨예한 곳은 좀 더 격식 갖춘 유형의 상황에서이다. 점차 늘어나는 비격식성에 대한 중심적 출현은, 사적인 영역의 대인관계 상호작용에서 볼 수 있었던 대화 투식의 담화가, 사적인 주요 영역으로부터 공적인 영역 속으로 투영되어 왔고, 투영되고 있는 방식에서 찾아진다. 대화 형식이 대중매체와 다양한 유형의 전문직/공적인 담화와 교육 따위를 식민지처럼 지배해 가고 있다(Kress, 1986; Fowler et al., 1988b). 이런 지적은 그런 담화들이 점점 더 대화의 성격을 띠고 있음을 의미한다. 이것이 공적 영역 및 사적 영역 사이에 있는 경계들을 재구성해 나가는 주요한 일의 일부이다.

이런 뚜렷한 비격식성의 출현에 대한 한 가지 차원은 또한 입말 담화와 글말 담화 사이에 있는 관계에서의 전환이다. 이미 우리는 이런 사례들을 §.4.0에서 신문 기사로부터 가져온 〈표본 1: 뉴스 보도〉에서 살펴보았다. '표본 1'에서는 권력 가진 이들의 행동과 언행을 매개하는 데에 대화로 된 담화를 모의한다. 'Di's butler bows out ⋯ in sneakers!다이애너의 집사 ⋯ 몰래 그만두다'라는 제목에서는 대화투의 어휘를 쓸 뿐만 아니라 또한 대화에서 '극적'인 멈춤을 모의하려고 시각적인 '⋯' 부호(줄임표)도 쓰고 있다. 입말과 글말 사이에 있는 구분은 겉으로 보기와는 달리 어떤 방향에서이든지 더 이상 상식적이지 않다(≒이런

구분이 불필요하다).242) '책 읽듯이 말을 한다talking like a book'는 표현은
글말이 좀 더 격식 갖춘 말투에 어떻게 영향을 끼쳤는지를 보여 주는
일반적인 지각 모습을 반영해 주는데, 인쇄된 대중매체와 광고를 통
해서뿐만 아니라, 또한 사회 복지기금 신청서식과 같이 정부의 공문
서 형식들에 대한 새로운 기획에서도 대화 투를 향한 전환을 금방 찾
아낼 수 있다(Fairclough, 1989a; 김지홍 뒤침, 2011: §.8-4·3). 반대 방향인
글말 쪽을 향한 입말의 전환은 이미 전성기를 지났을 수도 있다. 현대
의 문화 가치들은 비격식성에 더 높은 가치를 부여하며, 글말에서도
현저한 전환이 입말다운 형태들 쪽으로 향해 있다.

　그러나 대화는 또한 다른 유형의 입말 담화를 위한 강력한 모형이
다. 따라서 좀 더 대화투로 되고 있는 것이 인쇄된 대중매체에서뿐만
이 아니라, 또한 라디오와 텔레비전처럼 방송 매체에서도 그러하다.
톨슨(Tolson, 1990)에서는 대중매체에서 대화투의 면담 형태로 되는 과
정을 추적하였다. 가령 '잡담 쇼'(≒우리나라에서는 '동치미'나 '비정상 회
담' 따위)와 같이 이들 매체에서는 귀 기울여 듣고 눈 여겨 봐야 할
상당히 많은 양의 대화가 있다. 이것이 그 자체로 그 가치를 반영해
주겠지만, 또한 방송에서 개인별로 시청자들과 잡담을 나눴던 양 광
범위하게 그들의 시청자(대중)들과 '대화하는' 것도 실제 경우이다. 전
문 직업인들 및 그들의 '대중' 사이에서 다양한 유형의 면담과 다른
종류의 만남이 앞에서 지적하였듯이 좀 더 대화의 말투 쪽으로 되어
가는 경향이 짙다. 비대칭적 표지들을 제거하는 사례에서처럼, 전략
적 이유들 때문에 비격식성이 모의되는 범위에 대해서는 의문이 제기
된다. 이 점은 아래에서 다시 논의될 것이다.

---

242) (역주) 이미 15쪽의 역주 3과 146쪽의 역주 88, 그리고 382쪽의 역주 230에서 마치
　　입말과 글말의 구분이 궁극적인 양 서술한 2013년도 개정 국어과 교육과정이 잘못되었
　　음을 지적한 바 있다. 입말·글말의 구분은 피상적인 것에 불과하므로, 9시 뉴스(글말로
　　된 껍데기 입말)나 카톡 메시지(입말로 된 껍데기 전잣말/글말)처럼 서로 뒤섞인 다양
　　체들도 쉽게 나오는 것이다. 결국 이들은 더 깊은 몇 가지 복합 자질들에 의해서 구분되
　　어야 하는 것인데, 필자의 역주들을 읽어보기 바란다.

저자가 언급하고자 하는 민주화 실천의 마지막 영역은 언어에서 성별 관계의 것인데, 이는 최근 들어 공공연하게 담화 실천 방식을 놓고서 가장 현저한 투쟁의 사례가 되어 왔다. '언어와 성별 관계'에 관한 풍부한 문헌에는 대화의 전체 양의 측면에서, 주제를 선택하고 제시하는 측면에서, 중간에 끼어들어 간섭하는 일과 같은 측면에서 등등 남성 및 여성 사이에 있는 (남성 위주로 된) 비대칭성을 가리키는 연구들이 들어 있다(Cameron, 1985; Coates, 1986; Gradoll and Swann, 1989를 보기 바람). 예를 들어, 미국에서 전문직에 종사하는 몇몇 젊은 백인 부부들 사이에 나눈 대화에 대한 연구(Fishman, 1983)에서는 한편으로 부인들이 남편들보다 더 많은 주제를 들여오며(각각 47회와 29회), 남편들이 꺼낸 거의 모든 주제(28회)가 대화 형태를 띠었음을 보여 주지만, 다른 한편으로 부인들이 들여온 주제에서는 채 1/3이 넘지 않은 숫자(17회)만이 대화 형태를 취하였다. 남편들이 주제를 들여온 경우, 해당 주제가 도입되고 있는 동안 부인들이 대화 상대방에게 주의를 쏟고 있으며, 적극적으로 그 주제들을 받아들임을 대답해 주려는 신호들이 있었다('yeah그래요' 또는 'mmhm으~흠~'처럼 '최소한의 대꾸 형태'를 띠었음). 이와는 반대로, 부인들에 의해서 주제가 도입되고 있었던 경우는, 부인들이 말을 하고 있는 동안 남편들이 주의를 기울인다는 신호를 내보내지 않았고, 해당 부인이 말하기를 끝냈을 때 다뤄진 주제를 놓고서 곧바로 최소한의 반응만 보이는 일이 일반적이었는데, 이는 상대방이 임의의 주제를 계속 다뤄나가도록 장려해 주지 못한다.

성차별 옹호자(따라서 민주적이지 않음)의 언어 특징과 언어 사용도 또한 널리 채록되어 있다. 가령 마치 남성뿐만 아니라 여성까지 가리키는 총칭 대명사인 듯이 'he그'를 쓰거나, 또는 비슷하게 'man사람'을 쓰며, 이와 결합된 'chairman의장'(중립적인 낱말은 chairperson임) 같은 용어를 쓰는 것이다(Gradoll and Swann, 1989: 99~110). 만일 참되게 'he그'가 총칭 표현의 낱말이었더라면, 한 집단의 사람들을 놓고서 구체화되지 않은 구성원들을 가리키기 위하여 이 낱말을 무감각하게 쓰였음을 찾아내었을 법하다. 그럼에도 불구하고, 'she그녀'가 이런 방식으로 널리 쓰인 소수의 사례들도 있는데, 가령

> if a secretary starts getting backache, the chances are that *her* office equipment is at fault
>
> (만일 비서가 등과 어깨에 통증을 느끼기 시작한다면, 그녀의 사무실 집기가 잘못일 가능성이 높다)

여성 대명사 'she그녀'는 논의 중인 사람들 집단에서 상투적인 구성원이 여성인 경우에 이런 방식으로 쓰인다. 전형적으로 비서나 간호사가 여성이기 때문이다. 그러나 만일 비-특정적 지시 내용을 가리키기 위한 'she그녀'의 용법이 상투적인 그런 모습에 근거한다면, 남성 대명사 'he그'도 또한 그런 상투적인 모습으로 쓰이는 것은 아닐까? 만일 어느 대학교의 교칙에서 다음과 같은 내용이 담겨 있다고 치자.[243]

> If a student wishes to interrupt his course of study for personal or health reasons, *he* should discuss the matter with his tutor in the first instance.
>
> (만일 학생이 개인 사유나 건강 문제로 자신의 수강 과목을 중단하고자 한다면, 그는 우선적으로 마땅히 이런 문제를 자신의 지도교수와 의논해야만 합니다.)

여기서 '그 학생'의 전형적인 성별이 반드시 남학생인 것일까? 이런 효과에 대한 논의는 마아티너(Martyna, 1978)를 보기 바란다.

비록 대부분의 논쟁이 다시 지속되고 있는 비민주적이고 성 차별적인 실천 관행들에 모아져 있지만, 논쟁의 맥락은 모종의 출발선에 있

---

243) (역주) 이를 극복하는 방안으로, 현재 남성 대명사와 여성 대명사가 빗금에 의해 'he/she'처럼 쓰이는 일도 있고, 미리 양해를 구하고서 모두 여성 대명사 'she'로 쓰는 경우도 있다.

는 성별 관계에서의 민주화 운동이며, 담화 측면을 지닌 그런 속성들이다. 스스로 깨쳐 의식을 지닌 여성해방 운동가들뿐만 아니라 또한 다른 많은 여성과 많은 남성들이 오늘날 능동적으로 언어 실천 관행을 성차별이 덜한 모습으로 만들고자 조정하고 있으며, 성공의 정도에서 다양한 결과들을 보인다. 조정intervention, 중재은 다양한 형태를 띨 수 있다. ㉠ 공적인 기관에서 성차별 금지 운동을 위한 안내지침 만들어 놓기. ㉡ 광고 게시판에다 성차별 담론을 눈에 띄게 하여 도전할 수 있도록 그림 문자들을 새겨놓기. ㉢ 유명한 담론 실천 방식과 역할들에 여성이 접속하여 차지할 수 있도록 투쟁하기. ㉣ 중요한 형태의 조정은, 가령 노동조합이나 학술 모임에서 실천 관행들을 여성들이 좀 더 쉽게 기여하도록 만들어 주거나, 또는 종종 남성보다 여성에게 더 높은 가치가 부여되는 상호작용에서 경쟁 모습보다 협동하는 모습을 촉진할 수 있도록 하는 방향으로 바꿔 놓기 위하여, 좀 더 패권적 속성을 지닌 투쟁에 간여하는 것이다. 조정의 모양새로서 '침묵의 언어the language of silence'(말없는 다수의 뜻)가 평가 절하되어서도 안 된다. 사람들은 설사 자신들의 반대를 노골적으로 표명하지 않는다고 하더라도, 반대 방향에 있는 담화에 참여하여 거들어 주는 것으로 반응할 수 있는 것이다. 가령, '남성이 되는 일'이 공격적이며 음탕한 담화 실천 관행으로 귀결된다고 가정하여, 남성들에 의한 조정은 가끔씩 남성 위주로 된 실천들에 관한 담화 차원 쪽으로 지향해 있다. 그런 쪽으로 조정을 실행하는 일은 (영국에서는) 다른 계층들에서보다도 오히려 중산층 내부에 있는 어떤 책략들에 좀 더 전형적이며, 더 많은 영향력을 지닌다.

성차별을 없애도록 조정하는 문제는 민주화 실천과 같은 추상적 흐름이 모순 가득한 투쟁들에 대한 총괄임을 일깨워주므로 시기상 적합하지만, 그 흐름 속에서 담화 질서를 재구성하는 조정이 다양한 방식으로 저항을 받을 수 있고, 담화의 영역에서 남성 위주로 된 기존의 패권을 유지하기 위하여 다양한 견제 전략들과 마주쳐 가로막힐 수도 있다. 한 가지 그런 전략이 변두리에 쳐지도록(≒왕따 당하도록) 놔두는 일인데, 악명 높은 사례가 'Ms미혼과 기혼 여성을 모두 아우르는 칭호 씨'이다. 'Ms여성 이름에 붙는 칭호 씨'는 본디 명칭을 부를 때 성별 대칭성을 마련코자 기획되었으며, 결혼 여부를 표시하지 않는다는 점에서 'Mr남성 이름에 붙는 칭호 씨'와 공통적이다. 그렇지만 현재 여성 명칭에는 선택할 후보로서 세 가지 'Ms혼인 여부와 무관하게 씀', 'Mrs기혼 여성에게 씀', 'Miss미혼 여성에게 씀'가 널리 공식적 형태로 쓰이고 있다. 그렇다면 'Ms혼인 여부와 무관하게 여성 이름에 붙음'를 선택하는 일이 곧바로 정치적 행위가 되는데, 이는 대부분의 영역에서 왕따 당하듯 한 사람을 주변부로 내몰리도록 밀칠 수 있다. 그런 형태들을 놓고서 투쟁이 계속 진행되고 있으며, 설령 성별과 관련된 담화 실천 관행들의 민주화 운동이 평탄하고 보편적인 과정 이외에 아무것도 아니라 하더라도, 담화에 있는 성별 비대칭성은 유의미한 기준으로 보아 비-자연적이며 많은 문제점이 지적되어 왔다.

§.7-2 판매용 상품으로 만들기commodification

판매용 상품으로 만들기는, 판매용 상품들에 관한 좁은 경제학적 의미에서 상품을 '생산·유통·소비'하는 것이 일차적 관심거리가 될 수 없는 사회 영역 및 공공 기관들이, 그럼에도 불구하고 상품 생산에 비춰서 조직되고 개념화되고 있는 과정을 뜻한다. 예를 들어, 극장과 영어 교육과 같은 예술과 교육의 영역들에서도 문화 또는 교육 상품을 '고객clients'244)이나 '소비자들consumers'한테 생산하고 시장에 유통

---

244) (역주) 옛날 로마 문화에서 client(의지자, 의뢰인)는 patron(보호자, 후견인)과 서로 짝이 되는 낱말이었다. patron은 후견인이나 보호자 역할을 하는 어른(귀족계급에 속함)이며, 그 짝이 되는 client는 그에게 자신을 보호해 주도록 부탁하여 그에게 의지하고 기대는 사람(낮은 귀족들이거나 평민)들이므로, 본디 보호해 주는 사람과 의지하는 사람의 뜻으로 쓰였다. 이를 필자는 2017년 10월 18일 경상대학교 사범대학 교육문화원 세미나에서 역사교육과 차영길 교수(로마사 전공)의 발표를 들으며 배웠고, 이에 고마운 뜻을 함께 적어 둔다. 오늘날에는 짝의 관계가 허물어지고, 오직 주인과 손님의

시켜 판매하는 일에 관심을 둔 '산업'들로 언급되는 일이 더 이상 놀라운 것도 아니다. 판매용 상품으로 만들기가 각별히 새로운 과정은 아니겠지만, 최근에 '기업/모험 문화'의 측면으로서 새로운 활력 및 강도를 획득하였다(Keat and Abercrombie, 1990). 맑스 그 자신도 언어의 판매용 상품성에 대한 효과를 주목하였다. 예를 들어, 사람들을 기업 맥락 속에서 'hands일손'로 언급하는 일이 사람을 다른 상품들을 생산하는 데 유용한 물건으로, 신체를 지닌 노동력으로 간주하는 태도의 일부이다. 담화 질서에서 본다면, 판매용 상품으로 만들기가 기업적인 담화 질서, 좀 더 광범위하게 상품 생산과 결부된 담화 유형들에 의한 사회구조적 담화 질서의 식민 지배임을 알아차릴 수 있다. 아래에서는 저자가 교육 및 교육 관련 담화로부터 가져온 사례들을 다루게 될 것이다.

현대 교육 관련 담화에서 가장 널리 퍼진 특징 한 가지는, 학습 강좌나 학습 내용(프로그램)을 소비자들에게 판촉해야 할 판매용 상품이나 생산물로 표현하는 일이다. §.6-4에서 이용했던 발췌가 한 가지 전형적 사례이다.

관계로만 이해된다. 만일 본디 뜻을 살린다면 '의뢰 고객, 단골 고객' 등을 쓸 수 있다. 그 뒤 중세의 봉건시대에는 영주가 전적으로 제품을 만드는 공작소를 통제하였었기 때문에, 주문에 의해서만 그런 제품이 특별히 만들어졌었다. 따라서 언제나 물건이나 제품을 만드는 사람(제작자)에게 일부러 부탁하고 의뢰해야만 했다. 오늘날 한국사회에서 소비자가 왕이라고 하지만, 옛날 서구의 중세 봉건시대에는 거꾸로 제작자가 왕이었고, 갑질을 하는 주체이었다. 그러다가 한참 뒤인 산업 자본주의 시대에 들어와서 물건과 상품이 넘쳐나기 시작하자 그런 관계가 말끔히 없어졌다.

고객(顧客)이란 말에서, '돌아볼 고(顧)'는 두 측면에서 해석이 될 듯하다. ① 물건 제작을 부탁하기 위하여 자주 공작소에 드나드는 손님, ② 물건을 사기 위하여 이 물건 저 물건을 돌아다니며 살펴보는 손님이다. 우리말에서는 가게에 자주 드나드는 손님을 '단골'(무속으로부터 나와 뜻이 바뀐 낱말) 또는 '단골손님'으로 부르는데, 아마도 이 말은 ①의 뜻으로 만들어진 것이 아닌가 의심된다. 백화 gùkè(顧客)를 살펴보면, 다른 말로 '주된 손님'이란 뜻의 주고(主顧, zhǔgù) 또는 '돌아보는 주체'란 뜻의 고주(顧主 gùzhǔ)로도 쓰였으므로, 전자는 ①에 어울리고, 후자는 ②에 해당한다.

> The vocational preparation product is usually a programme. Its design and implementation are therefore central parts of the marketing process, and should start from the needs of potential customers and clients and the benefits for which they are looking. (*Further Education Unit* 1987: 51)
>
> 일반적으로 취업 준비 상품은 학습 내용입니다. 그러므로 그 기획 및 구현이 판촉 과정의 중심 부분이 되며, 잠재적인 소비자와 고객들의 필요로부터 그리고 그들이 찾고 있는 이익으로부터 출발해야 합니다. (『후속 고등교육 단위』, 1987: 51)

학습 내용 기획자와 교사들에 대한 전달 내용은 "소비자들한테 그들 자신이 원하는 바를 내어줄 것Give the customers what they want"이라는 좀 더 가다듬어진 판촉 원칙의 변이체이다. 그런 언어 표현이 판매용 상품 및 시장에 관한 어휘를 교육적 담화 질서 속으로 비유를 통해 바꿔 놓는 효력을 지닌다. 그러나 현대 영국에서 이 은유는 바로 수사적인 변성 이상의 것이 되어 버렸다. 이는 시장 모형 위에서 교육의 실천 방식을 재구조화하는 시도에 대한 담화 차원의 것으로, 앞의 발췌에서 시사하듯이 학습 내용들의 기획과 교육을 놓고서, 판촉 활동 따위에 퍼부어진 노력과 돈을 놓고서, 손으로 만질 수 있는 효과를 지닐 수도 있다.

그러나 판매용 상품으로 표현된 교육적 담화는 일반적으로 이것이 시사하는 것보다 그 이상으로 더욱 자가당착적이다(자기모순적이다). 그런 모순에 대한 암시가 앞의 발췌 속에 있는 '소비자'와 '고객'의 접속에 깃들어 있다. 이는 누구한테 교육 상품이나 '한 묶음의 일괄 상품packages'이 팔리고 있는지에 관한 널리 퍼진 애매함ambiguity, 중의성을 폭로한다. 현재 학습자들을 고용하거나 고용할 법한 것이 그 학습자일까, 아니면 상품을 파는 회사일까? 사실상 후자의 경우에 학습자가 강의를 듣기 위하여 돈을 지불해야 한다는 직접적인 의미에서 '고객'이 될 수 있다. 결과적으로 학습자들이 모순되게 구성되어 있는 것이다. 한편으로 학습자들은 자신들의 '필요성'을 자각하는 식견을 갖춘 고객이나 소비자의 능동적 역할로 구성되어 있으며, 자신의 필요를 충족시키는 강의 내용들을 선택할 수 있다. 다른 한편으로, 학습자들이 생산 과정에서 구성요소나 도구라는 피동적 역할로 구성되어 있고(맑스의 사례에서는 '일손'과 같은 어떤 것으로 상정됨), 정확히 '성취목표'들을 중심으로 하여 기획되고, 학습자들이 도달한 능력에 대한 '일람표'들로 끝나도록 기획된 강의 내용들을 통해서, 자신에게 요구된 '기술'이나 '능력'들을 훈련받기 위한 목표가 되고 있는데(≒돈벌이 대상이 되는 목표임), 둘 모두 사뭇 명료한 기술들로 구체화되어 있다. 그런 얼개와 용어 사용법이 이제 특히 취업 준비 교육에서 널리 퍼져 있다. 그렇지만 이런 내용이 가령 중등학교에서 모어로서 영어 교육에 대한 콕스 보고서(Cox Report, 1989 영국 교육–과학부 발간)에서도 쓰이고 있다.[245] 학습자를 서로 대립되게 능동적·피동적으로 구성한 이런 내용들의 공존은, 개인주의[246] 및 소비주의의 미사여구로 부를 법한 내용과 겹쳐짐으로써, 교육을 통한 대중들의 조종을 촉진한다.

　판매용 상품으로 된 교육 담화는 '기술skill'이란 낱말과 관련된 '능력 competence'과 같은 낱말들뿐만 아니라, 또한 학습과 교수의 과정들에 대한 전체적인 언어 표현이(§.6-4 참고) '기술·기술 훈련·기술의 사용·기술의 전이' 등을 포함하여 전반적으로 기술에 대한 어휘들로 지배된다(Fairclough, 출간중b 참고). 기술이란 개념이 학습자에 대한 두 가지 모순스런 구성 내용들이 두드러지게 비-일관성을 느낄 수 없이 서로 공존하도록 허용하는 데에 중요한 요인이 된다. 왜냐하면 학습에 대한 개인주의·주관주의 관점에 잘 들어맞거나 아니면 훈련에 대한 객

---

245) (역주) 영국병을 고치기 위한 노력으로 나온 일련의 개혁 근거가 되는 콕스 보고서에 대해서는 383쪽의 역주 232에서 큰 흐름을 적어 놓았으므로, 그곳을 읽어보기 바란다.

246) (역주) 서구에서는 개인주의의 실질적인 보장이 고유한 개인만의 공간(자기 혼자만의 방)을 마련하는 일로부터 시작된다. 우리나라 전통 가옥에서 창호지를 바른 문을 통하여 그 집 어른의 기침 소리 한마디에 사방이 조용해지던 옛 풍습과는 완전히 다른 삶의 모습이다. 오늘날 아파트 문화에서 설사 거실이 있다고 하더라도, 개인 독방에 들어가 문을 닫아버리면 어느 누구도 간섭할 수 없는 공간이 되는데, 이것 또한 우리문화에서 개인 공간을 보장해 주는 개인주의의 씨앗일 수 있다.

관주의 관점에 잘 들어맞는 듯하기 때문이다. 이런 양면성은 자유로운 인본주의 및 보수적인 교육 담화 속에 있는 개념 발전 역사와 '기술 skill'이란 낱말의 의미 변화 역사247)에 그대로 반영되어 있다. 한편으

---

247) (역주) 우리나라 교육과정에서는 상업과 기술을 천시했던 독특한 문화를 무의식적으로 반영하기 때문인지, '기술' 천시 풍조를 피하여 일부러 '능력'이란 말을 쓰고 있다. 영어 skill의 어원은 사전에 따라 '알다(know)'(옥스퍼드 사전) 또는 '다르다(difference)'(콜린즈 사전)에서 나온 것으로 서술해 놓았지만, 한자어 기술(技術)이란 말은 손과 관련되어 있는 기예의 실행방식을 뜻한다. '학술'(학문＋기술)이란 한자어의 용법 또한 상대적으로 '학(學)'이 이론적 영역을 가리킨다면 '술(術)'은 실제에 적용하거나 응용되는 측면을 가리키며, 마찬가지로 '유학(儒學)'이 좀 더 근본적이며, 유술(儒術)은 좀 더 실천의 측면을 강조하는 말이다. 일반 학문에서 쓰는 고유한 낱말도 마땅히 '용어(用語, scientific terms)'라고 불러야 옳다. 술어(術語)는 기술 학문이나 응용 학문의 용어를 가리키므로, 인문학과 사회학에서는 용어라고 불러야만 한다. 우리나라에서 소위 지식인(심지어 국어학 전공자를 포함)이라는 부류의 사람들도 이런 점을 자각하지 못하는 것은 참으로 안타까운 일이다. 더욱이 이런 점들을 판단할 만큼 정교하게 가다듬어진 국어사전도 전혀 없다는 허무한 현실이 치명적인 약점이다. 버젓이 세워진 국립 국어원에서 허울만 좋은 곁다리 일들만 벌릴 것이 아니라, 한문 고전들을 꿰뚫을뿐더러 우리 문화 내용의 전반적 흐름까지도 훤히 이해하고 있으며, 서구 문명의 원천들에 대한 지식도 갖추고서 이런 말뜻들을 하나하나 책임 있게 서술해 줄 수준 높은 학자들을 찾아내는 일이 우선되어야 하고, 그런 분들을 중심으로 하여 작은 부분에서부터라도 올바른 낱말 '뜻 잡이'를 뿌리 내리도록 주선할 필요를 절실히 느낀다.

인간 언어의 일반 원리를 충실히 따르는 낱말 파생 얼개가 우리나라에서 한 번도 제대로 언급되지 않아서, 아직까지도 쉽게 핵심을 알 수 있도록 설명을 베풀어 놓은 바 없는 것으로 안다. 순우리말로 쓰이는 '솜씨'는 「손＋쓰다＋이」(손을 쓰는 능력)라는 어원이 더 이상 자각되지 않으면서, 동시에 동화가 일어났던 것이다('쓰다[用]'의 첫소리에 의해서 앞 음절의 받침 'ㄴ'이 'ㅁ'으로 바뀌는 역행 동화가 일어남). 이런 낱말의 구조는 아주 기본적이며 자주 이용된다.

- 「마음 쓰다, 마음 쓰기, 마음 씀, 마음 씀씀이, 마음 씌(마음씨: '쓰＋이' 어원 의식이 흐려짐)」
- 「말 쓰다, 쓰기, 말 씀(말씀), 말 씀씀이, 말 씌(말씨: '쓰＋이' 어원 의식이 흐려짐)」
- 「손 쓰다, 손 쓰기, 손 씀, 손 씀씀이, 손 씌(솜씨: '쓰＋이' 어원 의식이 흐려짐)」

라는 계열 관계의 사례들에서 자명하게 알 수 있듯이, 행위의 '진행 과정' 및 '결과 상태'를 거쳐서 '결과물'로 나온 파생 형태로서(동사 어근 '쓰-'와 명사형 접사 '-이'가 결합되었는데, 가령 '키가 크다'도 '킈'로 쓰이다가 오늘날에는 '키'로 씀), 결국 손을 쓰는 능력을 가리키는 것이다. 이런 점이 처음으로 김지홍(2010)의『국어 통사·의미론의 몇 측면: 논항구조 접근』(도서출판 경진) 332쪽에서 지적된 바 있으며, 이미 331쪽의 역주 196에다 쉽게 알아볼 수 있도록 도표로 요약해 놓았다. 참고로, 훈민정음 언해본에 있는 '나랏말씀'에 대한 해괴한 풀이가 개진된 적이 있다. 가령,『한글』154호에 실린 김영신(1974)에서 처음 소쉬르의 '랑그'로 추정하였고, 강신항(2003 수정증보판) 123쪽 각주 3)에서 인용 없이 같은 의견이 제시되었었다. 이와는 달리 이숭녕(1986) "「말」과 「말씀」의 의미식별에 대하여"에서는 소쉬르 개념의 견강부회를 피하여 '말소리'의 실현 정도로 상정된 바 있다. 「말 씀씀이, 말 씀, 말씀, *말씌」에서 풀이가 찾아져야 옳다. 또한 국어사전에서 보이는 황당하고 자의적인 '말씀'의 풀이(남의 말을 높이거나 내 자신의 말을 낮춤으로 풀었지만, 오직 언어 사용 맥락만이 핵심 열쇠가 됨)도

414

로 기술이란 개념은 능동적이고 개인주의적인 속뜻을 지닌다. ㉠기술이 한 개인에게 상으로 부여된prized, 하늘에서 상을 준 천부적인 속성이고, ㉡개인들마다 기술의 유형과 정도가 다르며, ㉢각 개인이 기술을 가다듬거나 새로운 기술을 더해 놓는 일이 늘 열려 있다. ㉣부수적으로 이 개념이 또한 민주적인데, 알맞은 훈련을 받는다면 모두가 배우고 발전시킬 수 있는 능력을 지니는 것이다. 다른 한편으로 기술이란 개념은 규범적이고, 수동적이며, 물건처럼 대상화해 놓는 속뜻을 지닌다. ㉮모든 개인이 기술이라는 사회적으로 공통된 총목록에서 규범화된 훈련 과정을 거쳐서 몇몇 요소들을 획득하고, ㉯기술들이 두루 맥락·실현사례·이용자들을 건너 뛰어 개인의 속성을 위한 소지를 거의 남겨 놓지 않는 방식으로(≒훈련을 거쳐 모두 거의 같은 기술을 획득하는 방식으로) 옮겨질 수 있는 것으로 가정된다.

기술이란 어휘는 언어학 및 응용언어학에서 길고 존경할 만한 기원을 지니고 있는데, 언어 사용이 일련의 '언어 기술'들(쓰고 읽고 말하고 듣는 기술)에 근거하고 있다는 생각이 일반적이다. 이런 표현 방식 wording은 별개의 단위들 속으로 더 작게 구획하여 교육을 촉진시킬 수 있다는 의미에서, 언어교육의 내용을 판매 상품으로 만드는 데에 도움을 준다. 분할된 작은 단위들은 원칙적으로 가르칠 수 있고 평가될 수 있고, 교육 시장에서 이용될 수 있도록 별개의 판매 상품들로서 일정 범위의 공산품처럼 제시되고 팔릴 수 있는 것이다. 이들 개별 단위는 쓰기·읽기·말하기·듣기248)의 주요 기술과 범주들일 뿐만 아

스스로 언어의 내적 질서를 되돌아보는 눈이 없었기 때문에 비롯된 잘못일 따름이다.
248) (역주) 흔히 네 가지 기술이라고 불리는 것이지만, 이들을 묶는 방식도 사람마다 차이가 있다. 필자는 산출 과정과 이해 과정으로, 또는 표현과 이해로 둘씩 묶는 일을 선호한다. 그러나 입말과 글말이 궁극적인 두 구획이라고 믿는 사람들은 입말로써 말하기와 듣기를 묶고, 따로 읽기와 쓰기를 상정하여 삼분 체계로 제시한다. 우리나라의 국어과 교육과정이 이런 모습을 따르고 있다. 그렇지만 공통된 산출 과정과 공통된 이해 과정을 포착하는 일을 호도할 수 있고, 여러 가지 딸림 과정들을 판단·결정·평가하는 일에 장애를 초래할 수 있다는 점이 큰 단점이라고 판단된다. 자세한 논의는 김지홍(2015)의 『언어 산출 과정에 대한 학제적 접근』(도서출판 경진) 및 그곳의 부록들을 읽어 보기 바란다. 또한 글로벌 콘텐츠에서 출간하는 '케임브리지 대학 평가 총서' 중에

니라, 또한 각 분야의 좀 더 독특한 부분(하위 영역)들이 된다. 말하기 기술은 정보 전달하기·자신의 의견 표현하기·집단 토론에 간여하기 등으로 나뉠 수 있고, 이것들도 좀 더 자세히 구획될 수 있다. 가령 「후속 고등교육 단위Further Education Unit」(1987: 38)에 있는 청소년 훈련 얼개를 위한 의사소통 기술들의 목록을 보기 바란다. 학습자에 관한 어떤 모순된 측면의 모습이 강조되는지에 따라서, 이런 하위 영역들이 결함들을 놓고서 효율적으로 세부 사항을 집어내어 고쳐 주는 일이나 또는 가능한 대로 각별히 소비자의 요구를 충족시켜 주도록 마련된 상품 제공을 촉진해 준다. '기술'이란 어휘에 근거하여 언어교육을 표현하는 일은, 페어클럽(Fairclough, 출간중b)에서 논의하였듯이 또한 명확히 결정된 연습들의 한 묶음으로서 고도로 규범적인 언어에 대한 견해를 함의한다.[249]

그렇지만 판매용 상품으로 만든 교육 담화는 단지 어휘의 문제만이 아니다. 이는 또한 갈래의 문제이기도 하다.[250] 교육은 담화 질서들이

서 김지홍이 뒤친 『말하기 평가』, 『듣기 평가』, 『읽기 평가』들도 참고하기 바란다.

249) (역주) 이는 과거에 상정되었던 낡은 생각인데, 이에 맞서서 언어 자각 운동을 일으켰고, 현재 의사소통 중심(CLT, 새천년 이후에는 '과제 중심' TBLT) 언어교육에서는 학습자들이 스스로 자신의 오류를 탐지하면서 점차 고쳐 나가는 일을 선호한다. 언어가 무작정 암기한다고 되는 것이 아니며, 상황에 맞춰서 융통성 있게 대처하므로 수시로 달라지기 마련인 것이다. 만일 언어를 매개로 하여 의사소통을 하는 상황이 학습 과제로서 주어진다면, 어떤 모형의 의사소통이 주어져 있는지를 파악하고 나서, 다음으로 상대방과의 공통 기반과 정보간격을 가늠하여 어떤 서술 관점에서 언어로 표현할 것인지를 결정해 나가야 한다. 일단 이 과정이 끝나면, 언어로 표현할 경우에 직접 표현을 쓸지 간접적으로 표현할지를 정한 뒤, 관련 낱말들로 얽어 상대방에게 전달하는 것이다. 만일 예상대로 상대방이 반응을 하였다면 다음 단계로 진행해 나가야 하겠지만, 그렇지 않았을 경우에 표현 방식을 달리 새롭게 선택하든지, 의사소통이 잘 이뤄지지 않겠다고 판단한다면 신속히 의사소통 의도를 수정해 가야 하는 것이다. 이와 관련된 이해의 측면에서도 비슷한 여러 단계들을 상정하여 학습자들을 연습시킬 수 있다. 이런 일들을 차근차근 해 나가도록 교사들은 단계단계 등급화된 일련의 과제 연습물들을 만들어 내는 것이 새천년 들어 언어교육에서 핵심 논제가 되고 있다.

250) (역주) 의사소통 언어교육을 갈래에 따라 교육할 경우에는 언어교육이 발전해 온 방향으로 시행할 수 있다. 이미 36쪽의 역주 19에서 도표로 제시하였듯이, 맨 처음에 일반 목적(core 또는 general purpose)의 언어교육이 시행되었고, 이를 비판하면서 특정 목적의 언어교육이 시행되었다. 전자에는 일상생활과 관련된 소재들을 다루는 일상 언어교육 및 상상력과 감수성을 기르는 문학교육이 시행되었다. 그러다가 보통교육을 마치고서 더 높은 목적을 이루는 일이 부각되어 특정 목적(specific purpose)의 언어교육으로

광고 갈래에 의해 식민지처럼 지배되고 있는 다수의 영역 중 하나이며(Fairclough, 1989a; 김지홍 뒤침, 2011: §.8-2-8), 그 결과 광고의 특징과 다른 갈래들의 특징을 결합해 놓은 텍스트 유형들이 넘쳐나고 있다. 이미 이런 사례를 §.4-0의 〈표본 2〉에 제시된 바클레이 신용카드 텍스트에서 살펴보았었는데, 광고와 금융 약관을 서로 뒤섞어 놓은 것이었다. 이어서 다룰 것으로, 교육 영역에서 사뭇 다른 사례를 랭커스터 대학교 1990년도 학부용 안내전단(요람, 편람)으로부터 가져와 제시하였다. 다른 항목들 및 다른 대학교의 요람과 비교하여 비슷한 흐름이 분명해지듯이, 이 대학이나 학부 과정의 선택에 대해서는 특별한 내용이 아무런 것도 덧붙여져 있지 않다.

대학교 요람에서 흔히 보는 특징이, 이 안내의 시작 부분 가까이에 사진을 한 장 배치하는 일이고, '필수 이수 사항You Will Need'(여러분에게는 다음이 필요할 것입니다)라는 표제와 도표를 마지막에 실어 놓은 것이다. 요람에서 체계적으로 사진을 담아놓는 일은 비교적 최근의 발전 흐름이며, 이는 그 자체로 광고의 영향력을 반영해 준다. 현대의 상품 광고는 전형적으로 언어 및 시각 심상들의 혼합으로 이뤄지고, 이런 흐름이 심상들을 좀 더 도드라지도록 만든다. 부분적으로 이는 텔레비전과 인쇄술의 기술 발전과도 일치한다. 그러나 앞에서 언급했듯이 기술들은 오직 사회·문화적 변화의 추동력과 일치하는 범위에서만 충분히 이용되고 있는 듯하다. 그렇다면 광고가 시각적 심상들로부터 얻어내는 것은 무엇일까? 이 물음에 대답하려면, 하나의 갈래로서 광고의 일반적 속성들에 대하여 알아볼 필요가 있다.

불렸는데, 학업 목적의 언어교육과 취업 목적의 언어교육으로 하위 구분된다. 이들은 모두 한 개인의 '자아실현'을 위해 가동하는 교육이며, 이들의 상위 범주를 '기본 교육'으로 부를 수 있다. 그렇지만 사춘기를 지나면서 한 개인이 사회공동체에 대한 책임과 의무를 익힐 필요가 있으며, 이런 목적을 위하여 이 책에서 다루는 비판적 담화 교육이 새롭게 자리를 잡게 되었다. 이를 상위 범주로 '고급 교육'으로 부르거나 '공동체 가치' 교육으로 부를 수 있다.

AMERICAN STUDIES

Enquiries to: Director of Admissions
Teaching staff: members of appropriate departments

Lancaster students have always shown lively interest in American subjects, whether in the English, History, Politics or other departments. Now it is possible to take a specialised degree in American Studies. This degree combines different disciplinary approaches to the study of the United States and offers options covering American history, literature, and politics from the earliest colonial settlements to the present day.

In addition, American Studies majors will spend their second year at an American university, such as the University of Massachusetts at Amherst or another selected American university. Lancaster's close American connections make it possible to integrate the year abroad into the degree, so that, unusually in British universities, the American Studies degree can be completed in *three* years. Special counselling will ensure close integration between the year abroad and the two years at Lancaster.

Degree studies at Lancaster call on specialists in a number of departments, and, as with most Lancaster degrees, students will gain valuable experience in more than one discipline. But a substantial degree of flexibility is maintained, and it is possible for students to concentrate substantially on either history or literature or politics if they so choose.

The first year is largely devoted to providing a disciplinary grounding, and students pursue the normal first year courses in the History, English, and Politics departments, taking American options where they exist. Thereafter the course of study is almost exclusively devoted to American topics, and may include the writing of a dissertation on an American theme.

American Studies graduates pursue careers normally associated with a humanities or social science education: education, business, journalism, publishing, librarianship, and social service, with the wider opportunities which may come from students' transatlantic experience and perspective.

의문 사항들은 직접 입학 처장 또는 관련학과 강사 앞으로 문의하기 바람

미국학연구

랭커스터 학부생들은 언제나 미국적 주제를 놓고서 영어이든 역사이든 정치학이든 또는 다른 학과목이 되든 간에 활발한 관심을 보여 왔다. 이제 미국학 관련 분야에서 전문 학위를 딸 수 있다. 이 학위는 미국학과 관련된 서로 다른 학문 영역별 접근과 연계되어, 미국의 역사·문학·정치학에서 가장 이른 시기의 식민지 정착기로부터 오늘날에 이르기까지를 다루는 폭넓은 선택을 제공한다. 그뿐만 아니라, 미국학 전공학과들에서는 2년간 미국 매사추세츠 대학 앰허스트 분교나 선별된 다른 미국 대학에서 학점을 이수하게 된다. 대학 당국의 긴밀한 미국과의 교류가 해외 체류 기간을 학위 과정 속으로 통합할 수 있게 만들어 주며, 따라서 영국에 있는 여느 대학과는 달리 이례적으로 **3년 만에** 미국학 학사학위를 마칠 수 있다. 특별 상담을 통해서 해외 이수 기간과 랭커스터에서의 2년 이수 기간 간의 긴밀한 통합이수를 보장해 줄 것이다.

랭커스터 대학에서 취득하는 학위 과정을 개설한 학과들에서는 전문가들을 모시고, 복수학위를 권장하는 대부분의 랭커스터 학위 과정에서처럼 둘 이상의 학문 분야에서 유용한 경험을 얻을 것이다. 그러나 상당히 융통성 있는 학위 제도가 유지되고 있으므로, 학생들이 스스로 단일 학위만을 선택하는 경우에 역사이든 문학이든 정치학이든 간에 실질적으로 한 분야에만 집중할 수 있다.

학부에 입학한 첫 해는 대체로 학문적 토대를 제공하는 일에 바쳐져 있으며, 신입생들은 미국 역사학과·영어학과·정치학과에 개설된 미국학 선택 과목들을 골라서 정규적인 1학년 강의과정들을 수강한다. 그러므로 이수의 과정이 거의 전적으로 미국학 주제들에 바쳐져 있으며, 미국 연구 주제를 놓고서 학위 논문 제출이 포함될 수 있다.

미국학 대학원 과정에서는 정규적으로 인문학이나 사회 교육과 연관된 분야를 전공하게 된다. 교육학·경영학·신문방송학·출판학·도서관학·사회복지학 분야에서 두 대륙을 뛰어넘는 대학원생들의 경험 및 관점들로부터 나올 법한 좀 더 너른 기회들을 맛보게 된다.

B A Hons **American Studies** *Q400*

First Year

History (American options)
English
Politics

Second Year

Four of five courses in American subjects taken at a United States university, including at least one interdisciplinary course.

Third Year

Four or five courses, normally from:
History:
The History of the United States of America

Religion in America from Jamestown to Appomatox, 1607–1865
From Puritan to Yankee: New England, 1630–1730
The Great Alliance: Britain, Russia and the United States, 1941–1945
Cold War America: The United States from Truman to Kennedy
English:
American Literature, 1620–1865
American Literature, 1865–1940
American Literature, 1940–1980
Politics:
The Politics of Race
United States Government: The Politics of the Presidency
The American Policy Process
United States Foreign Policy since 1945

Assessment: see under appropriate subjects.

YOU WILL NEED

| Courses | A-level | O-level/GCSE |

Amer St | **BBC/BCC** normally incl. **English** | **A pass in a** **foreign** **language**

or other qualifications (IB, EB, Scottish Highers) at a comparable standard.
AS-levels: will be accepted.
Interview policy: special cases only.
Open days: candidates who are offered places will be invited.

미국학 학사 과정 Q400

제1년째
- 역사학(미국학 선택 과목)
- 영어학
- 정치학

제2년째
- 최소한 복합학문 강의 한 과목을 포함, 미국 소재 대학에서 이수하는 미국학 개설 분야의 5과목 중 4과목을 이수하게 됨

제3년째
- 일반적으로 넷이나 다섯 과목을 이수함

〈역사학과 개설 과목〉
- 미국사
- 1607년~1865년 동안, 제임스타운부터 어포매톡스까지 종교 운동
- 1630년~1730년 동안, 신교도부터 양키까지: 뉴 잉글런드 주

- 1941년~1945년 동안, 대연합 시기: 영국과 러시아와 미국
- 냉전시기: 트루먼부터 케네디 정부까지

〈영어학과 개설 과목〉
- 1620년~1865년 기간의 미국 문학
- 1865년~1940년 기간의 미국 문학
- 1940년~1980년 기간의 미국 문학

〈정치학과 개설 과목〉
- 인종의 정치학
- 미국 정부론: 대통령학
- 미국의 국내 정책의 전개
- 1945년 이후의 미국의 해외 정책

〈평가〉
아래에서 적합한 주제들을 참고하기 바람

필수 이수 사항

이수과목 — 미국학

고급 수준 — 일반적으로 영어를 포함하여 BBC/BCC

일반 수준 (GCSE) — 1개 외국어 시험합격

또는 비교 가능한 기준에 비춰서 다른 자격들(IB, EB, 스코틀런드 고등교육) AS 수준 이상이라야 허용될 것임
면접 정책: 오직 특별한 경우에만 실시됨
응시 날짜: 시험 통보를 받은 학생들에게는 응시 날짜가 안내될 것임

광고는 하버마스(Harbermas, 1984)에서 '전략적' 언어 및 '의사소통' 언어 사이의 구분에 비춰보면 탁월하게 '전략적'인 담화이다.[251] 이는 또 다른 의미에서 '심상images'들을 구성하는 일 속에 들어 있는데, 사람·조직·상품들을 공식적으로 제시하는 방식, 그리고 그것들에 대한 정체성이나 개성들을 구성하는 일이다. 현대 시장 조건들은 설사 많

---

251) (역주) 428쪽의 역주 253에서 달아둔 하버마스의 '세계 구성 방식'도 읽어보기 바란다. 본문에서 언급한 책은 장춘익 뒤침(2006)의 『의사소통 행위 이론』1~2(나남)로 발간되었고, 이 책 이외에도 현재 하버마스(Harbermas)의 책은 다음처럼 10종 넘게 번역되어 있다.

- 하버마스(1973; 임재진 뒤침, 1983), 『후기 자본주의의 정당성 문제』(종로출판사)
- 하버마스(1983; 황태연 뒤침, 1997), 『도덕 의식과 소통적 행위』(나남)
- 하버마스(1984; 한승완 뒤침, 2002), 『공론장의 구조 변동』(나남)
- 하버마스(1985; 이진우 뒤침, 1994), 『현대성의 철학적 담론』(문예출판사)
- 하버마스(1985; 이진우·박미애 뒤침, 1995), 『새로운 불투명성』(문예출판사)
- 하버마스(1992; 한승진·박영도 뒤침, 2000), 『사실성과 타당성』(나남)
- 하버마스(1997; 홍윤기 뒤침, 2004), 『의사소통의 철학』(민음사)
- 하버마스(1996; 황태연 뒤침, 2000), 『이질성의 포용: 정치이론 연구』(나남)
- 하버마스(2001; 장은주 뒤침, 2003), 『인간이라는 자연의 미래』(나남)

페어클럽(Fairclough, 2003; 김지홍 뒤침, 2013)의 『담화 분석 방법』(도서출판 경진)에서도 심층적으로 다루었는데, 그곳의 §.3-3 '공개 토론 마당'과 §.6-4 '전략적 행위와 의사소통 행위'에서 달아둔 필자의 자세한 역주들을 읽어보기 바란다. 전략적 언어는 '이익'을 얻으려고 쓰는 언어이고(성공을 이루기 위한 '전략적 행위'에 속함), 의사소통 언어는 서로 교류하고 공존하는 공통 기반을 다지기 위한 언어(상호간의 이해를 늘이기 위한 '의사소통 행위'임)이다.

하버마스는 인간의 행위를 크게 ① 자연을 대상으로 하여 자연을 도구처럼 이용하는 비-사회적 행위와 ② 공동체 구성원들끼리 서로 얽혀 일상생활(그의 용어는 '생활세계')을 이뤄 나가는 사회적 행위로 대분된다. 이때 ② 사회적 행위는 다음처럼 ㉮ 전략적 행위와 ㉯ 의사소통 행위로 나뉘며, 전략적 행위는 다시 더 자세히 하위 구분이 이뤄지는데, 누구나 쉽게 알 수 있는 공개적 행위와 몰래 숨기는 은폐 행위로 나뉜다. 다시 후자는 조작하고 기만하려는 저의가 있고 없음에 따라서 더욱 세분된다. 전략적 행위는, 정도의 차이는 있겠으나 지금 유행하는 말로 '갑질 관계'를 목표로 하여 다른 사람들을 착취하는 행위이다. 이와는 반대로 의사소통 행위는 구성원들끼리 평등하고 서로가 존중되는 민주사회의 행위인데, 흥부들만 사는 이상향에 속한다. 비판적 담화 분석에서는 갑질 관계를 '공개 토론마당'(또는 '공론장')으로 끌어들여 모두에게 부당한 관계를 드러낸 다음에, 다시 서로 대등하고 상호 존중의 관계로 고쳐 나가는 일을 목표로 한다. 이런 과정이 제도화된 모습을 189쪽의 역주 126에서 신중하게 '서로 존중하며 합의하는' 민주주의(deliberate democracy, 간단히 '합의 민주주의'로 부를 수 있으나, 난해하게 '숙의 민주주의'라는 말을 씀)라고 부른다.

```
사회적 행위 ┬ 전략적 행위 ┬ 공개적 행위
            │             └ 은폐된 행위 ┬ 의식적 기만/조작 행위
            │                           └ 무의식적인 기만 행위
            └ 의사소통 행위
```

은 회사에서 사뭇 비슷한 상품들을 시장에 내놓더라도 그 자신의 상품이 차별적인 듯 내세워야 하며, 그런 정체성이 반드시 그럴 듯하게 구성되어야 함을 요구한다. 동시에 그런 상품들에 대한 잠재적인 구매자들의 범주는 흔히 (계층·지역·민족 집단·성별 따위) 사회 구성원의 기존 유형들에 비춰보면 명시적으로 포착될 수 없다. 또한 상품 생산자와 그 제품들의 판매자들도 그러한데, 그들의 심상image이 해당 상품(제품)의 심상과 그리고 잠재적인 그 소비자들의 심상들과도 조화롭게 어울리도록 만들어져야 한다. 생산자·상품·소비자가 일상생활 모습에서 공동-참여자로 함께 등장하는데(Leisss, Kline and Jhally, 1986), 광고에서는 바로 이것을 구성하고 모의하는 것이다.

광고주들이 시각적 심상들로부터 얻어내는 것은, 일상생활 모습을 모의해 줌으로써 시각 심상들이 그런 모습을 불러일으켜 주는 능력인데, 일반적으로 이는 언어가 불러일으키는 능력보다 훨씬 더 강력하고 직접적이다. 제대로 작동할 경우에, 시지각 심상은 광고에 있는 언어가 독자에게 읽히거나 들려지기 전에, 즉각적으로 잠재적 소비자·생산자·상품이 서로 함께 공존할 수 있는 세계를 창조해 낼 수 있다. 따라서 대학 안내전단에 있는 대부분의 사진들은 (교실에 앉아 있고, 실험 기구들을 사용하고, 모여서 잡담하는 등) 대학생활을 살아가고 있는 학생들을 표상하고, 입학 가능한 예비학생들에게 상상 속에서 그들 스스로 들어가고 싶은 물리적·사회적 환경들을 제공해 주는 것이다. 앞의 사례에서 재생된 사진은 학생 활동을 표상하지는 않지만, 입학하려는 학생들에게 상상하면서 (학위 과정의 일부로서 미국 대학에서 보내게 될 1년 동안) 차지하여 즐기고 싶은 아주 아름다운 자연 환경을 실제로 제공해 주고 있다. 시각적 심상은 해당 '상품', 즉 학위 과정에 대한 그리고 학위과정의 일부로서 입학 가능한 예비학생들을 위한 유혹적인 심상을 투영해 주고 있다.

이 안내전단의 끝자락에서 '필수 이수 사항You Will Need'이란 제목 아래 있는 도표는, 마음을 불러일으키는 사진의 속성을 지니고 있는 것은 아니겠지만, 그럼에도 여전히 잠재적인 예비학생·대학교·강좌에 대한 공동 구성 내용물에 나름대로 이바지하고 있다. 이런 종류의 도표는 정보를 한 눈에 알아볼 수 있게 만드는 효과적인 방식이다. 특히 정보상 복잡다단하고 독자도 잘 고려하지 않는 대학교 요람(편람)을 줄기차게 발간해 온 역사가 실상이라면, 다양한 도표의 이용은 학생들의 요구에 민감하게 반응하고 그리고 최신의 것으로 채운 새로운 제도임을 함의한다. 또한 특정한 요구 및 가치를 지니고서 입학할 법한 예비학생들을 놓고서, 금방 소화할 수 있는 형태로 된 실용적인 정보가 필요하고. 그런 정보를 제공해 주는 데에서도 명백성 및 효율성에 가치를 둔다는 착상을 구현해 놓고 있다.

도표의 이용은 또한 광고 형식에 의한 대학 요람(안내전단)의 식민 지배로부터 생겨나는 모순을 극복하도록 도와준다. 대학에서는 학생들에게 자신들을 판매하도록 시도하지만, 또한 입학 기준을 놓고서도 엄격한 통제와 조건들을 부과해 놓는다. 결과적으로 학생들은 한편으로 상품을 선택할 권리를 지닌 강력한 '소비자'로 위상이 부여되고, 다른 한편으로 힘없는 '응시생'으로 위상이 지정되는 것이다. 입학에 관한 조건을 내버려 둔 채 도표를 통해 다룸으로써, 해당 대학에서 부여해 놓은 자격 조건들은 외견상 책임질 사람이 아무도 없는 사실에 대한 일로 해석된다. 이것이 또한 '대학 당국에서 요구한다we require'라고 표현하지 않고 대신에 'you will need여러분은 필요할 것입니다. 즉, '필수 이수 사항'을 가리킴'로 선택하여 놓는 일처럼, 언어 표현의 세부 사항으로 부각되는 방법에도 주목하기 바란다.

마지막으로 안내전단에서 텍스트의 주요 몸체를 다루기로 한다. 특히 인상적인 것은 입학할 법한 예비학생들에게 학사과정 얼개에 대하여 말하고, 그것을 예비학생들에게 판매하면서 정보 및 설득을 뒤섞어 놓은 내용이다. 이것은 첫 번째 단락에 있는 문장의 제시 순서에서도 분명해진다. 세 번째 문장은 학사과정 얼개의 구성 모습을 서술한다. 랭커스터 대학에서 이수하는 미국학에 관한 학사과정 얼개를 이야기 서술체로 마련한 두 개의 문장이, 앞서 나오며 틀 짓는 방식으로 제시되어 있다. 그런데 이것이 정보에 해당할까, 아니면 설득인 것일까? 물론 어느 쪽으로도 해석될 수 있다. 미국학 분야에서 이 대학교 안내전단의 기록 내용이 분명히 지원자들에게는 관련 정보가 되겠지만(≒정보를 있는 그대로 제공하는 것임), 만일 옛날 성과로부터 차별화하기 위하여 비롯된 것이라면 개혁의 모습이 좀 더 매력적일 것 같다(≒좀 더 강한 설득이 될 수 있음). 1970년대 또는 그 이전의 안내전단(≒대학 요람 따위)과 비교하여, 1980년대 이후의 안내전단은 설득 효과들에 관한 전략적 계산에 토대를 두고서 대학의 관련 정보를 선택하고 배열하는 데에 좀 더 많은 관심을 쏟는다. 정보상 전략적 계산에 관하여 새로운 것이 아무런 것도 없다고 합리적으로 반론을 펼 수도 있다. 실제 현실적인 참신함은, 설령 어떤 논제로 간주되지 않더라도, 정보가 명백하게 전략적이고 설득력을 지닐 수 있다는 점이다. 믿음직한 모형으로서 광고의 영향 아래, 정보 및 설득을 함께 뒤섞어 놓는 일은 자연스럽게 되어 가고 있고, 담화 질서에서 이들 양자 사이에 있는 구분들이 허물어지고 있으며, 결과적으로 '정보'의 본질이 근본적으로 변화되고 있는 것이다.

정보 및 설득의 혼성은 또한 해당 텍스트의 다른 단락에서도 분명하다. 저자는 두 번째 단락을 집중적으로 다룰 것이다. 그 첫 문장은 마지막 구절 '선별된…'252)에 이르기까지 직접적으로 정보를 전달하는 듯이 보이는데, 랭커스터 대학이 얼마나 세심하게 학부생들의 관심 사항들을 고려하고 있는지 시사해 준다. 세 번째 문장의 첫 구절 '특별 상담'도 아주 비슷한 기능을 실행하고 있다. 두 번째 문장에서도 다시 순서 짓기 및 틀 짓기가 분명하다. 학점 이수 기간에 관한 정보가 먼저 제시되어 틀이 마련되는데, 사실상 '따라서so that'라는 부사에 의

---

252) (역주) 두 언어 사이의 어순 차이(후핵 언어 대 선핵 언어, head-final vs. head-initial)로 말미암아 번역에서는 마지막 낱말이 (이수하게) '된다'이다.

해서 랭커스터 대학의 '긴밀한 미국지역 연계 이수과정'과 인과적으로 연결되어 있으며, 이것이 수강자들이 응당 그것들에 관해 알아야 할 당연한 것으로 전제되어 있다. '긴밀한close'이란 낱말은 신중하게 랭커스터 대학의 우월성을 암시하며, 부분적으로 랭커스터 대학과 다른 대학들 간에 묵시적 비교가 부분적으로 밑바닥에 깔려 있다. 이탤릭 글씨체로 써서 강조한 '3년 만에' 그리고 랭커스터 대학과 다른 대학들 사이의 명백한 비교는 더 짤막한 이수 기간이 '판매 강조점 selling point, 판매 초점'으로서 투영되고 있음을 시사해 준다.

§.7-3 담화의 가공기술

현대 사회는 더 많은 대중 생활의 부분들을 놓고서 점점 더 늘어나는 통제 쪽으로 향한 흐름으로 성격이 지어진다. 하버마스(Harbermas, 1984: xl)에서는 이를 국가와 경제의 '제도'들에 의해서 일상생활을 식민지처럼 지배하는 일에 비춰서 서술하였다. 앞에서 저자가 판매용 상품으로 만들기에 대하여 언급한 바가, 경제에 의해서 식민지처럼 지배되는 담화의 측면을 가리켜 준다. 푸코도 이런 일반적인 흐름을 놓고서 현대의 '생명 조절 권력bio-power'에 맡겨져 있는 '전문 기술technologies' 및 '기법techniques'의 목록들을 만들면서 언급하였는데, 특히 앞의 §.2-2에 있는 논의를 보기 바란다.

권력의 가공 기술에 대한 푸코의 분석은 담화로까지 확장될 수 있다. 우리는 현대 담화 질서의 특징으로서 유용하게 '담화 전문 기술discourse technologies' 및 '담화의 가공기술technologization of discourse'을 언급할 수 있다(전자는 Fairclough, 1989a; 김지홍 뒤침, 2011: §.8-3 '담화 기법과 관료주의'를 참고하고, 후자는 Fairclough, 1990b를 보기 바람). 담화 전문 기술의 사례는 면접시험·교육·상담·광고들이다. 이것들을 '담화 전문 기술'로 부르면서, 저자는 현대사회에서 이런 것들이 맥락 초월적 기법의 특성을 나타내며, 또한 그런 특성을 떠맡고 있음을 시사하고 있다. 차이가 나는 많은 맥락들 속에서 광범위하고 다양한 전략들을 추구하기 위해서 이용될 수 있는 자원이나 도구상자로 간주되는 것이다. 담화 전문 기술은 지명된 사회 대역(대행자)들에 의하여 점차적으로 특정한 기관(제도) 영역으로 처리되어 가고 있다. 이것들이 그 나름대로 전문가 기법들을 갖추는 쪽으로 진행되는 것이다. 즉, 그것들의 효율성을 따지고 살펴보는 조사 연구자들, 조사 연구 및 변화하는 기관(제도) 요구사항의 견지에서 정밀하게 가다듬어 나가는 기획자들, 돈을 받고서 그런 기법들을 양도하여 주는 훈련관들이다. 이들 전문 기술자로서는, 일반대학의 사회학과 구성원들까지 포함한다. 한 가지 잘 수립된 사례가 사회심리학에서 실시된 '사교 기술social skills' 분야의 조사 연구 및 훈련이다(Argyle, 1978). 담화 전문 기술의 훈련을 받아야 될 목표가 된 사람들은, 교사·면접관·광고주·다른 '문지기'와 권력 소유자들 쪽에 있는 구성원들로 이뤄지는 경향이 있으며, 다른 한편으로 담화 전문 기술은 일반적으로 그런 영역에서 훈련을 받아보지 못한 대중(의뢰인, 단골손님[410쪽의 역주 244 참고], 소비자)들에 대하여 특정한 효과를 지니도록 꾸려져 있다.

  담화 전문 기술은 언어와 담화에 대한 지식 및 권력에 대한 지식 사이에 긴밀한 연관성을 수립한다. 이것들은 언어 선택을 놓고서, 어휘·문법·억양·대담의 짜임새 등뿐만 아니라 또한 얼굴 표정·손짓·자세·신체 동작에 이르기까지 심지어 가장 섬세한 세부 사항들에 관한 기대된 효과의 근거 위에서 마련되고 정밀히 가다듬어진다. 이는 언어·담화·기호 사용에 대한 지식뿐만 아니라, 또한 심리학적·사회학적 지식에 대한 전문 기술들에 이르기까지 그 일부에 접속함을 함의한다. 담화 분석가 및 언어학자들이 점차적으로 담화 전문 기술자로 행동하도록 기대되거나 그들의 연구 결과들을 이용할 수 있도록 만들어 줄 것으로 예측할 수 있다.

  담화 전문 기술은 모의하기를 포함한다. 특히 대인관계의 의미 및 담화 실천에 대한 전략적·도구적 목적을 위한 모의이다. 이는 담화의 민주화를 놓고서 저자가 더 앞에서 논평했던 것과도 관련되어 있다. 권력 대칭성 및 비-격식성에 대한 모의는, 부분적으로 기관의 권력 소유 주체를 놓고서 널리 이용되는 전문 기술이다. 한 가지 사례는 병원·지방정부·대학교 등과 같이 공적인 대민 봉사 영역에서 실행된 취업 면접시험의 종류이다. 저자는 페어클럽(Fairclough, 1989a; 김지홍 뒤침, 2011: §.3-2-2, §.7-3-7, §.8-2-4)에서 전략적 계산 결과에 근거하여 대인관계의 의미를 모의해 나가는 측면을 놓고서, 개성 없이 '규격화된 모조 인격synthetic personalization'이라는 용어를 썼다. 대인관계의 의미에 관한 모의는, 전략적이고 도구적인 목표들을 성취하는 일을 향하여 담화 실천 관행과 의미의 모든 다른 측면들을 종속시키는 데에서부터 나온다 하버마스가 '의사소통 행위'와 대립시켜 '전략적 행위'로 부르는 상호작용의 유형인 것이다(422쪽의 역주 251에 있는 도표를 보기 바람). 담화의 가공 기술은 전략적 담화를 새로운 영역들로 확장하는 것과 연관되어 있다.

담화의 가공 기술은 일정 범위 공공제도의 기능들과 연계되어 있다는 점에서, 공적인 성격을 지닌 면담과 같은 갈래로부터 시작하여, 사적인 공간의 핵심 갈래인 대화에 이르기까지 널리 확산되고 있는 듯하다. 이는 부분적으로 기관(제도)에 의한 대화의 전용을 반영하며(≒수직적 관계를 수평적 관계로 옮겨 놓음), 특정한 정치적·이념적 내용을 지닌 색깔(투입)을 반영해 준다. 제5장의 〈표본 2〉에서 살펴본 '대안이 되는' 심리치료 상담이 이러한 한 가지 사례이다. 그 표본은 또한 사적인 영역들이 공적인 영역으로 바뀌어 나가고 있는 방식도 반영해 준다. 하버마스의 용어를 빌려 말한다면, 체계system, 제도 체계와 사회관습을 가리키는 용어임에 의해서 생활세계(≒일상생활) 영역이 식민지처럼 지배받게 되는 것이다.253) 따라서 (대표적인 사밀한 영역으로서) 가족에 대한 내

---

253) (역주) 간단하게 말하여, 사람이 관련된 모든 것을 '돈'(그리고 권력)이라는 기준으로

부 배열 위상 및 관계가 어느 정도 공적으로 만들어지고 있으며, 종종 정치학의 특정한 영역으로 언급되고 있는 것이다.

이들 논점을 직장에서 관리자들이 어떻게 대화 기술을 개선할 수 있는지를 서술해 주는 책자를 언급하면서 좀 더 구체적으로 만들어 놓고자 한다(Margerison, 1987). 이 책은 '대화 제어 기술'에 관해 씌어졌는데, 여기서 '대화'라는 용어는 공식적인 사업 회의와 면담을 포함할 뿐만 아니라, 또한 좀 더 엄격한 의미에서 격식 없이 이뤄지는 대화까지도 포함한다. '요약하기'와 같이(§.5-1 (마)에서 다룬 '마무리 짓는 입장 정리'와 거의 같은 개념임: 260쪽의 역주 170과 303쪽의 역주 181도 함께 참고 바람) 이 책에서 다뤄진 일부 기술들은 주로 이들 좀 더 격식 갖춘 제도적 유형의 담화와 결부되어 있지만, 다른 기술들은 또한 격식 없이 이뤄지는 대화와 관련된다. 사실상 '대화 제어 기술'은 작업 현장에서뿐만 아니라, 또한 집안에서도 그리고 친구들 사이에서도 인간관계를 관리하는 데에 긴요하게 관련된다고 말할 수 있다(≒저자는 이 책을 아주 실용적인 것으로 평가하고 있음).

따지는 일이 널리 확장됨을 가리키는 것이다. 김재현(1996: 45쪽, 50쪽 이하), 『하버마스 사상의 형성과 발전』, 『하버마스의 사상: 주요 주제와 쟁점들』(나남)에 따르면, 하버마스는 인간이 살아가는 세계가 크게 두 영역에 걸쳐 있다고 보았다. 생활세계(쉬운 말로 '일상생활'이지만, 늘 살벌한 갑질 관계가 일어난다는 우리의 직관적 느낌과는 달리, 하버마스는 이 세계가 아주 평등하고 상호존중이 보장되는 '이상세계'로 가정하고 있으며, 서로 합의 과정을 통해 합치점에 도달하는 의사소통 세계라고 부르고 있으므로, 일상 낱말들의 지닌 상이한 가치 함의를 혼동하지 말아야 함)와 제도 체계(사회를 작동시키는 법률과 관습)이다. 전자는 문화 영역에서 가장 잘 나타나며, 합의에 의해서 언어와 관념들의 상징적 결합이 이뤄짐으로써 재생산(상징적 재생산)된다고 보았다. 그러나 사회 체계나 제도 체계로 불리는 후자의 세계는 경제와 정치 영역에서 가장 잘 나타나며, 돈과 권력에 의하여 물질로 측정되고 계량되며, 언제나 물화되어 물질적 재생산으로만 구현된다.

┌ 생활 세계 → 문화 영역에서 드러남 → 관념 및 언어적 합의를 통해 '상징적 재생산'이 일어남
└ 제도 체계 → 경제와 정치로 구현됨 → 화폐 및 권력으로 물화되고, '물질적 재생산'이 일어남

하버마스는 자본주의 경제와 근대적 관료주의의 확장을, 제도 체계가 생활세계를 식민지로 지배하는 병리적 현상으로 진단한다(식민지화 현상임). 이에 대한 처방(물화된 세계로부터의 '해방'으로 부름)으로는 생활 세계로의 회귀, 다시 말하여, 구성원들이 상호존중을 통하여 서로 간에 민주적인 합의 과정을 통한 목표(가치) 정립을 제시한다. 이런 주장은 그의 의사소통 이론으로 발전되어 나갔는데, 이에 대한 하버마스의 시각은 422쪽의 역주 251을 읽어 보기 바란다.

그 책에서는 상당한 범위의 기술들에 주목을 한다. 그 책의 제1장에서는 언어로 된 '단서clues'들 및 간접적으로 표현되거나 막 암시로만 이뤄진 의미를 가리켜 주는, 언어로 표현되지 않은 '신호signals'들을 인식하고 반응하는 일에 필요한 추론 기술을 다루었다. 중요한 문제는 만일 명시적으로 말할 수 없다고 느끼거나(≒당장 자신에게 불이익이 생길 것이므로), 일부러 단서와 신호를 포착하는 데 실패하여 심각한 결과가 초래되도록(≒비웃음을 당하도록) 의도할 경우에는254) 흔히 이런 방식으로 넌지시 표현되는 것이다. 한 가지 관련된 논제는 경계선 밖의 금지구역 속에out of bounds 있을 법한 "느낌·마음의 상태·사적인 생각·다른 사람에 대한 개인적 태도" 따위를255) 대화 영역 속으로 끼워놓도록 '허락받는 방식'에서의 기술이다. 그의 책의 또 다른 여러 장들에서는 반대와 거절을 '관리하는' 기법들을 포함하여,

---

254) (역주) 풍자(諷刺)라는 한자어 자체가, 마치 스쳐 지나가는 바람처럼 간접적 표현을 써서 그 저의를 깨우친 사람한테는 콕콕 바늘처럼 아프게 찌른다는 뜻을 담고 있다. 설사 그렇게 깨닫지 못하더라도 그런 표현을 우둔하게 깨치지 못하는 것까지 조롱하면서 화자 자신의 응어리를 조금이나마 풀 수 있는 것이다. 삼국유사 속에 실린 '임금님 귀는 당나귀 귀'라는 설화나, 전두환 시절에 풍자시 따위가 모두 그런 기능을 담고 있다.

255) (역주) 모두 개인의 사적이고 내밀한 영역들의 요소인데, 개인마다 고유하게 지닌 영역을 철저히 보장해 주는 개인주의(individualism)에서는 조심스런 이야깃거리가 될 수 있다. 영국인들은 개인만의 공간(자기 자신의 방 따위)을 갖는 것을 '이상적'이라고 보며, 또한 개인별 영역과 무관한 제3의 소재로서 날씨 이야기 따위가 가장 적합한 화젯거리로 본다. 가족주의(familism)에 익숙한 우리 문화와는 다른 측면이다. 어릴 적에 필자가 살던 집은 창문으로 나뉘어져 있었는데, 안방에서 어르신 기침 소리가 들리면 바로 조용히 숨죽이던 일이 생각난다. 비록 창문으로 공간이 구획되어 있더라도, 그 공간의 지배자는 눈에 직접 보이지 않더라도 따로 있었던 것이다. 오늘날 아파트에 살고 있는 경우에, 정신적으로는 가부장의 지배권이 온 집안에 두루 미쳐야 하겠지만, 현실적으로 '도어'가 닫힌 경우에는 결코 지배권이 행사되지 못한다는 데에서 가족주의와 개인주의 사이의 문화적 갈등이 생겨나게 된다.

사적이고 내밀한 개인적 주제들을 이야기 속에 끌어들이기 위하여 상대방으로부터 양해를 얻어야 한다는 지적이, 필자에게는 매우 특이하게 느껴진다. 우리는 설사 낯선 사람끼리라도 '통성명' 과정을 거쳐서 어느 정도 '신상 털이'가 진행되면, 서로 말을 주고받는다는 일 그 자체가 서로 간의 유대감을 형성하였다고 믿기 때문에(만일 그렇지 않았더라면 계속 말을 서로 주고받지 않았을 것임), 설사 내밀한 것까지도 공개적으로 거론함으로써 더욱 긴밀하게 서로 간의 '심리적 거리'를 좁혀 나간다고 말할 수 있다. 이런 의사소통 모형이 문화마다 변동되는 듯하며, 아마 개인주의에 근거한 영국 문화와 우리 문화 사이에는 여전히 말로 주고받는 범위와 깊이에서 차이가 많은 듯이 느껴진다.

맞대결하는 대화를 서로 협력적이며 상호조율적인 대화로 뒤바꿔 주는 기술들에 초점을 모아 논의한다. 이는 §.5-3에서 다룬 화용론 문헌에서 '긍정적 정중함'과 '부정적 정중함'으로 다뤄져 왔다(≒상대방 체면을 보호해 준다는 점에서 '긍정적'으로 표현하였고, 상대방의 체면을 깎아내린다는 점에서 '부정적'이란 말을 썼음). 이런 기술들은 (아마도 상호주의 관점에서 자기 자신과 반대되는 입장을 어느 정도 인정함으로써, 그 결과로서 나의 의견에 대한 동의도 얻어내도록 노력하는 동안) 대화상으로 다른 사람들의 말을 인정하고 이해하는 일을 보여 주는 방식과 다른 사람에 대한 비판을 경감해 놓는(≒실질적으로는 다른 사람의 의견에 대한 비판을 억제하는) 방식을 포함한다. 그 책에서는 대화상으로 당연시되는 가정들에 도전하는 방식, 그리고 도전적으로 보이지 않으면서도 단정적인 주장을 하는 방식을 다루는 장도 있다. 또 다른 장에서는 주제 전환 및 제어 방식까지도 논의하였다. 특히 과거 실패를 분석하는 일로부터 미래를 위한 계획 마련에 이르도록 전환하는 방식이다.

그 책에서는 대화 제어 기술이 사업 성공과 이윤을 보장하며, 일터에서의 편안함과 노동자들의 태도를 바꾸고, 기업 종사자의 반론들을 피하는 일에도 기여할 수 있다고 주장하여 다음처럼 결론을 맺었다.

'그러므로 대화 제어 기술은 직장인들이 서로 효율적으로 일하는 조건을 만들어 내는 데에 핵심적이다'. 그리고 가정과 다른 사회관계 속에서 '의견상 차이점들이 논쟁과 불쾌한 갈등으로 이끌어 갈 수 있고, 대화의 능숙한 관리를 통해서 이것들이 해결될 수 있다'

('conversation control is therefore crucial to creating conditions where people work effectively together'. And in family and other social relations, 'Differences of opinion can lead to arguments and unpleasant conflicts or they can be sorted out through skilful management of conversations')

그러나 하나의 기법으로서 대화 통제의 잠재성을 놓고서 이런 명백한 언급은, 이와 반대쪽에 있는 납득되지 않는 주장이 금방 뒤따라 나온다. (로봇이 아니라 자유의지를 지닌 자발적인 인간을 다루기 때문에) 통제해야 할 것이 "남의 행동을 제어하는 일에 대한 것이 아니라, 오히려 우리 자신의 대화 및 행위를 제어되도록 하는 일"이고, 남들을 멋대로 '조종하는' 것이라기보다 오히려 남한테 '영향을 끼치는' 일인 것이다 (Margerison, 1987: 193~194).

§.7-2 '판매용 상품으로 만들기'를 논의하면서 언어교육 및 훈련에 관하여 능력에 토대를 둔 관점에서 바라보면, 담화의 가공기술 및 언어 사용의 네 가지 기술 사이에는 긴밀한 연결점이 있다. 사적인 일상 생활 영역으로의 확대 그리고 대화 모습으로의 확대는 언어 기술 훈련에 대한 현재의 일반화 흐름과 일치하는 듯하다. 최근까지 의사소통 기술 훈련에 노출되었던 이들은 주로 기관의 '문지기' 및 권력 소유 주체, 그리고 모종의 방식에서 신체상 또는 심리상 장애가 있던 사람들이었다. 일반 중등학교 졸업자격GCSE과 학교 현장에서 구현되는 국가 차원의 교육과정을 위한 새로운 정책과 취업준비 교육(초보 기술·직업 교육, 청소년 훈련 얼개 등)을 위한 새로운 정책을 시행하고 있는 1990년대 이후의 영국에서는, 언어와 의사소통 기술이 보편적으로 교육되고 있는데, 「후속 고등교육 단위Further Education Unit」(1987)와 영국의 교육과학부(1989) 「콕스 보고서Cox Report」를 보기 바란다(383쪽의 역주 232 참고).

§.7-4 현행 담화 해석 흐름들에 대한 이해

저자가 이미 앞에서 실천했듯이 여러 흐름들을 추상화하고 고립시켜 놓은 것은 그것들을 강조해 주는 한 가지 방식이었다. 그러나 저자가 이 책을 통해서 모아온 초점은 복합적이고 이질적인 기원을 지니며 모순스러워 보이는 담화의 질서들에 대한 것이었다. 그러므로 그런 내용들이 서로 상호작용하고 서로 교차하는 그런 흐름들을 놓고서 반드시 의미를 찾아내도록 노력해야 한다. 그렇게 실행하면서 서로 다른 지엽적인 담화 질서들에 관련된 흐름들의 효과에서, 그런 흐름들이 수용되거나 거부되는 범위에서, 기타 등등 있을 수 있는 변이 내용들을 허용해야 한다. 또 §.7-3에서 다뤄진 개성 없이 '규격화된 모조 인격'과 같은 현상까지도 허용할 필요가 있다. 일반적인 논의 핵심은, 그런 흐름들이 명시적 표현articulation(29쪽의 역주 16 참고) 속으로 들어가는 그런 흐름들과 대조적이며 사뭇 상이한 가치들을 지닐 수 있다는 점이다. 그 흐름들이 상이한 정치적·이념적 색깔 입히기 inverstment, 투입, 속성 부여에 활짝 열려 있는 것이다(141쪽의 Frow, 1985 인용 부분과 관련 논의를 보기 바람).

민주화 실천 및 판매용 상품으로 만들기가 서로 단순한 대립체로 드러날 소지도 있다. 전자는 통제/제어력을 약화시켜 놓는 것이고, 후자는 통제/제어를 강화시켜 가는 것이기 때문이다. 그러나 개성 없이 '규격화된 모조 인격'과 같은 현상은 그 관계가 더욱 복잡함을 보여 준다. 그런 흐름들이 단순한 대립체로 간주될 수 없는 또 다른 이유는, 판매용 상품으로 만들기가 실제로 민주화 실천을 함의한다는 것이다. §.4-0의 〈표본 2〉에서 다룬 '바클레이 신용카드' 텍스트와 §.7-2에서 다룬 랭커스터 대학교 요람이 둘 모두 각각 금융 및 교육 분야에서 전통적인 권력의 지배-복종 관계로부터 멀리 벗어나서, 부분적으로 각각 카드 이용자와 입학 예정의 학생을 '소비자consumer'로 간주하려는 전환을 선호하고 있다는 저자의 주장을 상기하기 바란다. 이런 전환은 민주화된 담화에서 명시적으로 찾아진다. 은행 및 대학 당국의 권력이 공공연하게 표현되어 있지 않지만, 두 가지 텍스트에서 모두 결과적인 긴장들이 들어가 있음을 지적한 바 있다. 광고 모형 위에서 제작되어 판매용 상품으로 만들어진 텍스트들이 또한 공통적으로 다른 민주화 실천 특징들을 명백히 보여 주는데, 비격식성을 포함하여 대화 모습의 담화 쪽으로 향한 움직임이다.

판매용 상품화 및 민주화 실천 사이에 있는 이런 수렴점이 오직 부분적이며, 오직 한 방향으로만 놓여 있다. 민주화 실천은 §.5-0에서 〈표본 2: '대안이 되는' 심리치료 상담〉에서와 같이, 전혀 판매용 상품으로 만들어 놓지도 않은 채로 자연스럽게 일어나는 것이다. 그렇지만 이런 수렴점은 실제로 더욱 심층에 있는 층위에서 공통된 특성을 드러낸다. 특히 현대사회에서 자아에 관한 사회적 구성 과정을 놓고서, 가령 로우즈(Rose, 1989. 발표문, 26쪽의 역주 12 참고)에 문서화되어 있는 전환의 맥락들을 살펴볼 경우에, 이들 흐름은 담화에 의하여 주체의 속성subjectivity이나 자아 속성selfhood의 구성 과정에도 영향을 주는 것이다. 이런 전환은 좀 더 자율적이며, 스스로 동기를 갖는 자아를 향한 것이며, 로우즈(Rose, 1989)에서는 '스스로 조종해 나가는self-steering, 자율 주행' 자아라고 불렀다. 두 가지 흐름이 공통되게 '스스로 조종해 나가는' 자아를 향한 지향성을 지니는 것으로 보인다. '대안이 되는' 심리치료 상담을 하고 있는 의사, 그리고 바클레이 신용카드 텍스트 및 랭커스터 대학교의 요람 속의 저자가 모두 암시적으로 스스로 조종해 나가는 자아의 내용들을 언급하며, 따라서 그런 내용을 전제하는 것이다. '소비자consumer'는 광고의 보편적 수신자이자 교육 및 다른 영역 속으로 식민지처럼 확장하여 지배하는 광고의 대상인데, 스스로 조종해 나가는 자아의 내용을 담고 있으며, '선택하는' 능력과 의지에 의해서 특성이 지어진다. 또한 대안이 되는 심리치료 상담에서의 고객−환자도 그러한데, 자율성과 선택이 환자에게 주어져 있다. 만일 판매용 상품으로 만들기 및 더 넓은 민주화 실천 과정들이 사실상 근본적으로 동일한 종류의 자아를 구성하고자 의도하고 있다면, 교육과 같은 영역에서 중첩되어 있는 '상품화·민주화'를 찾아내는 일은 놀라운 것도 아닐 것이다. 따라서 소비자로 구성되어 있는 (입학할 법한) 예비학생은 입학하자마자 동시에 '자율적인 학습자'로서 구성된 자신을 발견할 수 있다.

지금까지 민주화 실천 및 판매용 상품화 흐름들을 현대 사회의 담화 질서의 속성들이라는 광범위한 용어로 성격을 부여해 왔다. 앞에서 살펴보았듯이, 다양하게 좀 더 지엽적이고 기관(제도)과 관련된 담화 질서를 놓고서, 이런 흐름의 영향력은 일정치 않다. 일부 담화 질서들은 심각하게 민주화가 이뤄지고 그리고/또한and/or256) 판매용 상품으로 만들어지고 있으나, 다른 담화 질서들은 덜 그러하다. 그럼에도 불구하고, 놀라운 사실은 그 흐름들이 널리 퍼져 있다는 점과 그 흐름들이 기관(제도) 및 영역들 사이에 있는 경계선을 뛰어넘어 뒤섞이기 쉽다는 점이다. 현재 이런 흐름들의 두드러짐은 이것들이 암묵적으로 투영하는 자아의 모형들뿐만 아니라, 또한 새로운 모형들의 투영을 가능하도록 만들어 주는 현대사회에서 사회구조적 담화 질서의 특정한 상태나 조건들과도 일치하는 듯하다.

　　이런 조건은 담화 규범 및 관례에 대한 상대적인 '파편화fragmentation' (조각으로 나뉘어 원래 모습을 잃어버림)의 한 가지 경우로서, 일정 범위의 제도 및 영역들에 영향을 준다. '파편화'라는 용어로써, 저자는 좀 더 지엽적인 담화 질서의 특정한 파괴·유효성의 상실을 의미하며, 이는 일반적인 흐름들이 제도·영역 속으로 깊숙이 스며들도록 만들어 놓는다. 이를 좀 더 상세하게 밝혀 놓으려면, 파편화(조각조각 나뉘어 원래 모습을 잃어버리기)는 세 가지 측면을 포함해 놓아야 한다.

㉠ 담화 실천 방식의 좀 더 큰 변동 가능성(가령 좀 더 다양한 방식들로 시행되고 있는 의료건강 상담 따위),

㉡ 주어진 임의의 담화 실천 사건에서 참여자들에 대한 훨씬 낮은 예측성, 그리고 결과적으로 가령 특정한 면담이 어떻게 진행되어 나갈 것인지

---

256) (역주) 영어 표현 'and/or(그리고/또는)'는 "사과 또는 배가 과일이다"에서처럼 둘 모두 선택될 수 있다는 뜻이다. 이를 포괄적 선택(inclusive alternation)이라고 부르며, or 가 배타적 선택으로 해석될 수 있으므로, 포괄적 선택을 나타내기 위하여 일부러 만들어 쓰는 영어에서의 약속이다. 자세한 것은 152쪽의 역주 94를 보기 바란다.

서로 협의하고 합의할 필요성,

ⓒ 논의 중인 해당 영역을 벗어나서, 좀 더 개방적인 모습의 일상 대화 담화로 확대되면서(늑저자는 일상 대화 모습으로 바뀌는 일을 담화마다 고유한 격식성에 대한 파괴로 봄), 담화 유형들에 대한, 그리고 일반적 흐름들에 대한 좀 더 큰 삼투 가능성들이다.

이런 의미에서 교육·의료·직장 담화들이 좀 더 파편화되고 있다는 조짐들이 있다.

역설적으로, 지엽적 담화 질서에 대한 좀 더 큰 삼투 가능성이 '외부'로부터 들어온 가공기술 처리에 무방비로 활짝 열려 있는 상태를 포함한다는 의미에서, 지엽적 담화 질서의 파편화는 점점 증가하는 담화 가공기술에 대한 조건이 되는 듯하다. 역설은 이러하다. 한편으로 파편화가 담화 실천 방식의 규범에 대한 '완화relaxation'로 이어지는 듯이 보이지만, 반면에 다른 한편으로 가공 기술이 그런 규범에 대한 '강화intensification'로 보이기도 한다는 것이다. 이런 과정을 해석하는 한 가지 방식은 규범의 본성 및 위상에서의 전환shift, 뒤바뀜으로 살펴보는 것이다. 지엽적인 담화 질서들이 비교적 안정되고 자율적인 경우에는, 공공연하게 영역 고유의 기제를 통하거나 또는 좀 더 일반적으로 암묵적인 압력을 통하여, 지엽적이며 내재적으로 규범이 적용된다. 그러나 이제 그런 흐름은 지엽적 기관(제도) 및 영역들의 다양성 속에서 실천 방식을 규제하기 위한 조사 연구 및 훈련에 관계된 '전문가experts'들을 위한 것이다. 그렇다면, 민주화 및 상품화의 흐름들에 의해서 지엽적 담화 질서가 식민지처럼 지배되는 일이, 담화 가공기술 전문가들에 의해서 일어나는 것일까? 분명히 그런 흐름의 효과는, 종종 '광고·면담·상담'이라는 주요한 담화 기술들의 식민지 지배 확장을 통하여, 그리고 맥락과 무관하게 적용되는 기술로서 이들 가공기술에서의 훈련을 통하여 나타난다.

그렇지만 이런 설명은 너무나 강하게 참-거짓 범주만 지정하여 너무 일방적이다. 이는 테일러(Taylor, 1986: 81)에서 푸코의 '계보학적 연구'를 비판하면서[257] 사회 변화를 명백히 너무 단순하게 지배의 수단

---

[257] (역주) 거시적으로 볼 경우에 필자는 푸코의 입장과 대립되는 접근 방식이 실증적이고 자연과학적인 접근 방식인 듯하다. 특히 결정론으로 부를 수 있는 후자는 과학철학자 카알 헴펠(Carl Hempel, 1905~1997)로 대표되는데, 전영삼·여영서·이영의·최원배 뒤침(2011)의 『과학적 설명의 여러 측면: 그리고 과학철학에 관한 다른 논문들』1~2(나남)를 읽어 보기 바란다. 최근에 생긴 인지과학 흐름은 두 입장을 통합하는 새로운 흐름이 될 개연성이 높다. 핵심은 인간에게서 고유한 특성(자유의지나 양심 따위)을 인정해 주는지 여부에 있다. 만일 고유 특성을 인정한다면, 그 특성에 따라 인간들과 그 행위들이 하나하나 개별적이며 고유한지 여부에 대하여 대립되는 선택을 해야 한다. 온건한 입장에서는 인간과 인간 행위들을 습관화 또는 일반화할 수 있다고 보지만, 극단적인 다른 쪽에서는 결코 그럴 수 없고, 오직 결과적으로 추론하는 해석만 가능하다고 본다. 니체의 계보학을 받아들인 푸코의 연구는 그 자신이 지속적으로 변화된 모습을 발간해 왔기 때문에, 연구자에 따라 조금씩 무게가 달라질 수 있다. 그럼에도 불구하고 푸코의 태도를 하나로 정리한다면, 표면 모습과 사실들을 중시하는 지금까지의 '실증주의' 관점(현상 중시 접근)과는 대척점에 놓일 듯하다. 따라서 푸코의 주장이 우리가 늘 접하고 있는 사회 환경과 생태계를 역사·문화적으로 제대로 잘 드러내 주는지에 대한 평가는 연구자에 따라 엇갈릴 수 있다. 필자로서는 적어도 다음과 같이 네 가지 의문이 제기되어야 할 듯하다.

(1) 먼저 인간과 관련된 자취들은 언제나 고유하므로 오직 해석만 허용된다는 관점과 푸코의 고고학적 주장이 모두 결과론적 해석들이며, 푸코는 이들 사이에 겹쳐 읽을 수 있는 담화 유형이 더 추가되어 있을 뿐이라고 주장하는 셈이다. 곧, 기술하고 해석할 뿐이다. 이는 일반화 가능성의 흐름과 정반대로 서 있다고 비판될 수 있고, 늘 예측 효용성이 없다는 반론에 시달릴 소지가 있다. 달리 말하여, 여러 영역들에 걸쳐 유사한 지문을 확보했다고 하여, 대체 그것이 무슨 소용이 있는 것일까?

(2) 여러 영역들에 걸쳐 있는 심층 규칙들을 대상으로 한 가능한 선택지들로 다 모아 놓음으로써 총체적으로 구성된 '담화 지도'라는 그의 개념도, 필자의 생각으로는 생물학에서 유전자들의 잠복태(genotype)와 발현태(phenotype)로 포착할 수 있는 정도만으로도 충분하다고 본다. 만일 전체적인 인식이 어떻게 대상으로 놓고 파악될 것인지에 대한 논의가 전혀 없이, 총체성이나 전체성을 언급하는 것은 '허깨비'를 붙들고 있는 일에 다름 아니다. 그렇다면 부분과 전체를 보는 방법을 확보하여 제시해 주지 못했다는 점에서, 그는 단지 해당 문제들을 피할 수 있는 우회로가 있다고 말하면서 회피하고 있을 따름이다. 정직하게 우리는 담화 유형들 사이의 내적 연관성을 찾으면서 국부적 확장만 가능할 뿐이라고 고백해야 하는 것이다. 이런 지적이 사실이라면, 푸코는 부분 집합만을 다루었지, 결코 전체 집합은 다뤄 보지 못하였다.

(3) 이뿐 아니라, 고고학적 탐색과 계보학상의 연결고리가 인문사상과 사회 사태들을 새롭게 해석하는 길은, 오직 프랑스처럼 풍부한 글말자료들이 확보된 경우에라야 가능하다는 부대조건도 필수적으로 성립되어야 한다. 만일 우리나라처럼 조선 초기의 사회변동, 조선조 후반기의 변동, 근세의 사회변동 따위를 다루고자 할 경우에, 서로 경합하는 글말 자료들의 절대적 빈곤함 때문에 푸코 식 접근이 결코 대안이 될 수 없다. 이런 한계는 우리 자신의 역사·문화적 조건에 맞는 다른 어떤 일반적 접근 방법의 모색을 우리들에게 요구하는 것이다. 이런 지적이 옳다면, 그의 인문학 방법은 오직 특정한 문화만 대상으로 하여 이뤄질 수 있는 제한된 방법에 불과하다.

으로 해석하는 권력의 구사 기술로써만 바라본 결함을 담고 있다는 지적과 똑같은 혐의를 안고 있다. 이런 비판은 푸코가 스스로 '담화의 전략적 다중가치tactical polyvalence of discourse'로 언급한 바를 놓쳐 버렸는데, 담화가 서로 다른 '전략'들 속에서 서로 다른 가치를 지닐 수 있다는 사실이다(§.2-3의 관련 논의를 보기 바람). 논의의 핵심이 되는 사례 한 가지는, 개성 없이 규격화된 '모조 인격synthetic personalization'으로 표상된 민주화 실천의 재투입reinvestment, 색깔 다시 입히기이다. 이런 사례를 좀 더 다루어 나가기로 한다.

관련된 논점은, 민주화 실천이 이중적임이 드러난다는 것인데, ㉠ 참된 완화 과정의 일부이거나, 아니면 ㉡ 하나의 가공기술로서 전략

---

(4) 보다 더 취약한 문제는, 이른바 경합 담화들 그 자체에 있다. 만일 서로 경합하였던 여러 담화 후보들을 부각하고서 새롭게 의미 작용을 부여한다고 하여, 현재 시공간에서 우리들에게 어떤 예측 능력이나 통찰력을 제시해 줄 것인가? 단지 그런 담화들에 대한 해석과 내적 긴장에 대한 서술들만으로는 새로운 해석 관점을 부각시키는 장점이 있다고 하더라도, 정물화들의 범위를 벗어나서 역동적으로 이어지는 동영상을 만들어 줄 수는 없다. 따라서 소박하게 "그래서, 대체 어쩌자는 것인가?"라는 물음에 대해 스스로 예측 능력을 보여줄 수 없다는 한계가 있다.
이런 의문들을 던지면서, 필자에게 스스로 되묻게 된다. 이런 의문점들을 해소할 수 있는 방식이 도대체 있는 것일까? 필자는 이를 '보편성 겸 개별성의 동시 풀이 방법'으로 풀어낼 수 있을 것으로 본다. 이는 언어학자 소쉬르나 참스키 또한 친숙하게 다뤘던 방식이다. 우리 머릿속에 동시에 구체적인 사례들과 이를 일반화해 놓은 보편성이 다 함께 들어 있다고 보는 것이다. 필자는 이 점을 사람들 손가락에 있는 지문의 예로 비유한다. 지구 위에 현재 70억 명이 살고 있다고 하는데, 그들의 지문이 각각 다를 것으로 추정된다. 그럼에도 불구하고 우리가 주민등록증에 찍은 지문들은 형태와 간격과 반복성 등을 통하여 유형화되고 일반화되는 것이다. 원시 부족들을 연구하면서 문화인류학에서는 범주로 묶는 과정(categorization)과 분류하는 과정(taxonomy)을 재해석하였는데(특히 일련의 Brent Berlin의 글들이 중요한데, Rosch and Lloyd 엮음(1978)의 『인지 및 범주화(*Cognition and Categorization*)』, Lawrence Erlbaum을 보기 바람), 어느 문화에서든지 6층위 내지 5층위로 된 분류 방식을 구현해 줌을 밝혀내었다. 카네기-멜른 대학 심리학자 앤더슨(Anderson, 1998)의 『사고의 원자적 구성부문들(*The Atomic Components of Thought*)』(Lawrence Erlbaum)에서는 인간 두뇌의 그물짜임이 6층위라고 대담하게 가정하기도 하며, 인공지능학자 호킨즈(2004; 이한음 뒤침, 2010)의 『생각하는 뇌, 생각하는 기계』(맨토르)에서는 제3의 두뇌(피질)가 여섯 층위의 상이한 신경세포들의 연결로 이어져 있음을 지적한다.
가장 초보적 물음으로 되돌아가서, 자유의지를 지닌 인간과 인간의 행위가 일반화될 수 있을까? 우리의 두뇌가 작동하는 '유형화(patterning)' 방식은 반드시 그리해야 함을 함의하고 있다. 그럼에도 유형화 방식이 가동되기 위해서는 개별적인 경험들이 미리 주어져 있어야 한다. 즉, 보편성과 개별성의 위상이 동시에 둘 모두 필요한 것이다. 김지홍(2015)의 『언어 산출 과정에 대한 학제적 접근』(도서출판 경진)을 참고하기 바란다.

적으로만 이용된다. 심지어 후자의 경우에라도 가공기술 적용이 확정적이지 않을 수도 있다. 권력 소유 주체들이 민주화 실천을 적합하게 만들 수 있겠지만, 적합하게 만들어 가는 과정이 그 자체로 더욱 심한 투쟁의 현장terrain of struggle이 될 소지가 활짝 열려 있으며, 패배로 말미암아 권력 소유 주체가 고통을 받을 수 있다. 전략적 목적을 위하여 모의되거나 모조적인 민주화 실천이 위험 부담이 높은 전략이라는 인식도 있는데, 그 자체로 민주화 세력의 권력에 대한 양보concession일 뿐만 아니라, 또한 그것과 전투를 벌이려는 수a move, 작전상의 후퇴라는 것이다(≒서로 모순되는 해석 결과임). 민주화된 담화의 형태를 이용하는 일, 다시 말하여 전달 모습에서의 공공연한 비대칭성을 제거하고 비격식적인 모습으로 바꾸며 대화의 공통 기반 속으로 이동하는 일이, (법이나 관습으로) 성립되어 작동되는 사회관계의 본성에 관한 어떤 묵시적 주장들을 만들어 놓는데, 이는 민주화 실천이 모의되고 있는 경우에 더 이상 유지될 수 없는 것이다. 그 결과가 담화 실천 관행 속에서 민주화된 담화의 형식 및 내용 사이에 서로 모순이 될 소지가 있으며, 이것이 투쟁의 현장으로 바뀔 수도 있다.

그렇다면 이런 흐름들은 다양하게 색깔이 입혀질inverted, 투입될 수 있는 담화 실천 방식들 속에서, 그리고 두루 그런 방식들을 놓고서, 투쟁의 과정에 휘말려 있는 것이다. 그런 흐름들을 적합하게 만들어 주며, '반대의 입장에서 그런 흐름들을 공격하는turning them around'일을 언급한 마지막 단락에서 제기된 가능성뿐만 아니라, 또한 그런 흐름들에 저항하고 거절하는 일, 또는 그런 흐름들을 조정하고 주변으로 내몰아 방치할 가능성도 있는 것이다. 담화 가공기술의 적용 과정에 있는 기법들로 바라본다면, 그런 흐름이 아주 다양하게 담화가 혼합되거나 혼성된 형태들을 일으킬 수 있는데, 그런 흐름들 및 좀 더 전통적으로 상품화되지 않고 민주화되지 않은 담화 실천 방식들 사이에 타협이 이뤄진다. §.4-0에서 바클레이 신용카드 텍스트, 그리고 §.5-0에서 '대안이 되는' 심리치료 상담 표본이 이들 용어로 분석된 바 있다. 서로 얽힌 텍스트 속성 및 서로 얽힌 담화 속성을 중심으로 하여 이뤄진, 그리고 담화의 이질적 기원 및 이중성과 같은 개념들과 관련된 담화 분석의 접근법에 대한 한 가지 정당성은, 현대의 담화 질서들이 그런 혼종 텍스트들로 가득하다는 점이다.

그렇지만 여기서 강조점은 설사 가공기술에 대한 저항이 강조되고 있다고 하더라도, 여전히 아주 크게 가공기술에 놓여 있고, 관련된 가정도 여전히 상대적으로 사회와 담화의 변화 과정에 중심이 놓여 있는 것이다. 이와는 반대되는 주장으로서, 관련 문헌에서 사회적 실체의 해체를 놓고서 탈-근대주의에 관한 강조점도 지속되어 왔는데, 이는 현행 담화 변화의 과정들을 놓고서 사뭇 다른 해석을 제시해 준다. 그런 해석은 사회 질서의 파편화에 대한 담화적 차원으로서 이미 앞에서 저자가 언급한 지엽적 담화 질서의 파편화(≒조각조각 나뉘어 원래 모습이 사라짐)를 강조할 듯하다. 또한 저자가 '민주화 실천'으로 다룬 과정을 파편화에 비춰 살펴보는 일을 시사할 법한데, 구별 및 장벽들의 파괴를 제임슨(Jameson, 1984)에서 일련의 '차별속성 없애기 dedifferentiations'로 간주하는 것이지만, 단순히 그런 파괴가 민주화 실천이 되든지 가공기술 확산이 되든 간에 이것이 다른 층위들에 있는 단일하게 통합된 흐름들에 대한 필연적 귀결임을 함의하는 것은 아니다. 이들 차별속성 없애기는 표준어 및 비-표준 방언의 다양성 사이에 있는 경계들을 허묾을 포함하고, 현대사회의 주요 특징이 되어 온 표준화 과정에 대한 어떤 역전reversal, 뒤바뀜을 함의한다. 이런 관점으로부터 반성해 본다면, 지금까지 저자가 제시해 온 설명 방식이 변화에 대한 과도한 해석으로, 현대사회에서 더 이상 성립될 수 없을 법한 사회변화 과정들의 합리성 및 중심성에 관한 가정들을 전제하였다.258)

---

258) (역주) 이 고백이 참된 진술인지 아니면 겸손한 자기표현인지 풀어둘 필요가 있다. 필자는 강철웅(2016)의 『설득과 비판: 초기 희랍의 철학 담론 전통』(후마니타스)을 감동 속에 읽으면서, 2천~3천 년 앞에 살던 사람들이나 오늘날 우리들이나 똑같은 문제

440

§.7-5 결론: 담화 해석과 유관한 모형들

사실상 저자가 지금까지 찾아내어 확인한 흐름들을 놓고서 서로 다른 세 가지 해석 방법을 제시해 놓았다. 단일노선의 식민 지배 확장·패권 투쟁·파편화 과정에 비춰 살펴본 해석들이다. 각각의 해석은 특정한 담화 실천 모형을 함의한다. 단일노선의 식민지 지배 확장에서 살펴본 설명 방식은 담화 실천 방식의 고정된 '부호화code' 모형을 함의한다. 부호 모형의 고전적 내용에서는 안정된 지엽적인 담화 질서를 가정하고, 실천 과정에서 규범적으로 개별 사례가 되는 자연스러

를 반복하여 제기하고 있다는 인상을 강하게 받았다. 소크라테스의 스승인 '파르메니데스'의 전통(즉, 플라톤의 이데아 세계로 이어진 전통)과 이에 맞서서 희랍 사상의 초기에서부터 줄기차게 내려온 '헤라클레이토스' 전통("어느 강물도 동일한 강물이 아니듯, 모든 것이 끊임없이 바뀌고 변한다!")이 지속적으로 길항 작용을 하면서 지금까지 전해져 내려오는 것이다. 이런 갈등은 생명체의 진화 과정에서 제1 두뇌와 제2 두뇌를 거쳐 250만 년 전에서부터 제3의 두뇌(구체적 사건들을 기억하는 두뇌, episodic memory)를 지니게 된 인간이란 존재에게 불가피한 속성일 수도 있다. 이들을 각각

  ㉠ 절대주의와 상대주의로 부르든
  ㉡ 보편주의와 개별주의로 부르든
  ㉢ 세계 설계도(이데아 세계)와 개별 존재 대상(경험 세계)으로 부르든
  ㉣ 생각의 실체와 현실 사태라고 부르든
  ㉤ 기억(앞만 내다보는 기억/뒤를 되돌아보는 기억) 창고와 감각−운동 신경계의 실체라고 부르든
  ㉥ 정지 화면과 동영상 화면으로 부르든

관련 용어는 그다지 큰 문제가 되지 않는다. 각각의 용어가 우리가 다루는 대상/실체들의 특정한 측면들을 부각시킬 뿐, 총체적이고 전면적으로 드러낼 길은 찾을 수 없기 때문이다. 오직 몇 가지 층위들을 '동시에 가동'시켜야 우리에게 중요한 가치를 지닌 내용들을 빠짐없이 포착할 수 있는지가 더욱 필수적이고 중요한 문제로 떠오를 따름이다.

페어클럽 교수는 마치 이전에 사회 질서와 담화 질서가 안정되어 있는 듯한 '정지 화면'을 보여 준 다음에, 현대의 경제·정치·문화의 흐름과 맞물려 역동적으로 바뀌고 뒤섞이는 역동적인 '동영상 화면'이 전개되는 듯이 서술해 왔다. 이와 반대되는 쪽에서는 어느 시대이든 어느 공간에서든 늘 갈등하면서 크고 작은 변증법적인 뒤섞임과 꺾임이 있어 왔다고 말할 수 있다. 만일 페어클럽 교수의 접근 방법을 옹호한다면, 설사 우리가 살아가는 현실 실재가 늘 변화 속에 있다고 하더라도, 이를 붙들고 분석하면서 그 속내를 알아내려면, 마치 실험실에서 대상들을 축소하고 조정하여 특정한 변화를 확인하여 내듯이, 임의의 대상을 정지 화면으로 만들고서 그 속내에 깃든 원리들을 찾아내는 것이 불가피하다고 말할 수 있다. 이런 측면에서 필자는 저자의 위 진술을 겸손한 자기표현으로 이해하고자 한다.

운 관습들을 가정한다. 실천 방식이 단순히 해당 규범들을 따르고 있는 것이다. 그러나 단일노선의 식민 지배 확장도 또한 부호 모형을 함의한다. 비록 이 경우에는 규범적으로 준수된 부호들이 일부 담화 가공기술에 의한 식민지 지배 방식을 통하여 외부적으로 형성된다는 차이점이 있지만, 여전히 그러하다.

패권 투쟁에 비춰 살펴본 두 번째 해석에서는 담화 실천 방식의 패권 모형을 함의한다. 즉, 명시적 표현 모습을 갖춘 담화상의 실천에 대한 견해이다. 담화 유형 및 요소들의 기존 형상에 대한 탈색disarticulation, 표현-억제 및 서로 얽힌 담화 속성 및 서로 얽힌 텍스트 속성에 우월성을 부여하면서 새로운 형상들에 대하여 명시적 재표현을 하는 것이다.

파편화 과정으로 살펴본 세 번째 해석은 이른바 '모자이크moasic, 조각 조각 모아 만든 그림' 모형 또는 아마 '절충' 모형negotiative model 타협 모형으로 부를 법한 것과 일치한다. 두 심상이 모두 기존 관례들에 대한 파편으로 해체됨을 함의한다. 그러나 '모자이크' 심상(절충된 심상)은 잡동사니에 대한 일시 영향력을 성취하기 위하여 창의적 놀이를 위한, 전혀 새로운 방식으로 담화 요소들을 결합하기 위한, 결과적으로 중요한 공간을 강조한다. 반면에, '절충적'(타협적) 심상은 관례들이 더 이상 당연하게 주어진 것으로 여겨지지 않을 경우에, (대체로 언제나 암묵적으로) 결과적으로 상호작용 주체들이 타협할 필요성이 있으며, 여러 담화 요소들이 끌어들여질 것임을 강조한다. 더 넓게 적용되는 속성을 지닌 것은 바로 '절충적'(타협적) 심상이다. 이런 의미에서 절충적 (타협적)인 모든 담화 실천 방식이 '모자이크'에(198쪽의 역주 137 참고) 의해 함의된 속성들을 지닐 뿐만 아니라, 또한 담화 요소들의 명시적 표현에 관한 암묵적인 일치가 반드시 모자이크 효과가 제대로 '작동 하도록' 산출자 및 해석자 사이에서 확립되어야 한다는 점에서, (가장 분명한 사례가 아마 광고로부터 나오겠지만) 이런 속성을 지니지 못한 담화 실천 방식도 반드시 타협되어야 하는 것이다.

특히 미리 선점된 부호 모형과 대립이 이뤄지도록 담화 실천 방식에 관한 패권 투쟁의 모형을 발전시키는 일은 이 책에서 주요한 목적의 하나가 되어 왔다. 패권 투쟁 모형은 현대의 사회구조적 담화 질서를 놓고서 가장 나은 전반적 의미를 만들어 주는 듯하다. 그러나 이것이 단순히 다른 두 가지 모형들에 대한 바람직한 대안이 되는 것은 아니다. 오히려 각각의 모형이 현대사회의 담화 질서에 대한 특정 측면을 부각시켜 주며, 담화 실천 방식의 일부 영역들에 대해서는 각 모형이 비교적 잘 작동하는 듯하나, 다른 영역들에서는 덜 그런 듯하다. 한 가지만 선호하여 다른 것들을 거부하는 것이 아니라, 오히려 추후 조사 연구에서는 현재의 담화상의 변화들을 해석하기 위하여 세 가지 노선을 모두 가동시켜 놓으면서, 어느 모형이 어느 영역들을 놓고서 가장 잘 이해하게 만들어 주는지에 관한 질문, 그리고 모형들 사이에 있는 갈등들에 관한 이런 질문들에 초점을 모으는 것이 유익할 수 있다.

제8장 담화 분석을 실행하기

§.8-0 도입

마지막 이 장에서는 담화 분석을 실행하는 실천 모습을 다룰 것이다. 이하에서 다룬 내용은, 담화 분석을 실행하는 고정된 절차가 존재하지 않으므로 하나의 청사진blueprint으로 간주되어서는 안 된다. 사람들은 해당 일감의 특정한 본성에 따라서, 그리고 물론 그들 나름의 담화에 대한 견해에 따라서, 각자 서로 다른 방식으로 담화에 접근한다. 그러므로 아래에서 다룬 논점은 일반적인 안내지침으로 취급되어야 온당하며, 저자가 지금까지 마련해 놓은 이론적 입장에 근거하여 담화 분석에 적용되는 주요한 요소들과 고려사항을 찾아내게 된다. 가끔 저자는 독자들이 사회 및 담화상의 변화를 탐구하는 주요한 조사 연구 일감을 놓고 막 출발하려고 한다는 가정 위에서 행동해 왔으나, (혁명적인 맑스 주장을 따르기보다) 많은 독자들이 담화 분석을 좀 더 온건한 목적을 위하여 이용할 것 같기에, 이들 웅장한 가정에 의해서 기가 꺾여 마음이 산란해질 일은 아니다. 제8장에는 주요한 세 가지 절 제목이 있는데,

자료·분석·결과 검토이다. 물론 이 책의 초점은 분석에 놓여 있지만, 제8장에서는 담화 분석을 실행하는 중요한 다른 측면들에도 주의를 기울이는 기회가 될 것이다. 독자들은 이들 안내지침을 §.1-4에서 다룬 포터·워써륄(Potter and Wetherell, 1987)에 있는 안내지침들과 서로 비교해 보고 싶거나, 또는 분석만을 다룰 경우에 퐈울러(Fowler et al., 1979)에서 제시된 것과 비교해 볼 수 있다.

§.8-1 자료

(가) 조사 연구 과제 정의하기

담화 분석이 이상적으로 응당 여러 학문들에 걸친 시도가 되어야 한다. 이는 저자가 옹호하고 있는 담화에 관한 복합 개념으로부터 뒤따라 나오는데, 텍스트의 속성들에 대한 관심, 텍스트의 생산·분배·소비에 대한 관심, 텍스트를 산출하고 해석하는 과정의 사회–인지적 처리 과정에 대한 관심(165쪽의 역주 107 참고), 다양한 기관들에서 사회적 실천 방식에 대한 관심, 사회적 실천 방식과 권력과의 관련성에 대한 관심, 사회구조적 차원에서 패권을 쟁취하는 일에 대한 관심들을 포함한다. 이러한 담화의 여러 측면들은 언어학·심리학·사회심리학·사회학·역사·정치학을 포함하여 다양한 사회과학 및 인문학의 관심 사항들과 맞물려 있다.

특정한 담화 실천 방식에 관해서 독자적인 바는, 그 담화 실천의 한 측면이 되는 사회적 실천 방식에 달려 있다. 그러므로 담화 분석에서 조사 연구 과제들은 먼저 담화가 담고 있는 사회적 실천 방식의 특정한 형식들 및 사회구조와의 관련성에 대한 질문들에 비춰보아 정의되는 것이 가장 현명하다. 저자가 채택해 온 초점이 올바르다면, 사회적 변화나 문화적 변화의 특정한 측면들에 비춰 보아 정의되는 것이다. 이는 이들 질문을 다루는 분야가 바로 사회학·정치학·역사 등의 학문 분야임을 의미하며, 조사 연구 과제를 정의하면서 만나는 최초의 사례에서 응당 따지고 살펴보아야 하는 것이다. 담화 분석은 이들 외부(≒사회학·정치학·역사)에서 정의된 문제들을 탐구해 들어가기 위하여 조사 연구를 실행하려는 한 가지 방법으로 간주되는 것이 가장 좋다. 저자는 §.8-1 (라)에서 한 가지 사례를 제시할 것이다. 그렇지만 이것은 담화를 극단적으로 '위에서-아래로top down, 연역적 접근' 살펴보는 방식이다. 많은 경우에, 여러 학문분야에 걸친 조사 연구 구성원들이, 변화의 과정 동안에 사람들이 겪게 되는 논제와 문제점들을 탐구하기 위하여, 가령 교육이나 건강 영역에 종사하는 사람들과 공동 작업을 할 수 있을 것이다. 사실상, '공동 조사 연구'에 참여하는 일도 가능할 수 있는데, 해당 조사 연구의 기획·구현·집필·응용에 간여되고 있는 조사 연구 주체들인 개인이나 집단들이다(Ivanic and Simpson, 출간중을 참고하기 바란다).

(나) 해당 자료 모둠the corpus

전문가로 이뤄진 학문 분야의 관점 및 조사 연구가 이뤄지는 대상들은 또한 자료의 선택 및 담화 표본들로 이뤄진 자료 모둠의 구성에서 중요하며, 어떤 보충 자료들을 더 모으고 이용할지를 결정하는 데에도 중요하다. 필요한 자료의 본질은 해당 과제와 조사 연구 질문들에 따라 다양하게 달라지겠지만, 유의해야 할 어떤 일반 원리들이 있다. 오직 해당 '문서 서고archive, 기록 보관소'에서 적합한 정보를 고려하면서 임의의 자료를 놓고서 내용과 구조에 관한 합당한 결정을 내려야만 할 것이다. 여기서 '문서 서고'는 원래의 역사적 용법을 넘어서서 담화 실천 방식의 총체적 속성을 가리켜 주려고 더 확장하는 방식으로 이용되는데, 해당 조사 연구 과제의 영역 속에 들어가는 자료로서, 옛날 기록된 실천 방식이든 현재 진행되고 있는 실천 방식이든 모두

다 포함하게 된다. 이는 부분적으로 무엇이 이용 가능한지, 어떻게 거기 접근하게 될지를 알아내는 실천과 관련된 일이며, 부분적으로 임의 자료에 관한 표본들을 어디에서 얻을지를 결정하기 위한 예비 조사로서, 우리가 조사 연구를 진행하고 있는 기관(제도)이나 영역을 놓고서, 그리고 현재 진행되고 있는 변화의 과정을 놓고서, 담화 질서에 관한 정신 모형을 확보하는 일이다. 물론 해당 자료 모둠에 대한 작업 과정에서 예비 단계 동안에 상정한 정신 지도259)를 변경하게 될 수도 있다. 담화 분석 연구자들은 어떤 표본들이 특정한 실천 방식을 대표하고 표상하는지에 관해 결정을 내리기 위하여 (복합학문의 성격을 띠므로) 응당 유관한 학문 분야에 있는 전문가들 및 해당 조사 연구 현장속에서 일하고 있는 사람들한테 의지해야 한다. 해당 자료 모둠이 두루 서로 다른 유형의 상황에 걸쳐서 적합하게 실천 방식의 다양성 및실천 방식의 변화들을 반영해 주는지, 규범적 실천 방식과 혁신적 실천 방식을 반영해 주는지 여부를 결정하는 일이다. 그리고 해당 자료 모둠이 풀기 어려운 수수께끼cruces와 위기의 순간moments of crisis들을 포함하는지 여부를 결정하는 일이다(이들 개념은 §.8-1 (바)에서 다시 논의됨). 특정한 변화의 과정들에 접속을 허용하는 자료들의 모둠을 모

---

259) (역주) 바로 앞의 문장에서는 mental model(정신 모형)으로 썼고, 여기서는 mental map(정신 지도)라고 표현하였다. 이 두 낱말이 서로 다른 개념을 가리키는 것은 아니다. 담화를 전개하는 방식에서 자주 이용되는 '낱말 사슬 형성하기(lexical chaining)'의 한 가지 사례에 지나지 않는다. 수사학 전통이 거의 없는 우리나라의 글쓰기에서는, 서로 다른 낱말을 선택하였기 때문에, 자칫 다른 개념을 가리키는 것으로 오해하기 쉽다. 자세한 설명은 159쪽의 역주 99, 172쪽의 역주 113과 179쪽 역주 115, 그리고 344쪽의 역주 204를 읽어보기 바란다.

참고로 인지심리 분야에서 정신 모형에 대한 탐구는 상위 인식 과정이나 판단·결정 과정을 포착하기 위하여, 소위 '삼원 접근법'으로 불리는 존슨-레어드(Jhonson-Laird, 1983)의 『정신 모형(*Mental Models*)』(Harvard University Press)과 젠트너·스티븐즈 엮음 (Gentner and Stevens, 1983)의 『정신 모형(*Mental Models*)』(Lawrence Erlbaum)에서 처음으로 제안되고 심도 있게 논의된 개념이다. 이는 인간의 자아(self, ego)라는 개념뿐만 아니라 창의성을 다루기 위해서도 꼭 도입될 필요가 있는 핵심 개념이며, 스퍼버(Dan Sperber)는 상위 표상으로 부른다. 15편의 글들을 모은 스퍼버 엮음(Sperber, 2000) 『상위 표상: 여러 학문들에 걸친 관점(*Metarepresentation: A Multidisciplinary Perspective*)』 (Oxford University Press)을 읽어보기 바란다.

아 놓는 데에 특정한 문제점들도 있다. 왜냐하면 명백히 해당 자료 속에 합당한 시간 간격(등간격 시간대)들과 서로 맞물려 놓도록 해 놓을 필요가 있기 때문이다.260)

(다) 해당 자료 모둠을 더 확보하기

임의의 자료 모둠이 보충 자료를 더해 놓으면서 확장될 수 있는 방식이 다양하게 존재한다. 예를 들어, 우리는 초점 모은 사회적 실천 방식과 모종의 중요한 관계를 지닌 사람들의 '전문위원회panels'로부터 해당 자료 모둠에 있는 담화 표본들의 여러 측면들에 관해서 판단을 얻어낼 수도 있다. 만일 교실 수업과 교실 수업 담화가 연구되고 있었더라면, 전문위원회는 교사·학생·학부모, 그리고 서로 다른 다수 및 소수 공동체 구성원, 교육당국 장학사들을 포함하였을 법하다. 전문위원회를 어떻게 이용할지에 대해서는 검퍼즈(Gumperz, 1982)를 보기 바란다. 자료 모둠을 더 확보하는 널리 이용된 방식은 면담을 통해서 이뤄진다. 우리는 자료 표본 속의 참여자들 범위에 포함된 사람들을 면담할 수 있는데, 그런 표본들에 대한 그들 자신의 해석 내용을 이끌어낼 뿐만 아니라, 또한 조사 연구자가 표본을 벗어난 논제들 속으로 탐구할 수 있는 기회도 제공해 준다. 가령, 한 개인이 어떤 상황 속에서 특정한 담화 관례를 놓고서 이념적 색채를 다른 사람들보다 더 많이 자각하는지 여부를 발견해 내고자 할 수도 있는 것이다. 아니면

---

260) (역주) 언어학자 소쉬르는 이를 공시태와 통시태의 구분으로 언급하였다. 공시태는 대략 임의의 언어를 사용하는 일에서 완벽한 모어 화자가 되는 20년 전후를 가리키지만, 우리나라에서는 족보를 만들면서 대략 30년 간격을 한 세대의 동일 지속 기간으로 잡은 바도 있다. 그렇지만 공시태 또한 다양한 질서들이 혼재되어 있고, 그런 차이점들 사이에도 복잡하게 서로 주고받는 관계들이 뒤얽혀 있다. 공시태 연구로서 구조주의 언어학에서는 현지에 가서 직접 언어 자료를 받아 적고 분류하는 일을 수고롭게 시행하였지만, 참스키 교수는 보편적 언어 능력이란 개념을 상정한 이후로는 가장 손쉬운 표본으로서 연구자 자신을 포함한 어떤 언어 공동체를 상정하여 일반화를 진행해 나간다. 언어교육에서는 대표적인 해석적 연구(질적 연구)로서 히이쓰(Heath, 1983)를 꼽는다. 197쪽의 역주 136을 보기 바란다.

공동 조사 연구로서 조사 연구가 이뤄지고 있는 사람들의 관점에 대하여 더욱 긴밀하고 덜 격식적으로 접근할 수도 있다. 강조해야 할 핵심은 면담과 전문위원회 등이 추가적인 담화 표본이 되며, 그들이 해당 자료 모둠을 더 늘여 주고 있는 한 가지 방식도, 간단히 원래 자료에다 그런 표본을 추가해 줌으로써 이뤄지는 것이다. 해당 자료 모둠이 분석을 시작하기 전에 한 번에 그리고 단박에 구성되는 것으로 여겨서는 안 되며, 오히려 분석에서 제기되는 질문들에 답변하기 위하여 지속적으로 확장하는 일에 활짝 열린 마음을 지녀야 한다.

(라) 한 가지 사례

가능한 조사 연구 과제에 대한 한 가지 사례는 이들 논제를 구체적으로 예증해 줄 것이다. 여기서는 '품질개선 소모임quality circles'에 대한 과제 연구에 초점을 모으면서, 포드 생산 방식으로부터 탈-포드 생산 방식으로의 전환과 연계된 담화 실천 방식에 있는 변화들을 놓고서, 개관 장(25쪽 이하임)에서 언급한 사례를 다시 다룰 것이다(이 사례는 랭커스터 대학에서 발주한 사회학 및 언어학 협동연구 과제를 위한 계획에 근거하고 있음). 탈-포드 생산 방식의 특징은, 점증하고 있는 작업 현장 shop floor에서의 의사소통에 대한 중요성이다. 작업 현장의 노동자·감독관·경영진들 사이에서 소위 '품질개선 소모임'과 같은 새로운 형태의 상호작용이 새롭게 부각되고 있다. 이는 보통 함께 일을 하면서 정규적으로 품질·생산성·기타 현장작업과 관련된 논제들을 개선하고 향상시키는 방법들을 논의하기 위하여 만나는 5~10명 사이의 노동자 집단을 가리킨다. 품질개선 소모임에 관하여 논박될 수 없었던 하나의 질문(≒아마도 노동자를 상전처럼 모셔야 함을 함의하여 아주 예민하기 때문일 듯함: 번역자)은, 노동자들이 실제로 노동자들 사이에 있는 낡은 계층 구분들을 파괴하고 현장작업 노동자들에게 더욱 많은 권력을 내어 주는지 여부이다. 노동조합에서는 또한 그런 모둠들과 그런 모둠들의 높은 실패 비율에 의혹을 품을 소지가 있다. 아니면, 이를 달리 표현하여, 그런 품질개선 소모임들이 현장작업 노동자들의 값비싼 경험을 이용하기 위한 관리 도구인지, 그런 모둠들을 경영 관리 최우선 사항들 속에 통합해 놓기 위한 관리 도구인지 여부이다. 품질개선 소모임들이 실질적으로 얼마나 순기능을 하는지를 놓고서 조사 연구가 필요하다. 즉, 노동자들이 관련 논제를 다루는 방법, 노동자들이 개선안을 내어 놓고 그것들을 경영진에게 제시하는 방법에 대한 조사 연구이며, 그리고 이들 활동에 대한 통제가 경영진에 의해서 공유되면서 타협되거나 아니면 대체로 공개적으로 실행되는지 여부에 대한 조사 연구이다. 이들 질문은 담화 분석을 하나의 방법으로 이용함으로써 탐구될 수 있다. 그런 연구를 위한 자료 모둠은 시작에서부터 두루 1년 기간에 걸쳐서 품질개선 소모임들에 대한 녹화 기록으로 이뤄질 수도 있다. 모임들을 실행하기 위한 관습이, 품질개선 소모임 속에 있는 권력 관계의 개선에 대한 더 넓은 연구의 일부로서, 그 기간에 걸쳐서 어떻게 새로 부각되는지에 초점을 모을 수 있다(≒과연 수평적이며 자발적이고 적극적인지 여부를 살펴볼 수 있다). 이런 자료는 다음과 같은 기록들을 확보하여 다시 더 늘어날 수도 있다. 품질개선 소모임의 지도자나 또는 '촉진자'로서 관리자의 훈련 내용에 관한 기록, 경영진 앞으로 품질개선 소모임에 의한 개선책들에 관한 제안서 제출에 관한 사항, 품질개선 소모임 및 그 모둠에 참여치 않은 작업장의 구성원들 사이에 있는 의사소통 등에 대한 녹화 기록들을 확보하여 더 늘어날 수도 있다. 또한 품질개선 소모임에 속한 각각의 구성원들·선임 관리자·노동조합 대표·다른 작업 현장 노동자들과의 면담을 통해서도 자료가 더 확보될 수 있다. 분석 주체로서는 조사 연구 질문들에 대한 정의 및 분석상의 초점에 도달하기 위하여, 품질개선 소모임의 구성원들도 포함될 수 있다. §.8-3 '결과 검토'에서 이런 내용을 좀 더 깊이 다루면서 발전시키게 될 것이다.

(마) 녹취 기록('옮겨적기'나 '전사'로도 부름)

품질 개선 소모임 회의와 같이 입말 담화는 녹취 기록될(≒전사될) 필요가 있다. 녹취 기록은 어렵고 시간이 많이 드는 처리 과정이다. 이용된 녹취 기록의 부호부여 방식에 따라서, 한 시간 분량의 녹음된 입말을 기록하려면 6시간에서 12시간 또는 더 많은 시간이 들어갈 수 있다. 이용할 수 있는 녹취 기록도 다양하게 있는데, 서로 다른 상세함의 정도와 더불어 억양·강세·휴지·강약과 속도에서의 변화 등 입말의 서로 다른 특징들을 드러내게 된다(Atkinson and Heritage, 1984: ix~xvi; 그리고 Tannen, 1989: 202~204).[261] 어떠한 부호표기 제도도 모든 것을 보여줄 수 있으리라 생각할 수 없다. 해당 과제 및 조사 연구 질문들의 본성이 주어진다면, 어떤 종류의 특징들을 보여 주어야 하고, 얼마만큼이나 자세하게 드러낼 것인지는, 언제나 연구자들의 판단에 관한 사안으로 귀결된다. 여러 가지 목적들을 위하여 알맞게 쓰일 수 있는 녹취 기록에 대한 매우 간략한 최소한의 유형이지만, §.5-0에 있는 〈표본 1〉과 〈표본 2〉에 있는 녹취 기록에서는 화자·휴지·침묵들 간에 참여자 발화 내용들이 서로 겹쳐진 사례들을 보여 준다.

덜 분명한 바는 아마 녹취 기록이 반드시 발화 내용들에 대한 해석을 부과해야 하는지 여부이다. 이런 논제를 다룬 논문 속의 표현에 따르면 (Ochs, 1979), 녹취 기록이 그 자체로 이론이 된다transcription is theory. 세 명의 사람이 말을 하고 있지만, 그들 중 한 명이 그들 발화의 80% 분량을 차지하는 상황을 살펴보기로 한다. 이것이 종이 위에 적히어 설명된 방식은 이를 '대화conversation'로 나타낼 수도 있고, 달리 독백담

---

261) (역주) 언어교육에서 이용할 수 있는 담화 분석과 관련하여 머카씨(McCarthy, 1998; 김지홍 뒤침, 2012)의 『입말, 그리고 담화 중심의 언어교육』(도서출판 경진, 개정증보판)에서도 입말 자료의 부호부여 방식을 다루고 있어서 도움이 크다. 또한 데보라 테논 교수는 이 저서 말고도 남녀 성별 간의 담화 전개방식의 차이를 다뤄온 업적들로 이름이 높은데, 이은희 뒤침(2003)의 『일터에서의 남 대 여 대화의 법칙』(문예출판사)과 남재일 뒤침(2003)의 『사랑한다면 그렇게 말하지 마: 뻔뻔한 여자 대 냉정한 남자』(생각의나무) 등 현재 7종 이상이 번역되어 있다.

으로 볼 수도 있다. 전자에서는 세 사람이 모두 말하기에서 자신의 발언 기회를 차지했겠지만, 우연히 한 사람만이 더 긴 발언 기회와 더 많은 수의 발언 기회를 가졌을 뿐이다. 이와는 달리, 독백담으로 보는 경우라면, 해당 녹취 기록의 한 쪽 중 가운데 칸을 크게 점유한 좀 더 수다스런 화자의 이야기라고 설정함으로써, 녹취 기록의 한쪽 구석지만 차지하는 다른 화자들로부터 다양하게 중간에 끼어듦이나 뒷받침하는 발언 추가분을 지닌 것으로 볼 수도 있다. 이런 종류의 표본에 대해서는 에들스키(Edelsky, 1981)을 보기 바란다. 비슷하게 녹음된 테이프 속에 '침묵'이 있다면, 이를 참여자들 중에서 어느 사람에게 귀속시켜 놓아야 할지 여부도 녹취 기록자가 결정해 주어야 한다. 만일 테이프 속에서 서로 겹친 발화가 있다면, 한 사람의 화자가 다른 사람의 발언을 끼어들어 방해시키고 있는 것으로 나타낼지 여부도 함께 결정되어야 한다.

(바) 해당 자료 속에서 부호부여 및 표본들의 선택

대체로 조사 연구자들은 아마 해당 담화를 요약해 나가거나 주제들에 비춰서 부호를 부여하면서, 전체 자료 또는 그 자료의 대부분을 놓고서 부호를 부여하고자 할 수 있다. 아니면, 특정 유형의 질문이나 입장을 정리하는 마무리 표현formulations(§.5-1 (마)를 보기 바람)들과 같이 특정한 종류의 특징들을 찾기 위하여 전체 자료를 두루 훑어볼 수도 있다. 그렇지만 저자가 지금까지 제시해 온 담화에 대한 복합개념 및 아래에서 요약하게 될 분석의 관점은, 특히 소수의 담화 표본들에 대한 자세한 분석과 관련되어 있다. 이는 자세한 분석을 위하여 표본을 선택하는 방법에 관한 질문을 제기한다. 대략적으로 그 답은 이미 조사 연구되어 오고 있는 표본들로부터 얻어낼 수 있거나 유관한 사회학 분야에 종사하는 전문가들로부터 나온 조언을 참고하면서, 해당 자료 모둠에 대한 예비 조사에 근거하여, 표본들이 응당 신중하게 선택되어야 하며, 따라서 가능한 대로 담화가 탐구되고 있는 사회적 실천 방식에 기여하도록 많은 통찰력을 제공해 주어야 한다는 것이다. 자주 권고되어 온 한 가지 선택 전략은 §.8-1 (나)에서 풀리지 않는 '수수께끼들cruces'과 '위기의 순간들moments of crisis'로 불렸던 바에 초점을 모으는 것이다.[262] 이것들은 해당 담화에서 사태가 잘못되어 가고 있음을 증거로 제시해 주는 지점들이다. ① 가령 반복하여 말하도록 요구하거나 반복하는 일을 제공해 줌으로써, 아니면 한 사람의 참여자가 다른 사람의 발언을 고쳐나가는 일을 통하여 참여자들에게 의사소통 상의 문제를 '고치도록' 요구하는 오해, ② 텍스트의 산출 과정에서 이례적으로 주저거림·허튼 반복과 같은 어눌함, ③ 침묵, ④ 갑작스럽게 의사소통의 모양새에 대한 돌발적 전환이다. 텍스트 및 상호작용 중인 참여자들의 실천에 대한 증거 이외에도, 해석이 난해한 지점에 관해서는 다시 전문위원회의 판단들이나 참여자들의 내성적 판단을 이용할 수도 있다. 그런 위기의 순간들은 실천 방식의 가시적 측면들을 일반적으로 자연스럽게 만들어 버림으로써, 따라서 주목하게 어렵게 되는 것이다. 그러나 위기의 순간들이 또한 진행 중인 변화를 보여 주기도 하는데, 사람들이 실천 방식에 대한 문제의식을 처리하는 실제적인 방식들이다.

§.8-2 분석하기

이 절은 제3장에서부터 제7장에 이르기까지 저자가 소개하고 예시해 온 종류의 분석을 요약하는 일로 이뤄진다. 앞의 여러 장들에서

---

262) (역주) 필자의 이해를 덧붙여 둔다. 자신 있게 말할 수는 없으나, 이런 상황은 아마 예상된 담화의 전개가 느닷없이 뒤틀리거나, 전혀 예비 단계가 없이 돌발적인 주제나 사태를 도입하는 경우를 가리키는 듯하다. 다시 말하여, 왜 그렇게 예상치 못한 변화가 일어났는지를 해석해 주는 일이 중요함을 의미한다.

논의된 주제들의 정확한 순서에 따라 진행하지는 않겠지만, 전체적으로 보아서는 실질적으로 거의 동일한 진행 과정을 따르려고 한다. ① 담화 표본들의 서로 얽힌 텍스트 속성 및 서로 얽힌 담화 속성들에 초점으로 모으면서, 거시 층위에 있는 담화 실천 방식들에 대한 분석(§.3-1)으로부터 시작하여, ② 텍스트 및 담화 실천 사례에 대한 '미시' 측면들에 대한 분석을 거쳐, ③ 담화가 그 일부가 되는 사회 실천 방식에 대한 분석까지이다. 분석의 이들 세 가지 차원은 불가피하게 실행해 나가는 도중에 서로 중복될 것이다. 예를 들어 분석 주체는 어떤 의미에서 언제나 담화가 그 속에 내포되어 있는 사회적 실천과 더불어 시작하게 된다. 그러나 이런 진행 과정은 글말 형식이나 입말 형식으로 제시하기에 앞서서 특정한 담화 표본들에 관여한 결과를 순서 짓는 일에 유용한 한 가지 길이다. 이것이 해석으로부터 서술description, 기술로, 그리고 다시 해석으로 순환적 진행을 포함하고 있음에 주목하기 바란다. 담화 실천 방식에 대한 해석으로부터(맑스주의 관점에서는 텍스트 생산과 소비의 과정임), 해당 텍스트의 서술(기술)로, 해당 담화가 내포되어 있는 사회적 실천 관행의 견지에서 이들 둘 모두에 대한 해석으로 진행하는 것이다. 반드시 이런 순서로 진행해 나가야 하는 것은 아니다. 분석 주체들이 텍스트 분석으로부터 또는 사실상 사회적 실천 방식으로부터 시작할 수도 있다. 진행 방향의 선택은 해당 분석의 목적 및 강조점에 달려 있을 것이다. 담화 처리 과정에 대한 분석을 '전면에 내세우는 일fronting'은 여기서 특히 과정 및 변화에 대한 저자의 주요한 관심이 주어져 있을 경우에 특히 적합한 것으로 보인다.

　아래 있는 요약에서 주요한 핵심 사항들은 각각 그 내용이 포함된 종류의 분석에 대한 짤막한 서술로 뒤이어지고, 그러고 나서 대부분의 경우에 특정한 담화 표본들을 분석하는 동안에 지침으로 작동할 일련의 질문들이 적혀 있다. 분석하는 동안에 지속적으로 담화 표본의 특정 속성들로부터 그것이 이끌어 내는 담화의 유형(들)로 초점이 전환되고, 그것이 지향해 있는 담화 유형들에 대한 형상들이 언급된다는 점에 유의하기 바란다. 분석이 응당 두 방향으로 모두 인도되어야 한다. 담화 질서에 있는 흐름들을 재구성하면서 특정한 유형의 담화에 전형적인 자질·유형·구조들을 보여 주어야 하고, 이 표본에 특징적인 관습적 자원들을 이용하는 방식들도 보여 주어야 하는 것이다. 임의의 특정한 분석에서 몇 가지 범주들이 다른 범주보다 더욱 유관하고 유용하며, 분석 주체들은 몇 가지 그런 범주들에 초점을 모으려고 희망할 법함에도 주목하기 바란다.

(가) 담화 실천 사례

담화 실천에 관한 세 가지 차원이 각각 아래에 제시되어 있다. '서로 얽힌 담화 속성', '명시적으로 서로 얽힌 텍스트 속성'은 텍스트 생산에 초점을 모은다. '서로 얽힌 텍스트 사슬'은 텍스트 유통에 초점이 있고, '일관된 의미 연결'은 텍스트 소비에 초점이 있다. 생산·유통·소비에 대한 자세한 논의는 제4장을 보기 바란다. 저자는 시사된 사회 및 제도적 측면들을 도입하기 위하여 제3장에서 간략히 '담화 실천 방식의 조건들'을 덧붙여 놓았다(§.3-3).

≪서로 얽힌 담화 속성interdiscursivity≫(§.4-2를 보기 바람)
이 목표는 분석되고 있는 담화 표본에서 어떤 담화 유형이 어떻게 도입되는지를 구체적으로 밝히려는 것이다. 만일 어떤 대상이, 갈래인지, 활동 유형이지, 표현 방식style인지, 아니면 담화인지 여부가 불분명하다면, 자유롭게 '담화 유형'이라는 일반 용어를 쓸 수도 있다. 임의의 해석을 정당화시켜 주는 주요한 방법은, 여러분의 해석이 해당 텍스트의 특징들과 서로 어울리며, 다른 해석들보다 더욱 적합함을 보여 줌으로써 텍스트 분석을 통해서 이뤄진다. 다른 종류의 증거도 또한 §.8-1 (다) '해당 자료 모둠을 더 확보하기'에서 언급되었다.

- 갈래에 비춰 보아 해당 표본을 전반적으로 특성 지어 주는 분명한 방식이 존재하는가? (만일 그러하다면, 해당 표본이 생산되고 유통되며 소비되는 방식에 비춰 보아 그 특징이 무엇을 함의하는가?)
- 해당 표본이 둘 이상의 갈래를 혼성하여 끌어들이고 있는가?
- 어떤 활동 유형(들), 표현 방식(들), 담화(들)이 도입되고 있는가? (여러분은 전달격식tenor·구현양식mode·수사학적 모습rhetorical mode에 따라서 표현 방식들을 구체적으로 제시할 수 있는가?)
- 해당 담화 표본이 그 서로 얽힌 담화 속성들에서 비교적 관습적인가, 아니면 비교적 개혁적인가?

≪**서로 얽힌 텍스트의 사슬**intertextual chains≫(§.4-3과 §.4-4를 보기 바람)
여기서의 목표는 그 담화가 속하는 서로 얽힌 텍스트의 사슬들을 서술해 줌으로써, 다시 말하여 그 담화가 변형되어 들어가거나 원형을 벗어나 변형되는 텍스트 유형의 계열들을 서술해 줌으로써, 한 유형의 담화 표본에 대한 분포를 구체적으로 밝히려는 것이다.

- 이런 유형의 담화 표본이 어떤 종류의 변형을 겪게 되는가?
- 서로 얽힌 텍스트 사슬들 및 변형들이 비교적 안정되어 있는가, 아니면 뒤바뀌거나 경합되고 있는가?
- 해당 텍스트 생산자(산출자)가 두 종류의 독자층 이상을 예상하고 있다는 신호가 있는가?

≪**일관된 의미 연결**coherence≫(§.3-3에서 175쪽 이하를 보기 바람)
여기서의 목표는 담화 표본을 놓고서 서로 얽힌 텍스트 및 서로 얽힌 담화 속성들에 관한 함의들을 살펴보려는 것이다. 이는 '독자층 조사'를 하고 있는 분석 주체를 포함할 수 있는데, 즉 텍스트들이 실제적으로 어떻게 해석되는지를 놓고서 조사 연구를 해 나가는 일이다.

- 해당 텍스트가 특정한 해석 주체들에게 얼마나 이질적이고, 얼마나 불안정하게 양면적이며, 결과적으로 얼마나 많은 추론 작업이 필요한 것일까? 이는 담화에서 주체들의 구성에 대한 서로 얽힌 텍스트 차원들로 직접 이끌어가며, §.8-2 (다) '사회적 실천 관행'을 보기 바란다.
- 이 담화 표본이 독자들에게 반발을 불러일으켜 저항적으로 읽히는가? 어떤 종류의 독자들로부터 그러한가?

≪담화 실천 방식의 조건들conditions of discourse practice≫
(§.3-3의 162~164쪽을 보기 바람)

이 목표는 해당 표본이 표상하는 담화의 유형과 연합된 텍스트의 생산과 소비(≒산출과 해석)에 관한 사회적 실천 관행을 구체적으로 밝히려는 것이다. 이는 그 갈래와 관련될 수 있는데, 맨 앞의 질문 '서로 얽힌 담화 속성'을 참고하기 바란다.

- 해당 텍스트가 개인별로 아니면 집단적으로 생산(산출)되고 소비(해석)되는가? 생산(산출) 과정에 대하여 서로 구별될 수 있는 단계들이 존재하는가? 연기자·저작자·주인공이 동일한 사람인가, 아니면 서로 다른 사람인가?
- 이 표본은 어떤 종류의 비-담화적(사회 관계의) 효과를 지니는가?

≪명시적으로 서로 얽힌 텍스트 속성manifest intertextuality≫
(§.4-1을 보기 바람)

명시적으로 서로 얽힌 텍스트 속성은 담화 실천 방식과 텍스트 사이에 있는 회색지대(서로 뒤섞인 영역)이다. 이는 텍스트를 생산하는 데에 무엇이 들어가는지에 대한 질문을 제기하지만, 또한 해당 텍스트의 표면상에 있는 '명시적인' 특징들에도 관심을 기울인다. 그 목표는 분석되고 있는 텍스트의 구성에 어떤 다른 텍스트들이 이끌려 들어왔는지를 구체적으로 밝히려는 것이다. 서로 얽힌 텍스트 속성과 연계되어 있는(§.4-2 참고) 갈래는, 비록 그러하더라도 명시적으로 서로 얽힌 텍스트 속성의 양식에서 차이가 나며, 여기서는 그런 차이점들을 탐구하려는 것이 목표이다.

◈ 담화 표상(담화가 나타낸 내용) ◈
- 그 표상이 직접적인가, 아니면 간접적인가?
- 무엇이 표상되어 있는가? 맥락과 양식의 측면인가, 아니면 바로 생각을 형성하는 의미인가?
- 표상된 담화가 분명하게 경계가 지어져 있는가? 담화를 표상해 주는 그 자체의 목소리 속으로 번역되어 들어가는가?
- 담화를 표상하는 일에서 어떻게 그것이 맥락이 마련되어 있는가?

◈ 전제 ◈
- 해당 텍스트에서 전제들이 얼마나/어떻게 단서로 암시되어 있는가?
- 전제들이 다른 사람들이 생산한 기존 텍스트들과 연계되어 있는가, 아니면 해당 텍스트 산출자(작가, 집필자)의 이전 텍스트들과 연계되어 있는가?
- 그런 전제들이 솔직한가, 아니면 조작적인가?
- 전제들이 부정문과 같이 논쟁적인가?
- 마지막 추가 질문은, 상위 차원의 담화에 대한 사례 또는 반어적 사례들이 들어 있는가?

(나) 텍스트 내부

≪**상호작용 제어/통제**interactional control≫(§.5-1을 보기 바람)
여기서의 목표는 상호작용에 대한 대규모의 조직 속성들을 서술하려는 것인데, 이에 근거하여 질서 잡힌 순기능 작동이 이뤄지고 상호작용들의 통제/제어가 시행된다. 한 가지 중요한 논제는 이런 수준에서 누가 상호작용들을 통제/제어하는지에 관한 것이다. 즉, 어느 범위까지 참여자들의 공동 성취로서 통제가 협상/타협되고, 어느 범위까지 비-대칭적으로 한 사람의 참여자만이 통제력을 행사하는가?

- 발언 기회를 차지하기 위하여 어떤 규칙들이 작동되고 있는가? 참여자들의 권리와 의무가 (가령 발화의 중복 또는 침묵과 관련하여) 대칭적인가, 아니면 비-대칭적인가?
- 어떤 발화 교환 구조(≒질문과 대답, 명령과 수용, 제안과 협상 등)가 작동하고 있는가?
- 주제들이 어떻게 도입되고 전개되며 확립되는가? 그리고 주제 통제/제어 방식이 대칭적인가, 아니면 비-대칭적인가?
- 담화 전개의 목록(화젯거리)이 어떻게/얼마나 누구에 의해서 마련되는가? 그 주제들이 어떻게 단속되고 누구에 의해서 유지되는가? 한 사람의 참여자가 다른 사람들의 발화를 평가하는가?
- 어느 범위까지 참여자들이 지금까지 전개된 상호작용을 마무리 짓기 위해 입장 정리를 하는가? 마무리 짓는 입장 정리가 어떤 기능들을 지니고 있으며, 어느 참여자가 그 일을 맡는가?

≪**통사결속**cohesion≫(§.6-1의 341~344쪽을 보기 바람)

이 목표는 텍스트 속에서 절과 문장들이 어떻게 연결되는지를 보여 주려는 것이다. 이런 정보는 §.4-2에서 다룬 '수사학적 양식'의 서술 내용과 관련된다. 논쟁 양식으로서 텍스트 구조를 짜기, 서술해 주기 등이다.

- 해당 텍스트의 절 및 문장들 사이에는 어떤 기능적 관계들이 들어 있는가?
- 기능적 관계들에 관하여 명시적으로 표면에 드러난 통사결속 표지들이 있는가? 어떤 유형의 표지들이(대명사로 가리키기·생략·대용·접속사·낱말 사슬) 가장 많이 쓰이는가?

≪**정중함**politeness≫(§.5-3을 보기 바람)

이 목표는 해당 표본에서 정중함의 어떤 전략들이 가장 많이 쓰이는지를 결정하려는 것이다. 즉, 참여자들 사이에 차이점들이 있는지 여부를 밝히고, 어떤 특징들이 참여자들 사이에 있는 사회적 관계에 대하여 암시를 던져 주는지를 찾아내는 것이다.

- 어떤 정중성 전략들(긍정적 정중성, 부정적인 무례함, 남들이 눈치 차리지 못하도록 함)이 이용되고, 누구에 의해서, 그리고 어떤 목적으로 이용되는가?

≪**전체 분위기**ethos≫(§.5-4를 보기 바람)

이 목표는 해당 표본 속에서 '자아' 또는 사회적 정체성/정체감을 구성해 주는 쪽으로 지향해 가는 다양한 특징들을 한데 모아 살펴보려는 것이다. 전체 분위기는 담화뿐만 아니라, 또한 의사소통과 관련된 전반적 상황을 모두 포함한다. 이 책자에서 목록으로 제시된 분석 범주들이 어떤 것이든지 전체 분위기를 만들어 주는 데에 관련될 수 있다.

≪**문법**grammar≫(§.3-1을 보기 바람)

이 책에서는 절에 대한 세 가지 차원의 문법이 구별되어 있는데, 바로 아래에서 다뤄진다. 문장이 다른 모습으로 변형되는 전이 속성transitivity·주제가 되는 대상theme·주제를 서술하는 관점과 관련된 양태 속성modality이다. 이것들이 각각 언어의 생각 형성 기능ideational function, 텍스트 엮어가기 기능textual function·대인관계 기능interpersonal function과 일치한다.

≪**문장이 변형되는 전이 속성**transitivity≫(§.6-2를 보기 바람)

이 목표는 해당 텍스트에서 특정한 전개 과정 유형 및 참여자들이 선호되는지 여부를 알아보고, 능동태나 수동태처럼 태의 선택에서 어떤 결정이 이뤄지는지, 전개 과정에 대한 명사화 구성이 얼마나 중요한지를 알아내려는 것이다. 주요한 관심 사항은 주체적 행위 속성·사역성causality, 임의의 사건에 책임을 물 수 있는 인과성에 대한 표현·책임을 물을 사람 밝혀놓기 속성들이다.

- 어떤 사건 전개 유형(일련의 의도적 행위·자연적 사건·관계 사건·심적 사건)이 가장 많이 쓰이며, 어떤 요인들이 이것을 설명해 주는가?
- 문법상의 비유metaphor, 은유가 중요한 특징인가?
- (책임질 주체를 은폐하려는) 수동태 구문이나 (마치 참된 사실인 양 확립된 것으로 보이고자 하는) 명사화 구문이 자주 나오는가? 만일 그러하다면 그것들이 어떤 기능에 기여하는 것으로 보이는가?

≪주제가 되는 대상theme≫(§.6-2의 365~367쪽을 보기 바람)

이 목표는 해당 텍스트의 주제 전개 구조에서 주제들을 선택하고 절로 표현하기 위하여 식별할 수 있는 임의의 유형이 들어 있는지를 알아보고자 하는 것이다.

- 해당 텍스트에 있는 주제 전개 구조는 어떤 것이며, 그 주제가 (가령 지식 또는 실천 방식을 구조화해 주는 일에 대하여) 어떤 가정들을 깔고 있는가?
- 유표적인 주제들이 자주 나오는가? 만일 그러하다면 그것들에 대한 어떠한 동기가 깃들어 있는가?

≪양태 속성modality≫(§.5-2를 보기 바람)

이 목표는 해당 텍스트에서 양태 표현을 통하여 단언문propositions, 명제으로 표현된 친연성의 정도에서(≒얼마만큼 사건들을 단정적으로 표현하는지, 아니면 미적거리면서 추정적 사건들로만 표현하거나, 장차 자신이 바라고 있는 희망 사건들로 표현하는지 등) 찾아지는 유형들을 결정해 놓고자 하는 것이다. 주요한 관심 사항은 ① 담화에 있는 사회적 관계에 대하여, 그리고 ② 실제 현실에 대한 표상을 통제하는 일을 놓고서, 양태 표현 특징들에 관한 상대적 중요성을 평가하는 것이다.

- 어떤 종류의 양태 표현이 가장 빈번히 쓰이는가?
- 양태 표현들이 우세하게 주관적으로 쓰였는가, 아니면 객관적으로 쓰였는가?
- 어떤 양태 특징들(양태 동사, 양태 부사 따위)이 가장 많이 쓰였는가?

≪낱말 의미word meaning≫(§.6-3을 보기 바람)
여기서 강조점은 일반적 또는 좀 더 지엽적이고 문화적인 의미를 지니고 있는 '핵심 낱말'들에 놓여 있다. 즉, 패권의 양식 및 투쟁의 초점으로서 그 의미들이 다양하게 변동하고 있는 낱말들을 놓고서, 한 낱말의 잠재적인 의미들 중에서 어떤 의미의 특정한 구조화 방향에 관하여 초점을 모으는 일이다.

≪낱말들을 선택하고 표현하기wording≫(§.6-4를 보기 바람)
이 목표는 다른 유형의 텍스트에 있는 표현 방식들과 서로 비교하면서 해당 텍스트에서 한 낱말의 의미가 표현되는 방식들의 차이점을 밝히고, 이런 언어 표현 밑바닥에 깔려 있는 해석 관점들을 찾아내려는 것이다.

- 해당 텍스트가 새로운 어휘 항목들을 담고 있는가? 만일 그렇다면 그 낱말들이 어떤 이론적 중요성, 문화적 중요성, 이념적 중요성을 지니고 있는가?
- 해당 텍스트에 있는 언어 표현을 위하여 서로 얽힌 어떤 텍스트 관계가 이끌려 들어왔는가?

• 해당 텍스트가 다른 텍스트의 언어 표현과 대립되도록 의미의 특정 영역을 놓고서 과도한 언어 표현이나 재어휘화의 증거를 담고 있는가?

≪비유metaphor≫(§.6-5를 보기 바람)
이 목표는 다른 곳에서 비슷한 의미를 위하여 쓰인 비유와 대조하면서 해당 담화 표본에 쓰인 비유(은유로 대표됨)를 특성 지으려는 것이며, (문화적, 이념적 따위) 어떤 요인들이 비유의 선택을 결정하는지를 밝히려는 것이다. 사고 진행 및 실천에 영향을 주는 비유의 효과도 함께 고찰되어야 한다.

(다) 사회적 실천 관행(§.3-4와 제7장을 보기 바람)

사회적 실천 관행에 대한 분석은, 간단히 점검표를 만들어 놓기 위한 환원적 시도를 이뤄내기가 상당히 어렵다. 따라서 아래 제목들은 아주 소략한 안내지침으로서만 간주되어야 옳다. 여기서 일반적인 목표는 ① 담화 실천 방식이 그 일부가 되는 사회적 실천 관행의 본성을 구체적으로 밝히고, ② 사회적 실천 관행 위에서 담화 실천 방식의 효과를 구체적으로 밝히려는 것이다. 이는 왜 담화 실천 방식이 현재의 모습대로 있는지를 설명하기 위한 토대가 된다.

≪담화의 사회적 얼개social matrix of discourse≫
이 목표는 사회관계 및 패권 관계를 구체적으로 밝히고, 사회적·담화적 실천 방식에 대한 이런 특정한 사례의 얼개를 구성하는 구조들을 드러내려는 것이다. 이런 사례가 얼마나 이들 구조 및 관계와 연관되고 수립되어 있는가? 이것이 관습적이고 규범적인가, 창조적이고 혁신적인가, 그런 관계들을 재구조화하는 쪽을 지향하는가, 반대 쪽을 향하고 있는가 등이다. 그리고 그런 관계들을 재생산하고 변형하는 일에 비춰보아 그것이 어떤 효과들에 이바지하는가?

≪**담화 질서**orders of discourse≫ (§.5-1을 보기 바람)

여기서의 목표는 사회적·담화적 실천 방식의 사례와 이것이 끌어들이고 있는 담화 질서의 관련성을 구체적으로 밝히고, 이 사례가 기여하는 담화 질서의 재생산 또는 변형에 관한 효과들을 밝히려는 것이다. 제7장에서 논의하였듯이 마땅히 담화 질서에 영향을 미치는 대규모의 흐름에 주의를 기울일 필요가 있다.

≪**담화의 정치·이념적 효과**ideological and political effects of discourse≫
(§.3-4를 보기 바람)

이는 아래에 있는 세 가지 특정한 이념적·패권적 효과들에 초점을 모으는 것이 유용하다.

- 지식 및 믿음 체계들
- 사회적 관계들
- 사회적 정체성(자아)들

언제나 담화 표본들을 놓고서 대안이 되는 다른 분석들도 있다. 따라서 분석 주체들이 제안하는 분석이 얼마나 정당함을 입증할 수 있는지(얼마나 그 분석들이 유효한지)에 대한 의문이 제기된다. 단순한 대답은 존재하지 않는다. 대안이 되는 분석이 주어지면, 우리가 할 수 있는 모든 일은, 이용할 수 있는 증거의 균형점 위에서 어느 분석이 더 선호될 것 같은지를 결정하는 것이다. 고려되어야 할 많은 요인들이 있겠으나, 네 가지 정도만 언급해 둔다. (가) 한 가지는 제안된 분석이 해당 담화 표본을 설명해 주는 정도이다. 그 설명이 그 표본의 사뭇 상세한 특징들까지 풀이해 주는가, 아니면 여러 특징들을 설명하지 못한 채 내버려 두거나, 심지어 그런 특징들이 기괴해 보이는가? (나) 또 다른 요인은, 제안된 분석이 상호작용에서 참여자들이 실행하는 바에 의해서 실질적으로 뒷받침되는가? 예를 들어, 만일 한 텍스트가 양립할 수 없는 갈래들을 끌어들임으로써 모순스런 방식으로 구조화되었다고 주장하는 경우에, 사실상 그런 기여 방식들에서 참여자들이 문제점으로 그것을 경험한다는 구체적 증거까지 제시해 주는가? (다) 또한 해당 분석에 대한 참여자들의 반응도 고려할 수 있다. 만일 참여자들에게 이해가 된다면, 그리고 초점 모으고 있는 담화 유형의 다른 측면들을 설명하는 데 도움을 준다면, 그것은 그 자체로 찬동 받고 지지된다. (라) 한 가지 관련된 고려 사항은 해당 분석이 다른 자료를 다루고 있는 분석 주체들을 위하여 서광을 비춰 주고, 다른 분석들을 위하여 토대를 (그리고 모형까지도) 제공해 주는 범위이다. 타당성 확보와 연관된 논제들을 놓고서 좀 더 자세한 논의를 보려면 포터·위써릴 (Porter and Wetherell, 1987: 169~172)을 읽어 보기 바란다.

§.8-3 결과들

마지막으로 여기서 다룰 첫 번째 관찰은, 한편으로 분석 주체들이 결과가 두루 어떻게 쓰이는지를 놓고서 일부 통제력을 지니더라도, 다른 한편으로 그 결과들이 공적인 영역에 들어 있는 한, 결코 전체적인 통제력을 지니지 못한다는 점이다. 이는 비록 스스로 예리하게 잘 깨닫고 있더라도 충분히 해결하지 못하는, 진퇴양난dilemma을 지닌 분석 주체를 표상해 준다. 제7장에서는 담화 가공기술의 광범위한 확장 과정이 있음을 논의하였다. 이는 담화 실천 방식을 재설계(재기획)하고 새로운 담화 실천 방식을 이용하도록 사람들을 훈련시키기 위한 상위-담화에 대한 조사 연구를 이용한다. 담화 가공기술은 문화적·사회적 공학을 위한 자원이며, 다수의 담화 분석 주체들은 그 가공기술이 이미 쓰이고 있고, 분명히 그것이 쓰이는 일부 방식들에 반대하거나 이의를 달 수 없다는 사실을 깨닫게 될 것이다. 그럼에도 불구하고, 저자 또는 다른 담화 분석 주체들이 지금까지 실행해 오고 있는 조사 연구가, 그런 맥락에서 쓰이지 않았음을 어떻게 증명할 수 있을까? 고통스럽지만 솔직한 답변은 그런 증명이 불가능하다는 사실이다. 다른 많은 분야에 있는 학문들과 같이, 담화 분석 주체들도 점점 더 관료적인 그리고 경영 관리 측면의 목록들 속으로 통합되어 들어가는 위험 속에 빠져 있다. 담화 가공기술을 논의하면서 언급하였듯이, 이는 현재 상이한 제도(기구) 및 분야들에서 오직 조각조각 명시적으로 드러난 하나의 흐름이다. 그러나 저자의 느낌은 아마 더욱 신속하게 그 흐름이 추진력을 잔뜩 얻고 있고서, 머잖은 장래에 더욱 압박감을 주는 진퇴양난dilemma 속으로 분석 주체들을 몰아넣을 것 같다.

물론, 조사 연구 실행을 그만 두거나, 아니면 아주 다른 어떤 것 속으로 조사 연구를 실행할 수 있다. 그러나 오용한다는 비판으로부터 절대적으로 자유로울 법한 품질이 보증된 조사 연구의 영역을 찾아내기란 너무 어려우며, 우리들 대부분이 해결책들을 심도 있게 숙고해 내기가 상당히 어려운 것이다. 아마 반대쪽의 비관론도 또한 약화되어야 한다. 다른 가공기술과 같이 담화의 가공기술도 다양한 방향으로 활짝 가능성이 열려 있고, 일부는 다른 것보다도 대다수의 사람들에게 더 혜택을 준다. 저자는 담화 가공기술을, 변화를 부과하려고 담화에 대한 관료적이거나 경영 관리 측면의 지식 이용으로 서술해 놓았지만, 이런 지식이 또한 아래로부터 변화를 추적하는 데에도 이용될 수 있을 듯하다. 이런 연관 속에서, 다른 곳에서(Clark et al., 1988; Fairclough and Ivanic, 1989; Fairclough, 출간중a) 저자의 동료들과 함께 모든 학교 등급에서 언어교육으로 가르쳐야 하는 '비판적 언어(사용) 자각critical language awareness, CLA'의 요소들을 옹호하는 논의를 해 왔다. 이는 아마 학습자들에게 그들 자신의 담화 실천 방식 및 그들 공동체에 관한 담화 실천 관행에서 변화를 촉발하기 위한 지식을 제공해 줄 수 있을 듯하다.

비판적 언어 자각CLA 운동은, 텍스트의 생산자와 소비자로서 학습자들이 간여된 담화 실천에 관하여 좀 더 의식적으로 되도록 도와줌으로써, 학습자 자신의 언어와 담화 경험을 끌어들이려고 한다. 다시 말하여, 담화를 형성해 주는 사회적 권력들과 관심 사항들을 다루는데, 담화에 색깔을 입히는 권력 관계와 이념, 사회적 정체성·사회적 관계, 지식과 믿음 체계에 대한 담화의 효과, 담화의 가공기술 보급을 포함하여 문화적·사회적 변화의 진행 과정에서 담화의 역할들을 자각하는 것이다. 이런 자각을 통해서, 의식 있는 학습자가 좀 더 그들 자신의 실천 방식에 놓인 제약들을 자각하고, 개인별로 또는 집단적으로 '해방' 언어 실천에 직접 뛰어들기 위하여, 그런 제약들을 도전하여 타파하는 가치들을 깨닫게 되는 것이다. 이런 요약 서술로부터, 비판적 언어 자각CLA 운동이 이 책 속에서 저자가 옹호해 온 종류의 담화 분석을 어떻게 이끌어내는지는 분명해진다. 그러나 이는 또한 언어 다양성에 대한 깨우침도 담고 있다. 역사적으로 언어 표준화에 대한 패권 투쟁 과정과 그런 투쟁의 이면에 깔려 있는 관심 사항들을 깨닫는 것이다. 이는 최상급으로 평판 높은 맥락들 속에서 표준으로 내세워진 다양한 대상들을(가령 표준 영어)이 어떻게 부과되어 뿌리를 내렸는지, 그런 제약들이 다른 다양한 비-표준적 실체들을 쓰면서 살아가고 있는 사람들에게 얼마나 불이익을 끼쳤는지, 패권을 쥔 표준 가치에 도전하면서 그런 표준으로 내세워진 가치를 위배할 가능성과 위험 감수를 자각하는 일이다. 이런 일이 함의하듯이, 비판적 언어 자각 CLA 운동에서는 언어 자각 및 언어 실천의 전개를 서로 재강화해 주는 과정으로 바라본다.

분석 주체들이 또한 그러한 조사 연구가 끝난 뒤에 자신이 조사해 왔던 대상들과도 지속적으로 관계를 맺고자 원할 수 있다. 이는 적어도 그 연구자들에게 접근할 수 있고 이용 가능한 형태로 그 결과들을 적어 놓는 일을 포함할 수 있는데, 그 결과 및 결과가 지니는 함의들에 관해서 아마 그들과 더불어 대면담 속으로 들어가는 일이 될 듯하다. 아니면 그렇게 조사되어 나온 결과들에 사람들이 반응하여 택할 것으로 결정한 일련의 행위들을 놓고서 장기간에 걸쳐 개입하도록 요구할 수도 있다. 예를 들어, 앞에서 다뤘듯이 만일 기업체에서 품질 개선 소모임을 조사하는 연구과제의 결과가, §.5-1에서 다뤘던 상호작용 통제의 유형들에 비춰 보아 관리 경영진이 대체로 품질 개선 소모임 회의를 통제하는 것으로 결론이 나왔다고 한다면, 노동자(또는 관리자, 아니면 두 쪽이 다)들이 그런 통제권을 좀 더 공유되고 타협이 이뤄지도록 해 주는 '동등한' 상호작용 방식들을 발전시키고자 온힘을 쏟아야 한다고 결정을 내릴 수도 있다. 담화 분석 주체들도 또한 자신의 분석 능력을 그런 설계에 도움을 주는 쪽으로 바꿔줄 수도 있다.

따라서 담화 분석 주체들이 그들의 결과를 이용하는 일을 놓고서 일정한 통제권을 행사할 가능성들이 있다. 그러나 저자는 너무 낙관적 입장에서 어음을 발행하면서 끝내는 일이 본질을 호도하는 것으로 본다. 앞에서 예측하였듯이 만일 담화의 가공기술이 실제로 강한 추진력을 다 모았다면, (기득권을 지닌 이들이 거침없이 이득을 얻기 위해 시행해 나가는 흐름들에 저항하려는) 담화 분석 주체들은 권력·자원·재력을 지닌 기득권층에 의해서 교묘히 책정되고 있는 그럴듯하게 포장된 간섭들을 막는 일에서, 호되고 고된 억압을 받게 될 것이다.

뒤친이 해제 및 후기

1.

이 해제를 뒤친이(이하에서는 '필자'로 통일하여 부름)가 왜 이 책을 번역하게 되었는지를 서술하고 나서(1), 이 책의 서평들을 개관한 다음(2), 이 책을 장별로 요약하고(3), 마지막으로 후기 형식으로 필자의 소회를 덧붙이기로 한다(4).

페어클럽 교수Norman Fairclough(1941~)에 대한 소개는 필자가 번역한 『언어와 권력』 및 『담화 분석 방법』(604쪽 이하)의 해제에서 자세히 적어 놓았다. 또한 위키피디아(http://en.wikipedia.org/wiki/Norman_Fairclough)에서도 상세한 정보를 얻을 수 있으며, 발음 표시가 명백히 'nɔːrmən 'feərklʌf(노어먼 페어클럽, 밑줄은 악센트 표시)으로 나와 있으므로, 일부에서 '페어클라우'라고 읽은 것은 잘못되었음을 알 수 있다. 랭커스터 대학의 누리집에서는 여러 편의 논문들을 내려받을 수 있다.

http://www.lancaster.ac.uk/linguistics/about-us/people/norman-fairclough

그는 1965년 영국의 런던 대학교(학사와 석사)를 졸업하고, 랭커스터 대학에서 박사학위를 받았으며, 1966년부터 랭커스터 대학교 언어학과에서 봉직하다가 2004년 퇴직한 뒤, 현재 그곳의 명예 교수로 있다. 그에게서 중요한 전환은 언어 교육에 깊은 관심으로 쏟으면서, 1980년대부터 언어 사용에 대한 '자각 일깨우기' 운동을 일으켰고(language awareness, 187쪽의 역주 125와 383쪽의 역주 232 참고), 여기서 더 나아가 언어 사용이 결국 사회관계를 반영해 주는 것임을 자각하여, '비판적 담화 분석critical discourse analysis, CDA'을 앞장서서 이끌어 가고 있는 중요한 인물 중 한 사람이다.

이 책은 페어클럽 교수가 『언어와 권력』(김지홍 2011 뒤침, 도서출판 경진)을 펴내고, 다시 이들 양자 사이의 관계를 좀 더 명확하고 탄탄히 뒷받침해 줄 필요를 느껴서 집필하게 된 것으로 판단된다. 다시 말하여, 언어 영역과 사회 영역 사이의 긴밀한 접합이다. 외견상 이들 두 영역은 서로 무관한 별개의 독자적인 영역으로 관념되어 왔지만, 실상은 변증법적으로 매우 밀접하게 상호작용하고 있음을 이 책에서 밝혀 주고 있기 때문이다. 저자는 언어 영역을 '텍스트'로 부르고, 권력의 영역을 '사회 질서'(또는 사회관계)로 부르며, 이들을 동시에 아우를 수 있는 개념으로 '담화'라는 용어를 쓰고 있다. 만일 이 책에서의 시도가 설득력을 갖춘다면, 다음 해야 할 일은 무엇이 될까? 아마도 저자가 바라보는 현대 사회의 정체성과 질서를 다룬 다음에, 담화 분석을 비판적으로 시행하는 구체적인 안내 지침을 다뤄야 할 것으로 판단된다. 이 몫을 저자는 각각 슐리아롸키Chouliaraki함께 쓴 『후기 근대성을 반영해 주는 담화Discourse in Late Modernity』(에딘브뤄 대학 출판부)와 『담화 분석 방법: 사회 조사연구를 위한 텍스트 분석』(김지홍 2012 뒤침, 도서출판 경진)에서 자세히 서술해 놓고 있다.

이 책은 『언어와 권력』 및 『담화 분석 방법』 사이를 이어주는 분명한 역할을 맡고 있다. 필자가 두 권의 책을 번역하고 나서 여전히 해결되지 않고 남아 있던 의문이 있었다. 텍스트 및 사회관계 양자 사이의 관련성에 대한 입증(또는 논증)이었다. 번역본 두 권을 차례차례 출간되는 대로 필자가 원저자에게 보내면서 그런 편지도 동봉했었는데, 친절하게 저자는 지금 펴내는 『담화와 사회 변화』뿐만 아니라 다른 후속 저작물들도 격려의 말씀과 함께 필자에게 부쳐 주었다. 저자의 책 중에 『대중매체 담화 분석』(이원표 뒤침, 2004, 한국문화사)과 저자의 따님과 함께 쓴 『정치 담화 분석』(김현강·신유리 뒤침, 2015, 박이정)도 나와 있어서, 이제 페어클럽 교수의 '비판적 담화 분석'이라는 전체 기획을 쉽게 우리말(모두 5권임)로 읽을 수 있게 되었고, 자신의 논문 22편을 모아 놓은 책도 현재 번역중이라는 소문을 들었다. 이는 지금 우리 사회가 지성인들에게 비판정신을 요구하고 있고, 먹물 든 이들도 그런 방식을 어떻게 다루어야 할지 목말라 한다는 지표가 아닐까 싶다. 만일 그렇다면, 언어학 혁명을 일으킨 노엄 참스키N. Chomsky(1928~) 교수나 인지언어학을 이끌어가는 조지 레이코프G. Lakoff(1941~) 교수도, 자신들의 마지막 터전으로(11쪽의 역주 2와 63쪽의 역주 32 참고) 현대사회와 현대문명과 지성사들을 놓고서 거시적으로 냉철한 비판을 해 나가는 실학實學 내지 실용주의pragmatism를 몸소 보여 주는 일에 다름 아니다. 모두가 비판적 지성의 힘을, 갈등이 점점 커져가는 우리 사회에 적용하는 일이기 때문이다.

필자는 경상대학교 국어교육과에서 30년을 가르치면서도, 부끄럽지만 '국어교육'의 뼈대가 무엇이 되어야 하고 어떻게 만들어져야 하는지 궁금하였었고, 머릿속은 거의 백지 상태였었다. 다행히 김수업 선생을 모시고 국어교육뿐만 아니라 우리 교육이 민족의 가치에 모아져 자긍심을 드러내고 이웃들과도 선린할 수 있어야 한다는 말씀을 직접 듣기도 하고, 그 분의 책으로 읽기도 하면서(383쪽의 역주 232와 132쪽의 역주 79 참고), 「말하기·듣기·읽기·쓰기」를 내세우는 천박한 기능주의(생존에 필요한 기본기술만 익힘)는 옳은 방향이 아님을 깨달을 수 있었다.

한참 늦었으나 필자가 최근 얻은 열쇠는 매우 간단하지만, 언어교육의 전개 방향과 일치되어야 함(36쪽의 역주 19 참고)을 확신한다. 20세기가 시작되고 본격적인 언어교육이 탄생하면서부터 기본 단계core curriculum(일부 교육학에서 '중핵'이란 번역은 우리들을 오도함)의 교육 중에서 일반 목적general purpose을 위한 교육을 해 왔으나, 학습자들의 먹고사는 일을 도와줘야 한다는 요구를 반영하여 특정 목적specific purpose의 교육으로 확대하였다. 여기에 다시 복잡한 사회관계 속에서 상호

존중과 민주 원칙의 회복을 위한 '비판적 지성' 능력을 기르는 고급 단계advanced curriculum의 교육이 필요성이 오늘날 점점 더 현격히 증대되고 있다. 이러한 다섯 가지 갈래(하위 영역)를 아래에 도표로 그려 보이기로 한다.

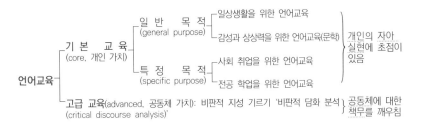

국어교육은 학습자의 준비성과 인지 발달의 정도에 따라서 차근차근 그 영역을 확대해 나갈 수 있다. 특히 기본 교육과 고급 교육의 구분은 두뇌 발달과 관련되어야 할 것이다. 적어도 후자는 전-전두엽(안와[복측] 전전두엽·내측 전전두엽·외측 전전두엽)이 완전히 갖춰지는 사춘기 시기 이후에라야 가능할 것이다(168쪽의 역주 110 참고). 전-전두엽pre-frontal lobe에는 작업기억working memory이 자리 잡는데, 이 두뇌 부서가 사춘기 전후까지 잘 발달되어야만, 비로소 간접 표현이나 비유 표현을 이해할 수 있기 때문이다.

현행 국어과 교육과정을 보면 '문학류 : 비문학류'의 구분이 아직까지도 묵수되고 있음을 본다. 위 도표를 기준으로 하면, 평면적으로 '1 : 5'의 비율을 지닌 문학이란 작은 갈래를 사뭇 치우치게 왜곡시켜 부르는 것임을 깨달을 수 있다. 이는 어느 사회에서이고 간에 글말 중심의 흐름을 반영하고 있을 법한데, 우리의 문화에서는 옛날 한문에 의존하여 문과 시험(생원시·진사시)을 치르던 유습에서 비판 없이 그대로 물려받은 것으로 짐작된다. 그것도 일부 사장류詞章類에 비중을 두는 진사 시험에 불과한 것이겠지만(당나라 때까지도 거의 사장류만 유행하였고, 학문다운 학문은 중국에서도 송나라에 와서야 처음 일어났으며,

이것이 조선조의 학파 성립에 영향을 주었음), 현장에서 이런 현격한 치우침을 바로잡으려고 하는 발언은 거의 드문 듯하다. 초급과 중급을 위한 제2 언어교육에서는 문학류를 열외로 젖혀 두는 것이 상례이다.

교육과정에 대해서도 전공자들이 할 말을 해야 한다. 아직 우리나라에서는 국가 차원의 교육과정이 광복 이후에서부터 지금까지 버텨 오고 있으나, 이것 또한 선진국에서와 같이 과감하게 「학교별 교육과정」으로 전환되어, 각 학과목 수석교사를 중심으로 하여 교사들이 자신이 가르치는 학생들에 대한 진단 평가를 토대로 하여 학습자 눈높이에 맞춰 교육을 하도록 바꾸어야 옳다. 지금 부분적으로 시행되는 '자유 학기제'를 내리 중등학교 6년의 기간 동안에 시행한다고 설명하는 쪽이 이해를 더 쉽게 도와줄 듯하다. 만일 학교마다 독자적으로 교육과정을 짜야 한다면, 위 도표는 매우 명확히 단계별로 언어 교육이 지향해 나가야 할 지도를 보여 주고 있다.

사춘기 이전에 집안에서 받는 영향력이 클 적에는, 개인의 '자아실현'에 초점을 모은 교육만으로도 충분하다. 그러나 한 개인에게 집밖에서의 영향력이 점차 커져 나갈 시기에는 반드시 '사회 공동체에 대한 책임과 의무'를 깨우칠 수 있도록 하는 목표 설정이 중요해진다. 사람은 사회 속에서 태어나고 사회 속에서 죽는 동안, 누구나 사회관계에 얽혀 있고, 사회 속에서 더불어 살아나가야 하기 때문이다. 만일 그런 사회관계가 교묘하게 숨겨진 '갑질관계'로 지속될 경우에 문제가 심각하며, 반드시 이를 공개 토론 마당에서 문제를 삼고 다시 공정하게 고쳐 나갈 수 있는 '비판적 지성'을 국어교육에서 길러 주어야 할 것이다.

2.

이 책이 1992년에 출간되자 곧 신·구 두 대륙에서 여러 관련 분야의 전문가들로부터 서평이 나왔는데, 가장 우호적이며 긍정적인 것으로부터 가장 부정적이며 반박을 하는 것까지 여러 색채들이 있다. 그 중에서 필자가 구하여 읽어볼 수 있었던 서평들을 다섯 가지 정도만 간략히 소개하기로 하겠는데, 맨 처음 서평과 맨 마지막 서평은 서로 다른 두 극점에 해당한다.

(1) 티볼트(1993) 서평:

　　『사회기호학Social Semiotics』(제3권 2호), 293쪽~310쪽

(2) 프롤리(1993) 서평:

　　『사회 속의 언어Language in Society』(제22권 3호), 421쪽~464쪽

(3) 윌리엄즈(1993) 서평:

　　『사회학Sociology』(제27권 2호), 329쪽~331쪽

(4) 퓌(1993) 서평:

　　『현대 사회학Contemporary Sociology』(제22권 5호), 732쪽~733쪽

(5) 위도슨(1995) 서평:

　　『응용언어학Applied Linguistics』(제16권 4호), 510쪽~516쪽

(1) 『실천 관례로서 사회 기호학Social Semiotics as Praxis』(1991, University of Minnesota Press)의 저자인 이탈리아 파도바 대학의 티볼트Paul Thibault 교수는 42쪽이나 되는 논문 형식의 서평을 쓰면서, 이 책의 내용들을 자세히 검토하고 소개하고 있다. 그 차례는

　㉠ 서론, ㉡ 이 책의 논의 범위, ㉢ 장별 개관, ㉣ 삼차원의 비판적 담화 분석, ㉤ 결론

이다. 이 중 페어클럽 교수의 핵심 주장으로 판단한 ㉣ "세 가지 차원의 비판적 담화 분석"에 대하여 가장 품을 많이 들여 논의하고 있다. 필자가 읽은 서평 중에서 제일 충실하게 그리고 그 역사적 전개 모습

과 함께 페어클럽 교수와 그의 동료들의 주장을 긍정적으로 풀이해 주는 서평이다. 결론에서는 이 책이 "역사적 전환기의 산물very much a product of the historical period"이라고 적어 놓으면서, 동시에 이런 노선에서 앞으로 더욱 많은 연구들이 뒤이어져야 함을 지적하였다. 이런 대상에 대한 연구가 결코 단순히 논리적이거나 간단한 계산식(가령, 여러 묶음의 선형대수 행렬식) 따위로 예측하거나 다룰 수 없는, 다시 말하여 여러 차원이 동시에 영향을 미치는 복잡다단한 영역이기 때문이다.

㉠과 ㉡에서 서평자는 비판적 언어학의 족보가 1970년대에 비판적 언어학을 창시한 동-앵글리아East Anglia 대학교의 호쥐B. Hodge, 크뤼스 G. Kress, 퐈울러Fowler 등과 프랑스 철학자 뻬슈M. Pecheux임을 밝혔고, 페어클럽 교수가 이들 선업의 정태성을 극복하기 위하여 핼리데이 교수가 주장한 체계 - 기능 언어학의 여러 기능들을 끌어들이면서 역동적인 담화 속성으로의 전환을 이뤄냈다고 적어 놓았다. ㉢ 부분에서는 특기할 만한 것이 없겠으나, ㉣에서는 서평자가 또 다른 시각들의 입장(특히 이분 접근 및 경제 우선주의)에 서서 페어클럽의 주장을 다각도로 대조하고 평가하고 있으므로, 이 책 저자의 주장을 더욱 쉽게 이해할 수 있게 해 준다.

티볼트 교수는 어휘-문법 형태나 미시-층위 유형을 한 영역으로 보고, 더 큰 규모의 텍스트 조직 유형 또는 형식을 다른 영역으로 간주한다는 점에서, 이분 접근으로 부를 수 있다. 이런 이분 접근에서는 페어클럽 교수의 삼분 접근(또는 삼차원 분석 접근)에서 강조해 주는 사회관계 또는 사회 질서를 막연히 별개의 화용 영역a separate 'pragmatic' domain에서 다룰 수 있거나 다뤄야 한다고 여겼던 듯하다. 하지만 페어클럽 교수가 종전에 화자 내지 산출자 중심의 일방적 시각을 벗어나, 청자 내지 해석자도 중요한 변수가 되는 입체적 관점을 구현해 놓았음을 긍정적으로 평가하였다. 한편, 이런 여러 가지 변수를 모두 아우르려고 하던 기호학적 접근에서는, 오직 가치중립적이며 한 단면만 그려 보이는 정물화만으로 만족했었다. 그렇지만 인간의 의지에 따른 선택의 결과는, 그 선택하는 일 자체가 항상 가치를 수반하고 있으므로 「언어 표현이 중립적이다」라는 논제는 더 이상 성립할 수 없는 것이다. 사회언어학의 접근에서도 여기서 논의되는 사회관계의 요소들을 다루었었는데, 그 시각은 이것들이 "안정되고 조화로운 사회 질서에 대한 '평형' 모형an 'equilibrium' model of a stable and harmonious social order"으로서 양자 사이의 상관물correlate로서 관념하였다.

　페어클럽 교수는 이런 정태적이고 단순 대응의 상관물 시각을 벗어나서, 권력 투쟁이나 패권 갈등의 개념을 도입함으로써 항상 크든 작든 부지불식간에 역동적으로 관찰되는 길항 작용을 있는 그대로 포착해 주고 있다. 특히 이는 순종하거나 저항하거나 아니면 변증법적인 제3의 통합 방식으로만 실천해 나갈 수 있을 뿐이다. 이를 구현하기 위하여 중요하게 대두되는 개념이, 임의의 계층에서 자신의 이익을 보장해 놓기 위하여 담화를 가공해 내는 기술이다. 그 가공 방식으로서 페어클럽 교수는 민주화를 실천하는 듯이 보여야 하고, 너와 내가 대등하게 마주 이야기하는 듯이 겉으로 '대화의 모습'을 갖추게 되며, 소수를 위한 권위적인 닫힌 세계에서 벗어나 일상 시민들의 활짝 열린 개인 영역(일상세계, 하버마스는 생활세계로 부름)을 지향하고 있으며, 소비하는 것 자체를 통해 즐거움을 느끼도록 세뇌하는 소비 지상주의를 향해 있음에 주목하였다. 이들 상이한 지향점들이 모두 일관되게 한 점을 향해 통일되어 있는 것이 아니라, 서로 모순되기도 하고 충돌하기도 한다. 페어클럽 교수는 이런 현상을 비교적 '파편화되어 있고'(도막도막 연결되어 있지 않고), 담화 실천 방식이 느슨하게 적용된다고 표현하였다. 이렇게 착종된 현실 자체가 그런 모순을 자각하는 이들에 의해서 곧바로 투쟁의 현장이 되고, 새질서를 부여할 수 있게 한다. 비록 권력 투쟁을 통한 자연화 과정(생산→유통→소비)이라는 강한 의미에서는 강조 측면의 큰 차이가 있겠으나, 결론 부분에서 티볼트 교수는 페어클럽 교수의 담화 가공 기술이란 개념이 이미 희랍 시대에 고르기아스Gorgias도 연설 기술을 통해서 강조되었다는 지적도 흥미롭다.

티볼트 교수는 자본주의 사회에서 핵심이 경제 영역이고, 경제 우선주의 이념이 페어클럽 교수가 주장하는 '담화 가공 기술, 민주화 실천'만으로는 너무 거리가 떨어져서 맞물릴 수 없으며, 사회관계 형식의 재생산을 충분하게 구현할 수 없다는 비판적인 시각을 적어 놓았다. 이어 이탈리아 맑스주의자 그롸싸Gianfranco La Grassa(1990)의 주장을 끌어들여, 상품과 서비스(대인 관계의 노동)의 산물이 그 자체로 목적이 되어서는 안 되며, 일상생활의 모습들을 재생산해 주는 도구가 되는 만큼, 근본적인 것으로 취급되어야 한다고 보았다.

필자의 판단에, 이 주장은 인간 고유의 가치가 우선되어야 하고, 그 가치를 구현하는 수단으로 경제가 제1의 도구가 된다는 말에 다름 아니다. 그렇다면 경제가 경제답게 돌아가기 위하여 경제 기반구조가 요청될 것이며, 이는 물적 기반·기술 기반·시장 기반 등으로 구성되어 있겠지만, 이것 또한 모두 명시적이든 묵시적이든 간에 일정한 사회관계를 전제로 하고 있다. 만일 그런 사회관계에 관한 믿음체계가 경제 변인 따위의 다른 변인들에 의해서 자동적으로 결정된다면, 인문학에서 깔고 있는 본질적인 전제인 '자유의지를 지닌 인간의 모습'을 부정하는 결과를 낳는다. 즉, 개인을 떠난 외적 변인들이 개인의 자유의지를 속박해 버리는 것이다(결정론 우선 관점). 더욱이 일부에서는 사회관계가 인간 의식보다 더 먼저 전제되어야 한다고 강하게 주장하는 경우도 있다.

그러나 우리가 관찰하는 현상은 일방적으로 그리 단순한 것만이 아니다. 이런 모순이나 갈등을 조정하는 관점은, 앞 절의 언어교육 발전 방향의 도표에서 보여 주었듯이, 한 개인에 대한 교육의 실천도 '자아 실현'으로부터 '공동체 의식'으로 진행해 나가야 한다는 필자의 주장으로 무리 없이 수용될 수 있을 듯하다. 사회 변인 결정론이 개개인의 공동체 책무감과 어울리도록 조정될 수 있기 때문이다. 또한 복잡한 사회관계를 지배하는 이념들도, 우리의 경험과 성장에 커져 감에 따라 점점 우리 개개인의 믿음체계와 얽히어 뿌리내리는 것이 가장 이상적인 모습일 것이다. 이런 측면에서 티볼트 교수와는 다르게, 번역자는 그런 전제 위에서만 효율적인 사회적 활동이 보장되는 경제체제가 수립되어야 온당하고, 사회관계를 형성하고 있는 개별 인간의 고유 가치관(믿음체계) 속에 스며들어, 반드시 개개인마다 자신의 보람을 한껏 누릴 수 있는 자아실현의 선택권뿐만 아니라, 사회 공동체에 대한 의무와 책임의식이 들어 있어야 할 것으로 믿는다.

여기서 번역자가 티볼트 교수의 서평을 비판하는 시각은, 순수히 인문학적 관점 속에서 한 개인에게서 개인별 가치와 사회의식이 함께 깃들 수 있고(소쉬르의 파롤과 랑그 개념), 우리 교육에서도 학습자의 준비성에 맞추어 단계별로 그래야 함을 당연시하고 있을 뿐이다. 티볼트 교수는 거꾸로 개인의식을 재화 생산과정의 부산물로 여기고, 궁극적인 요소로 환원되어야 할 수반현상epiphenomenon으로 여긴다. 이는 개인 외부의 변인에 따른 결정론 시각(약한 결정론)을 반영하고 있는데, 필자의 판단으로는 한 개인의 성장에 따른 조정과정을 간과한 소치로 본다. 그의 서평은 마지막 문장으로 이탈리아 최초 맑스주의자 그람씨Gramsci의 언어 이해 방식을 새롭게 만들어 주고 있다고 평가하면서, 자신의 서평을 끝맺고 있다.

(2) 『텍스트 및 인식론Text and Epistemology』(1987, Ablex)의 저자인 미국 델러웨어 대학의 프롤리William Frawley 교수는 이 책을 놓고서 4쪽 분량의 서평을 썼다. 그 얼개는 이 책자의 장별 개관을 균형 있게 서술한 뒤에, 서평자의 비판과 의견을 덧붙여 놓았다. 서평 내용을 보면, 프롤리 교수의 저서에 쓰인 '인식론'은 아마 희랍 시대에서부터 내려오는 전통적 인식론이 아니라, 유물주의 심리학의 미국판 얼굴인 「기계적 행동주의」와 대립하는 개념으로 보인다. 페어클럽 교수가 사회학(특히 맑스주의 정치학)에 근거하여 담화 속에 깃든 사회 질서의 변증법적 재구성 관계를 포착하려는 목적과는 다르게, 서평자 프롤리 교수는

비교적 언어학적 지식에 무게가 실린 담화 접근을 실행해 오고 있는 듯하다. 이 책의 제3장에 제시된 삼차원 분석 방법을

① 텍스트(언어학 대상),

② 담화 실천 방식(지식의 생산과 소비와 유통 과정),

③ 사회적 실천 방식(패권과 이념, 권력 및 권력 관계의 제도)

으로 요약해 놓았다. 페어클럽 교수가 푸코를 비판하면서 구체적인 텍스트의 사례 분석이 충분치 않다고 하였듯이, 서평자 또한 여전히 원저자의 텍스트 분석 사례들이 불충분함을 지적하고 있다. 미국 사회에서 '낙태abortion'에 관한 담화가 한때 의미상으로 대립하는 '살인범죄murder' 아니면 '개인별 선택private choice'을 가리켰듯이, 제6장에서 예시해 놓은 '모험심/과감함/기업enterprise'도 또한 화용상의 의미부여 특성에 따라 좀 더 자세히 구별해 줄 수 있을 것으로 보았다. 제7장에서는 영국에서 진행되고 있는 세 가지 측면의 사회 변화가 담화 속에 들어 있는 것으로 요약했는데,

㉠ 늘어나는 민주화 운동,

㉡ 판매용 상품화,

㉢ 담화의 가공 기술

이며, 격식 갖춤과 같이 비대칭적인 이전 시기의 권력관계를 줄이는 일과 맞물려, 복잡한 평형추intricate counterbalance로 짜여 있는 것이다. 이런 핵심 대목들을 언급하고서, 마지막으로 서평자는 이 책이 명백히 씌어지고 자신의 동기를 솔직하게 드러내며, 학문적·교육적 목적들을 결합한다는 점을 긍정적으로 평가하여, 널리 읽힐 가치가 있는 '설득력 있는 전문서a strong book'(강력한 책자)라고 적어 놓았다.

(3) 영국 북 웨일즈에 있는 뱅골어 대학의 윌리엄즈Glyn Williams 교수는 사회 사상사의 계보에 아주 밝은 듯이 느껴지며, 귤리올리나 뒤크로 등은 번역자가 이 서평에서 처음 보는 이름들이다. 짤막한 이 서평에서는 이 책이 대표적으로 래클로·무프Laclau and Mouffe의 이론과 관련된 이론 및 담화 분석 방법을 갖추고 실제 사례를 분석하고 있다고 소개하면서, 프랑스 담화 분석의 출현과 발전에 기여한 방브니스트Benveniste (황경자 뒤침, 1992, 『일반 언어학의 제문제』 I~II, 민음사)와 귤리올리Culioli를 인용하기보다는, 주로 영국 학자들의 업적에 기대어 푸코·그룹씨·하버마스의 맑스주의, 그리고 바흐친의 대화주의dialogism를 취사선택하고 있다고 적어 놓았다. 아마 웨일즈 학자가 잉글런드 풍을 비꼬는 모습으로 느껴진다. 이들의 접근법은 담화에서조차 물질 속성materiality을 지닌다고 가정하고 있으므로, 담화 외적인 물질적 원인 속성을 추구하게 되는데, 그 계보에서 푸코가 주장하는 무정부주의와 하버마스가 옹호하는 이상국가 및 합리주의 현상학이 불편하게uncomfortably(아마 '부정합적'이란 말일 듯함) 나열되어 있다고 적어 놓았다.

서평자의 지적에 따르면, 페어클럽 교수가 기대고 있는 맹게노 Maingueneau의 업적은 프랑스 화용론자 뒤크로Ducrot의 업적에 근거하고 있으며, 뒤크로는 담화 속의 이념이나 가치가 담화 생산보다는 담화의 순환circulation(수용되고 재생산되는 순환 과정)으로부터 도출되어 나오는 것임을 주장한 듯하다. 마지막 페이지에서 "의미가 이념 속에 자리잡고 있으므로since meaning is located within ideology",

"의미에 관하여 무표적인(기본값) 사회적 합의가 없이는 의미의 산출 가능성이란 전혀 존재할 수 없다"
(Without an unmarked social consensus on meaning, there is no possibility of the production of meaning)

는 강한 단정은, 마치 '초보' 언어학자인 듯이 느껴진다. 진화인류학에서 5만년 전후로 성대 하강이 일어났다고 한다. 그 이전에도 250만년 전에서부터 제3의 두뇌를 발달시키면서 구체적 사건episodic memory 들을 기억하고 있었기 때문에, 크로마뇽인의 선조들 사이에 여전히 소통을 하고 있었을 터인데(진화의 길 위에서 의사소통의 '연속성'으로 부를 수 있음), 위의 단정은 성대 하강 이전에 오직 몸짓과 외침call을 수단으로 하는 초기 의사소통에는 전혀 적용될 수 없는 주장이기 때문이다. 그런 연속성을 다루기 위해서는 보다 심층적인 '감정이입empathy'이란 개념이 상정되어야 한다. 이는 1살 전후로 성대 하강이 일어나기 전(말을 배우기 전)의 영아에게서도 쉽게 관찰되는 현상으로, 아직은 제대로 다루지도 부각시키지도 못하였으나(혹자는 거울 신경세포mirror neurons를 상정하기도 함) 사회적 합의 이전의 어떤 '공통된 울림'(보편적 감수성) 따위를 기반으로 하는 것이다. 한편, 담화 속에 숨겨져 있거나 깃든 여러 가지 이념 및 가치를 드러내는 논의는, 그의 서평에 따른다면 진리를 추구하는 딜타이 해석학the hermeneutic quest for truth에서부터 나온 것이다.

전반적으로 필자가 받은 인상을 말한다면, 이 서평에서는 윌리엄즈 교수 자신의 사상사 공부를 페어클럽 교수의 공부와 서로 비교하고 있는 듯한데, 그렇다면 과연 전형적인 서평일지 적이 의심스럽다. 또한 사상사의 배경 지식이 부족한 필자로서는, 윌리엄즈 교수의 핵심을 부각시켜 필자 나름대로 그 시비를 가리기가 어려웠음도 부기해 둔다.

(4) 미국 싼타바라라 소재 캘리포니어 주립 대학의 퓌Dwight Fee 교수는 주로 사회학의 시각에서 짤막하게 이 책을 개관하고 있다. 눈에 띄는 대목은 자아의 형성과 자아의 구성에 대한 논의이다. 주체로서의 대상에 대한 속성은 좀 더 패권·정체성·담화의 분석에서 강화되고 보강되어야 함을 지적하였다. 이는 권력의 속성이 언어학에서 바라보는 단순 대상물이라기보다는, 오히려 매우 복잡한 하부 구조들이 동

시에 작동함으로써, 최종 단계에서 권력의 행사를 통해서만 드러날 뿐임을 함의한다. 그렇지만 서평자의 지적대로 만일 논의를 온통 권력의 구성 영역들에만 집중할 경우, 이는 담화 분석을 떠나서 순수히 사회학 개론서 또는 권력 실행론이 될 소지를 배제할 수 없을 듯하다. 서평을 마무리 지으면서 퓌 교수는 긍정적인 평가를 덧붙인다. 변화해 나가는 사회에서 여러 문제점들을 조사 연구하는 여러 가지 다양한 흐름들 중 어떤 것에 간여하더라도, 이 책은 담화 분석을 이용하는 지침을 제시해 줌으로써, 융통성 있는 얼개를 성공적으로 제시하였다고 평가하였다.

(5) 마지막으로 '의사소통 중심의 언어교육CLT, Communicative Language Teaching'을 이끌어 온 거장 위도슨Henry Widdowson(1935~) 교수로부터 이 책이 출간된 후 2년째 되는 해에 7쪽에 이르는 긴 서평이 나왔다. 서평 당시에는 런던대학에 있었고, 1998년 오스트리아 비엔나 대학으로 옮긴 뒤, 2001년 이후 그곳의 명예교수로 있다. 서평자는 담화 교육이 순수한 언어의 계열 관계 및 통합 관계로 구성되는 결과물로 봐야 한다는 관점에서, 사회관계를 함께 다루는 페어클럽 교수와 여러 차례에 걸쳐 크게 논쟁을 벌였는데, 특히 양자 사이의 논전을『언어와 문학』이란 학술지에서 기획한 바 있다.

위도슨 교수는 페어클럽 교수의 비판적 담화 분석을 송두리째 '개념상의 혼란' 및 '손닿는 대로 마구 끌어당겨 놓은 기묘한 합작품'으로서, 본질적으로 언어학이 아니라 '사회정치학'을 마음속에 두고 있다고 힐난하였다. 더욱이 학술 용어 사용에서 어구마다 곳곳에 비꼬는 말투가 깃들어 있다. 필자의 판단에는 위도슨 교수가 미시적이며 원자론적 관점에서 순수한 담화 분석에 접근하지만, 이와는 반대로 페어클럽 교수는 거시적이며 전체론적 관점에서 복합적인 담화 분석에 접근하고 있다. 페어클럽 교수는 사회 질서가 담화의 매개를 거쳐 텍스트 속에 스며들어 있다고 보았는데, 위도슨 교수는 오직 언어 형상물로서만 담화를 다루어야 한다고 보았던 것이다. 그런 만큼 두 극점 간의 현격한 차이가 있다. 김지홍 뒤침(2012)『담화 분석 방법』(도서출판 경진)의 뒤친이 '해제'에서도 이 내용을 다룬 바 있으므로, 그곳을 참고하기 바란다. 공리공담을 벗어나 실학을 세우고자 분연히 애썼던 우리 문화의 전통에서는, "말이 말을 위해 있는 것"이 아니라, "말이 우리의 일과 삶을 위해 존재한다"고 요약할 수 있다.

위도슨 교수는 순수한(무비판적인) 담화 분석을 옹호하는 쪽에서 그 대표 주자로서의 면모를 보여 주는데, 이런 쪽은 특히 담화교육과 관련하여 쿡(Cook, 1989; 김지홍 뒤침, 2003)『담화: 옥스퍼드 언어교육 지침서』(범문사)를 읽어 보기 바란다. 순수 언어학을 수용하는 노선에서 이런 시각이 흔하고 일반적이며, 아마 우리나라에서도 대종 그렇다고 말할 수 있다. 미국 쪽에서도 심리학·교육학·언어학·전산학·언어교육 등의 학회지에서 쉽게 찾아진다. 심리학 분야에서는 언어 이해를 언어의 표면구조로부터 시작하여 미시구조와 거시구조를 확립한 뒤 덩잇글 기반을 만들고서 동시에 상황 모형을 상정하여 장기기억 속에 저장하는 일에 이르기까지의 전반적인 과정을 다룬 킨취(Kintsch, 1998; 김지홍·문선모 뒤침, 2010)『이해: 인지 패러다임』I~II(나남: 한국연구재단 서양 명저번역 292~293호)를 읽어보기 바란다. 대학원생들을 대상으로 한다면 그뢰이써·건스바커·골드먼 엮음(Graesser, Gernsbacher and Goldman, 2003)『담화 처리과정에 관한 소백과Handbook of Discourse Processes』(Lawrence Erlbaum)도 좋은 안내서이다. 전산 처리 관점에서는 대표적으로 워커·조쉬·프륀스 엮음(Walker, Joshi and Prince, 1998)『담화에서 중심소 전개 이론Centering Theory in Discourse』(Clarendon)을 읽어보기 바란다.

위도슨 교수는 줄기차게 용어 하나하나에도 돋보기를 들이대어 꼬집는다. 가령, 세 가지 차원에서 텍스트를 다루는 네 개의 하위 영역으로서 어휘·문법·통사결속cohesion·텍스트 구조text structure를 언급한 위에, 다시 세 가지 주요 하위 영역으로서 힘force·일관된 의미연결 coherence·서로 얽힌 텍스트 속성intertextuality을 추가하였음을 지적하면서, 양자 사이의 관련성에 대한 설명도 없고, 통사결속과 텍스트 구조 사이의 차이도 밝혀 놓지 않았다고 하였다. 미세하게 따져, 이것들이 전체 텍스트의 한 측면aspect인지, 한 가지 차원dimension인지, 아니면 하나의 기능function인지에 대한 명시적 언급도 없음을 힐난하였다. 곧 이어 앞에 제시된 하위 영역들이 텍스트로 된 더 큰 단위를 형성해 준다는 페어클럽 교수의 진술을 받아들이면서, 이를 가리키는 데 명확한 정의나 분명한 외연값을 제시해 주지 않은 채, 무차별적으로 여러 가지 용어들이 동원되고 있다고 비판하였다. 가령, 수사학적 얼개 rhetorical schemata, 논쟁적 텍스트의 건축술argumentative architecture of a text, 지식과 믿음의 체계systems of knowledge and belief, 합당성(정당성)의 서로 다른 양식modes of rationality들인데, 여기에서도 서로 엄격히 구분되어야 할 모습mode·체계system라는 용어가 자의적으로 쓰이고 있으며, 부분을 이루는 요소들과 담화 질서라는 전체 사이가 어떻게 연결되는지에 대해서도 만족스런 설명이 제시되지 못하였다고 비판하였다.

> "아주 많은 것들이 설명되지 않은 채 남겨져 있다. 용어들도 남발되는데, 개념상으로 유의미하게 간주될 수 있는 것이 어떤 것인지 알기 어렵다. … 그러나 이것들의 유의미성이 무엇인지를 확립해 주는 일은 좌절스런 과정이며, (그런 만큼) 그의 이론은 걷잡을 수 없이 이해하기 힘들다"(서평 512쪽의 두 번째 단락)
>
> ("so much is left unexplained. Terms proliferate and it is hard to know which are meant to be taken as conceptually significant … Trying to establish what the significance is, however, is a frustrating process, and the theory remains". elusive: 512)

이런 지적을 읽으면서, 불현듯 필자에게는 미국 행동주의 노선의 심리철학자 데이빗슨Donald Davidson(19017~2003)이 서로 간의 의사소통에서 생겨나는 일부 의심들을 삭제하여야 한다는 '관용의 원리principle of charity'가 머릿속에 떠오른다(배식한 뒤침, 2012, 『행위와 사건』, 한길사; 이윤일 뒤침, 2011, 『진리와 해석에 관한 탐구』, 나남). 비록 위도슨 교수는 자신이 하나하나 지적한 내용이 '비판적 언어학'의 실천을 예증해 주고 있는 것이라고 구차하게 변명하고 있지만, 감정이입의 터전 위에서 서로 기본 전제가 다른 페어클럽 교수의 용어 사용을 원저자의 관점으로 재구성하려는 노력을 전혀 기울이지 않는 만큼(역지사지의 너그러움), 관용의 원리를 위배하고 있다. 이는 마치 이솝 우화에서 여우와 두루미가 서로서로 조롱하기 위하여 식사 대접을 초대했던 일을 연상시킨다.

현재 페어클럽 교수의 책자들은 여러 권 번역되어 나왔으나, 위도슨 교수의 책은 오직 1975년 출간된 『문체학과 문학교육』(최상규 뒤침, 1999, 예림기획)만 있을 뿐이라는 사실이, 우리나라의 독자들에게 누구의 어떤 관점이 설득력을 더 많이 지니는지를 잘 알려주는 듯하다. 그럼에도 불구하고, 우리나라 독자들이 균형 잡힌 시각을 가질 수 있도록, 위도슨 교수의 순수 담화 분석에 관한 대표 저서(185쪽) 『텍스트·맥락·숨겨진 산출 의도: 담화 분석에서의 핵심 논제들Text, Context, Pretext: Critical Issues in Discourse Analysis』(2005, Blackwell)도 조만간 번역되어 나오기를 희망한다('pretext'는 위도슨 교수가 창안한 용어로서 텍스트가 구성되기 이전에 개별 텍스트의 본디 산출 의도를 가리키지만, 흔히 중등학교 교실수업에서 다루는 '큰 주제'에 빗댈 수도 있음).

3.

이제 주마간산 식으로 이 책의 요약을 적어 둔다. 이 책은 크게 네 부분으로 묶을 수 있다.

① 개관~제3장: 저자의 이론적 정지 작업에 해당한다.

② 제4장~제6장: 구체적인 분석 사례들을 다루고 있다.

③ 제7장: 현대사회의 일부(세 가지) 특성이 어떻게 담화에서 구현되는지를 논의하였다.

④ 제8장: 중등학교 교실수업에서 담화 분석을 실행하는 전반적인 지침을 적어 놓았다.

저자는 특히 30쪽 이하에서 전체 개요를 적어 놓았고, 제2장과 제4장을 제외하고서는 저자가 직접 요약을 해 둔 결론들이 있다. 따라서 저자의 결론과 중언부언 겹치지 않도록 하기 위하여, 주로 제3장까지의 정지 작업을 대상으로 하여 몇몇 필자의 생각을 덧붙이기로 한다.

'개관'에서는 저자가 담화가 자족적인 것이 아니라 우리가 살고 있는 사회관계와 긴밀한 관련성이 있다는 가정을 깔고 있다. 좀 더 구체적으로, 이는 소수의 기득권 세력과 다수의 없는 사람들 사이에서 찾아지는 패권투쟁의 실체이다(어조를 누그러뜨려 '길항작용'). 한 인간이 다른 인간과 관계를 맺는 방식은, 하느님이 다시 이승을 창조한다고 하더라도 오직 '말과 행동' 두 가지밖에 없다. 필자의 시각이 올바르다면, 주고받음으로 이뤄지는 사회관계도 결국 '말과 행동'으로 구현되어 나올 수밖에 없다. 한 순간의 시점에서, 더 나아가 큰 폭을 지닌 시폭에서 말과 행동을 일련의 말과 일련의 행동들로 언급할 수 있겠는데, 이것들을 꿰뚫고 작동시켜 나가는 밑바닥 실체를 '구조'나 또는 '질서'로 부를 수 있을 것이다. 일련의 말과 일련의 행동 밑바닥에서 말과 행동을 일으켜 작동시켜 가는 실체를 한 개인에게 초점을 모을 경우, '믿음 체계'나 '가치 체계'라고 부르며, 만일 특정한 믿음 체계나 가치 체계를 두 사람 이상이 공유할 경우에 다시 '이념'으로 부를 수 있다.

우리들 개개인이 취미와 성격과 특성과 목표가 서로 다른 만큼, 개개인들의 그물로 이뤄진 사회도 서로 다른 믿음 체계와 가치 체계가 혼재하고 갈등할 수 있다. 이 중에서 힘이 있는 이들이 스스로 자신들의 믿음 체계를 확대시켜 나가는 과정을 권력 관계로 보아 패권 확장/ 피지배 관계라고 말할 수 있다. 정치·경제 권력에 기반하여 이익을 얻는 쪽을 기득권 세력이라고 부르며, 저자는 오늘날 민주사회에서는 교묘한 방식으로 기득권을 당연시하도록(자연스럽게 보이도록) 조정하고 있다. 기득권에 속하든 그렇지 않든 사회관계들을 얽어가고 점차 바뀌어 가는 실체 모두를 사회 질서로 부를 수 있다. 사회 질서는 크든 작든 여러 가지 변수들의 복합 작용의 결과이며, 항시 수용·수정·거부·통합 등의 모습으로 변동하기 마련이다. 그렇다면 지금 우리 사회에서 지향하는 이념들을 밝히는 일이, 비판 작업에서 첫 단계 시작이 될 것이다.

현대 사회는 변동하는 모습에서 여러 얼굴로 나타난다. 한 개인의 정체성을 더 이상 계급사회의 주종관계가 아니라, 민주사회의 대등한 '나와 너'의 관계로 표현하며, 물적 재화의 생산품을 유통하고 소비하는 자본주의 경제에 기반하여 전체 사회가 작동할 뿐만 아니라, 또한 사회 이념과 개인의 가치를 경제 질서로만 파악하여, 마치 물건인 양 취급하기 일쑤이다. 우리가 말하는 방식과 언어 구성물도 이렇듯 사회가 바뀐 만큼 바뀌어 있고, 계속 바뀌어 가고 있는 것이다.

뒤바뀐 언어 표현 방식에서는 상하계층을 전제하는 격식 갖춤(격식성, 의례 준수)을 벗어나서, 마치 대등하게 너와 내가 마주하여 사적인 말을 주고받는 듯한 모습을 띠고 있고, 늘 우리가 추구하는 행복이 마치 특정한 상품이나 재화의 구입에 의해서만 평가되는 듯이 광고를 하며, 모든 표현을 마치 상대방을 위한 일처럼 꾸며 놓게(분장하게) 된다. 만일 이런 주장이 사실이라면, 스스로 판단하고 결정할 능력이 있는 우리 개개인은, 이런 제시 방식의 허구를 깨우치고, 새롭게 사회관계를 조정해야 한다. 기득권층에서는 담화 가공기술을 이용하여 사회 변화를 고착화시키고 자연스럽게 만들어 놓음으로써, 우리의 판단을 멎게 하고 그런 질서에 곧장 순응하도록 만들기 위해 노력해 왔다. 그렇다면 이렇게 가려진 저의를 깨닫고서, 민주사회 구성원이라면 누구나 현재의 담화 질서를 놓고서 그런 담화가 결과적으로 과연 우리의 권리를 보장하고 늘여 주는지 여부를 곰곰 따져 봐야 할 것이다.

비판적 담화 분석은 한 마디로 가치의 전쟁터에서 우리에게 울림을 주고 내 자신이 추구해 나가는 가치를 드러내고 구현해 나가려는 매우 인간적 노력이라고 말할 수 있다.

이런 배경에서는 담화에 대한 논의가 크게 두 갈래로 나뉜다. 하나는 담화를 순수한 언어 형상물로 간주하여 언어 내부의 관련성을 다루는 것이며, 이 책에서는 무비판적 접근 또는 비판 의식이 결여된 접근으로 부른다. 다른 하나는 사회관계가 그대로 담화 속에 담겨 있다고 보아, 갈등 관계의 사회 질서를 담화를 통해 찾아내며, 부당한 이념이나 가치를 드러내어 우리 자신의 권리를 보장하고 늘여 놓도록 새롭게 고치고자 애쓰는 비판적 접근이 있다. 17쪽에 있는 역주의 도표를 참고로 할 경우에, 텍스트 내부의 관계뿐만 아니라 텍스트 외부의 사회관계도 다 다루고 있음을 알 수 있다. 더 나아가 이런 대등한 관계를 하부구조와 상부구조로 바꾼다면, 실제로 순수한 담화 분석이 텍스트 내부(언어 형상물의 관계)에 다 포함될 수 있을 것이다. 이런 시각에서는 양자 사이의 구분이 서로 맞서고 대등한 것이 아니며(저자는 맑스처럼 하부구조와 상부구조로 보는 듯함), 사회 질서를 기반으로 하여 포함 관계(언어 형상물·행동 표현법·물건 교환관계 등이 그 하위 부서가 됨)로 파악될 소지가 있는 것이다. 그렇다면 포함 관계를 상정할 경우에, 언어 표면에 드러나 있지 않더라도 언어 이면에 가려지고 숨겨진 하부구조의 실체를 다룰 수 있다는 장점이 있다.

한 가지 실례로서, 최근 우리나라에서 자주 등장하는 반대 처지의 어구가 '적폐 청산'과 '정치 보복'을 들 수 있는데, 이런 표현은 사회를 바라보는 더 밑에 깔려 있는 시각으로부터 나오는 것이다. 필자가 보기에 전자는 누구에게나 공정한 기회가 보장되어야 할 사회를, 거꾸로 일부 기득권 세력이 사적인 목적으로 권력을 행사했음을 함의한다. 그러나 후자는 누구나 사람을 실수를 저지를 수 있음에도 불구하고, 특정한 실수를 크게 드러내어 한 개인의 인권을 제약한다는 속뜻이 깔려 있다. 비록 이것들이 서로 다른 토대 위에 있더라도, 권력 행사와 인권 제약에 대한 심층 논의 및 토론(공개 토론마당, 공론장)을 통하여, 더디지만 무엇이 더 높은 가치인지 구성원들 사이에 합의를 이끌어낼 수 있다. 그런 뒤에 이들의 적용 순서를 정해 놓을 수 있다면, '적폐 청산 : 정치 보복'이라는 대립 구도를 조정할 길(먼저 적용, 뒤에 적용)이 생겨날 것으로 믿는다.

지난 정권에서 국정 교과서에 대한 문제도 서로 대립하는 양쪽에서 핵심점을 명시적으로 드러내어 합의에 이를 수 있게 했더라면, 이내 쉽게 해결이 났을 것이다. 그러나 국정 교과서를 강행하려는 쪽에서, 그런 공개 토론 마당이 열리면 열릴수록, 자신들의 잘못이 드러날 것이 두려워 일부러 막아 버렸다. 만일 상해의 임시정부가 정통이라고 한다면, 일본군에 지원하는 일 따위(일제에 붙어 출세하는 일)는 결코 개인의 능력 소관이 아니라, 거꾸로 고초에 시달리던 민족 공동체를 배반한 것이고, 반역자인 것이다. 설령, 반대쪽에서 주장하듯이 광복 뒤 세워진 정부만이 정통이라고 한다면, 안중근·윤봉길 의사들의 죽음이 단지 헛된 목숨만 내버린 꼴이 된다(가치가 전도됨).

정부의 정통성을 국제사회에서 인정받는 일을 기준으로 내세워야 한다는 주장은, 우리 사회가 1948년에야 처음으로 다른 곳에서 이주한 사람들로 만들어진 것이 아니기 때문에, 유구한 역사를 송두리째 부정하는 결과를 낳는다. 우리 역사가 끊임없이 이어져 왔기 때문에, 이는 아주 잘못된 시각이다. 다시 말하여, 우리의 정통성이 내부자 관점(주인)에서 수립되어야 함에도 불구하고, 외부자 관점(손님, 노예)에서 수립되어야 함을 주장하는 일에 다름 아니다. 오랜 기간 우리의 역사가 계속 이어져 왔음에도 불구하고, 고작 현대 국제사회의 인정 여부로써 정통성을 결정하려는 것은, 결국 일제 식민지 사회에서 자기의 출세만 일삼았던 이들을 개인 능력의 결과로 치부하여, 우리 문화의 가치를 완전히 뒤집어 놓는 결과를 낳는다. 이처럼 담화의 이면에 깔려 있는 실체를 찾아가는 노력은, 현재 우리 사회 속의 갈등들을 조정하고 새롭게 합의할 수 있는 터전을 마련해 주는 것이다.

제1장에서는 권력과 기득권으로 언급되는 사회 질서를 다루지 않거나 무관한 담화 접근 및 이와 반대로 항상 갈등과 패권 투쟁이 일어나고 있는 사회 질서를 과녁으로 삼아 비판적으로 바라보는 담화 접근을 개관하고 있다. 순화된 언어로 말하여, 순수한 담화 접근과 비판적 담화 접근이다. 후자의 출처로서 저자는 영국의 비판적 언어학과 프랑스 지성인들의 담화 접근을 중심으로 개관하고 있다.

제2장에서는 비판적 담화 분석의 사례로서 프랑스 철학자 푸코의 업적들을 자세히 개관하면서, 사회 질서와 언어 형상물인 텍스트를 매개하는 담화를 정태적인 모습으로만 바라보았음을 비판한다. 저자가 다루지 못한 푸코의 한계는, 본문 437쪽 이하에서 역주 257로 필자의 생각을 몇 가지 덧붙여 놓았다. 저자는 담화가 사회관계를 그대로 따라가거나 다시 이를 비판하여 새롭게 사회관계를 바꾸기도 하며, 이런 상반되는 사태가 부분적으로 동시에 일어날 수도 있다. 이를 변증법적 관계로 부르며 담화의 역동적 측면에 해당한다.

제3장에서는 저자의 필요성을 가장 충실히 구현해 주고 있는 핼러데이의 체계-기능주의 언어학을 도입하여 나름대로 재구성해 놓았고, 일상언어철학(또는 화용론)에서 다뤘던 언어 표현 속에 깃들어 있는 속뜻을 찾아내는 방식도 도입하였다. 담화는 언어 형상물로서 텍스트뿐만 아니라 우리가 살아가고 있는 사회 질서도 드러낸다(지문과 손가락 주인공 사이의 관계로 비유할 수 있는데, 지문이 담화에 해당함). 후자가 작동하는 방식을 보여 주기 위하여 저자는 주로 정치 영역에서 언급되는 이념과 패권을 놓고서 자세하게 다루고 있다.

만일 우리가 정치와 경제를 사회 작동의 쌍두마차로 여긴다면, 경제에 관한 핵심 개념도 대등한 비중으로 함께 다뤄 주어야 할 것이다. 저자는 경제 영역에서 단지 자본주의 경제를 역사적 발전 과정의 중간 과정임을 당연시하여 이를 벗어나기 위한 맑스주의 생각만 도입할

뿐, 경제에 대한 본질적 개념과 논의는 깊이 있게 다뤄지지 않았다. 아마 이런 측면이 비판의 표적이 될 수 있는데, 사회 질서를 구성할 경우에 '정치·경제·사회'의 삼분 영역도 가능하고, '문화'를 덧붙여 놓은 사분 영역도 가능할 터인데, 저자는 왜 군이 정치 영역만 중심적으로 다뤄야 하는지를 스스로 변호한 대목은 잘 찾아지지 않는 것이다.

이상에서와 같이 제3장까지가 저자의 이론 수립을 위한 정지 작업인 셈이다. 제4장 이하의 장에서는 구체적인 텍스트 사례를 놓고서 어떻게 담화 분석이 진행되어야 하는지를 예증해 준다. 따라서 이른바 '순수한 담화 분석'의 모습을 충분하게 많이 담아 놓고 있다. 이하에서는 직접 그런 사례들을 놓고서, 그 절차를 하나하나 이해하는 일이 중요하다. 그런 사례들은 불가피하게 설명이 중첩될 것이므로, 따로 여기서 언급하지는 않는다. 제5장에서는 대립적인 가치를 담고 있는 사례들을 제시하여 분석하고 있지만('이항 대립' 모습의 분석에 해당함), 제4장에서는 하나의 텍스트를 놓고서 이 텍스트를 만들어 놓는 과정에서 서로 영향을 주었거나 그런 가능성들을 다루기 위한 개념들을 설명해 주고 있다('유무 대립' 모습의 분석에 해당함). 제6장에서는 낱말 선택에서부터 서술 관점을 세우고 특정 문형으로 보여 주는 방식들을 자세히 언급하면서, 동시에 그 밑바닥에 언제나 이념이 깔려 있음을 논의하고 있다. 제7장에서는 우리가 살아가고 있는 현 사회의 여러 가지 특성 중에서 특히

'민주화 실천·판매용 상품으로 만들기·담화 가공 기술'

이라는 세 가지 요소를 놓고, 담화(언어 형상물로서의 텍스트)에서 찾아지는 변화와 짝을 지어 놓고 있다. 현대 사회의 속성과 본질은 너무 다양하고 복잡하다(구성물 영역에 대한 이분 접근, 삼분 접근, 사분 접근 등). 오직 이런 세 가지 특성만을 다루는 일이 사회학자나 경제학자의 성에 찰 수 없을 것이고, 인상적 측면만 논의한다는 혐의를 입을 수

있다. 그렇다면 이런 측면으로 비판해야 할 부분들이 많을 것으로 본다. 그렇지만 저자의 목적은 사회 질서와 담화 질서의 긴밀한 연관을 보여 주고자 하는 것이므로, 만일 위 세 가지 속성이 변화된 담화에서도 비슷하게 찾아진다면 일단 그 소임을 다한 것이며, 필자는 그런 점에서 충분히 설득력을 지니고 있다고 본다.

마지막 제8장은 저자의 주장에 따라 담화 분석을 교육현장에서 어떻게 지도할지 친절히 안내해 주는 '분석 지침'을 자세히 목록으로 만들어 제시하여 놓았다. 언제나 교육적 측면을 마지막으로 다룬다는 점은 페어클럽 교수의 최대 장점이다. 인문학이 공리공담이 되어서는 가치가 없으며, 언제나 꼭 실학이 되어야 한다는 저자의 굳은 믿음 때문이라고 보인다. 우리나라에서 넘쳐나는 어문계열의 학과들에서 반드시 귀 기울여 실천해야 할 사안이다. 조선조 후기의 공리공담을 답습하는 것은 아닐지 스스로 되물어야 한다.

4.

"아직도 번역에 목매어 있는가?"

저 멀리서 또 다른 내 자신이 나를 내려다보면서 질문을 던진다. 책상에 앉아 있는 나는, 책을 읽고 이해하는 우직한 방식으로서 번역 출간이 최선의 길이라고 스스로를 변호해 본다. 사실일까? 적어도 필자의 우둔한 공부 방식으로는 참되게 그러하다. 필자는 국어교사 임용시험을 준비하는 학생들에게, 원서를 읽힐 생각은 전혀 없다. 대신 언어 이면에 담겨 있는 실체들을 어떻게 찾아낼 수 있을지를 직접 읽히면서, 스스로 그 방식들을 터득하도록 해 주고 싶다. 이런 목적이 역주들을 상세히 덧붙이면서 아직도 번역을 붙들고 있는 두 번째 이유이다.

감사의 글도 적어 둔다. 오래 전 우연히 양정섭 사장이 누추한 필자의 연구실을 찾아온 이후, 까다로운 필자의 조건을 만족시키면서 지금까지 십수 권의 책을 낼 수 있었다. 인생의 한 주기도 넘어 이제 몸의 힘도 마음의 생각도 달리어, 앞으로 몇 권의 책을 낼 수 있을지 모르겠으나, 그분 덕에 우수학술도서로 저서 4권과 번역서 3권이 지정될 수 있었다. 개인적으로 영광이다.

대학에서 헛되이 나이만 보내면서, 장차 무엇이 달려져야 할지를 놓고서 떠오르는 것 중 몇 가지를 횡설수설 적어 놓는다. 주위에서 성실하게 교수 생활을 마감한 뒤에 책을 내고자 출판을 문의했지만 출판해 주겠다는 곳이 없었다는 씁쓸한 이야기를 들으면서, 조급한 마음에 평상시의 생각을 후기 형식의 끝에라도 적어 두어야겠다는 욕심이 들었다.

먼저, '우수학술도서' 제도는 아주 불만스런 것이다. 응당 학문 선진국인 이웃 일본의 경우처럼, 학술 서적들을 일괄적으로 '전국 도서관 연합체 같은 조직'(가칭)에서 조판비를 감당해 줄 수 있도록, 일정 부수를 구입해 주는 제도가 정착되어야 한다. 특히 교수직을 갖지 못한 분(주로 시간 강사)들이 책을 내는 경우에, 따로 출판비를 요구하여 받는 일이 그분들에게 얼마나 좌절스러울까? 분노를 해도 모자라겠지만, 군소 출판사의 현실을 무시할 수만도 없다. 겉으로 3만불 시대에 접어든다고 외쳐댈 것이 아니라, 착실히 학술서적들을 일괄 구매해 주는 제도가 마련되어야, 가난한 선비들이 정규직을 얻지 못한 상태에서라도 나라와 학문의 발전을 위해 알찬 생각들을 마음껏 적어 놓을 것이 아니겠는가?

둘째, 교육부가 해야 할 쌓이고 쌓여 있겠지만, 대학 교육 '혁명'과 관련하여 핵심적으로 하나만 꼽는다면 시급히 대학 교수의 의무 시간을 지구상의 표준에 걸맞게 줄여 주어야 한다. 지금 9시간을 각각 대학원과 학부 1과목씩 6시간으로 줄여 놓고, 현재 국립대학의 자리들을 과감히 더 늘여야 한다. 선진국뿐만 아니라 경제 규모가 우리보다 훨씬 못한 중진국에서조차 6시간을 하거늘, 시간 강사들을 정규직 교수로 채용할 수 있도록 조치를 취하지 못하면, 도로 후진국의 나락으로 떨어질 것이다. 동시에 현재 교수들은 두 과목 6시간의 운영 방식을 누리집을 통해 철저하게 공개해 놓는 제도를 만들어야 한다. 3학점 과목의 강의 계획서가 1쪽에 불과하다면, 과연 이 지구상에서 어느 누가 이를 믿으랴? 3학점 이수를 위한 강의 계획서는 모름지기 60쪽이 넘어야 그 강의가 내실 있게 진행되는지 여부를 공공의 눈으로 파악하고 평가할 수 있을 것이다. 주위에서 강의 품질에 아랑곳하지 않고, 15시간 넘게 강의를 혼자 맡는 '웃픈' 일도 있다. 그럴 경우에, 의무 시간을 초과한 만큼 과세 제도를 통해 거꾸로 납입을 받아야 한다. 강의를 하면서 즐거움을 맛보는 만큼 그런 징수 납입은 합리적 조치이다. 강의를 더 많이 맡는다고 결코 그런 강의 품질이 보장될 리 만무하다. 이제는 대학 사회가 품질로 경쟁력을 갖춰야 한다.

셋째, 긴 방학 동안 필자가 있는 지방 국립대학은 도서관을 비롯하여 텅텅 빈 공간들이 너무나 많다. 사회의 절기 매듭과 연계될 수 있는 4학기 제도를 도입하고, 각 학기마다 상한 12학점 신청 제도를 둠으로써, 학생도 밤 새워 도서관에서 과제를 준비하고 강의를 충실히 이수할 수 있는 토대를 마련해야 한다. 한때 가장 우스웠던 일은 교육부에서 지방대학들을 상대로 학부중심 대학으로 가야 할지, 대학원중심 대학으로 가야 할지를 결정하도록 한 적이 있었다. 학부 강의가 내실 있게 진행되려면, 박사과정 학생들이 강의 조교로 배치되고, 매주 부과되는 강의 관련 보고서들을 고쳐 주면서 즉시즉시 보고서 점수들을 학생들에게 알려 줘야 한다. 이런 방식이 '멍청한' 학생들을 입학시켜 '똘똘한' 졸업생을 만들어 사회에 내보내었던 미국식 전략이었다.

학문이 번창해야 그런 토대 위에서 선진국들과 경쟁할 수 있는 창의성이 나올 수 있는 것이다. 3학점 한 과목당 이상적으로 두 명의 강의 조교가 배정된다면, 매주 학부생들의 수행 과정들을 놓고서 상세한 평가를 통해 그들의 능력을 점진적으로 향상시켜 줄 수 있다.

또 채점을 객관적으로 공정하게 진행하기 위해서도 강의 조교들은 스스로를 향상시켜 나갈 것이므로, 이는 일석이조의 효과를 거둘 것이다. 학부 중심인지, 대학원 중심인지로써 대학을 나누려는 것은 자가당착의 발상이다. 반드시 대학원이 살아야만 학부도 비로소 학부답게 실력 갖춘 학생들을 배출해 낼 수 있는 것이다.

넷째, 적폐 청산은 부패한 몇몇 정치인에만 국한되는 것이 아니라, 합리적인 제도 개선도 필수적으로 그 일부가 되어야 한다. 이는 정부의 정책결정 과정이 아래로부터 의견 수렴하는 일이 언제나 의무적으로 시행되어야 함을 뜻한다. 현장의 실무를 맡고 있는 전문가들의 목소리에 귀를 기울이면서, 합리적으로 그런 의견들을 분류하고 우선순위를 매기는 일이 항상 있어야 하는 것이다. 모든 일이 일시에 일거에 완성되는 법이 없으므로, 조금 느리다 싶더라도 먼저 공개 토론 마당에서 합리적으로 현장의 여러 가지 다른 목소리들이 나오고, 그런 의견들이 모아지도록 하는 조치가 선행되어야 할 것이다. 이런 일들이 아마 페어클럽 교수가 주장하는 비판적 담화 분석에서 겨누었던 목표들이 아닐까 싶은데, 이것이 오롯이 필자의 아전인수 격일까?

먼지 쌓인 방구석에서 마무리 글을 적다

참고문헌

Althusser, L. 1971: Ideology and ideological state apparatuses. In L. Althusser (ed.), *Lenin and Philosophy and Other Essays*, London: New Left Books.

Antakki, C. 1988: *Analyzing Everyday Explanation: a casebook of methods*. London: Sage Publications.

Argyle, M. 1978: *The Psychology of Interpersonal Behaviour*, 3rd edn. Harmondsworth: Penguin Books.

Atkinson, J.M. and Drew, P. 1979: *Order in Court: the organization of verbal interaction in judicial settings*. London: Macmillan.

Atkinson, J.M. and Heritage, J. 1984: *Structures of Social Action*. Cambridge: Cambridge University Press.

Authier-Révuz, J. 1982: Hétérogenéité montrée et hétérogenéité constitutive: éléments pour une approche de l'autre dans le discours. *DRLAV*, 32.

Bagguley, P. 1990: Post-Fordism and enterprise culture: flexibility, autonomy and changes in economic organization. In Keat and Abercrombie 1990.

Bagguley, P. and Lash, S. 1988: Labour relations in disorganized capitalism: a five-nation comparison. *Environment and Planning D: Society and Space*, 6, 321–38.

Bakhtin, M. 1981: *The Dialogical Imagination*, ed. M. Holquist, trans. C. Emerson and M. Holquist. Austin: University of Texas Press.
   1986: *Speech Genres and Other Late Essays*, ed. C. Emerson and M. Holquist, trans. V.W. McGee. Austin: University of Texas Press.

Barnes, D. 1976: *Teachers and Pupil Talking*. Videocasette. Milton Keynes: Open University.

Bennett, T. and Woollacott, J. 1987: *Bond and Beyond: the political career of a popular hero*. London: Macmillan.

Benson, D. and Hughes, J. 1983: *The Perspective of Ethnomethodology*. London: Longman.

Bernstein, B. 1981: Codes, modalities and the process of cultural reproduction: a model. *Language in Society*, 10, 327–67.

Billig, M., Condor, S., Edwards, D., Gane, M., Middleton, D. and Ridley, A. 1988: *Ideological Dilemmas: a social psychology of everyday thinking*. London: Sage Publications.

Bourdieu, P. 1977: *Outline of a Theory of Practice*, trans. R. Nice. Cambridge: Cambridge University Press.

1982: *Ce que Parler Veut Dire*. Paris: Fayard.

1984: *Distinction: a social critique of the judgement of taste*, trans. R. Nice. London: Routledge.

1988: *Homo Academicus*, trans. Peter Collier. Cambridge: Polity Press.

Brown, G. and Yule, G. 1983: *Discourse Analysis*. Cambridge: Cambridge University Press.

Brown, P. and Fraser, C. 1979: Speech as a marker of situation. In K. Scherer and H. Giles (eds), *Social Markers in Speech*, Cambridge: Cambridge University Press.

Brown, P. and Levinson, S. 1987: *Politeness: some universals in language usage*. Cambridge: Cambridge University Press.

Buci-Glucksmann, C. 1980: *Gramsci and the State*, trans. D. Fernbach. London: Lawrence and Wishart.

Button, G. and Casey, N. 1984: Generating topic: the use of topic initial elicitors. In Atkinson and Heritage 1984.

Button, G. and Lee, J. R. E. 1987: *Talk and Social Organization*. Clevedon: Multilingual Matters.

Cameron, D. 1985: *Feminism and Linguistic Theory*. London: Macmillan.

Chilton, P. (ed.), 1985: *Language and the Nuclear Arms Debate*. London: Pinter Publications.

Chilton, P. 1988: *Orwellian Language and the Media*. London: Pluto Press.

Clark, R., Fairclough, N., Ivanic, R. and Martin-Jones, M. 1988: Critical language awareness. *Centre for Language in Social Life Research Papers*, 1. University of Lancaster.

Coates, J. 1986: *Women, Men and Language*. London: Longman.

Coulthard, M. 1977: *An Introduction to Discourse Analysis*. London: Longman.

Courtine, J-J. 1981: Analyse du discours politique (le discours communiste adressé aux chrétiens). *Langages*, 62 (whole vol.).

Courtine, J-J. and Marandin, J-M. 1981: Quel objet pour l'analyse du discours? In *Matérialités Discursives*, Lille: Presses Universitaires de Lille.

Davidson, A. I. 1986: Archaeology, genealogy, ethics. In D. C. Hoy (ed.), *Foucault: a critical reader*, Oxford: Basil Blackwell.

de Beaugrande, R. and Dressler, W. 1981: *Introduction to Text Linguistics*. London: Longman.

Debray, R. 1981: *Critique de la Raison Politique*. Paris: Gallimard.

Department of Education and Science 1988: *Report of the Committee of Inquiry into the Teaching of English Language (Kingman Report)*. London: HMSO.

1989: *English from Ages 5 to 16 (The Cox Report)*. London: HMSO.

de Saussure, F. 1959: *Course in General Linguistics*, trans. Wade Baskin. New York: McGraw Hill.

Dews, P. 1987: *Logics of Disintegration*. London: Verso.

Downes, W. 1984: *Language and Society*. London: Fontana.

Dreyfus, H. and Rabinow, P. 1982: *Michel Foucault: beyond structuralism and hermeneutics*. Brighton: Harvester Press.

Economy and Society, 18 February 1989. Special number on rhetoric.

Edelman, M. 1974: The political language of the helping professions. *Politics and Society*, 4, 295–310.

Edelsky, C. 1981: Who's got the floor? *Language in Society*, 10, 383–421.

Emerson, J. 1970: Behaviour in private places: sustaining definitions of reality in gynaecological examinations. In H. P. Dreizel (ed.), *Recent Sociology No. 2*, New York: Collier-Macmillan.

Fairclough, N. 1988a: Register, power and sociosemantic change. In D. Birch and M. O'Toole (eds), *Functions of Style*, London: Pinter Publications.

1988b: Discourse representation in media discourse. *Sociolinguistics*, 17, 125–39.

1988c: Linguistic and social change, and consequences for language education. *Centre for Language in Social Life Research Papers*, 2. University of Lancaster

1989a: *Language and Power*. London: Longman.

1989b: Language and ideology. *English Language Research Journal*, 3, 9–27.

1989c: Discourse in social change: a conflictual view. Working paper, Department of Linguistics, University of Lancaster

1990a: What might we mean by 'enterprise discourse'? In R. Keat and N. Abercrombie 1990.

1990b: Technologization of discourse. *Centre for Language in Social Life Research Papers*, 17. University of Lancaster.

(ed.), forthcoming a: *Critical Language Awareness*. London: Longman.

forthcoming b: The appropriacy of 'appropriateness'. In N. Fairclough (ed.) forthcoming a.

Fairclough, N. and Ivanic, R. 1989: Language education or language training? A critique of the Kingman model of the English language. In J. Bourne and T. Bloor (eds), *The Kingman Report*, London: Committee for Linguistics in Education.

Fishman, P. M. 1983: Interaction: the work women do. In B. Thorne, C. Kramarae and N. Thorne (eds), *Language, Gender and Society*, Rowley Mass.: Newbury House.

Foucault, M. 1971: *L'ordre du Discours*. Paris: Gallimard.

1972: *The Archaeology of Knowledge*. London: Tavistock Publications.

1979: *Discipline and Punish: the birth of the prison*. Harmondsworth: Penguin Books.

1981: *History of Sexuality*, vol. 1. Harmondsworth: Penguin Books.

1982: The subject and power. Afterword to Dreyfus and Rabinow.

1982, 1984: The order of discourse. In M. Shapiro (ed.), *Langage and Politics*, Oxford: Basil Blackwell.

Fowler, R. 1988a: Notes on critical linguistics. In R. Steele and T. Threadgold (eds), *Language Topics*, vol. 2 Amsterdam: Benjamins. 1988b: Oral models in the press. In M. MacLure et al. (eds), *Oracy Matters*, Milton Keynes: The Open University Press.

Fowler, R., Hodge, B., Kress, G. and Trew, T. 1979: *Language and Control*. Routledge: London.

Fraser, N. 1989: *Unruly Practices; power, discourse and gender in contemporary social theory*. Cambridge: Polity Press.

Frow, J. 1985: Discourse and power. *Economy and Society*, 14.

Further Education Unit 1987: *Relevance, Flexibility and Competence*. London: Further Education Unit.

Garfinkel, H. 1967: *Studies in Ethnomethodology*. Englewood Cliffs, New Jersey: Prentice Hall.

Garton, G., Montgomery, M. and Tolson A. 1988: Media discourse in the 1987 General Election: ideology, scripts and metaphors. Working paper. Programme in Literary Linguistics, Strathclyde University.

Giddens, A. 1984: *The Constitution of Society*. Cambridge: Polity Press.

Goffman, E. 1974: *Frame Analysis*. New York: Harper Colophon Books.

1981: *Forms of Talk*. Oxford: Basil Blackwell.

Graddoll, D. and Swann, J. 1989: *Gender Voices*. Oxford: Basil Blackwell.

Gramsci, A. 1971: *Selections from the prison notebooks*, ed. and trans. Q. Hoare and G. Nowell Smith. London: Lawrence and Wishart.

Gumperz, J. 1982: *Discourse Strategies*. Cambridge: Cambridge University Press.

Habermas, J. 1984: *Theory of Communicative Action*, vol. 1, trans. T. McCarthy. London: Heinemann.

Hall, S. 1988: The toad in the garden: Thatcherism among the theorists. In Nelson and Grossberg 1988.

Hall, S., Critcher, C., Jefferson, T., Clarke, J. and Roberts, B. 1978: *Policing the Crisis*. London: Macmillan.

Halliday, M. A. K. 1961: Categories of the theory of grammar. *Word*, 17, 241–92.

1966: Lexis as a linguistic level. In C. Bazell, J. C. Catford, M. A. K. Halliday and R. H. Robins (eds), *In Memory of J. R. Firth*, London: Longman.

1971: Linguistic function and literary style: an enquiry into the language of William Golding's *The Inheritors*. In M. A. K. Halliday 1973.

1973: *Explorations in the Functions of Language*. London: Edward Arnold.

1978: *Language as Social Semiotic*. London: Edward Arnold.

1985: *Introduction to Functional Grammar*. London: Edward Arnold.

Halliday, M. A. K. and Hasan, R. 1976: *Cohesion in English*. London: Longman.

1985: *Language, Context and Text: Aspects of Language in a Social-Semiotic Perspective*. Geelong, Victoria: Deakin University Press.

Harris, Z. 1963: *Discourse Analysis*. La Haye: Mouton and Company.

Hartley, J. 1982: *Understanding News*. London: Methuen.

Hasan, R. 1988: *Linguistics, Language and Verbal Art*. Oxford: Oxford University Press.

Health Education Council 1984: *Pregnancy Book*. London: Health Education Council.

Henriques, J., Hollway, W., Urwin, C., Venn, C. and Walkerdine, V. 1984: *Changing the Subject*. London: Methuen.

Heritage, J. 1985: Analyzing news interviews: aspects of the production of talk for overhearing audiences. In van Dijk 1985a, vol. 3.

Heritage, J. C. and Watson, D. R. 1979: Formulations as conversational objects. In G. Psathas (ed.), *Everyday Language: studies in ethnomethodology*, New York: Irvington.

HMSO 1985: *Fifth Report from the Home Affairs Committee*. London: HMSO.

Hodge, R. and Kress, G. 1988: *Social Semiotics*. Cambridge: Polity Press; and Ithaca: Cornell University Press.

Hoey, M. 1983: *On the Surface of Discourse*. London: George, Allen and Unwin.

Hoy, D. C. (ed.), 1986: *Foucault: a critical reader*. Oxford: Basil Blackwell.

Ivanic, R. and Simpson, J. forthcoming: Who's who in academic writing? In N. Fairclough (ed.), forthcoming a.

Jakobson, R. 1961: Concluding statement: linguistics and poetics. In T. Sebeok (ed.), *Style in Language*, Cambridge, Mass.: The MIT Press.

Jameson, F. 1984: Postmodernism, or the cultural logic of late capitalism. *New Left Review*, 146, 53–92.

Jefferson, G. and Lee, J. R. 1981: The rejection of advice: managing the problematic convergence of 'troubles-telling' and a 'service encounter'. *Journal of Pragmatics*, 5, 339–422.

Keat, R. and Abercrombie, N. (eds) 1990: *Enterprise Culture*. London: Routledge.

Kress, G. 1986: Language in the media: the construction of the domains of public and private. *Media, Culture and Society*, 8, 395–419.

Kress, G. 1987: Educating readers: language in advertising. In J. Hawthorn (ed.), *Propaganda, Persuasion and Polemic*, London: Edward Arnold.

Kress, G. 1988: *Linguistic Processes in Sociocultural Practice*. Oxford: Oxford University Press.

Kress, G. 1989: History and language: towards a social account of language change. *Journal of Pragmatics*, 13, 445–66.

Kress, G. and Hodge, R. 1979: *Language as Ideology*. London: Routledge.

Kress, G. and Threadgold, T. 1988: Towards a social theory of genre. *Southern Review*, 21, 215–43.

Kristeva, J. 1986a: Word, dialogue and novel. In T. Moi (ed.), *The Kristeva Reader*, Oxford: Basil Blackwell, 34–61.

1986b: The system and the speaking subject. In T. Moi (ed.), *The Kristeva Reader*, Oxford: Basil Blackwell. 24–33.

Labov, W. and Fanshel, D. 1977: *Therapeutic Discourse: psychotherapy as conversation*. New York: Academic Press.

Laclau, E. 1977: *Politics and Ideology in Marxist theory*. London: New Left Books.

Laclau, E. and Mouffe, C. 1985: *Hegemony and Socialist Strategy*. London: Verso.

Lakoff, G. and Johnson, M. 1980: *Metaphors We Live By*. Chicago: University of Chicago Press.

Larrain, J. 1979: *The Concept of Ideology*. London: Hutchinson.

Lecourt, D. 1972: *Pour une Critique de l'Epistemologie*. Paris: François Maspero.

Leech, G. N. 1981: *Semantics*, 2nd edn. Harmondsworth: Penguin Books.

1983: *Principles of Pragmatics*. London: Longman.

Leech, G. N., Deuchar, M. and Hoogenraad, R. 1982: *English Grammar for Today*. London: Macmillan.

Leech, G. N. and Short, M. 1981: *Style in Fiction*. London: Longman.

Leech, G. N. and Thomas, J. 1989: Language, meaning and context: pragmatics. In N. E. Collinge (ed.), *An Encyclopaedia of Language*, London: Routledge.

Leiss, W., Kline, S. and Jhally, S. 1986: *Social Communication in Advertising*. London: Methuen.

Leith, D. 1983: *A Social History of English*. London: Routledge.

Levinson, S. 1979: Activity types and language. *Linguistics*, 17, 365–99.

1983: *Pragmatics*. Cambridge: Cambridge University Press.

Looker, T. and Gregson, O. 1989: Stress and the businessman: stresswise for health success. *Business Enterprise News*, 7.

Macdonell, D. 1986: *Theories of Discourse: an introduction*. Oxford: Basil Blackwell.

Maingueneau, D. 1976: *Initiation aux Méthodes d'Analyse du Discours*. Paris: Hachette.

1987: *Nouvelles Tendances en Analyse du Discours*. Paris: Hachette.

Maldidier, D. 1984 Hommage: Michel Pecheux: une tension passionnée entre la langue et l'histoire. In *Histoire et Linguistique*. Paris: Editions de la Maison des Sciences de l'Homme.

Margerison, C. 1987: *Conversation Control Skills for Managers*. London: Mercury Books.

Martyna, W. 1978: What does *he* mean: use of the generic masculine. *Journal of Communication*, 28, 131–8.

Mey, J. 1985: *Whose Language? a study in linguistic pragmatics*. Amsterdam: John Benjamins.

Mishler, E. 1984: *The Discourse of Medicine: dialectics of medical interviews*. Norwood, New Jersey: Ablex Publishing Company.

Montgomery, M. 1990: *Meanings and the Media*. Ph.D. thesis, University of Strathclyde.

Morley, D. 1980: Texts, readers, subjects. In S. Hall, D. Hobson, A. Lowe and P. Willis (eds), *Culture, Media, Language*, London: Hutchinson.

Morris, N. (ed.), 1986: *The Baby Book*. London: Newbourne Publications Ltd.

Morris, P. 1990: Freeing the spirit of enterprise: The genesis and development of the concept of enterprise culture. In Keat and Abercombie 1990.

Nelson, C. and Grossberg, L. (eds) 1988: *Marxism and the Interpretation of Culture*. London: Macmillan.

Ochs, E. 1979: Transcription as theory. In E. Ochs and B. Schieffelin, *Developmental Pragmatics*, New York: Academic Press.

Pêcheux, M. 1982: *Language, Semantics and Ideology*. London: Macmillan

1983: Sur les contextes épistemologiques de l'analyse de discours. *Mots*, 9, 7–17.

1988: Discourse: structure or event? In Nelson and Grossberg 1988.

Pêcheux, M., Henry, P., Poitou, J.-P. and Haroche, C. 1979: Un exemple d'ambiguité idéologique: le rapport Mansholt. *Téchnologies, Idéologies, et Pratiques*, 1.2, 1–83.

Pomerantz, A. 1978: Compliment responses. In Schenkein 1978.

Potter, J. and Wetherell, M. 1987: *Discourse and Social Psychology: beyond attitudes and behaviour*. London: Sage Publications.

Quirk, R., Greenbaum, S., Leech, G. and Svartvik, J. 1972: *A Grammar of Contemporary English*. London: Longman.

Rabinow, P. (ed.), 1984: *The Foucault Reader*. Harmondsworth: Penguin Books.

Robin, R. 1973: *Histoire et Linguistique*. Paris: Armand Colin.

Rose, N. MS: Governing the enterprising self. Paper given at conference, Values of the Enterprise Culture, University of Lancaster, September 1989.

Rose, N. and Miller, R. MS: Rethinking the state: governing economic, social and personal life. 1989.

Sacks, H. 1967–71: *Mimeo Lecture Notes*.

1972: On the analyzability of stories by children. In J. Gumperz and D. Hymes (eds), *Directions in Sociolinguistics*, New York: Holt, Rinehart and Winston, 325–45.

Sacks, H., Schegloff, E. and Jefferson, G. 1974: A simplest systematics for the organization of turn-taking in conversation. *Language*, 50, 696–735.

Schegloff, E. and Sacks, H. 1973: Opening up closings. *Semiotica*, 8, 289–327.

Schegloff, E., Jefferson, G. and Sacks, H. 1977: The preference for self-correction of repairs in conversation. *Language*, 53, 361–82.

Schenkein, J. (ed.), 1978: *Studies in the Organization of Conversational Interaction*. New York: Academic Press.

Schutz, A. 1962: *Collected Papers, vol. 1. The Problem of Social Reality*. The Hague: Martinus Nijhoff.

Shapiro, M. 1981: *Language and Political Understanding*. Yale: Yale University Press.

Sinclair, J. and Coulthard, M. 1975: *Towards an Analysis of Discourse: the English used by teachers and pupils*. Oxford: Oxford University Press.

Sontag, S. 1988: *Aids and its Metaphors*. Harmondsworth: Penguin Books.

Spender, D. 1980: *Man Made Language*. London: Routledge.

Sperber, D. and Wilson, D. 1986: *Relevance*. Oxford: Basil Blackwell.

Stubbs, M. 1983: *Discourse Analysis*. Oxford: Basil Blackwell.

Talbot, M. forthcoming: The construction of gender in a teenage magazine. In Fairclough forthcoming a.

Tannen, D. 1989: *Talking Voices: repetition, dialogue and imagery in conversational discourse*. Cambridge: Cambridge University Press.

Taylor, C. 1986: Foucault on freedom and truth. In D. C. Hoy (ed.), *Foucault: a critical reader*, Oxford: Basil Blackwell.

ten Have, P. 1989: The consultation as a genre. In B. Torode (ed.), *Text and Talk as Social Practice*, Dordrecht-Holland: Foris Publications, 115–35.

Thomas, J. 1988: Discourse control in confrontational interaction. *Lancaster Papers in Linguistics*, 50. University of Lancaster.

Thompson, J. B. 1984: *Studies in the Theory of Ideology*. Cambridge: Polity Press.

1990: *Ideology and Modern Culture*. Cambridge: Polity Press.

Threadgold, T. 1988a: Changing the subject. In R. Steele and T. Threadgold (eds), *Language Topics, vol. 2*, Amsterdam: Benjamins.

Threadgold, T. 1988b: Stories of race and gender: an unbounded discourse. In D. Birch and M. O'Toole, *Functions of Style*, London: Pinter Publishers.

Tolson, A. 1990: *Speaking from Experience: interview discourse and forms of subjectivity*. Ph.D. thesis, University of Birmingham.

Trew, T. 1979: Theory and ideology at work. In Fowler et al. 1979.

Urry, J. 1987: Some social and spatial aspects of services. *Society and Space*, 5, 5–26.

van Dijk, T. (ed.), 1985a: *Handbook of Discourse Analysis*, 4 vols. London: Academic Press.

1985b: *Discourse and Communication: new approaches to the analysis of mass media discourses and communication*. Berlin: Walter de Gruyter and Co.

van Dijk, T. 1988: *News as Discourse*. Hillsdale, New Jersey: Erlbaum.

Volosinov, V. I. 1973: *Marxism and the Philosophy of Language*. New York: Seminar Press.

Weedon, C. 1987: *Feminist Practice and Poststructuralist Theory.* Oxford: Basil Blackwell.

Widdowson, H. 1979: *Explorations in Applied Linguistics.* Oxford: Oxford University Press.

Williams, R. 1976: *Keywords: a vocabulary of culture and society.* London: Fontana/Croom Helm.

Zima, P. 1981: Les mécanismes discursifs de l'idéologie. *Revue de L'Institut de Sociologie (Solvay), 4.*

찾아보기

1. 내용

2. 인명

지은이 및 뒤친이 소개

지은이 **노먼 페어클럽**(Norman Fairclough, 1941~)

· 런던대학(학사와 석사)을 졸업하고, 랭커스터 대학에서 박사학위를 받았다.
· 랭커스터 대학 언어학과에서 가르치다가 2004년 퇴직하였고, 현재 그곳의 명예교수이다.
· 1980년대에 언어 교육이 곧 '언어 사용에 대한 자각'임을 깨닫고, 비판적 언어 분석으로 부터 시작하여, 비판적 담화 분석의 흐름을 이끌어오고 있다.

· 1992년 『비판적 언어 자각』(롱먼출판사)
· 1995년 『대중매체 담화 분석』(이원표 뒤침, 2004, 한국문화사)
· 1999년 『후기 근대성 속에서의 담화』
  (슐리아롸키와 공저, 에딘부뤄 대학 출판부)
· 2001년 『언어와 권력』(김지홍 뒤침, 2011, 도서출판 경진)
· 2003년 『담화 분석 방법』(김지홍 뒤침, 2012, 도서출판 경진)
· 2006년 『언어 및 세계화』(롸우틀리쥐)
· 2011년 『비판적 담화 분석』(개정판, 롱먼출판사)
· 2012년 『정치 담화 분석』(김현강 외 뒤침, 2015, 박이정)

뒤친이 **김지홍**(Kim, Jee-Hong, 1957~)

· 제주대학교 국어교육과(학사)를 졸업하고, 현재 경상대학교 국어교육과에서 30년 재직하고 있다. 도서출판 경진에서 아래에 있는 저서 4권을 펴냈다.

· 2010년 『국어 통사·의미론의 몇 측면: 논항구조 접근』(대한민국학술원 우수학술도서)
· 2010년 『언어의 심층과 언어교육』(문화체육관광부 우수학술도서)
· 2014년 『제주 방언의 통사 기술과 설명』(대한민국학술원 우수학술도서)
· 2015년 『언어 산출 과정에 대한 학제적 접근』(세종도서 우수학술도서)

또한 한국연구재단 동서양학술 명저 번역으로 아래의 책을 펴냈다.

· 2008년 『말하기: 그 의도에서 조음까지, I~II』(르펠트, 1989; 나남)
· 2011년 『이해: 인지 패러다임, I~II』(킨취, 1998; 김지홍·문선모 공역, 나남)

거시언어학 9: 담화·텍스트·화용 연구

담화와 사회 변화
Discourse and Social Change

© 글로벌콘텐츠, 2017

1판 1쇄 인쇄__2017년 12월 20일
1판 1쇄 발행__2017년 12월 30일

지은이__노먼 페어클럽(Norman Fairclough)
뒤친이__김지홍
펴낸이__양정섭

펴낸곳__도서출판 경진
　　　　등록__제2010-000004호
　　　　블로그__http://kyungjinmunhwa.tistory.com
　　　　이메일__mykorea01@naver.com

공급처__(주)글로벌콘텐츠출판그룹
　　　　대표__홍정표　편집디자인__김미미　기획·마케팅__노경민
　　　　주소__서울특별시 강동구 풍성로 87-6(성내동) 글로벌콘텐츠
　　　　전화__02) 488-3280　팩스__02) 488-3281
　　　　홈페이지__http://www.gcbook.co.kr

값 33,000원
ISBN 978-89-5996-562-5 93370